W0054814

Hans-Gerd Spelleken
Honduras-Handbuch

*Nur törichte Menschen suchen im Urlaub das große Erlebnis:
ein geglückter Urlaub besteht aus lauter netten Kleinigkeiten.*

(J. Ward)

Impressum

Hans-Gerd Spelleken
Honduras-Handbuch

erschienen im
Reise Know-How Verlag Peter Rump GmbH
Hauptstraße 198
33647 Bielefeld/Brackwede

© Peter Rump 1996
2. komplett aktualisierte, erweiterte und neugestaltete Auflage **1998**

Gestaltung
 Umschlag: M. Schömann, P. Rump
 Layout-Konzept:
  Günter Pawlak, FaktorZwo!, Bielefeld
 Fotos: der Autor
 Karten: Catherine Raisin, der Verlag

Druck und Bindung
 Fuldaer Verlagsanstalt GmbH, Fulda

ISBN 3-89416-666-5
Printed in Germany

Dieses Buch ist erhältlich in jeder Buchhandlung
der BRD, Österreichs, der Niederlande und der Schweiz.
Bitte informieren Sie Ihren Buchhändler
über folgende Bezugsadressen:

BRD
 Prolit GmbH,
 Postfach 9, 35461 Fernwald (Annerod)
 sowie alle Barsortimente
Schweiz
 AVA-buch 2000
 Postfach 27, CH-8910 Affoltern
Österreich
 Mohr Morawa Buchvertrieb GmbH
 Sulzengasse 2, A-1230 Wien
Niederlande
 Nilsson & Lamm BV,
 Postbus 195, NL-1380 AD Weesp

Wer im Buchhandel trotzdem kein Glück hat,
bekommt unsere Bücher auch direkt bei:
Rump Direktversand
Heidekampstraße 18, 49809 Lingen (Ems)

*Wir freuen uns über Kritik, Kommentare
und Verbesserungsvorschläge.*

*Alle Informationen in diesem Buch sind vom
Autor mit größter Sorgfalt gesammelt
und vom Lektorat des Verlages gewissenhaft
bearbeitet und überprüft worden.*

*Da inhaltliche und sachliche Fehler nicht aus-
geschlossen werden können, erklärt der Verlag,
daß alle Angaben im Sinne der Produkthaftung
ohne Garantie erfolgen und daß Verlag
wie Autoren keinerlei Verantwortung und
Haftung für inhaltliche und sachliche Fehler
übernehmen.*

Hans-Gerd Spelleken

Honduras-Handbuch

REISE KNOW-HOW im Internet

Aktuelle Reisetips und Neuigkeiten
Ergänzungen nach Redaktionsschluß
Büchershop und Sonderangebote
Weiterführende Links zu über 100 Ländern

http://www.reise-know-how.de/

Der
REISE KNOW-HOW Verlag
Peter Rump GmbH
ist Mitglied der Verlagsgruppe
REISE KNOW-HOW

Vorwort

Von den Ländern Zentralamerikas ist Honduras sicherlich das am wenigsten bekannte, uns allenfalls als Bananenrepublik geläufig, die im „Hinterhof" der USA wenig eigenständige Konturen entwickeln konnte. Auch als Reiseland ist Honduras noch recht wenig erschlossen. Die größten Besuchermagneten sind die Maya-Ruinen von Copán und die fantastischen Korallenriffe der zu Honduras gehörenden Karibikinseln.

Damit erschöpfen sich die Attraktionen, die das zweitgrößte zentralamerikanische Land zu bieten hat, noch längst nicht. Immer noch sind große Gebiete von Honduras mit primärem, teilweise unerforschtem Regenwald bedeckt, in dem unzählige Arten von Blumen, Bäumen und Tieren verborgen sind. Doch auch in Honduras ist der Regenwald durch Siedler, Rinderzüchter und Holzeinschlag gefährdet. Eine der Ursachen dafür ist die große Armut weiter Bevölkerungsteile. Zu einem umfassenden Konzept zur Erhaltung des Regenwaldes gehört daher auch, die wirtschaftliche Lage der Menschen vor Ort zu verbessern, die Einrichtung von Schutzgebieten allein reicht nicht aus.

Eine mögliche neue Einkommensquelle ist ein vorsichtiger, naturschonender Tourismus, der auch die jahrtausendealten Kulturen der im Wald zurückgezogen lebenden Ethnien respektiert. Da ich selber bei der Entwicklung und Durchsetzung solcher Projekte mitgearbeitet habe, ist es mir wichtig solche Konzepte mit diesem Buch zu unterstützen.

Honduras ist touristisch noch kaum erschlossen. Die praktischen Informationen dieses Buches sollen daher eine konkrete Hilfe bei der Reiseplanung bieten. Gleichzeitig möchte ich dieses faszinierende und manchmal rätselhafte Land, seine Natur und seine Menschen besser verständlich machen. Um das Erleben einer ganz anderen Kultur und Lebensweise zu erleichtern, habe ich auch einige sonst nicht offensichtlichen Hintergründe von Geschichte, Politik und Wirtschaft ausgeleuchtet.

Was das Bereisen von Honduras ebenfalls zum Erlebnis macht, sind die Honduraner selbst. Das Eigenwillige, Unverfälschte und manchmal weltfremd Anarchische in den Menschen zu erleben bedarf einer Tugend, für die Honduras legendär ist: der Gelassenheit. Wer Honduras so kennenlernt, kehrt am Ende bereichert zurück.

Hans-Gerd Spelleken

Danksagung

An dieser Stelle möchte ich einigen hilfreichen Ratgebern danken, und zwar vor allem meiner Frau *Corina de Spelleken*, den honduranischen und wahlhonduranischen Kollegen *Flavio Irias* und *Jörg Mauelshagen*, dem Biologen *Napoleón Morazán* sowie *Howard Rosenzweig*. Der deutsche Biologe *Hauke Hoops* hat die Ausführungen zu Flora und Fauna entscheidend aufgewertet, *Veronika Schmidt* hat wertvolle Beiträge geleistet. *Michael Ries* konnte vieles noch verbessern. Unter den im Buch verwendeten Fotos finden sich auch Motive von *Gerhard Eisenschink*, *Wim Guyt*, *Manfred Neubauer* und der Familie *Silvestri* (Roatán). All diesen Personen bin ich in Dank verpflichtet.

Inhalt

Exkurse zwischendurch

Hinweise zur Benutzung

Einen Überblick über alles, was für die Reisevorbereitung wichtig und wissenswert ist, enthält das Kapitel Vor der Reise. Hier findet sich auch eine Übersicht über das Land. Zu allem was für den Besuch von Honduras wichtig ist, enthält der zweite Teil dieses Buches, die Praktischen Reisetips von A bis Z, ausführliche Informationen.

In den folgenden landeskundlichen Kapiteln werden die zum Verständnis von Honduras wichtigen Hintergründe geliefert. Ein Überblick des Landes, ausführliche Informationen über Landschaft, Flora und Fauna und den Naturschutz sind im Abschnitt Land und Natur enthalten. Das Kapitel Staat und Gesellschaft umfaßt die Informationen zu Geschichte, Politik, Wirtschaft und Entwicklung des Landes; im Kapitel Menschen und Kultur schließlich werden einzelne Bevölkerungsgruppen und die Kultur des Landes vorgestellt.

Der folgende Hauptteil des Buches mit den Beschreibungen der Regionen und ihrer einzelnen Orte richtet sich in der Reihenfolge nicht nach den Bezirken des Landes, sondern folgt mehreren Routen. Honduras ist eben kein Land, das auf eine alles entscheidende Hauptstadt zentralistisch ausgerichtet ist. Neben Tegucigalpa ist das recht moderne San Pedro Sula ein Verkehrsknotenpunkt, von dem aus der Westen des Landes mit den Ruinen von Copán, aber auch die Karibikküste bereist werden kann. Ein anderer Knotenpunkt ist La Ceiba, ein Ausgangspunkt für Touren in die Moskitia oder zu den Inseln.

Dementsprechend ist auch dieses Buch aufgebaut. Zunächst wird Tegucigalpa, die Hauptstadt des Landes, beschrieben. Von hier aus führt die erste Route in die Provinz El Paraíso im Osten, danach geht es zur Pazifikküste im Süden. Das nächste Kapitel beschreibt die Strecke nach San Pedro Sula, der zweitgrößten Stadt des Landes, und zur nahegelegenen Karibikküste. Von San Pedro Sula aus führt der Weg weiter in den Westen des Landes mit den Ruinen von Copán und durch Santa Bárbara zurück auf die Hauptstrecke zwischen Tegucigalpa und San Pedro Sula. Im nächsten Kapitel wird, beginnend von San Pedro Sula aus nach Osten, die Karibikküste von Honduras beschrieben, anschließend werden die Tauchparadiese der Karibikinseln vorgestellt. Die Moskitia, das riesige abgelegene Gebiet im äußersten Osten, kann nicht per Bus oder Auto bereist werden, sondern nur mit Flugzeug und Boot. Dementsprechend wird im zugehörigen Kapitel auch keine durchgängige Route beschrieben. Durch die Zentralprovinz Olancho, von der Karibik in Richtung Tegucigalpa, führt das letzte Kapitel des Buches.

Jedem Regionalkapitel vorangestellt ist eine Karte mit einer Übersicht der wichtigsten Orte und der beschriebenen Strecke, die zu Beginn jeweils zusammengefaßt dargestellt wird, ebenso wie besonders bedeutsame Informationen über die Region.

Die dann folgenden Ortsbeschreibungen beginnen ebenfalls mit einer Übersicht, entweder kurz und zusammengefaßt, oder – bei wichtigen und sehenswerten Orten – ausführlich und gegliedert. Es folgt, falls vorhanden, eine Beschreibung wichtiger Sehenswürdigkeiten, die zum Teil auch als Stadtrundgang beschrieben werden.

Anschließend folgt ein praktischer Teil, eingeteilt in Abschnitte wie Unterkünfte, Essen und Trinken, Stadtverkehr und wichtige Adressen. Bei größeren Orten findet man auch einen Ortsplan. Bei den Tips zu den Verkehrsverbindungen wird zunächst immer die Anreise aufgeführt. Die beste Busverbindung von Tegucigalpa nach Choluteca ist also in der Ortsbeschreibung von Choluteca zu finden. Am Ende der Ortsbeschreibung finden sich oft noch zusätzliche Hinweise zu Ausflügen in die Umgebung. Adressangaben werden, um das Fragen zu erleichtern, auf spanisch gegeben.

Der Anhang des Buches enthält weitere nützliche Informationen wie eine Liste von Billigflügen, Literaturhinweise, ein Glossar und als Übersetzungshilfe eine Liste von spanischen, deutschen und wissenschaftlichen Tier- und Pflanzennamen. Das Register und ein Kartenverzeichnis ermöglichen das leichte Auffinden von gesuchten Informationen.

Zum Schluß noch eine Bitte: Alle Informationen in diesem Buch sind zwar sorgfältig recherchiert, können sich aber gerade im schnellebigen Honduras oft ändern und sind daher nur als Anhaltspunkte zu verstehen. Wo es darauf ankommt, beispielsweise bei Verkehrsverbindungen, ist eine Nachfrage vor Ort unbedingt empfehlenswert. Viele Einrichtungen und Dienstleistungen werden im touristisch wenig entwickelten Honduras im Laufe der nächsten Jahren erst noch entstehen. Wir freuen uns daher über jeden Hinweis, der unsere Bemühungen um korrekte Informationen und stete Aktualität dieses Buches unterstützt.

Abkürzungen

AFE	Forstbehörde
Ave.	Avenida, Straße
Blvd.	Boulevard
Bo.	Barrio, Stadtviertel
C.	Calle, Straße
COHDEFOR	Forstbehörde (auch AFE)
Col.	Colonia, Siedlung
DZ	Doppelzimmer
Ed.	Edificio, Gebäude
EZ	Einzelzimmer
HONDUTEL	Honduranische Telefongesellschaft
IHAH	Hondurtanisches Institut für Anthropologie und Geschichte
IHT	Tourismus-Institut
Lps.	Lempiras (Währung)
N.	Norden
N. E.	Nordosten
N. O.	Nordwesten
NGO	Non Government Organisation (Nicht-staatliche-Organisation)
Res.	Residencia, gehobene Siedlung
S.	Süden
S. E.	Südosten
S. O.	Südwesten

Vor
der
Reise

Wichtige Informationen vor der Reise

Anreise aus Europa

Lufthansa bietet neuerdings Sondertarife über verschiedene US-Flughäfen (Miami, Houston) nach Honduras an, bei Ziel San Pedro Sula (welches wir ohnehin empfehlen) häufig ohne Zwischenübernachtung. Ab dem US-Flughafen geht es dann – mit dem selbem Ticket – mit *American Airlines* oder *TACA International Airlines* (El Salvador) weiter, bei Wahlchance empfehle ich *TACA* (guter Service und Essen, im Gegensatz zum Mitbewerber). Für Reisende, die auch ein zumindest kleines Reiseprogramm vorab buchen – z.B. eine Expedition in einen Nationalpark –, bietet das *Outdoor Reise Center* in Wuppertal (Tel. 0202-306911) einen unschlagbaren *Lufthansa*-Tarif zwischen 1600 und 1800 DM.

Andere Airlines *(Delta, American, Continental)*, nicht unbedingt billiger, fliegen über ihre großen US-Megaknoten nach Honduras, teilweise in Kooperation mit *Grupo TACA* (zu dieser Gruppe gehören jetzt *TACA, NICA, LACSA, AVIATECA* und *COPA)*. Hier werden stets eine (dann auf dem Hinflug) oder gar zwei Übernachtungen nötig, die nicht im Preis inbegriffen sind.

Die spanische Luftlinie *IBERIA* bietet San Pedro Sula stets ohne US-Zwischenübernachtung, führt aber – je nach deutschem Abflughafen – zu langen Zwischenstopps in Madrid. Das *Amigoprogramm* mit gutem Hotelzimmer (auch tagsüber) und eine Stadtrundfahrt tröstet. Siehe auch „Praktische Reisetips von A bis Z" und Anhang, „Billigflüge".

Ausrüstung

Bekleidung

Im *tropischen Klima* ist leichte, luftdurchlässige Baumwollkleidung am angenehmsten zu tragen. Alle hautengen Stoffe, Gürtel, Taschen etc. führen zu ständiger Nässe durch eigenen Schweiß. Variierte Kleidung ist sinnvoll (Baumwolle, für Regengüsse bzw. Wanderungen in der Regenzeit ein leichtes Cape oder eine feste Goretex-Jacke). Gegen die grelle Sonne schützt helle Kleidung und eine angemessene Kopfbedeckung, Menschen mit großen Köpfen finden nur schwer einen geeigneten honduranischen Sombrero aus Stroh.

Militärgrüne Kleidung führt zu Beanstandungen, schwabbelige Orient-Stoffe zu überraschten Blicken und gelegentlich auch Ablehnung. Empfehlenswert ist normale Sommerkleidung aus luftigem, festem Stoff. Jeans bieten das beste Verhältnis zwischen Festigkeit (hoch) und Lüftung (ausreichend). Leinenschuhe, feste Sandalen oder luftdurchlässige Leder-Sportschuhe tun im tropischen Klima gute Dienste.

Ganz anders ist es im *Gebirgsklima.* Wo der subtropische in einen Bergwald übergeht bzw. die Höhe mehr als 600 m beträgt, herrschen immer stärkere Temperaturunterschiede zwischen Tag und Nacht bzw. zwischen

Sonne und Schatten. Da die Luftfeuchtigkeit generell hoch ist, empfindet man dort schon Temperaturen von 15 bis 18 Grad als kalt. Ein Pullover, evtl. gar ein Anorak, ist angebracht, in der Nacht hilft nur ein solider Schlafsack.

Für den abendlichen Restaurantbesuch, das Tanzen (dem Volkssport in Honduras) und die Vorsprache in Behörden gilt das gleiche: Persönliche Hygiene ist Trumpf, saubere und ruhig auch **elegante Kleidung** gelten als respektvoll.

Chemische **Reinigungen** sind in allen mittleren und großen Städten zu finden. Bessere Lösung: im Hotel oder beim Kontakt mit Einheimischen nach einer *muchacha* (Mädchen, Hausmädchen) fragen. Die wäscht die Kleidung mit der Hand, nicht sehr schonend, aber garantiert sauberer als eine Maschine.

Allgemeine Ausrüstung

Ein diskretes Depot für die **Reisekasse,** Ticket und Schecks ist immer sinnvoll. **Geldgürtel** sind zwar umständlich, aber konkurrenzlos sicher. Anders ist es bei **Brustbeuteln.** Sie sollten unauffällig unter der Kleidung getragen werden, auch die Bänder dürfen nicht sichtbar sein. Ansonsten signalisieren pralle Brustbeutel oder Halsbänder potentiellen Dieben, wo die „volle" Kasse sitzt. Das Wegreißen kann zudem für das Opfer schmerzhaft und gefährlich sein.

Zur Sicherung bei Verlust der Originaldokumente sollten **Kopien von Reisepaß und Ticket** getrennt von den Originalen aufbewahrt werden. Die Zusammensetzung einer **Reiseapotheke** ergibt sich aus den ausführlichen Empfehlungen im Anhang.

Natürlich sind in den Tropen auch **Sonnenschutzmittel** vonnöten, die in Honduras nur mit niedrigem Lichtschutzfaktor als US-Produkt im Supermarkt oder in guten Hotel-Shops erhältlich sind. Beim Baden und Schnorcheln empfiehlt es sich wegen der auch im Wasser noch wirksamen UV-Strahlen der Sonne, ein T-Shirt zu tragen.

Besondere **Hygieneartikel** wie ph-neutrale Seife sind in Honduras schwer zu bekommen.

Moskitoschutz (z.B. die hautschonende *Muk-Melk*, erhältlich im Globetrotter-Laden) ist unverzichtbar, daneben ist ein geeignetes **Moskitonetz** unbedingt erforderlich. Letzteres kann auch vor Ort gekauft oder – aus feinem Stoff – selbst genäht werden.

Wegen möglicher Stromausfälle ist die Mitnahme einer **Taschenlampe** (Ersatzbatterien!) sehr zu empfehlen.

Da in Honduras fast nur Spanisch gesprochen wird, ist es sinnvoll, **Wörterbücher** oder **Sprachführern** im Reisegepäck zu haben. Besonders empfehlenswert, da ganz auf schnelles Lernen und reisespezifische Situationen ausgelegt, zudem auf die Besonderheiten Lateinamerikas eingehend, ist der Band der Kauderwelsch-Reihe: *Spanisch für Honduras* von *Veronika Schmidt*, der im gleichen Verlag wie dieses Buch erscheint.

Trekkingreisen

Für selbständige Trekkingreisen braucht man einen **Rucksack** mit inte-

Vor der Reise

griertem Gestell, möglichst mit Innenunterteilung, am besten zusätzlich mit innerem Schutz gegen Staub und Feuchtigkeit. Ein **Schlafsack** aus dünnem Baumwolltuch (tropisches Tiefland) oder mit (Daunen-) Füllung (Gebirge) ist angebracht, am besten beides kombinieren. Auch eine **Schlafmatte** wird benötigt. **Wasserflasche** und Wasserfilter bzw. Entkeimungstabletten dürfen nicht fehlen, ebensowenig ein **Messer** und eine **Taschenlampe** (Ersatzbatterien!). Da im unerschlossenen honduranischen Dschungel Wegmarkierungen höchst selten sind, sollte ein **Kompaß** mitgebracht werden.

Landkarten im Maßstab 1:50.000 sind beim *Instituto Geográfico Nacional* zu bekommen. Es sollte gut definiert sein, wohin die Reise geht, denn das ganze Land ist auf über 200 Einzelkarten abgebildet.

Je nach Route und Reiseform wird man außerdem verschiedene **Outdoor-Utensilien** wie Zelt, Kocher oder Geschirr mitführen müssen. Für Selbstversorger bietet Honduras eine Fülle von Campinglösungen (von *GAZ*- bis *Coleman*-Produkten, die in großen Städten in den sog. *Ferreterías* erhältlich sind, z.B. *Larach & Cia*). **Boote** und **Zelte** sind aber schwierig zu bekommen. Das gleiche gilt für Fernglas, Kompaß und Kamera, wenn sie denn hochwertig sein sollen.

Geführte Touren

Reiseagenturen in Honduras arbeiten nach lokalen Regeln, d.h. Improvisation geht vor Organisation, das Verständnis für europäische Bedürfnisse ist wenig entwickelt und das Personal kaum spezialisiert. Einzige Ausnahme sind die Lizenznehmer von *Honduras Expeditions*. Doch eigene Ausrüstung ist in jedem Fall richtig.

Koffer und **Taschen** sollten robust und verschließbar sein. Viele lokale Reiseagenturen achten nicht recht auf Trinkwasserqualität. *Mikropur* oder ähnliche **Wasserentkeimungsmittel** sind angebracht, ebenso wie eine Wasserflasche. Bei **Naturreisen** sollten Literatur, Fernglas und Fotoausrüstung in der gewünschten Form mitgenommen werden. Ansonsten gelten die schon oben genannten Empfehlungen.

Fotoausrüstung

Siehe Foto und Video.

Diplomatische Vertretungen von Honduras

● **Botschaft der Republik Honduras**
(Embajada de la República de Honduras),
Ubierstr. 1, 53173 Bonn,
Tel. 0228 35-6394, Fax 0228 351981.

● **Generalkonsulat der Republik Honduras,**
Frau *Amparo Arita de Raquel*,
An der Alster 21, 20099 Hamburg,
Tel. 040 2802205, Fax 246470, 9-13 Uhr.

● **Konsulat der Republik Honduras,**
Höschgasse 89, CH 8043 Zürich,
Tel. 01 3834341, Fax 3834352.

● **Konsulat der Republik Honduras,**
Breitenfurterstr. 380, Wien, Tel. 01 8887077.

● **Botschaft von Honduras im Internet**
http://ourworld.compuserve.com/homepages/honduras/

Ein- und Ausreise-
bestimmungen

Einreise und Visa

Für die Einreise reicht ein **Reisepaß** *(pasaporte)*, der noch mindestens sechs Monate lang gültig ist. Touristen und Geschäftsleute brauchen bei einem Aufenthalt bis zu 30 Tagen kein Visum, auf jeden Fall aber **Rück- oder Weiterreisetickets** oder eine ausreichende Geldmenge. Letztere Anforderungen werden bei Einreise auf dem Landweg abgefragt.

Deutsche (jedoch nicht Österreicher, Schweizer etc.) erhalten genauso auch problemlos ein **Visum für 90 Tage**. Bei **längeren Aufenthalten** (maximal 6 Monate) kann gegen geringe Gebühr bei der Einreisebehörde *(Migración)* verlängert werden. Danach muß der Reisende für mindestens 72 Std. ins Ausland, um anschließend in der beschriebenen Weise wieder einzureisen. Bei **Aufenthalten über 6 Monate** ist eine Aufenthaltsgenehmigung zu beantragen.

Ausreise

Bei Ausreise per Flugzeug müssen alle Ausländer 95 Lempiras (ca. 7 $) **Flughafengebühren** bezahlen.

Zollbestimmungen

Zollfrei sind alle Gegenstände des persönlichen Bedarfs *(uso personal)* und Geschenke *(regalos)* im üblichen Rahmen.

Streng verboten ist die Ausfuhr **bedrohter Tierarten** wie z.B. Leguane oder Papageien. Das gleiche gilt für **archäologische Funde.** Die Kontrollen sind mittlerweile wirksam. Bei Zuwiderhandlung sind mindestens sehr hohe Geldstrafen zu erwarten.

Bei der **Mitnahme von Tieren** erforderlich ist die Importerlaubnis der *Dirección General de Ganadería y Veterinaria* (bei der Ankunft am Flughafen erhältlich) und ein amtstierärztliches Gesundheitszeugnis, beglaubigt durch ein Konsulat von Honduras. Die vorgeschriebene Quarantäne von 30 Tagen steht nur auf dem Papier.

Devisen können unbeschränkt eingeführt werden. Achtung! DM, Schillinge, Schweizer Franken und auch Eurocheques sind in Honduras unbekannt und werden von keiner Bank angenommen. Dafür zahlen die Vertretungen von Euro- und Visa-Card *(credomatic* genannt) in Tegucigalpa, San Pedro Sula und La Ceiba innerhalb weniger Minuten bis zu einem Wert von 1000 US-$ wöchentlich bare Lempiras aus.

Essen und Trinken

Die Speisen des Landes spiegeln eine Mischung aus Lateinamerika und Karibik: Während sie im Süden eher aus Maistortillas und Bohnen bestehen, kommen im karibischen Norden mehr *plátanos* (Kochbananen), *pan molde* (Weißbrot) und *fritas* (Weizentortillas) auf den Tisch. Rindfleisch dominiert als *carne asada* (vom Grill), *churrasco* (Rumpsteak) oder *filete*. An beiden Küsten gibt es köstlichen und preiswerten Fisch. Vegetarier finden am ehesten in einem *Restaurante Bufete* eine fleischlose Alternative.

Vor der Reise

Honduranisches **Frühstück** gleicht weitgehend dem landesüblichen Mittagessen, stets mit Bohnen, *tortillas* und häufig sogar Fleisch. Einzige Alternative: amerikanisches Frühstück mit *ham/bacon & eggs*.

Siehe auch „Praktische Reisetips von A bis Z".

Foto und Video

Die Fotoausrüstung hat in den Tropen besonderen Anforderungen zu entsprechen. Die **Kamera** sollte nicht zu empfindlich gegen hohe Luftfeuchtigkeit sein, besonders bei Regenwaldexpeditionen. Alte mechanische Technik

Garífuna-Mädchen mit Kokosnußkuchen

ist da den empfindlichen elektronischen Kameras überlegen. Wichtig ist auch eine robuste, staub- und wasserfeste **Verpackung** der Ausrüstung.

Die benötigten **Objektive** hängen von der Motivwahl ab: Tierfotos in der freien Wildbahn sind nur mit einem guten Teleobjektiv machbar, möglichst einem mit einer Brennweite von mehr als 200 mm. Im Dämmerlicht des Urwaldes benötigt man noch ein Stativ, um zu verwacklungsfreien Aufnahmen zu kommen. Panoramen dagegen können mit einer Weitwinkeloptik (28 oder 35 mm) gut eingefangen werden.

Zum Vermeiden von Blaustich, aber auch als Objektivschutz sind **UV-** oder **Skylightfilter** zu empfehlen. Mit einem **Polfilter** lassen sich ein sattes Himmelsblau erzielen und die Reflexe auf Wasseroberflächen, aber auch auf Blättern kontrollieren (sattere Farben).

Das Verfallsdatum des **Filmmaterials** sollte ein paar Monate in die Zukunft reichen. Direkte Sonneneinstrahlung und der Einfluß der veralteten Kontrollgeräte an Flughäfen sind zu vermeiden. Die Empfindlichkeit der Filme kann bei Waldaufnahmen hoch (wenig Licht verfügbar), bei Aufnahmen der freien Landschaft niedrig (viel Licht verfügbar) gewählt werden. Entsprechendes Material (zwischen 50 und 400 ASA) vorher in geeigneten Anteilen zusammenstellen! **Videokassetten** oder Filme in Standardformat und –auflösung sind in allen größeren Städten zu kaufen. Spezielles dagegen ist rar. Generell gilt: Die Preise entsprechen deutschen Normalpreisen, auch bei Billigmarken.

Internationale Garantieansprüche auf Foto- und Videokameras werden in Honduras meist nicht anerkannt.

Geld

Der **Lempira** hat ungefähr den Wert von 0,07 US-$. **Europäische Währungen und Eurocheques** werden von keiner Bank akzeptiert! **Bare US-Dollar** können an Flughäfen oder in den großen Städten in Wechselstuben oder in Geschäftsbanken in die Landeswährung umgetauscht werden. **Kreditkarten** haben eine höhere Akzeptanz als in Deutschland, fast alles, was teurer als ein Erfrischungsgetränk ist, kann so bezahlt werden. Auch bei der **Autovermietung** werden Kreditkarten verlangt.

Traveller-Cheques in US-Dollar werden in manchen Banken akzeptiert. *Credomatic*, so heißt die Vertretung von **Euro-** und **Visa-Card** (in Honduras *MasterCard* genannt), zahlt gegen Vorlage der Karte und des Passes bis zu 1000 DM (einfache Karte) bzw. 5000 DM (goldene Karte) bar aus. Achtung: Der Kurs des Lempira ist bei Visa bisweilen deutlich ungünstiger (ca. 6 %), deshalb besser Eurocard.

Empfehlenswert ist also, einen kleinen Teil des Budgets in sicher verstauten, breit gestückelten Dollarnoten und eine *Eurocard/Mastercard* oder *Visa-Card* (ca. 4/5 des Budgets) mitzuführen. Für kleinere Ausgaben gehören fein gestückelte Lempiras ins Portemonnaie. An Kleingeld herrscht notorischer Mangel. Das ist dann kein Trick, sondern liegt an der häufigen Entnahme und Hortung aller namhaften Geldscheine aus der Ladenkasse.

Siehe auch „Praktische Reisetips von A bis Z".

Preise

Das Preisniveau honduranischer Produkte beträgt nur 1/7 bis 1/4 des deutschen Vergleichspreises. Importierte oder international gehandelten Produkte und Dienstleistungen sind ähnlich teuer wie in Europa. Vielfach ist es üblich, um Preise zu handeln.

Siehe auch „Praktische Reisetips von A bis Z".

Gesundheit

Für Honduras ist eine Malariaprophylaxe notwendig (siehe Praktische Reisetips, Gesundheit und Gesundheitstips für Fernreisen). Eine ärztliche Beratung, auch zu anderen Impfungen, ist rechtzeitig vor der Reise notwendig.

Hygiene

Honduraner sind persönlich sehr reinlich, duschen sich täglich, vermeiden jeden Schweißgeruch und verabscheuen ungepflegte Menschen. Die Hygiene erstreckt sich jedoch nicht auf öffentliche Räume wie Restaurants, Wartehallen etc. Charakteristisch ist deshalb die wie aus dem Ei gepellte Honduranerin, die in einer brüchigen Lehmhütte lebt und im stinkenden Stadtbus-Wrack mitfährt. Auch alle öffentlichen Toiletten, leider auch in Restaurants und Kneipen, sind in einem miserablen Zustand.

Informationsstellen in Europa

- Ein *honduranisches Fremdenverkehrsamt* in Deutschland gibt es nicht.
- *Informationsstelle Lateinamerika* – allg. Auskünfte zu Politik und Kultur, Heerstr. 205, 53111 Bonn, Tel. 0228-658613.
- *Edition Nahua* – Veröffentlichungen zu Mittelamerika, Friedrich-Ebert-Str. 141b, Postfach 101320, 42013 Wuppertal, Tel. 0202-300030, Fax 0202-314346.
- *Patuca e.V.* – Freunde und Förderer von Honduras, *Hauke Hoops*, Universität Ulm (Abt. Ökologie und Morphologie der Tiere), Albert-Einstein-Allee 11, 89081 Ulm, Fax 0731-5022683.
- *Botschaft der Republik Honduras (Embajada de la República de Honduras)*, Ubierstr. 1, 53173 Bonn, Tel. 0228 35-6394, Fax 0228 351981.

Menschen

Honduras größter Trumpf sind die äußerst gelassenen, freundlichen und hilfsbereiten Menschen. Sie sind vertrauenswürdig und angenehm. Aber sie haben wenig Kenntnisse über die Welt. Die meisten Honduraner denken daher provinziell und kennen die Bedürfnisse anderer Kulturen, speziell die europäischer Reisender, nur vom Hörensagen.

Hohe Sozialkompetenz geht also mit Unverständnis einher. Eine ruhige, behutsame Art beim Umgang mit Menschen ist in Honduras erste Pflicht: Nicht zuviel voraussetzen oder verlangen! Honduraner wollen nicht enttäuschen und überfordern sich deshalb bei uneinlösbaren Wünschen leicht selbst.

Kultureller Respekt

Honduras ist das traditionellste der zentralamerikanischen Länder. So offen die honduranische Volkswirtschaft ist, so geschlossen ist die honduranische Kultur. Trotz der untrüglichen Zeichen fortschreitender US-Amerikanisierung in den Städten funktioniert das Leben der Menschen auf dem Land nach den Regeln vergangener Jahrhunderte. Die Landwirtschaft, die Dorfökonomie, das Arbeitsleben und die familiären Strukturen unterscheiden sich kaum von den feudalen Verhältnissen seit Einzug der Spanier zu Beginn des 16. Jahrhunderts.

Für modern geprägte Menschen mit bürgerlich emanzipatorischen Werten fällt es schwer, dies so hinzunehmen. Vorschnelle Urteile über die Arroganz der dörflichen Elite, die Unterdrückung der Frau und die unkritische Unterordnung der Habenichtse verhindern wirkliches Verständnis. Nur die Zurücknahme voreiliger Denkschablonen ermöglicht dem Honduras-Reisenden neue Erkenntnisse.

Reisezeit

Um die Hauptstadt Tegucigalpa herum und im Hochland beginnt die *Regenzeit* Mitte Mai und endet spätestens zur Jahreswende. Gen Norden und Osten verlängert sie sich deutlich, in La Ceiba dauert sie gar bis Februar. Beträgt die Regenzeit im trockenen Süden und Südwesten nur etwa vier Monate (Mai bis September), so regnet es im Dschungel der Moskitia oder in Bergnebelwäldern während acht

Monaten (Mai bis Januar). Man sollte die „Regenzeit" allerdings nicht überschätzen: Je bewaldeter das Gebiet ist, desto gleichmäßiger entladen sich die fast täglichen Schauer. Fast immer dauern sie nur etwa eine halbe Stunde. Die Landschaft ist zur Regenzeit grün, die Vegetation wuchert.

Während der **Trockenzeit** trocknet die Landschaft hingegen gänzlich aus, in den Städten gibt es dann Wasserknappheit. Rationierung zu bestimmten Tagesstunden (meist zur Arbeitszeit) ist die Folge. Im April, wenn die Trockenzeit ihren Höhepunkt hat, ist es am heißesten, aber wegen der niedrigeren Luftfeuchte läßt sich die tropische Hitze besser ertragen. Viele unasphaltierte Straßen können nun besser bewandert oder befahren werden, allerdings dringt der Staub selbst durch Fahrzeuge in die Kleidung.

Blütezeit der Bäume ist hauptsächlich im April, kurz vor der Regenzeit; Orchideen blühen zwischen April und August.

Sprache

Weniger als 5 % der Bevölkerung spricht englisch. Fast alle Honduraner beherrschen die spanische Sprache, wenn auch weite Teile der indigenen Stämme (Miskitos, Sumus etc.) ihre eigene Sprache bevorzugen. Die Verständigung im Spanischen hängt von der korrekten Aussprache ab. Adressenangaben und Wegbeschreibungen in diesem Buch werden in ihrer spanischen Bezeichnung belassen, damit das Herumfragen erleichtert wird.

Transport

Siehe „Praktische Reisetips von A bis Z".

Unterkunft

In den karibischen Städtchen des Nordens sowie San Pedro Sula, Tegucigalpa, Choluteca und Copán gibt es moderne **Hotels** mit zwei bis vier Landes-Sternen, die über Klimaanlage, Pool, Restaurant und vieles mehr verfügen. Sie kosten zwischen 20 und 160 $ pro Doppelzimmer.

In allen Ortschaften des Landes finden sich darüber hinaus bescheidene bis mittelmäßige **Hospedajes und Hotels,** in denen man zwischen 3 und 20 $ für das Doppelzimmer bezahlt.

In den Nationalparks gibt es in den nächsten Jahren zunehmend auch **Besucherzentren,** die eine Übernachtung in soliden Doppel- oder Mehrbettzimmern für wenig Geld ermöglichen. Die Reservierung solcher *Centros de Visita* (Besucherzentrum) genannten Herbergen läuft über das Ortsbüro der mit der Verwaltung des Nationalparks beauftragten Organisation oder den Büros von *Honduras Expedition*.

Zur Zeit gibt es in den meisten Naturschutzgebieten einfache **Forstcamps** oder Übernachtungsangebote der lokalen Bevölkerung. Schlafsack und Isomatte sind bei solchen Unterkünften unverzichtbar.

Siehe auch „Praktische Reisetips von A bis Z".

Vor der Reise

Versicherungen

Der Schutz der gesetzlichen Krankenkassen erstreckt sich nicht auf Honduras, und auch wer privat versichert ist, sollte sich vor der Abreise nochmals genauestens erkundigen. Der Abschluß einer **Auslandskrankenversicherung** wird dringend angeraten. Günstige Anbieter gewähren schon für weniger als 20 DM einen Jahresschutz, selbst bei mehrmaligen wochenlangen Reisen.

Schweizerbürger sind gemäß des dort geltenden Krankenversicherungsgesetzes geschützt.

Beim Studium des Kleingedruckten sollte man auch darauf achten, ob, wenn der Aufenthalt in Honduras krankheitsbedingt länger als geplant dauert, der Versicherungsschutz bestehenbleibt. Außerdem sollten die Bedingungen für eine Rückführung und die Einschränkungen bei einer Vorerkrankung genauestens studiert werden.

Ob sich die recht hohen Ausgaben für eine **Reisegepäckversicherung** lohnen, muß jeder selbst entscheiden. Dagegen sprechen die vielen Einschränkungen z.B. für Wertsachen, Fotoapparate und Dokumente sowie der bürokratische Aufwand (Kaufbelege!) – und auch mit Versicherung ist man immer dazu verpflichtet, auf seine Sachen gut aufzupassen. Im Schadensfall sollte man auf detaillierte Angaben in den polizeilichen Protokollen bestehen!

Schon bei der Buchung des Fluges bzw. der Reise sind mögliche Stornokosten zu beachten. Wer auf Nummer sicher gehen will, kann dieses Risiko mit einer **Reiserücktrittskosten-Versicherung** ausschließen.

Jeder, der eine **Pauschalreise** bucht, hat das Recht darauf, sich zu vergewissern, daß sein Reiseveranstalter gegen eine Insolvenz (Pleite) abgesichert ist.

Eine Pauschalreise ist jede Kombination zweier gleichwertiger Reiseleistungen, also beispielsweise bereits die kombinierte Buchung von Flug und Mietwagen.

Spätestens bei der ersten (An-) Zahlung muß der Veranstalter bzw. das Reisebüro dem Kunden deshalb einen **Sicherungsschein** aushändigen. Wenn ein Veranstalter aus welchen Gründen auch immer diesen Sicherungsschein verweigert, kann man davon ausgehen, daß er gegen eine Pleite nicht versichert ist. Das muß kein Grund sein, die Reise nicht zu buchen, es schließt allerdings das Risiko mit ein, bereits bezahlte Reiseleistungen im Pleitefall nicht zu erhalten – z.B. den Rückflug ...

Geographischer Überblick

Honduras ist mit 112.492 qkm Fläche das zweitgrößte Land Zentralamerikas, mit gut 6 Mio. Einwohnern aber das zweitkleinste des Isthmus. Am pazifischen Golf von Fonseca (südlich) verfügt das Land über 124 km dunklen, feinen Sandstrand. Am Atlantik (nördlich) säumen 640 km heller, meist feiner und malerischer Strand die dort karibisch geprägte Küste. Auf der Karte gleicht Honduras einem Trichter, der – wegen der ausdehnten Dschungellandschaft der Moskitia – Richtung Osten etwas auslädt.

Im **Zentrum** des Landes befindet sich das **Bergland,** das aus verschiedenen von West nach Ost verlaufenden Kordilleren besteht. Hier liegt die Hauptstadt Tegucigalpa und der Westen des Landes, in dem sich auch die berühmte Mayastadt Copán befindet. Im Bergland ist der subtropische Bergwald zu finden, der sich durch gemäßigte Temperaturen, eine Regenzeit exakt zwischen Mai und November und durch Kiefernwald auszeichnet. Ab ca. 1500 m geht dieser allmählich in Bergnebelwald über, der viel dichter, feuchter und kühler ist.

Nach **Norden** hin verläuft sich das Hochland allmählich in **Täler**, die einst von dichtem tropischem Regenwald bedeckt waren. Dies ist Richtung Nordosten noch der Fall. In Olancho folgt den etwas höher gelegenen Kiefernwäldern zunächst ein fruchtbares Tal, jenseits der Städte Juticalpa und Catacamas dann unberührtester Regenwald, der heute aber auch akut von Holzunternehmen, Viehzucht und extensiver Landwirtschaft bedroht wird. Noch weiter nordöstlich, im unerschlossenen Gebiet zwischen den Flüssen Sico, Plátano, Patuca und Coco, geht der Regenwald dann irgendwann in eine schüttere, von Überschwemmungen heimgesuchte **Feuchtsavanne** über.

Gegenüber der honduranischen Karibikküste befinden sich drei **Inseln,** die *Islas de la Bahía*, die mitten im zweitgrößten **Korallenriff** der Welt, dem *Continental Shelf*, liegen. Hier reicht ein von Mangroven durchsetzter Küstenwald gleich bis an die weißen, von Palmen beschatteten Strände.

Im **Süden** schließt sich an das zentrale Hochland eine heute vielfach verkarstete, niederschlagsarme Landschaft an. Hier, im Südzipfel des Landes zwischen El Salvador (westlich) und Nicaragua (östlich), befinden sich noch Flecken des tropischen **Trockenwaldes,** ein wegen Waldbränden und Holzeinschlag durch Brennholzsucher stark gefährdetes Ökosystem. Bis in die 60er Jahre hinein war die Landschaft des honduranischen Südens noch mit Trockenwald bedeckt, dann boomten der Anbau von Baumwolle, Cashews und Melonen.

An beiden **Küsten** werden die tropischen Küstenlandschaften durch Flüsse, Lagunen und Ästuare vom Meer getrennt: Durch die Verbindung der stehenden oder ausgetrockneten Gewässer mit dem Meer, die während der Regenzeit teilweise zustandekommt, mischt sich das nährstoffreiche Süßwasser mit dem salzigen Meerwasser – sogenanntes Brackwasser entsteht. Dieses Brackwasser bietet ideale Lebensbedingungen für Mangroven, die an beiden honduranischen Küsten in großer Vielfalt zu finden sind. Besonders im Süden des Landes müssen die ausgedehnten Mangrovenwälder vor der Zerstörung durch profitbringende Krabbenzuchtbetriebe geschützt werden.

Praktische Reisetips von A bis Z

Austauschprogramme und Entwicklungshilfe

In Landwirtschaft, Gewerbe und Dienstleistung erreichen honduranische Unternehmen nur gut 50 % der durchschnittlichen Produktivität ihrer zentralamerikanischen Nachbarn. Organisationsverhalten und Umwelt bremsen in Honduras häufig den Erfolg von engagierten Initiativen.

Dies bedeutet einerseits, daß die Arbeit und Unterstützung von freiwillig in Honduras tätigen Ausländern sehr sinnvoll ist, wenn diese eine gute Ausbildung und einschlägige praktische Erfahrungen mitbringen. Es heißt zugleich aber, daß die Fähigkeiten und Fertigkeiten Freiwilliger nur eingebracht werden können, wenn diese zunächst das Umfeld in Honduras eingehend kennenlernen und dann noch genügend Zeit haben, ihr Know-how allmählich zu übertragen. Dies erfordert eine Aufenthaltsdauer von zwei bis drei Jahren. Absolutes Minimum ist ein Jahr, darunter hat ein Einsatz in Honduras für niemanden einen Sinn.

● Besonders sinnvolle **Austauschprogramme** mit Lern- und Arbeitscharakter sowie professioneller Partnerwahl bietet der *Internationale Christliche Jugendaustausch (ICYE)* an, die Aufenthaltsdauer beträgt ein Jahr: *Internationaler Christlicher Jugendaustausch*, Kiefernstr. 45, 42283 Wuppertal, Tel. 0202-501081, Fax 0202-506563.

● **Forschungsaufenthalte** von drei Monaten Länge bietet die *Carl-Duisberg-Gesellschaft* im Rahmen des ASA-Programms an: *ASA-Programm in der Carl-Duisberg-Gesellschaft e.V.*, Lützowufer 6-9, 10785 Berlin, Tel. 030-254820, Fax 030-25482204.

● Langfristige Verträge für Honduras, und zwar für geeignete Personen mit soliden Fachkenntnissen sowie Berufserfahrung in Bereichen der Selbsthilfeorganisation, des Ressourcenmanagements und der Betriebswirtschaft bietet auch der *Deutsche Entwicklungsdienst (DED)* in Berlin.

● Interessant ist es auch, sich wegen eines Praktikums gezielt an honduranische Unternehmen und Organisationen zu wenden. Als Ansprechpartner könnte hier die neue Honduranisch-Deutsche Handelskammer dienen. *Honduranisch-Deutsche Industrie- und Handelskammer (Cámara de Comercio e Industria Hondureño-Alemana)*, Dietrich Alexander Pagels, Apartado Postal 1022, Tegucigalpa D.C., Tel. 00504-233-5615, Fax 9531.

● Für auswanderungswillige und an Investitionen interessierte Leser bietet sich der Kontakt mit der deutschen Beratungsgesellschaft *Integration International Management Consultants GmbH*: Kleiner Hirschgraben 10 bis 12, 60311 Frankfurt am Main, e-mail: integration@organisation.com; oder der *ConsultTeam Unternehmensberatungsgesellschaft mbH* an: Dammstr. 31-33, 47119 Duisburg, Tel. 0203-80965-0.

Auto

Ein Auto ist in Honduras so teuer wie in Europa, also im Verhältnis zum Einkommen um ein vielfaches wertvoller. Entsprechend unfallvermeidend fährt die motorisierte Bevölkerung. Nicht das Vorrecht zählt, sondern die Furcht vor dem größeren und stärkeren Verkehrsteilnehmer. Der Mensch ist leider zweitrangig. Erst im letzten Moment – wenn überhaupt – bremst das fahrende Auto vor dem Fußgänger.

Die Qualität der **Straßen** von Honduras ist heute auf relativ hohem Niveau. Dennoch sind tiefe Schlaglöcher und Fahrbahnabsenkungen – im Extremfall bis zu unmarkierten Schluchten – nicht auszuschließen. Auch Tiere und Gegenstände auf der Fahrbahn sind keine Seltenheit. Ein naturgemäß „unbeleuchteter" Esel, nachts auf der Fahrbahn, ist eine akute Lebensgefahr für alle Beteiligten. Deshalb ist vom **Fahren nach Einbruch der Dunkelheit** (also nach 18 Uhr) unbedingt abzuraten. Autos und vor allem Mietwagen sollten, falls Nachtfahrten nicht ausgeschlossen werden können, eine stets saubere Frontscheibe haben sowie eine, gerade in der Regenzeit, funktionsfähige Lüftung (gegen beschlagene Scheiben).

Stellt man den Anspruch auf deutsche Präzision hintan und folgt eher den Regeln auf einer Ameisenstraße, dann ist Autofahren in Honduras vielleicht sicherer als zu Hause. Die wenigen vorhandenen **Verkehrsschilder** entsprechen im wesentlichen der internationalen Norm. Besonders häufig sind die Schilder:

● *Alto*	Halt
● *Baje la luz*	Fernlicht bei Gegenverkehr abblenden
● *No dejar objetos*	Keine Gegenstände auf der Fahrbahn liegenlassen
● *No hay paso*	Einfahrt verboten
● *No rebase*	Nicht überholen
● *Solo una vía*	Einbahnstraße

Eine generelle **Vorfahrtsregelung** gibt es aber nicht: Hat man die Vorfahrt anderer zu achten, so findet sich in der Regel das charakteristische umgekehrte Dreieck oder das mit *Alto* (Stop) beschriftete Stopschild. In den Städten bietet die *Avenida* in aller Regel sozusagen die eingebaute Vorfahrt, während der Fahrer auf einer *Calle* entsprechend an jeder Ecke Vorfahrt zu gewähren hat – sei es gegenüber von links oder von rechts kommenden Fahrzeugen.

Verboten ist es, auf **Ampelkreuzungen** links abzubiegen!

Die nicht immer widerspruchsfreien Verkehrsregeln versteht die **Polizei** auch nicht viel besser als der wenig versierte Reisende. Dennoch hat die Verkehrspolizei *(tránsito)* natürlich immer recht. Argumente sollten nur darauf abzielen, die persönliche Situation zu erklären und um Verständnis *(por favor comprenda)* zu bitten.

Die bei **Ordnungswidrigkeiten** zu entrichtenden *multas* können der meist freundlichen Streife nicht bar ausgezahlt werden. Stattdessen muß sich der Übeltäter mit Fahrzeug im Präsidium des *tránsito* persönlich präsentieren. Bis dahin hat er den Führerschein oder – bei Unfällen mit Personenschaden – das Fahrzeug abzugeben. Das ist ganz normal, also keine Panik!

Bei **Unfällen** sollte man die Ruhe bewahren und eine Möglichkeit organisieren, die Verständigung herzustellen. Bei Sachschäden empfiehlt sich, zunächst die eigene Schuld zu leugnen, auf die Grenzen des eigenen Budgets hinzuweisen und eine gütliche Einigung vorzuschlagen *(arreglo)*. Dann sollte ein kleiner Betrag in bar angeboten werden. Hat das keinen Erfolg, ist die Hilfe der Botschaft und – über diese – eines Anwalts zu suchen.

Bei **Personenschäden** setzt die Polizei den verantwortlichen Fahrer zunächst fest. Der einzige Weg ist die gütliche Einigung mit dem Opfer bzw. dessen Familie. Sind diese zufrieden und haben dies schriftlich niedergelegt, so kommt der verantwortliche Fahrer auf freien Fuß.

Zum Fahren in Honduras benötigt man einen gültigen deutschen oder internationalen **Führerschein.** Der gilt drei Monate, kann aber bei Abgabe eines Lichtbildes und durch einen Nachweis des Sehtests auch auf eine schicke kleine honduranische *licencia* umgeschrieben werden. Die kostet ca. 200 Lps. und hat zwei Jahre Gültigkeit.

Mit einer gültigen Kreditkarte können in den größeren Städten und Copán **Autos gemietet** werden. Sie dürfen jedoch in aller Regel nicht außer Landes gebracht werden. Die Haftpflichtversicherung schließt eine hohe Selbstbeteiligung ein, der Preis des Mietwagens entspricht europäischem Niveau.

Tankstationen der Marken *DIPPSA, TEXACO, ESSO* und *SHELL* (selten auch *COPENA*) befinden sich in Abständen von ca. 20 km. Es wird zwischen verbleitem Super/Extra, Normal und Diesel unterschieden. Ein Liter Normalbenzin kostet ca. 0,60 DM. Maßeinheit ist die Gallone (ca. 3,75 Liter). Die Zapfanzeige wird aber häufig mit einem Koeffizienten auf den echten Betrag umgerechnet, auch das ist normal. In diesem Fall ist der Koeffizient (z.B. x2) auf der Tanksäule ausgezeichnet – oft nur als unscheinbares

Zettelchen unter deren Sichtglas geschoben.

Eigentlich nur für Mitglieder, aber gegen Rechnung auch für Ausländer hilfsbereit ist der honduranische **Automobilclub** *Club Automobilístico de Honduras*, Tel. 231-5551 (Tegucigalpa), Tel. 552-5991 (San Pedro Sula), Tel. 441-0831 (La Ceiba). Der Club verfügt über einsatzbereite **Abschleppfahrzeuge.**

Hauptstrecken

- Fernstraße **CA1:** *Panamericana* zwischen El Espino (Nicaragua) und El Amatillo (El Salvador)
- Fernstraße **CA5:** Südstrecke *(Carretera del Sur)* zwischen Jícaro Galán und Tegucigalpa und Hauptstrecke *(Carretera del Centro)* zwischen Tegucigalpa und San Pedro Sula
- Fernstraße **CA4:** Weststrecke *(Carretera del Oeste)* zwischen San Pedro Sula und Ocotepeque (Südwesten)
- Fernstraße **CA11:** von La Entrada nach Copán Ruinas (Westen)
- Fernstraße **CA13:** Nordstrecke *(Carretera del Norte)* zwischen San Pedro Sula und Trujillo.
- Außerdem führen asphaltierte **Hauptstraßen** von der Hauptstadt in die Bezirke El Paraiso (Fernstraße **CA6**) und Olancho.

Unasphaltierte Straßen

Unasphaltierte Straßen führen in häufig sehr interessante, unberührte Ortschaften. Das nicht asphaltierte, aber weitgehend auch in der Regenzeit befahrbare Straßennetz ist größer als das asphaltierte. Auf solchen „Staubstraßen" sind nur **Geländewagen** brauchbar. Andere Fahrzeuge verlieren leicht den Auspuff, Ärger durch die Mietwagenfirma ist dann meist unausweichlich. In diesem Buch mit einer durchgehenden Linie gekennzeichnete Strecken sind in der Regel ganzjährig befahrbar. Mit gestrichelter Linie gekennzeichnete sind dagegen häufig reine **Sommerstraßen,** die zwischen Mai und Dezember zunehmend unpassierbar sind. Besonders gefährlich sind Bäche und Flüsse, da deren Brücken häufig nicht mehr vorhanden sind. Warnschilder gibt es in Honduras für solche Fälle kaum!

Diplomatische Vertretungen in Honduras

Diplomatische Vertretungen **von Honduras in Europa:** Siehe „Vor der Reise"

● **Guatemala:** Tegucigalpa: Col. Las Minitas, 4a Calle, Ave. Juan Lindo, Casa Nr. 2421, Tel. 232-9704, 232-1543, Fax 231-5655).
● **Mexiko:** Tegucigalpa: Col. Palmira, Av. República de México, Casa Nr. 2402, Tel. 232-6471, 232-0138, Fax 231-4719).
● **Belize:** Tegucigalpa: Ricardo Vinelli, Centro de Convenciones, Tel. 239-4019, 239-4021, Fax 239-0134;
San Pedro Sula: Col. Bella Vista, 2a Ave., 7a Calle, Casa Nr. 102, Tel. 552-6191.
● **El Salvador:** Tegucigalpa:
Col. San Carlos, 2a Ave. Nr. 205, Tel. 236-8045, 236-7344.
● **Nicaragua:** Col. Lomas del Tepeyac (2 Blocks von der guatemaltekischen Botschaft), Tel. 232-7218, 232-7224, Fax 231-1412.
● **Costa Rica:** Tegucigalpa: Res. El Triángulo, Tel. 232-1768, Fax 232-1876.
● **Panamá:** Tegucigalpa: Ed. Palmira, gegenüber Hotel *Honduras Maya,* Tel. 231-5441.

● **Deutsche Botschaft** *(Embajada Alemana),* Tegucigalpa, Edificio Paysen, III. Stock, Blvd. Morazán, Colonia Palmira, Apdo. Postal 3145, Tel. 232-3161 oder -62, Fax 232-9518.
● **Deutsches Honorarkonsulat** *(Consul Honorario de Alemania),* San Pedro Sula, Blvd. del Norte, Edificio Atlas Comercial, Tel. 553-1244, im Notfall auch 553-3714, Fax 553-1868.
● **Österreichisches Generalkonsulat** *(Consulado General de Austria),* Apartado Postal 372, San Pedro Sula, Tel. 559-0473, 559-0636, Fax 559-0473.
● Konsularische Angelegenheiten der **Schweiz** erledigt in Tegucigalpa die *Corporación Suiza para el Desarrollo (COSUDE),* Apartado Postal 3202, Col. Alameda, 4a Ave., 7a Calle No. 1811, Tel. 232-6239, Fax 231-1242.
● **USA:** Tegucigalpa: Ave. La Paz, vom Zentralpark ca. 3 km östlich, auf beiden Seiten der Straße, Tel. 236-9320, Fax 236-9037.
● **Kanada:** Tegucigalpa: Blvd. Morazán, Ed. Los Castaños, 6. Stock, Tel. 231-4545, Fax 231-5793.

Einkaufen

In Honduras gibt es fast alles. Mangelware sind lediglich Spezialartikel, die im Land nicht auf Nachfrage treffen, z.B. Campingzelt, Kompaß, luftgetrocknete Mettwurst, Bio-Produkte (Kosmetika, Pharmazeutika).

Souvenirs

Produkte honduranischer Herstellung sind preiswerte und schöne **Souvenirs.** Besonders empfehlenswert sind Lederwaren, geflochtene Körbe, Kinderkleidung und Steinmetzarbeiten aus Copán. Doch das honduranische

Bedrohte Art: der zentralamerikanische Spinnenaffe

Kunsthandwerk ist nur in wenigen Bereichen attraktiv. Fragen Sie daher nach *tunus* aus der Moskitia, nach Holzschmuck (vor allem Landschaftsmotive in Mahagonie), nach Korbprodukten aus Santa Bárbara und nach Keramiken der Lencas.

Ein breites Angebot an Souvenirs findet sich in den gleichnamigen Läden (Souvenir oder *Artesanía*) in den Städten. Keramiken, Holz und Lederwaren lassen sich gut in Valle de Angeles, etwa 30 km östlich von Tegucigalpa, erstehen. Steinmetzarbeiten in Form kleiner Stelen und Pyramiden gibt es auf dem Markt in Copán und nur dort: Diese kleinen Nachbildungen aus Speckstein sind in den anderen Mayaländern wie Guatemala und Mexiko kaum zu finden.

Vorsicht: **Bedrohte Tierarten** (Papageien, Leguane etc.) werden von armen Menschen zwar an Landstraßen angeboten, dürfen aber nicht ausgeführt werden. Rufen Sie *prohibido* (verboten), wenn Ihnen ein bedrohtes Tier angeboten wird. Auch die Ausfuhr von **Antiquitäten** ist untersagt.

Siehe auch „Land und Leute, Kunsthandwerk".

Die unterschiedlichen Geschäfte

Geschäfts-Art	Sortiment	Öffnungszeit	Zahlungsform
mercado	je nach Stand	6 bis nachm.	bar am Stand
pulpería oder *almacén*	Alles außer Frischware	7 bis 21 Uhr	bar an der Theke
supermercado	Alles	9 bis 20 Uhr	bar, Eurocard, an der Kasse
ferretería	Haushaltswaren	9 bis 17 Uhr	bar, Eurocard, Auswahl beim Verkäufer, Zahlung an der Theke

Reisetips A-Z

Handeln

Je mehr ein Produkt als Luxus gilt und je teurer es ist, desto mehr muß um den Preis gerungen werden. Musikkassetten etwa oder Schmuck kosten real nur etwa 50 bis 80 % des erstgenannten Preises. Lebensmittel und Früchte dagegen werden nur mit geringen Nachlässen verkauft. Man sollte bei diesen Produkten nie den ersten Preis akzeptieren, sondern nach dem: *último precio?* (letzter Preis?) fragen. Grundnahrungsmittel, Zeitungen, Zigaretten und Preise in der Gastronomie sind dagegen nicht verhandelbar.

Elektrizität

Aus der Steckdose kommen 110 Volt Wechselstrom (60 Hz). Umschaltbare Geräte brauchen nur einen Adapter *(enchufle medida europea)*, der zum Beispiel bei *Larach* oder in anderen gut sortierten *ferreterías* (Haushaltswarenläden) für etwa 5 Lempiras zu kaufen ist. Hartnäckigen 220 Volt-Geräten hilft ein Trafo, der je nach Ka-

pazität ab 500 Lempiras (300 Watt) kostet. Achtung: Motoren leiden unter der gegenüber Europa (50 Hz) höheren Taktfrequenz.

1994 gab es in Honduras eine **Stromkrise,** weil der mit deutschen Krediten gebaute Staudamm El Cajón trockengelaufen war. In solchen Fällen wird der Strom alle sechs Stunden stadtteilweise abgeschaltet.

Essen und Trinken

Typische Speisen

Honduras ist in kulinarischer Hinsicht eine Mischung aus Lateinamerika und Karibik. Im Zentralland und Süden dominiert die möglichst handgemahlene **Mais-Tortilla** *(tortilla)*, zu der **Rote Bohnen** *(frijoles)* ganz oder püriert gereicht werden. Das Bohnenpüree enthält viel Palmfett *(manteca)*, deshalb der köstliche, nussige Geschmack. Zu *tortilla* und *frijoles* paßt **Saure Sahne** *(mantequilla crema)*, die mit einem Spritzer **Chili-Sauce** *(chile)* oder einem Zwiebelchen aus dem großen Mixed-

Pickle-Topf perfekt harmoniert. In Tegucigalpa, im zentralen Hochland und im Süden wird **Maniok** (*yuca*) mit *chicharrón (gebratene Schweineschwarte)* als Snack serviert: ein Leckerbissen, dessen Würze allerdings Tage später noch aufstößt.

Diese typisch zentralamerikanische Kost wird nirgendwo so unverfälscht gereicht wie in Honduras. Wer immer treffsicher die klassische Mischung bestellen will, der bestellt das **plato típico** oder in einfachen Restaurants: *plato del día*, auf dem sich in aller Regel Bohnenpüree, Saure Sahne, ein Stück Fleisch, Geflügel oder Ei, eine gebratene Banane und Reis oder Nudeln befinden. Dazu wird ein Körbchen warmer Mais-Tortillas gereicht. Das *plato tipico* kostet zwischen 1 $ (im einfachen *comedor)* und 7 $ (im teuren Hotel).

Bei entsprechendem Geldbeutel wird *carne asada* (gegrilltes **Rindfleisch**), *lomo* **(Steak),** *churrasco* **(Rumpsteak)** oder *chuleta* **(Kotelett)** dazu gegessen. **Fleisch** *(carne)* ist in Honduras preiswert und häufig vom Feinsten (zum Leidwesen des Regenwaldes). Zu gegrilltem Rindfleisch paßt das fein gehackte und mit Limetten angemachte Gemüse **chismol**, das in kleinen Tonschalen serviert wird. Gerade Schweinefleisch kann wegen der gesunden *cerdos criollos* (kreolischen Schweine) gut gegessen werden. Zum Frühstück oder in preiswerten *comedores*, in denen Bauern und Fernfahrer ein- und ausgehen, wird meist aber nur ein **Spiegelei** (*huevo estrellado*) oder ein **Rührei** *(huevo revuelto)* zu *tortilla* und *frijoles* serviert.

Variiert wird diese Kost durch **Fisch** *(pescado)* und **Meeresfrüchte** *(mariscos)* aus der Karibik oder aus dem pazifischen Golf von Fonseca. Fisch ist – gerade im Norden – preiswert und köstlich. Die **Sopa de Caracol** (Seeschneckensuppe) ist seit dem gleichnamigen Sommerhit (1991) der international bekannten honduranischen Band *Los Gatos Bravos* legendär. In sauberen Restaurants im Süden und in Tegucigalpa ist das **Ceviche** zu empfehlen: Fisch- oder Haifischstückchen werden in einer Limonen-Essig-Tunke serviert. Die erfrischende Kleinmahlzeit eignet sich als leichtes Mittagessen oder für zwischendurch. Auch **Krabben** *(camarón)* in verschiedenen Größenklassen *(normal, mediano, jumbo)*, **Hummer** *(langosta)*, **Krebs** *(cangrejo)*, **Meeresschnecke** *(caracol)* und **Tintenfisch** *(calamares)* sind geläufig. Nur *langosta* ist richtig teuer (ca. 140-220 Lempiras), die restlichen Gerichte liegen auf dem Niveau eines Steaks (ca. 80 Lempiras). Zu Fisch wird häufig *tajada de plátano* (Chips aus Kochbanane) serviert. Eine halbe Limette darf auch nicht fehlen.

Sehr lecker sind auch *tapado* (**Eintopf** aus drei Stärketrägern und zwei bis drei Fleisch- oder Fischarten), *tamales* (**Maistaschen** mit Erbsen und Oliven), *nacatamales* (Maistaschen mit Schweine- und Hähnchenfleisch) und *machuca* (Bällchen aus **Kochbanane,** ideal zur Fischsuppe).

Alle Speisen auf der Grundlage von Fisch und Kokosnuß *(sopa de caracol, machuca, pescado, camarón)* stammen aus der **Garífuna-Küche** und werden

Reisetips A-Z

von den Afrokariben selbst am besten zubereitet. In den Dörfern der Garífunas werden außerdem schmackhaftes *pan de coco* (Kokosnußbrot) und *tabletas de coco* (Kokosnuß-Plätzchen) verkauft.

Früchte

Ein absoluter Höhepunkt im Nahrungsangebot des Landes sind die unzähligen Arten exotischer Früchte: Limonen, Limetten, rote Pampelmusen, Tamarinden, Litchees, Mango, Honig- und Wassermelone, Honigapfel *(guanábana)*, Breiapfel (*zapote*, meine besondere Empfehlung), Ananas, Papaya, Pitahaya, Mora und viele mehr sind auf den städtischen Märkten oder auch auf Fruchtständen am Rande der Stadt- oder Landstraße zu finden. Hygienisch unbedenklich ist, die Frucht am Stand selbst frisch schälen zu lassen.

Typische Getränke

In Copán gibt es eine Alternative zu den sonst aus den USA stammenden **Erfrischungsgetränken:** Das in Santa Rosa de Copán abgefüllte Süßgetränk wird mit viel natürlichem und künstlichen Aroma sowie reichlich Kohlensäure abgefüllt und unter dem Namen *Copán* im Zentralpark von San Pedro Sula (gleich gegenüber vom Gran Hotel Sula) sowie an den meisten Orten im Departamento Copán angeboten. Es ist die honduranische Variante des „Almdudlers". *Frescos naturales* sind natürliche **Fruchtsaft-getränke** auf Basis der vielfältigen Fruchtsorten (vor allem Tamarinde, Ananas, Limone). Hier ist die Qualität des zugesetzten Wassers abzufragen. *Frescos Naturales* kosten ca. 0,25 $. *Licuados* sind Milch- oder Wasser-Mixgetränke, die die **ganze Frucht** enthalten. Sie kosten schon 0,30 bis 0,70 $. *Wabul* ist das Püree gestampfter, gekochter, meist reifer **Kochbananen** mit Milch oder Wasser. *Wabul* gehört zu den Grundnahrungsmitteln der Miskitos und wird ausschließlich von diesen angeboten.

Strombus gigas, als Delikatesse beliebt und daher stark gefährdet

Trujillanerin vor Bier-Werbung

Honduras ist ein **Bierland,** alle fünf Arten *cerveza* sind gut: *Imperial* für die volkstümlichen Hauptstädter, *Nacional* für tropische Vieltrinker (sehr leicht und bekömmlich), *Salva Vida* für heitere Abendstunden (würzig) *Port Royal* für Kenner oder Insulaner (der Exportschlager), sowie *Holsten* unter deutscher Lizenz für die Trendsetter. Importbier gibt es kaum, allenfalls *Heineken, Becks* und viele dünne US-Marken. Entgegen der pseudoökologischen Werbung pumpt die US-gesteuerte Brauerei *Cervecería Hondurena* die Bevölkerung mit Dosengetränken – die trotz 20 % höherer Preise bei gleicher Qualität und Menge – gerade in den Städten gut ankommen. Auf dem Land wird dagegen *chicha* (fermentierte Stärke) als selbstgebrautes Bier aus Mais, Orangen oder Ananas hergestellt.

Wein ist in Supermärkten zu erstehen, vor allem kalifornische und chilenische Sorten. In italienischen und internationalen Restaurants in San Pedro Sula und Tegucigalpa wird Wein ausgeschenkt, sonst ist es schwierig, welchen zu bekommen.

Auch bei den **Spirituosen** gibt es zwei sehr genießbare einheimische Produkte: *Flor de Caña* ist ein edles

Zuckerrohr-Destillat zu populären Preisen. Am besten die Version *extra seco* mit Limette und viel Eis. *Yuscarán* ist ein ebenfalls aus Zuckerrohr gemachter weißer Schnaps, der kaum einen Kater hervorruft. Am besten mit Pampelmuse probieren! Aber vorher das Etikett der Flasche prüfen: Billiger Fusel (ohne Etikett) kann gefährlich sein.

Restaurants

Formelle *Restaurantes* bieten Essen nach der Karte. Sie öffnen meist erst ab mittags, die Karte ist sehr vielfältig. Oft wird zwischen *entradas* (Vorspeisen), *ensaladas* (Salate) und *comida principal* (Hauptspeisen) unterschieden. Bei den Hauptspeisen findet man *carnes* (Fleisch), d.h. *cerdo* (Schwein), *res* (Rind), *aves* (Geflügel) und *pescado* (Fisch), sowie *pasta* (Nudelgerichte). Die Gerichte liegen meist zwischen 2,50 $ (Spaghetti) und 15 $ (Languste). Als Beilage ist zwischen Pommes Frites, Reis und Spaghetti zu wählen. Manchmal wird außer den 7 % Mehrwertsteuer auch das Trinkgeld auf den Preis aufgerechnet.

Restaurantes Bufetes servieren Mittagstisch vom Büfett, die Preise liegen zwischen 1,50 und 3 $ für ein Komplett-Menü.

Cafeterías bieten von Erfrischungen über Eis bis zum warmen Essen einfach alles. Der Preis liegt aber fast auf dem Niveau eines Restaurants, die Auswahl ist geringer, vor allem aufwendige Speisen fehlen.

Comedores gibt es an fast jeder Ecke, meist tragen sie ein Markenschild (z.B. *Coco Cola*, *Mejoral*, *Sal Andrews*). Hier findet man einfache, zumeist landestypische Speisen.

Zum kleinen Imbiß eignet sich ein *burrito* (Ei und Bohnenpüree in Weizen-Tortilla), *pastelito de carne* (Gehacktes in Teigmantel) oder einfach *pollo* (eine Portion Brathähnchen). Diese kleinen Snacks werden – wie sehr vieles in Honduras – auf der Hand gegessen und sind in ambulanten oder festen **Garküchen** zu bekommen. Meist weist ein Schild auf *Golosinas* oder *Carne asada* hin. Die Preise liegen zwischen 5 und 30 Lempiras.

Trotz strenger Gerüche und merkwürdigen Aussehens sind Lebensmittel und fertige Speisen meist hygienisch zubereitet. Vorsicht jedoch bei ambulanten Ständen, die nicht über fließendes Wasser verfügen oder an denen sich Tiere herumdrücken!

Mahlzeiten

Desayuno (Frühstück)

Ab 6 Uhr morgens verkaufen Frauen in den Straßen frisch gebackene *tortillas*. Meist dunkle, häufig nur mit kleinen Schildern ausgestattete Comedores servieren **landestypisches Frühstück.** Es entspricht praktisch einer Hauptmahlzeit. Ein solches typisches Frühstück kostet zwischen 0,80 $ (die ersten drei Beilagen) und 1,30 $ (alle Beilagen).

● *frijoles enteros fritos:* Bohnen gekocht oder püriert (mit Palmfett, Zwiebeln und Kreuzkümmel);

Reisetips A-Z

- *tortillas de maiz/de trigo:* Fladen aus Mais oder (im Norden) aus Weizen
- *huevo estrellado/frito* (Spiegelei) oder *huevo revuelto* (Rührei)
- *arroz* (Reis), *yuca* (Maniok), *espaguetis* (Spaghetti) oder *papas* (Kartoffeln), auch kombiniert
- *mantequilla crema* (Saure Sahne) oder *queso blanco* (salziger Käse)
- *plátano frito* (gebratene reife Banane)
- *ensalada* (Salat aus ungewürztem Weißkohl und Tomate)
- *carnita* (Stückchen Fleisch als Mini-Kotelett oder Stückchen Rindersteak), *pollito* (Hähnchenbein) oder *chorizo* (kleine Mettwurst)

In den Restaurants der Hotels wird alternativ auch ein **amerikanisches Frühstück** (Toast, Butter, Marmelade, Orangensaft) oder ein **kontinentales Früstück** (Spiegel- oder Rührei, ansonsten wie amerikanisches Frühstück) angeboten. Dort kostet das amerikanische etwa 2 $, das kontinentale etwa 3 $ und das typisch honduranische Frühstück 4 bis 6 $.

Almuerzo (Mittagessen)

Comedores halten zur Mittagszeit (11:30 bis 13:00 Uhr) ein *plato del día* (Tagesmenü) bereit, das dem Frühstück entspricht, aber statt Ei mehr Fleisch, Fisch oder Hähnchen enthält. Eine leichte Vorsuppe ist meist im Preis inbegriffen. Der Preis entspricht dem Frühstück oder ist maximal 20 % höher. Ein **Tip:** Auf den Märkten, die als überdachte *mercados municipales* das Zentrum jeder Ortschaft prägen, dort gibt es integrierte Comedores, die den strengen Anforderungen honduranischer Markthändler gerecht werden müssen. Hier kann man schnell mal in den Topf gucken und sein Mahl selbst zusammenstellen. Seltsame Gerüche der anderen Stände und ungünstig zusammengekehrte Müllberge täuschen: Die Hygiene auf Herd und Tisch ist hier meist einwandfrei, die Atmosphäre echt und herzlich, Preis und Qualität unschlagbar.

In **Restaurants** kann von der breit angelegten Karte gewählt werden. **Hotelrestaurants** bieten zusätzlich *Bufete* (Büfett) an oder auch ein Tagesmenü, das aber nicht unbedingt preiswerter ist. Ein formelles Mittagessen kostet zwischen 3 und 15 $.

Cena (Abendessen)

Abends sind die **Comedores** meist schon geschlossen, **einfache Restaurants** mit der Aufschrift *pollo* (Hähnchen), *chorizo* (Mettwurst) oder *golosinas* (Häppchen) übernehmen die Versorgung. Entsprechende Kleinigkeiten kosten zwischen 0,60 und 1 $. Nachtschwärmer müssen ab 22 Uhr zunehmend mit „Hot Dogs" vorlieb nehmen. Wie Eishändler stehen die Verkäufer vor Bars, Hotels und Diskotheken. Im Rollwagen haben sie kleine Würstchen in heißem Wasser und drei Bottiche mit Krautsalat, Essigzwiebeln und Soße. Senf und Ketchup können variiert werden. Hot Dogs kosten um die 7 Lempiras.

Restaurants haben abends Betrieb. Die Preise unterscheiden sich nicht vom Mittag. In den Parilla-Restaurants können speziell abends *pinchos* (Spieße), *carne asada* (Grillfleisch) oder Fischgerichte zum Bier bestellt werden. In den typisch honduranischen Restaurants *El Patio* (Tegucigalpa) und *La Espuela* (San Pedro Sula) werden ohne Aufpreis *anafres* (Stövchen mit Bohnen und Käse) zum Dippen auf den Tisch gestellt. Einige Restaurants stellen gute Snacks zum Bier, das Abendessen kann dann schon mal ausfallen.

Fahrrad

Räder aus asiatischer Produktion oder aus honduranischer Endmontage sind gerade im nördlichen Tiefland häufig zu sehen, denn das Rad ist das Fortbewegungsmittel der armen, aber nicht mittellosen Landbevölkerung.

Fahrräder **leihen** kann man mittlerweile in einigen größeren Hotels des Nordens. Doch das Radeln ist nur auf den promenadenähnlichen Straßen am Strand undenklich. Auf Überlandstraßen jedoch leben Zweiradfahrer gefährlich.

Sinnvoller sind **Mountainbikes,** die vor Ort allerdings noch nicht verliehen werden. Auch ein Rad zu **kaufen** ist schwierig, Weltmarken wird man im honduranischen Handel nicht finden, nur billige Pseudo-Versionen. Einzige Alternative ist es, sein Fahrrad **selbst mitzubringen.** Das ist gerade mit Charterflügen nicht unbedingt teuer, die Preise variieren aber je nach Fluglinie sehr. Eine Versicherung wird dringend empfohlen, eine geeignete Ausrüstung (Ersatzteile, spezielles Werkzeug) ist essentiell. Die **Route** mit etwaigen Hotelarrangements plant man am besten in Zusammenarbeit mit einem honduranischen Reisebüro. We-

gen ihrer Wegekenntnis kompetent sind *Honduras Expeditions*, Apartado Postal 2666, 1a Calle, entre 5a y 6a Ave., N.O., Tel./Fax 552-7274. Eine MTB-Vermietung wird nicht geboten.

Feste und Feiertage

In Honduras werden die traditionellen **Patronatsfeste** zu Ehren der jeweiligen lokalen Heiligen aus vollen Zügen gefeiert. Die *Fiesta Juliana* in San Pedro Sula, zu Ehren des Heiligen Petrus *(San Pedro)* am 29. Juni gefeiert, oder die Fiesta San Isidro in La Ceiba, am 15. Mai, sind die Anlässe und Höhepunkte mehrtägiger Volksfeste. Denn an den Werktagen vor dem Höhepunkt des Festes ziehen Züge durch die Stadtteile. Erst am Samstag der Festwoche klingt das traditionelle Stadtfest mit Live-Musik und Tanz im Zentralpark aus. In den feierwütigen karibischen Zentren wie La Ceiba nimmt das Patronatsfest den Charakter eines **Karnevals** an. Die Ceibeños selbst behaupten sogar, der *carnaval ceibeño* sei der größte nach jenem von Rio. Er dauert zwei Wochen lang. Am letzten Samstag tanzen Tausende Honduraner ausgelassen in den Straßen des Zentrums zu Live-Musik: Salsa, Punta und Cumbia. In dieser Nacht braucht man nicht auf freie Hotelkapazitäten zu hoffen.

Wie viele arme Völker feiert auch das honduranische mit unvergleichlicher Hingabe. Jeder Anlaß ist dazu recht. Auch die **Berufsgruppen** des Landes werden durch herausragende

Reisetips A-Z

Ausgewählte Feste und Patronatsfeste in Honduras

Feste mit Karneval sind mit einem Stern gekennzeichnet

Tag	Name des Festes	Orte und Bezirke
Januar		
1	Dulce Nombre de Jesús	Culmí, Olancho
*2	Festival der Pesch	Culmí, Olancho
13	San Antonio	Pespire, Choluteca
14	Señor de Quelala	Jesús de Otoro, Intibucá
15	Señor de Esquipulas	El Triunfo, Choluteca; Esquias, Comayagua Gualala, Sta. Bárbara; Quesailica, Copán Victoria, Yoro; Corozal, Atlántida
15	Señor de las Mercedes	Santa Lucía, Nähe Tegucigalpa
15	San Francisco de Asís	San Francisco de la Paz, Olancho
20	San Sebastián	Comayagua, Comayagua; Danlí, El Paraíso Erandique, Lempira; Ojojona bei Tegucigalpa Olanchito, Yoro
25	Niño Jesús de Praga	Cedeño, Choluteca
Februar		
2	Virgen de Candelaria	El Corpus, Choluteca; Goascorán, Valle Sabanagrande, F. Morazán; Yarula, La Paz
3	Virgen de Suyapa	Suyapa, Nähe Tegucigalpa
11	Virgen de Lourdes	Ilama, Santa Bárbara, Comayagua, Comayagua; Choloma, Cortés
22	San Matías	La Campa, Lempira
*28	Festival der Apfelsine	Guinope, Nähe Zamorano
*3. Samstag	Festival des Kaffees	El Paraíso, El Paraíso
März		
19	San José	Bo. Buenos Aires, Comayaguela, Colinas, Sta. Bárbara, Copán Ruinas, Copán, Nacaome, Valle Nueva Ocotepeque, Ocotepeque
April		
23	Jahrmarkt	French Harbour, Islas de la Bahía
25	San Gaspar	Taulabé, Comayagua
25	San Marcos	San Marcos, Ocotepeque, San Marcos, Santa Bárbara
*Ostern	Überall	Semana Santa (Musik, Spiel und Tanz)

Tag	Name des Festes	Orte und Bezirke
Mai		
3	Día de la Cruz	Amapala, Valle; Sta. Cruz de Yojoa, Cortés
		Triunfo de la Cruz, Atlántida
*15	San Isidro	La Ceiba, Atlántida; San F. de la Paz, Olancho
22	Santa Rita de Casia	Sabá, Colón; Santa Rita, Yoro
		Santa Rita, Copán
30	San Fernando	Omoa, Cortés
Juni		
13	San Antonio	El Nispero, Santa Bárbara; Tela, Atlántida
		San Antonio, Cortés
21	San Luis	Balfate, Colón
24	San Juan Bautista	El Paraiso, El Paraiso; El Porvenir bei La Ceiba
		*Trujillo, Colón; La Entrada, Copán
		La Paz, La Paz; Chimistán, Sta. Bárbara
		Yuscarán, El Paraiso
*3. Sonntag	Festival von Mango und	
	Mamey-Frucht	Yuscarán, El Paraiso
Juli		
16	Virgen del Carmen	El Negrito, Yoro; Santa Fé, Colón
*22-29	Festival der Kartoffel	La Esperanza, Intibucá
26	Festival der Milch	La Ceiba, Atlántida
26	Santa Ana	Campamento, Olancho
		San Marcos, Choluteca
August		
10	San Lorenzo	San Lorenzo, Valle
15	Virgen del Tránsito	Jutiapa, Atlántida; Pimienta, Cortés
		Utila, Islas de la Bahía
15	Asunción de Nuestra Señora	Puerto Cortés, Cortés
30	Santa Rosa	El Triunfo, Choluteca; La Lima, Cortés
		Santa Rosá de Copán
*Letzter Samstag	Festival des Mais	Danlí, El Paraiso
September		
14-20	Jahrmarkt	Olanchito, Yoro
23	Nationales Apfelsinen-Festival	Sonaguera, Colón
24	Las Mercedes	Progreso, Yoro; San Esteban, Olancho
29	San Miguel	Tegucigalpa; Potrerillos, Cortés
		Marcala, La Paz

Tag	Name des Festes	Orte und Bezirke
Oktober		
4	San Francisco de Asís	Catacamas, Olancho; Orica, F. Morazán Valle de Angeles, Nähe Tegucig.
17	Festival des Fisches	Amapala
Dezember		
4	Santa Bárbara	Santa Bárbara, Santa Bárbara
8	Virgen de Concepción	Concepción, Intibucá; Choluteca, Choluteca Gualaco, Olancho; Juticalpa, Olancho La Esperanza, Intibucá; Limón, Colón San Antonio de Flores, Choluteca Yuscarán, El Paraíso
12	Virgen de Guadalupe	Comayagüela
13	Santa Lucía	Gracias, Lempira

Festtage geehrt. So gibt es den Tag des Lehres *(día del maestro)*, den Tag der Sekretärin *(día de la secretaria)*, den Tag der Krankenschwester *(día de la enfermera)* und den Tag des Buchhalters *(día del perito)*. Allen diesen Ehrentagen ist gemein, daß die entsprechenden Akteure nicht arbeiten brauchen und – je nach Engagement des Berufsverbandes, der örtlichen Vereine und der Gemeindeverwaltung – zu einem Fest zu ihren Ehren geladen

werden. Als ich von 1989 bis 1991 in Trujillo lebte, verging in der jeweils ersten Jahreshälfte keine Woche, in der nicht irgendeine Fete im Zentralpark stattfand, stets mit tanzbarer Live-Musik, Wettbewerben, Verlosungen und großspurig präsentierten Ehrengästen.

Vielfältig und ergiebig sind auch die **regionalen Feste,** die örtlichen landwirtschaftlichen Traditionen und kulinarischen Sitten gewidmet sind. Am 3. Samstag des Februar findet das Kaf-

Gesetzliche Feiertage

1. Januar	*Año Nuevo*	Neujahr
Ostern	*Semana Santa*	Ostern und die Woche davor
1. Mai	*Día del Trabajo*	Tag der Arbeit (mit Demonstration)
2. Mai-Sonntag	*Día de la Madre*	Muttertag
15. September	*Día de la Independencia*	Unabhängigkeitstag (Nationalfeiertag)
3. Oktober	*Anniversario de Francisco Morazán*	Geburtstag v. Morazán (Nationalfeiertag)
12. Oktober	*Día de la Raza*	Volksfeiertag
21. Oktober	*Día de las Fuerzas Armadas*	Tag der Streitkräfte
25. Dezember	*Navidad*	Weihnachten

feefest in El Paraíso, am 3. Sonntag des Juni das Mangofest in Yuscarán, am 22. bis 29. Juli das Kartoffelfest und am 26. Juli das Milchfest in La Ceiba, am letzten Samstag des August das berühmte Maisfest in Danlí (El Paraíso), am 23. September das Apfelsinenfest in Sonaguera, Colón (zwischen La Ceiba und Trujillo) und am 17. Oktober das Fischfest in der kleinen Hafenstadt Amapala am Pazifik statt.

Diese Feierlichkeiten sind meist laut und recht bewegt. Eintritt wird nur für Sonderveranstaltungen erhoben. Tanzen Sie ruhig mit!

‛Frauen allein unterwegs

Alleinreisende Frauen sollten ein dickes Fell mitbringen. Honduraner sind zwar freundlich und nachgiebig, stets aber auch auf der Suche nach blonden oder sonstwie exotisch aussehenden Frauen. Interessiertes, aufgeschlossenes Verhalten von Frauen wird leicht als erotische Offenheit mißverstanden, entsprechende Pfiffe, Kommentare etc. sind dann leider ganz normal.

Kleidung, die weibliche Formen unterstreicht, ist in Honduras – besonders in den Großstädten – sehr beliebt. Männer schauen solchen Frauen nach, sprechen über sie und tun alles, um sich ihnen gegenüber ins Gespräch zu bringen. Das genießen honduranische Frauen, und sie fühlen sich in ihrer Weiblichkeit bestätigt. Honduranern ist also völlig unverständlich, wenn eine europäische Frau sich zwar auch entsprechend attraktiv kleidet, die anerkennend zwinkernden Reaktionen aber ablehnt. Weite, leichte Stoffe (wie beispielsweise asiatische Kleidung) die Körperkonturen durchscheinen lassen, führen häufig zu respektloser Anmache.

Bei **unerwünschter Anmache** ist es am besten, diese zu ignorieren bzw. sich abzuwenden. Bei Bedarf hilft auch eine bestimmte Antwort wie P*or favor, no me hable* (Bitte sprechen Sie mich nicht an) oder sogar *Por favor, déjeme en paz* (Bitte lassen Sie mich in Ruhe). Aufgeregtheit oder die vorschnelle Suche nach Polizisten ist hier nicht angebracht. Besser ist es, die Hilfe durch andere Frauen oder – in Kneipen zu später Stunde – durch nicht betrunkene Personen zu suchen.

Geld

Honduranische Währung

Der **Lempira,** unterteilt in hundert **Centavo,** ist etwa soviel wie 0,7 US-$ bzw. 0,13 DM wert. Die honduranische Währung ist seit 1996 stabil und die **Inflationsrate** lag auch vorher selten höher als 20 %. Entsprechend alt sehen die Scheine aus, die schon durch viele tausend verschwitzte Hände gewandert sind. **Münzen** gibt es aus Zink oder Messing im Wert von 1, 2, 5, 10, 20 und 50 Centavos. Die Zwanziger-Münze ist besonders klein, der Fünfziger zwar größer als die Zwanziger-, aber kleiner als die Zeh-

ner-Münze. Schon ab einem Lempira (immerhin nur etwa 13 Pfennig) benutzt man in Honduras **Geldscheine** mit den Werten von 1, 5, 10, 20 und 100 Lempira. Dann ist Schluß. Wer eine Goldkette oder einen Gebrauchtwagen kaufen mag, sollte entweder einen Scheck oder einen Geldkoffer mitführen.

Ausländische Währungen und Kreditkarten

Europäische Währungen und Eurocheques werden von keiner Bank akzeptiert! **Bare US-Dollar** können an Flughäfen oder in den großen Städten (San Pedro Sula, Tegucigalpa) in Wechselstuben (z.B. *Multicambios*) oder in Geschäftsbanken in die Landeswährung bar umgetauscht werden. Die Kursunterschiede zwischen diesen Alternativen sind minimal. **Kreditkarten** haben eine höhere Akzeptanz als in Deutschland, fast alles kann so bezahlt werden. Einzige Voraussetzung: Es steht ein Telefon oder ein Dialogautomat für die Abfrage zur Verfügung

(in überdachten Läden meist gegeben). Auch bei der **Autovermietung** werden Kreditkarten verlangt.

Reiseschecks in US-Dollar werden nach einem komplizierten Verfahren nur in manchen Banken akzeptiert (Reisepaß vorlegen), bieten aber die Sicherheit des umgehenden Ersatzes bei Verlust oder Diebstahl. *Credomatic*, so heißt die Vertretung von **Euro-** und **Visa-Card** (in Honduras *Master-Card* genannt), zahlt gegen Vorlage der Karte und des Passes bis zu 1000 DM (einfache Karte) bzw. 5000 DM (goldene Karte) zum Scheck-Kurs minus 1 % ad hoc, für die Eurocard und zum Scheck-Kurs minus 7 % für die Visa, bar aus.

Empfehlenswert ist also, einen kleinen Teil des Budgets in sicher verstauten, breit gestückelten Dollarnoten und eine *Eurocard/Mastercard* oder *Visa-Card* (ca. 4/5 des Budgets) mitzuführen. Für kleinere Ausgaben gehören Lempiras ins Portemonnaie, wenn man nicht längere Wartezeiten wegen nicht vorhandenem Kleingeld provozieren möchte. Die Verantwortung für zu hohe, nicht wechselfähige Barmittel (wenn Sie z.B. ein Frühstück für 20 Lps. mit einer 100-Lempira-Note begleichen möchten) trägt in Honduras nämlich der Kunde.

In fast allen in diesem Buch beschriebenen Ortschaften gibt es zumindest eine **Bank,** die bare Dollar-Noten gegen Lempira tauscht. Ist dies nicht der Fall, so weisen wir an geeigneter Stelle darauf hin.

Überweisungen

Banküberweisungen gehen über die USA und dauern viele Wochen. Darüber hinaus sind sie erfahrungsgemäß unsicher. Überweisungen sind daher am besten per **Kreditkarte** *(Eurocard, Visa)* innerhalb des Limits zu bewerkstelligen.

Schneller und ziemlich sicher geht es auf ein eigenes Konto, dazu sind 100 $ Einlage *(Banco Mercantil, BAMER)* oder 1000 $ Einlage (Banco *Atlántida, BANCATLAN)* nötig. Der Europäer tätigt eine Auslandsüberweisung (Formular mit grünem Rand, in jeder Bank erhältlich), die per *SWIFT* über US-Banken abgewickelt wird.

Im **Notfall** bietet *American Express* eine teure, aber innerhalb von 24 Std. mögliche Überweisung an, die etwa 2 % des Wertes kostet, den **American-Express-Schnellservice.** Vertretungen in Honduras:

● *Corporación Financiera*, Ed. Los Jarros, Blvd. Morazán, Tegucigalpa
● *Corporación Financiera*, Ed. Optica Popular, 2a Calle, entre 5a y 6a Ave., N.O., San Pedro Sula

● *Reisebüro Mundirama* (Ed. Banco de las Fuerzas Armadas, an der Südseite der Kathedrale), San Pedro Sula.

Verlust von Kreditkarten und Reiseschecks

Reisetips A-Z

Die **Notrufnummern** des Kreditkarten- oder Reisescheck-Anbieters sollte man getrennt von seiner Reisekasse gut verwahren. Bei Verlust muß unbedingt die Kreditkarte gesperrt werden, ein persönlicher Besuch bei der Vertretung der Kreditkartenfirma in San Pedro Sula und Tegucigalpa mit sichtbarer Bestäti-gung der Verlustmeldung ist unverzichtbar. Eine telefonische Verlustmeldung allein reicht eindeutig nicht aus.

● **Eurocard, Visa:** Tel. 001-305-372-3015 (Florida, USA); Tel. 557-4350 (San Pedro Sula, Honduras)
● **American Express:** Tel. 001-305-364-3600 (Florida, USA)

Barzahlung

Bei Barzahlung auf der Straße, auf Märkten oder in der *pulpería* ist es nicht üblich, große Scheine und dicke Bündel zu zeigen. Honduraner zählen das Geld auch immer nach, seien es auch nur drei Lempiras. Erst nach dem Zählen wird das Geschäft mit einem Kopfnicken oder einem *está bien* (das ist in Ordnung) abgeschlossen. Also: Kleines Geld, in Lempiras abgezählt, im Tagesportemonnaie mitnehmen und – wie immer – genug Zeit und Geduld haben, auch den kleinsten Kauf honduranisch korrekt abzuwickeln.

Preise

Das **Pro-Kopf-Einkommen** in Honduras liegt bei nicht einmal 850 $ pro Jahr. Eine honduranische Bauernfamilie muß demnach mit umgerechnet ca. 100 DM im Monat auskommen. Ein städtischer Angestellter bringt 200 DM, der Geschäftsführer eines kleinen oder mittleren Unternehmens 700 DM nach Hause. Entsprechend niedrig sind die Preise:

Das **Preisniveau** aller **honduranischen Produkte** und Dienstleistungen (also des Warenkorbs der armen Mehr-

Zentralbank in Tegucigalpa

heit) beträgt nur 1/7 bis 1/4 des deutschen Vergleichspreises. Entsprechend billig sind eine *tortilla*, ein *sombrero* oder ein *plato típico* (landesübliches Gericht) in einem einfachen Restaurant. Anders verhält es sich mit **importierten** oder **international gehandelten** Produkten und Dienstleistungen: Ein Hamburger kostet in Honduras so viel wie in Deutschland, ein Flug von Tegucigalpa nach Guatemala ebenfalls. Kurz: Wer in Honduras volkstümlich lebt, der wird nicht viel Geld mitnehmen müssen. Im Taxi außerhalb der Innenstadt, für Dienstleistungen außerhalb routinierter Praxis und für alle dauerhaften Konsumgüter (von der Schnitzerei bis zur Kleidung) ist alles **aushandelbar.** Wer dies unterläßt, der spielt den dummen Gringo, verliert den ihm sonst gezollten Respekt und wird mitunter auch betrogen.

Preisbeispiele

- Ein **einfaches Hotelzimmer** ist schon ab 2,50 $ zu bekommen.
- Ein DZ in einem Hotel der honduranischen **Mittelklasse** (Ventilator, Dusche/WC) kostet etwa 12 $.
- DZ in einem **Drei-Sterne-Hotel** (AC, TV, Tel.) kosten etwa 30 bis 120 $.
- **Stadtbusse** kosten etwa 0,10 $, **Überlandbusse** etwa 1,50 $ pro 100 km, spezielle **Touristenbusse** dagegen etwa 10 $ pro 100 km.
- **Kino** kostet 1,50 $, **Schuheputzen** 0,30 $, **Reinigung** einer Hose 1,50 $.
- **Grundnahrungsmittel** und Konsumgüter aus honduranischer Produktion kosten etwa ein Viertel des deutschen Vergleichspreises, **Kleidung** etwa ein Drittel.
- **Importierte Produkte** kosten etwa das, was sie woanders in der Welt auch kosten. In Honduras gibt es allerdings Billigprodukte, deren Existenz in Europa gar nicht bekannt ist (Spielzeugautos für 0,60 $, Uhren für 6 $, ei-

ne komplette elektrische Spielzeugeisenbahn bekommt man schon für 5,50 $ etc.)

● Eine volkstümliche *Mahlzeit* (Bohnen, Reis, Tortilla und Mettwürstchen) kostet ca. 1 $, ein *Restaurant-Menü* zwischen 3 und 6 $. Ein *Erfrischungsgetränk* kostet in der Pulpería etwa 0,20 $, im Restaurant etwa 0,40 $. Beim *Bier* liegt der Preis pro 0,3 Liter entsprechend zwischen 0,40 und 0,80 $, beim *Flor de Caña* zwischen 0,60 und 1,20 $.

Gesundheit

Siehe auch Kapitel „Gesundheitstips für Fernreisen".

Gesundheitssystem

Die medizinische Versorgung in Honduras findet in drei Systemen statt: Die *öffentlichen Krankenhäuser (hospitales públicos)* und *Gesundheitsstationen (centros y puestos de salud)* sind spärlich ausgestattet und meist von Trauben armer Patienten umlagert. Im Notfall ist jedoch tatkräftige Hilfe gratis, besondere Medizin wird extern gegen Vorschuß des Patienten hinzugekauft. Die *öffentliche Krankenversicherung,* in der nur ca. sechs Prozent der Bevölkerung (nämlich die formell Beschäftigten) Mitglied sind, betreibt eigene Einrichtungen auf mittlerem Niveau. Die *private Gesundheitsversorgung* schließlich basiert auf einzelnen Praxen oder Praxisgemeinschaften *(clínica médica)* sowie privaten Krankenhäusern *(hospital privado)*.

Die menschliche Kompetenz honduranischer *Ärzte* geht über die deutscher und europäischer Kollegen weit hinaus: Zuhören und Trösten gehört zu den ersten Tugenden, mit simplen Methoden werden kluge Diagnosen und Therapien erzielt. Dafür ist die technische Ausstattung nicht auf dem neuesten Stand. Dem entsprechen die relativ bescheidenen Rechnungen, die etwa dem allgemeinen Preisniveau entsprechen (Einfache Untersuchung ca. 150 Lps., Ultraschall-Untersuchung ca. 250 Lps., einfache Zahnbehandlung 300 Lps., pro Zahnkrone neu 300 Lps. usw.).

Krankenwagen gibt es kaum. Im Notfall sollte man ein Taxi nehmen und den Fahrer bitten, ein *hospital de calidad, y sea caro* (ein gutes, jedoch teures Krankenhaus) anzusteuern.

Zur Erstattung der *Rechnung* wie auch für einen eventuell nötigen Rücktransport ist eine *Auslandskrankenversicherung* unbedingt empfehlenswert. Bei der Wahl der Versicherung sollte darauf geachtet werden, ob auch, wenn der Aufenthalt in Honduras krankheitsbedingt länger als geplant dauert, der Versicherungsschutz bestehenbleibt.

Wird eine Behandlung notwendig, muß man sich vom Arzt eine *ausführliche Bescheinigung* über Diagnose und Behandlungsmaßnahmen, einschließlich verordneter Medikamente, sowie eine *Quittung* über die Kosten ausstellen lassen. Auch von Apotheken sollte man sich Quittungen geben lassen.

Bei *schweren Fällen* sollte außer dem Notfallservice der Versicherung auch die Botschaft bzw. das Konsulat benachrichtigt werden.

Reisetips A-Z

Apotheken

Farmacias verkaufen eine ganze Reihe gängiger Präparate, von denen die meisten auch ohne Rezept erhältlich sind. Wie in Deutschland auch, ist ständig mindestens eine Apotheke in jeder Stadt geöffnet. Der **Notdienst** wird *turno* genannt. In der morgendlichen Tageszeitung sowie auf einem Schild an der Tür der geschlossenen Apotheken steht geschrieben, welche andere Apotheke gerade Dienst hat. Wie in Deutschland werden die Apotheken an ihrem Namen (z.B. *Farmacia Suyapa)* erkannt, Taxifahrer benötigen zur Findung des Standortes der Apotheke meist keine weitere Adressenangabe.

Impfungen

Es gibt keine allgemein **vorgeschriebenen** Impfungen, außer bei Einreise aus Gelbfieber-Endemiegebieten. Auch eine Cholera-Impfung kann gelegentlich verlangt werden. **Empfohlen** wird die Impfung gegen Hepatitis-A, Tetanus und Diphterie, bei erhöhtem Risiko auch gegen Tollwut und Typhus. Genaue und aktuelle Informationen sollte man rechtzeitig (zwei Monate) vor Reiseantritt bei Arzt, Apotheker oder Tropeninstitut einholen.

Malaria

Fast im ganzen Land gibt es Malaria. Zur Zeit gelten die ländlichen Gebiete von Choluteca, Colón, Cortés, Valle und Yoro als Gebiete mit **mittlerem Risiko.** Städtische Gebiete und die Regionen Atlántida, Gracia a Dios, Islas de la Bahía und Olancho gelten als Gebiete mit **geringem Risiko.**

Wichtigste Schutzmaßnahme gegen die von der Anopheles-Mücke übertragene Malaria, ist die Vermeidung **von Mückenstichen** (siehe Beileger), worauf man im ganzen Land achten sollte.

Der zweite wichtige Schritt ist die Verwendung von **Chloroquin.** Wer nur Gebiete mit geringem Risiko bereist, kann auf eine vorbeugende Einnahme verzichten und muß Chloroquin nur im Krankheitsfall benutzen (*Stand-By*-Medikation). Bei Aufenthalt in Gebieten mit mittlerem Risiko wird eine Prophylaxe mit Chloroquin empfohlen, die eine Woche vor Bereisen des Gebietes beginnt und bis zu vier Wochen nach Abreise fortgesetzt werden sollte. Eine rechtzeitige ärztliche Beratung ist unbedingt erforderlich! Fragen Sie auch das nächstgelegene Tropeninstitut vor der Abreise. Bei Fieberschüben nach einer Reise sollte man ebenfalls stets an Malaria denken.

Dengue-Fieber

Dengue, eine grippeähnliche Erkrankung mit sehr hohem Fieber und starken Gliederschmerzen, wird durch verschiedene Moskitoarten übertragen. Allgemein gilt die Krankheit als gutartig und ist nach drei bis vier Tagen überstanden, es gibt aber auch schwerere Verläufe. Eine Impfung oder Chemoprophylaxe ist ebensowenig möglich wie eine medikamentöse

Behandlung. Fiebersenkende Mittel schaffen Linderung. Sinnvoll ist, wie bei der Malaria auch, der Schutz vor Mückenstichen.

Cholera

Cholera ist in Honduras bekannt, kann aber wegen radikaler öffentlicher Hygiene-Reformen seit 1992 heute als kontrolliert bezeichnet werden. Eine Vorsichtsmaßnahme, die auch dem Schutz vor Gelbsucht, Typhus und Darmerkrankungen dient, ist die Verwendung von sauberem Wasser (auch als Eis im Getränk!) und der Verzicht auf rohe Speisen (Ausnahme: frisch geschälte Früchte).

Ungeziefer

Neben der als Malariaüberträger bekannten Anopheles-Mücke gibt es in Honduras eine Vielzahl unangenehmer Fliegen und Mücken: Sandfliegen nerven den Bade- und Schnorcheltouristen auf Roatán, *coloradías* laufen in der Feuchtsavanne der Moskitia als rote Kleinstkäfer die Waden empor und jucken tagelang, Zecken lauern auf Weiden und Wiesen.

Empfehlenswerte Ärzte und Krankenhäuser

Unter dem großen Angebot staatlicher und privater Praxen und Krankenhäuser empfehle ich wegen der Qualifikation und der Anzahl fremdspra-chenkundiger (zumeist Englisch) Ärzte folgende privaten Krankenhäuser:

- ●*Tegucigalpa: Clinicia Viera*, 5a Calle, entre 11a y 12a Ave., Tel. 237-3160.
- ●*San Pedro Sula: CEMESA, Centro Médico Sampedrano*, Col. Altamira, entre 21a y 22a C., Blvd. del Sur, Tel. 552-7401, 552-9421.
- ●*La Ceiba: Hospital Vincente D`Antoni*, Blvd. Morazán (auch Calle D`Antoni genannt), Tel. 443-2264, 443-0029, 443-2234, Notaufnahme Tel. 443-0593, Fax 443-2214.

Hin- und Rückreise

Flugverbindungen

Flughäfen

Honduras verfügt über immerhin vier *internationale Zivilflughäfen:* San Pedro Sula (SAP), Tegucigalpa (TGU), La Ceiba (LCE) und Roatán (RTB). Der kombinierte Flugplan ist mit einem Ticket der interkontinentalen Airline buchbar, auf dem die zentralamerikanische Fluggesellschaft nur mit ihrem Kürzel erscheint.

Reservierung und Tarife

Die *Flugreservierung* sollte früh erfolgen, da gerade zu den Saisonzeiten (Weihnachten, Ostern, Juli) die Flüge schnell ausgebucht sind. *Ermäßigungstarife* gibt es nur auf der Teilstrecke bis in die USA. Regionalflüge werden dagegen immer auf IATA-Niveau kalkuliert. Kleine Ermäßigungen sind durch Kauf in einem US-Reisebüro zu erreichen. In aller Regel ist aber der Gesamtflug auf dem Ticket

Reisetips A-Z

einer einzigen Airline der preisgünstigste. Eine **Liste mit Billigflügen** befindet sich im Anhang.

TACA bietet im Rahmen der *Central American Airlines* einen **Airpaß** *Visit Central America* an. Der Airpaß besteht aus 3 bis 10 Coupons, die innerhalb von 5 Zonen (Zone 1 Zentralamerika einschließlich Panama, Zone 2 zusätzlich Mexiko, Kolumbien, Venezuela und Karibik, Zone 3-5 USA und Südamerika) Geltung haben. Der Preis eines Airpasses bewegt sich zwischen 349 $ (3 Coupons in Zone 1) bis zu 1299 $ (10 Coupons in Zone 5). Der Airpaß kann in Deutschland über ein Reisebüro oder direkt von *Central American Tours*, Daimlerstr. 1, 63303 Dreieich, Tel. 06103-830237, Fax 06103-81061, bezogen werden.

Versicherung

Bei der Bestellung des Flugtickets sollte man u.U. auch eine allgemeine **Reiseversicherung** (Krankheit, Unfall) abschließen. Noch wichtiger ist eine **Gepäckversicherung,** da Gepäck häufig spät und manchmal gar nicht in

Flüge in benachbarte Länder

Zielflughafen	Abkürzg.	Flugpreis in $	Abflug tägl.
•Von Tegucigalpa (TGU)			
San Salvador	(SAL)	85	17:00
Ciudad de Guatemala	(GUA)	96	17:00
Belize City	(BZE)	109	17:00
Managua	(MGA)	90	17:00
San José	(SJO)	140	17.00
Ciudad de Panamá	(PTY)	244	17:00
•Von San Pedro Sula (SAP)			
San Salvador	(SAL)	85	16:55
Ciudad de Guatemala	(GUA)	96	16:45
Belize City	(BZE)	92	9:30
Managua	(MGA)	126	16:55
San José	(SJO)	163	16:55
Ciudad de Panamá	(PTY)	247	16:55
•Von La Ceiba (LCE)			
San Salvador	(SAL)	109	14:00
Ciudad de Guatemala	(GUA)	101	14:00
Belize City	(BZE)	92	14:00
Managua	(MGA)	126	14:00
San José	(SJO)	163	14.00
Ciudad de Panamá	(PTY)	256	14:00
•Von Roatán (RTB)			
San Salvador	(SAL)	119	16.15
Ciudad de Guatemala	(GUA)	106	16:15
Belize City	(BZE)	112	9:30
Managua	(MGA)	132	9:30
San José	(SJO)	185	9:30
Ciudad de Panamá	(PTY)	256	9:30

Honduras ankommt. Das liegt am Cargo-Chaos beim Abflug aus den USA, wegen des extensiven Shoppings reicher Honduraner bei ihren US-Stippvisiten.

Flugverbindungen mit den Nachbarländern

- *Caribbean Air* samstags nach **Belize City**
- *Mayan World* täglich von San Pedro Sula nach **Guatemala**
- *AVIATECA* oder *TACA* nach **Guatemala**
- *TACA* nach **El Salvador**
- *NICA* oder *TACA* nach **Managua**
- *LACSA* nach San José in **Costa Rica**
- *COPA* nach **Pánama** und **Mexiko**
- **Südamerika** ist über Pánama oder San José (Costa Rica) angebunden.

Unter dem Schirm der salvadorianischen *TACA* firmieren die Fluglinien der einzelnen Länder gemeinsam als *Grupo TACA*. In der nebenstehenden Tabelle werden nur Flüge mit *TACA* selbst wiedergegeben:

Flugverbindungen mit Europa

Lufthansa bietet neuerdings Sondertarife über verschiedene US-Flughäfen (Miami, Houston) nach Honduras an, bei Ziel San Pedro Sula (welches wir ohnehin empfehlen) häufig ohne Zwischenübernachtung. Ab dem US-Flughafen geht es dann – mit dem selbem Ticket – mit *American Airlines* oder *TACA International Airlines* (El Salvador) weiter, bei Wahlchance empfehle ich *TACA* (guter Service und Essen, im Gegensatz zum Mitbewerber). Für Reisende, die auch ein zumindest kleines Reiseprogramm vorab buchen – z.B. eine Expedition in einen Nationalpark –, bietet das *Out-door Reise Center* in Wuppertal (Tel. 0202-306911) einen unschlagbaren *Lufthansa*-Tarif zwischen 1600 und 1800 DM.

Andere Airlines *(Delta, American, Continental)*, nicht unbedingt billiger, fliegen über ihre großen US-Megaknoten nach Honduras, teilweise in Kooperation mit *Grupo TACA* (dazu gehören jetzt *TACA, NICA, LACSA, AVIATECA* und *COPA*). Hier werden stets eine (dann auf dem Hinflug) oder gar zwei Übernachtungen nötig, die nicht im Preis inbegriffen sind.

Die spanische Luftlinie *IBERIA* bietet San Pedro Sula stets ohne US-Zwischenübernachtung, führt aber – je nach deutschem Abflughafen – zu langen Zwischenstopps in Madrid. Das *Amigoprogramm* mit gutem Hotelzimmer (auch tagsüber) und eine Stadtrundfahrt füllt die zeitliche Lücke.

Landverbindungen

Alle zentralamerikanischen Hauptstädte über die Carretera Panamericana – mit einem Abstecher nach Tegucigalpa – verbindet *Ticabus* (Tel. 220-0581, Bo. Villa Adela, 7a Ave., 17a Calle, Tegucigalpa), mit täglichen Abfahrten um 9 Uhr nach Managua und San José.

Zwischen San Salvador, Guatemala und Tegucigalpa verkehrt täglich die Linie *King's Quality* alias *Pullman* (Tel. 233-7515, Bo. Guacerique, Blvd. De la Comunidad Económica Europea, Contiguo a PACSA, Tegucigalpa), mit täglichen Abfahrten um 6 und 13 Uhr nach San Salvador und Ciudad de Guatemala.

Reisetips A-Z

Guatemala

●Nach Guatemala gibt es zwei **Grenzübergänge: Esquipulas** (bzw. Agua Caliente) im Südosten und **El Florido** im Osten. Beide Grenzübergänge sind mit dem Bus ab Ciudad de Guatemala zu erreichen. Der Transport endet vor der Grenze. Auf honduranischer Seite fährt ein Kleinbus in die nächste Ortschaft (von Esquipulas aus ist dies Nueva Ocotepeque, von El Florido aus Copán Ruinas). Von dort aus verkehren Busse nach San Pedro Sula.

●**Einreisebestimmungen:** Für Deutsche, Österreicher, Schweizer und Bürger aller anderen westeuropäischen Staaten außer Großbritannien und Irland reicht ein gültiger Paß zur Einreise nach Guatemala.

●**Bus ab Guatemala** bis Esquipulas oder El Florido: *Rutas Orientales*, 19a Calle, 8-18, Zona 1, Ciudad de Guatemala (Guatemala City), Tel. 53-6714.

●**Bus ab Tegucigalpa:** morgens früh mit *Ticabus* (7a Ave., 17a Calle, Comayagüela, Tel. 238-9040) für 24 $, Fahrtdauer: 10-12 Stunden.

El Salvador

●Bei Einreise von El Salvador gibt es den relativ schnell arbeitenden **Grenzübergang El Amatillo**. Auf honduranischer Seite fahren Busse bis Tegucigalpa. Daneben gibt es den Grenzübergang **El Poy,** der über Nueva Ocotepeque erreicht werden kann.

●**Einreisebestimmungen:** Ein noch ein paar Monate gültiger Paß reicht für Deutsche, Schweizer und Österreicher zur Einreise nach El Salvador für

30 Tage. Den honduranischen Behörden ist zuvor eine Ausreisegebühr von 0,60 $ zu zahlen. Bei Mitführung eines Fahrzeuges müssen neben den Einreisebehörden beider Länder auch die Verkehrsbehörde *Tránsito* sowie die Zollbehörde *Aduanas* aufgesucht werden. Die Abfertigung kann in diesem Fall mehrere Stunden in Anspruch nehmen. Sogenannte *tramitadores* bieten an, den Prozeß zu beschleunigen. Wem Zeit wichtiger als Geld ist, wird diese Dienste schätzen.

●**Bus ab El Salvador:** *Ticabus* ab San Salvador (*Hotel San Carlos*, Calle Concepción 121, zwischen 10a und 12a Ave., Tel. 00506-22-8975 oder Zentrale 22-4808) einmal täglich (5 Uhr) für 15 $.

●**Bus ab Tegucigalpa:** morgens früh mit *Ticabus* (7a Ave., 17a Calle, Comayagüela) für 15 $, Fahrtdauer: 7 bis 8 Std.; oder um 7:15 Uhr mit *King Quality* vom Hotel *Alameda* (Blvd. Suyapa, 150 m östlich vom *Hospital Escuela*), Tel. 239-1185 bis 87, Fahrtdauer: 7 Std.

Nicaragua

●Mit Nicaragua gibt es drei **Grenzübergänge: Las Manos** (von dort zwei Stunden bis Tegucigalpa), **El Espino** (von dort zwei Stunden bis El Amatillo, die Grenze nach El Salvador) und **Guasaule** (südlich von El Espino, ansonsten gleich angebunden). Auf honduranischer Seite fährt ein Kleinbus in die nächste Ortschaft (von La Manos ist dies El Paraíso, von El Espino aus San Marcos de Colón und von Guasaule aus Choluteca).

●**Einreisebestimmungen:** Ein noch mindestens 6 Monate gültiger Paß, ein Rückflugticket und eine bis zu 500 $ hohe Barreserve sind zur Einreise nach Nicaragua vorzuzeigen. Schweizer benötigen kein Visum, Österreicher und Deutsche dagegen schon. Das Visum kann gegen Vorlage von zwei Fotos und des gültigen Reisepasses bei der nicaraguanischen Botschaft in Tegucigalpa beantragt werden. Das dauert zwischen 2 und 48 Std. und kostet ca. 20 $.

Kompliziert ist die Einreise mit PKW, Motorrad und Fahrrad. Für diese Fahrzeuge sind extra Stempel abzuholen und Gebühren zu entrichten. Generell sind alle Gebühren am Wochenende höher. Bei scheinbar überhöhten Summen kann man die Rechtmäßigkeit der Gebühr durch das Verlangen einer Quittung überprüfen.

●**Bus ab Nicaragua:** *Ticabus* von Managua aus (Terminal in Bo. M. Quezada, 2 cuadras arriba del Cine Dorado, Tel. 00505-2223031) einmal täglich (6 Uhr) für 20 $. Auch von **San José (Costa Rica)** aus fährt *Ticabus* direkt nach Tegucigalpa oder San Salvador.

●**Bus ab Tegucigalpa:** morgens früh mit *Ticabus* (7a Ave., 17a Calle, Comayagüela) für 20 $, Fahrtdauer: 7 bis 9 Std.

wischt werden muß, unbekannt die Toilette, auf der der Bedürftige nicht an sämtliche Krankheitserreger der Welt erinnert wird. Hotelzimmer, Restaurantsitze und –tische, Bussitze und alles ähnliche, was sozusagen dem Kunden angeboten wird, das wird auch regelmäßig saubergemacht. Allgemeine Tips zur Hygiene finden sich im Kapitel „Gesundheitstips für Fernreisen".

Hygiene

So wichtig jedem Honduraner die persönliche Reinlichkeit ist, so unwichtig ist ihm die kollektive Hygiene. Selten eine Parkbank, die nicht erst abge-

Kommt der Bus jetzt?

¶Information

Infostellen in Europa

Siehe unter „Vor der Reise".

Information in Honduras

● Das halbstaatliche *Tourismus-Institut* IHT *(Instituto Hondureño de Turismo)* unterhält in allen wichtigen Fremdenverkehrszentren Info-Einrichtungen. Adressen finden sich bei den jeweiligen Orten. Das *Hauptbüro* befindet sich in Tegucigalpa. Auf der 3. Etage gibt es Infos und preiswerte Poster, manchmal sogar Kalender. Sonstiges Infomaterial ist spärlich. Trotzdem wird man sich in den Büros des Instituts bemühen, in jeder Weise behilflich zu sein. Schriftliche Anfragen haben dagegen keinen Sinn. *Instituto Hondureño de Turismo*, Edificio Banco de Londres, Col. San Carlos, 3 cuadras del Edificio Interamericano del Blvd. Morazán, Tel. 238-3974 und -75; Tegucigalpa.

Mit Kindern unterwegs

Kinder sind in Honduras *willkommen* und werden aufmerksam und freundlich behandelt. In einem Land, in dem fast die Hälfte der Bevölkerung jünger als 16 Jahre ist, sind Kinder vorbehalt-

Kleinkunst verkaufende Kinder

los in den Alltag integriert und können im allgemeinen auch bei Abendveranstaltungen mitgenommen werden. Babys und Kleinkinder sind jedoch im Kino bei Vorstellungen nach Sonnenuntergang nicht erlaubt.

In guten *Restaurants* (und nur da) gibt es Kinderstühle und Kindergerichte. Ein zusätzliches (Kinder-)Bett bekommt man in den formellen *Hotels* für einen geringen Aufpreis. In *Mietwagen* gibt es keine Kindersitze. Wegen der Überfüllung der öffentlichen Verkehrsmittel rate ich von längeren Busreisen mit Kleinkindern auf jeden Fall ab. *Kinderwagen* sieht man sehr selten, sie sind auch nicht angebracht, da Bürgersteige nicht vorhanden oder schmal und zudem häufig noch zugeparkt sind. Trage und Tuch leisten bessere Dienste.

Wegwerf-Windeln (pañales), **Babynahrung** (Marke *Gerber*) und Milchpulver *(leche en polvo)* gibt es in größeren Supermärkten und Apotheken. Besonders praktisch für Reisende: *Gerber* bietet eine Babyflasche mit Einweg-Füllbeuteln an.

Die *Nahrungsumstellung* kann auch bei Kindern zu Durchfallerkrankungen führen, deswegen sollten entsprechende Medikamente mitgebracht werden. Angemessene **ärztliche Versorgung** ist nur in den Städten gewährleistet, Ärzte verschreiben außerdem verschwenderisch allerlei Antibiotika und haben die Spritze schnell zur Hand. Medikamente gibt es in den Apotheken teilweise auch ohne Rezept, das Verkaufspersonal ist aber häufig ungeschult.

Maße und Gewichte

Neben den metrischen Maßen, die uns geläufig sind, werden in Honduras noch eine Reihe uneinheitlicher Maße und Gewichte verwendet, die gerade im ländlichen Raum und auf volkstümlichen Märkten stets vorherrschen.

Länge	1 *pulgada*	2,54 cm
	1 *pie*	30,00 cm
	1a *yarda*	91,40 cm
Volumen	1 *galón*	3,758 l
Gewicht	1 *onza*	28,35 g
	1 *libra*	453,60 g
	1 *quintal*	45,4 kg
Fläche	1 *manzana*	0,744 ha
	1 *vara*	0,9 qm

Nachtleben

Honduras ist ein Land der Musik und der Tänze. Jede mittlere und große Stadt hat eine *zona viva* **(Vergnügungsviertel),** die nicht mit der *zona roja* (Rotlicht-Viertel) zu verwechseln ist.

Salones de Baile **(Tanzsalons)** sind der Anziehungspunkt in einfachen Siedlungen und Dörfern, wo meist am Wochenende zu karibischer Musik (auch live) getanzt wird. Hier zählt der gemeinsame Rhythmus, Ambiente und Getränke sind sekundär. So auch in billigen **discotecas,** die wie die *salones* häufig in großen, flachen Holz- oder Blocksteinhallen zu finden sind.

Moderne *discotecas* finden sich in den großen Städten. Sie kosten zwischen 5 und 50 Lps. Eintritt und verfügen über professionelle Musikanlagen.

In jeder Stadt befinden sich auch ein paar Night Clubs, Zentren der **Prostitution.** Die AIDS-Rate beträgt, vor allem im Norden des Landes, über 50 % bei den in diesem Gewerbe Tätigen.

Öffnungszeiten

●**Banken:** Nicht einheitlich, aber meist mit einer Kernzeit (Mo. bis Fr.) von 9 bis 16 Uhr. In den großen Städten gibt es Filialen, die bis teilweise 19 Uhr geöffnet sind. In den kleinen Ortschaften öffnet meist mindestens eine Bank samstags von 9:00 bis 11:30 Uhr.
●**Geschäfte:** Manche Geschäfte schließen mittags, im allgemeinen

Reisetips A-Z

wird man wochentags von 9 bis 12 Uhr und von 14 bis 18 Uhr bedient. *Pulperías* öffnen vielfach schon um 7 Uhr und schließen erst zwischen 20 und 22 Uhr. *Supermärkte* öffnen meist um 9 Uhr und schließen abends um 20 Uhr.

● *Post:* Mo. bis Fr. von 7:30 bis 20:00 Uhr, Sa. 7:30 bis 12:30 Uhr.
● *Behörden:* Mo. bis Fr. von 8:00 bis 16:00 Uhr.

Orientierung

Einen bestimmten Ort zu finden ist in Honduras nicht leicht, wenn die *Hilfe der Einheimischen* dazu erforderlich wird. Stets sollten sicherheitshalber mehrere gleichlautende Aussagen abgewartet werden, ein beherztes „sî" oder eine freundliche, überzeugend klingende Erklärung nicht gleich als wahrhaftig gedeutet werden.

Straßenbezeichnungen existieren zwar häufig, sie sind aber nur gelegentlich zu lesen. In den spanisch geplanten Städten wie Comayaguela, San Pedro Sula oder Puerto Cortés unterscheidet man zwischen fast immer vorfahrtsberechtigten *Avenidas* und den quer dazu verlaufenden *Calles.* San Pedro Sula, Puerto Cortés, Tela und Choluteca sind außerdem in vier *Zonen* unterteilt, die nach den *Himmelsrichtungen* unterschieden werden: Es gibt eine Zone Nord-West (in Landessprache N.O.), eine Zone Nord-Ost (N.E.), eine Zone Süd-West (S.O.), eine Zone Süd-Ost (S.E.). Innerhalb der Zone ist die Einteilung in *Calles* (Ost-West-Verlauf) und *Avenidas* (Nord-Süd-Verlauf) eindeutig. Anderswo ist die Angabe der Himmelsrichtung aber nicht notwendig, da die Städte klein sind oder die jeweils 1. Straße am Meeressaum (und nicht im Zentrum) liegt.

Wegen all dieser Komplikationen werden die *Adressen in diesem Buch* immer auch mit der *spanischen Bezeichnung* genannt. Dadurch wird es leicht möglich, die meist freundlichen Passanten zu fragen.

Damit die Suche nach einer Adresse nicht zur frustrierenden Odyssee wird, enthält die Adresse häufig noch besondere *Orientierungspunkte.* Sie werden in diesem Buch nur dann in *deutscher Übersetzung* genannt, wenn sie dem Unkundigen wirklich eine Orientierung geben. Sind sie nur für Insider, wird die spanischsprachige Version verwendet. So können Passanten leichter zu Hilfe gezogen werden.

Einige *Beispiele:*

● *1a Ave., entre 3a y 4a Calle N.O.:* auf der 1. Avenida, zwischen der 3. und 4. Calle, Nord-Westen.
● *Ed. Los Jarros:* Gebäude *(edificio)* Los Jarros. Den Namen des Hauses anzugeben ist bei großen, bekannten Gebäuden mit Mischnutzung üblich.
● *Casa No. 312:* Haus Nummer 312. Die Numerierung der Häuser ist nicht durchgehend (immer wieder fehlen Nummern oder Häuser).
● *Frente del Mango:* Gegenüber des Mangobaums.
● *Contiguo al Tren:* Neben der Eisenbahn.

Die *Entfernung von Orientierungspunkten aus* wird in Honduras (und anderen Ländern Zentralamerikas) per

Reisetips A-Z

Richtung ist. Eine typisch honduranische Wegbeschreibung: Laufen Sie hier (Geste) entlang, bis Sie den alten Mann sehen, dann so (Geste) bis zum Mango-Baum, dann den Hügel hinauf und nach dem rosa Haus so (Geste) zum Bach, wo ein Schild den Weg zum Comedor weist. Einigermaßen sicher kommt an, wer auf dem Weg **mehrmals fragt,** am besten an jeder Ecke. Bei Widersprüchen sollte man zum letzten (widerspruchslosen) Halt zurückkehren und von dort aus neu ansetzen.

ℙost

Briefe

Die Post arbeitet im allgemeinen zuverlässig. **Briefe** nach Europa brauchen 5 Tage bis 3 Wochen, **Tarife** ändern sich ständig und müssen am Schalter erfragt werden. Zur Zeit reist ein Luftpostbrief für 5,65 Lempiras (ca. 0,80 DM) nach Deutschland.

Briefmarken (*sellos* oder *estampillas*) sind nicht immer vorrätig, und wenn, dann nur an Postschaltern und in der Rezeption großer Hotels. **Postlagernde Sendungen** (*Lista de Correos*) kann man sich in die größeren Städte schicken lassen. **Adressen** immer absolut lesbar in Großbuchstaben schreiben!

Straßenzug (Block) vorgenommen, das spanische Wort ist **cuadra.** Je nach Ortschaft kann eine *cuadra* 60 m oder 280 m lang sein. Mündet eine Straße ein, so fängt die neue *cuadra* an. Sogar Entfernungen in der unbebauten Wildnis werden mit *cuadras* gemessen. In diesem Fall entspricht eine *cuadra* etwa 100 Metern.

Auch wenn man eine **Wegerklärung** einholt, sollte man einige Besonderheiten beachten. Rechts und links werden selten als Merkmale verwendet, Himmelsrichtungen ebensowenig. Wege werden anhand von Orientierungspunkten erklärt, Abbiegungen mit einer Geste angedeutet. Nur durch genaues Hinschauen erfährt man, ob dann links oder rechts die korrekte

Verkehrsschild Kurve: Wo geht es hin?

Briefkästen kennt man in Honduras nicht. Das Versendegut muß in jedem Fall persönlich abgegeben werden, es empfiehlt sich, dabeizubleiben, bis die Sendung abgestempelt wurde.

Die Postzustellung per **Briefträger** klappt erstaunlich gut. Sicherer ist es, falls angegeben, das **Postfach** zu *(Apartado Postal)* nutzen.

Pakete

Pakete nach Deutschland sind relativ **teuer,** pro Kilogramm etwa 11 $. Hinzu kommt das **Risiko,** daß die Pakete nach Abgabe geöffnet werden. Sicherer ist es, einen internationalen Kurierdienst zu benutzen (der allerdings noch viel teurer ist) oder seine Pakete einer heimreisenden Person mitzugeben. Handelt es sich um Bücher oder Kleidung, so sollte bei der Post darauf hingewiesen werden. Das Risiko des Mißbrauchs ist dann entsprechend niedriger.

Achtung: Die honduranische Post akzeptiert keine wiederverwendeten Umschläge oder sonstigen Materialien. Eine feste **Verpackung** wird unbedingt verlangt. Jedoch sollte diese erst im Postamt geschlossen werden, da bei Sendungen ab 1 kg der Inhalt geprüft werden kann.

Ankommende Pakete werden bis 1 kg zollfrei ausgehändigt. Sind die Pakete schwerer, so muß der Empfänger sie beim Postamt persönlich abholen. Pakete über 2 kg kosten **Zoll,** bis zu 20 % des eingeführten Wertes.

Neben der staatlichen Post gibt es in den Städten (vor allem Tegucigalpa und San Pedro Sula) internationale **Kurierdienste** wie *DHL*, die Sendungen in drei bis vier Werktagen nach Europa transportieren. Innerhalb von Honduras beschleunigt der private Kurierdienst *Expreco* die Versendung.

Reiseveranstalter nach Honduras

Alle Veranstalter bieten individuell buchbare Natur- und Kulturerlebnisreisen an, die in die Stranddörfer der Garífunas im Norden, in die Bergnebelwälder von La Tigra und Cusuco sowie zu den Ausgrabungsstätten von Copán führen. Die einzelnen Programmteile sind im Baukasten-System kombinierbar. Besonders originell und zuverlässig in der kulturellen Begegnung ist *Äquator Tours*, die *GIB* in der Schweiz arbeitet für jeden buchenden Kunden ein maßgeschneidertes Programm aus. *Miller* und *Sommer* überzeugen durch das Eingehen auf Sonderwünsche. *Trails* bietet die authentischste Naturerlebnisreise nach Honduras an, die zudem einen nachweisbaren Beitrag zum Schutz des Nationalparks Patuca geleistet hat. Auch eine Moskitia-Expedition gehört zum Programm. *Schulz aktiv* bietet eine ähnliche Expedition seit 1996 für Familien an. *Yeti* bringt Honduras-Expeditionen im Bausteinprogramm und *Karibik Inside* aus Leipzig verbindet originelle kleine Erlebnisreisen mit Taucharrangements auf den honduranischen Karibikinseln.

Veranstalter, die Honduras in Deutschland und der Schweiz anbieten

- *Äquator Tours*, Schleißheimer Str. 439, 80935 München, Tel. 089-3142025, Fax 089-3149945
- *GIB*, Eigerplatz 5, CH-3007 Bern, Tel. 031-371-8151, Fax 031-371-0605
- *ikarus tours GmbH*, Fasanenweg 1, 61462 Königstein/Ts., Tel. 06174-2902-0, Fax 06174-22952
- *Karibik Inside*, Lockwitztalstr. 20 01257 Dresden, Tel./Fax 0351-2055915
- *Miller-Reisen*, Millerhof 1, 88281 Schlier, Tel. 07529-1527, 07529-3025, Fax 07529-3171
- *schulz aktiv reisen international*, Hohnsteiner Str. 9, 01099 Dresden, Tel. und Fax 0351-51962
- *Sommer-Fernreisen GmbH*, Kühnham 8, 94060 Pocking, Tel. 08531-41601, Fax 08531-4520
- *Trails Natur- und Erlebnisreisen GmbH*, Bahnhofstr. 47, 87435 Kempten, Tel. 0831-15359, Fax 0831-12854
- *Yeti-Tours GmbH*, Trollinger Str. 12 a, 70329 Stuttgart, Tel. 0711-3280-113, Fax 0711-3280-212

Empfehlenswerte Reiseveranstalter in Honduras

- Für die klassische Copán-Studienreise: *Maya Tropic Tours* in San Pedro Sula, Foyer des *Gran Hotel Sula* (1a Calle, Zentralpark), Tel. 557-8830, Fax 552-2405.
- Für Natur- und Erlebnisreisen: die honduranisch-deutsche Agentur *Honduras Expeditions/Cambio C.A.* (Motto: honduranische Schönheit, europäischer Service), Zentralbüro in San Pedro Sula, 1a Calle, entre 5a y 6a Ave., N.O., Tel. 550-3076, Fax 552-7274, e-mail: honexp@mayanet.hn. Das Bausteinkonzept macht den Reiseservice auch für Sparsame interessant.
- Einzel- und Gruppenreisen im ganzen Land, professionell durchgeführt, bietet *MCTours*, 2 cuadras arriba de la Cámara de Comercio, San Pedro Sula, Tel./Fax 552-4549, Fax 557-3076, e-mail: mctours@netsys.hn
- Spezialveranstalter für Copán, La Ceiba und den Westen (Santa Rosa de Copán) werden dort erwähnt.

Sicherheit

Honduras ist ein Land, das weitgehend den Sozialstrukturen und Traditionen der feudalen Kolonialzeit verhaftet ist. Hinzu kommt, daß Polizei und Staat gemieden werden. Zunächst also werden Auseinandersetzungen vermieden, sei es durch gute Miene zum bösen Spiel (Honduraner sind relativ frustrationstolerant und weniger aggressiv als wir) oder durch Verdrängung. Kommt es doch einmal dicke – und das ist für uns Europäer schwer abzuschätzen – so löst man Konflikte selbst, in der Regel drastisch und endgültig.

Verbrechen sind deshalb für Honduraner ein rotes Tuch. Sie verunsichern zutiefst und können endlose Racheakte konkurrierender Familien oder Gruppen nach sich ziehen. Aus all diesen Gründen verläuft eine klare Linie zwischen dem Gros der redlichen Bürger, seien sie auch noch so arm, und einer kleinen Zahl von Kriminellen, die man fast ausschließlich in den Städten Tegucigalpa und San Pedro Sula findet. Honduras ist ein recht sicheres Reiseland, allerdings ist auch hier, wie fast überall, die Kriminalität auf dem Vormarsch. Eine gewisse **Vorsicht** ist angebracht.

Notrufnummern

Im ganzen Land gelten folgende Notruf-Nummern (nur Spanisch!), die aber nicht immer erreichbar sind. Die wichtigsten Notruf-Telefonnummern sind daher bei den einzelnen Orten angegeben.

- *Rotes Kreuz* 190
- *Feuer* 198
- *Polizei* 199

Wie in jedem anderen Land sollte man mit seinem **Reichtum** (und für den durchschnittlichen Honduraner ist ein europäischer Tourist reich) nicht protzen und im Verhalten eine gesunde Zurückhaltung üben. Zur persönlichen Absicherung empfiehlt sich, die große **Kasse** gut zu deponieren (Geldgürtel oder Brustbeutel) oder (bei Hotels ab Mittelklasse) an der Rezeption zu deponieren (stets kompletten Namen des Rezeptionisten notieren). Wesentliche **Dokumente** (Paß, Flugschein etc.) sollten per Kopie an einem sicheren Ort noch einmal abgelegt werden, so ist es oft wesentlich schneller möglich, Ersatz zu bekommen. Bei Verlust ist unbedingt die **Kreditkarte** zu sperren, ein persönlicher Besuch bei der Vertretung der Kreditkartenfirma in San Pedro Sula und Tegucigalpa mit sichtbarer Bestätigung der Verlustmeldung ist unverzichtbar. Eine telefonische Verlustmeldung allein reicht eindeutig nicht aus. Zur **Geldbeschaffung im Notfall** siehe unter dem Stichwort Geld. Wiederholt gab es Berichte, daß **Reisegepäck** selbst aus dem Gepäckabteil von Bussen gestohlen wurde. Wer sichergehen will, kauft eine Extra-Fahrkarte und stellt das Gepäck neben sich auf den Sitz. Das wird von großen Buslinien wie *Hedman-Alas* und *Traliasa* leider nicht gebilligt.

Die Wahrnehmung und Diskussion der Risiken bei einer Überlandreise ist aber überzogen. Ich habe 1997 mit vielen Honduranern und Reisenden darüber gesprochen: Vor Ort gehört die Betreuung der Koffer, die dann auf dem Dach oder im Fond des Busses aufbewahrt werden, zum Dienstleistungsethos. Fahrer und Helfer empfinden es daher zu Recht als Beleidigung, wenn Ausländer – und da vor allem kriminalitätsgeplagte US-Amerikaner – ihnen das Gepäck vorenthalten.

In **Tegucigalpa** gelten das Barrio Abajo, und zwar nahe des Nationaltheaters, und die Gegend um die Märkte von Comayagüela als unsicher. In **San Pedro Sula** gilt das gleiche für das südliche Zentrum, vor allem ab 22 Uhr. An der **Nordküste** hat es Fälle von bewaffneten Überfällen gegeben, **Camping** an einsamen Stränden ist daher nicht empfehlenswert. Unsicherheit entsteht nämlich vor allen Dingen da, wo die soziale Kontrolle nicht stattfinden kann, z.B. am Rande der bevölkerten Gebiete, im Dunkeln, etc..

Polizei

1996 wurde von der Regierung *Reina* eine Sonderkommission zur **Reform der Polizei** eingesetzt. Bis dahin waren die Sicherheitskräfte als Teil der Streitkräfte *(Fuerzas Armadas)* jahrzehntelang durch Militärregierungen, Antisandinismus und Korruption immer

weiter in Mißkredit gekommen. Ergebnis der Arbeit war ein neues Gesetz und die Gründung der nun zivilen *Policia Nacional Civil (PNC)*. Sie wird zur Zeit noch aufgebaut und von europäischen Partnerländern als Teil der demokratischen Organisation trainiert. Schon daher herrscht zur Zeit ein gewisses Vakuum, das Gegenteil des Polizeistaats: Honduras ist eine sich selbst überlassene Gesellschaft.

Die wenige Polizei, die als **Schutzpolizei** (*FUSEP*, auf dem Auto steht eher *FSP*) oder als **Verkehrspolizei** (*TRANSITO*) auftritt, genießt wenig Ansehen, aber viel Respekt. Die Drohgebärden der Sicherheitskräfte (Maschinenpistolen, martialische Messer, spiegelnde Sonnenbrillen) stammen, sofern sie

überhaupt noch spürbar sind, aus jener Zeit. Dennoch ist Honduras heute ein Land, das eine systematische Repression gegen die eigene Bevölkerung nicht mehr kennt. Seien Sie dennoch stets sachlich, freundlich, und drücken Sie ein Auge zu, wenn der kaum gebildete junge Polizist, der wie ein Soldat daherkommt, Ihnen irgendetwas klarmachen möchte.

Hier wird kontrolliert

Sport

Trekking

Wegen der unbefestigten Trampelpfade, fehlender Wege-Infrastruktur und der fast völlig fehlenden Beschilderung ist jede Wanderung in Honduras Trekking.

Trekking ist in Honduras in allen Nationalparks möglich und an den Naturstränden der Karibik und des Pazifik. Selten jedoch sind Rundwege. Empfohlen werden kann jedoch die Durchquerung kleiner Bergnebelwälder. Relativ leicht ist die Durchquerung von *La Tigra*, vergleiche Kapitel Tegucigalpa. Relativ schwer dagegen ist die Wanderung durch den Nationalpark *Cusuco*, siehe Kapitel San Pedro Sula. In den Ortsbeschreibungen ist auf besonders ergiebige Trekking-Touren hingewiesen.

Tauchen

Die Korallenriffe der Islas de la Bahia werden alljährlich von Tausenden von Tauchern, vor allem aus den USA, besucht. Gerätetauchen ist nirgendwo auf der Welt so preiswert wie in Utila. Dort ist ein Anfängerkurs mit PADI-Zertifikat schon für 125 $ zu bekommen, auf Roatán und Guanaja sind es 150 $. Da die dortige Infrastruktur aber fast ausschließlich auf Besucher aus den USA eingestellt sind, können Taucharrangements erst seit kurzem schon in Europa gebucht werden (vgl. Veranstalter). Näheres findet sich in den Ortsbeschreibungen der Inseln.

Tennis, Golf, Reiten

Das Sporttreiben, das in Europa den gestreßten Industrieland-Menschen durch spielerische körperliche Ertüchtigung Zerstreuung bringt, ist in Honduras eine Angelegenheit der Oberschicht. Vom Tennis (*Country Club* in Tegucigalpa, *Hotel Copantl* in San Pedro Sula) über Golf (*Country Club* in Tegucigalpa; *Country Club Choloma*, nahe San Pedro Sula; *Club de Golf* in La Ceiba) bis zum Reiten (*Club de Equitación* an der Ausfahrtstraße Richtung Santa Lucía in Tegucigalpa, Reitstall *El Rancho* an der Ausfahrtstraße Richtung Tegucigalpa in San Pedro Sula) werden durchaus viele Sportarten ausgeübt, allerdings allesamt in **privaten Clubs,** in die der Reisende von einem Mitglied eingeführt werden muß.

Volkstümliche Sportarten

Volkssport ist der **Fußball,** wie wir ihn in Europa kennen. Honduras hat eine fähige Nationalmannschaft, die eine der besten Zentralamerikas ist. Im *Copa de América* schlägt Honduras gelegentlich auch gut gesponserte Teams wie das US-amerikanische.

Ein Besuch im Stadion lohnt sich. Hier herrscht gute Publikumsstimmung; ein buntes kulturelles Programm (Live-Musik, traditionelle Tänze) und mundgerechte Snacks werden geboten. Für Aktive bietet sich auch das Samstags- oder Sonntagsspiel in der Siedlung an. Europäische Gastspieler werden gern spontan in die Hobbymannschaft einbezogen. Ein

Wermutstropfen ist, daß Zentralamerikaner weniger im Team spielen, eher ist die Einzelleistung gefragt.

Besonders volkstümlich ist auch der **Hahnenkampf** (z.B. im *El Palenque*, am Blvd. del Norte in San Pedro Sula, nahe der Texaco-Tankstelle mit Star Mart; oder im *Palenque* in der Col. Trejo, gegenüber des *Parque Infantil*) und das **Pferde-Rodeo.** Letzteres findet jeweils zum örtlichen Patronatsfest statt. Der Bauernverband (*Asociación de Ganaderos y Agricultores*) organisiert das Rodeo auf seinem Schaugelände.

Sprache

Offiziell und real dominiert die **spanische** Sprache. **Englisch** wird von weniger als fünf Prozent der Honduraner beherrscht, **andere Sprachen** beschränken sich auf die jeweilige Gemeinschaft der *residentes* (Ausländer, die in Honduras dauerhaft wohnen). Die deutsche Gemeinschaft zum Beispiel zählt nur ca. dreihundert deutsche Staatsbürger, daneben gibt es etwa noch einmal doppelt so viele Honduraner mit Deutschkenntnissen.

Jeder dritte Honduraner kann nicht lesen und schreiben. In der Schule wird auf praktische Sprachfertigkeit mehr Wert gelegt als auf Sprachstrukturen. Entsprechend schwierig ist es für viele Menschen in Honduras, sich auf die Ungenauigkeiten oder den **Akzent** eines Nicht-Spanischkundigen einzustellen. Nur wer *correo* (Post) deutlich stärker rollt als etwa *Corea* (Republik Korea), wird auch erfahren, wo das nächste Postamt zu finden ist.

Im allgemeinen aber gilt die honduranische **Aussprache** als klarer und „spanischer" als die der zentralamerikanischen Nachbarn. Gewöhnungsbedürftig ist das Zusammenfallen der Wörter in einen Sing-Sang, in dem die Wortübergänge nicht mehr erkenntlich sind.

Auf die sprachlichen Besonderheiten von Honduras geht der für Reisende geschriebene Band der Kauderwelsch-Reihe, *Spanisch für Honduras* von *Veronika Schmidt* ein, der im gleichen Verlag wie dieses Buch erscheint.

Als nicht-spanische zweite Sprache beherrschen viele Menschen ihre jeweilige **Stammessprache.** Garífuna, Lenca, Chortí, Jicaque, Sumu Tawahka, Miskito und Pesch sprechen allesamt ihre traditionellen Sprachen, die für Europäer ziemlich schwierig zu lernen sind. Erst ein mehrmonatiger Aufenthalt ermöglicht erste Erfolgserleb-

Reisetips A-Z

Spanisch in Honduras

In Honduras ist das kastilische Hochspanisch im 16. Jahrhundert von den Eroberern des alten Kontinents allmählich eingeführt worden. Während zunächst im Rahmen des politisch-militärischen Widerstands auch die Sprachen der Ureinwohner (lenca, maya, pesch) beibehalten wurden, so trat im Rahmen ihrer kulturellen Entwurzelung zunehmend die spanische Sprache anstelle der traditionellen. In diesem Prozeß wurde das kastilische Spanisch (in Lateinamerika *castellano* genannte) zunehmend um **Modismen** ergänzt und phonetisch abgeschliffen.

Neben das distanzierte, gegenüber Fremden gebräuchliche *Usted* (Sie) und das freundliche, häufig respektvolle *Tu* (Du) trat das *Vos* (Du) als freundschaftliche **Anrede** zwischen wirklich guten Freunden oder Verwandten. Das *Vos* ist eine lateinamerikanische Prägung, frei von kolonialem Balast. Mit ihm verbunden ist eine Endung der 2. Person Singular, die von der spanischen Grammatik abweicht. Statt *tu dices* (Du sagst) heißt es *vos decís*, statt *dí* (sag) heißt es *decí*.

Auch **phonetisch** hat sich das *castellano* zu einem eigenen lateinamerikanischen Sprachstil weiterentwickelt. Der Laut für d, z, ce oder ci, der in Spanien teilweise fast wie ein englisches „th" klingt, ist in Lateinamerika kaum noch zu hören. Dort wiegt ein einfacher scharfer s-Laut vor. Eine echte Entlastung für Spanisch-Sprachschüler auf Reisen. Generell wird in Honduras ein deutlicheres Spanisch als in den Nachbarländern gesprochen.

Spezielle Ausdrücke und Redewendungen in Honduras:

In Honduras findet man eine Reihe von besonderen Vokabeln und Redewendungen, die sonst keiner versteht. Am bekanntesten ist das *vaya pués* (wörtlich: Na geh schon), das soviel heißt wie: Schon gut! Es wird häufig benutzt und ist stets wohlwollend gemeint.

aquí no más	genau hier
allí no más	gleich dort
anafre	Tonöfchen mit Bohnenpüree
bache	Schlagloch
balneario	Natur-Schwimmbad
barbaridad	Frechheit, Sauerei
bárbaro	tollkühn, frech, ungehobelt
baronesa	LKW mit Holzaufbau für Passagiere
burra	Handwagen auf Schienen
burrito	Maisfladen mit Spiegelei darin
buya	extremer Lärm, Geschrei
catchureco	Mitglied der Nationalen Partei (PN)
catracho	Honduraner
chancho	Wüstling, Kleckermaul
chapin	Guatemalteke
chele	blondhaarig
chiflado	komischer Kauz
chino	Asiate
coello	politische Seilschaft
compa	Kumpane
coronela	von Oberst *(coronel):* Toyota Land-Cruiser in Luxusversion
departamento	Verwaltungsbezirk, Kanton
dundo	dumm, schlicht
exprés	Charter-Service (Achtung: für das Reisebudget empfindlich teurer!)
fresco	kühl; Erfrischungsgetränk, meist synonym für Coca-Cola
golazo	eindrucksvolles Fußballtor
halón	Mitfahrt per Anhalter
ladino	Mestize
limosna	(abwertend für) Bettelgabe
machuca	Beilage zur Fischsuppe aus Kochbananen (Garífuna)
microbus	Kleinbus
milpa	kleiner Acker (Zentrum)
negrita/o	Bezeichnung der Mestizen für Garífunas
nica	Nicaraguaner
obsequio	(schönmalerisch für erbetteltes) Geschenk
paisa	Landsmann, –frau
paja	Geschwafel
palanca	Kontakt; Stak-Stange für Boot
papada	Blödsinn
pipante	Einbaum-Kanu (Moskitia)
propina	Trinkgeld
pulpería	Gemischtwarenladen
tuktuk	Innenbord-Motor (Moskitia)
motor	Motorboot (Moskitia)
profa	Anrede für Lehrerin
servicio directo	Expreß-Bus, der nicht so oft anhält
solar	kleiner Acker (Norden)
tico	Costaricaner
vago	Vagabund
vaya pués	schon gut

Siehe auch Anhang, Kleine Sprachhilfe

nisse des Spracherwerbs. Für das Garífuna gibt es immerhin ein formelles Wörterbuch. Entsprechende Aufzeichnungen über die anderen Sprachen sind beim Verband der Eingeborenen-Völker *CADEA* erhältlich. (*Consejo Asesor Hondureño para el Desarrollo de las Etnias Autóctonas*, Frau *Miriam Miranda Chamorro* ist die Vorsitzende, das Büro befindet sich im Bo. La Granja, 2a Ave., entre 1a y 2a Calle, hinter dem Gebäude der Molkerei *Leyde*, in Comayagüela, Tel. und Fax 234-4925.)

Telefon und Fax

Das orange-blaue Logo der öffentlichen *Telefongesellschaft HONDUTEL* findet sich in jeder größeren Ortschaft des Landes. Nur in den Straßen der Großstädte befinden sich **öffentliche Fernsprecher,** häufig erkennbar an den orangefarbenen Halbschalen, die die Geräte von oben beschützen. Dort ist das Telefonieren einfach: Hörer abnehmen, 10-Centavo-Münzen einwerfen, Dauerton abwarten, Nummer wählen. Ortsnetzkennzahlen gibt es in Honduras nicht. Auslandsgespräche sind von öffentlichen Fernsprechern nur über die Vermittlung möglich. Inzwischen gibt es in Honduras auch **Telefonmünzen,** die bei der Telefongesellschaft *HONDUTEL* und in manchen Schreibwarenläden erhältlich sind.

Die **Vorwahl** von Honduras nach **Deutschland** ist 0049, in die **Schweiz** 0041 und nach Österreich 0043. Die Vorwahl von **Honduras** selbst ist weltweit 00504.

Wenn kein öffentliches Sprechgerät vorhanden ist, kann man entweder vom **Hotel** aus telefonieren – das kostet bei Ferngesprächen etwa das Doppelte der *HONDUTEL*-Gebühren, Ortsgespräche sind meist gratis – oder bei *HONDUTEL* selbst. Dort kosten **Ortgespräche** ein paar Centavos, **Ferngespräche** im Land ca. 0,5 $ pro Minute. Das Telefonieren von Haus- und Büroanschlüssen aus ist zwischen 20 Uhr abends und 6 Uhr morgens bis zu 20 % günstiger.

Auslandsgespräche – von öffentlichen Fernsprechern aus nur über die Vermittlung möglich – kosten zwischen 1,5 $ (USA) und 3 $ (Deutschland) pro Minute. Der Service eines **Operators** kostet ca. 15 % mehr. Bei Auslandsgesprächen wird häufig gefragt: *Con quien allá?* (Mit welcher Person dort?). Nun kann man den gewünschten Gesprächspartner benennen, das Gespräch wird dadurch geringfügig teurer. Falls diese Person jedoch nicht erreicht wird, muß für das Gespräch auch nicht gezahlt werden.

Fax

In allen mittleren und großen Städten betreibt *HONDUTEL* auch einen öffentlichen Fax-Service. Eine Seite nach Europa kostet etwa 4 DM, innerhalb des Landes etwa 2 DM.

Uhrzeit

Die in Honduras landesweit geltende **Zeitzone** befindet sich genau sieben

Reisetips A-Z

Stunden vor der MEZ (mitteleuropäische Zeit), die in Deutschland gilt. Will man in Honduras so anrufen, daß dort gerade 9 Uhr morgens ist, so tue man dies um 16 Uhr MEZ.

In Honduras gibt es keine **Sommerzeit**. 1994 wurde die Uhrzeit jedoch für ein paar Monate um eine Stunde verschoben. Bei fehlender Sommerzeit in Honduras ist der Zeitunterschied zur europäischen Sommerzeit (März bis September) entsprechend eine Stunde größer, also acht Stunden.

Die **Uhrzeiten** in Honduras werden nach amerikanischer Art benannt, also immer nur bis zur Zahl 12. Die Uhrzeiten der zweiten Tageshälfte werden mit *pm* (1 *pm* für 13 Uhr) von denen der ersten Tageshälfte (*am*) unterschieden.

Unterkunft

Hotels

In den mittleren und großen Städten gibt es **moderne Hotels** mit zwei bis vier Landes-Sternen, die über Klimaanlage, Pool, Restaurant und vieles mehr verfügen. Sie kosten zwischen 20 und 120 $ pro Doppelzimmer. Die besten Hotels in den Städten Tegucigalpa, San Pedro Sula und La Ceiba gleichen den bei uns üblichen einfachen Business-Hotels (z.B. *Ibis*, *Best Western*), sind aber deutlich servicestärker, d.h. Personal und Service-Umfang sind flexibler, Sonderwünsche werden bereitwilliger erfüllt usw. 1998 werden einige **internationale Hotels** eröffnet: *Princess*, *Camino Real* und *Holiday Inn*

in San Pedro Sula, Princess und Camino Real. Die Preise für ein Doppelzimmern liegen in diesen Hotels zwischen 100 und 160 $, aber der Service ist zunächst auch professioneller als in den klassisch honduranischen Luxushotels. In allen Ortschaften des Landes finden sich außerdem einfache Hospedajes und Hotels. Sie gleichen denen in anderen Ländern des Kontinents, sind aber meist sauberer.

Hoteles

Hoteles gehören zur landestypischen Mittelklasse, sind in der Regel sauber (der Chlorgeruch ist häufig spürbar), sicher und preiswert. Sie kosten zwischen 8 und 20 $ pro Doppelzimmer. Darin sind Handtuch, Seife und Toilettenpapier enthalten. Um ein gutes Preis-Leistungs-Verhältnis zu erreichen, sollte die Besichtigung verschiedener Zimmer vorangestellt werden. Häufig sind die billigeren Zimmer die schöneren, da der honduranische Geschmack nicht unbedingt europäischen Vorlieben entspricht. Beispielsweise sind lichte Zimmer ohne Klimaanlage und solche mit harten, gesunden Matratzen billiger.

Hospedajes und Pensiones

Die einfachste Kategorie honduranischer Unterkünfte hat noch schlechtere Matratzen als die Hotels, ist aber auch sicher und sauber. In dieser Kategorie sollten Ansprüche an Ästhetik und Ausstattung (Leselampe, Duschvorhang, Toilettendeckel) komplett hintangestellt werden. Solche Billighotels gibt es ab 2,50 $ für das DZ. Je kleiner die Ortschaft, desto ordentlicher sind Unterkünfte dieser günstigsten Kategorie.

Motels

Motels, meist diskret am Rande der Ortschaften gelegen, dienen Pärchen zum Rückzug, zum Beispiel weil sie aus engen Wohnverhältnissen kommen oder ihr Verhältnis sehr kurzfristiger Natur ist. Trotz des Stundenrhythmus sind Motels in der Regel seriös geführt und sicher. Aber Vorsicht, Hygiene und Ausstattung bewegen sich bei manchen jenseits des Zumutbaren.

Übernachtung in Nationalparks

In den Nationalparks gibt es nun immer mehr Besucherzentren, die in Zukunft eine Übernachtung in soliden Doppel- oder Mehrbettzimmern für wenig Geld ermöglichen. Doch das *SINAP*, das System Honduranischer Naturschutzgebiete, ist noch im Aufbau. Häufig ist es nötig, mit Schlafsack und Isomatte ausgerüstet auf eigene Faust anzureisen und vor Ort nach Übernachtungsmöglichkeiten in den *Häusern der Einheimischen* zu fragen. Die Menschen sind freundlich und offen, zugleich aber gegen Ausbeutung allergisch. Preis und Bedingungen sollten am Vorabend ausgehandelt werden. Am Morgen sollte man früh aufstehen (nie nach 6 Uhr) und sein

Gepäck zur Seite räumen, damit die Familie ihren Tag normal gestalten kann.

Soweit vorhanden, läuft die Reservierung von in Nationalparks gelegenen *Besucherzentren (Centros de Visita)* über das Ortsbüro der mit der Verwaltung des Nationalparks beauftragten Organisation.

In abgelegenen Gebieten mit uns fremden und daher verletzbaren Kulturen (z.B. Moskitia) ist eine organisierte Expedition eine gute Alternative. Sorgfalt bei der Auswahl der Veranstalter ist dabei angebracht. Die meisten Expeditionen sind allerdings auch teuer.

Verhalten

Begriffe wie „links" und „rechts" werden selbst bei der *Beschreibung von Wegen* generell vermieden. Mit dem Wörtchen *así* (so) wird eine Hand- oder Lippenbewegung untermalt, die das „rechts" oder „links" ersetzen soll. Ein typisch honduranisches Verhalten ist es auch, Richtungen mit den Lippen zu weisen, was für uns durchaus komisch wirken kann. Lediglich auf andere Menschen wird nicht mit den Lippen gezeigt.

Im Angesicht eines Honduraners sollte man nicht böse werden und nicht *fluchen.* Vor allem sollte man niemanden *öffentlich kritisieren.*

Man sollte sich nicht auf eine einzige *Information* über den Weg, die Verkehrsverbindung usw. verlassen. Honduraner geben lieber eine *falsche Antwort* als überhaupt keine.

Verhalten beim Fotografieren

Fotografieren wird überall akzeptiert, erfordert aber stets das ausdrückliche **Einverständnis** der zu porträtierenden Personen. Vorsicht bei den afrokaribischen **Garífunas** im Norden, sie fürchten sich vor karmischen Gefahren der Ablichtung. Generell ist es ein Muß, bei **indigenen Gemeinschaften** gestenreich und ausdrücklich um ein Foto zu fragen, sich Zeit zu nehmen und keine falschen Versprechungen zu machen. Wieder in Deutschland daheim, ist es nämlich praktisch unmöglich, die versprochenen Abzüge sicher in die honduranische Pampa zu schicken.

Fotos von honduranischen und – in Palmerola bei Comayagua – amerikanischen **militärischen Einrichtungen** sind verboten und sollten auch tatsächlich vermieden werden, um große Scherereien zu umgehen.

Verkehrsmittel

Tegucigalpa, San Pedro Sula, La Ceiba und Roatán verfügen über internationale **Flughäfen.** Weitere Inseln (Utila, Guanaja) und Orte des Dschungelgebiets Moskitia (Palacios, Brus Laguna, Puerto Lempira) sind nur mit dem Flugzeug zu erreichen. Insgesamt aber sind die Verbindungen mit **Bussen** den Flügen vorzuziehen, obwohl es keine städtischen oder staatlichen Transportsysteme mehr gibt. Private Wellblech-Busse der Marke *Bluebird* verbinden die Teile einer Stadt und die Ortschaften des Landes.

Stadtbusse

Die Haltestellen zeigen nicht immer die **Buslinie** an, so daß man sich vorher – oder an der Haltestelle bei anderen wartenden Passagieren – nach der Route erkundigen sollte. Der **Fahrpreis** (2 Lps.) ist beim Fahrer zu entrichten oder bei einem Jungen, der das Reiseziel vom Trittbrett aus in die wartende Menschenmenge schreit. Eine Fahrkarte gibt es in der Stadt nicht. Man kann für diesen Tarif kreuz und quer durch die Stadt fahren: Als Sightseeing nicht übel!

Städtische Busse fahren zwischen 5:30 und 20:00 Uhr in der Regel alle 15 Minuten, danach seltener, ab 22 Uhr bricht der Service ab. Die meist ausgeruhten Fahrer helfen gern mit Ratschlägen über Sightseeing, Verbindungen und Adressensuche.

Taxis

Taxis stehen in allen mittleren und großen Städten zur Verfügung. Die meist kompakten PKWs *(Nissan 210, Toyota Corolla)* sind an den auflackierten schwarz-weißen Schildern an Türen und Kühlerhaube zu erkennen. Eine Fahrt im Stadtkern kostet ca. 1 $ (Tegucigalpa, San Pedro Sula), außerhalb des Kerns bis 2 $. In La Ceiba beträgt der durchschnittliche Preis nur die Hälfte, ebenso wie in den meisten Provinzstädten. Am Flughafen stehen größere, üblicherweise gelbe Limousinen bereit. Eine Fahrt mit diesen kostet zwischen 5 und 8 $. Taxameter

Colectivos

In einem armen Land wie Honduras kann man die Waren des Weltmarktes oft nicht bezahlen. Nirgendwo sonst werden so billige Kinderkleidchen, Spielzeugautos oder Kartoffelchips, Fahrräder, Busfahrkarten und Schuhsohlen angeboten. Ganz besonders erfindungsreich ist das System der *colectivos*, der äußerst preisgünstigen Sammeltaxis.

Bei den verwendeten Fahrzeugen handelt es sich fast immer um japanische PKWs mit vier Türen, meist mit Diesel-Motor, die schon mindestens zehn Jahre auf dem Buckel haben. Die Fahrzeuge wurden mit einem km-Stand von mindestens 200.000 und kleinen Schäden in den USA gekauft und preiswert in Honduras eingeführt. Die meisten Fahrzeuge erreichen im Verlaufe ihres Nutzlebens 400.000 bis 500.000 km Fahrleistung. Um diese Leistungen ohne große Ersatzteilkosten zu ermöglichen, fahren die *colectivos* meist im 4. Gang, das Zuwerfen der Türe ist aus naheliegenden Gründen streng verboten. Nur essentielle Teile (Bremsbeläge, Bremsscheiben) werden vollständig repariert, alles andere wird behelfsmäßig hingefrickelt.

Anders als Taxis fahren die *colectivos* stets eine feste Route, für die jeweils eine Genossenschaft zuständig ist. Die Route geht von einer Haltestelle im Zentrum zu einem Barrio oder einer Colonia am Rand der Stadt, häufig in Entfernungen von über 10 km. Diese Haltestellen sind beschildert. Der Name der Route entspricht der des Zieles, das vom Zentrum aus angefahren wird und ist auf einem gelben Schild aufgemalt, das seitlich und vorne am Fahrzeug angebracht ist.

Abgefahren wird gewöhnlich, wenn alle Plätze besetzt sind. Die Fahrt kostet 5 Lps., nach 22 Uhr mehr. Aus- und Einsteigen kann man im Prinzip überall – aber vom Zentrum aus fahren die *colectivos* ja stets vollbesetzt ab (umgekehrt nicht immer).

Die Fahrgäste nehmen zu dritt auf der Rückbank Platz. Neben dem Fahrer nimmt seit 1994 dann nur noch maximal eine Person Platz. Bis dahin war das heute nur noch im Privatverkehr beherzigte Prinzip gültig, das Auto vorne und hinten so dicht wie möglich zu besetzen, ohne daß der Fahrer eine Sonderstellung eingeräumt bekommt. Entsprechend stellten sich die *colectivos* von vorne betrachtet als Taxi ohne Fahrer dar, weil an der herausgelehnten Sitzhaltung nicht erkannt werden konnte, ob und wo der Fahrer sitzt, ein wirklich lustiges Bild.

Reisetips A-Z

gibt es überhaupt nicht. Der Fahrpreis ist in jedem Fall vorab durch die Frage „cuanto me cobra" oder „que cuesta" plus der Angabe des genauen Fahrziels auszuhandeln.

Überlandverkehr

Für außerstädtischen Verkehr gibt es weder offizielle **Haltestellen** noch einen festen **Fahrplan**. Beides richtet sich nach dem jeweiligen privaten Transportunternehmen. Gelegentlich werden die neuesten Abfahrtszeiten in den lokalen Zeitungen bekanntgegeben. Am sichersten ist es, direkt am Busbahnhof des jeweiligen Unternehmens nachzufragen.

Die Fahrgäste sollten sich spätestens 30 Min. vor Abfahrt am Busbahnhof einfinden und am Schalter die Fahrkarte kaufen. Dabei wird der Name auf der **Fahrgastliste** und häufig auch auf dem Beleg notiert. Pro km Entfernung sind ca. 0,15 Lps. zu entrichten.

Fahrkarten können vorher gekauft werden, bei den teureren Linien (z.B. *Saenz ejecutivo*) ist auch eine Eintragung in die Passagierliste ohne Vorkasse möglich. Die Gültigkeit der Karte oder Reservierung erlischt ca. 15 Minuten vor Abfahrt.

Gepäck kann auch außerhalb der Fahrgastkabine verstaut werden, zum Teil in einem seitlichen Kofferraum. Bei *Bluebird*-Modellen oder dem *Toyota-Coaster* wird das Gepäck auch auf dem Dach verstaut, dann ist auf eine Plane als Regen- und Staubschutz zu achten.

Neben dem Fahrer hilft mindestens ein Assistent, der vor Abfahrt des Busses die Tickets einsammelt und mit der Fahrgastliste vergleicht. Das führt häufig zu Chaos, weil die Namen extrem abgekürzt werden.

Viele Busse warten auch nach der offiziellen Abfahrtszeit noch bis zu einer Stunde bis das Fahrzeug voll ist. Dieses führt in der Mittagshitze zu unangenehmen Szenen. Dezente Proteste sind hier angebracht.

Baronesa und Pick Up

Wo in der äußersten Provinz (z.B. zwischen Gracias Lempira und La Esperanza oder zwischen El Limón und Ciriona) kein Bus fährt, gibt es noch *Baronesa* (LKW mit Holzkabine) oder einen *Pick Up.* Gegen geringe Gebühr wird ein *halón* (Mitfahrgelegenheit) gewährt.

Zug

Besonders empfehlenswert, weil originell und interessant ist die *alte Eisenbahn,* die von San Pedro Sula über Baracoa bis Tela fährt.

Das überschuldete Staatsunternehmen *Ferrocarriles de Honduras* hat seine Transportleistungen Anfang 1995 wieder aufgenommen, nachdem ein Orkan 1993 viele Brücken weggespült

hatte. Die rustikale Staatsbahn fährt von San Pedro Sula nach Puerto Cortés. Zwischen beiden Städten befindet sich das Dorf Baracoa, das morgens um 9 Uhr und nachmittags um ca. 15 Uhr von umsteigenden Bahnpassagieren wimmelt. Hier fährt die Bahn nach Tela. Diese Bananenbahn gehört zu den authentischsten Verkehrsmitteln Zentralamerikas und erlaubt einen Einblick in das Leben der ärmsten Honduraner.

● Täglich ab 7:00 Uhr von San Pedro Sula und (zurück) ab 14:00 Uhr von Tela. Die einfache Fahrt kostet 1 $. Bahnhof in San Pedro Sula: 1a Calle, entre 1a y 2a Ave., N.O., genau 2 cuadras östlich vom Zentralpark); Tel. 553-2997, 553-1879, 553-4080.

Flugverbindungen in Honduras

Flugverbindungen gibt es zwischen den großen Städten und von La Ceiba aus zu den drei Inseln und in die Moskitia.

Fluggesellschaften

Das Unternehmen *Isleña Airlines* ist die größte honduranische Fluglinie.

● Zentralbüro in La Ceiba:
Ave. San Isidro, im Zentralpark,
Tel. 443-0179, 443-2344 und Fax 443-2632,
Tel. am Flughafen 443-2683.
● Büro in San Pedro Sula:
Tel. 552-8322, Fax 552-8335.
● Büro in Tegucigalpa:
Tel. 233-9813, Fax 233-1894.

An zweiter Stelle steht die – deutlich freundlichere – *Sosa Airlines.* Zentralbüro in La Ceiba, Ave. San Isidro, im Zentralpark, Tel. 443-0399, Fax 443-1894, Tel. am Flughafen 441-0894.

Reisetips A-Z

Flugplan

Die drei Gesellschaften ergänzen sich mit folgenden Flugverbindungen

Tegucigalpa	La Ceiba	3mal täglich
San Pedro Sula	La Ceiba	3mal täglich
La Ceiba	Roatán	14mal täglich
	Guanaja	2mal täglich
	Utila	5mal täglich
	Palacios *(Isleña)*	1mal täglich
	Puerto Lempira	1mal täglich
	Brus Laguna *(Sosa)*	3mal wöchentl.
	Ahuas *(Sosa)*	1mal wöchentl.

Flugpreise

Flugpreise betragen nur circa ein Sechstel des umgerechneten europäischen Preises. Sie reichen von 18 $ (La Ceiba – Utila) bis 70 $ (Tegucigalpa – La Ceiba – Puerto Lempira). Die exotischste Verbindung ist die von La Ceiba ins karibische Paradies Gran Cayman (gültigen Paß bereithalten). Zweimal wöchentlich fliegt *Isleña* für 410 $ (Rundflug-Ticket) dorthin. Seit Anfang 1998 verbindet *Caribbean Air* das Festland mit Roatán und fliegt samstags für 85 $ (one way) bzw. 153 $ von Roatán nach Belize.

Schiffsverbindungen

Schiffsverbindungen in Honduras sind **unregelmäßig.** Die sich meist in fragwürdigem Zustand befindlichen Kutter und Frachter laufen von Puerto Cortés nach Belize sowie von La Ceiba und Trujillo in die Moskitia (Barra Patuca, Puerto Lempira) aus.

Eine **touristische Schiffsverbindung** zu den Islas de la Bahia gibt es mit der *MV Tropical*, Tel. 442-0780, La Ceiba, Roatán (*Safe Way Maritime Transportation Company*, S.A.). Die Fahrpläne werden häufig geändert. Vorherige Erkundigung vor Ort, oder am *muelle de carbotaje* (dem neuen Hafen) in La Ceiba, ist notwendig. Das Schiff verkehrt täglich zwischen La Ceiba und Roatán und werktags zwischen La Ceiba und Utila. Der Preis beträgt 10 (einfach) bzw. 18 $ (Hin- und Rückfahrt) nach Roatán und 8 (einfach) bzw. 15 $ (Hin- und Rückfahrt) nach Utila.

Zeitungen und Zeitschriften

Ausländische Printmedien sind in Honduras schwer zu bekommen, die beste Chance hat man in den Zeitungs- und Tabakläden der großen Hotels. Deutsche Zeitschriften oder gar Zeitungen darf man dabei aber nicht erwarten.

Das **Wochenblatt** *Honduras This Week* erscheint in englischer Sprache, es ist an der Hotelrezeption umsonst mitzunehmen. *Honduras This Week* widmet sich politischen und ökologischen Themen mit besonderer Hingabe. Das Niveau ist eher noch oberhalb dessen der Tageszeitungen.

Siehe auch „Staat und Gesellschaft, Massenmedien".

Land
und
Natur

Honduras im Überblick

Offizieller Name:	República de Honduras
Fläche:	112.482 qkm
Küstenlänge:	124 km Pazifik im Süden
	640 km Karibik im Norden
Höchster Berg:	Cerro las Minas, 2849 m
Größter Fluß:	Río Patuca, ca. 340 km
Einwohner:	5,5 Mio.
Bevölkerungsdichte:	48 Einw./qkm
im Vergleich Deutschland:	227 Einw./qkm
Städtische Bevölkerung:	47 %
Sprache:	Spanisch; indigene Sprachen
Religion:	85 % römisch-katholisch
Analphabetenrate:	27 %
Geburtenrate:	3,2 %
Naturschutzgebiete:	5,5 % des Staatsgebietes
Staatsform:	Präsidialdemokratie
Staatsoberhaupt:	seit Januar 1998 Carlos Flores
	von der Liberalen Partei
Verwaltungseinheiten:	18 Bezirke *(departamentos)*
Große Städte:	Tegucigalpa (900.000 Einw.)
	San Pedro Sula (470.000 Einw.)
	La Ceiba (100.000 Einw.)
Wirtschaft:	Bananen, Kaffee, Bekleidung, Krabben
Tourismus:	Tauchen auf den Islas de la Bahía,
	Maya-Ruinen von Copán, Naturtourismus
Währung:	Lempira (frei konvertierbar),
	13,3 Lempiras = 1 US-$

Klima und Geographie

Honduras erstreckt sich auf einer **Fläche** von 112.492 qkm. Das Land liegt zwischen dem 13. und 16. Grad nördlicher Breite, also in den **Tropen.** Das Land kann **geomorphologisch** in drei Gebiete unterteilt werden: Hochland, karibisches Tiefland und pazifisches Tiefland. Das **Klima** ist gekennzeichnet durch relativ große Tagesschwankungen und geringe Schwankungen im Jahresverlauf, hohe Jahresniederschlagsmengen (über 2000 mm) und eine mittlere Durchschnittstemperatur nicht unter 18 Grad Celsius. Dieses Klima ist Voraussetzung für die tropischen immergrünen und halbimmergrünen Regenwälder, welche das Land ursprünglich komplett bedeck haben und jetzt nur noch zum Teil überziehen.

Es gibt zwei **Jahreszeiten:** Sommer (Trockenzeit) und Winter (Regenzeit), welche, bedingt durch die verschiedenen Höhenzonen und die Lage des Landes zwischen den zwei Ozeanen, zeitlich verschieden liegen.

Zentrales Hochland

Honduras wird vom mittelamerikanischen Festlandsrücken durchzogen, das zentrale Hochland macht 82 % der Landesfläche aus. Es ist durch starke Steigungen geprägt. Steiniger und saurer Untergrund mit weniger fruchtbarer Erde machen **Landwirtschaft** hier schwierig. Genutzt wird das Hochland hauptsächlich durch Viehzucht; in günstigen Tälern werden Gemüse, Tabak, Zuckerrohr, Obst und natürlich Mais und Bohnen angebaut. Ab ca. 1000 m sind Kaffeeplantagen anzutreffen.

Klimatisch sind das Hochland und das pazifische Tiefland durch eine Trockenzeit zwischen November und April gekennzeichnet. Die Regenzeit dauert von Mai bis Oktober, die Niederschlagsmenge ist deutlich geringer als im karibischen Tiefland des Nordens.

Charakteristische Vegetation des Hochlands ist der **Kiefernwald** mit insgesamt sieben verschiedenen Arten, davon kommt eine Kiefernart *(pino caribea)* nur in Honduras vor. Ungeregelte Forstwirtschaft, d.h. rücksichtsloser Raubbau durch Holzsammeln der Ärmsten, hat die Gegend teilweise in

eine baumlose Wüste verwandelt. Ärgstes Beispiel ist die Gegend um die Hauptstadt Tegucigalpa. Die Folgen sind Erosion, Wassermangel in der Trockenzeit und drastische, innerhalb weniger Stunden entstehende Überschwemmungen zum Höhepunkt der Regenzeit.

Ab ca. 1200 m Höhe geht der Nadelwald in den **Bergnebelwald** über, so genannt wegen seines extrem feuchten Mikroklimas. Von ursprünglich 39 Bergnebelwäldern sind heute noch 20 intakt, die allesamt als Nationalparks geschützt sind.

Höchster Berg des Landes ist der Cerro Las Minas (2849 m) in den Montañas del Celaque. Er liegt im Nationalpark Celaque und ist von Gracias Lempira aus recht gut erreichbar.

Karibisches Tiefland

16 % der Fläche von Honduras liegen im karibischen Norden. Die Küste ist durch hellen Sandstrand geprägt, mit dahinterliegenden Lagunen und **Mangrovensümpfen.** Das Hinterland ist sehr fruchtbar. Die Küste zwischen der guatemaltekischen Grenze (im Westen) und der Stadt Trujillo (östlich) wird intensiv **landwirtschaftlich genutzt,** vor allem durch Bananen und Ölpalmen. Bis ins 19. Jahrhundert stand hier dichter tropischer Regenwald.

Abgeschnitten von der Infrastruktur und Mischlingskultur des Landes, liegt im Osten des Karibischen Tieflandes die **Moskitia.** Dieser Landesteil ist kaum entwickelt, er hat die mit Abstand niedrigste Besiedlungsdichte

Land und Natur

des Landes. Der größte Teil der Moskitia ist durch tropischen **Regenwald** bedeckt. Der Norden, östlich des wasserreichen Río Patuca, geht in **Feuchtsavanne** über.

An der Nordküste fallen im Jahr bis zu 3000 mm **Niederschlag,** dies wird im Landesinneren nur von dem Gebiet um den Lago de Yojoa übertroffen. Im Norden sind daher nur April und Mai wirklich trockene Monate. Der Höhepunkt der Regenzeit wird zwischen Oktober und Dezember erreicht, nur in dieser Zeit sinkt die Temperatur unter die „Schwitzgrenze". Die Niederschläge der langen Regenzeit äußern sich in meist nur halbstündigem nachmittaglichem Starkregen bei sonst meist sonnigem Wetter. Der Norden ist auch von den **karibischen Orkanen** betroffen, die sich in Honduras weniger durch Sturm als durch tagelangen

Mittlere Tagestemperaturen in °C

Choluteca (Süden)   *Tegucigalpa (Zentrum)*

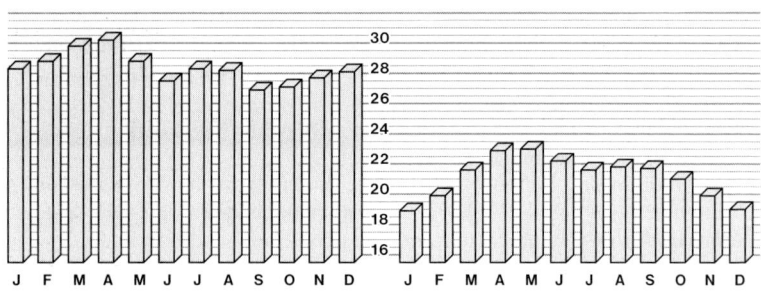

La Ceiba (Norden)   *Guanaja (Inseln)*

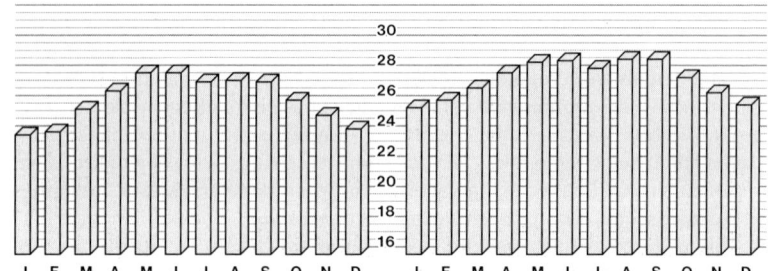

Dauerregen äußern. Dies ist im Jahresverlauf jedoch die absolute Ausnahme. Überschwemmungen und Erdrutsche haben 1954, 1974 (Orkan Fifi) und 1992 viele tausend Menschen obdachlos gemacht.

Die **Islas de la Bahía** sind der Nordküste vorgelagert. Sie befinden sich im zweitgrößten **Korallenriff** der Erde, welches sich vor der Atlantikküste des tropischen Amerika erstreckt und in

Belize und Honduras besondere Artenvielvalt und Schönheit hervorgebracht hat.

Pazifisches Tiefland

Der tropische **Trockenwald** an den Südausläufern des Hochlandes, heute wegen exzessiver Abholzung praktisch **Trockensavanne,** geht an der Pazifikküste von Honduras allmählich in die

Land und Natur

Durchschnittliche Niederschläge in mm

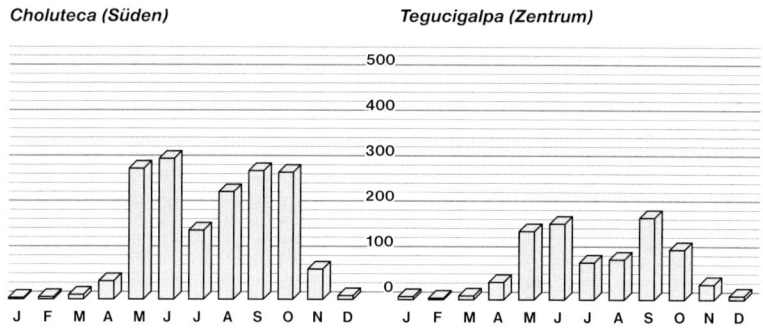

Choluteca (Süden)   Tegucigalpa (Zentrum)

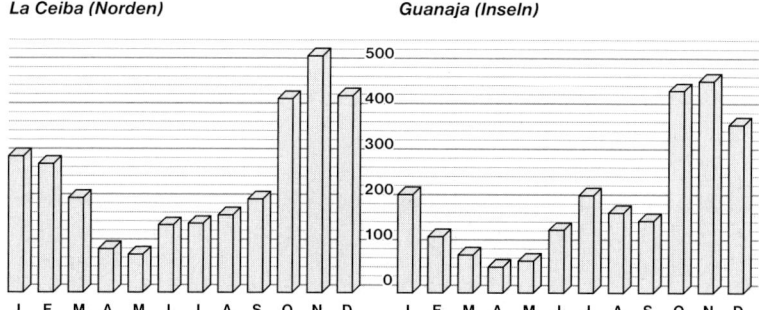

La Ceiba (Norden)   Guanaja (Inseln)

Überschwemmungsgebiete des Río Choluteca über. Daran schließen sich die *Mangrovensümpfe* des Golfes von Fonseca an, die sich über weite Teile der nur 124 km langen Pazifikküste des Landes erstrecken. Auf dem Festland des Südens werden Viehzucht, Baumwoll- und Zuckerrohranbau sowie Subsistenz-Landwirtschaft (Mais und Bohnen) betrieben. Im Bereich der weitläufigen Mangrovensümpfe wurden großflächige Krabbenzuchtbecken *(cama-roneras)* angelegt. Charakterpflanze des Südens ist der *Kalebassenbaum (cesentia alata),* aus dessen Fruchtschale außer Gefäßen auch Rumbarasseln gefertigt werden.

Das pazifische Tiefland ist, ebenso wie das zentrale Hochland, durch die von November bis April reichende *Trockenzeit* geprägt. In dieser Zeit fällt im Süden wirklich kein Tropfen Regen, so daß angesichts der Versteppung der Landschaft katastrophale Verhältnisse für die

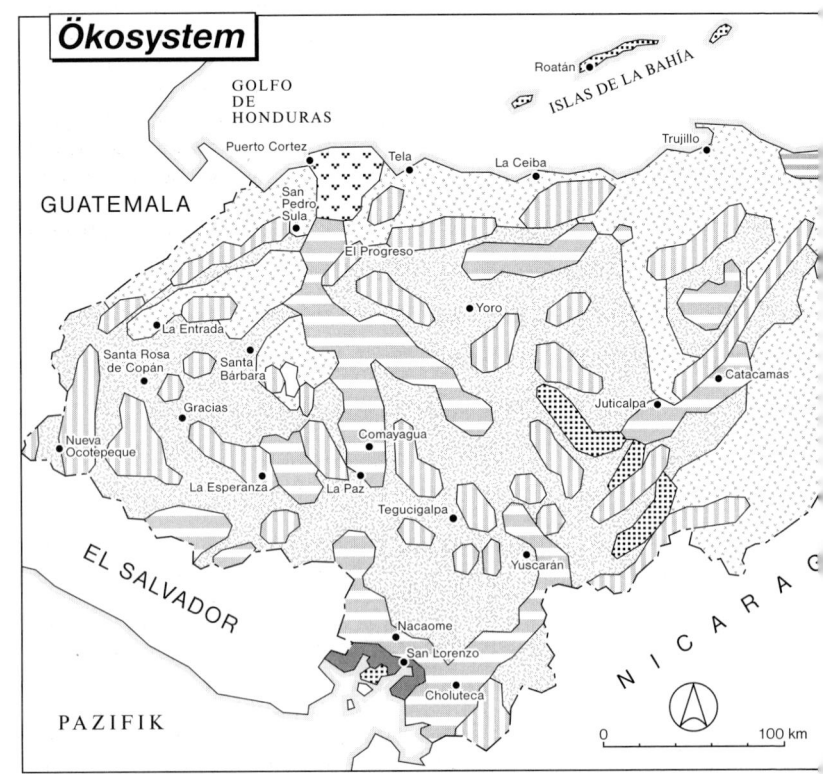

häufig mit nur einem halben Hektar Land arbeitenden Familien herrschen. Nicht ohne Grund führt die deutsche Entwicklungshilfe-Organisation GTZ um Choluteca herum seit 1975 ein Ernährungssicherungsprogramm durch.

Natur und Ökosysteme

Vor etwa 2,5 Millionen Jahren trafen Nord- und Südamerika an der mittel-amerikanischen Landbrücke, deren Mittelpunkt Honduras bildet, zusammen. Der heutige Artenbestand in Honduras ist von diesem Zusammentreffen und der Vermischung der verschiedenen Faunen und Floren geprägt. Damwild und Gürteltiere aus Nordamerika leben neben südamerikanischen Tapiren und Ameisenbären.

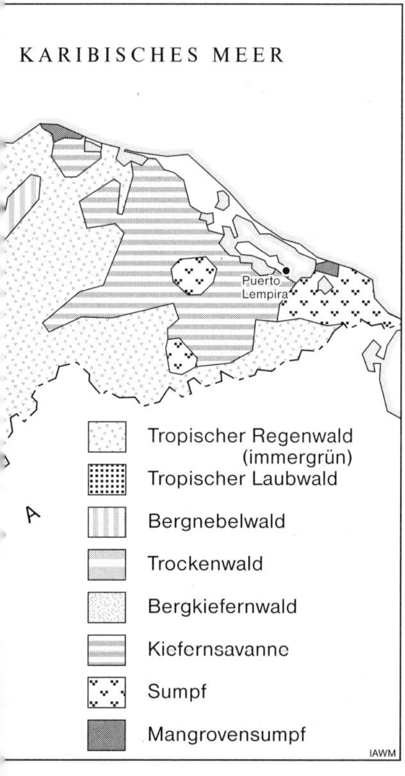

Honduras ist ursprünglich Teil des **nordamerikanischen** Tier- und Pflanzenreiches. Deutliches Kennzeichen ist die Verbreitung der Kiefernwälder, welche in den Kiefernsavannen der Moskitia und den Kiefernwäldern des Hochlandes gleichermaßen ihre Verbreitungsgrenze haben. Honduras' Vegetation unterscheidet sich äußerlich also deutlich von derjenigen Costa Ricas, wo keine heimischen Kiefernwälder zu finden sind.

Klima, Niederschlag und Luftfeuchtigkeit, aber auch Geländegestaltung (Topografie) oder der Bodentypus haben zur Ausprägung einer Vielfalt verschiedener Ökosysteme beigetragen, von denen hier einige aufgezählt werden.

KARIBISCHES MEER

Puerto Lempira

Tropischer Regenwald (immergrün)

Tropischer Laubwald

Bergnebelwald

Trockenwald

Bergkiefernwald

Kiefernsavanne

Sumpf

Mangrovensumpf

IAWM

Tropischer Tiefland-Regenwald (immergrün)

Das **Klima** des Tiefland-Regenwaldes ist gekennzeichnet durch hohe, wenig schwankende Jahrestemperaturen von mindestens 24 °C, tiefe Lage, hohe Luftfeuchtigkeit und starke Niederschläge in einer Regenzeit, die mindestens 8 Monate dauert. Im dichten Dschungel brauchen Bäume und Sträucher viel Blattgrün, um im Wett-

Land und Natur

bewerb um die wenigen Sonnenstrahlen zu bestehen, daher spricht man auch vom großblättrigen Regenwald. Im tropischen Regenwald leben zwischen 80 und 90 % der Tier- und Pflanzenarten der Welt. Besonders spektakulär sind die Amazonen- und Ara-Papageien. Den seltenen grünen Ara-Papagei (lat. *Ara ambigua* und *Ara militaris*) und den Königsgeier (span. *zopilote rey*) habe ich selbst mehrmals im honduranischen Regenwald gesehen.

Trockenwald in Perlas

Bergnebelwald im Nationalpark La Tigra

Der tropische Tiefland-Regenwald bestimmt den Osten Olanchos, die Zentral-Moskitia und – vor der Abholzung – die gesamte Karibikküste im Norden. Viele der tropischen Regenwälder in Honduras sind inzwischen geschützt. Die Nationalparks Pico Bonito (bei La Ceiba) und Patuca (in Olancho) sowie das Biosphären-Reservat des Río Plátano (in Gracias a Dios) sind die größten des Landes.

Tropischer Trockenwald (halbimmergrün)

Das **Klima** dieses Ökosystems ist gekennzeichnet durch hohe, wenig schwankende Jahrestemperaturen von mindestens 24 °C, tiefe Lage, aber niedrige Luftfeuchtigkeit und niedrige Niederschläge in einer Regenzeit, die höchstens 4 von 12 Monaten dauert, häufig aber nur ein paar Wochen.

Trockenwälder sind durch **anspruchslose Pflanzen** gekennzeichnet, häufig dürres Gestrüpp, Kakteen und Bäume, die Wasser jahrelang speichern können. Doch im Trockenwald verbirgt sich eine unvergleichliche **Artenvielfalt.** Neben Leguanen und Schlangen haben sich eine Reihe von Säugetieren wie das Agouti und der Ozelot an dieses Ökosystem angepaßt.

Tropische Trockenwälder befinden sich im Süden des Landes (Provinz Choluteca und Valle) und um Olanchito herum (Provinz Yoro). Die Trockenwälder brennen naturgemäß leicht ab. Raubbau hat hier besonders verheerenden Schaden angerichtet. Tropischer Trockenwald ist im Biologischen Reservat Yuscarán zu sehen, unweit der gleichnamigen Stadt (siehe dort).

Bergnebelwald

Dieses Ökosystem befindet sich in kühleren, nachtkalten Höhen von über 1200 m, wo es fast das ganze Jahr über immer wieder regnet. Trotzdem übersteht das Mikroklima des immerfeuchten Waldes auch mehrmonatige Trockenzeiten. Am Morgen steht über dem Bergnebelwald eine dichte **Wolkendecke,** die aus der Verdunstung von Vortag und Nacht entstanden ist. Wanderer können beim Trekking zu den Gipfeln erleben, daß sie sich auf einmal oberhalb der Wolken wiederfinden.

Land und Natur

Quetzal

Der Bergnebelwald ist durch große Sträucher und Farne gekennzeichnet, Bäume und Lianen dagegen bleiben sehr klein. Wegen dieser verschobenen Dimensionen spricht man auch vom Elfenwald. In ihm lebt der **Quetzal-Vogel,** dessen Männchen unvergleichlich prächtige Schwanzfedern entwickelt. Die deutschen Biologen *Hauke Hoops* und *Sabine Weiner* haben das Verhalten der Quetzale im Bergnebelwald Cusuco studiert und dabei unter anderem festgestellt, daß die Quetzale in Honduras – anders als in Mexiko und Guatemala – bis in den Oktober hinein brüten. Im Bergnebelwald leben auch Gürteltiere, Faultiere, der kleine Ameisenbär und viele andere, teilweise bedrohte Säugetierarten. Der Bestand des Bergnebelwaldes ist durch die sich ausbreitenden Kaffeeplantagen gefährdet.

Im Nationalpark-System von Honduras sind heute 20 Bergnebelwälder als Nationalparks geschützt. Die prominentesten sind der Nationalpark La Tigra (Nähe Tegucigalpa), der Nationalpark La Muralla (in Yoro, ca. 4 Std. von Tegucigalpa entfernt) und der erwähnte Nationalpark Cusuco. Leicht selbst zu Fuß erreichbar ist der recht neue, nur gut 1200 m hohe Nationalpark Carpiro und Calentura in Trujillo.

Kiefernwald

Sechs der sieben Kiefernarten, die in Honduras wachsen, kommen im zentralen Hochland vor, und zwar auf Höhen zwischen 300 und 1200 m. Durch Nadelfall und Stoffwechsel trägt die Kiefer zur dauerhaften **Säuerung des Bodens** bei, weshalb sie Laubbaumgesellschaften innerhalb ihres Lebensraums keinen Platz gewährt. Diese Höhen entsprechen dem **subtropischen Klima** zwischen 20 und 24 Grad Durchschnittstemperatur, die Niederschläge sind eher gering (unter 2000 mm, häufig nicht mehr als 1000 mm im Jahr), die Trockenzeit länger als 6 Monate. Die Vogelwelt im Kiefernwald ist vielfältig, Damwild, Raubkatzen, Kleinsäuger und Reptilien sind hier anzutreffen. Durch den lichten Bewuchs ist die Jagd jedoch besonders leicht, weshalb viele Tierarten sich in dichtere Gefilde zurückziehen.

Schöne Kiefernwälder lassen sich in allen Zentralprovinzen besuchen, besonders im Westen (Lempira, Intibucá), aber auch (oberhalb) von Tegucigalpa in El Hatillo.

Kiefernsavanne des Tieflandes

Im Nord-Osten des Landes befindet sich das Tiefland der nördlichen Moskitia, das durch häufige **Überschwemmungen** und eine saure, arme Bodenstruktur gekennzeichnet ist. Die durchschnittliche Jahrestemperatur liegt hier über 24 °C, es regnet täglich während mehr als 8 Monaten im Jahr. Hier wachsen Kiefern der Art *pino caribensis* (oder *caribea*), die niedrig wachsende Tique-Palme und wenige andere Baum- und Sträucherarten. Doch das Gebiet ist voll von Damwild, und auch der legendäre große Ameisenbär soll hier noch vorkommen. Häufig sind

auch Gruppen meist roter Aras zu beobachten, ebenso wie Tukane, Amazonen und Kolibris.

Strand, Lagune, Mangrovensumpf

An den ebenfalls tropisch heißen Küsten des Landes wechseln sich Sandstrand, Mangrovensaum und Lagunen ab. Hier mischen sich Salzwasser des Meeres und Süßwasser der mündenden Flüsse.

Viele Flüsse, die in der Trockenzeit kaum Wasser tragen, münden in eine **Lagune,** die durch eine *barra* (Strandriegel) zum Meer hin abgeriegelt ist. Nur zum Höhepunkt der Regenzeit ist die *barra* für ein paar Wochen geöffnet (Fahrzeuge müssen dann Pferden und Booten weichen). In dieser Zeit kann Salzwasser in die Lagunen eindringen, das entstehende Brackwasser ist der ideale Lebensraum für die drei in Honduras vorkommenden **Mangrovenarten** (weiße, rote und schwarze). Mangroven heben und senken sich mit dem Wasserstand ihrer Umgebung, denn sie stehen ausschließlich auf Luftwurzeln im lockeren Schlamm. Zudem können Mangroven Salzwasser vertragen, halten mit ihrem Wurzelgeflecht Schlamm und Pflanzenreste fest und können den Schlamm durch Verdunstung austrocknen. So sind sie ein natürliches Landgewinnungssystem. Großflächige Mangrovenzerstörung wie in Belize ist deshalb völlig unverständlich und kann nur durch Unkenntnis der vielen Vorzüge dieser Pflanze erklärt werden. In den

Land und Natur

Lagunen des Nordens leben viele karibische Rundschwanzseekühe (Manatis), 2,5 m lange, tauchende Säugetiere, die sich von Wasserlilien ernähren.

Die gesamte Küste des Südens, der Golf von Fonseca, ist als Wildreservat geschützt. Im Norden ist besonders der Nationalpark Punta Sal zu erwähnen: Türkisfarbene Naturbuchten, tropischer Wald, Mangrovenlagunen und Ausläufer des Korallenriffs liegen gleich beieinander und sind fast unbeeinträchtigt durch menschlichen Zugriff.

Korallenriff

Der Nordküste vorgelagert befinden sich Riffe, die ein Teil des *Continental Shelf* sind, das sich vor der Atlantikküste des tropischen Amerika erstreckt. Es bildet, nach dem *Great Barrier Reef* (Australien) das zweitgrößte Korallenriff der Erde. Vor den Inseln Utila, Guanaja und Roatán bemüht sich die Bay Island Conservation Association *(BICA)* um eine effektive Rücksichtnahme von seiten der Tausenden Taucher, die jedes Jahr die Islas de la Bahía besuchen.

In Zusammenarbeit mit *BICA* betreibt der deutsche Bund für fachgerechten Natur- und Artenschutz *(BNA)* seit 1996 ein Projekt zum Schutz des Utila-Schwarzleguans (*Ctenosaura bakeri*), vgl. auch Exkurs „Inselnaturschutz".

Flora

Das Erscheinungsbild der Laubwälder von Honduras wird mitgeprägt durch eine Vielzahl von **Epiphyten,** wie z.B. Bromelien und Orchideen. Epiphyten sind keine Parasiten und schädigen ihre „Unterlage" nicht. Epiphytische Pflanzen leben zumeist auf Bäumen, ohne diesen Nährstoffe zu entziehen. Sie nutzen das in der Luft befindliche Wasser und kleine Humusablagerungen auf den Bäumen als Lebensgrundlage. Daher ist eine hohe Luftfeuchtigkeit für diese Pflanzen unerläßlich.

Bromelien sind verbreitet in den amerikanischen Tropen und Subtropen und eine Charakterfamilie für den Kontinent. Sie fangen durch ihre trichterförmig angeordneten Blätter das Regenwasser auf. Die Bromelie unterstützt nicht nur die Wasserversorgung der Pflanze. Sie dient auch vielen Kleinlebewesen als Lebensraum: Einzeller, Insekten und einige Frösche verbringen einen Großteil ihres Lebens in den schützenden Blatttrichtern. Die Bromelien liefern also direkte und indirekte Beiträge zur Artenvielfalt des Regenwaldes.

Zu den Bromelien gehört auch das **Louisiana-Moos,** welches man sogar auf Telefondrähten (vor allem in Tegucigalpa und anderen Ortschaften im Hochland) findet. Zur Wasseraufnahme besitzt die Pflanze Saugschuppen, welche das Wasser direkt aus der Luft aufnehmen. In diesem Wasser sind die Nährstoffe schon enthalten.

Die Pflanzenfamilie der **Orchideen** ist die artenreichste Familie auf der Erde mit insgesamt über 20.000 Arten (ca. 8 Prozent aller Blütenpflanzen). Orchideen besitzen die kleinsten Samen aller Blütenpflanzen (1 g Saatgut enthalten bis zu 1,4 Mio. Samen). Diese Samen können nur in Verbindung mit einem für jede Art typischen Wurzelpilz zu einer Pflanze heranreifen, dieser Wurzelpilz bleibt das ganze Leben bei der Pflanze. Die ursprünglich aus Zentralamerika stammende Vanille gehört übrigens auch zu den Orchideen, das kostbare Gewürz wird aus ihrer Samenschote gewonnen.

In Honduras hat man bisher über 700 Orchideen-Arten aufgelistet. Bevorzugter Lebensraum vieler Orchideen ist der Bergregenwald oder Bergnebelwald (z.B. Nationalparks La Tigra, Cusuco, Celaque), der noch zu ca. 5 % die Oberflächen von Honduras bedeckt. Diese schwer zugänglichen und häufig isoliert liegenden Gebiete haben die Entwicklung regional beschränkter (endemischer) und somit häufig auch seltener Arten gefördert (z.B. einige Arten von *Lepanthes*, *Spiranthes*, *Cattleya*). Viele dieser Gebiete sind natürliche Produktionsstätten für Trinkwasser, deren Schutz somit praktische Vorteile für den Menschen hat. Das kann viele seltene Lebewesen dieser Regionen vor dem Aussterben bewahren.

Generell gilt: Das Sammeln und Mitnehmen von Orchideen, wie auch aller anderen bedrohten oder gar vor dem Aussterben stehenden Pflanzen- und Tierarten ist in Honduras verboten! Auf Antrag gibt es Ausnahmegenehmigungen (z.B. beim jeweils zuständigen Büro der Forstbehörde *AFE/COHDEFOR*), welche allerdings selten und nur unter hohem Papier- und Zeitaufwand ausgestellt werden.

Auch unter den Baumarten sind einige besonders erwähnenswert. **Baumfarne** gehören zu den Farngewächsen und kommen in den Tropen und Subtropen der Erde vor. Sie benötigen ein ausgeglichenes feuchtes Klima. Deshalb und auch wegen ihrer altertümlichen und im Vergleich zu den Blütenpflanzen umständlichen Fortpflanzungsbiologie findet man sie meist in den Bergnebelwäldern.

Eine Fülle von **tropischen Nutzpflanzen** wächst in wilden und kultivierten Formen in Honduras, z.B. Baumwolle, Kautschuk, Kaffee, Kakao, Kardamom, Maracuja, Bananen, Avocado, Papaya und Mango. In Europa noch fast unbekannt sind *Guanábana* (Honigapfel) und *Zapote* (Sapote oder Breiapfel).

Der von den Mayas verehrte **Ceiba** (siehe auch Ortsbeschreibung von La Ceiba), auf deutsch Kapokbaum, wird auch vom Menschen genutzt. Kapok-Fasern besitzen in Wasser die 30fache Tragfähigkeit des Eigengewichtes (zum Vergleich Kork das 3fache). Darum werden sie als Füllmaterial, z.B. für Schwimmwesten, verwendet.

Am Ende der Trockenzeit blüht auffällig orange der *Llama del Bosque* (Flammenbaum). Wie ein Urlauber nach einem Extremsonnenbrand sieht der „Nackte Indianer" (span. *indio desnudo*) aus, dessen Rinde sich in großen Fetzen schält.

Eine Liste mit deutschen, spanischen und lateinischen Pflanzennamen befindet sich im Anhang.

Land und Natur

Fauna

Auch die Fauna von Honduras ist überaus artenreich. Es gibt mindestens 700 heimische Vogelarten, 200 Wandervogelarten, 195 Säugetierarten (davon 101 Fledermäuse), 77 Amphibien-Arten, 166 Reptilien-Arten, 96 Schlangenarten (14 davon giftig), 15 Schildkröten-Arten, 120 Arten von Süßwasser- und 2000 Arten von Salzwasserfischen. Dabei sind viele Gebiete noch nicht umfassend erforscht.

Wirbellose

Landbewohner

Umfangreiche Untersuchungen sind noch notwendig, um all die Arten zu erfassen und ihre ökologische Bedeutung innerhalb des jeweiligen Lebensraumes festzustellen. Besonders artenreich sind die honduranischen Gliedertiere wie Spinnentiere, Tausendfüßler und Insekten. Spektakulär sind z.B. der bis 18 cm lange **Herkuleskäfer** *(lat. Dynaster herculeus)* oder der prächtig gezeichnete **Harlekin-Bockkäfer** *(lat. Acrocinus longimanus).* Der mit einer Flügelspannweite von ca. 30 cm weltweit größte **Schmetterling** *Thysania agrippina* lebt ebenfalls in Zentralamerika. Auffallend leuchtend blau schillert der Morpho-Schmetterling *(Morpho peleides).*

Zikaden und **Heuschrecken** bilden die allgegenwärtige und charakteristische Geräuschkulisse der Tropen. Aber wirklich lästige Insekten gibt es natürlich auch: Die **Anopheles-** und

Thysania agrippina, größter Schmetterling der Welt

die **Aedes-Mücke** sind Überträger von Malaria und Dengue-Fieber. Die **Raubwanze** *(Triatoma spec.)* überträgt die Chagas-Krankheit. Mit diesem blutsaugenden Tier kommt man als Reisender aber – im Gegensatz zu den Moskitos – kaum in Berührung: Sie lebt in den Strohdächern der allerärmsten Behausungen. **Schaben** (z.B. *Blaberus giganteus*) sind ziemlich harmlos, dafür aber fast überall anzutreffen. Einige **Tausendfüßler** (z.B. *Scolopendra gigantea*) sind relativ giftig. Man findet sie oft unter Steinen, Blättern und Holz. **Vogelspinnen** sind in einer Vielfalt von Arten vertreten, aber entgegen der allgemeinen Auffassung nicht lebensgefährlich (zumindest in Honduras): Ihr Gift ist in der Wirkung dem Bienengift vergleichbar.

Zwischen den Telefon- und Stromleitungen in Honduras ist immer eine Menge Grünzeug und Gestrüpp zu sehen. Dort befinden sich auch häufig und in großer Anzahl Netze der großen **Seidenspinne** *(Nephila clavipes)*.

Die ebenfalls zu den Spinnentieren zählenden **Skorpione** sind mit Vorsicht zu genießen. Der Stich mancher Arten kann empfindlich schmerzen und z.B. einen Arm für mehrere Tage lähmen.

Wasserbewohner

Wirbellose Wasserbewohner sind z.B. die Nesseltiere (Cnidaria), zu denen auch die riffbildenden **Korallen** zählen. An Artenvielfalt stehen die Riffs von Honduras den mexikanischen oder denen des Roten Meeres in nichts nach. Beim Tauchen oder Schnorcheln ist darauf zu achten, die empfindlichen Polypen dieser festsitzenden Tiere nicht zu berühren: Schon durch geringen Kontakt sterben sie ab. Manche Korallen können auch stark nesseln und zu schmerzhaften und unter Wasser somit sehr gefährlichen Verletzungen führen (z.B. die **Feuerkoralle** *Millepora alcicornis* aus der Klasse der Hydrozoa).

Auch die **Quallen** zählen zu den Nesseltieren. Die Nesselkapseln der sogenannten **Portugiesischen Galeere** *(Physalia physalis)* können die Haut des Menschen wirkungsvoll durchdringen. Der Kontakt mit ihnen kann sogar zum Tode führen. Abreibung mit Alkohol, 10% Formalin, Salmiakgeist oder Natriumbikarbonat können die noch auf der Haut befindlichen Nesselkapseln inaktivieren. Steht das nicht zur Verfügung, helfen Salz, Zucker, Olivenöl oder trockener (!) Sand, die den giftigen Schleim aufnehmen, der dann mit einem Messer oder Holzstück abgeschabt werden kann. Wasser oder feuchter Sand dürfen nicht benutzt werden! Unbedingt ist ein Arzt aufzusuchen!

Im Meer lebende Gliedertiere wie **Krebse** *(Crustaceae)* sind an den honduranischen Küsten zu einer bedeutenden Einnahmequelle der Bevölkerung geworden. Hummer und Langusten werden durch Taucher von den Riffen abgesammelt und verkauft. Durch bereits industriellen **Hummerfang** wird bei hohem Gesundheitsrisiko der Taucher (Miskito-Taucher schwimmen häufig ohne Flasche bis in 30 m Tiefe) langsam, aber sicher das Riff leergeräumt.

Land und Natur

Wirbeltiere

Fische

Eine Aufstellung der in Honduras vorkommenden Fische ist bisher nicht erschienen. An den Küsten und Riffen kann man sich jedoch anhand von Literatur aus den Nachbarländern orientieren.

In allen Küstengewässern sind Haie zu finden. Dennoch sind aus Honduras keine Unfälle bekannt. Der **Riffhai** ist jedoch nicht ungefährlich. Er ist in seinem Bestand mittlerweile durch Überfischung stark dezimiert. Die riesigen **Walhaie** werden oft vor der Küste in freiem Wasser angetroffen, sie sind Planktonfiltrierer und daher für Menschen harmlos.

Untersuchungen zur Fischfauna honduranischer **Flüsse und Seen** stehen ebenfalls aus. Bewohner der jeweiligen Regionen wissen aber sehr gut die Artenvielfalt des Wassers als Nahrungsquelle zu nutzen.

Amphibien und Reptilien

Im Bereich der Reptilien ist Honduras besonders facettenreich: Sieben Arten von **Meeresschildkröten** laichen an der Karibikküste (Norden), zwei Schildkrötenarten an der Pazifikküste. Dazu kommen verschiedene Arten von Flußschildkröten. Die Meeresschildkröten landen für eine Nacht an den Stränden von Honduras, um dort ihre Eier abzulegen. Wenig später schlüpfen die Jungtiere, wenn die Gelege nicht vorher von Eiersammlern geplündert wurden. Für die meisten Jungtiere gibt es auch wegen der Fisch- und Vogelattacken eine nur geringe Überlebenschance. Zu den beeindruckendsten karibischen Meeresschildkröten, die häufig zur späten Jahresmitte zwischen Barra del Plátano und Barro Patuca laichen, gehört die bis zu 2,50 m lange und 850 kg schwere Lederschildkröte.

Leguane haben ein sehr schmackhaftes Fleisch und werden auch gern gegessen. In Tegucigalpa ist eine Leguanfarm eingerichtet worden.

Aus der Vielzahl der Eidechsenarten stechen besonders die **Basilisken** hervor: Sie können mit hoher Geschwindigkeit über das Wasser laufen und werden deshalb auch „Jesus-Christus-Eidechsen" genannt.

Krokodile werden bei Nacht mit Hilfe von Taschenlampen aufgestöbert: Das sich in ihren Augen reflektierende Licht zeigt leider auch den Jägern, wo sich die Tiere aufhalten. So hat schon mancher namhafte Krokodilzüchter illegal seine teuren Bestände aufgefüllt.

Auch die Schlangen von Honduras sind äußerst artenreich. Hervorzuheben ist die **Abgottschlange** *(Boa constrictor)* mit bis zu 4 m Körperlänge. Sie würgt ihre Beute, ist aber ungiftig. Äußerst giftig dagegen ist die bis zu 2 m lange **Lanzenotter,** da sie ein eiweißzersetzendes Gift absondert. Auch die kleine, gelb-rot-schwarze **Korallenschlange** verfügt über ein höchst wirkungsvolles Nervengift, das in 10 Minuten tödlich sein kann. Diese Schlange hat viele farbliche Nachahmer gefunden (Mimikry), welche ungiftig sind und sich durch ihr ähnliches

Königsgeier

Farbkleid wirksam schützen. Dies ist nur eine der zahlreichen genialen Entwicklungen der schnellen Evolution im noch großflächig erhaltenen tropischen Regenwald von Honduras. Ein verläßliches Merkmal zur schnellen Unterscheidung dieser Schlangen gibt es bisher nicht. Vorsicht ist also geboten, soll eine Reise in Olancho oder der Moskitia nicht ein rasches Ende haben.

Vögel

Einer der spektakulärsten Raubvögel des Tieflandregenwaldes ist die **Harpyie,** die in der Moskitia noch anzutreffen ist. Sie jagt Säugetiere und fängt häufig sogar Affen aus den Kronen der Bäume. Nicht nur in Honduras, sondern im ganzen Gebiet des tropischen Amerika ist sie extrem bedroht. Da die Harpyie immer wieder auch junge Haustiere fängt, wird sie von den Einheimischen gejagt und weiter dezimiert.

Sehr selten ist auch der **Königsgeier,** schwarz-weiß mit rotem Kopf. Er hat einen sehr ausgeprägten Geruchssinn und soll auf diese Weise sogar im dichten Wald Aas aufstöbern. Der Königsgeier bestimmte die Mythen der Mayas und Nahuatl.

Der **Quetzal,** metallisch-grün mit roter Brust, taubengroß, lebt in den Nebelwäldern des Landes und ganz Zentralamerikas. Der Quetzal war der heilige Vogel der Mayas und Azteken. Seine bis zu einem Meter langen

Schwanzfedern waren zeitweilig mehr wert als Gold. Der Quetzal frißt vorzugsweise Früchte aus der Pflanzenfamilie der Lauraceae (z.B. Avocado) und ist gleichzeitig der wichtigste Samenverbreiter dieser Bäume. Er ist ein Beispiel für gegenseitige Abhängigkeit verschiedener Tier- und Pflanzenarten. Solche zwischenartlichen Beziehungen sind bisher nur ansatzweise erforscht. Das Aussterben einer Art kann somit ungeahnte Auswirkungen haben.

Neben dem Quetzal finden sich einige andere Vertreter der Familie der **Trogone** in den Bergregenwäldern von Honduras. Diese werden allgemein von den Einheimischen als *Koa* bezeichnet. Sie sind etwas kleiner als der Quetzal, jedoch fehlt ihnen der lange Schwanz, und so sind sie trotz ihrer schönen Farbe nicht so spektakulär wie der Quetzal.

Ein weiterer schöner Bewohner des Bergregenwaldes ist der **Motmot:** schillernd gün, mit zwei etwa 20 cm langen (der Form nach an das Pendel einer Uhr erinnernden) Schwanzfedern. Die Tiere bauen ihre Nester im Erdboden an Abbruchkanten und ernähren sich von Früchten und Insekten.

Erwähnt werden soll auch die große Zahl verschiedener **Kolibris, Papageien, Spechte** und **Baumläufer.** Neben dem **Roten Ara** gibt es im Dschungel den noch selteneren **Großen Soldatenara** – er ist der größte Papagei überhaupt.

Allgegenwärtig in den tief gelegenen Landesteilen sind die amsellähnlichen **Zanates.** Wo sich viele zusammenfin-

den, kann deren Gesang bei Sonnenauf- und -untergang lautstark erklingen, wie z.B. im Parque Central von Tegucigalpa.

Vom Tiefland bis in Höhen von 1500 m findet man die ca. rabengroßen **Oropendolas.** Diese nisten in Kolonien. Die Nester hängen in den Ästen großer Bäume. Oropendolas sind leicht zu erkennen durch ihren seltsamen Balzgesang, den man sicher nicht vergißt. Sehr gerne verspeisen diese Vögel Orangen, in deren Schale sie mit dem Schnabel ein Loch stechen. Von den menschlichen Orangenbaum-Besitzern sind sie daher ungern gesehen.

In Lagunen und entlang der Flüsse und Bäche sitzen immer wieder **Eisvögel** (span. *martin pescador*) auf einem Aussichtsast am Ufer, um bei Gelegenheit ihre Beute im Sturzflug aus dem Wasser zu holen.

Der **Großtao**, wie auch andere Vertreter der Familie der nur den amerikanischen Kontinent besiedelnden Steißhühner, bewohnt die Wälder des Landes und ist ein sehr schlechter Flieger. Seine hervorragende Tarnung und seine lautlosen Bewegungen machen ihn für die Feinde nahezu unsichtbar. So kann er sein schlechtes Flugvermögen ausgleichen.

Mit den Truthähnen verwandt ist der in den Wäldern lebende **Hokko** (lat. *Crax rubra*). Er ist in seinem Bestand gefährdet, weil sein Fleisch sehr schmackhaft ist und sich viele Menschen nur durch die Jagd eine Fleischmahlzeit leisten können. Diese Gefahr droht vielen Wildtieren, nicht nur in Honduras. Neben der Lebensraumvernichtung ist die nahrungsbedingte Jagd eine der größten Bedrohungen für die Tierwelt.

Entlang der Flüsse, an den Lagunen und in den sumpfigen, von vielen Flüssen und Bächen durchzogenen Regionen finden sich eine Vielzahl von **Schreitvögeln:** Bei einer Fahrt mit dem Einbaumkanu entlang einer Lagune oder eines Flusses im Tieflandregenwald passiert man wenig scheue **Salomon-, Kuh-** und **Kahnschnabelreiher.** Sie stehen häufig bewegungslos im Wasser und ergreifen erst bei sehr nahem Herankommen die Flucht.

Zu den Störchen zählt der große, aber auch sehr seltene **Jabiru.** Auch er schreitet durch das flache Wasser auf der Suche nach Fischen und Fröschen. Er wird bis zu 6,5 kg schwer, das ist für einen Vogel immens.

Schlangenhalsvögel sind eng mit den auch in Honduras lebenden Kormoranen verbunden und sind ebenfalls hin und wieder an den Ufern zu entdecken: Man sieht sie manchmal in den Bäumen mit ausgebreiteten Flügeln beim Sonnenbad. Sie trocknen dann ihr Gefieder, da sie keine fettabsondernden Drüsen (wie fast alle anderen am Wasser lebenden Vögel) besitzen.

Säugetiere

Die **Beutelratten** (Opossums) sind die einzigen Vertreter der Beuteltiere *(Marsupialia)* des amerikanischen Kontinents. Gürteltiere, Ameisenbären und Faultiere sind auf Zentralamerika beschränkt. Der große **Ameisenbär** trägt eine extrem lange Nase und einen behaarten Schwanz, weshalb hinten und vorn bei ihm kaum zu unterscheiden sind. Aktuelle Berichte über sein Vorkommen gibt es zwar und es wurde auch 1996 ein junger Ameisenbär bei Las Marías von Einheimischen gefangen, aber wissenschaftliche Belege für seine Existenz in Honduras fehlen seit langem. In Südamerika hingegen sind noch größere Populationen vorhanden.

Die **Fledermäuse** sind die zahlenmäßig zweitgrößte Gruppe der honduranischen Säugetiere. In der Dunkelheit sieht man sie in den großen Städten im Schein der Straßenlampen per Ultraschall nach Insekten jagen. In den Regenwäldern Zentralamerikas sind bis zu 40 % aller Säuger Fledermäuse. Viele der über 100 Arten ernähren sich von Früchten und/oder Blütenstaub und sind sehr wichtige pflanzliche Samenverbreiter und Blütenbestäuber. Viele Arten sind hochspezialisiert auf bestimmte Blüten und Früchte.

Bemerkenswert ist die **Vampirfledermaus** *(Desmodus rotundus)*, die übrigens sehr gut auf allen Vieren laufen kann. Sie ist relativ häufig in der Nähe von Viehzucht anzutreffen, denn sie leckt Blut aus vorher bei Rindern, Pferden usw. mit den Krallen geschlagenen Wunden. Selbst Menschen finden sich bisweilen unter den Opfern. Die Gefahr einer Attacke auf den Menschen ist glücklicherweise sehr gering, wenn es aber dann geschieht, droht die Ansteckung mit Tollwut.

Land und Natur

Großer Ameisenbär

Der Große Ameisenbär *(Myrmecophaga tridactyla)* bewohnt tropische Regenwälder, Trockenwälder, Sumpf- und Savannengebiete in Mittel- und Südamerika, von Guatemala bis nach Brasilien und Paraguay. Aus Zentralamerika liegen jedoch keine aktuellen, wissenschaftlichen Berichte über den Großen Ameisenbären vor, und er zählt dort in einigen Ländern bereits zu den ausgestorbenen Arten.

Hauptursachen dafür, daß er mittlerweile auf der Roten Liste der vom Aussterben bedrohten Arten geführt wird, sind die Zerstörung seiner natürlichen Lebensräume sowie die landwirtschaftliche Nutzung dieser Gebiete. Natürliche Feinde aus der Tierwelt spielen dabei eine eher untergeordnete Rolle. Auch für den Menschen hat der Ameisenbär als Jagdbeute, Nahrungsquelle o.ä. keine Bedeutung.

Aus der Region der Moskitia im Osten des zentralamerikanischen Landes Honduras liegen Berichte von Einheimischen über das Auftreten des Großen Ameisenbären vor. 1996 ist in Las Marías (Batiltuk) am Río Plátano sogar ein junges Tier gefunden worden. Diesen Hinweisen soll mit einem Forschungsvorhaben nachgegangen werden, in dem festgestellt werden soll, ob tatsächlich ein überlebensfähiger Bestand existiert und wie dieser wirksam geschützt werden kann.

In der Moskitia findet man immerhin alle bekannten Lebensräume des Großen Ameisenbären, davon haben tropischer Regenwald und Kiefernsavanne den größten Flächenanteil. Flüsse, Sümpfe und Lagunen vervollständigen die Gliederung der Landschaft. Innerhalb des Nationalparksystems des Landes *(SINAP)* sind das Biosphärenreservat des Río Plátano, das Anthropologische Reservat Tawahka und der Nationalpark Patuca von besonderer Bedeutung als Lebensraum bedrohter Tiere wie Jaguar, Tapir, Großer Ameisenbär, Harpyie, Ara und Manati. Diese Arten beanspruchen große Territorien und haben deswegen nur in solchen großen zusammenhängenden Gebieten langfristig eine Überlebenschance. Der Große Ameisenbär kann als Leitmotiv für den Schutz dieser gesamten bedrohten Fläche dienen.

Die drei Arten des Ameisenbären *(Myrmecophaga, Tamandua, Cyclops)* gehören innerhalb der Klasse der Säugetiere zur Ordnung der Nebengelenktiere *(Xenarthra,* früher auch *Edentata,* Zahnarme). Zu dieser Ordnung zählen außerdem Faultiere und Gürteltiere. Nebengelenktiere gibt es nur auf dem amerikanischen Kontinent.

Der als tagaktiver Einzelgänger lebende Große Ameisenbär ernährt sich von Ameisen, Termiten und Insekten. Dazu gräbt er mit den scharfen und großen Armklauen ein Loch in den Grund – etwa über einem Ameisennest – und steckt die lange Schnauze hinein. Mit bis zu 160 Zungenschlägen pro Minute wird dann die Nahrung aufgenommen. Ein Nest wird aber nie ganz geplündert, sondern bleibt über längere Zeit als Nahrungsquelle erhalten.

Nur zur Paarungszeit treffen sich Männchen und Weibchen, ansonsten ziehen die Tiere als Einzelgänger umher. Nach 180 Tagen Tragzeit versorgt das Weibchen das eine Jungtier allein. Dabei trägt sie es bis zu 8 Wochen lang auf dem Rücken. Der Große Ameisenbär lebt in einem festen Revier von (in Brasilien gemessenen) knapp 100 ha, d.h. fast 1 qkm. Als natürliche Feinde treten nur Jaguar und Puma auf. Der ausgewachsene Ameisenbär kann sich mit seinen mächtigen Grabklauen gut verteidigen.

Das Forschungsprojekt soll vorhandene Restpopulationen in Honduras erkunden und dokumentieren sowie – vor allem – geeignete Schutzstrategien für sie und die von ihnen bewohnten Lebensräume entwickeln. Die Forschung am Ameisenbär ist künftig auch dazu geeignet, weitere ähnliche Forschungs- und Schutzprojekte zu erleichtern.

●*Kontaktadresse: Hauke Hoops,* Universität Ulm, Abt. Ökologie und Morphologie der Tiere, Albert-Einstein-Allee 11, D89081 Ulm, Fax 0731-502-2683.

Stark unter Druck geraten sind die Bestände der **Raubkatzen,** allen voran der Jaguar, der Puma und der Ozelot. Gefährdet sind sie wegen ihrer hohen Profit bringenden Felle und – mittlerweile noch schlimmer – aufgrund der Einschränkung der Lebensräume, denn ein einziger Jaguar beansprucht 300 ha Wald als Jagdrevier. Insofern bin ich froh, im Rahmen der engagierten Arbeit der Naturschutzabteilung von *Cambio C.A.* von 1990 bis 1992 dabeigewesen zu sein, als es uns gelang, die Errichtung des Nationalparks Patuca gegen anfänglich große Schwierigkeiten durchzusetzen. Dieser Nationalpark ist heute das Bindeglied des größten zusammenhängenden Naturschutzgebietes in Zentralamerika, von Palacios (Honduras) bis Matagalpa (Nicaragua).

Die karibischen **Rundschwanz-Seekühe** (siehe Exkurs bei La Ceiba) leben im Meer und in den Lagunen an der Karibikküste von Honduras. Auch ihr Bestand ist überall stark gefährdet.

SINAP –
das honduranische System
geschützter Gebiete

Was wie der Name einer Limonadenmarke klingt, ist die wohl wichtigste Ressource des Landes. Ein paar Pioniere machten in den 80er Jahren auf die bedrohten Arten und Regenwaldbestände aufmerksam. Mit der Ohnmacht der Regierung angesichts der Brandrodung und Korruption ging die Entwicklung einer Naturschutzbewe-

Land und Natur

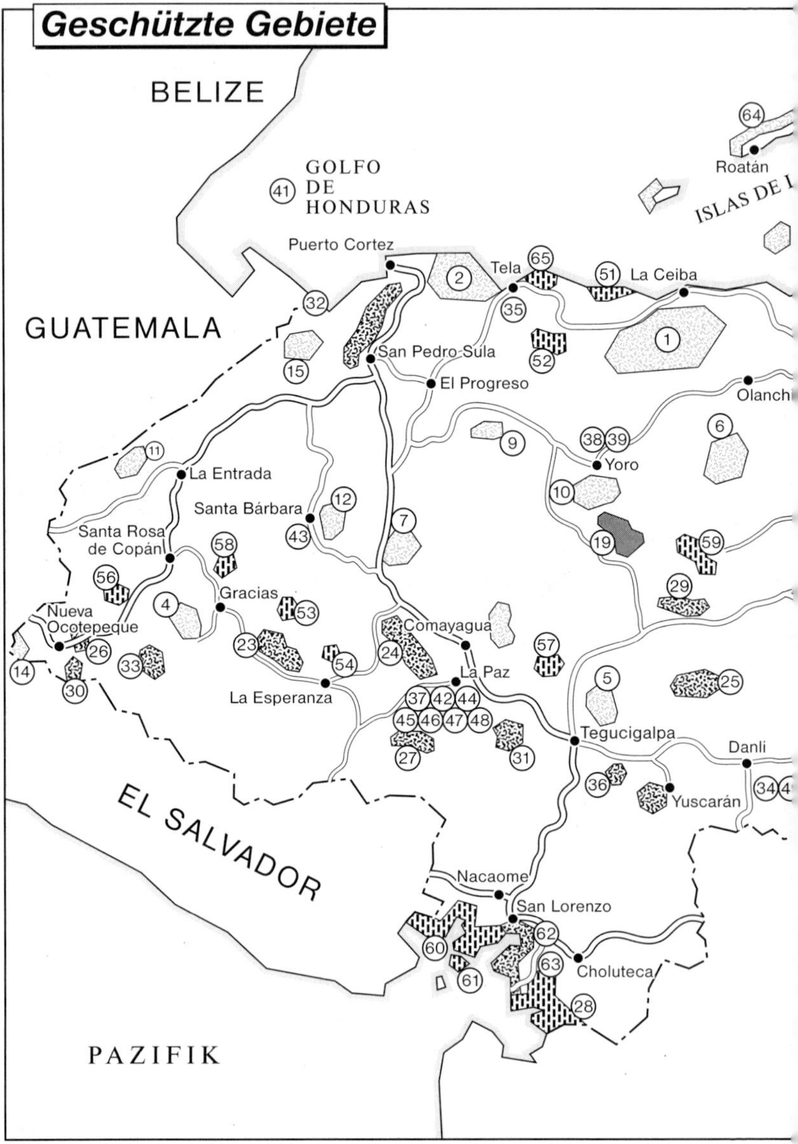

Geschützte Gebiete

BELIZE

GOLFO DE HONDURAS ㉛

GUATEMALA

Puerto Cortez

㉜

㉕ San Pedro Sula

El Progreso

La Entrada

Santa Bárbara

Santa Rosa de Copán

Nueva Ocotepeque

Gracias

La Esperanza

Comayagua

La Paz

Tegucigalpa

EL SALVADOR

Nacaome

San Lorenzo

Choluteca

PAZIFIK

Tela ㉕ ㉛ La Ceiba

Roatán

ISLAS DE L

Olanch

Yoro

Danli

Yuscarán

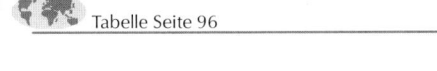
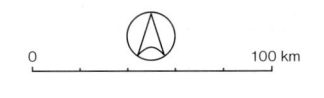

0   100 km

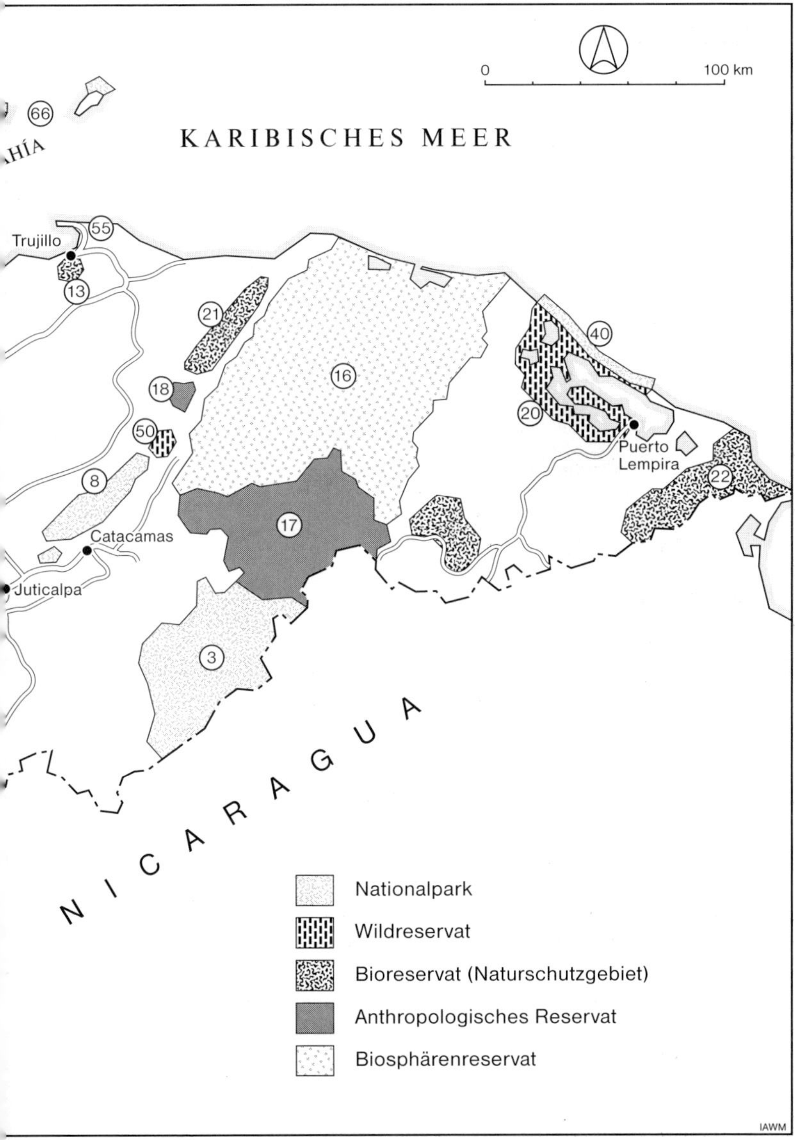

KARIBISCHES MEER

66

BAHÍA

Trujillo

55

13

21

18

50

8

Catacamas

Juticalpa

16

40

20

Puerto
Lempira

22

17

3

N I C A R A G U A

Land und Natur

Nationalpark

Wildreservat

Bioreservat (Naturschutzgebiet)

Anthropologisches Reservat

Biosphärenreservat

IAWM

Geschützte Gebiete

Nr.	Infra- struktur	Name	Departamento	Fläche (ha)

Nationalparks

Tropischer Regenwald

1	nein	Pico Bonito	Atlántida u. Yoro	112.500
2	nein	Punta Sal	Atlántida	33.200
3	teilweise	Patuca	Olancho, El Paraiso	220.000

Bergnebelwald

4	nein	Celaque	Lempira, Copán, Ocotep.	27.000
5	ja	La Tigra	Francisco Morazán	23.821
6	ja	La Muralla	Olancho	20.423
7	nein	Cerro Azul Meambar	Cortés, Comayagua	20.000
8	nein	Sierra de Agalta	Olancho	18.000
9	nein	Pico Pijol	Yoro	16.000
10	nein	Montaña de Yoro	Yoro, Francisco Morazán	15.000
11	nein	Cerro Azul	Copán	15.500
12	nein	Santa Bárbara	Santa Bárbara	13.000
13	nein	Capiro y Calentura	Colón (Nähe Trujillo)	5.000
14	nein	Montecristo	Ocotepeque	k.A.
15	ja	Cusuco	Cortés	23.440

Biosphärenreservate, Anthropologische Reservate

16	nein	Plátano	Olancho, Colón, Gracias a Dios	525.000
17	nein.	Tawahka	Olancho, Gracias a Dios	k.A.
18	ja	El Carbón	Olancho	35.000
19	nein	Montaña de la Flor	Yoro, Francisco Morazán	k.A.

Bioreservate (Naturschutzgebiete)

20	nein	Caratasca	Gracias a Dios	120.000
21	nein	Rio Tinto	Colón, Gracias a Dios	60.000
22	nein	Rio Kruta	Gracias a Dios	50.000
23	nein	Opalaca	Intibuca, Lempira	14.500
24	nein	Montecillos	Comayagua, La Paz, Intib.	12.500
25	nein	El Chile	Francisco Morazán	12.000
26	nein	El Guisayote	Ocotepeque	7.000
27	nein	Guajiquiro	La Paz	7.000
28	nein	Rio Negro	Choluteca	6.000

Land und Natur

Nr.	Infra-struktur	Name	Departamento	Fläche (ha)
29	nein	Misoco	Francisco Morazán, Olancho	4.600
30	nein	El Pital	Ocotepeque	3.800
31	nein	Yerba Buena	Francisco Morazán	3.600
32	nein	Rio Motagua	Cortés	3.000
33	nein	Volcán Pacayita	Lempira, Ocotepeque	3.000
34	ja	Cerro Monserrat	El Paraiso (Nähe Yuscarán)	2.960
35	ja	Bot. Garten Lancetilla	(Nähe Tela)	1.681
36	nein	Uyuca	Francisco Morazán	1.138
37	nein	El Chiflador	La Paz	1.000
38	nein	El Ciprezal	Yoro	k.A.
39	nein	Arenal	Yoro	k.A.
40	nein	Cayos Misquitos	Gracias a Dios	k.A.
41	nein	Cayos Zapotillos	Cortés	k.A.
42	nein	El Cedro	La Paz	k.A.
43	nein	El Pacayal	Santa Bárbara	k.A.
44	nein	Las Tancas	La Paz	k.A.
45	nein	Mogola	La Paz	k.A.
46	nein	Sabanetas	La Paz	k.A.
47	nein	San Pedro	La Paz	k.A.
48	nein	San Pablo	La Paz	k.A.
49	nein	Piedra Apaguiz	El Paraiso	k.A.

Wildreservate

50	nein	Montaña de Malacate	Olancho	25.000
51	ja	Cuero y Salado	Atlántida	12.400
52	nein	Texiguat	Atlántida	10.000
53	nein	Montaña Verde	Sta. Bárbara, Intibucá	8.300
54	nein	Mixcure	Intibucá	8.000
55	nein	Laguna de Guaymoreto	(Nähe Trujillo)	7.000
56	nein	Erapuca	Copán, Ocotepeque	6.500
57	nein	Corralitos	Francisco Morazán	5.500
58	nein	Puca	Lempira	4.900
59	nein	El Armado	Olancho	3.500
60	nein	Isla de Exposición	Valle	2.000
61	ja	Isla del Tigre	Valle	550
62	ja	Punta Ratón	Valle	500
63	nein	El Jicarito	Choluteca	k.A.
64	nein	Port Royal	Islas de la Bahía (Roatán)	k.A.
65	nein	Punta Izopo	Atlántida (Nähe Tela)	k.A.
66	nein	Santa Elena	Islas de la Bahía (Roatán)	k.A.

gung einher, die im Land spürbar an Kraft gewonnen hat. Doch nicht zuletzt waren es der Druck der Konferenz von Río und der sogenannten „Geber-Staaten" (USA, Deutschland und Skandinavien), die der Regierung keine andere Wahl ließen. Honduras verfügt über ein System von Naturschutzgebieten verschiedener Kategorien. Das kurz *SINAP (Sistema Nacional de Areas Protegidas)* genannte Netz ergänzt die internationalen und privaten Anstrengungen um den Schutz der spektakulären Bergnebelwälder, des Korallenriffs und des Regenwaldes.

Man unterscheidet folgende Schutzkategorien:

●*Nationalparks* bestehen aus Pufferzonen mit eingeschränkten Nutzungsrechten und Kernzonen mit absolutem Verbot von Land- und Forstwirtschaft. Eine besondere Art des Nationalparks ist der Meerespark, quasi ein Wasser-Nationalpark, der die fragilen Korallenbänke schützt. Ihn finden wir um die Islas de la Bahia herum.

●*Biosphärenreservate* sind bei den Vereinten Nationen als „Natur- oder Kulturdenkmäler der Menschheit" eingetragen. Hier wurde global wirksamer Schutz angemeldet, der alle angeht. Die Biosphärenreservate und Anthropologischen Reservate befinden sich – mit Ausnahme der Montaña de la Flor – am und um den Río Plátano.

●*Biologische Reservate* schützen bestimmte Ökosysteme, deren Erhaltung aktiv betrieben wird, notfalls auch durch Eingriffe in die dort vorhandene Natur.

●*Reservate mit Mehrfachnutzung* sind Gebiete wie der Lago de Yojoa, in denen seit Jahrhunderten Landwirtschaft, Forstwirtschaft und Gewerbe betrieben wird. Davon gibt es aber nur zwei im ganzen Land.

●*Wildreservate* schließlich dienen bedrohten Tieren und Pflanzen als Rückzugsgebiete. Hier geht es um die Erhaltung der Art, wie z.B. der Rundschwanzseekuh Manatí in Cuero y Salado, unweit von La Ceiba.

●Tabelle und Karte der Naturschutzgebiete (s.o.) zeigen alle einzelnen Gebiete, nicht genannt sind *nationale Kultur- und Naturdenkmäler* wie Höhlen, Minen und Ruinen.

Zuständig für das *SINAP* ist die Abteilung *Areas Protegidas* (Naturschutzgebiete) der **Forstbehörde** *COHDEFOR*, die inzwischen offiziell *AFE (Administración Forestal del Estado)* heißt. Sie betreibt Büros in fast allen größeren Ortschaften des Landes. In Tegucigalpa erteilt das **Zentralbüro** (Bo. Santa Fé, Comayagüela, ca. 3 km südwestlich vom Zentrum Comayagüelas), in San Pedro Sula das **Regionalbüro Nord** Auskunft (Bo. Guamilito, 10a Ave., 4a Calle N.O., Tel. 553-4959).

Als Info-Stelle hilfreich ist auch die unabhängige **Ökologische Gesellschaft von Honduras** (*Asociación Hondureña de Ecología, AHE*), ihr Büro in Tegucigalpa befindet sich einen halben Block vom Parque Finlay (unterhalb des *Hotel Granada*, zw. Bo. Guanacaste und Bo. El Centro) nördlich, Tel. 232-3862, 232-1800. Der Weg lohnt sich schon wegen der dort er-

Land und Natur

hältlichen schönen Kalender und Bücher über honduranische Flora und Fauna.

Nur in wenigen Nationalparks gibt es gut ausgerüstete **Besucherzentren** (in Klammern jeweils die Departamentos und jeweiligen Städte, wo eine Anmeldung erfolgen sollte): La Muralla (Yoro), Cusuco (Cortés, vgl. San Pedro Sula), La Tigra (F. Morazán, vgl. Tegucigalpa), Pico Bonito (Atlántida, vgl. La Ceiba), Cuero y Salado (Atlántida, vgl. La Ceiba), Celaque (vgl. Gracias Lempira). Andere Naturschutzgebiete sind bereisbar, weil die Bevölkerung Übernachtungsmöglichkeiten bereithält: Río Plátano (vgl. Moskitia), Punta Sal (vgl. Tela) oder weil zuverlässige (aber

teilweise extrem kostspielige) Expeditionen organisiert werden: Patuca (vgl. Olancho).

Wildreservat Cuero y Salado

Patuca e.V. – Kampf um den Regenwald

Die Naturschutzbewegung in Honduras ist jung: Erst seit den achtziger Jahren gibt es Nicht-Regierungsorganisationen und breite Aktionen in der Bevölkerung, die über das Engagement weniger hinausreichen. Der erfolgreiche Kampf gegen den Bau einer Raffinerie im karibischen Trujillo und gegen die Vergabe von Einschlaglizenzen im Osten der Moskitia (Auseinandersetzung mit der *Stone Container Company*) haben der Naturschutzbewegung in den letzten Jahren entscheidende Impulse gegeben. Naturschutz wird in Honduras selbst jedoch zunächst aus moralischer Sorge betrieben, die Akteure kommen aus bürgerlichen Kreisen. Die bäuerliche Mehrheit der Bevölkerung ist bisher kaum aktiv, denn Naturschutz ist für sie meist mit scheinbaren Nachteilen verbunden.

Die Regierung des Landes spricht seit 1990 häufiger vom Schutz der ökologischen Ressourcen. Doch das traditionelle, auf land- und forstwirtschaftliche Ausbeutung orientierte Landrecht honoriert noch immer den Raubbau. Dennoch ist am 4.1.1995 eine für Honduras bisher einmalige Weichenstellung gelungen: Unter Beteiligung aller einschlägigen Forst-, Umwelt- und Tourismusbehörden hat die Rückführung einer bereits der Zerstörung ausgelieferten Fläche in Naturschutz-Verwaltung stattgefunden. Als Gegenleistung für die von dem Naturreiseunternehmen *Cambio C.A./Honduras Expeditions* finanzierte Abfindung an die Siedler stellt die honduranische Regierung ein strategisch wichtiges Landstück unter „dauernden, wirksamen Naturschutz". Damit wird der 2.200 qkm große Nationalpark Patuca dem Zugriff durch Siedler entzogen. Der Nationalpark umfaßt nahezu ausschließlich primären tropischen Regenwald, der in seiner Gesamtfläche über 15 Prozent des verbliebenen Regenwaldes des Landes ausmacht.

Diese und andere Aktivitäten zum Schutz indianischer Kultur und tropischen Waldes sind jetzt miteinander verknüpft worden: Am 19. August 1995 gründete sich in Duisburg der Verein *Patuca e.V.* und wurde von *Cambio C.A./Honduras Expeditions* gebeten, eine fachkundige, unabhängige und überparteiliche Projektarbeit im Gebiet des Nationalparks aufzubauen.

In Honduras sollen durch die Tätigkeit von *Patuca e.V.* der Schutz, die Erforschung und die Pflege des tropischen Regenwaldes unterstützt werden. Die Verantwortung ist groß, denn Honduras gehört zu den letzten weißen Flecken auf der Landkarte, welche noch nicht vom massenhaften Ferntourismus heimgesucht wurden. Ein aufgeklärter, gut kontrollierter Naturtourismus kann dagegen einen konstruktiven Beitrag zur Schaffung dauerhafter und naturschutzkonformer Einkommensquellen leisten.

Gleich vielen anderen Entwicklungsländern erhält Honduras Jahr für Jahr viele hundert Millionen Dollar Auslandshilfe und hat sich wie kein anderes Land der Region an diese Hilfe von außen gewöhnt. Zahlreiche Verbände, Hilfsorganisationen, ganze Berufsgruppen und Ortschaften stimmen dabei ein ins hohe Lied der Verantwortung der Industrienationen.

Fragt man vor Ort, ist die erste Antwort auf die Frage, welche Hilfeleistung denn erwünscht sei, ganz einfach *dinero* (Geld), und zwar zur Linderung der vielen Defizite im Land. Gleichzeitig weiß man aus jahrhundertelanger leidvoller Erfahrung, daß die Reichen aus dem Norden meist nur ihr eigenes Interesse im Sinn haben. Deshalb wird, abgesehen von Finanzspritzen, eigentlich kaum etwas erwartet. Fragt man jedoch weiter, bekommt man erstaunlicherweise zu hören: „Wir wollen von Euch lernen, wie Ihr das mit dem Wald organisiert." Effektive Organisationslösungen, Know-how und Erfahrungen im Ressourcenmanagement sind gefragt.

Land und Natur

Patuca e.V. greift solche Wünsche auf. Der Verein betreibt Öffentlichkeitsarbeit für bestimmte Projekte in Honduras, die stets mit dem Schutz des Regenwaldes als Lebensraum zu tun haben. Dabei geht es auch um die Sammlung von Spendengeldern für wirksame Schutzprojekte in Honduras, speziell im Nationalpark Patuca. Für die Erforschung und die Erarbeitung eines Schutzkonzeptes in diesem Nationalpark wurde 1996 ein Abkommen mit der olanchanischen Organisation *GEO* geschlossen. *Patuca e.V.* übernimmt für diese die Patenschaft.

Folgende Punkte sind für beide Organisationen besonders wichtig:
- Erforschung der Lebensbedingungen der letzten großen Ameisenbären in Honduras
- Soziale Hilfe, Umweltaufklärung und Ausbildung der Siedler im Nationalpark Patuca
- Schutz- und Verwaltungskonzept für den Nationalpark Patuca.

Bei diesen und weiteren Projekten appelliert *Patuca e.V.* nicht so sehr an das Mitleid gegenüber der schwindenden Tier- und Pflanzenwelt. Grundlage der Betätigungen ist vielmehr das globale Interesse am Ressourcenschutz, dessen Fortschritte mit modernen Mitteln erzielt werden. Doch der Verein tut sich noch schwer: Wie ein Erbe der siebziger Jahre lastet das Mitleid für die Armen der Dritten Welt und die Abneigung jeder pragmatischen Nutzung des bedrohten Waldes auf den Diskussionen. Noch ist eine moderne, auf partnerschaftliche und marktwirtschaftliche Kooperation gleichermaßen orientierte Sacharbeit mühsam. Mit dem Hineinwachsen Honduras-Bereister Mitglieder und dem Erkennen der Dimension einer Verantwortung über einen 2200 qkm großen Wald wird sich dies allmählich ändern. Die Zusammenarbeit mit privaten, ergebnisorientierten Unterstützern wird sich dann durchsetzen, denn in einem Entwicklungsland mit schwachem Staat und starken wirtschaftlichen Interessengruppen reichen karitative Ansätze nicht aus. Erst Sponsoren und Lizenznehmer für die angepaßte und nachhaltige Nutzung des Regenwaldes erlauben wirksame Schritte.

Die von *Cambio C.A.* in Zusammenarbeit mit offiziellen honduranischen Stellen erreichte Verdrängung des illegalen Siedlers, Viehzüchters und Holzeinschlägers *Felix Palacios* aus dem Patuca-Gebiet war so etwas wie ein Startsignal. An diesem Beispiel zeigt sich auch, daß zumindest Teile der Regierung mittlerweile bereit sind, ernsthaft gemeinten Ressourcenschutz zu unterstützen, auch gegen Landsleute verwandter institutioneller Herkunft. Immerhin ist *Palacios* Leutnant der honduranischen Armee.

- **Adresse des Vereins:** *Hauke Hoops,* Universität Ulm, Abt. Ökologie und Morphologie der Tiere, Albert-Einstein-Allee 11, 89081 Ulm, Fax 0731-5022683.

- **Spendenkonto:** Kto-Nr. 14 27 05 67 00 bei der *BfG Duisburg,* BLZ 350 10 111.

Zerstörung des Regenwaldes

Staat und Gesellschaft

Staatssymbole

Nationalflagge

Die Flagge des Landes besteht laut Gesetz von 1866 aus drei waagerechten Streifen, die beiden äußeren mittelblau gefärbt, der in der Mitte schneeweiß. Innerhalb des weißen Streifens befinden sich zentriert fünf blaue, fünfzackige Sterne, die die Länder der zentralamerikanischen Konföderation darstellen. *Francisco Morazán* hat 1821 als liberaler General die Unabhängigkeit von Spanien und später auch von Mexiko erkämpft. *Morazáns* Vision des geeinten Zentralamerikas ist heute noch Teil der staatlichen Symbole. Honduras hat wie kein anderes Nachbarland eine Flagge, die genausogut für alle übrigen Länder des Isthmus Gültigkeit haben könnte: Fünf Sterne repräsentieren die Länder Costa Rica, Nicaragua, Honduras, Guatemala und El Salvador.

Wappen

Das Wappen geht auf das Kriegswappen von 1825 zurück. In einem Dreieck erscheint ein Vulkan zwischen zwei Burgen. 1866 kam eine aufgehende Sonne hinzu und die Legende „Frei, souverän und unabhängig". In diesem Jahrhundert wurde das Wappen um die Pfeile des indianischen Widerstands (oben), die Kiefern (links unten) und Eichen (rechts unten), den Mineneingang sowie um diverse Werkzeuge aus der Forstwirtschaft ergänzt.

Hymne

Die Nationalhymne von Honduras ist ebenfalls sehr kunstvoll, so daß es den meisten Schulklassen nur mit Mühe gelingt, das profunde Lied angemessen würdig vorzutragen. Die Hymne wurde Anfang des 20. Jahrhunderts von *Karl Hartling* komponiert. Der Leiter des Erfurter Infanterie-Orchesters wurde 1896 vom damaligen honduranischen Staatspräsidenten *Policargo Bonilla* angeworben, um ein nationales Militärorchester in Honduras aufzubauen. Die Nationalhymne erzählt in dem von *Augusto C. Coello* gereimten Text von der tränenreichen und widerspruchsvollen Geschichte des kleinen Landes.

Andere Nationalsymbole

Honduras hat eine ganze Anzahl weiterer Nationalsymbole. Für die Identität des Volkes sind Nationalblume und Nationalbaum dabei besonders wichtig.

Bis 1969 war die Rose **Nationalblume,** dann wurde vom Staatspräsidenten *Oswaldo L. Arellano* an ihrer Stelle die Orchidee *Brassavola digbiana* gewählt. Diese Blume wächst in den Nebelwäldern des Landes und blüht zur Mitte des Jahres.

Honduras verfügt über sieben verschiedene Kiefernarten, etwa ein Viertel des Territoriums von Honduras ist von Kiefern bedeckt. Es nimmt daher nicht wunder, daß die Kiefer der **Nationalbaum** von Honduras ist. Auch die *PINU* (*partido innovación nacional*

y unidad), die drittstärkste politische Partei des Landes, verwendet die Kiefer (span. *pino*) als ihr Symbol.

Geschichte

Überblick

Honduras kann auf seine Geschichte stolz sein. Schon vor vielen Jahrtausenden fanden die Einwanderer aus dem Norden und Süden in Honduras eine fruchtbare Heimat. Die Maya entwickelten in Copán eines der wichtigsten Zentren prähispanischer Zivilisation auf dem Isthmus, dessen Astronomie, Schriftkunst und Architektur zu den Höhepunkten der Weltkultur gehörte und das dann plötzlich zusammenbrach. Weniger strahlend die Eroberung: Nach der Landung von *Christoph Kolumbus* (1502) in Honduras setzte die spanische Krone der Selbstbestimmung der ursprünglichen Bevölkerung nachhaltig ein jähes Ende. Trotz des erbitterten Widerstandes vieler indianischer Gemeinschaften begann erst im neunzehnten Jahrhundert das nationale Herz Honduras' erneut zu schlagen. Die Unabhängigkeit wurde bis 1821 erkämpft, ein konföderatives Bündnis zunächst mit Mexiko und dann mit Guatemala eingegangen. Es war der General *Francisco Morazán*, der in den Jahren 1823 bis 1842 den von Kolonialherrschaft und Abhängigkeit geprägten Eliten trotzte und die junge Seele des neuen honduranischen Staates prägte. Diese Entwicklung schloß die an den Rand gedrängten *Indigenas* allerdings zunächst nicht mit ein. Im Verlaufe des 19. Jahrhunderts erhielten die revanchistischen Kräfte immer wieder Oberwasser. Erst die liberale Revolution (1876) verhalf einem modernen Staat allmählich zum Durchbruch. Der Bau eines interozeanischen Kanals scheiterte. Doch der Goldboom (Ende des 19. Jahrhunderts) und der Bananenboom (Anfang des 20. Jahrhunderts) prägten die fremdfinanzierte Wirtschaft des Landes. Nach der finsteren, durch die transnationalen US-Wirtschafts-Enklaven

Staat und Gesellschaft

Geschichte in Zahlen

mind. 6000 v. Chr.	Erste Besiedlung von Honduras
10. Aug. 3114 v. Chr.	Beginn der Maya-Zeitrechnung
ca. 2000 v. Chr.	Beginn der Entwicklung der Vorfahren der Maya von Copán
ca. 900 v. Chr.	Höhepunkt der prähispanischen Frühkultur von Playa de los Muertos
seit 300 n. Chr.	Entwicklung des Maya-Zentrums Copán
800 bis 820	Niedergang und Exodus aus Copán
ca. 1000	Einwanderung von Regenwald-Gemeinschaften der Macrochibchas aus dem nördlichen Südamerika
30. Juli 1502	*Christoph Kolumbus* entdeckt Honduras
3. Mai 1524	Erste spanische Siedlung (Triunfo de la Cruz) östlich von Tela
16. Mai 1525	Gründung der ersten Hauptstadt von Honduras (Trujillo)
17. Juni 1536	Gründung der heutigen Handelsmetropole San Pedro Sula
17. Aug. 1579	Gründung der heutigen Hauptstadt als Minendorf Real de Minas de Tegucigalpa
15. Sept. 1821	Unabhängigkeitsbeschluß der zentralamerikanischen spanischen Provinzen
28. Sept. 1821	Ratifizierung der Unabhängigkeit von Honduras als Mitglied des zentralamerikanischen Staatenbundes (besteht bis 1938)
1829 bis 1838	*Franzisco Morazán* ist Präsident des zentralamerikanischen Staatenbundes
5. Nov. 1839	Unabhängigkeit der jetzt völlig ungebundenen Republik Honduras
Juni 1855	Beginn des Siegeszuges des Freibeuters *William Walker* von Nicaragua aus
12. Sept. 1860	Hinrichtung und spätere Beisetzung von *William Walker* in Trujillo
1876	Liberale Reform durch den Präsidenten *Marco Aurelio Soto*
30. Okt. 1880	Tegucigalpa wird Hauptstadt von Honduras
1899 bis 1925	Schnell wechselnde Diktaturen vertreten die Interessen der Bananengesellschaften *Standard Fruit Company* und *United Fruit Co.*
1933 bis 1946	Diktatur von *Tiburcio Carias Andino*
1954	Generalstreik in den Bananenplantagen; Ergebnis: Gewerkschaftliche Organisationsrechte und kollektive Vertragsverhandlungen
21. Okt. 1957	Neue Verfassung und Beginn der ersten Reformregierung in der Geschichte des Landes: Der Liberale *Ramón Villeda Morales* bringt wesentliche Gesetze, Infrastrukturvorhaben und vor allem die Landreform auf den Weg
3. Okt. 1963	*Ramón V. Morales* wird durch einen blutigen Putsch abgelöst, führende Mitglieder der Liberalen Partei werden ins Exil gedrängt; Beginn der ersten Regierung von *Oswaldo Lopez Arrellano*
11.7.1969	Im „Fußballkrieg" zwischen El Salvador und Honduras, der in migratorisch bedingten sozialen und wirtschaftlichen Spannungen seine Ursache hat, sterben in nur 2 Wochen fast 2000 Menschen
20.8.1970	Austritt von Honduras aus dem gescheiterten Gemeinsamen Zentralamerikanischen Markt
4. Dez. 1972	Durch einen Militärputsch wird die Militärregierung von *Ramón Ernesto Cruz* durch den inzwischen reformgeneigten *Oswaldo Lopez Arrellano* wieder abgelöst
18. Sept. 1974	Der Orkan Fifi bringt 10.000 Honduranern den Tod

22. April 1975	*Lopez Arrellano* macht dem neuen militärischen Machthaber *Alberto Melgar Castro* Platz
7. Aug. 1978	*Alberto Melgar Castro* wird per Staatsstreich durch *Policarpo Paz García* abgelöst
Nov. 1981	*Roberto Suazo Cordoba* – erster, demokratisch gewählte Präsident
1982 bis 1984	Unter dem General *Alvarez Martinez* und dem Schutz der antikommunistisch gesinnten US-Regierung werden Tausende Menschen willkürlich festgenommen, gefoltert oder verschwinden
Juni 1983	Angesichts der sandinistischen Linksregierung in Nicaragua und zunehmender Radikalisierung der kleinen politischen Linken in Honduras und die USA das militärische Ausbildungslager CREM am Strand von Trujillo ein
13. Dez. 1984	Honduranische Regierung bewilligt eine ständige US-Militärpräsenz mit Schwerpunkt in Palmerola, Nähe Comayagua
24. Nov. 1985	*José Ascona Hoyo* von der Liberalen Partei geht trotz niedrigerer Stimmenzahl als *Rafael Leonardo Callejas* von der Nationalen Partei als Sieger aus der Präsidentenwahl hervor
8. April 1988	Ausrufung des Notstandes, nachdem Demonstranten das US-Konsulat angegriffen haben
Juli 1988	Interamerikanisches Menschenrechtsgerichtshofsurteil wegen der Menschenrechtsverletzungen in der Zeit vor 1982
26. Nov. 1989	Erster eindeutig fairer Wahlsieg eines Kandidaten der Nationalen Partei in der Geschichte des Landes
27. Jan. 1990	Amtsantritt von *Rafael Leonardo Callejas* als Staatspräsident
Juni 1990	Endgültige Auflösung der von den USA finanzierten antisandinistischen Contra-Verbände, die seit 1982 von honduranischem Boden aus Nicaragua destabilisiert hatten
11. Sept. 1992	Regelung früherer Grenzkonflikte mit El Salvador an der Pazifikküste zugunsten von Honduras; Folge: Das Gebiet des Landes vergrößert sich von 112.088 auf 112.492 km², um die sozial und infrastrukturell verkümmerten sog. *Bolsones* (Ausbuchtugen)
April 1993	Vorlage des Prüfberichts über Menschenrechtsverletzungen durch die Kriminal- und Geheimpolizei DNI *(Dirección Nacional de Investigación)* mit der Folge partieller Reorganisation (Auflösung des DNI) und Verbesserung der Menschenrechtssituation
27. Jan. 1994	Amtsantritt des linksliberalen Präsidenten *Carlos Roberto Reina* unter dem Slogan der „moralischen Revolution"
Juni 1994	Abschaffung der allgemeinen Wehrpflicht
1.1.1995	Beginn des Adveniat-Jahres für Honduras
20.8.1995	Erstes Sparprogramm unter der Regierung *Reina:* Privatisierungs- und Personalentwicklungsprogramme mit 6000 Entlassungen im öffentlichen Dienst
1996/97	Massives Programm zum Bau einfacher Wohnungen (aus Beton und Wellblech), das von der deutschen Bundesregierung kofinanziert wird; Präsident *Reina* löst sein Wahlversprechen fast ein, 50.000 Wohnungen zu bauen
Dezember 1997	*Carlos Flores* von der liberalen Partei gewinnt die Präsidentschaftswahlen mit deutlichem Vorsprung vor *Nora Melgar,* der Witwe des Junta-Präsidenten seit 1975

Staat und Gesellschaft

ferngesteuerten Diktatur von *Tiburcio Carias* (1933 bis 1946) setzte sich die Demokratie zunächst unter *Villeda Morales* (ab 1957) und dann in demokratisch gewählten Regierungen beider traditioneller Parteien durch (ab 1981). Einen Überblick gibt die Geschichtsdaten-Tabelle.

Frühe Geschichte

Knochen- und Werkzeugfunde sowie Höhlen- und Felsmalereien weisen auf eine **frühe Siedlungsgeschichte** des Landes hin. Jüngst wurde im Departament Olancho eine Höhle mit Knochenfunden aus einer bisher unbekannten prähispanischen Kultur entdeckt.

Noch bevor die heute in Honduras lebenden indianischen Gemeinschaften sich konstituiert hatten, lebten hier ihre primitiven Vorfahren. Über die Siedlungsgeschichte vor den Maya wissen wir von drei verschiedenen archäologischen Ausgrabungsstätten.

In der Nähe des heutigen La Esperanza, im Departamento Intibucá, wurden Überreste des **Homo speranciensis** gefunden, der sich der Großwildjagd widmete. Der *Homo speranciensis* wird auf 6000 v. Chr. datiert, eine Zeit, zu der es in Honduras noch Bisons und Urpferde gab. Er lebte als Fischer, Jäger und Sammler und kannte keine Keramik. Zeuge seiner naturalistischen religiösen Vorstellungen sind die Petroglyphen, Steingravuren, die auch am Río Plátano (siehe Ortsbeschreibung) und am Río Patuca (zwischen Portal del Infierno und der Mündung des Río Cuyamel) in Felsen des jeweiligen Flusses gefunden wurden.

In Yarumela, im Departamento La Paz, nahe des Flusses Humuya, wurden Knochen und dreifarbige Tonscherben sowie kultische Figuren von Menschen aus der **Ocós-Kultur** gefunden, die vom Jahr 1500 v. Chr. datieren. Diese Urahnen der Honduraner bereiteten auf Tonpfannen bereits Maniok zu, betrieben einfache Landwirtschaft und bildeten erste Siedlungen im heute so bedeutsamen Comayagua-Tal. Die Menschen der Ocós-Kultur wohnten wie ihre Nachkommen des 20. Jahrhunderts in Lehmhütten mit Palmdach.

Auf dem **Playa de los Muertos** (Strand der Toten), in Pimienta im Departamento Cortés, ganz in der Nähe der Mündung des Flusses Humuya in den Ulúa, wurden in 5 m Tiefe 14 Gräber gefunden, in denen Holz-Kohle, Keramik, Obsidian, Schmirgelstein, Faustkeile und ebenfalls kultische Figuren vor allem den Frauen und Kleinkindern beigelegt waren. Aus den Forschungen ergab sich, daß die Kultur der Menschen von Playa de los Muertos auf dem Maisanbau basierte und sie wahrscheinlich auch weitere Feldfrüchte und die Imkerei kannten. Sie lebten bereits in zusammenhängenden Dörfern und hatten sich politisch organisiert. Diese Kultur datiert aus der Zeit 900 v. Chr. und fällt damit in die präklassische Periode.

Die Maya

Das Siedlungsgebiet der Maya erstreckte sich bis in das westliche Honduras: Copán ist das größte Maya-Zentrum des Landes und war eines der wichtigsten Zentren der Maya, und noch immer sind die Funde, die dort gemacht werden, spektakulär. Durch diese im-

Aufstieg, Zenit und Fall der Maya-Kultur werden in drei Perioden und sieben Subperioden unterteilt:

bis 1500 v. Chr.	*Vorgeschichte*
bis 1000 v. Chr.	frühes *Präklassikum*
bis 500 v. Chr.	mittleres Präklassikum
bis 250 n. Chr.	spätes Präklassikum
bis 600 n. Chr.	frühes *Klassikum*
bis 900 n. Chr.	spätes Klassikum
bis 1200 n. Chr.	frühes *Postklassikum*
bis 1526 n. Chr.	spätes Postklassikum

mer neuen Funde und das in Copán gebaute größte und private Maya-Museum Zentralamerikas ist Copán, neben Tikal in Guatemala, der wichtigste Ort der Maya-Hinterlassenschaft. Andere Maya-Zentren befinden sich in Tikal, Chichén Itzá, Uxmal, Piedras Negras, Quiriguá und Palenque.

Das Tal von Copán ist 2 bis 4 km breit und gut 12 km lang. Es nahm jahrhundertelang die Funktion des städtischen Oberzentrums für ein viele tausend qkm großes Siedlungsgebiet wahr, das zwischen dem Sula-Tal (nordöstlich), dem Lenca-Gebiet (heutiges Intibucá bis Lago de Yojoa, südöstlich) und Quiriguá (westlich) lag.

Entdeckung durch die Spanier

Als die Spanier in Honduras landeten, war von den Maya nicht mehr viel zu spüren. Im 13. Jh. hatte sich die Metropole Copán nicht mehr halten können. Sehr wahrscheinlich hatten die Ernteerträge der subalternen Bauern eine Zahlung der nötigen Abgaben nicht mehr erlaubt. Aufgrund geringerer Akzeptanz bei den umliegenden Gemeinschaften und eines Rückganges der monetären und materiellen Einnahmen war die stark arbeitsteilige Herrschaftsstruktur innerhalb weniger Jahrzehnte zusammengebrochen.

Nach Aufzeichnung der Eroberer lebten im Gebiet des heutigen Honduras Maya, Chortí, Lenca, Nahuatl, Xicaque, Pesch, Matagalpa und Chorotega. Sicher ist außerdem, daß zu jener Zeit bereits Miskito und Sumu im Nordosten des Landes lebten, bei der *Conquista* aber zunächst nicht entdeckt wurden.

Die prähispanischen Bewohner des Landes lebten hauptsächlich vom Ackerbau, den sie mit einem einfachen Pflanzstab betrieben. Zugleich wurde im Meer und den Flüssen gefischt, gejagt, in den Flüssen Guajape und Guajambre Gold gewaschen. Der Handel blühte zwischen den Bewohnern der Küste (Muscheln), den Bewohnern des Waldes (Werkzeug, Wild) und denen des Hochlandes im Westen (Keramik, Kakao, Mais). Vor allem die Regenwaldstämme der Pesch, Miskito und Sumu Tawahka lebten lange vor der

Eroberung in Einklang mit dem sie umgebenden Regenwald. Sie wurden bis heute nicht in dem Maße kolonisiert und kulturell umgepolt, wie es den westlichen Ethnien des Landes widerfuhr.

Staat und Gesellschaft

Auf seiner vierten und letzten Reise in die neue Welt landete **Kolumbus** am **30. Juli 1502** auf der zu Honduras gehörenden Insel Guanaja. Dort fiel den Spaniern vor allem die Fülle von Kiefern ins Auge, die als Nadelbäume auf einer karibischen Insel eher ungewöhnlich anmuteten. Außerdem wurde ein riesiges Kanu gesichtet: „... *der Einbaum war acht Fuß* (ca. 2,40 m) *breit, bestand aus einem einzigen Stamm und Waren des Festlandes und trug sie Richtung Neu-Spanien* (heutiges Mexiko) ... ." Der Sohn von *Bartolomé Colón*, von dem diese Beschreibung stammt, fährt fort: „*Sie* (die Leute auf dem Kanu) *hatten lange Beile, um Holz zu hacken, ähnlich denen aus Stein, jedoch aus gutem Kupfer; aus dem gleichen Metall hatten sie Gefäße dabei; zum Essen führten sie Wurzeln und Getreide mit, ähnlich den Menschen aus Española* (heutige Dominikanische Republik), *und sie hatten Wein aus Mais, wie das englische Bier, und außerdem viele jener mandelähnlichen Kerne* (Kakao), *die auch in Neu-Spanien als Münzen verwendet werden. Diese Kerne werden wohl sehr geschätzt, denn mir fiel auf, daß alle aufsprangen und konzentriert suchten, als einer von ihnen hinfiel; als wenn jemand seinen Augapfel verloren hätte.*"

Am **14. August 1502** fuhren die spanischen Schiffe weiter gen Osten, wo sie außerhalb der Bucht von Trujillo, im heutigen Puerto Castilla (damals Punto Caxinas genannt), anlegten. Mit vielen Seeleuten und Offizieren feierten die Spanier auf dem Strand von Puerto Castilla die erste christliche Messe auf honduranischem Boden.

Seinen **Namen**, so die landläufige Erklärung, bekam Honduras ein paar Tage später, als die Schiffe der Conquista noch weiter ostwärts gesegelt waren. Als *Kolumbus* am 12. September mit Ach und Krach das Kap an der heutigen Grenze zwischen Honduras und Nicaragua erreichte, soll er gesagt haben: „*Gracias a Dios que hemos salido de estas* **honduras**", was soviel heißt wie „*Gott sei Dank sind wir diesen Tiefen entwichen*". Danach hieß das markante Kap nun *Cabo de Gracias a Dios* und das schöne, wilde Land **Honduras**.

Eroberung und Besiedlung

Doch erst in den zwanziger Jahren des fünfzehnten Jahrhunderts gründeten die spanischen Eroberer die **ersten Siedlungen** in Honduras. Untereinander zerstritten waren *Gil Gonzalez Dávila*, der **1524** in Puerto Caballos das heutige Omoa gründete, *Cristóbal de Olid*, der – vom heutigen Cuba kommend – in der Nähe des heutigen Tela am **3. Mai 1524** die Siedlung Triunfo de la Cruz gründete, und schließlich *Francisco de las Casas*, der am **18. Mai 1525** Trujillo gründete.

Triunfo de la Cruz kann als erste spanische Gemeinde gelten, denn bei ihrer Gründung wurde Kontakt zu den Ureinwohnern gesucht, die die Autorität der Spanier anerkennen sollten. Die spanische Conquista war mit diesem ersten Schritt begonnen und sollte erst beendet sein, als am Ende des 16. Jahrhunderts alle erreichbaren Ureinwohner brutal unterworfen und alle rebellischen Gruppen gedemütigt waren.

Schon *Gil Gonzalez Dávila* unternahm ausgedehnte **Expeditionen ins Landesinnere,** bis hinein in die tiefen Täler von Olancho. Desgleichen tat ihm *Hernán Cortés* nach, der Kolonisator Mexikos und Zentralamerikas, der im Oktober 1524 mit 250 spanischen Soldaten und 3000 Eingeborenen auf dem Landweg (!) von Mexiko nach Honduras aufbrach und erst zehn Monate später im heutigen Puerto Cortés eintraf. *Cortés* erreichte ein paar Wochen später Trujillo.

Von Trujillo aus fanden die wichtigsten Expeditionen auf der Suche nach Gold und Silber statt. In einem Bericht an das spanische Königshaus heißt es: „*Wir schickten einen Offizier mit dreißig Reitern und viel Fußvolk, um ein Tal mit vielen gut bevölkerten Dörfern zu erreichen, reich an allem, was die Erde gebiert; das Gebiet ist sehr geeignet für die Viehzucht und alles, was auch in Spanien wächst; ohne einen Zusammenstoß und eine Verhandlung mit den Eingeborenen, trafen wir sie in Frieden und erhielten Besuch von zwanzig Vertretern ihrer Gemeinschaften, die uns Ehre erwiesen und Unterwerfung zusagten.*" Die Rede ist von den großen Tälern **Olanchos**, die die Expedition von Trujillo aus erreicht hatte. Mit der Idee der Rinderzucht setzten die Spa-

nier sich bis heute durch; so nachhaltig, daß selbst international unterstützte Naturschutzgebiete großflächig von honduranischen Viehzüchtern zu Weideland umgewidmet werden.

Auf der Olancho-Expedition wurden auch Eingeborene angetroffen, die am Río Guayape **Gold** wuschen. Wenngleich die Goldmenge damals wohl bei weniger als 1/3 g pro Tag lag (heute liegt sie immerhin bei 1/2 bis 1 g täglich), gingen die Spanier später daran, ganze Hundertschaften von Ureinwohnern zum Goldwaschen abzukommandieren. Erst 1579 wurde in Tegucigalpa die erste Goldmine eröffnet, und eine frühe Investitions-Konjunktur rund um das Edelmetall setzte ein. Die „königlichen Minenstädte" (dazu gehören viele kleine, architektonisch wertvolle Ortschaften um Tegucigalpa herum: u.a. Santa Lucía, Valle de Angeles, El Rosario, Yuscarán, Ojojona) wurden in dieser Zeit gegründet und aufgebaut.

Honduras gehörte zum **Generalkapitanat Guatemala,** dessen Hauptstadt damals Antigua Guatemala war. Dort befand sich das administrativ-politische Zentrum der Kolonialherrschaft, und auch Goldschmieden, Handwerksstätten für Kirchenkunst und Ateliers der frühen Architekten waren hier zu finden. In der Provinz Honduras befanden sich die *Villas* als städtische Zentren. Flächen ohne politische Zuordnung (Niemandsland) gab es im ganzen spanischen Kolonialreich nicht, jeder Flecken Land gehörte zu einer *Villa* (z.B. Trujillo, Omoa), die über eine sog. *Comuna* verfügte, eine Stadtverwaltung.

Hafen von Trujillo im Jahrhundert der spanischen Gründung

In Honduras befand sich außerdem das kapitanatsweit als Autorität fungierende **Gericht** *Audiencia de los Confines*, das alle öffentlichen Streitfälle zwischen Tabasco und Nicaragua zu regeln hatte. Diese Einrichtung war aufgrund des spanischen Gesetzes *Nuevas Leyes de las Indias* geschaffen worden, um den Morden und übelsten Schandtaten an der einheimischen Bevölkerung einen Riegel vorzuschieben.

Der erste **Bischofssitz** mit Kathedrale entstand in Trujillo und wurde 1561 auf Antrag des Bischofs *Fray Jerónimo Corella* nach Comayagua verlegt. Die Kirche war die neben Heer und Beamtentum wichtigste Stütze der spanischen Gewaltherrschaft. Sie gab mit der moralischen Rechtfertigung *("Tragt den Glauben in die Herzen der Wilden")* dem Massenunrecht Rückendeckung, sorgte aber seit den zwanziger Jahren des 16. Jahrhunderts für eine wenn auch unzureichende Schonung der Lebensinteressen der Eingeborenen.

Am schrecklichsten und – für das langfristige Schicksal dieser Völker – furchtbarsten wirkte sich die **Feudalisierung** des Lebens aus. Anstelle der gemeinschaftlichen Arbeit und Gemeindeorganisation wurde das Privateigentum an Boden und Produktionsmitteln eingeführt. Da die spanischen Kolonialherren willkürlich darüber verfügten, wurden die Ureinwohner des Landes praktisch von einem Tag auf den anderen in die totale soziale Marginalisierung und Unwürde abgedrängt. Durch verschiedene Modelle der Ausbeutung waren sie nun Sklaven und Diener der spanischen Eindringlinge, mußten den christlichen Glauben pflegen und hatten bei Verstößen mit Folter und Tod zu rechnen. Neben der direkten Ausbeutung in Form von leibeigenen Sklaven traten im Rahmen humanisierender Gesetze subtilere Formen des Frondienstes.

Die 1536 eingeführte **Encomienda** hatte sich im von den Arabern befreiten Spanien bereits bewährt. Sie funktionierte so: Den verdienten Anwärtern auf landwirtschaftlich nutzbares Land wurde dieses einschließlich der auf ihm lebenden Ureinwohner zur Nutzung zugeteilt. In Honduras wurden nicht nur die Offiziere, Ordensbrüder und Gehilfen aus dem Troß des Expeditionskorps mit *encomien-das* bedient. Auch Kaufleute und Kleriker des spanischen Mutterlandes, die sich bei der Finanzierung und Vorbereitung der Conquista verdient gemacht hatten, bekamen honduranischen Boden zugeteilt. Dafür hatten sie dreierlei zu leisten: Erstens waren sie *patrón* über die auf dem Land lebende eingeborenen Menschen, denen sie den christlichen Glauben aufzwingen sollten. Zweitens hatten sie Militärdienst im spanischen Kolonialregime zu leisten, sei es persönlich oder durch finanzielle Abgaben. Und drittens hatten sie 10 % des Ernteertrages ihrer *encomienda* bei der Kolonialverwaltung abzuliefern.

Als *Pedro de Alvarado*, einer der Gefolgsleute von Kolumbus, am **27. Juni 1536** San Pedro Sula gründete, teilte er das im riesigen Sula-Tal liegende Land unter seinen Soldaten auf. Weil er die Ländereien jedoch weder besucht noch befriedet hatte, fielen gleiche Titel in mehrere Hände, diverse Gruppen lehnten sich daraufhin auf und machten den raffgierigen Titelbesitzern das Leben nicht gerade leicht. Auch hier die historische Parallele: Heute noch werden von streitenden Honduranern (Großgrundbesitzer gegen Kleinbauer; zurückkehrender Gastarbeiter als Investor gegen ahnungslose Nachbarn) parallel existierende Landtitel verwendet oder von korrupten Beamten Landtitel mehrfach ausgestellt. Langjährige, juristisch umstrittene Landkonflikte sind die Folge.

Die **Hauptstadt von Honduras** war zunächst Trujillo (1525 bis 1543), dann Gracias Lempira (1543 bis 1561), Comayagua (1561 bis 1878), Amapala (1880) und Tegucigalpa (1880 bis heute).

Indianischer Widerstand

In fast allen *villas* regte sich Widerstand gegen die spanischen Eroberer. In Trujllo z.B. wird von zwei *caciques* (dörflichen Oberhäuptern) berichtet, die nicht zur Zusammenarbeit gewillt waren und nach denen deswegen vom *gobernador* der spanischen Krone gefahndet werden mußte, um sie am Ende abzuurteilen. Auch die Expeditionen ins Landesinnere waren nicht so friedlich, wie (weiter oben) in den Berichten geschildert.

Herausragend aber war der Fall des jungen Führers **Lempira**. In Cerquín, der südlichen Hälfte des heutigen Departamentos Lempira, führte ein Häuptling namens *Entepica* viele Gemeinden seines friedlichen Volkes. *Lempira* war sein Stellvertreter. Der Widerstand ergab sich, als *Pedro de Alvarado*, einer der aggressivsten Eroberer, von Tecoa aus die Stadt Gracias gründen ließ. Dabei gab er den Befehl aus, rücksichtslos alle indigenen Gemeinschaften zu befrieden, d.h. zu unterwerfen oder – im Falle des Widerstands – zu ermorden. Viele indigene Gemeinschaften versagten den Spaniern daraufhin die Unterstützung und gerieten so schnell in Konflikt mit der Kolonialmacht. Als *Entepica* starb, wurde *Lempira* sein Nachfolger. Eine Gesandtschaft von drei Spaniern wollte von Comayagua aus nach Antigua Guatemala ziehen. Dabei mußten sie durch Cerquín und wurden bei der Durchquerung von den Aufständischen getötet. Einer der Attentäter war *Lempira*, der nur knapp einer durch die Spanier versuchten Bestrafung entging. Diese Episode markiert den Beginn der offenen Konfrontation, die zwei lange Jahre dauerte. *Lempira* kontrollierte ein Gebiet von immerhin 500 qkm und sammelte gut 30.000 eingeborene Kämpfer um sich. Erst 1539 kann *Lempira* nach vielen gewonnenen Schlachten (bei denen unter anderem Comayagua an anderer Stelle neu gegründet werden mußte) nur durch einen Hinterhalt von den Spaniern ermordet werden, woraufhin die antispanische Widerstandsfront langsam zerbröckelt. Noch heute hat *Lempira* für die meisten Honduraner eine magische, identitätsstiftende Bedeutung: Ein armer, stolzer Bauer aus der Provinz rennt gegen eine Weltmacht an und hält sie – zumindest eine Zeitlang – auf.

Analog knüpft der indigene Kampf der Lencas um politischen Einfluß und Finanzzuweisungen, der 1997 in verschiedenen Demonstrationen und der Zerstörung der Kolumbus-Statue seinen Ausdruck fand, an das historische Vorbild *Lempira* an, vgl. Exkurs „Hinein ins 21. Jahrhundert".

Die Provinz Honduras war immer schwer zu kontrollieren. Nicht so sehr die Aufsässigkeit der Bevölkerung, sondern die Entfernung von den Zentralen in Guatemala, Mexiko und Spanien, die Weitläufigkeit der unwirtlichen Waldlandschaft und das Auftreten dritter Interessierter machten Honduras für Spanien schließlich unregierbar. Schon lange vor dem Rückzug der Spanier waren ganz andere Akteure auf den Plan getreten. Die wichtigsten Seehäfen der Provinz wurden von Piraten heimgesucht, die Bevölkerung mußte fliehen. 1579 landete *William Parker* in Trujillo, brandschatzte und plünderte es aus, so daß die Trujillaner ihr Heil in der Flucht suchten. Im gleichen Jahr fiel *Francis Drake*, Korsar der englischen Krone, auf die Isla del Tigre im Golf de Fonseca an der honduranischen Pazifikküste ein und verbreitete an der ganzen honduranischen Pazifikküste Angst und Schrecken. Die Errichtung der kolossalen Festungsanlagen San Fernando (in Omoa, im Westen des Landes) und Santa Bárbara (in Trujillo, im Osten des von den Spaniern verwalteten Gebiets) kam da viel zu spät. So manches reich beladene Schiff der Kolonialmacht wurde aufgebracht. Besonders viele der Freibeuter ließen sich auf den Islas de la Bahía nieder. Zeitweise waren bis zu 5000 Piraten mit Angehörigen und Personal auf der Insel Roatán anzutreffen.

Seit dem 17. Jahrhundert hatten die **Briten** sich in der Moskitia festgesetzt. Das Regenwald- und Feuchtsavannengebiet im Nordosten von Honduras und im Osten Nicaraguas ist durch undurchdringliche Gebirgswälder vom Festland und durch tückische Überschwemmungsgebiete vom Meer aus schwer erreichbar. Nachdem die Spanier nachhaltig und grausam von den Regenwaldstämmen des Ostens geschlagen worden waren (in Palacios kamen 1648 ca. 300 Spanier um), kam dieses Gebiet auf der Agenda des Kolonialstaates nicht mehr vor. Doch die mit großen Ambitionen ausgestattete britische Krone interessierte sich für die *Moskito Coast*, nachdem einzelne Piraten seit Beginn des 17. Jahrhunderts in London von ihr berichtet hatten. So setzten sich britische Seeleute, Militärs und Beamte in Palacios fest, einem kleinen Ort im Westen der Moskitia, wo heute Kanonen der Spanier und Briten zu finden sind. Als die spanische Krone gegen die Abnabelung der zentralamerikanischen Provinzen nichts mehr machen konnte, da hatten sich die Briten in der Moskitia schon fest etabliert.

Unabhängigkeit von Spanien

Zu Beginn des 19. Jahrhunderts war die Entwicklung in den Provinzen Zentralamerikas an zu eng gesteckte Grenzen gestoßen: Eine wirtschaftliche Entwicklung war nicht eingetreten, der Handel beschränkte sich weitgehend auf die einseitige Ausbeutung der Bodenschätze. Die **feudalen Verhältnisse** ermöglichten keine wirtschaftlichen Strukturen, die zu einem Aufbau von merkantilistischen oder kapitalistischen Unternehmen beitrugen. Die **Bildungsreform** von *José Antonio Lienda y Goicochea*, die am Ende des 18. Jahrhunderts eine humanistische Neuorientierung des Schulsystems und erster Universitäten brachte, trug zum neuen Selbstbewußtsein der kreolischen und mestizischen Mittel- und Oberschicht bei (Kreolen sind die in Lateinamerika geborenen Kinder europäischer Eltern, Mestizen sind Mischlinge zwischen Europäern und Indigenas. Letztere werden in Honduras *Ladinos* genannt). Spanien war durch die napoleonische Unterwerfung und die revolutionären Prozesse in Europa zu sehr geschwächt, um den Aufständen in Guatemala (1808 bis 1810), San Salvador (1811), Granada/Nicaragua (1811), Tegucigalpa (1812), Guatemala (1813) und El Salvador (1814) Herr zu werden. Doch den kolonialen Herrschern gelang es trotzdem noch ein paar Jahre, den Deckel auf dem Topf zu halten.

Als am **24. Februar 1821** *Agustín de Isturbide* die Unabhängigkeit Mexikos (das vormalige Neu-Spanien) von der spanischen Krone vorschlug, wollte die nationale mexikanische Elite keine radikaleren Umwälzungen riskieren, indem sie den Plan zurückweisen würde. In der Tat war *Isturbides* Plan höchst moderat. So blieb der Katholizismus weiterhin Staatsreligion, Zentralamerika sollte zwar unabhängig werden, jedoch als monarchistisches Staatsgebilde, mit dem spanischen Herrscher als ideellem Oberhaupt und in enger Freundschaft zwischen Amerikanern und Europäern. Nun konnte auch der Generalkapitän von Guatemala nicht anders, als eine offene Versammlung einzuberufen. Auf dieser wurde am **15. September 1821** vorbehaltlich der Zustimmung der Provinzen (u.a. des heutigen Honduras) die **Unabhängigkeit der zentralamerikanischen Provinzen von Spanien** erklärt.

In dieser Versammlung äußerte sich *José Cecilio Del Valle*, ein in Choluteca geborener Gelehrter, für die Unabhängigkeit, schlug aber zunächst ein behutsames Vorgehen vor. Als es in Honduras zur Abstimmung kam, gerieten die verschiedenen Städte und Provinzen in einen historisch bedeutsamen Gegensatz. Die Führung in Comayagua unterstützte die Haltung der kreolischen Aristokratie, die als Fortsetzung der Unterwerfung unter spanische Verwaltung nun einen **Anschluß an** das ungleiche, dominierende **Mexiko** suchte. Da Mexiko an die Unabhängigkeitserklärung keine liberalen oder gar demokratischen Reformen knüpfte, kam der Anschluß an Mexiko den konservativen Herrschenden gerade recht. Die Führung in Tegucigalpa, ebenso wie die in Santa Rosa de Copán, Gracias, Omoa, Trujillo, Olancho und Choluteca waren aber der Meinung, Guatemala solle sich unabhängig von anderen im Sinne einer **zentralamerikanischen Föderation** verwalten. Dazu brauche man das autoritär regierte und übermächtige Mexiko nicht.

Daraufhin schickte *José Tinoco*, Brigadeoffizier in Comayagua, eine Truppe Soldaten nach Tegucigalpa, das vom Generalkommandant *Francisco Aguirre* und seinem Leutnant *Francisco Morazán* erfolgreich verteidigt wurde. Doch als *Morazán* über La Paz hilfesuchend in die Hauptstadt Antigua Guatemala eilte, wurde er gefaßt, eingesperrt und gefoltert.

Mitten in den Konflikt zwischen den beiden größten Städten von Honduras fiel die Nachricht, daß auch das Generalkapitanat von Guatemala den **Anschluß an die neue mexikanische Monarchie** befürworte. Auch die Tegucigalpenser beugten sich schließlich diesem Willen. Honduras gehörte aber kaum zwei Jahre lang zum mexikanischen Reich.

Die zentralamerikanische Föderation

Schon **Anfang 1823** zerfiel die mexikanische Monarchie. Das ermöglichte die Neugestaltung der nun auf sich gestellten zentralamerikanischen Föderation *(Féderación Centroamericana)*, der sich *Francisco Morazán* im Kreise anderer früher liberaler Reformer widmete. Zu dieser Vision eines menschlichen, demokratischen Zentralamerika, die bis heute nicht wirklich realisiert ist, äußerte sich der honduranische Gelehrte *Cecilio del Valle:* „*Der Wille ist der Ursprung der Verantwortung. Der Wille ist zugleich der Ursprung der Verträge. Wenn es keinen Willen gibt, dann gibt es auch keine Verantwortung. Die Gleichheit wäre eine Täuschung, wenn ein Mensch gegen den Willen eines anderen dessen Rechte ausüben könnte. Die Vereinigung freier Menschen erfordert, um in Bündnis zu sein, daß ebensolche sich in völliger Freiheit zu ihm bekennen. Eine Völkervereinigung erfordert ebenso, daß die an ihr teilhabenden Völker ihre Zustimmung in Freiheit erteilen.*"

Valle und *Morazán* nutzten die ersten Jahre der Föderation, um die Sklaverei abzuschaffen, die feudalen Strukturen durch die Gewährung bürgerlicher Freiheitsrechte aufzubrechen und – vor allem – die **erste Verfassung** zu erarbeiten. Sie entsprach den Maximen der französischen Revolution und übernahm wesentliche Passagen der amerikanischen Verfassung von 1776. Bis 1842 kämpfte *Francisco Morazán* um die liberale Ausrichtung und nationale Unabhängigkeit des neuen Staates.

Doch schon bald bildete sich das rivalisierende Interesse zwischen England und den USA an einem **Kanal** zwischen Atlantik und Pazifik heraus. Die Engländer hatten zudem Gebiete im Osten Zentralamerikas unter ihrer Kontrolle. Dort stützten sie den Moskó-König, einen von den Regenwald-Gemeinschaften der **Miskito** ausgewählten Repräsentanten. Die Briten befanden sich in einem freundschaftlichen Verhältnis mit den Eingeborenen; die Lieferung von Waffen, Rum und Kleidung war dafür vermutlich nicht die einzige Ursache, es gab auch eine gemeinsame Abneigung gegen die arroganten Spanier.

Gegen die **aufständischen konservativen** Gruppen führte *Morazán* immer wieder erfolgreich Krieg. Den entscheidenden Sieg, der ihm die **Präsidentschaft in der Föderation** bescherte, erzielte *Morazán* im honduranischen Ort La Trinidad, wo er die konservativen Verbände um *Justo Milla* aus Comayagua **1827** vernichtend schlug. *Morazán* war zwischen März 1829 und April 1838 Präsident des zentralamerikanischen Staatenbundes. **1837** wurden in der gesetzgebenden Versammlung der Föderation erstmals die Zivilheirat, die Scheidung, das Schöffengericht, das Erbrecht u.a. gesetzlich verankert. Doch *Morazán* mußte mit ansehen, wie die **Vereinigten Staaten von Zentralamerika zerfielen** und sich die Einzelstaaten mit England verbündeten, das es nur auf das Kanalprojekt abgesehen hatte. Demgegenüber standen die USA weitgehend hinter einer zentralamerikanischen Staatengemeinschaft.

Honduranische Unabhängigkeit

Nach dem **Zusammenbruch des zentralamerikanischen Staatenbundes** im **April 1938** zog Honduras im Oktober des gleichen Jahres mit dem Austritt die Konsequenz. Obwohl Honduras als Republik am **2. November 1839 unabhängig** wurde, verfolgte es noch bis weit in das 20. Jahrhundert hinein eine zentralamerikanisch föderalistische Politik. Die relative Bedeutungslosigkeit der an Bodenschätzen armen kolonialen Provinz Honduras und die geringe Dynamik der vom ländlichen Latifundium geprägten honduranischen Wirtschaft waren vielleicht die tieferen Gründe, weshalb das honduranische Bürgertum seine staatspolitische Zielsetzung stets in Kooperation und Konföderation mit den Nachbarstaaten sah.

Mit der Präsidentschaft von *Francisco Ferrera* (Januar **1841** bis Januar **1845**) über den honduranischen Nationalstaat war die morazanische **Reformphase endgültig vorbei.** *Ferrera* übertrug nicht nur wesentliche Rechte auf die inzwischen mit der englischen Kolonialmacht verbündeten guatemaltekischen Regierung, sondern erkannte sogar den Mosko-König an, der eigentlich als Marionetten-Regierung von Londons Gnaden angesehen wurde. Die darauf folgenden Präsidenten *Juan Lindo* und *José Trinidad Cabañas*, beides Morazanisten, versuchten in den Folgejahren durch geschicktes Lavieren, die **USA** für eine reformorientierte Schutzpolitik zu gewinnen. Doch das kleine Land wurde im Streit der Weltmächte USA und Großbritannien zermahlen. Der Versuch, die USA durch die Gewährung der Eisenbahnlizenz gegen England zu verpflichten, ging schief, weil der Unterhändler just in London Investoren suchte. So fiel auch diese Domäne an die Engländer.

Schon im 19. Jahrhundert war die **Politik der USA** in Zentralamerika durch Eigeninteressen geprägt. Als einige Südstaaten der USA in Zentralamerika einen Sklavenstaat aufbauen wollten, schickten sie den jungen Juristen **William Walker** im Juni **1855** nach Nicaragua. Nach nur einem Jahr hatte sich *Walker*, der lediglich mit etwa neunzig Reitern gekommen war, durchgesetzt und ließ sich zum Präsidenten des Landes ausrufen. Zuvor hatte er eine Explorationsgesellschaft gegründet, die den interozeanischen Kanal am Río San Juán ausheben sollte. Das entsprechende Kapital hatte *Walker* übrigens vom US-Spediteur *Vanderbuilt*, der mit dem Kanal seine auf langsamen Land-Karawanen beruhende Logistik im internationalen Handel wesentlich vereinfachen und beschleunigen wollte. Nach anfänglichem Zögern erkannte die US-Regierung das Walker-Regime in Nicaragua dann auch an. Erst durch die vereinten Anstrengungen der englischen und honduranischen Truppen wurde *Walkers* Armee bei einem weiteren Abenteuer im honduranischen Trujillo aufgerieben und er selbst dort am **12. September 1860** hingerichtet und beigesetzt.

Die Bananenrepublik

In eine neue Ära der bürgerlichen Rechte und marktwirtschaftlich-kapitalistischen Entwicklung der Wirtschaft trat Honduras erst in der Amtszeit von *Marco Aurelio Soto* (1871 bis 1883). Seit *1871* als Präsident von Honduras im Amt, hatte *Soto* bei den liberalen guatemaltekischen Staats-Reformen als Minister mitgewirkt. *1876* gelang ihm die **große liberale Reform**, die erstmals gewerbliche Rahmengesetze für Investitionen in der Landwirtschaft, Konzessions- und Patentnormen, Infrastrukturprojekte wie Straßenbau, Eisenbahn und Hafenbau sowie öffentliche Kommunikationsnetze (Post, Telegraphenämter) vorsah.

Schon damals war die Begründung für die Reformen, **ausländischen Investoren** diese neuen gesetzlichen Rahmenbedingungen schmackhaft zu machen. Einer der Mit-Reformer jener Zeit drückt es so aus: *„Da ja die Tendenz der USA bekannt ist, im Ausland kaufmännisch tätig zu werden, und die Tatsache auf der Hand liegt, daß unsere Landschaften an der Atlantikküste und auf den Islas de la Bahía sehr geeignet für den Anbau tropischer Früchte sind, wie auch völlig klar ist, daß diese Früchte in den USA eine außerordentliche Nachfrage haben, vor allem zu diesem Zeitpunkt, als die USA die europäischen Handelspartner England, Frankreich und Deutschland ersetzen möchte ... Ist es da nicht nötig, darüber nachzudenken ... wie groß und sicher der Ansturm sein wird?"* (*Adolfo Zúniga*, 1878).

In diesem Sinne bot Honduras seine Bodenschätze und besten Ländereien ausländischen Investoren an, noch bevor ein eigenes Bürgertum sich hätte entwickeln können. Dieser Schritt markiert den Beginn des „Modells" Honduras als Bananenrepublik, in der einzelne große ausländische Firmen über das politische und soziale Schicksal eines ganzen Landes entscheiden.

Die **erste Investitionswelle** bezog sich auf die **Silber- und Goldvorkommen,** die u.a. in San Juancito, unweit der königlich-spanischen Minen, entdeckt wurden. *1880* wurde *The New York and Honduas Rosario Mining Company* gegründet, die in dem kleinen Ort El Rosario, am Rande des heutigen Nationalparks La Tigra gelegen, ihre Minen betrieb. Mit einem Kapital von 1,5 Mill. US-$ wurde bis in die vierziger Jahre des 20. Jahrhunderts tonnenweise Gold aus El Rosario herausgeschafft. Die Südhänge von La Tigra weisen bis heute die Spuren massiver Abholzung auf, die zum Stollenbau notwendig geworden war.

Um die Jahrhundertwende wurden die heute dominierenden **Parteien** gegründet. Die liberale Partei (PL = *Partido Liberal*, an der rot-weißen Flagge zu erkennen) knüpft an die Reformen *Sotos* an. Sie versteht sich als staatspolitische Wächterin des modernen, demokratischen Honduras. Etwas später wurde die Nationale Partei (PN = *Partido Nacional*, an der blauen Flagge zu erkennen) als die Partei der klassischen Werte aus der Taufe gehoben: Familie, Religion und ein wehrhafter Staat bedeuten ihr alles. Die beiden Parteien haben bis in unsere Gegenwart alle Präsidenten gestellt. In den ersten Jahrzehnten ihres Daseins waren die Parteien ein Reflex auf die politische Macht der ausländischen Konzerne. Mit den Parteien sollten z.B. die Bananenfirmen Ansprechpartner haben, die wirtschaftliche Ziele mit politischen verbinden können.

Doch das System erforderte weiterhin militärische Interventionen der USA, die allein zwischen 1900 und 1925 sechsmal in Honduras einmarschierten. 1925 war Honduras zum weltweit größten Bananenexporteur avanciert. Das geflügelte Wort der *„Bananenrepublik"* war international bekannt geworden.

Die **zweite Investitionswelle** bestand im Verkauf von fruchtbarem Land für den Anbau von **Bananen.** Also ein Schritt zurück in der Chronologie: In Honduras bis dahin eher in der Version der *Plátano* (Kochbanane) bekannt, wurde die Speisebanane von den Firmen *Cuyamel Fruit Company* (Puerto Cortés), *Standard Fruit Company* (La Ceiba) und *United Brands Fruit Company* (La Lima) großflächig im Norden des Landes angebaut. Schon seit den **zwanziger Jahren** dieses Jahrhunderts besitzen die drei Firmen, von denen nur die *Cuyamel* heute nicht mehr tätig ist, ein Zehntel der landwirtschaftlich nutzbaren Fläche des Landes. Der Anteil des genutzten Landes ist dagegen viel geringer, so daß die ohnehin schlimme Knappheit fruchtbaren Ackerlandes und der damit verbundene ohnehin hohe Druck auf die Natur – Regenwald

soll zu Ackerland werden – seit Jahrzehnten dramatisch verschärft wird.

Diverse Forschungsberichte sind geschrieben und verschiedene spannende Bücher veröffentlicht worden über **die Wild-West-Methoden,** mit denen die Bananenfirmen, deren Zentralen sich in Boston und New York befinden, in honduranische Politik direkt eingreifen. Nach Ende der Präsidentschaft *Marco Aurelio Sotos* begann die „Dekade des Mordens", die mit der **Diktatur** unter *Tiburcio Carías Andino* **(1933 bis 1946)** ihre Zuspitzung erfuhr. In diesen Jahren wurden provinzielle *Caudillos* (so werden charismatische politische Führer aus dem lateinamerikanischen Volk genannt) von den Bananenfirmen dafür bezahlt, Bürgermeister zu ermorden, einen Staatsstreich durchzuführen oder einfach nur zu chaotisieren. Die Schaffung eines modernen Staatsapparates, wie es viele gut gewillte Politiker in jenen Jahren versuchten, war unter diesen Umständen nicht durchführbar.

Carías Andino, der sich schon vor Amtsantritt durch weitgehende Steuerbefreiungen bei den Bananen-Bossen beliebt gemacht hatte, genoß die volle Unterstützung der transnationalen Gesellschaften. Unter seiner Verantwortung geschah 1944 im Zentrum von San Pedro Sula folgende Untat : *„Am Morgen des 6. Juli 1944 versammelten sich ein paar hundert Bürger, unter ihnen die nette junge Frau Toñita Collier, um eine Amnestie für die politischen Gefangenen und die Exilierten zu fordern, sowie eine Wiederaufnahme der Verfassungsrechte. Doch vor dem Protestmarsch hatten sich schon ein paar Heckenschützen in Stellung gebracht, die vom späteren Präsidenten Juan Manuel Galvez befehligt wurden. Mehr als einhundert Menschen wurden sadistisch und brutal niedergemetzelt."* (*Longino Becerra*, 1989)

Der lange Weg zur Demokratie

Ende der 40er Jahre brachen die Diktaturen aller zentralamerikanischen Staaten zusammen. Auch *Carias* konnte sich als Person nicht halten, als die transnationalen Unternehmen und die herrschende Schicht feststellten, daß eine zumindest personelle Erneuerung unverzichtbar war. *Manuel Galvez* ging als einziger Kandidat siegreich aus den 1949 angesetzten Präsidentschaftswahlen hervor.

Die gesellschaftliche Entwicklung nach Ende der dunklen Carías-Jahre wurde durch das Erstarken der **Gewerkschaftsbewegung** und der Bewegung der *Campesinos* (landlosen Kleinbauern) vorangetrieben. *1954* hatte die *Tela Railroad Company* für die Arbeit am Ostersonntag nicht die gesetzliche Zulage gewährt. Nach vergeblichen Versuchen, diese Benachteiligung aufzuheben, traten die Arbeiter der Mole von Tela tags darauf in den Streik. Der Ausstand griff schnell um sich, als bekannt wurde, daß die Bananengesellschaft

auf Zeit setzte und mit Hilfe der Regierung versuchen wollte, die Streikfront zu entzweien. Mit dieser Strategie (Parallel-Gründungen, *oficialismo*) haben konservative Kräfte bis in die neunziger Jahre hinein versucht, Basis-Bewegungen zu schwächen. Das Vorgehen ist immer das gleiche: Eine mit der Mehrheitsstrategie der Gewerkschaft unzufriedene Minderheit der Mitglieder wird logistisch und politisch-taktisch unterstützt und mit Versprechen über zukünftige Regierungsjobs motiviert. Sie gewinnt in einem der schon internen Konflikte Oberhand oder betreibt aktiv die Spaltung der Organisation. Beides schwächt die kämpferische Mehrheitslinie und nützt der an Frieden und Stabilität interessierten Regierung.

Doch der 54er Streik griff noch weiter um sich und zündelte auch in den Nachbarrepu-

Der „Fußballkrieg"

Eine tragische Episode zentralamerikanischer Geschichte ist der sogenannte Fußballkrieg. In den 60er Jahren waren Tausende Salvadorianer aus dem westlichen Nachbarland nach Honduras gekommen. Ihre Heimat bot mit einer Bevölkerungsdichte von inzwischen über 200 Einwohnern pro qkm keine Chancen für ein Auskommen in der Landwirtschaft. Als 1969 immer mehr Salvadorianer nach Honduras kamen und an den zu Beginn der Regenzeit (Anfang Mai) stattfindenden *Landbesetzungen* teilnahmen, kam es zu (rechtmäßigen) Vertreibungen durch das Agrarinstitut *INA* und die Polizei. Zu Tausenden mußten Salvadorianer Honduras verlassen, was den Druck auf die Regierung in San Salvador bedrohlich erhöhte.

In dieser gespannten Situation fanden die *Qualifikationsspiele zur Fußballweltmeisterschaft* statt. Honduras und El Salvador trafen am 8. Juni in Tegucigalpa und am 15. Juni in San Salvador zusammen. In Tegucigalpa verlief die Begegnung trotz der bitteren Umstände so

friedlich, daß der salvadorianische Botschafter öffentliches Lob zollte. Doch in der Woche darauf wurden die honduranischen Schlachtenbummler in San Salvador offen und tätlich angegangen, ihre Autos umgeworfen und Frauen auf offener Straße beschimpft. Die Honduraner verließen erschrocken und zornig das Nachbarland, der Zorn übertrug sich auf die honduranische Bevölkerung. In Honduras kam es daraufhin zu Anschlägen und Plünderungen salvadorianischer Stände und Läden in Tegucigalpa.

Die salvadorianische Regierung lud daraufhin zu einem Bündnis der nationalen Einheit und machte militärisch mobil. Zu diesem Zeitpunkt hatte Honduras bereits die *Organización de Estados Americanos* (*OEA* bzw. *OAS*, Organisation Amerikanischer Staaten) um Vermittlung gebeten. Verschiedene hochrangige Delegationen reisten zwischen Tegucigalpa und San Salvador hin und her, doch eine Einigung scheiterte an El Salvadors Forderung nach Vergabe von Boden an die landsuchenden salvadorianischen Kleinbauern in Honduras. Am Abend des *14. Juli 1969* um 18 Uhr griffen salvadorianische Bom-

bliken. Erst zwei Monate später kam es zu einer Einigung, nachdem in La Lima mehrere Streikführer ermordet worden waren und wochenlang fast die gesamte Nordküste von den Streitkräften besetzt worden war. Die Streitkräfte marschierten in strategische Orte ein und sorgten demonstrativ für Ruhe und Ordnung auf den Straßen. Trotz nur bescheidener Lohnergebnisse erzielte die Bewegung die komplette **Legalisierung der honduranischen Gewerkschaftsbewegung.**

Folge der gewerkschaftlichen Selbstorganisation der bis dahin fast rechtlosen Landarbeiter war, daß *1957* eine **Reformregierung** unter dem moderat fortschrittlichen Liberalen *Ramón Villeda Morales* möglich wurde. *Villeda* schuf wesentliche Institutionen des Landes, unter anderem das Arbeitsrecht und die Verordnungen zur Anerkennung von Ge-

werkschaften und Genossenschaften. *Villeda* nahm 1962 einen ersten Anlauf, die extreme Ungleichverteilung des Ackerlandes durch eine Bodenreform, die ihren Namen verdient, zu mildern. Als mit der Neuverteilung von Land begonnen wurde, war es mit dem Stillhalten der USA vorbei.

Selbst der gestandene Bürger *Ramón Villeda Morales* erschien im Lichte der Doktrin der Nationalen Sicherheit der USA als zu anfällig für linkes Gedankengut. Eine von ihnen gewünschte streng antikommunistische Linie konnten die USA während seiner Amtszeit (wegen Wiederwahl bis 1963) nicht feststellen. So kam es zum **Staatsstreich von 1963.** Eine Militärregierung übernahm die Geschicke des Staates. Erst 1965 sollten wieder demokratische Wahlen stattfinden. Doch sie wurden in Repression erstickt, nachdem die

ber die honduranischen Städte Tegucigalpa, Nueva Ocotepeque, Santa Rosá de Copán, Gracias Lempira, Juticalpa, Catacamas, Amapala, Nacaome und Guaymaca in einer großräumigen **Luftoffensive** an. Artillerie rückte in vier Zielrichtungen über die gesamte Grenze und eroberte innerhalb vor anderthalb Tagen einen durchschnittlich 10 km breiten Landstreifen. So lange dauerte es, bis das völlig überraschte Honduras die Verteidigung aufgebaut hatte, denn dort hatte man bis zuletzt an den Erfolg der Verhandlungen geglaubt und nicht für möglich gehalten, daß die Aufrüstung der Salvadorianer mehr als ein taktisches Manöver zur Unterstützung der Verhandlungen wäre. Vielleicht ist der Schock, den die honduranischen Militärs in jenen Tagen spürten, ein Grund dafür, daß sie in den 70er Jahren zunächst selbst und in den 80er Jahren durch die USA unterstützt die größte Luftstreitmacht Zentralamerikas aufbauten.

Als die honduranische Armee am **16. Juli** um 4 Uhr morgens zum **Gegenangriff** vorging, dauerten die Kämpfe zunächst den ganzen Tag, bis die Salvado-

rianer aus ihren Positionen vertrieben waren. In El Paraíso (an der Grenze zu Nicaragua) waren sogar 200 salvadorianische Fallschirmspringer eingesickert. Nach vehementen Vermittlungsversuchen und Appellen der *OEA*, die zunächst nur von Honduras beantwortet wurden, trat nach genau 100 Stunden Krieg am **18. Juli** um 22 Uhr ein **Waffenstillstand** in Kraft. 6000 Verletzte und wahrscheinlich 2000 Tote waren auf beiden Seiten zu beklagen.

Honduras nahm die vertriebenen salvadorianischen Staatsbürger nicht zurück. Erst am **30. Oktober 1980** wurde der umfassend verhandelte **Friedensvertrag** unterzeichnet, der die Kooperation beider Staaten in migratorischer, wirtschaftlicher und politischer Hinsicht regelt. Der Prozeß der zentralamerikanischen Integration hat erleichtert, daß die beiden Länder heute wieder völlig spannungslos miteinander umgehen. Auf menschlicher Ebene hat mich immer gewundert und gefreut, daß im persönlichen Umgang zwischen Honduranern und Salvadorianern überhaupt keine Animositäten aus jener Zeit mehr zu spüren sind.

Staat und Gesellschaft

Sicherheitskräfte des Landes nach Vorbild des nicaraguanischen Diktators *Somoza* seit 1960 entsprechend trainiert worden waren: Immer wieder gelang es den USA, in zentralamerikanischen Staaten auch kurzfristig die politischen Verhältnisse zu beeinflussen. Eine Methode bestand eben darin, gezielt autoritäre Politiker und schlagkräftige Einsatzkräfte auszubilden. Mit der technischen Ausbildung ging die Vermittlung des antikommunistischen Weltbildes einher. Effizienz steht dabei vor Differenzierung, so daß die meisten betroffenen Gesellschaften sich noch heute mit dem simpel-autoritären Gedankengut und Verhalten dieser Menschen herumschlagen müssen.

Für Zentralamerika fatal wirkte sich auch stets die Tatsache aus, daß diese kleinen Länder ein Übungsfeld für antikommunistische Techniken im Kalten Krieg waren. Noch in den 80er Jahren mußten revolutionäre nicaraguanische Krankenschwestern, Bauern und Pfarrer als Übungsobjekt dienen: Die folternden Söldner der US-finanzierten Contras praktizierten mit CIA-Handbüchern an ihnen Kriegsführungsmethoden für andere, wirklich wichtige Kriegsschauplätze der Zukunft.

Im Chaos der Wahlfolgen wurde unter Protest der liberalen Partei *Oswaldo Lopez Arrellano* zum Präsidenten von Honduras gewählt. Unter ihm fand die erste wirksame Landreform zugunsten Zehntausender armer Kleinbauern-Familien statt. Denn im Jahrzehnt seit seiner ersten Amtszeit hatte er sich ideologisch weiterentwickelt und zählte sich zu jenem fortschrittlichen, reformoffenen Teil des in dieser Zeit in Lateinamerika regierenden Militärs. Anfang der siebziger Jahre kam es so zu einer Reformphase der Militärregierung.

Am **18. September 1974** tobte der karibische **Orkan Fifi**, der 100.000 Familien obdachlos machte und 10.000 Menschenleben kostete. Den Schaden an der honduranischen Volkswirtschaft bezifferte Außenminister *César Batres* bei seinem Hilferuf am 25. September 1974 vor den Vereinten Nationen auf 1 Mrd. US-$. Die Veruntreuung eines Teils der Hilfsgelder war im darauf folgenden Jahr einer der Gründe für die Ablösung des Präsidenten *Lopez Arrellano*.

Lopez Arrellano verfolgte die Mission, mit der Rückendeckung der Streitkräfte die Rahmenbedingungen für eine Entwicklung des Landes zu schaffen. Dabei hatte er auch die **multinationalen Bananengesellschaften im Visier,** die seit über 50 Jahren weitgehende Privilegien genossen, aber kaum einen Nutzen für die Gesellschaft gebracht hatten. Am **18. April 1974** erließ die honduranische Reformregierung ein Steuergesetz, das auf jede exportierte Kiste Bananen 0,50 US-$ Steuer erhob. Es ging auf ein Treffen der bananenproduzierenden Länder Guatemala, Honduras, Nicaragua, Costa Rica und Panama zurück. Diese hatten in Abstimmung mit Kolumbien und Ecuador eine Exportsteuer vereinbart, um die Erträge aus der Produktion der Krummfrucht nicht allein den US-Multis zu überlassen. Leider setzten nur Honduras, Costa Rica und Panama die Vereinbarung um. Umgehend protestierte die *Standard Fruit Company* auf das schärfste. Sie ließ 100.000 Kisten Bananen, 20.000 Kisten Ananas und 10.000 Kokosnüsse vernichten, um die wirtschaftliche und politische Stabilität des Landes zu gefährden. Honduras mußte die Steuer schließlich auf bescheidene 0,50 Lempiras reduzieren.

Doch auch die militärische Reformregierung war an ihrer Spitze korrupt. *Lopez Arrellano* flog schließlich dabei auf, für die Rücknahme des Exportsteuer einen Vorschuß von 1,25 Mio. US-$ auf ein Schweizer Nummernkonto überwiesen bekommen zu haben. In Honduras ist so etwas mangels couragierter Staatsanwälte und Ermittler kaum zu beweisen. Doch an der New Yorker Börse hatten sich Aktionäre im *Wall Street Journal* beschwert, daß ihnen eine so strategische Information vorenthalten worden war.

Der massive Widerstand der ländlichen Mittel- und Oberschicht gegen die Landreform war einer der Anlässe, die Veruntreuung der Aufbauhilfe nach dem großen Orkan und der Bananenschwindel aber waren der offizielle Grund, weshalb *Lopez Arrellano* am **22. April 1975** einer **neuen Militärregierung** Platz machen mußte, die das Land bis 1980 regierte. Damit wurde die Reformpolitik aber nicht einfach abgebrochen. Der neue Präsident *Oscar Melgar Castro* versuchte zunächst, die erwartungsvollen Kleinbauern und Arbeiter zu befriedigen, ohne neue Reformprojekte anstoßen zu müssen. Von einer offensiven Reformpolitik wollte die Führung der Streitkräfte allmählich zu einer bürgerlichen Politik zurückkehren, die auch den ländlichen und gewerblichen Eliten schmackhaft zu machen sei. In die reformistischen ersten Monate von *Melgar Castro* fiel ein Dekret, das den Bananengesellschaften die Nutzungslizenzen für Boden und Häfen entzog und – mit Wirkung ab April und September *1976* – die Eisenbahn-Einrichtungen konfiszierte. Diese Maßnahmen wurden freilich vollständig vollstreckt und *1977/78* gesetzlich zurückgenommen.

Die *militärischen Reformregierungen* zwischen 1969 und 1980 folgten dem politischen Ansatz eines technokratischen Strukturalismus: Sie glaubten, durch große Reformprojekte die historisch gewachsenen Ungleichgewichte kurzfristig überwinden zu können und durch den Aufbau staatlicher Strukturen wie etwa großer Verteillager für Grundnahrungsmittel, riesiger Sägewerke der Forstbehörde usw. die Produktivität genossenschaftlicher und gemeinwirtschaftlicher Unternehmen garantieren zu können. In dieser Zeit wurde auch die honduranische Luftwaffe zur größten Zentralamerikas ausgebaut. Die meisten dieser Projekte scheiterten jedoch an mangelndem Management-Geschick und überbordender Korruption. Erfolgreich waren die Reformen aber woanders. Einige der Campesino-Genossenschaften hatten in den Straßenkämpfen bis 1975 den Zugang zu Boden und Krediten erkämpft. Sie gehören heute (20 Jahre später) zu den leuchtenden Beispielen erfolgreicher Campesino-Ökonomie.

Demokratisch legitimiert und hinreichend stabil sind die honduranischen Regierungen erst seit *1982.* Mit *Roberto Suazo Cordoba* (liberal, 1982 bis 1986) erlebte das Land jedoch gleichzeitig einen Rückfall in die *totale Abhängigkeit von den USA,* die Ausdruck fand im Betrieb eines Trainingslagers für salvadorianische Anti-Terror-Einheiten auf honduranischem Territorium (*CREM* in Trujillo) und in der Stationierung von US-finanzierten Söldnern, die von honduranischem Territori-

um aus die sandinistische Regierung Nicaraguas bis 1989 destabilisieren sollten.

In die Zeit von *1982 bis 1984* fielen die übelsten *Menschenrechtsverletzungen,* die dem Terror der Streitkräfte unter dem ebenfalls US-trainierten General *Alvarez Martinez* zu verdanken sind. Im März 1985 überreichte die Menschenrechtsorganisation *CO-FADEH* Präsident *Bush* bei seinem Honduras-Besuch eine erschreckende Bilanz: 2000 illegale Verhaftungen, 130 Verschwundene und 220 politische Morde seit 1982. Seit den 60er Jahren schon waren durch die Androhung von Gewalt, dosiertem Terror und – wenn es den Herrschenden unvermeidlich erschien – durch gezielten politischen Mord viele mutige Menschen nachhaltig verunsichert oder eingeschüchtert worden.

Seit 1988 habe ich mich häufig im Kreis politischer Linker in Honduras aufgehalten. Dabei wurde mir immer wieder von politischen Greueltaten berichtet. Trotz inzwischen greifbarer Demokratisierung mußte ich jedoch immer wieder feststellen, daß viele kritische Honduraner nachhaltig beeindruckt sind. Die US-gesteuerte antikommunistische Propaganda einerseits und selektive Verstöße gegen die Freiheitsrechte und die persönliche Unversehrtheit jedes einzelnen andererseits haben dazu geführt, daß akzentuierte politische Meinungen in Honduras bis heute öffentlich fast nicht vertreten werden.

Gleichwohl ist der politische Terror von oben und die Anwendung von systematischen Menschenrechtsverletzungen wie Menschenverschwindenlassen und Folter in Honduras nie so umfassend und aggressiv betrieben worden wie in den Nachbarländern. Eines der kritischsten Bücher über die US-Intervention in Zentralamerika überhaupt (*Andino* et al. 1987) beschreibt das so: „*Wenn auch die gröbsten Menschenrechtsverletzungen inzwischen vielleicht seltener geworden sind, so hat die Periode Alvarez Martínez ein Erbe von zynischen, brutalisierten Sicherheitsagenten und Soldaten hinterlassen. Aus Zeitungsmeldungen (selbst in La Prensa), die das CEDOH* (unabhängiges Menschenrechtskomitee, d. V.) *gesammelt hat, läßt sich entnehmen, daß solche Agenten z.B. bei der Verfolgung flüchtiger Straftäter oder Deserteure oh-*

Staat und Gesellschaft

ne Rücksicht auf Passanten wild um sich schießen; sie greifen zur Waffe, wenn sie beim Poker oder Billard verloren haben, ihre amourösen Anträge von einem Mädchen oder einer Frau zurückgewiesen wurden. Von im weiteren Sinne politischen Taten, wie der Verhaftung von Pressefotografen und mißliebigen Journalisten, eines Studenten, der nur fragte, wie der Mann heiße, der ihn soeben mit dem Tod bedroht hatte, oder von Personen, die das Verschwinden eines Angehörigen melden wollen, nicht zu reden."

In der Regierungszeit von *José Ascona del Hoyo* (liberal, **1986 bis 1989**) wurde die Regierung durch Streitigkeiten innerhalb ihrer verschiedenen Flügel praktisch gelähmt. Dennoch erreichte *Ascona* den Abzug von CREM und Contras – eine Reaktion auf zunehmende Proteste der Bevölkerung, die im **April 1988** in der Brandschatzung des US-Konsulats in Tegucigalpa gipfelten. Daß die Polizei damals zwei Stunden lang dem Treiben tatenlos zusah, sagt wohl einiges über die Haltung der Honduraner aus.

Rafael Leonardo Callejas (national, **1990 bis 1994**) verpaßte dem Land ein lange fälliges und entsprechend harsches Sparprogramm, ohne jedoch die strukturellen Probleme (vor allem die geringe Produktivität auf dem Land) damit lösen zu helfen.

Carlos Roberto Reina (liberal, **1994 bis Ende 1997**), führte diese Politik weiter. Er versuchte aber auch, ihr ein *„rostro humano"* (menschliches Antlitz) zu verleihen, indem er durch klassische Sozial- und ländliche Strukturpolitik (Mindestlöhne, ländliche Kredite, Landtitelvergabe) der Mehrheit der ländlichen Armen entgegenzukommen half. Selbst demokratisch gesinnter Anwalt und Moralist der alten Schule, war *Reina* jedoch stets von machtbewußten und zuweilen eigensinnigen Ministern umgeben. Mit rein symbolischer Politik gelang es z.B. *Manuel Zelaya*, einem bekannten Unternehmer und als solcher Zerstörer des honduranischen Regenwaldes, in der Rolle des liberalen Abgeordneten weit nach oben zu steigen. Als Direktor des schon unter dem Vorgänger von *Reina (Rafael L. Callejas)* geschaffenen *Fondo Hondureno de Inversión Social (FHIA)* betrieb *Zelaya* in ganz Honduras sozial wirksame Kleinprojekte, die

jeder Bürgermeister beantragen und unbürokratisch genehmigen lassen konnte. Er wurde dadurch nicht nur persönlich berühmt, sondern konnte die ansonsten nur halbherzige Sozialpolitik der grundsätzlich neoliberal orientierten Regierung propagandistisch absichern. Ernsthafte Maßnahmen wie die lange vertraglich zugesicherte Vergabe von Landtiteln an die Garifuna und Lenca dagegen wurden zwar pressewirksam angekündigt, jedoch nie eingelöst. Solche Landtitel entsprechen den Interessen der USA und der Oligarchie im Land.

Staat und Verwaltung

Aufbau des Staates

Das erst 1821 unabhängig gewordene und 1838 als Staat gegründete Land Honduras ist als **präsidiale Demokratie** verfaßt. Der **Staatspräsident** wird alle 4 Jahre in allgemeiner, freier, gleicher und geheimer Wahl direkt gewählt. Wer einmal Staatspräsident war, darf danach nicht wieder kandidieren.

Gleichzeitig mit der Präsidentschaftswahl werden die 120 Volksvertreter des **Kongresses** *(Congreso Nacional)* gewählt. Der Kongreß ist das einzige Parlament des Landes. Hier werden alle Gesetze beraten und beschieden. Der Kongreß wird von einem **Parlamentspräsidenten** geleitet und tagt stets im modernen Gebäude des *Congreso Nacional.*

Die Mitglieder des **Obersten Gerichts** *Corte Suprema de Justicia*, bestehend aus 9 Richtern und 7 Stellvertretern, sowie der Oberbefehlshaber der **Streitkräfte** werden durch den Kongreß gewählt.

Mit dem Staatspräsidenten werden die **Bürgermeister** in offener Wahl nach dem Mehrheitsprinzip gewählt.

Der einmal gewählte Staatspräsident ernennt die **Gouverneure,** ein Relikt aus der Kolonialzeit. Auch heute gibt es keine föderativen Elemente, die 18 *Departamentos* des Landes werden rein direktiv von Tegucigalpa aus regiert. Nur in der Kulturpolitik und bei der hoheitlichen Kontrolle der Gemeindeverwaltungen können die *Gobernadores* eigene Entscheidungen treffen. Zudem wird dieses Amt, in etwa mit dem eines Regierungspräsidenten in den deutschen Ländern vergleichbar, verdienten Wahlkampfaktivisten zugeschoben. Diese Tatsache trägt nicht zur Hebung des fachlichen Niveaus dieser Funktionäre bei.

Verwaltung

Honduras' Verwaltung arbeitet besser als ihr Ruf. **Bestechlichkeit** gibt es freilich auf oberster politischer Ebene. In honduranischer Logik ist es nämlich selbstverständlich, daß der Zugang zu politischer Macht, die vergänglich ist, auch für die Verbesserung der eigenen ökonomischen Stellung gut sein muß.

Diese Bereitschaft, Politik und Geschäft zu mischen, ist jedoch bei operativen Verwaltungseinheiten (z.B. Agrarreformberater, Sachbearbeiter im Paßamt) kaum zu finden. Honduranische Stellen sind hilfsbereit, häufig sehr freundlich, wenn auch nicht immer flexibel genug. Mangels Ausbildung und Vision fällt es vielen Verwaltungsstellen schwer, über den eigenen Tellerrand hinauszugucken. Besonders schlimm ist der Zustand des Bildungssystems, das auf einem peinlich niedrigen Niveau betrieben wird.

Besonders fehlerhaft und häufig arrogant arbeiten die Institutionen, die auch heute noch von den Streitkräften verwaltet werden, allen voran *HONDUTEL* und die Stromgesellschaft *ENEE*. Aber auch die Einreisebehörde *(migración)* läßt nicht mit sich spaßen. Wer in diesen Behörden etwas erreichen möchte, sollte kleinlaut, freundlich und am Gegenüber interessiert sein. Viele Militärs wollen ein bißchen ernst genommen werden. Sie definieren ihren Dienst nicht über die moderne Kundenorientierung, sondern über die vaterländische Pflicht. Letztere ist häufig durch übertriebenes Sicherheitsdenken und den Willen geprägt, dem Ausländer zu beweisen, daß nicht nur im fernen Deutschland Regeln eingehalten werden.

Basisorganisationen

Die arbeitende honduranische Bevölkerung ist gut organisiert und setzt stets auf Verhandlungen: **Bauern-, Gewerkschafts- und Menschenrechtsbewegung** sind die jeweils relativ stärksten in ganz Zentralamerika. Jährlich zur Aussaat (Beginn der Regenzeit Anfang Mai) besetzen die organisierten *Campesinos* (landlose Bauern) viele tausend Hektar Land, das Großgrundbesitzern gehört, die es zur Zeit oder dauerhaft nicht nutzen. Zwar kommt es vereinzelt sogar zu politischen Morden an Campesinos, doch fast immer

Staat und Gesellschaft

werden die Konflikte einvernehmlich gelöst. Campesino-Organisationen, Gewerkschaften und – in geringerem Maße – Menschenrechtskomitees werden von Abgeordneten und Ministern empfangen, wenn Probleme anstehen.

Militär und der Einfluß der USA

Die Macht liegt nicht nur bei der Regierung, sondern auch bei den Streitkräften und dem großen Bruder USA, der seit mehr als 100 Jahren auf die abhängige Bananenrepublik setzt. Schon in den Jahren 1903, 1911, 1913, 1917, 1919 und 1924 waren die USA in Honduras einmarschiert, um die wirtschaftlichen Interessen ihrer Bürger in Honduras militärisch zu wahren. Seit Beginn der achtziger Jahre dieses Jahrhunderts hatten die USA ihren vor allem militärischen Einfluß auf Honduras gestärkt, um ein Bollwerk gegen den

sozialrevolutionären Sandinismus Nicaraguas aufzubauen und jenes System zugleich mit bezahlten Söldnern (den Contras) zu untergraben. Heute richtet sich die US-Intervention stärker auf die Unterbindung des Drogenhandels und den Schutz der natürlichen Ressourcen.

Die honduranischen **Streitkräfte** sind bis heute ein Staat im Staate: Mit fast 20.000 Soldaten, der ihrem Kommando unterstehenden Polizei und der modernsten Luftwaffe Zentralamerikas ist das honduranische Heer zwar nicht gerade groß. Doch der Einfluß der Streitkräfte geht bis in wirtschaftliche und kulturelle Sphären. Große Unternehmen wie die Zementfabrik, die Telefongesellschaft oder die *Banco de las Fuerzas Armadas* gehören den Streitkräften. Offiziere haben das Privileg steuerbefreit in eigenen Supermärkten aus dem vollen schöpfen zu können. Bis heute genießen die Streitkräfte eine teilautonome Stellung, die in der Verfassung verankert ist. Der Verteidigungsminister gehört dem Kabinett der Regierung an und folgt den Entscheidungen des Staatspräsidenten, der Oberbefehlshaber der Streitkräfte aber wird eigens vom Staatspräsidenten konsultiert. Erst während der Regierung *Reina* konnte die Rolle der Streitkräfte durch die Abschaffung der allgemeinen Wehrpflicht, die Auflösung der ineffizienten Polizei *FUSEP* sowie die Einschränkung der Allmacht des Sicherheitsrats (des *Consejo Supremo de las Fuerzas Armadas*) an demokratische Normen angepaßt werden.

Parteien

Liberale Partei

Die Liberale Partei *(PL = Partido Liberal)*, die die älteste des Landes ist, wurde 1891 gegründet und knüpft an die Ideen von *Francisco Morazán* an. Sie stellte zwar seit Ende des 19. Jahrhunderts immer wieder Präsidenten, konnte aber erst 1957, unter *Ramón Villeda Morales*, ihr Reformprogramm ansatz-

KARIBISCHES MEER

GRACIAS A DIOS

Puerto Lempira

GUA

Departamento	Gründung	Fläche in qkm
Francisco Morazán	1825	8.000
Comayagua	1825	5.196
Lempira	1825	4.289
Santa Bárbara	1825	5.115
Yoro	1825	7.939
Olancho	1825	24.350
Choluteca	1825	4.211
El Paraiso	1869	7.218
Copán	1869	3.200
La Paz	1869	2.330
Islas de la Bahía	1872	260
Colón	1881	8.874
Intibucá	1883	3.072
Cortés	1893	7.455
Valle	1893	1.564
Atlántida	1902	2.700
Ocotepeque	1906	1.680
Gracias a Diós	1957	16.639

Staat und Gesellschaft

weise umsetzen. Mit *Carlos Flores* ist auch heute ein liberaler Präsident im Amt (Amtszeit 1998 bis 2001). Die eigentlich recht konservative, wenn auch demokratische Partei gliedert sich in verschiedenste Strömungen, die wegen der üblichen Vorwahlen Züge von Kandidatenclubs aufweisen. Die liberale Partei ist an vielen Orten, auch auf Felsen und Straßen, an ihren Farben (rot-weiß) zu erkennen. Sie wird von der *Friedrich-Naumann-Stiftung* ideell und materiell unterstützt, die in Tegucigalpa mit einem kleinen Büro vertreten ist.

Nationale Partei

Die rivalisierende Nationale Partei *(PN = Partido Nacional)* ist traditionell die Partei des Großgrundbesitzes und der Streitkräfte, die bis heute eine wichtige Rolle in Honduras spielen. Diktatoren wie *Carías Andino* gehörten stets der stramm rechts stehenden Partei an. Erst die Präsidentschaft von *Rafael Leonardo Callejas* (1990 bis 1994) hat gezeigt, daß auch ein Präsident der Nationalen Partei institutionelle Reformen, Menschenrechte und Naturschutz ernst nehmen kann. Die nationale Partei zeigt sich in der Öffentlichkeit in den Farben blau-weiß.

Pinu

Die kleine, sozialliberal orientierte Partei der Nationalen Erneuerung und Einheit *(PINU = Partido de Innovación Nacional y Unidad)* wurde erst in den 80er Jahren gegründet. Sie sammelt aufgeschlossene Wähler, denen die neofeudale Zwei-Parteien-Herrschaft nicht reicht, weil soziale und kulturelle Themen darin zermahlen werden. Die kleine *Pinu* hat es bislang nicht geschafft, innerhalb der ländlichen Bevölkerungsmehrheit Einfluß zu gewinnen.

Aktuelle Politik

Im **Dezember 1997** ist in Honduras zum sechsten Mal hintereinander eine Regierung demokratisch gewählt worden. **Carlos Flores** von der liberalen Partei siegte nach einem beispiellos zahmen Wahlkampf über seine Rivalin *Nora Melgar* von der nationalen Partei. Damit war eine Frau geschlagen worden, die einige Trümpfe für sich hatte einsetzen können: Sie genoß die vorbehaltlose Unterstützung des charismatischen vorletzten Präsidenten und Drahtziehers der nationalen Partei, *Rafael Leonardo Callejas*. Sie hatte die Aura der Geschichte des Landes um sich, da sie als Witwe auf die – allerdings nicht spektakulären - Verdienste ihres vor zwei Jahrzehnten amtierenden Mannes verweisen konnte. Und sie ist eine Frau, die diese Tatsache in jedem Satz zum Ausdruck brachte, ohne dabei allerdings Frauenrechte vertreten zu wollen. *Nora* unterlag dem eher blassen, aber professionellen *Flores*. Der noch junge Kandidat ist seit langem der stärkste Politiker der liberalen Partei und bekleidete unter *Reina* das Amt des Parteivorsitzenden. Er gilt als Organisationstalent für die Partei und ist im ganzen Land wohlbekannt. Da *Flores* der reichen arabischstämmigen Familie *Facussé* entstammt, wird er schlicht *turco* genannt, d.h. Türke, eine Anspielung auf Herkunft und Schicht zugleich. Der Familie gehören große Fabriken und die Vertretung der größten Automarke im Land *(Toyota)*. *Flores*, der mit einem wenig konturenreichen Programm zwischen neoliberaler Exportorientierung und sozialpolitischem Ausgleich aufgetreten war, übernahm im Januar 1998 ein relativ konsolidiertes Land auf allerniedrigstem Niveau. Die honduranische Volkswirtschaft war seit 1994 stetig gewachsen. Der Bekleidungsindustrie und der modernen Exportindustrie war es gelungen, weiter an Bedeutung zu gewinnen. Zugleich hatte *Reina* es trotz ständiger Putschängste geschafft, dem Militär einige wichtige **Reformen** abzuringen, darunter die Abschaffung der Wehrpflicht, die Neugründung der verhaßten Geheimpolizei und die Restrukturierung der gesamten Polizei. Die Unterordnung der Sicherheitskräfte unter die demokratisch legitimierte Zivilregierung war Teil des Lebenswerks der „moralischen Revolution" von *Reina* gewesen. Der Erfolg der Regierung *Flores* wird aber auch abhängen von der Fähigkeit, der verarmten Mehrheit der Bevölkerung produktive Felder aufzuzeigen, die mächtigen Interessengruppen des Landes zu befriedigen und eine Wirtschaftspolitik durchzuhalten, die das Land weiter an wettbewerbsintensive Märkte *(NAFTA*, Zentralamerikanische Integration) heranführt. Innenpolitisch werden die Bekämpfung der inzwischen überbordenden Kriminalität gegen wohlha-

bende Städter und die Verhandlungen mit den immer selbstbewußteren Bauern- und Indianerverbänden von entscheidender Bedeutung sein. Ende 1997 hatte der Unternehmerverband *COHEP (Consejo Hondureno de la Empresa Privada)* einen „Streik der Arbeitgeber" für den Fall angekündigt, daß die Regierung nichts gegen die Raubüberfälle, Entführungen und Morde an Industriellen in San Pedro Sula und Tegucigalpa unternehmen würde.

Massenmedien

Fernsehen

Die Fernsehlandschaft ist privat und stark regionalisiert, Tegucigalpa, San Pedro Sula und La Ceiba haben jeweils eigene Kanäle. Hier dominieren Unterhaltungsprogramme. Nachrichten werden in Infotainment-Sendungen dargereicht, relativ sehenswert sind *Hoy Mismo* und *Abriendo Brecha*. Wer gerne fernsieht, hat in Honduras *cable* (Kabelfernsehen). In der Provinz sind dies per Satellitenschüssel schwarz kopierte mexikanische und US-amerikanische Programme, die an die lokalen Kunden verkauft werden. Viele Honduraner haben aber auch ihre eigene Schüssel.

Hörfunk

Das Radio ist in Honduras sehr kommerziell, da es ebenfalls privat ist und nur über Werbeeinnahmen finanziert

Staat und Gesellschaft

wird. Auffallend sind die ausgedehnten Musiksendungen, Nachrichten fehlen dagegen weitgehend. Ausnahme ist der Nachrichtensender *Radio América*, ein fortschrittlicher Sender mit seriösen Reportagen, dessen Journalisten überall im Land unterwegs sind.

Printmedien

Die Printmedien sind ebenfalls privat. Im Bereich der **Tageszeitungen** findet sich eine erfreuliche Vielfalt von sechs Titeln: *El Tiempo* (linksliberal), *Tribuna* (rechtsliberal), *Heraldo* (konservativ), *La Prensa* (rechts-konservativ), *El Diario* (konservativ), *El Periódico* (konservativ, Callejas-Linie). *La Gaceta* bringt täglich offizielle Verlautbarungen (Gesetze, gewerbliche Eintragungen etc.). Die Tageszeitungen werden täglich ab 6 Uhr morgens an den Straßenecken der großen Städte und an Sammelpunkten kleinerer Ortschaften für 2 Lps. (0,30 DM) verkauft.

Das **Wochenblatt** *Honduras This Week* erscheint in englischer Sprache, es liegt an mancher Hotelrezeption umsonst aus. Deutsche können ein preiswertes Abonnement einrichten (Ankunft eine Woche nach Erscheinen, wie Luftpost). *Honduras This Week* widmet sich politischen und ökologischen Themen mit besonderer Hingabe. Das Niveau ist eher noch oberhalb dessen der Tageszeitungen.

Bei den **Magazinen** und **Fachzeitschriften** hat Honduras weniger zu bieten. Lesenswert ist die Zeitschrift *Cambio Empresarial*, die sich wirtschaftlichen und unternehmerischen Themen verschrieben hat. Die bedingt konservative Zeitschrift ist in Buchläden zu beziehen. Als Umweltmagazin fungiert *Puca Opalaca*, eine in San Pedro Sula monatlich herausgegebene Sammlung von Reportagen zu Umwelt- und Naturschutzthemen nationaler und internationaler Herkunft.

Ausländische Printmedien sind in Honduras schwer zu bekommen, die beste Chance hat man in den Zeitungs- und Tabakläden der großen Hotels. Deutsche Zeitschriften habe ich bislang nirgendwo gefunden.

Wirtschaft

Das **Bruttoinlandsprodukt** des Landes betrug 1995 ganze 3,7 Mrd. US-$. Auf jeden der 5,6 Mio. Honduraner entfallen also 680 US-$ Einkommen im ganzen Jahr – das ist nicht viel. Von 680 US-$ könnte man jeden Tag einen Hamburger in einem honduranischen Schnellrestaurant essen oder jeden zweiten Tag einmal ins Kino gehen oder 2 kg Weißbrot erstehen. „Oder", nicht etwa „und"!

Das Bruttoinlandsprodukt von 660 US-$ pro Kopf verteilt sich zudem ungleich. Ca. 100.000 Honduraner schneiden sich eine große Portion ab, sie gehören zur meist städtischen **Oberschicht,** die durch politischen Einfluß, Großgrundbesitz oder internationale Geschäfte Vermögen anhäufen konnte. Ca. 300.000 Honduraner gehören zur dünnen **Mittelschicht.** Sie leben von mehreren Einkommen, häufig als Angestellte in der Stadt, als Arbeitgeber eines Kleinbetriebs und als Besitzer einer Finca oder Rinderherde. Sie können sich eine Mehr-Zimmer-Wohnung leisten, ein zumindest kleines Auto und alle paar Jahre eine Reise ins Ausland.

Alle anderen gehören zur großen Masse der städtischen und ländlichen **Armen.** 82 % der honduranischen Bevölkerung lebt unterhalb des von den Vereinten Nationen definierten Existenzminimums. Davon wiederum 70 % leben in absoluter Armut. Im Saldo leben also mehr als die Hälfte aller Honduraner in **absoluter Armut.** Das sind vor allem die vielen, teilweise völlig landlosen Kleinbauern. Sie haben nicht einmal die Hälfte des Durchschnittseinkommens von 680 US-$.

Etwas abgefedert wird das schwere Los der armen honduranischen Bevölkerungsmehrheit zwar durch die **Subsistenzwirtschaft,** die in den offiziellen Zahlen nicht mitgezählt wird. Fast alle Kleinbauern *(Campesinos)* bauen Mais, Bohnen und Trocken-Reis für ihren Eigenkonsum an. Trotz völlig unproduktiver Anbauweisen überleben so Millionen von Menschen. Doch zugleich hält die Aussonderung dieser Subsistenz-Bauern aus der offiziellen, exportorientierten Landwirtschaft das Land in der Unterentwicklung: Die Böden werden unter ihrem Wert bewirtschaftet, die Menschen ernähren sich nur unzureichend und verelenden, Bildung und Gesundheit leiden darunter.

Deshalb kennen in Honduras 1,5 Mio. Menschen **Hunger,** 800.000 Kinder sind nicht nur falsch ernährt, sondern essen auch mengenmäßig unzureichend. Sie werden durch ein dauerndes Hungergefühl geplagt und sind in ihrer körperlichen Entwicklung nachhaltig beeinträchtigt.

Exportorientierung

Die verzweifelte Lage der ländlichen und städtischen Armen hat auch mit der außenwirtschaftlichen Orientierung der honduranischen Wirtschaft zu tun. Anstatt die Eigenversorgung der eigenen Bevölkerungsmehrheit zu sichern, betreibt das Land seit den 60er Jahren eine Exportförderpolitik. Wichtige Böden werden der nationalen Produktion von Mais, Bohnen und Reis entzogen, gut ausgebildete Arbeitskräfte und vor allem das zu knappe honduranische Investitionskapital fließen seitdem in den Ausbau der Exporte.

Honduras exportiert für fast eine Mrd. US-$ Waren, vorwiegend in die USA, Deutschland, Belgien, Italien und Japan. Die wichtigsten **Produkte** (1993): Bananen (38,7 %), Schalentiere (22,4 %), Kaffee (20,8 %) und Rindfleisch (6,5 %). Wegen des gestiegenen Kaffeepreises und der EU-Einfuhrbeschränkungen für die sog. „Dollar-Bananen" aus Honduras hat sich die Situation seitdem zuungunsten der Bananen verändert. Honduras hat starke Schwierigkeiten, die **Absatzprobleme für Bananen** auszugleichen. Zwar gibt es Exportförderaktivitäten in Richtung auf Krabben, Edelfische, Melonen, Limetten und viele andere Produkte,

Staat und Gesellschaft

doch der internationale Wettbewerb ist in diesen Bereichen ausgeprägt.

Durch den intensiven Wettbewerb im Export von typischen Produkten aus Entwicklungsländern haben sich die Preise honduranischer Exportprodukte stets verschlechtert. Obwohl die Exportmengen meist noch gesteigert werden konnten, verzeichnete die **Exportbilanz** (als eine Seite der Handelsbilanz) ein nur bescheidenes Wachstum unter 5 % in den vergangenen Jahren. Da der Bedarf vor allem der Industrie (Rohstoffe, Maschinen und Anlagen) und der städtischen Mittelschichten (PKW, Haushaltselektronik, Verbrauchsgüter) nach Importgütern aber stetig steigt, bleibt das **Außenhandelsdefizit** von etwa 200 Mio. $ zumindest erhalten.

Industrie- und Infrastruktur

Die **Industriestruktur** des Landes ist schwach. Im Bereich der Kleidungsindustrie gibt es einhundertundzwanzig sogenannte „Lohnveredelungsunternehmen", die Textilien und Acsessoirs für den nordamerikanischen Markt zuschneiden. Doch die Energiekrise 1993/94 sowie die Streikneigung der Gewerkschaften lassen den einen oder anderen Unternehmer schon ins benachbarte arbeitseifrige El Salvador hinüberschielen.

Honduras leidet unter dem Dilemma vieler Entwicklungsländer, einerseits kein Industriepotential zu haben und andererseits zunächst die eigene notorisch kaufkraftschwache Bevölkerung mit preiswerten Nahrungsmitteln ver-

sorgen zu müssen. Doch zusätzlich ist es durch anhaltende Defizite in der Infrastruktur gebeutelt. Zwar ist es gelungen, das honduranische **Straßennetz** in den Jahren der *Callejas*-Regierung auf das technisch höchste Niveau der Region zu bringen. Fast alle asphaltierten Straßen sind – mit Ausnahme der Trasse von La Entrada bis Copán Ruinas – ohne Schlaglöcher oder ähnliche Überraschungen und gut befahrbar. Damit kann Honduras zwar manches Defizit im Bereich des fast fehlenden Schienennetzes und des sich auf technisch niedrigem Niveau befindenden Öffentlichen Straßenverkehrs ausgleichen. Doch der Konkurs der internationalen honduranischen **Fluglinie** *TAN-SAHSA* riß seit Anfang 1994 ein Loch in die Transportstruktur des Landes, das durch die provinzielle *Isleña Airlines* aus La Ceiba zunächst nicht ausgefüllt werden konnte. Inzwischen wurden zwei neue Airlines gegründet *(Caribbean Air, Honduras Airways)* und die vorhandenen haben ihren Flugzeugbestand deutlich ausgebaut *(Islena Airlines* hat etwa ein Dutzend Flugzeuge und *Aerolineas Sosa* neben tschechischen nun auch russische Flugzeuge, darunter mindestens einen Jet).

Zu Ende der *Reina*-Regierung (1996/1997) wurde noch eine große Initiative gestartet, deren Früchte erst viel später geerntet werden: Als „großer Sprung nach vorn" soll ein 10-jähriges **Investitionsprogramm** realisiert werden, welches im Strassenbau, der Energiewirtschaft, dem Verkehr und dem Tourismus einen erheblichen

Ausbau der Kapazitäten ermöglicht. Das 18 Mrd.-$-Programm ist aber kaum glaubwürdig, da andere Standorte der Region ähnliche Projekte anbieten. Dennoch ist unverkennbar, daß Honduras in einigen Bereichen deutliche Fortschritte macht, vor allem beim Export neuer Produkte (Krabben, exotische Früchte) und im Ausbau der Dienstleistungs- und Tourismusunternehmen (Hotelprojekte in San Pedro Sula und Tegucigalpa).

Stabilitätspolitik

Solche anhaltenden Probleme bei der Infrastruktur zwingen das Land in einer Zeit in die Knie, wo die wirtschaftspolitischen Hausaufgaben der Regierung durchaus absolviert waren. Die *Callejas*-Regierung hatte zwischen 1990 und 1993 durch eine Verringerung des Budget-Defizits und konzentrierte Umschuldungen den internationalen Druck auf die honduranische Wirtschaft gesenkt. Die **Privatisierung** wesentlicher öffentlicher Unternehmen (Zementwerke, staatliche Lager für Grundnahrungsmittel etc.) hatte diese Politik unterstützt. Außenwirtschaftlich flankiert wurde die Stabilitätspolitik von einer Liberalisierung des unter Druck geratenen Lempira, der nun schrittweise abgewertet und dann freigegeben wurde. Folge war zwar zunächst eine nach oben schnellende **Inflation** (1990: 36 %). Diese beruhigte sich aber wieder auf in Lateinamerika mäßige 9 % (1993). So konnte der linksliberale Nachfolger *Reina* mit seinem Wahlsieg eine sozial-politische Neuorientierung versprechen, ohne das Stabilitätsprogramm als solches in Frage zu stellen.

Die Verfolgung einer weltmarktorientierten Stabilitätspolitik (wegen der hohen Exportquote von Honduras) einerseits und einer binnenmarktorientierten Sozialpolitik (wegen der vielen hungernden honduranischen Eltern und Kinder) andererseits sind somit zwei Seiten einer Wirtschaftspolitik, die anscheinend ohne Alternative dasteht. Denn das durch Exportförderung erreichbare **bescheidene Wirtschaftswachstum** von 3 bis 6 % wird durch die **hohe Bevölkerungswachstumsrate** von durchschnittlich 3,2 % meist ausgeglichen. Somit bleibt das Pro-Kopf-Einkommen langfristig gleich, obwohl sich das Land auf Kosten mancher nationalen Entwicklungsziele um eine Steigerung seiner wirtschaftlichen Leistung bemüht. Der Rückgang des ansonsten steigenden **Bruttoinlandsprodukts** 1990 lag vorwiegend am harten Anpassungsprogramm der *Callejas-Regierung*. Dagegen ist der 1994 verzeichnete Rückgang eine direkte Folge der Energiekrise.

Wirtschaftliche Perspektiven

Eine zeitgemäße Entwicklungsstrategie für Honduras kommt nicht um eine moderne, d.h. außenorientierte Verfassung für die großen honduranischen Branchen Landwirtschaft, Forstwirtschaft und Naturschutz aus. Die derzeitige wirtschaftliche Aktivität in den drei Bereichen findet auf dem Rücken der ärmsten Bevölkerung statt

Wirtschaftsreformen

Wirtschaftspolitik in einem so armen, auf dem Land noch feudal strukturierten Land wie Honduras muß zugleich Entwicklungspolitik sein. Deshalb sind vor allem zwei Gesetze zur Modernisierung des Landes, die von Präsident *Rafael Leonardo Callejas* erlassen wurden, mit besonderer Kritik aufgenommen worden und während der jetzt amtierenden Regierung *Reina* in der Revision: das Gesetz zur landwirtschaftlichen Modernisierung und der Erlaß zur Versteigerung von Holz-Einschlagsrechten.

Sie setzen an den wichtigsten Ressourcen des kleinen, nicht industrialisierten Landes an: Land- und Forstwirtschaft. Das *Gesetz zur landwirtschaftlichen Modernisierung* ermöglicht es Großgrundbesitzern und Kleinbauern-Genossenschaften, Bodenrechte, Maschinen, Saatgut und Ernteerträge frei zu handeln, so daß Marktwirtschaft und produktivitätssteigernder Wettbewerb auch im Bereich der landwirtschaftlichen Strukturen möglich wird.

Spezielle Kooperationsformen (sogenannte *fideicomisos*) bodenständiger Hackbauern einerseits und kapitalkräftiger Agrarunternehmer andererseits werden erleichtert. Im Rahmen der Agrarreform vom Staat vergebene Flächen dürfen jetzt frei veräußert und in den kapitalistischen Boden- und Agrarmarkt zurückgegeben werden.

Der Erlaß zur *Versteigerung von Nutzungsbeständen* (Holz-Einschlagsrechten) setzt Normen der nachhaltigen Bewirtschaftung voraus, die schon vorher galten, deren Einhaltung aber nicht kontrolliert werden konnte (Aufforstung gleicher Bestände, Schonung nachwachsenden Holzes, Anlegen und Pflege angemessener Trassen). Neu ist, daß ein Bestand als Nutzfläche vergeben wird, nicht etwa das zu schlagende Holz. Damit wird es plötzlich interessant, einen Wald zu pflegen, statt ihn lediglich abzuholzen. Was der wirtschaftlich interessierte Lizenznehmer mit dem Wald im Laufe der Jahre allerdings macht, das ist seine Sache. Durch den Mechanismus der Versteigerung von Nutzungsbeständen wird zudem Transparenz und geldwerte Vergleichbarkeit der Bieter geschaffen, ein forstwirtschaftlicher Markt ist das Ziel.

Für eine *Auswertung der Erfahrungen* aus beiden Gesetzen ist es noch etwas zu früh. Sicher ist, daß es im landwirtschaftlichen Bereich einen noch stärkeren Einfluß des Bankkontos gibt und die Errungenschaften der bescheidenen Landreform in Frage gestellt sind. Viele kleine Bauern haben verkauft oder arbeiten jetzt zusätzlich lohnabhängig für einen kapitalstarken „Partner". Die forstwirtschaftliche Reform kommt trotz des wettbewerbsschaffenden Charakters nicht an der gut organisierten Lobby des liberalen Kongreßabgeordneten aus Olancho und jetzigen Chefes des Sozialen Investitionsfonds (FHIS) *Manuel Zelaya* herum, der seit vielen Jahren die *Asociación de Madereros de Honduras* (AMH, der Holzunternehmerverband von Honduras) anführt und für unzählige illegale Waldzerstörungen politisch verantwortlich ist.

und hat angesichts fehlenden Investitionskapitals und mangelnder Arbeitsplatzzuwächse keine Perspektive.

Die *Unterbeschäftigung* liegt bei 40 % der Erwerbspersonen. Doch innerhalb der 60 % Erwerbstätigen verdienen die meisten nur den *Mindestlohn* von etwa 100 $. Während diese Summe in einer noch abgeschlossenen Volkswirtschaft wie der russischen oder mancher afrikanischen mit hoher realer Kaufkraft verbunden sein kann, kann ein Kleinbauer seine Familie mit 100 $ oft kaum noch ernähren. Im Vergleich damit sind die kritisch zu beurteilenden Leichtlohnarbeitsplätze in den Bananenplantagen der Fruchtmultis, an den Nähstraßen der koreanischen *Maquila*-Unternehmen (Textile Lohnveredelung) und sogar die Erntejobs in den Ölpalmenkooperativen eine ungleich gesichertere Perspektive für eine fast privilegierte Minderheit der Honduraner.

Wo also kommen die Arbeitsplätze her? Unter den Interessenverbänden (Campesino-Organisationen, Gewerkschaften, Bauernverbänden, Berufsverbänden), den Parteien und den Experten herrscht Einigkeit, daß nur eine Erhöhung der Produktivität und der Wertschöpfung in Land- und Forstwirtschaft den Weg ebnen kann. Die deutsche *Friedrich-Ebert-Stiftung* unterstützt seit vielen Jahren die Diskussions- und Verhandlungsprozesse zwischen den sozialen Gruppen, um in diesem Bereich voranzukommen. Ein paar Beispiele für *sozialverträgliche Schritte* nach vorn seien genannt.

Landwirtschaft

Die Schere zwischen Arbeitsplatzangebot (hoch) und Wirtschaftskraft (niedrig) in der honduranischen Landwirtschaft klafft sehr weit auseinander. Die Wertschöpfung ist zu niedrig, zu wenig Einkommen wird mit jedem Macheten-Hieb und jedem Spaten-Stich in der honduranischen Landwirtschaft geschaffen. Eine Lösung sehen die meisten unabhängigen Experten zunächst in einer weniger unproduktiven und zugleich rechtlich sicheren *Verteilung des Bodens.* Dazu sind erstens Reformen im Bodenrecht, ein sozialer Dialog zwischen Groß- und Kleinbauern und vor allem eine Stärkung eines unabhängigen Agrarinstitutes (das heutige *Instituto Nacional Agrario, INA* befindet sich im Griff der Großgrundbesitzer) nötig.

Zweitens müssen technische und finanzielle **Förderinstrumente** geschaffen werden, die den organisierten Bauern (Genossenschaften) helfen, ihre Produktivität zu erhöhen. Da der Staat häufig keinen Einblick in die wirtschaftliche Situation der kleinen Bauern und Genossenschaften hatte, diese selbst aber wegen der Unterdrückung der ländlichen Unterschicht in der Geschichte des Landes kein Vertrauen zum Staat aufbrachten, wurden Verträge falsch aufgesetzt und nicht erfüllt, viel Geld ging verloren, viele technische Hilfen liefen ins Leere. Hier ist in Zusammenarbeit mit sensiblen und professionellen Dienstleistern wie Campesino-Verbänden, ausländischen Organisationen, Selbsthilfeorganisationen auf dem Lande usw. viel zu leisten. Erfolgreich sind gut abgestimmte und kleingliedrige Hilfsinstrumente, wenn die soziale Infrastruktur deren Wirkung unterstützt. Wo es keine Schulen, keine Krankenstationen und keine Allwetterstraßen gibt, da sind auch produktive Förderinstrumente wirkungslos. Denn die unterernährten, häufig kranken und nicht mobilen Menschen machen auf dem Weg zum Ernteerfolg zwischendurch schlapp.

Drittens muß dafür Sorge getragen werden, daß der **Markt** die wirtschaftlichen Erfolge der Bauern prämiert. Hier kann die Wertschöpfung entscheidend erhöht werden. In meiner

Staat und Gesellschaft

Landwirtschaft und Konflikte

Honduras ist ein Land der Kiefern- und Regenwälder, die über 60 % der Fläche des Landes bedecken. Innerhalb der nicht bewaldeten Fläche dominiert dagegen deutlich die Landwirtschaft, sie erstreckt sich auf 25 % der Fläche des Landes.

Die Landwirtschaft trägt mit 25 % zum Bruttoinlandsprodukt bei. Beschäftigt sind in der Landwirtschaft aber 57 % der Erwerbstätigen. Im zentralamerikanischen Durchschnitt sind es dagegen nur gut 40 %. Hinzu kommt, daß die Landverteilung in Honduras ähnlich ungerecht ist wie im Rest Lateinamerikas. Die *Minifundien* (Kleingrundstücke unter 5 ha) – das sind 56 % aller landwirtschaftlichen Betriebe – verfügen nur über 9 % der landwirtschaftlichen Flächen. *Latifundien* (Großgrundstücke von mehr als 100 ha Größe) mit nur 2 % aller landwirtschaftlichen Betriebe verfügen über 44 % der gesamten Agrarflächen.

Der entscheidende Faktor aber ist die *Eigentumsfrage* und damit die Frage der Nutzungssicherheit durch die Kleinbauern. 1974 besaßen nur etwa 20 % der ländlichen Familien eigenes Land. Weitere etwa 20 % pachteten Land, um Mais und Bohnen zur Eigenversorgung anzubauen. Und weitere 20 % besetzten Land, um ihr Überleben sichern zu können. Die restlichen 40 % der ländlichen Familien verfügen über gar kein Land, sie sind daher gezwungen, sich als Tagelöhner in der Landwirtschaft anderer zu verdingen.

Die 1962 verfaßte und in den siebziger Jahren unter dem Präsidenten *Lopez Arrellano* forcierte *Agrarreform* verteilte bis 1984 zwar fast 300.000 ha an gut 50.000 Familien. Doch heute sind wieder mindestens 300.000 Familien völlig ohne Grundeigentum. Sie organisieren sich in Campesino-Verbänden, die verzweifelt versuchen, auf dem Verhandlungswege weitere Zuteilungen zu erwirken. Da dieses Bestreben gerade in der neoliberalen Ära von *Rafael L. Callejas* (1990 bis 1994) vergeblich war, kam es verstärkt zu traditionellen *Landbesetzungen*, die teilweise noch anhalten und sogar forciert werden.

Aber die Lage im Agrarsektor ist noch viel schlimmer, denn die in den Agrarreformgesetzen mögliche Enteignung von Latifundisten, die ihre riesigen Flächen ungenutzt lassen, wurde nie angewendet. Zugleich verschieben einflußreiche *hacienderos* stetig ihre Zäune. Mit Hilfe von Banden gut ausgerüsteter *pistoleros* ignorieren und brechen Latifundisten häufig auch geltende Gesetze. Die Familie *Valenzuela* etwa hat sich mittels dubioser politischer Kontakte in den 80er Jahre praktisch eine Halbinsel (außerhalb von Trujillo) komplett unter den Nagel gerissen, und zwar trotz des erbitterten Widerstandes der Garífuna-Bevölkerung und der Stadtverwaltung. Widersetzt sich ein Campesino der Zaunpolitik, fließt häufig Blut, und zwar nicht unbedingt das des mächtigen Hacienderos.

Die ungerechte Vorenthaltung ausreichenden, fruchtbaren Grundbesitzes für Millionen von Menschen auf dem Lande hat in dem sehr friedliebenden Honduras bisher noch zu keinem Massenaufstand geführt . Denn das Ventil sind noch immer die großen Reserven öffentlichen Landes, das sich in den Gebirgen und Waldgebieten, vor allem in Olancho und der Moskitia, befindet. Hier läßt der Staat Tausende landloser Bauern einsickern und sieht tatenlos zu, wie subtile Ökosysteme, die bislang unser Weltklima aufrechterhalten, trotz internationaler Protestes zunehmend zerstört werden.

Eine wirksame Naturschutzstrategie in Honduras hat daher an der Regierungspolitik (durch politischen Druck der Geberländer) und der Einkommenswirtschaftung der Bauern (mit Hilfe von „Graswurzel"-Arbeit vor Ort) anzusetzen.

Zeit als Berater von Frauengruppen in Choluteca (1988 bis 1989) gelang es uns, ein völlig neues Produkt (sonnengetrocknete Cashew-Früchte) über deutsche Importunternehmen nach Europa zu bringen. Die deutschen Partner hatten sich dem gerechten Dritte-Welt-Handel verschrieben und waren bereit, einen relativ hohen Preis für ein innovatives Produkt zu zahlen. Ein anderes erfolgreiches Beispiel ist das Trans-Fair-Konzept. Mit der Zusage, den Erzeugern mehr als den minimalen Erntepreis für Kaffee, Kakao und andere traditionelle Agrarprodukte zu zahlen, haben Trans-Fair-Produkte inzwischen Einzug in den kommerziellen Einzelhandel in Deutschland und anderen Industrieländern gehalten. Indem die Erzeuger an der Sammlung, Reinigung, Schälung, Verpackung, dem Transport und sogar der Trans-Fair-Vermarktung zunehmend beteiligt werden, erhöhen sie das bei ihnen verbleibende Einkommen, die Wertschöpfung steigt.

Forstwirtschaft

Schon 1990 wurden 60.000 ha tropischen **Regenwaldes** in Honduras für immer **zerstört.** Hinzu kam die um ein mehrfaches höhere Ausbeute aus den

Marktstand in Tegucigalpa

Staat und Gesellschaft

Kiefernwäldern des Landes. Gehen wir nur etwa von insgesamt 120.000 ha „genutzten" Waldes aus, dann kann die Ausbeute nur schockieren: 6.200.000 Kubikmeter Holz wurden gewonnen, davon gingen 13,5 % in die Nutzung (Bauholz, Möbelindustrie, Export), und 86,5 % wurden verbrannt. Im Durchschnitt wurden dann aus einem ha Wald 52 Kubikmeter Holz gewonnen, wovon wiederum nur 7 Kubikmeter einer einkommenswirksamen wirtschaftlichen Verwertung zugeführt wurden. Nimmt man mit noch größerem Optimismus an, daß die 13,5 % Nutzholz ausschließlich aus dem tropischen Regenwald gewonnen wurden (also keine Edelhölzer verbrannt wurden), so stehen 831.000 Kubikmeter Nutzholz 60.000 ha tropischem Regenwald gegenüber. Das wiederum bedeutet, daß aus jedem ha dichtem, artenreichem Regenwald gerade einmal 14 Kubikmeter Edelholz herausgeschleppt wurden, also etwa ein LKW!

Ansätze zur Erhöhung der Holzproduktion erfordern stets eine **Stärkung des forstwirtschaftlichen Systems,** bestehend aus der Forstbehörde *Administración Forestal del Estado (AFE, früher COHDEFOR)*, der Forstausbildung *Escuela Nacional de Ciencias Forestales (ESNACIFOR)* und dezentraler Forstverwaltung (*AFE* in Zusammenarbeit mit den Gemeindeverwaltungen).

In allen Bereichen bemüht sich seit vielen Jahren die deutsche Entwicklungshilfeorganisation *Gesellschaft für Technische Zusammenarbeit (GTZ)*, Gesetze, Verordnungen und vor allem Arbeitsansätze zu entwickeln, die Anreize zum waldschonenden und zugleich nachhaltig wirtschaftlichen Umgang mit der Ressource Wald ermöglichen. Der Erfolg ist gering, da die *GTZ* sich mit einem Bündel von rechtlichen Widersprüchen und organisierten Interessen herumschlagen muß.

Beispielsweise ist der Wald Eigentum des Staates. Obwohl ein Grundstück dem Honduraner *José Peres* gehören mag, so hat er gar keinen Anreiz, einen Waldbrand zu verhindern oder einen Pilzbefall auch nur anzuzeigen.

Andererseits hat die staatliche Forstbehörde *AFE* ein unübersichtliches System von dezentralen Vertretungen, die Lizenzen vergeben können. Honduras ist außerdem ein Land, in dem das persönliche Vertrauen immer noch mehr gilt als ein anonymes Gesetz.

Dennoch ist es in den *GTZ*-Projekten gelungen, mit vielen lokalen Multiplikatoren (Förster, Genossenschaften, Schulen u.a.) das Bewußtsein zu schärfen und machbare Ansätze eines ressourcenschonenden Waldmanagements zu schaffen. Es fehlt jedoch an einkommenschaffenden Erwerbsalternativen. Hier steht sich die *GTZ* vielfach noch selbst im Weg, weil sie lieber eine puristische preußische Forstverwaltung aufbauen und vollziehen möchte als kreative Ansätze der Bevölkerung zu fördern, wenn diese zunächst außerhalb der offiziellen Bahnen stattfinden.

Tourismus

Touristische Schwerpunkte

Als Geheimtip ist Honduras seit vielen Jahren touristisch bekannt. Seine zahlenmäßig geringe, aber interessante Entwicklung hat der Tourismus des Landes aufgrund von drei verschiedenen Schwerpunkten genommen:

In **Copán** befindet sich das zweitgrößte **Zentrum der Maya**, das im Bereich der Kunst und Astronomie unübertroffen ist. Mit Grabfunden der letzten Jahre und dem neuen, umfangreichen Museum mit originären Gräbern und Stelen wird Copán immer wichtiger. Nach Copán finden jährlich 50.000 Ausländer ihren Weg. Die wenigen Hotels mit mittlerem und hohem Standard lassen sich noch an einer Hand abzählen, doch immerhin sollen zwei weitere demnächst eröffnet werden.

Vor den **Islas de la Bahía,** den Bay Islands, befindet sich das zweitgrößte

Staat und Gesellschaft

Cambio C.A. /
Honduras Expeditions

Das honduranische Unternehmen *Cambio C.A.* mit Sitz in San Pedro Sula wurde 1989 mit dem Ziel gegründet, bedrohte Regenwaldgebiete durch Natur- und Erlebnisreisen zu schützen. Dabei wird durch Einbeziehung von indianischen Gemeinschaften und Siedlern versucht, Beschäftigungen zu bieten, die Einkommen bringen und gleichzeitig den Regenwald schützen. Ein honduranisch-deutsches Team arbeitet seit 1989 an der Erkundung ausgewählter Expeditionsrouten. Auswahlkriterien für diese Routen sind ökologische Vielfalt und landschaftliche Schönheit, Bedrohung durch Menschen, denen Erwerbsalternativen fehlen, und die Möglichkeit alternativer Nutzungskonzepte bei Schutz und Pflege des bedrohten Waldes

Cambio C.A. ist ein Unternehmen, das Umweltziele nicht als Neben-, sondern als Hauptziel verfolgt. Aktivitäten, deren Gesamtwirkung keinen Beitrag zu Schutz und Pflege des Ökosystems darstellt, werden eingestellt. Eine Analyse der Verwendung der von *Cambio C.A.* kanalisierten Umsätze zeigt, daß über 50 % so weiterfließen, daß das Schutzverhalten von Honduranern in Hinsicht auf ihren Regenwald verstärkt wird.

Mit dieser Philosophie machte ein Team aus Honduranern, einem Nicaraguaner und Europäern die honduranischen Regenwälder am Río Patuca, Río Plátano und im Bergnebelwald Cusuco einem aufgeschlossenen Reisepublikum erst zugänglich. Dabei wurden bereits große Erfolge beim Kampf um den Schutz des tropischen Regenwaldes in Zentralamerika erzielt.

Der Naturschutz-Korridor zwischen Río Plátano (Honduras) und Bosavos (Nicaragua) wurde auf Initiative von *Cambio C.A.* um den **Nationrk Patuca** ergänzt, der sich im Osten von Olancho, zwischen dem Tawahka-Reservat und der nicaraguanischen Grenze befindet (2200 qkm). In diesem Nationalpark befinden sich fast 15 % des verbliebenen tropischen Regenwaldes von Honduras.

Von den drei Invasionsfronten, die dem **Regenwald der Moskitia** zu schaffen machen, ist eine von *Cambio C.A.* aufgegriffen und zu einer touristischen Route ausgearbeitet worden. Der totale Stop jeglicher Entwaldung in dieser Region ist seit 1990 das öffentlich erklärte Ziel des Unternehmens. 1992, 1994 und 1995 führte die Geschäftsführung von *Cambio C.A.* Beschwerde gegen die baumfressende Allianz der Forstbehörde, einiger Abgeordneter des Kongresses, der Holzindustrie und vor allem der Viehzüchter. All diese bedienen sich ahnungsloser Siedler, die als landlose Kleinbauern keine Alternative zur Abholzung haben. Die Beschwerden fanden große Beachtung in der honduranischen Presse, prominente Regenwaldfeinde mußten sich verteidigen. 1995 fanden Anhörungen der Regierung statt, in denen die verantwortlichen Siedler und Viehzüchter sich zum weitgehenden Naturschutz verpflichten ließen.

Cambio C.A. ist es aber vor allen Dingen gelungen, wesentliche Behörden und die Sicherheitskräfte (Luftwaffe, Polizei) auf einen nun auch hoheitlichen Schutz des Nationalparks festzulegen. Damit ist erstmals die Regierung bei der nicht mehr nur fadenscheinigen, sondern nun auch wirklichen Absicherung des Waldes in die Pflicht genommen worden.

Cambio C.A. hat Qualitätskontrolle und Konzeptarbeit am natur- und sozialverträglichen Tourismus von 1992 bis 1994 durch eine eigene Naturschutzabteilung betrieben. Seitdem ist der unabhängige Biologe *Napoleón Morazán* als Berater tätig. Honduranische und deutsche Naturschutzorganisationen arbeiten mit *Cambio C.A.* kritisch zusammen, um die laufende Arbeit einer Bewertung zu unterziehen.

● **Deutschland-Kontakt zu Cambio C.A.**
Outdoor Reise Center GmbH
Hochstr. 75
42105 Wuppertal
Tel. 0202-306911

Korallenriff der Welt; hier ist alles möglich, was mit Flaschentauchen, Schnorcheln, Wasser-Ski und anderen Wassersportarten zu tun hat. Mit ein paar Dutzend Tauch-Resorts können sich selbst verwöhnte Taucher wohlfühlen. Direktverbindungen zwischen den USA und Roatán erleichtern die Transfers, ein Netz internationaler Flughäfen in Honduras wiederum fördert Land-Wasser-Reisekombinationen. Allein 20.000 Taucher finden jedes Jahr den Weg nach Honduras. Bisher ist dieser Sektor im honduranischen Tourismus fast ausschließlich auf den US-Markt ausgerichtet.

Mit 1,5 bis 2 Mio. ha erhaltenen **tropischen Regenwaldes** ist Honduras das Mekka für Naturfreunde und Forscher, die nicht auf bekannten Pfaden wandeln wollen. Jäger und Angler, die noch vor wenigen Jahren die Schwäche der honduranischen Behörden bei der Überwachung der Naturschutzstandards zuhauf ausnutzten, sind jetzt auf dem Rückzug. Immer mehr Ausländer kommen nach Honduras, um eines oder mehrere der spektakulären Naturschutzgebiete kennenzulernen.

Touristische Entwicklung

Trotz dieses spezialisierten Profils hat Honduras unter den **Imageschäden der politischen Konflikte** im letzten Jahrzehnt auch touristisch leiden müssen. Als die USA an der Grenze zum sandinistischen Nicaragua ihre Contras operieren ließen, kamen die Agenturmeldungen über die Lager aus Tegucigalpa. Das erweckte in der ersten Hälfte der 80er Jahre den Eindruck, als herrsche in Honduras Krieg oder Bürgerkrieg. Umgekehrt konnte das Land, das nie eine revolutionäre Auseinandersetzung erlebte, seine friedfertige Identität nie so vermarkten wie etwa Costa Rica. So entwickelten sich die **Touristen-Ankünfte** sehr langsam, nach dem Tiefpunkt 1983 (125.000) liegen sie heute bei gut 250.000 pro Jahr.

Für ein armes, ressourcenschwaches Land kann das nicht reichen. Honduras arbeitet seit Anfang der neunziger Jahre hart am Aufbau eines **modernen Naturschutzsystems.** Diesen Prozeß habe ich bis heute selbst mitgestaltet. Unterhalb der Ebene politischer Schwätzer, die bereitwillig jeden Trend auf ihre Lippen nehmen, gibt es mittlerweile eine starke Lobby im mittleren Management von Staat und NGO (*Non-government-Oragnisations*, nichtstaatliche Organisationen).

Eine unkontrollierte Öffnung der Regenwälder, Bergnebelwälder und Korallenriffe ist jetzt nicht mehr möglich. Eine Allianz aus privaten Förderern (meist *fundaciones*, d.h. Stiftungen), staatlichen Beamten und auch Offizieren der Streitkräfte stellt sich mittlerweile tatkräftig dem Raubbau entgegen, wenn auch nicht immer erfolgreich.

Doch ein Schutz der Wälder, Mangroven und Riffe ist nur möglich, wenn die arme Bevölkerungsmehrheit mit alternativen Einkommensquellen, die den Regenwald nicht gefährden, überleben kann. Tourismus steht hier-

Staat und Gesellschaft

Honduras wird bekannt

*Selbsthilfe für die Promotion
in Europa*

Honduras ist ein sehr armes Land mit begrenzten Exportchancen. Bereits heute stehen die fruchtbarsten Böden der exportorientierten Landwirtschaft zur Verfügung. Optionen für eine Industrialisierung sind angesichts des schwachen nationalen Kapitalmarktes und der wettbewerbsintensiven Konkurrenz der Nachbarn begrenzt. In dieser Situation ist eine angemessene touristische Entwicklung geeignet, Beiträge zur wirtschaftlichen und sozialen Entwicklung zu leisten. Aber noch viel wichtiger: Der Fremdenverkehr macht so wichtige Themen wie anhaltende Regenwaldzerstörung und unwürdige Behandlung der nationalen Minderheiten öffentlich bekannt. In anderen Worten: Schönheit und Artenvielfalt der Natur sowie Geschichte und Brauchtum der indianischen Bevölkerung werden umso mehr geschützt, als sie Werte im internationalen Kultur- und Wirtschaftsaustausch sind.

Doch Honduras ist in Europa kaum bekannt. Manche wissen nicht einmal, wo es geographisch liegt, andere zweifeln an seiner Demokratie, erinnern sich an Nachrichten über die sandinistische Revolution und ihre gewaltsame Boykottierung von Honduras aus. Der Name klingt ungewohnt und finster. Kein Gedanke daran, dort seinen lang ersehnten Urlaub zu verbringen.

Einige honduranische Dienstleistungsunternehmen wollen dieser Ignoranz nicht mehr untätig zusehen. Sie wollen auch nicht mehr warten, bis das finanziell klamme Tourismusinstitut in Tegucigalpa endlich sein Herz für den großen, touristischen Markt in Europa entdeckt. Honduras als Land muß zunächst bekannt werden, damit sinnvolle Informations- und Werbemaßnahmen für Natur- und Kulturerlebnisreisen nach Honduras überhaupt möglich werden. Entspre-chend setzen sich 12 honduranische Unternehmen (1997, 15 Unternehmen 1998) zusammen, um eine deutsche PR-Agentur mit einer Länderpromotion zu beauftragen. Mit wenig Geld beginnt das Unternehmen *COMTOUR* aus Essen-Kettwig, dem Fachpublikum einschlägig bekannt als erfolgreicher Promotor des neuen Reiseziels Kerala in Südindien, eine kleine und feine Auswahl deutscher Reisejournalisten auf Honduras einzustimmen. Medien wie die Essener *Westdeutsche Allgemeine Zeitung, die Frankfurter Rundschau* oder der *Mitteldeutsche Rundfunk* werden direkt und indirekt einbezogen. Im April 1997 reist eine Printmedien- und eine TV-Gruppe nach Honduras und beschäftigt sich mit dem anspruchsvollen Thema der Ankunft der Garifunas vor genau 200 Jahren. Folge: Über 30 einschlägige Reportagen in der deutschen Presse. Honduras wird als Geheimtip bekannt.

Wichtig ist nun eine konzeptionell gut überlegte Entwicklung von Dienstleistungsangeboten, Reiseprogrammen und Investitionen. Um Informationen und Reiseangebote vorzustellen, gibt *COMTOUR* einen Honduraskatalog "Best of Honduras" heraus. Er dient als Grundlage für Programm und Kommunikation. Zu beziehen bei COMTOUR, Ruhrstr. 40, 45219 Essen, Tel. 02054-95470, Fax 954711.

Die Gruppe honduranischer Dienstleister ist jetzt Feuer und Flamme. Ihre Initiative ist beispielhaft und wird inzwischen von Förderorganisationen und Verbänden kräftig unterstützt. Mit dem steigenden Interesse an der unbekannten Bananenrepublik nimmt der private Sektor des Landes die Initiative auf. Die eigene Entwicklung soll nicht allein dem Geschäftsinteresse ausländischer Großunternehmen überlassen werden. Mal sehen, was passiert, wenn diese anklopfen.

bei an erster Stelle. Doch es ist schwierig, die richtige Balance zwischen Naturschutz und Tourismus zu halten.

Zukunft des Tourismus

Auch Honduras hat eine Tür zum Massentourismus, die seit Ende der 60er Jahre geöffnet zu werden droht.

Westlich der Hafenstadt Tela wird auf dem Strand ein Gebiet für die „selektive touristische Nutzung" ausgewiesen. Hier sollen, zwischen Stadt und Nationalpark Punta Sal, 1500 Hotelbetten in sechs Hotels entstehen. Das ist am Strand vielleicht möglich, ohne Biotope zu zerstören oder die Umwelt zu verunreinigen. Schließlich haben hochdotierte Spezialisten im Auftrag der Vereinten Nationen die Umweltverträglichkeit zu prüfen.

Fraglich ist jedoch, wie die nur wenigen hundert Garífuna-Familien mit ihrer afrokaribischen Kultur in die Hotellandschaft integriert werden sollen. Schließlich wohnen sie seit mehreren hundert Jahren auf genau demselben Strand. Um die Garífunas einzubeziehen, reichen keine Begegnungsparks oder Kulturveranstaltungen.

Trotz all dieser noch zu lösenden Aufgaben ist Honduras wahrscheinlich das Modell der Zukunft. In Honduras können die Erfahrungen von Costa Rica, Belice, US Virgin Islands und anderen Destinationen berücksichtigt werden. Honduras ist sehr langsam – und hat dadurch vielleicht die Zeit, aus den immensen Fehlern der anderen zu lernen.

Staat und Gesellschaft

Das Modell der Zukunft kann Honduras vor allem dadurch werden, daß es seine intakten ethnischen Minderheiten in einen aktiven Gestaltungsprozeß einbezieht. Dieser Vorgang ist schon in vollem Gange: Die Lenca diskutieren die *Ruta Lenca*, ein von den Vereinten Nationen gefördertes Projekt des Geschichts- und Ethnotourismus, die Chortí interessieren sich zunehmend für Copán, die Garífunas beginnen im Rahmen von *Rescate Cultural* mit kommunitären Beherbergungsformen, die Sumu Tawahka und Miskitos gründen ihre eigenen NGOs, um die touristische Entwicklung am Río Plátano und Río Patuca zu kontrollieren.

Die
Menschen

Bevölkerung

Statistische Angaben

In Honduras leben gut 6 Mio. Menschen, die **Bevölkerungsdichte** beträgt 48 Menschen pro qkm. 85 % der Honduraner sind katholisch, viele davon aktiv. 42 % der Honduraner leben in den Städten. Neben der mit etwa 90 % größten **Bevölkerungsgruppe** der Mestizen *(ladinos)* gibt es etwa 2 % spanischsprachige farbige Kariben *(garífuna)* und eine Reihe indianischer Gemeinschaften *(indígenas: Miskito, Sumu Tawahka, Pesch, Lenca, Chortí und Jicaque/Tolupane)*.

Die **Lebenserwartung** ist auf nun immerhin 68 (Frauen) und 63 (Männer) Jahre angestiegen. Auf 1600 Menschen kommt inzwischen ein Arzt, auf 900 Menschen ein Krankenhausbett. Die **Säuglingssterblichkeit** ist mit 47 pro 1000 hoch.

Obwohl der Kalorienbedarf laut Weltgesundheitsorganisation zu 98 % befriedigt wird, leidet fast die Hälfte der honduranischen Bevölkerung an **Fehl- und Unterernährung.**

Nur gut 70 % der Bevölkerung können lesen und schreiben (75,5 % der erwachsenen Männer, 70,6 % der erwachsenen Frauen). Der Anteil der **Analphabeten** ist auf dem Land noch sehr viel höher, und im Landesdurchschnitt sind Frauen überproportional benachteiligt.

Wegen des hohen **Bevölkerungswachstums** von durchschnittlich (1980 bis 1995) 3,2 % ist über die

Honduras' Zukunft: die Kinder

In Honduras ist fast die Hälfte der Bevölkerung jünger als 16 Jahre. Kinder sieht man überall und jederzeit. Wer zur Schule geht, ist schon privilegiert; weniger privilegierte Kinder (also die meisten) bieten ihre Dienste als Kofferträger, Zeitungsverkäufer, Schuhputzer, Windschutzscheibenreiniger und Gepäckträger an Busbahnhöfen, Straßenkreuzungen, Märkten und Supermärkten an. Damit tragen sie zum Unterhalt der Familie bei.

Zu viele jedoch fristen ihr Dasein verwahrlost als bettelnde **Straßenkinder.** „*Gebt den Bettelkindern kein Geld, sonst betteln sie ein Leben lang, statt zur Schule zu gehen oder zu arbeiten*" ist die Botschaft eines bekannten Priesters in San Pedro Sula, der mehrere Institutionen für Straßenkinder unterhält.

Von der erbärmlichen Existenz in den Gossen und Nischen der Großstadt bis zur **Kriminalität** ist es nur ein kleiner Schritt. Viele sich selbst überlassene Kinder suchen Trost bei Drogen, viele werden von Erwachsenen für kriminelle Zwecke mißbraucht. Der Anteil an minderjährigen Straftätern steigt in dem Maße, wie sich die wirtschaftliche Situation - und vor allem die Verteilung des Sozialprodukts in Honduras - weiter verschlechtert. Angesichts des Rufes nach mehr öffentlicher Sicherheit hat der Oberste Gerichtshof eine Initiative vorgelegt, nach der Minderjährige ab 12 Jahre wie Strafmündige behandelt werden sollen.

Kinderschutzkommissionen protestieren: Nicht die Folgen, sondern die Ursachen der Straffälligkeit seien zu bekämpfen. Diese werden in Honduras in der wirtschaftlichen Krise zum einen und im Zerfall der Familie als stabilisierender Institution zum anderen gesehen. Gerade in der Unterschicht bleibt die Sorge für den Nachwuchs häufig den dafür schlecht vorbereiteten, teilweise selbst noch minderjährigen Müttern vorbehalten, die im Durchschnitt vier bis fünf Kinder allein zu versorgen haben.

(von Veronika Schmidt)

Hälfte der Bevölkerung weniger als 18 Jahre alt. Im Straßenbild, in Behörden und in Unternehmen fällt auf: Kaum trifft man eine Person, die über 50 Jahre alt ist. Würde die Bevölkerung des Landes weiterhin so schnell wachsen, wäre das Land im Jahre 2025 mit über 14 Mio. Menschen besiedelt. Für die Honduraner ist das Bevölkerungswachstum aber nicht die Ursache der Armut.

Besiedlung

Die Geschichte des Landes beginnt nicht erst mit dem Einfallen der Spanier. Schon seit Jahrtausenden war das heutige Honduras besiedelt. Mittelamerika war schon vor 12.000 Jahren besiedelt, doch während der letzten Eiszeit strömten weitere Völker in die Region. Um 5000 v. Chr. begann die Kultivierung von Mais, seit 1500 v. Chr. sprechen wir von der präklassischen Periode der Maya. Die Erforschung der Völkergeschichte des Isthmus steckt allerdings noch in den Kinderschuhen.

Fest steht, daß es vor der Eroberung im wesentlichen zwei migratorisch-zivilisatorische Einflüsse gab. Von Norden siedelten die Maya bis in das westliche Bergland von Honduras und gründeten Städte wie Copán (bis ca. 1200 n. Chr.). Von Süden kamen ca. 1000 n. Chr. Gruppen aus der Chibcha-Sprachgruppe zunächst bis zum Nicaragua-See und stießen dann bis nach Nordost-Honduras vor. Diese Gruppen hatten zuvor in den nördlichen Andenstaaten gelebt.

Die Menschen

Nach der Conquista kam es im Bereich der Karibikküste zu weiteren Einwanderungen. Auf den Inseln Roatán, Utila und Guanaja, die von europäischen Seefahrern immer wieder besucht wurden, entwickelte sich ein kultureller Schmelztiegel aus indianischerer, britischer, niederländischer und französischer Bevölkerung. Die Briten erhielten Einfluß auch an der östlichen Karibikküste von Honduras, der sogenannten Moskitia. Im 18. Jahrhundert kamen die westafrikanischen Garífuna dazu, die die honduranische Karibikküste kulturell erheblich bereichert haben.

Miskito-Mädchen am Rio Patuca

Bevölkerungsgruppen

Mestizen

Die wenigen in Honduras siedelnden Spanier wurden von der Masse der indianischen Bevölkerung praktisch absorbiert. Im Gegensatz zu den an den Rand der Gesellschaft gedrängten Maya-Nachkommen Guatemalas oder den stolzen Maya im Süden von Belize sind die Maya von Honduras keine abgetrennte Gruppe. Jeder Mestize – das sind rund 90 % der Bevölkerung – ist zugleich auch ein Maya und fühlt sich als solcher. Auch der Industrielle in San Pedro Sula und der Politiker in Tegucigalpa verweist stolz auf sein Profil oder seine Augen, die denen der großartigen Vorfahren gleichen.

Chortí – Die Erben der Maya

Maya im engeren Sinne, die ihre prähispanische Kultur noch nicht vergessen haben, gibt es innerhalb von Honduras nur noch im Bezirk Copán, und zwar westlich bis zur guatemaltekischen Grenze. Die Nachkommen der Maya heißen Chortí, sie beherrschen zum Teil noch die alte Sprache. Als zu Beginn des 16. Jahrhunderts die Spanier durch Copán zogen, war das große Maya-Zentrum schon verlassen worden und von den Chortí besiedelt.

Wie kaum ein anderes Volk widersetzten die Chortí sich der Unterwerfung unter die Fronwirtschaft der Spanier. Noch 1797 unternahm die spanische Kolonialregierung verzweifelte Anstrengungen, das Grenzland der Chortí unter ihre Kontrolle zu bekommen. Grassierende Masern- und Virusgrippeepidemien, aber auch die Arbeitsbedingungen bei der Produktion von *Añil* (Indigo) dezimierten das Chortí-Volk.

Kaum weniger destruktiv wirkte sich die katholische Missionierung aus, viele rituelle Praktiken wurden brutal unterdrückt. Der Glaube der Maya von Copán, der wahrscheinlich auch der Glaube der Chortí zum Zeitpunkt des Eintreffens der Spanier war, hat heute viel mit dem katholischen Glauben gemein. Beide kennen die Taufe, die Kommunion, das Mönchstum, den Weihrauch und das Opfer sowie die Beichte. Heute verehren die Chortí die Göttin der Erde und die Jungfrau Maria im selben Akt. Mit großer Überzeugung pflegen die Chortí die Taufe, um das Kind spirituell und sozial in ihre Gemeinschaft aufzunehmen. Dazu werden Wasser, Salz und Öl verwendet, die auch für die naturreligiösen Rituale herhalten.

Alle Chortí stimmen im Glauben an einen göttlichen Schöpfer überein. Jedes Dorf hat einen eigenen Schutzheiligen, dessen Figur in der Kapelle sorgfältig behütet wird. Der Heilige steht in Verbindung mit Chaac, dem Gott des Regens, und mit Panahturo, dem Gott des Windes. Beide werden vom Heiligen Michael beeinflußt, der das Klima und vor allem die Häufigkeit der Regenfälle regelt. Die Jungfrau Maria dagegen hütet die Maisernte. Der Gott des Schlafes hat das Geschlecht des jeweiligen Gläubigen und verbietet den Schlaf bei Tage. Der Gott des Todes ist geschlechtslos, er trägt einen

Hinein ins 21. Jahrhundert

Indianische Bürgerrechtsbewegung auch in Honduras

Jahrzehntelang bestimmte die Konkurrenz der Gesellschaftssysteme die lateinamerikanische Geschichte. Die zentralamerikanische Interpretation des Ost-West-Gegensatzes erfolgte in Honduras durch den *Frente Morazanista*, eine nur etwa fünfhundert bewaffnete Guerilleros zählende bunte Truppe, die in den siebziger und achtziger Jahren aus den Bergen des karibischen Nordens heraus agierte.

Mit dem Abflauen des Ost-West-Gegensatzes während der Zusammenarbeit der bürgerlich-sandinistischen Regierung in Managua (seit 1990) und der Beilegung des salvadorianischen Revolutionskrieges (seit 1992) sowie dem Friedensabkommen zwischen Regierung und Guerillagruppen in Guatemala (1995) konnten die indianischen Völker sich erstmals hörbar melden, die vorher dem Vorwurf des Zusammenspiels mit kommunistischen Umsturzgelüsten ausgesetzt waren. Nun erzwang die Sorge um Natur und Umwelt ein Ohr für die Stimmen der eigentlichen Naturfreunde: der Indianer.

Fortan bestimmen bodenständige, konkret arbeitende Interessenorganisationen der Ureinwohner das Bild, wie beispielsweise die zapatistische Befreiungsbewegung in Chiapas, Mexiko. In Honduras treffen sich im Frühjahr 1994 Vertreter aller indianischen Gruppen. In einem **ersten Marsch für Frieden und Würde** auf die Hauptstadt (*Primera Peregrinación Indígena por la Paz y la Dignidad*), tragen immerhin 3000 Bürger ihre Unzufriedenheit vor. Am **9. Juli 1994** werden in Tegucigalpa so verschiedene Forderungen erhoben wie:

- Erfüllung bisheriger Vereinbarungen
- Holzeinschlagsverbot für 30 Jahre in den von Lencas bewohnten Gebieten von La Paz, Intibucá und Lempira
- Bau einer Fernstraße im Norden von Yamaraguila, um 23 Gemeinden anzubinden
- Neuvermessung und Vergabe der Landti-

tel von Garífunas und anderen ethnischen Gruppen
- Gerichtliche Klärung der Morde und der Kriminalisierung von Jicaque-Führern aus Yoro

Die Regierung, unter *Carlos Roberto Reina*, einem gemäßigten Linken und erklärten Bürgerrechtler, sagt 17 Mio. Lempiras (3 Mio. DM) für Straßenbau, Gesundheitsversorgung und Bildung in Intibucá zu. Im August wird außerdem die zweisprachige Bildung aller indianischen Gemeinschaften im Rahmen des Indígena-Sprachprogramms verabschiedet (vgl. Exkurs: Indígena-Sprachprogramm).

Am 2. Februar 1995 wird *Francisco Martínez* in Santa Cruz de Guayape bei einem Landkonflikt ermordet, im März die indianischen Bürgerrechtler *Vicente Martínez* und *Rodolfo Cáceres*.

Die Initiatoren des 94er Marsches, das *Consejo Cívico de Oranizaciones Populares e Indígenas* (Bürgerrechtskomitee der Volks- und Indianergruppen, kurz: *COPIN*) organisieren im **Juli 1995 einen zweiten Marsch** auf Tegucigalpa. Thema ist die Landnot der karibischen Garífunas, die ihre schon vor zweihundert Jahren zugesprochenen kollektiven Landtitel gefährdet sehen.

Für die Organisation des indianischen Widerstandes sind in Honduras inzwischen formell eingetragene Organisationen gegründet worden.
- *CONICH*, für die Chortí, die Nachfahren der Maya,
- *COPIN*, für die Lenca,

Die Menschen

- *OFRANEH*, für die Garífunas,
- *NABIPU*, für die englischsprachigen Farbigen, Isleños genannt,
- *MASTA*, für die Miskitos,
- *FITRIPH*, für die Pesch,
- *FETRIXY*, für die Jicaques, auch Tolupanes genannt
- *FITH*, für die Sumua Tawahka

(Garífunas, Isleños und Miskito sind zwar keine prähispanischen Ureinwohner, aber sie gehören zu den ethnischen Minderheiten).

Als Dachorganisation fungieren
- *CONPAH, Confederación de Pueblos Autóctonas de Honduras,*
- *CAHDEA, Consejo Asesor Hondureno de las Etnias Autóctonas,*
sowie die schon genannte neue Lenca-Organisation
- *COPIN*, die in letzter Zeit die Initiative übernommen hat.

Während die Regierung die Frage der Landtitel nicht aufgreift, suchen *COPIN* und *CONPAH* die Zusammenarbeit mit mexikanischen, guatemaltekischen und anderen internationalen Organisationen. Am 25. Oktober 1996 besucht die guatemaltekische Trägerin des Friedensnobelpreises, *Rigoberta Menchu*, das *CONPAH*-Büro in Tegucigalpa.

Bedrohung und Willkür gegen die Selbsthilfeorganisationen gehen weiter, und *Salvador Zúniga* (vgl. Exkurs: Revolutionäres Familienidyll in Intibucá) setzt sich innerhalb der Massenorganisationen mit seiner Position durch: Hilfsprogramme bringen nichts, wenn nicht die Landeigentumsfrage geklärt ist. Die Indianerbewegung wird zum Pfahl im Fleische der jungen Demokratie.

Am 12. April 1997 passiert der bisher schlimmste Übergriff: *Cándido Amador Recinos*, Führer der Chortí aus Copán Ruinas, wird hinterhältig und brutal ermordet.
Angesichts des geschilderten und unzähliger weiterer Übergriffe, vor allem im Gebiet der Garífunas, in Cayos Cochinos und Roatán, findet am **4. Mai 1997 der dritte große Marsch** auf Tegucigalpa statt. Die Forderungen sind jetzt:
- Aushändigung der Landtitel der Chortí durch Großgrundbesitzer aus Ocotepeque und Copán
- Aufklärung der geschehenen Gewaltverbrechen
- Vermessung und Zuteilung der tradierten Landrechte der Jicaques und Pesch

● Klärung der See- und Inselgrenzen zwischen Jamaika, Kolumbien und Nicaragua

Erst nach einem Hungerstreik erreichen die Organisationen am 15. Mai ihre Verhandlungsziele, eine Vereinbarung mit 22 Punkten wird unterschrieben: Vor allem die Chortí bekommen 2000 ha Land in Copán und Ocotepeque.

Doch die Umsetzung läßt auf sich warten, im Juli finden weitere Demonstrationen, Hungerstreiks und sogar die Beantragung des politischen Asyls für verfolgte Indianerführer in Costa Rica statt: ohne großen Erfolg. Nach so viel Frust zieht COPIN am 12. Oktober demonstrativ mit einer großen Gruppe nach Tegucigalpa und stürzt das Denkmal von Christoph Columbus um.

Unabhängig davon, wie dieser einseitig brutale Kampf ausgeht, ist den indianischen Initiativen wohl folgendes gemeinsam:

● Die Forderungen sind konkret auf die Verbesserung der elenden Situation der Ureinwohner abgestellt.

● Die institutionelle Verantwortung und Umsetzung von Vereinbarungen wird generell "denen da oben" angelastet und an sie delegiert, ohne Blick für die teilweise hochkomplizierten Widersprüche zwischen den herrschenden Institutionen

● Die Akteure sind – zumindest in den prähispanischen Gruppen – glaubwürdig und geradlinig.

Um das umgestürzte Columbus-Denkmal durch ein Denkmal des indígenen Freiheitskämpfers *Lempira* zu ersetzen, sammeln die Lencas und ihre Organisation COPIN Spenden. Wer helfen will, kann eine Spende auf folgendes Konto in Honduras (über eine US-Korrespondenzbank der jeweiligen Hausbank des Einzahlers) überweisen:

● Banco de Café, Cuenta de Ahorro Nr. 320-319-1, La Esperanza, Intibucá, Honduras C.A., zugunsten von: Tesla María Ventura und Yolanda Melgar, Stichwort: Solidaridad con la Statua de Lempira

Stock und ein aus Knochen gefertigtes Messer. Da die Verstorbenen sich häufig bei den Lebenden melden, muß ihnen Speis und Trank dargereicht werden, am besten Honiggemüse, das sogenannte *tzikin*, die „Speise der Toten".

In Honduras und Guatemala leben heute ca. 55.000 Chortí. Ihre Zahl hat sich seit dem vergangenen Jahrhundert wieder erhöht. Die meisten von ihnen leben in einfachen Bauerngemeinschaften, mit Schulen und Gesundheitsstationen noch schlechter ausgestattet als die Mehrheit ihrer Landsleute.

Die Landwirtschaft wird auf erodierten, trockenen Hügelböden ganz im Sinne der Vorfahren betrieben: Mais und Bohnen werden hier abwechselnd und mit regelmäßiger Brache angebaut. Geldwirtschaft ist fast unbekannt. Zigaretten und Bonbons werden nur am Sonntag vor einem Gemeinschaftshaus verkauft, wenn die Dorfgemeinschaft zu einem ihrer Riten und Feste zusammenkommt.

Lenca – Tradition im Kiefernwald

Fest verwurzelt in den Gebräuchen der Vorfahren sind die Lenca, die in den südwestlichen Provinzen Intibucá, Lempira und La Paz wohnen. Die Lenca waren schon mit den Maya assoziiert. Sie sind bis heute für ihre ausgezeichneten Keramiken bekannt. Schon vor anderthalb Jahrtausenden lieferten sie Geschirr und Lagergefäße nach Copán. Die Täler von Sula, Naco und Quimistán waren Orte, an denen reger Handel stattfand. In Pulhapanzak,

Die Menschen

Indígena-Sprachprogramm – jetzt oder nie

Die Gemächlichkeit, mit der sich Honduras entwickelt, hat für das anthropologische Erbe des Landes auch etwas Gutes: Die indianischen Ethnien der Lenca, Chortí, Miskito und anderer Völker wurden nicht von der großen zivilisatorischen Welle überrannt und gleichgemacht. Die meisten *Indígena*-Gemeinschaften haben ihre kulturelle und sprachliche Identität bis heute beibehalten.

Doch die Zeitbombe der kulturellen Nivellierung tickt, selbst in den unwegsamen Gebieten des Landes, auch dort, wo es kaum Schul- oder Gesundheitseinrichtungen gibt. Die „Honduranisierung" bzw. Hispanisierung ist schleichend. Dazu tragen städtische Zentren bei, in denen auch die Indios bisweilen einkaufen oder besonders Begabte des Dorfes studieren dürfen. Dort herrschen andere Lebensbedingungen, dort dominiert, ebenso wie in den wenigen Schulen und Krankenhäusern, die spanische Sprache. Je weiter ein indianischer Jugendlicher im städtisch geprägten Leben kommt, desto weniger kann er der spanischen Sprache ausweichen. Die Folge ist, daß er immer weniger seine eigene Muttersprache pflegen kann und will und den Kontakt zur eigenen Kultur allmählich immer mehr verliert. Vielen spanischsprachigen Mestizen gilt eine indianische Sprache nämlich bis heute als Sinnbild von Unterentwicklung und Armut. Oft sind es gerade die unbedarftesten spanischsprachigen Siedler, die häufig nie eine Schule besucht haben, aber am aggressivsten im Kulturkampf gegen die indianischen Gemeinschaften auftreten.

Diesem schleichenden anthropologischen Völkermord sagt *Dr. Gloria Lara,* eine in Deutschland promovierte Anthropologin, den Kampf an. Mit dem Programm „Erziehung für Honduras' Ethnien" trägt sie die zweisprachige Bildung in das Schulsystem des Landes. Jedes Jahr werden in den von indianischen Gemeinschaften bewohnten Gegenden mehrere Schulen in die Zweisprachigkeit entlassen. Das funktioniert jedoch nur über die Erweiterung der Sprachausbildung in der Pädagogischen Hochschule in Tegucigalpa. Darüber hinaus müssen die häufig dürftig ausgestatteten Schulen finanziell und personell ausgebaut werden. Seit 1995 arbeiten in der Moskitia zehn zweisprachige Schulen, 1996 sind es schon über zwanzig. In den *Garífuna*-Zentren wurden 1995 acht Schulen eingeweiht, 1996 waren es fünfzehn und 1997 schon über vierzig.

Frau *Lara* und ihre Kollegen sehen sich bei ihren Bemühungen kulturhistorischen Problemen gegenüber: Vor der Unabhängigkeit des Landes hatte es eine relative kulturelle Toleranz gegenüber den indianischen Gemeinschaften gegeben. Solange sie sich wenigstens offiziell zur katholischen Kirche bekannten und sich in die kolonialen Frondienste fügten, konnten sie ihre Sprache und Kultur relativ frei praktizieren. Seit der 1821 erreichten Unabhängigkeit von Spanien herrschte dagegen ein starker Konformitätsdruck: Spanisch war als einzige Amtssprache anerkannt, andere Sprachen und kulturelle Ausdrucksformen waren verpönt. Nach fast 180 Jahren Unabhängigkeit ist das Ergebnis noch deutlich spürbar: Je ursprünglicher die Lebensart und Kommunikation der indianischen Menschen sind, desto weniger Integration und Rechte werden ihnen zuteil.

Frau *Lara* kann sich jedoch gewisse Hoffnung auf Erfolg machen, denn das Programm „Erziehung für Honduras' Ethnien" wird von der Weltbank finanziert, professionell beraten und geführt. Und in Honduras ist es ein Prestigegewinn, bei solchen internationalen Projekten mitwirken zu dürfen. Das erhöht die Anziehungskraft der vorher unattraktiven Lehrerjobs in der „Diaspora". Es dürfte somit für die Eltern eines abgelegenen Dorfes am Río Patuca, Río Plátano, Río Paulaya oder Río Lempa jetzt weit leichter werden, nun auch wirklich einen Lehrer oder eine Lehrerin zu finden. Und dazu kommt, daß dieses Personal zukünftig in der eigenen Stammessprache die Kinder unterrichtet und ausbildet. Sprachwissenschaftler des Projektes berichten, daß es eine unglaubliche Befriedigung für viele *Indígenas* ist, ihre eigene Sprache nun bewußt zu erkunden.

wo der schöne Wasserfall zu bewundern ist, haben sich Lenca und Maya getroffen. Die Lenca sprechen bis heute ihre eigene Sprache und zelebrieren, obwohl Katholiken, das Fest der Masken *(Guancasco)*, das auf vorchristlichen Glauben zurückgeht.

Innerhalb der Bevölkerung des Landes sind etwa 80.000 bis 100.000 Lenca relativ klar zu identifizieren. Sie bewohnten den Südwesten des heutigen Honduras auch dann noch weiter, als das Imperium der Maya von Copán längst zusammengebrochen war. Als die Spanier in Honduras einfielen, leisteten die Lenca unter dem Häuptling *Lempira* zwanzig Jahre lang Widerstand (siehe auch Kapitel „Geschichte").

In ihren gemeinschaftlichen Ritualen zeichnen sich die Lenca, die heute längst gläubige Katholiken sind, vor allem durch den Brauch des *Guancasco* und durch die *Compostura de Maiz* aus:

Die Feier des **Guancasco** war ursprünglich die rituelle Friedensschließung zweier kriegführender Dorfgemeinschaften. Heute ist es das Treffen zweier Nachbarorte zur Begehung des Patronatsfestes. Am Tag des örtlichen Schutzheiligen ziehen die religiösen und weltlichen Führer des Dorfes in einer Prozession zum einladenden Nachbardorf. Zu Trommel- und Flötenmusik tragen sie die Figur des Dorfheiligen mit sich. Bei Erreichen des Nachbardorfes gehen sie auf die Kirche zu, zollen den Heiligen des Dorfes Respekt und bauen ihre Heiligenfigur für die Zeit des gesamten Festes auf.

Compostura de maiz heißt soviel wie Gärung des Maises. Zu diesem Ritual gibt es einen Vorbeter, den Besitzer des Maisfeldes und seine Gäste. Am Ort der Feier, auf dem Maisfeld, wird aus Zweigen ein etwa 1,5 m hoher rechteckiger Altar aufgebaut, der mit Kiefernzweigen ausgeschmückt und mit einem Kreuz versehen wird. Ebenfalls aus Zweigen wird ein zweites Kreuz aufgestellt, das dann nach der Feier auch dort verbleibt. Die Götter werden durch eine lokale Wildpflanze symbolisiert, die *somo* heißt. Am Fuß des Altars werden Kerzen und Maisbier aufgestellt. Federvieh und Räucherkerzen aus Copal-Harz werden als Opfergaben dazugelegt.

Traditionell bauen die Lenca Mais und Bohnen an. Seit einigen Jahrzehnten erst kultivieren die Lenca auch Kartoffeln und Gemüse, die heute ihre wichtigste Lebensgrundlage bilden und auch auf den Märkten des Landes angeboten werden.

Garífuna – Kultur am Strand

1635 kamen vor San Vincente einige britische Schiffe in Seenot. Auf ihnen befanden sich einige tausend Afrikaner, die durch den Willen der Natur für immer vor der Sklaverei gerettet waren. Sie lebten einige Jahrzehnte auf den Hügeln der karibischen Insel, bis sie im 18. Jahrhundert in die Wirren des französisch-britischen Kolonialkonflikts um San Vicente gerieten und gegen die Engländer kämpften.

Aus dieser Zeit stammen einige ihrer noch heute erhaltenen Bräuche und Lieder. Der legendäre Garífuna-Führer

Die Menschen

Satuye mußte vor einer wichtigen Schlacht von seiner Frau hören: „*Wenn Ihr Männer das nicht zustandbringt, dann gehen wir Frauen raus und machen das.*" Das brachte *Sayute* auf die Idee, seine Krieger als Frauen zu verkleiden. Daraus entwickelte sich der Tanz des *mascaro*, der zu den Neujahrsfeiern der Garífunas aufgeführt wird. Ebenso bedeutungsvoll für den Garífuna-Widerstand ist das Lied *Yarumei* (San Vicente), das den Auszug der Garífuna von der Insel beschreibt, nachdem *Sayute* und seine Leute besiegt worden waren.

Inzwischen etwa 4000 Menschen an der Zahl, gelangten die Garífunas damals nach Roatán. Man schrieb das Jahr 1795. Die Insel Roatán wurde in diesen Jahren gerade der spanisch-kolonialen Verwaltung übergeben, so daß die aus Afrika stammenden Nicht-Sklaven schnell die spanische Sprache erlernten. 1797 schließlich siedelten sie zur Unterstützung des Seehafens in Trujillo, nicht weit von Roatán. Die mehrheitlich spanischen und mestizischen Einwohner Trujillos erhofften sich von den Garífunas eine wirtschaftliche und militärische Stärkung der Stadt.

Der Begriff Garífuna stammt wahrscheinlich vom französischen cariphone, also karibisch-sprachig. Garífunas sprechen eine eigene Sprache – eine Mischung aus Arawak, der Sprache der karibischen Indianer, Französisch, Yoruba, Suaheli und Bantu, also afrikanischen Sprachen. Doch zugleich sprechen sie einwandfreies Spanisch.

Garífuna leben an der Verbindung von Land und Meer. *Guillermo Yuscarán* erzählt in seinem Büchlein *The Garífuna Story* eine Anekdote, die die Harmonie der Garífunas mit dem Meer beschreibt: Der Autor kam in ein vom Orkan stark zerstörtes Garífuna-Dorf westlich von Tela und erkundigte sich nach den Schäden. Die Antwort des alten Fischers *Jorge Gamboa*: „*Das Meer ist nicht anders als wir Menschen. Seine wechselnden Launen muß man hinnehmen. Du kannst nicht gegen das Meer kämpfen. Du mußt Dich mit ihm verbünden.*"

230.000 Garífuna wohnen zwischen Belize und Nicaragua in 51 Gemeinschaften; 180.000 davon in Honduras. In allen Gemeinschaften dominieren die eigene Sprache und Kultur, zugleich aber zeichnen sich diese Menschen durch ihre loyale Haltung zur katholischen Kirche und zum demokratischen Staat Honduras aus.

Die Kultur der Garífunas reicht jedoch deutlich über diese Wertsysteme hinaus, sie wurzelt in der Tradition. Das **philosophisch-religiöse System** des *dugu* hat die Balance im Menschen und in der Natur zum Ziel. *Curandero* (Heiler) und *buyei* (Seelsorger) wachen über die physische und psychische Gesundheit. **Rituelle Tänze** – übrigens die Grundlage des in Honduras beliebten Punta-Tanzes – werden bei schwerer Krankheit, Tod, religiösem Jahresamt und Volksfesten aufgeführt. Bei diesen Anlässen tanzen die für die Garífuna-Gemeinschaft wichtigen *Clubs de Baile* Tag und Nacht, viele Tänzer befinden sich in

Trance, einige haben die Verbindung zu Verstorbenen hergestellt, deren Hilfe beansprucht wird.

Auch in den Ortschaften der Garífuna ist etwas von dieser spirituellen Balance spürbar: In einfachen, gut ventilierten, aus Palmblättern und Schilfrohren gebauten Strandhütten, ohne Zäune, zwischen Kanus und Fischernetzen, im Schatten der Kokospalmen, herrscht natürliche Ordnung, menschliche Ruhe, Sicherheit. Inmitten des unruhigen Zentralamerika haben die Garífunas stets in Frieden gelebt.

Wie lange das kulturelle Erbe der Garífunas bewahrt bleiben kann, ist dennoch fraglich. Zwar ist die Gemeinschaft der Afrokariben weniger fragil als mancher indianischer Stamm in Honduras, doch bis zu 100.000 Garífunas leben als Gastarbeiter in New York und Los Angeles. Häufig kommen sie erst nach Jahrzehnten zurück, geprägt von der konsumorientierten, durch Kriminalität und Geldgier bestimmten Wirklichkeit der Industriegesellschaft. Die traditionelle Wirtschaft, die auf Fischfang, Maniok- und Kokosnußanbau basiert, wird durch die Einkommen der auswärtigen Gastarbeiter immer unbedeutender.

Pesch – Schatz im Dschungel

Vor 500 Jahren noch waren die Pesch (spanisch: *paya*) das größte Regenwaldvolk von Honduras. Sie lebten damals nahe der Karibikküste, also im Norden, und zwar zwischen dem Einflußgebiet der Miskito und Tawahka im Osten und dem Gebiet der Lenca, Maya und Nahuatl im Westen. Von allen Ureinwohnern des Landes gelten die Pesch als die widerstandsfähigsten. Viele Jahrzehnte brauchten die spanischen Eroberer und Siedler, um von Trujillo aus die Wälder der Pesch zu erkunden und die Pesch zu christianisieren.

Doch die Pesch wurden nicht nur von den Eroberern schlecht behandelt. Als die Miskito sich mit den Engländern verbündet hatten, kopierten sie deren Sklavengesellschaft und machten Jagd auf Pesch und andere indianische Völker, um diese den Europäern dann als Leibeigene zu verkaufen. Deshalb zogen sich die Pesch allmählich in die Gebiete zurück, in denen sie auch heute noch leben. Rund 3000 Pesch leben in Silín (nahe Trujillo), in El Carbón, zwischen Bonito Oriental (Colón) und San Estebán (Olancho), in Culmí (Olancho) und am Río Plátano.

Dort haben die Pesch ein festgefügtes, polytheistisches System beibehalten, das sie vor der *conquista* noch offen pflegten: Große, mit Jade verzierte Statuen der Naturgottheiten, kleine Amulette für das familiäre Glück. Die mystische Geschichtsauffassung der Pesch besagt, daß die Menschheit von den Blitzen abstamme. Diese Blitze seien verstorbene Pesch, die zuvor auf der Erde gelebt und *takascró*, das riesige, kannibalische Ungeheuer, verfolgt hätten. Dies würde von vielen *chacachacay* unterstützt, großen, schrecklichen Alligatoren.

Noch ausgeprägter als die Tawahka leben die Pesch als Jäger, Sammler und als Subsistenzbauern in totaler Harmonie mit dem bedrohten Regen-

Die Menschen

wald. Bei der Liquidambar-Ernte bemächtigen sich die Pesch jedes Jahr des erneuerbaren Harzes dieses tropischen Baumes.

Miskito – Rebellion im Regenwald

Nur etwa 35.000 Menschen zählen die in Honduras lebenden Miskito, die mit anderen Gruppen vor etwa eintausend Jahren aus dem Norden Südamerikas einwanderten. Nachdem sie am Nicaragua-See gesiedelt hatten, zogen sie langsam weiter in den Norden, wo sie im großen Regenwaldgebiet zwischen Honduras und Nicaragua eine Heimat fanden. Sie leben in kleinen bis mittleren Dörfern an der Küste und entlang der Dschungelflüsse Plátano, Patuca und Coco (Segovia) auch im Landesinneren. Ihre Ortschaften sind relativ gepflegt und schön anzusehen, da die Häuser aus Naturmaterial auf Stelzen gebaut und nicht durch Zäune voneinander getrennt sind. Die Miskito haben mittelbraune bis (an der Küste) schwarze Hautfarbe.

Die Miskito sind scheinbar unorganisiert, sie haben weder eine offizielle Dorfvertretung noch eine Gebietsregierung. Doch in ihren Ortschaften vertreten die *sukias* (Medizinmänner) Heilkunst und Tradition. Viele ältere Miskito-Frauen kennen über zweihundert verschiedene Heilkräuter, die sie zu Tausenden sinnvollen Anwendungen zu verarbeiten wissen. Ebenso können sich viele Miskito von den Blättern, Samen, Früchten und Tieren des Waldes ernähren.

Die Miskito sprechen ihre eigene Sprache, die der Makro-Chibcha-Sprachfamilie entstammt. Das Miskito enthält aber auch englische und Tawahka-Vokabeln: *Bibi* heißt Baby, *bins* heißt Bohnen, *tinki* heißt danke, *tuktuk* heißt Motorboot. In Miskito kann man nur bis 10 zählen, danach wird die spanische Sprache bemüht.

Die Arbeitsteilung zwischen Mann und Frau ist kompliziert, vor Eintreffen christlicher Missionare herrschte in der Moskitia praktisch ein Matriarchat. Frauen sind für häusliche Arbeiten zuständig, aber auch für die Aussaat, die Bodenpflege und die Ernte. Männer dagegen beschäftigen sich mit dem Nähen, der Vorbereitung des Feldes, der Holzwirtschaft und der so wichtigen Jagd und Fischerei.

Bei **Eintreffen der Spanier** waren die Miskito die eigentlichen „Herren" des Dschungels. Zwischen 1577 und 1606 drangen die Spanier in vielen Expeditionen auf der Suche nach den reichen Gründen Taguzgalpas, der legendären Stadt aus Silber, in die Moskitia ein – und fanden nur den Tod.

Zu Beginn des 17. Jahrhunderts errichteten die **Engländer** ihre Kolonialverwaltung für Zentralamerika in der Moskitia. Fortan wurde das heutige Palacios, damals Black River genannt, zum Zentrum des britischen Einflusses. Mit Rum und Gewehren beeindruckten die Europäer die Miskito. Diese waren zur Kooperation bereit und sorgten unter Führung ihres Königs für eine ruhige, den Spaniern abgeneigte Stimmung in der Moskitia. Die Briten ihrerseits versorgten sie mit Kleidung, Werkzeug, Rum und Waffen

aus Europa. Den Spaniern gelang es erst am Ende des 18. Jahrhunderts, überhaupt zum ersten Male in die Moskitia einzudringen. Doch der spanische Einfluß gewann erst Kontinuität, als die unabhängige honduranische Regierung in Tegucigalpa durch Bildungs- und Gesundheitsdienste auch im entlegenen Nordosten des Landes Fuß fassen wollte.

Als die Engländer sich Ende des 18. Jahrhunderts nach Belize zurückzogen, blieb der Miskito-König allein zurück. Das allein war kein Problem, weil der Monarch nie einen Hofstaat unterhalten hatte, seine Macht war rein kultureller Natur, materiell lebte der Miskito-König ärmlich und bescheiden. Doch er wollte sich nicht da-

mit abfinden, in der zentralamerikanischen Welt nur ein Wäldchen im Osten des damaligen Departamentos Colón darzustellen. So lud er in der Mitte des 19. Jahrhunderts das preußische Königshaus ein, vielleicht wollten die Deutschen ja eine honduranische Kolonie oder beabsichtigten gar eine Direktinvestition. Der deutsche Monarch entsandte Missionare, die der protestantischen **moravischen Kirche** angehörten. Zum miskito-deutschen Deal kam es zwar nicht. Doch die Missionare blieben, bauten ein

Miskito-Frau in Santa Fé, nahe Trujillo

Krankenhaus in Ahuas, am Río Patuca, und missionierten alle Miskito. Durch den Respekt vor der Sprache und Geschichte des kleinen Volkes hat die moravische Kirche sich wie keine andere Institution um die Erhaltung der Miskito-Kultur verdient gemacht. Erst seit einigen Jahren ist die katholische Kirche wieder auf dem Vormarsch, vor allem in Wampusirpi, wo ein junger Spanier *(José Aguilá* aus Santa Perpetua Moguda bei Barcelona) eine couragierte Gemeinde-Entwicklungsarbeit aufgebaut hat.

Wer Interesse an der Mystik des riesigen Regenwaldgebiets der Moskitia hat, sollte unbedingt das Buch *Moskito-Küste* von *Paul Theroux* suchen – in einer Bibliothek oder im Antiquariat,

Miskito-Küche

denn im Handel ist es vergriffen. Das Buch beschreibt das tragische Scheitern einer amerikanischen Pioniersfamilie, die versucht, den Segen der Zivilisation in das grüne Labyrinth der Moskitia hineinzutragen.

Sumu Tawahka – wer zuletzt lacht ...

Von den insgesamt bis zu 12.000 in Zentralamerika lebenden Sumu lebt die Gruppe der Sumu Tawahka (730 Menschen) in Honduras. Die Großfamilien der Sumu Tawahka leben in weniger als zehn Ortschaften, noch abgeschnittener als die Miskito. Nur mit dem *pipante* (Einbaumkanu) oder zu Fuß können die Tawahka andere Ortschaften erreichen. Da sie ohne Handelsaustausch mit Aussenstehenden leben, fehlt ihnen Treibstoff. So dauert die Reise nach Ahuas (nächstes Krankenhaus, nächste Flugverbindung nach La Ceiba) drei bis vier schweißtreibende Tage.

Die Tawahka teilen ihren Ursprung (Makro-Chibcha) mit den Miskito. Jahrhundertelang waren die Tawahka das kulturell dominierende Volk der Moskitia. Doch die Miskito waren ihnen hinsichtlich Integrationsfähigkeit, Aggressivität und Sprachfertigkeit überlegen. Heute leben die Tawahka im Schatten der Miskito, weil in den Schulen nur auf Spanisch und Miskito gelehrt wird. 96 % der Tawahka-Männer und alle Frauen sind Analphabeten. Doch die Tawahka haben eine große Zukunft: Durch ihre Marginalisierung in den letzten Jahrzehnten haben sie sich auf ihre traditionellen Talente zurückgezogen. Landwirtschaft

betreiben sie nur am Rande des Flusses Patuca, an dem sie leben. Im Wald kennen sie sich trefflich aus. Durch Jagen, Fischen und Sammeln können sie sich allein ernähren, ohne dem Ökosystem zu schaden. Das paßt bestens in die politische Landschaft. Bei der Suche nach Management-Modellen für den bedrohten Regenwald suchen internationale Geber, allen voran der US-AID, nach legitimen Experten. Das sind am ehesten die Tawahka, die schon ihre eigene Stiftung haben *(Fundación Raices)*, um ihr ursprüngliches Siedlungsgebiet durch Überzeugungsarbeit zurückzuerobern, denn sie sind die Bewohner von Taguzgalpa, einem Gebiet, das um die Schutzgebiete Nationalpark Patuca und Indigenes Reservat Sumu Tawahka herum gelegen ist.

Indianische Verbände

- **Miskito:** *Moskitia Asla Takanka (MASTA);* Vorsitzender: *Cirilo Felman;* Büro: Puerto Lempira, Tel. 898-7515.
- **Sumu Tawahka:** *Federación Indígena Tawahka de Honduras (FITH);* Vorsitzender: *José Dixon Rosa;* Büro: Krausirpi, Brus Laguna, Gracias a Dios.
- **Pesch:** *Federación de Tribus Pech de Honduras (FETRIPH);* Vorsitzender: *Rosalio Duarte;* Büro: Pueblo Nuevo, Subirana.
- **Lenca:** *Organización Nacional Indígena Lenca de Honduras (ONILH);* Vorsitzender: *Ines Benitez;* Büro: La Esperanza, Intibucá.
- **Garífuna:** *Organización Fraternal Negra Hondureña (OFRANEH);* Vorsitzender: *Horacio Martinez;* Büro: Edificio Aurora, La Ceiba, Atlántida, Tel. 443-2492.
- **Xicaques:** *Federación de Tribus Xicaques de Yoro (FETRIXY);* Vorsitzender: *Edilberto Castro;* Büro: Yoro, Yoro, Tel. 671-2340.
- **Chortí:** *Consejo Nacional Indígena Chortís*

Die Menschen

de Honduras (CONICHH); Ratsvorsitzende: *María de Jesús Interiano;* Büro: Carrizalón, Copán Ruinas, Tel. (c/o) 898-3468.

● *Islas de la Bahia: Asociación de Nativos, Profesionales y Trabajadores Isleños (NABI-PU), Islas de la Bahía;* Vorsitzender: *Randy Webster;* Tel. 445-1079, Fax 445-1624.

● *Dachorganisation: Confederación de Pueblos Autóctonos de Honduras (CONPAH);* Koordinator: *Roberto Valentin Campos,* Tel. 234-4925; Büro: Bo. La Granja, 2a Ave., entre 1a y 2a Calle, Comayagüela, Tel. und Fax 234-4925.

● *Unterstützungs-Komitee: Consejo Asesor Hondureño para el Desarrollo de las Etnias Autóctonas (CAHDEA);* Vorsitzende: *Miriam Miranda Chamorro;* Büro: vgl. CONPAH.

Religion

Über neunzig Prozent der Honduraner sind **katholisch**. Die spanische Eroberung und anschließende jahrhundertelange christliche Missionierung der Ureinwohner des Landes hat keinen Platz gelassen für die zuvor dominierenden polytheistischen Naturreligionen.

Und doch war die Provinz Honduras für die spanische Krone zu weit weg, der Siedlerstrom gen Honduras zu dünn, um die reine christliche Lehre in Honduras tatsächlich durchsetzen zu können. Notwendig war die Allianz mit den *caciques* und Heilern der nicht-christlichen Völker, die bis heute ihre Bedeutung behalten haben. Unter der überwiegenden Mehrheit der Mestizen dominiert die römisch-katholische Konfession. Im Gegensatz zur Rolle der Kirche als Instrument der Unterwerfung in den Jahrhunderten der Kolonialisierung hat sich auch in Honduras, wie in anderen lateinamerikanischen Ländern, eine Strömung entwickelt, die sich als Volkskirche, als **Kirche der Armen,** versteht.

Die Diözesen von Santa Rosá de Copán und San Pedro Sula, aber auch die von La Ceiba, Trujillo, Olancho und Choluteca haben sich seit Jahrzehnten auf die Seite der Armen gestellt, klagen Ungerechtigkeit, Willkür, Unterdrückung und Folter immer wieder an. Die katholische Kirche ist in diesen Gebieten die stärkste Waffe des Volkes gegen Übergriffe von Oberschicht und Militär. Typisch für ihre Arbeit ist ein Bibelzitat im Heft *El Hombre y el Trabajo* (Mensch und Arbeit), Choluteca 1975: *„Hört dies, Ihr Reichen: Weint und schreit vor dem Unglück, das Euch passieren wird. Die Bezahlung, die Ihr Euren Erntearbeitern verweigert habt, wird von Euch eingefordert werden, denn Gott hat den Notruf dieser Menschen vernommen.“*

Bis heute ist die „Kirche der Armen" ein wichtiger Teil des geistlichen und sozialen Lebens. Viele Menschen bestimmen durch ihre tägliche Arbeit die Orientierung der katholischen Kirche an den Problemen der einfachen Menschen.

Ein Priester ist **Padre Juan,** ein Franziskaner aus New York. Er lebt und arbeitet in Trujillo an der Seite der Campesinos. Nicht nur Seelsorge, sondern konkrete Hilfe für deren Entwicklungschancen gehören zu seiner Arbeit: Rechtsbeistand und Organisationsberatung bei der Durchsetzung des Rechts auf Agrarland, Gesundheitsversorgung, Bildung und Infrastruktur. Ein anderes Beispiel engagierter Priester ist **Padre José,** der eigentlich aus Spanien stammt. Er lebt abgeschieden inmitten des Miskito-Dorfes Wampusirpi und baute dort eine Transport- und Handelskooperative, eine neue Kirche und ein Kommunikationszentrum (mit Video und EDV) auf, womit er die Vormachtstellung der strengeren moravischen Kirche brach.

Die jesuitisch geprägte **Produktivgenossenschaft HONDUPALMA,** aus 3000 Familien bestehend, erhielt 1975 durch Landbesetzungen, Demos und Straßenblockaden grössere Ländereien aus der Agrarreform. In beispielhaft disziplinierter Weise wurde eine erfolgreiche Ölpalmenplantage und -fabrik aufgebaut. *HONDUPALMA* hat allen Vereinnahmungsversuchen von Politik und Militär widerstanden und ist heute eines der erfolgreichsten honduranischen Unternehmen.

Der gewaltlose Kampf der „Kirche von unten" ist aber auch gefährdet. Nicht nur durch **brutale Übergriffe** wie das Massaker *Los Horcones* in Olancho, als sieben Priester Mitte der 70er Jahre in einen Brunnen geworfen wurden, sondern auch durch das Wirken von Hunderten zumeist konservativen **US-amerikanischen Evangelisierungs-Sekten,** die, mit viel Geld und Logistik ausgestattet, die honduranische Provinz überfluten. Anders als im Nachbarland Guatemala, wo große Bevölkerungsanteile konvertierten, blieb ihre Wirkung in Honduras bisher aber gering.

Sitten und Bräuche

Verhalten

Die verbreitete **Gelassenheit und Ruhe** der Honduraner sind für viele europäische Besucher immer wieder faszinierend. Man kann diese Eigenschaften jedoch auch als unangenehme **Lethargie** und Uninteressiertheit erleben.

Honduraner brauchen **Kommunikation und Nähe,** sie halten es beispielsweise einfach nicht aus, stundenlang stumm neben anderen Menschen im Bus zu sitzen, vor allem wenn diese anderen gar als Ausländer besonders interessant scheinen. Trotzdem sind sie nie indiskret oder aufdringlich, **Respekt** ist das oberste Gebot, weshalb das Reisen in Honduras selbst für Frauen leichter als in den meisten Ländern des Kontinents ist. Der Kontakt ist eben freiwillig; und wenn das einmal nicht funktioniert, dann reicht meist ein akzentuiertes *no* oder *favor me deje.*

Honduras ist ein Land sehr dichter persönlicher Kommunikation. Neue Impulse greifen hier sofort um sich. Schon lange bevor das neueste Jojo, die neuesten Turnschuhe oder die neueste Art, sich das T-Shirt zu binden, in Europa um sich greift, lange vorher ist es in allen honduranischen Städten verbreitet. Hip ist das, was in der Werbung des Kabelfernsehens erscheint oder als Werbegeschenk die Hamburger-Läden verläßt. Hip ist alles, was die eigene materielle Armut vergessen macht und das Auge staunen läßt.

Die Menschen

Typisch honduranisch

Begriffe wie „links" und „rechts" werden selbst bei der *Beschreibung von Wegen* generell vermieden. Mit dem Wörtchen *así* (so) wird eine Hand- oder Lippenbewegung untermalt, die das „rechts" oder „links" ersetzen soll. Ein typisch honduranisches Verhalten ist es auch, *Richtungen* mit den Lippen zu weisen, was für uns durchaus komisch wirken kann. Lediglich auf andere Menschen wird nicht mit den Lippen gezeigt.

Die Abneigung gegen Begriffe wie links und rechts ist so durchgehend, daß sich selbst hochgebildete Personen in die Improvisation retten. In Tegucigalpa gibt es einen bekannten Reiseleiter, der Diplomaten und Persönlichkeiten besonderen Ranges im Auftrage der honduranischen Regierung begleitet. Einmal mußte der Herr eine Delegation aus Costa Rica empfangen, die in einem Bus aus San José angefahren kam. Um den costaricanischen Fahrer in Tegucigalpa durch den Verkehr weisen zu können, heftete der Reiseleiter Krepp-Papier mit dem Wort *IZQUIERDA* an die Innenseite der linken und *DERECHA* an die rechte Wagentür.

Familienfeste

Zwei von drei *Familienfesten* drehen sich um die *piñata*, ein aus Krepp-Papier gebasteltes großes Fantasie-Tierchen, das mit Bonbons gefüllt und im Garten oder Hinterhof aufgehängt ist. Die Kinder schlagen dann mit einem langen Kochlöffel und verbundenen Augen nach der *piñata*. Wenn sie bricht, fallen lauter süße Sachen aus ihr heraus.

Wie die *piñata*, so ist auch der *Strandurlaub* (meist in der *Semana Santa*, der Osterwoche) ein Familienereignis.

Neben Ballspielen dominieren der Konsum von Cola (Kinder) und Bier (Erwachsene), schon am frühen Nachmittag liegen überall lallende Bierleichen herum. Eine solche Stimmung ist stets mit Lärm aus dem Radio oder Rekorder verbunden.

Frauen in Honduras

Mann und Frau sind in Honduras gleichberechtigt. Eine moderne Gesetzgebung schützt die werdende Mutter und verpflichtet die Lebensgefährten, gemeinsam für die Kinder zu sorgen. So steht es auf dem Papier. Faktisch jedoch herrschen die Männer schon von kleinauf nach Belieben über ihren weiblichen „Hofstaat".

Arbeitsplätze für Frauen sind zumeist wenig qualifiziert und unterbezahlt, in die Ausbildung von Frauen wird nichts investiert. Viele Frauen verdienen ihr Geld auch an Straßenständen oder als Marktfrauen. Fast alle haben dabei ihre kleinen Kinder auf dem Arm, denn ihre Männer sind weggelaufen, und es gibt keine staatlichen Kindergärten. Mindestens 225.000 Haushalte werden von *alleinstehenden Frauen* geführt. Das bedeutet, daß 20 % aller Frauen im gebärfähigen Alter ohne private oder staatliche Unterstützung alleine für den Unterhalt der Kinder sorgen. Abtreibung ist verboten.

In den *Medien* des Landes werden Frauen nur erwähnt, wenn sie als Verbraucher oder als Star interessieren. Presse, Radio und Fernsehen sind rein private Unternehmen in den Händen mächtiger Geschäftsleute oder Politiker.

Frauen haben keine **Lobby.** Männerbünde wie die Kirche, das Militär und die Fußballvereine geben den Ton an und prägen das Bild der Gesellschaft. Die Arbeit, die der weibliche Teil der Bevölkerung leistet, wird bestenfalls einmal im Jahr, am „Tag der Frau", gewürdigt. Auch die grossen politischen Parteien haben keine Frauenverbände. Bestehende Frauenvereine auf lokaler Ebene widmen sich der Unterstützung der Karriere ihrer Männer oder der Pflege traditioneller weiblicher Künste (Handarbeiten, Kochen, Blumenstecken).

Honduras ist ein Forst- und Agrarland. 70 % der **Landbewohner** leben in absoluter Armut, 40 % der auf dem Land lebenden Frauen sind offiziell Analphabetinnen, tatsächlich dürfte die Rate noch viel höher sein. Auf Grund mangelhafter Bildungs- und Informationsmöglichkeiten und der Isolation von der Außenwelt begreifen sie ihr Schicksal als individuell, gottgewollt und unabänderlich. Zur Verbesserung ihrer Situation haben sie keine Möglichkeit.

Die Erkenntnis, daß die Unterdrückung der Frau in Honduras kollektiv und systematisch inszeniert wird, ist noch nicht weit verbreitet. In Tegucigalpa ist 1989 ein **Frauenzentrum** entstanden *(Centro de Derechos de Mujeres - CDM)*, das zum Ziel hat, Frauen in der Stadt und auf dem Land zu einem Selbstbewußtsein zu verhelfen und sie über ihre Rechte aufzuklären.

Erste **Frauenhäuser** wurden eingerichtet, in denen mißhandelte Frauen Unterschlupf finden. Auf dem Land entstehen hier und da, vielfach mit ausländischer Hilfe, kleine handwerkliche **Produktionsgenossenschaften für Frauen,** welche Landfrauen mit unzureichendem Zugang zu Grund und Boden ein eigenes Einkommen und den Erfahrungsaustausch ermöglichen.

Architektur

In Honduras, wie auch in vielen anderen tropischen Ländern, wurde selten aus dauerhaftem Material gebaut. Die Menschen verfügen über wenig Geld, um Baustoffe und fachkundige Handwerksleute zu bezahlen. Das Klima verlangt wegen der tropischen Hitze nach einem luftigen Schattenplatz und Schutz vor den bisweilen starken Regenfällen.

Als Zeugen der Vergangenheit sind daher nicht die Hütten und einfachen Lehmhäuser der Bevölkerung erhalten geblieben, sondern fast immer nur die aus Stein gebauten Kirchen oder Verwaltungsgebäude.

Kolonialstil

Honduras war wegen seiner geringen politischen und wirtschaftlichen Bedeutung nicht das Zentrum architektonischer Kunst der spanischen Eroberer. Doch es lag so nahe an den Handwerks- und Baumeisterschulen Guate-

Die Menschen

malas, daß viele Kirchen und Herrschaftshäuser auch heute noch überzeugen. Phasen intensiver Bautätigkeit waren das 16. Jahrhundert (Kolonisierung) und das 18. Jahrhundert (Verteidigung der Provinz gegen England).

Die meisten sogenannt kolonialen Gebäude, die heute noch erhalten sind, stammen aus dem 19. Jahrhundert. Fast alle nicht-sakralen Gebäude sind inzwischen zusammengestürzt, da es an Budgets zu deren Erhaltung und Restaurierung fehlt. Aber auch das Bewußtsein zur Denkmalpflege ist wenig ausgeprägt.

Besonders beeindruckende Zeugen der kolonialen Architektur sind die kirchlichen Gebäude in Tegucigalpa (Kathedrale, La Merced, Los Dolores), in Comayagua (Kathedrale, La Merced, San Francisco) und in den königlichen Minenstädtchen Santa Lucía, Valle de Angeles und Ojojona. Ganze Städtchen mit durchgehend originaler kolonialer Bausubstanz finden sich in Gracias Lempira und in Yuscarán, hübsch sind aber auch einige Orte im Westen (Copán Ruinas, Santa Rosá de Copán) sowie im Süden (Sabanagrande, Pespire, Choluteca).

An der Nordküste ist Trujillo die einzige Stadt, in der sich koloniale Bausubstanz befindet, wenn auch in einem erbärmlichen Zustand. Doch die Gebäude der Familie *Glynn*, im französischen Stil des 19. Jahrhunderts von Einwanderern erbaut, und der Familie *Castillo Melhado* (Gebäude der *Banco del Occidente*) im portugiesischen Stil sind Kunstwerke für Freunde klassischer Architektur.

Stilelemente

Der spanisch-barocke Stil der eigentlichen Kolonialarchitektur wurde in jüngerer Zeit (ab Mitte des 19. Jahrhunderts, d.h. seit der Unabhängigkeit) durch andere Einflüsse angereichert, französische, englische und holländische Bauelemente kamen hinzu. In Amapala und Trujillo zum Beispiel finden sich filigran gearbeitete Dachumrandungen französischer Bürgerhäuser.

Stets zeichnen sich koloniale Gebäude durch massive, mit Bruchstein und Lehm, später mit Ziegelstein und Lehmgips oder in jüngster Zeit mit Zement verputzte Wände aus. Im Innern befindet sich ein heller Innenhof *(patio)*, der häufig schön bepflanzt ist, um so Schutz vor der prallen Sonne zu bieten. Die darum liegenden Räume sind fast ganz dunkel, was zwar auf uns deprimierend wirken mag, andererseits aber vor Hitze schützt. Seit dem 19. Jahrhundert sind Veranden hinzugekommen, die meist aus Holz gebaut sind.

Der Baustil der Bananen-Ära

Der Norden des Landes ist mit Ausnahme des altehrwürdigen Trujillo durch die Bauweise der Jahre des Bananenbooms geprägt. In San Pedro Sula (Guamilito), Tela und La Ceiba (Bo. El Centro) finden sich Holzhäuser mit leichtem Dach. Der Garten ist um das Haus herum gebaut, nicht in seinem inneren Patio, wie im Kolonialstil üblich. Eine ganze Siedlung im Holzbaustil der Bananen-Ära in Tela wurde

zum Hotel *Villas Telamar.* Der Bauweise der Südstaaten der USA entlehnt, gleichen die häufig grell oder in Pastellfarben gehaltenen Häuser dem leichten Flair der Karibik.

Traditionelle Bauarten der Indianer

Die indianischen Völker von Honduras kennen eine Reihe traditioneller Bauarten, die auf dem Land häufig zu finden sind.

Olancho

Die Wände werden aus sonnengetrocknetem Lehm *(adobe)* oder aus Tonziegeln *(ladrillo)* gemauert, das Dach auf viel Holz gegründet und mit Tonziegeln *(tejas)* gedeckt. Meist nur mit zwei Räumen (Wohnküche, Schlafraum) ausgestattet, entspricht das Gebäude dem spanisch-mexikanischen Standard und erhält ein angenehm frisches Innenklima auch bei sengender Hitze.

Colón

Mehrere Lehmschichten werden auf das aus leichten Hölzern bestehende Wandgeflecht *(bahereque)* aufgetragen und von der Sonne getrocknet, bis dies einer durchgehenden Wand entspricht, die von außen wie *Adobe*

Typisches Stelzenhaus in der Moskitia

aussieht. Das Dach wird mit Palmblättern (z.B. von der Tique-Palme) gedeckt.

Nordküste

In *Garífuna-Ortschaften* (z.B. Salado, Cocobila) stehen Hütten und Häuser aus der harten Rinde der Yagua-Palme oder aus Schilfrohr, das Dach besteht aus *tique* oder anderen Palmen. Die Häuser haben meistens nur einen einzigen Raum. Das Küchenhaus verfügt häufig über ein offenes Dach, der Herd befindet sich in der Mitte.

Miskito-Haus

Moskitia

Die Häuser werden auf 1 bis 2 m hohen Stelzen gebaut. Dicke Kiefernbretter werden waagerecht übereinander auf senkrecht stehende Bohlen genagelt, die aus den Stelzen hervorgehen. Das Dach wird mit *tique* oder anderen Palmen gedeckt und muß alle 5 bis 15 Jahre ausgewechselt werden.

Moderne Architektur

Moderne Architektur in Honduras ist armselig. Meist werden aus Hohlblocksteinen und Zinkblech **Einfachstbehausungen** hingehauen, die nicht zu den klimatischen Bedingungen der Tropen passen. Doch halten sie immerhin viele Jahrzehnte.

In den **Städten** wird in größerem Maßstab Beton in moderne monolithische Gebäude vergossen. Häufig gehorchen die Entwürfe eigenwilligen Interpretationen des Jugendstils wie des Art Decos. Leben in die Tristesse modernen Bauens bringt der talentierte und engagierte Architekt *Ramiro Bonilla*, dessen Entwürfe und Bauten schon mit zahlreichen Preisen prämiert wurden. Die besten Beispiele für preiswerte und ökologisch sinnvolle Eigenheime hat *Bonilla* im Rahmen der Großsiedlung Ciudad Lempira geliefert. Die Siedlung liegt westlich des Blvd. de las Fuerzas Armadas in Tegucigalpa.

ʿLiteratur

Zwar fühlt sich in Honduras jedermann auch ein wenig als Dichter, zwar drückt man sich gerne poetisch aus und ist in der Lage, aus dem Stand eine wohlgesetzte Rede zu halten. Dennoch haben Autoren in einem Land, wo fast jeder dritte Erwachsene nicht lesen kann, eine eher schwache Resonanz.

Bücher sind für die meisten Honduraner unerschwinglich, Bibliotheken rar, die wenigen Buchhandlungen können sich nur über Wasser halten, weil sie nebenbei oder im Hauptangebot Schreibwaren verkaufen. Folglich sind honduranische Autoren darauf angewiesen, sich ihre Leserschaft auch jenseits der Landesgrenzen zu suchen.

Schriftstellerei ist – wie überall auf der Welt – in Honduras aktive Auseinandersetzung mit der Geschichte und Gegenwart des Landes. Schriftstellerei war und ist in Honduras die Triebfeder demokratischer Entwicklung.

Froylan Turcios, geboren 1874, war zunächst Innenminister, Abgeordneter und Diplomat, bevor er sich als einer der heute herausragendsten Prosaisten und Erzähler seines Landes hervortat. Durch eigene Zeitschriften und seine Bücher kämpfte er gegen die US-Intervention in Honduras während der ersten Jahrzehnte dieses Jahrhunderts. *Turcios* war mit vielen berühmten Schriftstellern befreundet. Er starb im costaricanischen Exil am 20. Dezember 1943.

Mit seinem Roman *Prisión Verde* (deutsch: *Das Grüne Gefängnis*, 1966) lenkte der Schriftsteller **Ramón Amaya Amador,** Jahrgang 1916 und geboren in Olanchito, das Interesse einer internationalen Leserschaft auf die Praktiken der großen Bananengesellschaften in Honduras. Aus eigener Erfahrung schildert er den Alltag und die Ausbeutung von honduranischen Arbeitern auf den Bananenplantagen der Küstenregion. Der vielversprechende Autor verunglückte im Alter von 50 Jahren tödlich.

Roberto Sosa, Jahrgang 1930, hat sich als Lyriker auch überregional einen Namen gemacht. Seine Gedichte waren in Honduras zeitweise verboten, denn in seiner in Spanien preisgekrönten Anthologie *Los Pobres* (1968) prangert er die ungerechten Verhältnisse im Lande an. *Sosa* kommt wie

Die Menschen

Amador aus einer armen Familie. Sein Band *Los Pobres* wurde auch ins Englische und Französische übersetzt.

Erfolgreichster Erzähler ist derzeit der Publizist **Julio Escoto,** Jahrgang 1944, aus San Pedro Sula. Während der Kommunistenhatz der 80er Jahre ging er für längere Zeit nach Costa Rica ins Exil. Er veröffentlichte Erzählungen, Essays und mehrere historische Romane, vor allem über den Nationalhelden *Francisco Morazán*. 1993 erschien sein Schlüsselroman *Rey del Albor-Madrugada*, in dem sich *Escoto* kritisch mit den Machenschaften der CIA in Honduras auseinandersetzt. Einige seiner Kurzgeschichten sind ins Deutsche übersetzt und in Anthologien zentralamerikanischer Erzähler aufgenommen worden.

Kunsthandwerk

Kunsthandwerk hat in Honduras eine lange Tradition, wie Funde aus der Maya-Zeit immer wieder bestätigen. Heute ist es häufig Domäne der Frauen. Da sie kaum Zugang zur Landwirtschaft oder zu einem formellen Arbeitsplatz haben, ist der eigene kleine Handwerksbetrieb oft die einzige Erwerbsmöglichkeit.

Aus natürlichen Materialien der unmittelbaren Umgebung, wie Palmfaser, Holz, Ton und Leder, werden in Heimarbeit Gebrauchs- oder Schmuckgegenstände herstellt, die auf dem nationalen Markt und zunehmend auch an ausländische Abnehmer verkauft werden.

Der Bezirk Lempira ist eines der Zentren für die Herstellung von **Töpferwaren.** Frauen formen hier ohne Drehscheibe Tongefäße aller Art für den Hausgebrauch und für dekorative Zwecke, darunter Behälter, die Trinkwasser kühl halten, irdene Tiegel zum Backen und Braten, Kerzenständer und Musikinstrumente wie Tonpfeifen und Okarinas. In Form und Verzierung der Töpferwaren lebt die traditionelle Ornamentik der Maya weiter.

Genossenschaftlich organisierte Frauen flechten in Santa Bárbara aus **Palmfaser** wunderschöne elastische Strohhüte und hübsche Flaschenhüllen für den berühmten mexikanischen Kaffeelikör *Kalhua*.

Holzschnitzerei ist Männerarbeit. In allen Kunstgewerbeläden des Landes gibt es schwere, kunstvoll geschnitzte einfarbige oder bunte Truhen aus Edelholz, auch Landschaften als Relief oder Kleinode wie Kruzifixe, Kästchen, Schalen und Schüsseln. Beliebtes Andenken sind die Schnitzbilder, die hier in fast allen Haushalten an der Wand hängen.

Handgefertigte **Hängematten** aus Kunststoff oder Naturfaser, unentbehrliches Requisit für arme und reiche karibische Haushalte, werden auf Märkten oder an den Straßen in allen Farben und Qualitäten angeboten. Allgemein gilt: Je dichter die Maschen, desto haltbarer (und teurer) die Matte.

Besonders exotisch sind die **tunus.** Sie stammen aus der Moskitia. In den am mittleren Río Patuca gelegenen Orten Ahuas, Wawina und Wampusirpi werden aus der Rinde des Latex-

Honduranische Musikinstrumente

● **Caramba** oder **Arco Musical.** Verbreitung: Santa Bárbara, Choluteca, Olancho, Intibucá. Ein mit einer Saite bespannter Bogen mit einem ausgehöhlten, offenen kleinen Kürbis in der Mitte als Resonanzkörper. Der übermannsgroße Bogen wird an der Schulter des Spielers abgestützt. Die Saite wird mit einem Stab geschlagen, der Klang variiert, je nachdem, ob der Kürbis mit der Hand zugehalten wird oder nicht.

● **Sacabuche** oder **Zambomba.** Verbreitung: Santa Bárbara, Choluteca, Olancho. Mit Fell bespannter, ausgehöhlter Kürbis mit einem in der Mitte eingelassenen Stock, der im allgemeinen mit einer feinen Wachsschicht bestrichen ist. Er wird mit der Hand gerieben und erzeugt einen lauten, monotonen Klang.

● **Uadabu.** Verbreitung: Nordküste. Das Gehäuse von Meerschnecken (span. *concha de caracol*) wird von den Garífuna als Verständigungsmittel benutzt. Wenn die Fischer die Schnecke blasen, weiß man im Dorf, daß frischer Fisch angekommen ist. Soll ein Haus in Gemeinschaftsarbeit erbaut werden, ruft man damit die Nachbarn zusammen. Auch als Solo-Instrument bei traditionellen Festen ist es gerne gesehen.

● **Cidara.** Verbreitung: Nordküste. Primitives Saiteninstrument, das vor allem Kinder spielen. Ein Holzbrett, mit drei oder vier Saiten bespannt und einer Konservendose als Klangkörper.

● **Cisira Maraga.** Verbreitung: Nordküste. Mit Samen und Steinchen gefüllte, ausgehöhlte Kürbisse mit Holzgriff dienen als Rasseln (span. *maraca*). Sie werden bei Heilungs- un Beschwörungszeremonien von den Garífuna-Schamanen *(buyei)* eingesetzt.

● **Tagei Bududura.** Verbreitung: Nordküste. Mit einem Stock oder einem Nagel wird auf den Bauchteil eines Schildkrötenpanzers (span. *caparazón de tortuga*) geschlagen. Der Klang variiert, je nachdem wohin der Schlag trifft.

Die Menschen

Baumes in einem mehrtägigen, schwierigen Prozeß mehrfarbige Wandteppiche, aber auch Taschen und kleine Tukane oder Papageien hergestellt, die in einigen Kunstgewerbeläden zu finden sind.

Ein **Ausbildungszentrum für Kunsthandwerker** gibt es seit einigen Jahren in dem hübschen, alten Städtchen Valle de Angeles, unweit von Tegucigalpa (siehe dort). Holzschnitzer, Weber, Gerber und Töpfer arbeiten hier unter fachlicher Anleitung und bieten ihre vielfältigen Produkte in den Geschäften des Ortes und auf besonderen Ausstellungen zum Verkauf an.

Malerei

Pablo Zelaya Sierra (1896 bis 1933), gebürtig aus Ojojona (Museum siehe dort), der sich in jungen Jahren in Europa ausbilden ließ, gilt als der eigentliche Begründer der modernen Malerei in Honduras. In seinen realistischen Bildern hielt er Motive seiner Heimat fest.

José Antonio Velasquez (1906 bis 1983) lebte in dem kleinen Ort San Antonio del Oriente (nahe El Zamorano, siehe dort), wo er Frisör und Bürgermeister war. Er ist der eigentliche Star der naiven Malerei in Honduras (Primitivismus), erkennbar an den klar und bunt gezeichneten Landschafts- und Dorfmotiven, in denen immer wieder ein Priester mit Hund auftaucht. 1952 schon stellte er in Washington D.C., 1976 im Hispanischen Institut in Madrid aus. Unzählige namenlose Künstler tun es ihm heute nach. Viele von ihnen stellen in Tegucigalpa aus: Schräg gegenüber vom Haupteingang des Edificio Naciones Unidas und in der langen Auffahrt vom Blvd. Morazán zum Villenviertel Lomas del Guijarro.

Jüngere honduranische Maler haben erst während der letzten Jahrzehnte Zugang zur internationalen Kunstszene gefunden. Mit der Generation der in den 40er Jahren geborenen Künstler wie *Ruiz-Matute*, *Aníbal Cruz*, *César Rendón* und *Gregorio Sabillón* wächst in Honduras eine eigene Ausdruckskraft, die auch in europäischen und US-amerikanischen Galerien Beachtung findet. Neben surrealistischen dominieren abstrakte Elemente. Stets setzen sich die farbigen Bilder mit Geschichte und sozialem Leben des Landes auseinander.

Daneben gibt es zahlreiche Landschaftsmaler, Vertreter des **Primitivismus** wie *Jesús Valladares*, *Roque Zelaya* und *Mauricio Pérez*, die liebevoll und häufig auch idealisierend Szenen aus dem ländlichen Alltag darstellen.

Musik und Tanz

Musik erklingt fast überall, allerdings zumeist aus Radios ohne Rücksicht auf deren Tonkapazität. Allerorten gibt es *bandas*, **Musikgruppen** mit nationalem und internationalem Schlagerrepertoire, die in Diskotheken oder zu Festlichkeiten aufspielen.

Die Menschen

Traditionelles Instrument der Volksmusik ist die **Marimba,** ein Xylophon, so groß, daß es von mehreren Spielern gleichzeitig bespielt wird. Die beliebten *marimberos* treten bei Volksfesten auf, und in San Pedro Sula geben sie donnerstags und sonntags ein öffentliches Ständchen auf den Stufen des Rathauses.

In manchen Freiluftrestaurants sorgen **Mariachi**-ähnliche Combos – häufig auch Trios – für romantische Stimmung. Sie sind mit Gitarre, Schifferklavier und dem *guitarrón* ausgestattet, einer unförmigen Riesen-Gitarre. Da fast alle honduranischen Männer geborene Tenöre sind, stimmen die Gäste je nach Alkoholpegel laut und leidenschaftlich in den Gesang ein. Ge-

spielt werden zumeist *rancheras*, Bauernlieder über traurige Situationen des Lebens, der Blues des Lateinamerikaners.

Die musikalisch aktivsten Honduraner sind die **Garífuna.** In ihren Dörfern an der Karibikküste im Norden spielen sie mit althergebrachten Instrumenten wie Trommeln, Muschelhörnern und Schildkrötenpanzern unverfälschte, mitreißende afrikanische Rhythmen und Melodien. Eine populäre Variante

Punta- und Merenguemusik
ist immer dabei

dieser Musik, die **Punta,** ist inzwischen auch in Europa bekannt geworden. Gruppen wie die *Banda Blanca* oder die *Gatos Bravos* haben schon mehrfach CDs für internationales Publikum produziert.

Klassische Musik verhallt in Honduras meist ungehört. Allerdings gibt es ein recht gutes nationales Sinfonieorchester. Das Ensemble rekrutiert sich aus Absolventen der Musikschulen in San Pedro Sula und Tegucigalpa. Ein geeigneter Konzertsaal steht aber nur in Tegucigalpa zur Verfügung, und zwar im Teatro Nacional Manuel Bonilla, drei cuadras unterhalb der Hauptpost.

Theater

Die sozial engagierte Bewegung der 70er Jahre, die nationales und lateinamerikanisches Theater auf die Straße, in die Dörfer und die Schulen gebracht hatte, fand durch die repressive Politik der 80er Jahre ein jähes Ende. Erst seit der Demokratisierung ab Mitte der 80er Jahre finden sich wieder **Laiengruppen** von Schülern und Studenten zusammen, die aktuelle Probleme wie zum Beispiel Aids dramaturgisch oder pantomimisch aufarbeiten. Die Gruppe *Pan y Hambre* (Brot und Hunger) aus Tegucigalpa verbindet Musik und Theater miteinander.

Auf der einzigen Bühne des Landes, im eindrucksvollen *Teatro Nacional Manuel Bonilla*, werden in erster Linie Gastspiele ausländischer Ensembles gegeben. Ein offizielles nationales Ensemble gibt es nicht. Absolventen der Schauspielschule in Tegucigalpa müssen sich auf eigene Faust durchschlagen. Bekannteste Laiengruppe ist derzeit La Fragua (Die Schmiede), eine Studentengruppe aus El Pogreso, Cortés.

Bildungswesen

In Honduras besteht ab dem 6. Lebensjahr die **Schulpflicht** bis zum 15. Lebensjahr. Der Staat garantiert theoretisch die Versorgung mit öffentlichen Kindergärten (3. bis 5. Lebensjahr), kostenlosen Grundschulen (*primaria*, 6. bis 11. Lebensjahr) und kostenlosen Gesamtschulen (*secundaria*, 12. bis 15., dann freiwillig bis 18. Lebensjahr).

Tatsächlich jedoch bleiben Tausende von Kindern, vor allem auf dem Lande, der Schule fern, weil ihre Eltern das Geld für Schulbücher und Hefte nicht aufbringen können. Deswegen schaffen nicht einmal die Hälfte der Schüler den **Grundschulabschluß,** den sogenannten *sexto grado.* Zudem fanden 1995 allein im Departement Cortés 10.000 lernwillige Kinder keinen Platz in der Schule, weil es an **Planstellen** für Lehrkräfte mangelt. Tausende von arbeitslosen Lehrern fühlen sich zugleich gezwungen, ihren Unterhalt als Taxifahrer, Verkäufer etc. zu verdienen. Zwar gibt es in Honduras mehr als 8000 staatliche Grundschulen. Doch knapp die Hälfte verfügt nur über einen einzigen Raum und einen Lehrer

für alle sechs Jahrgänge zugleich. Die Lernziele werden nicht erreicht. Häufig bleiben die Stellen in Landschulen unbesetzt, weil Lehrer sich weigern, in Dörfern zu unterrichten, die nur zu Fuß zu erreichen sind und über keinerlei Infrastruktur verfügen. Zur Erntezeit „schwänzen" Tausende von Kindern die Schule, um ihren Eltern bei der Landarbeit zu helfen.

Mit Abschluß der **Grundschule** kann ein Kind lesen, schreiben, das kleine Einmaleins und ein paar Nationalhelden beim Namen nennen. Sollte es trotz materieller Not der Eltern, Kinderarbeit und Sorge für die kleineren Geschwister die **Gesamtschule** besuchen können, so erreicht es mit dem 15. Lebensjahr den *plan básico*. Nun

kann es ein bißchen Bruchrechnen, ein paar Worte Englisch, kennt soziale Gegensätze und kann sich mit normal gebildeten Erwachsenen unterhalten. Nur wenn das Kind jetzt noch weitermacht, kann es mit dem 17. Lebensjahr einen vollschulischen Abschluß als Lehrer, Sekretärin oder Kaufmann und Buchhalter erreichen. Mit diesem Abschluß hat es Grundbegriffe des jeweiligen Berufs gelernt, aber keine Fremdsprache und keine betriebliche Praxis. Es hat Glück, wenn ein Unternehmen ihm für ein paar Lempiras eine Chan-

Schulpause auf dem Dorfplatz
von Ojojona

ce gibt, diese Kenntnisse erst noch zu erwerben.

Wer nach dem *plan básico* die **Hochschulreife** erwerben möchte, strebt am besten gleich das *bachillerato* an. Dieser Grad ermöglicht zwar keinerlei Berufstätigkeit, wohl aber den Zugang zur öffentlichen **Universität** *UNAH (Universidad Autonoma de Honduras)* mit Sitz in Tegucigalpa und Ablegern in San Pedro Sula und La Ceiba. An der *UNAH* werden Betriebswirtschaft, Volkswirtschaft, Biologie, Medizin, Bauingenieurwesen, Sozialwissenschaft, Psychologie und Sprachwissenschaften angeboten. Im *Centro Universitario del Norte (CURN)* in San Pedro Sula liegt der Schwerpunkt auf Betriebswirtschaft und Kommunikationswissenschaften, im *Cento Universitario del Litoral Atlántico (CURLA)* in La Ceiba werden auch Forstwissenschaften und Agrarökonomie gelehrt.

Das weitgefächerte System ist **in der Praxis** jedoch sehr schwach. In der Provinz treten die unmotivierten, schlecht bezahlten Lehrer ihren Dienst häufig gar nicht an. Von den beiden einzigen Schulen *(primaria)* der Sumu Tawahka (am Río Patuca) zum Beispiel funktioniert überhaupt nur eine, und das im Durchschnitt auch nur 100 Tage im Jahr. Die Analphabetenrate beträgt landesweit auch fast 30 Prozent.

Auch das teure **private Schulsystem** bringt nicht viel mehr für das spätere Leben der jungen Honduraner. Zwar wird den Kindern ab dem 3. Lebensjahr die englische Sprache nahegebracht und der Schulsport nach amerikanischem Vorbild ins Zentrum gestellt, doch die Lehrmethoden sind auch sehr reproduktiv und verhindern die Kreativität und Initiative des einzelnen.

Die **Universitäten** dagegen sind besser als ihr Ruf. Anders als in Europa wird das Verbindende gepflegt, breites, anwendungsorientiertes Wissen steht im Vordergrund. Honduranische Biologen zum Beispiel können unzählige Pflanzen und Tiere unterscheiden, verstehen die Kreisläufe der Ökologie und engagieren sich vielfach für Naturschutz.

Gesundheitswesen

Naturmedizin

Die Mehrheit der Honduraner, vor allem fast alle auf dem Land lebenden Menschen kennen eine Reihe von **Kräutern,** die zu Salben, Tinkturen und Extrakten verarbeitet werden. Eine chronische Bronchitis etwa merzt meine honduranische Schwiegermutter mit dem Extrakt aus Ingwerwurzeln aus. Konstante Blähungen eines Säuglings werden zum Beispiel in vielen *Ladino*-Familien dadurch gelindert, daß der Säugling über dem Rauch von brennendem Unrat geschwenkt wird, der an vier Eckpunkten der wichtigsten Dorfkreuzung gesammelt wurde. Während *naturalistas* auf traditionelle Heilkräuter zurückgreifen, verwenden *curanderos* Heilmethoden des Schamanismus.

Öffentliche Gesundheitsversorgung

Im ganzen Land gibt es ein löchriges System schlecht ausgestatteter **Krankenhäuser** *(hospital)* und **Gesundheitszentren** *(centro de salud)*. Trotz einiger positiver Ausnahmen wie dem Hospital *Catarino Rivas* in San Pedro Sula kann das öffentliche Gesundheitswesen keine sichere Versorgung kranker Menschen gewährleisten: Spezielle Medikamente fehlen gänzlich, Personal ist Mangelware, Operationen erfordern wochen- und monatelanges Ausharren auf der Warteliste. Dennoch ist die öffentliche Versorgung die einzige Hilfe für die große Mehrheit der Bevölkerung. Ich selbst wurde an einem kompliziert gebrochenen großen Zeh bestens behandelt: im öffentlichen Krankenhaus von Trujillo und kostenlos. Die nicht ganz so kostenlose Berufsgenossenschaftliche Unfallklinik in Deutschland ersetzte den honduranischen Gips dann aber doch, weil er den deutschen Profis nicht akkurat erschien.

Krankenversicherung

Nur etwa 6 % der Bevölkerung, das sind die formell Angestellten, sind in der öffentlichen Krankenversicherung. Das *Instituto Hondureño de Seguridad Social (IHSS)* betreibt in Tegucigalpa und San Pedro Sula relativ überfüllte eigene Krankenhäuser. Bei der Betreuung von Schwangeren hat sich das *IHSS* einen guten Namen gemacht.

Konkurrierend zum öffentlichen *IHSS* entstanden in den letzten Jahren **private Krankenversicherungen**, deren Leistungsfähigkeit wegen der geringen Mitgliedszahlen noch nicht überzeugt.

Private Gesundheitsversorgung

In fast allen Städten des Landes bieten private Praxen *(clínica)* und Krankenhäuser *(hospital privado)* ihre Dienste an. Ärzte und Krankenschwestern sind häufig motivierter, nicht jedoch unbedingt besser ausgebildet als in öffentlichen Kliniken. Privatärzte verlangen Barzahlung, die Preise liegen im internationalen Vergleich jedoch überraschend niedrig. Eine *consulta* kostet 10 $, eine Krone ist schon für 40 $ pro Zahn zu bekommen, fachlich sauber ausgeführt. Allerdings weiß man nie, ob der ärztliche Rat zu einem teuren Eingriff eher der Einkommenserzielung dient oder der Gesundheit des Patienten.

Die Spitze des gesundheitlichen Luxus ist daher die Reise nach den USA oder gar nach Kuba, wo der real existierende Sozialismus eine Gesundheitsversorgung auf Weltniveau zustande gebracht hat. Selbst ultrakonservative honduranische Generäle sollen sich schon dem kubanischen Chirurgen-Messer anvertraut haben!

Die Menschen

Routen und Orte

Tegucigalpa und Umgebung

Überblick

Tegucigalpa ist die Hauptstadt von Honduras und liegt im zentralen Hochland. Tegucigalpa hat zwar nicht den wichtigsten Flughafen des Landes und liegt auch weder an Wasserstraßen noch an der Eisenbahnlinie. Doch von Tegucigalpa aus lassen sich viele kulturell und historisch interessante Regionen des Landes erreichen. Vor allem sind es von Tegucigalpa bis zur im Süden gelegenen Pazifikküste nur zwei Autostunden. Tegucigalpa liegt außerdem an der einzigen Verbindungsstraße zwischen karibischem Norden und der im Süden von West nach Ost verlaufenden *Carretera Panamericana*.

Tegucigalpa ist die vielleicht schönste Hauptstadt Zentralamerikas: Sie hat das Flair ihrer Geschichte bewahrt. Die auf rund 930 m Höhe erbaute Stadt liegt am Fuß des Berges Picacho, hinter dem sich der Bergnebelwald von La Tigra befindet. Die Stadt zählt heute etwa 900.000 Einwohner. Tegucigalpa wurde nie von einem Erdbeben oder einem Großbrand verwüstet. Deshalb bewahrt die Stadt bis heute den Charme der aus rosarotem Sandstein gebauten Kolonialarchitektur. Je weiter man jedoch vom engen, historischen Stadtkern in die Außenbezirke gelangt, desto moderner und internationaler präsentiert sich die Großstadt.

Tegucigalpa wurde erst 1880 Hauptstadt des Landes, 1938 kam die bis dahin unabhängige Zwillingsstadt Comayagüela hinzu. Beide zusammen werden heute zusammen als ein Regierungsbezirk *(Distrito Central, D.C.)* verwaltet, sind aber sowohl geographisch (der Fluß Choluteca bildet die Grenze) als auch atmosphärisch scharf voneinander getrennt: Während Tegucigalpa das kulturelle und politische Zentrum des Landes darstellt und vielfältige Reize für Geist und Seele bereithält, ist Comayagüela als kommerzielles Zentrum viel hektischer, schmutziger und bunter.

Comayagüela ist eher gewerblich geprägt, hier dominieren grelle Läden, die in einem bunten Schilderwald Ersatzteile, Farben, Maschinen und Bekleidung anbieten. In Comayagüela befinden sich die Märkte von San Isidro, ein überdachtes El Dorado für günstige Käufe von allem, was nicht niet- und nagelfest ist. Hier werden seltene Heilkräuter ebenso gehandelt wie Fleisch, Lederwaren oder Elektroteile. In Comayagüela, das noch deutlich lärmiger und schmutziger ist als das schon unübersichtliche Tegucigalpa, befinden sich alle Busunternehmen, mit denen der Reisende den Weg in die Ferne antritt. Entsprechend bietet Comayagüela eine breite Palette preiswerter Hotels und Comedores.

Geschichte

Tegucigalpa heißt soviel wie Felsen *(galpa)* aus Silber *(teguci)*, und zwar in Nahuatl, der Sprache der Eingeborenen, die die Spanier bei ihren Erschließungsexpeditionen aus Mexiko mitbrachten. Eine andere Version löst das Wort ethymologisch in „buntes Gestein" auf: Die um Tegucigalpa liegenden Gebirge bringen tatsächlich rote und grüne Gesteinsarten hervor, die in der Fassade der Kathe-

drale (rot) im Zentralpark und im Gebäude des Theaters *Manuel Bonilla* (grün) beobachtet werden können.

1578 wurde das erste **Minencamp** errichtet, da im Gestein des Picacho auch Gold und Silber gefunden worden waren. Als erste wurde die Silbermine *Agalteca* eröffnet. Am **29. September 1578** wurde Tegucigalpa unter dem Namen *Real de Minas de San Miguel de Tegucigalpa* gegründet. Oberbürgermeister wurde *Alonso de Cáceres.* Zwischen 1578 und 1579 wurden die Silberminen von *San Marcos, Santa Lucia, Apasapo* und *Tegucigalpa* eröffnet. Eigentümer waren unter anderem die Spanier *Alonso de Esguaza, Agustín de Espíndula* sowie *Doña Leonor de Alvarado.* Die indianische Bevölkerung arbeitete in den Minen, sie hatte keine Besitz- oder Nutzungsrechte.

Zwischen **1574** und **1586** baute der Franziskanerorden in Tegucigalpa ein **Kloster** auf. **1590** wurde dem spanischen Königshaus gemeldet, daß eine strukturierte Besiedlung von Tegucigalpa erreicht worden ist: Viele Bürger spendeten bereits für den klösterlichen Haushalt und den Bau neuer Gotteshäuser und Gemeindeeinrichtungen. Die Wohn- und Geschäftsgebäude befanden sich in dieser Zeit noch ausschließlich am Fluß.

Doch erst fast zweihundert Jahre später erhielt Tegucigalpa den **Stadttitel** der spanischen Krone als *Villa de San Miguel de Heredia.* Zu diesem Zeitpunkt war die heutige Altstadt von Tegucigalpa bereits komplett besiedelt, d.h. das Gebiet zwischen dem Fluß Choluteca, dem Fluß Chiquito und dem Berg Picacho. Mitte des 18. Jahrhunderts kam das Barrio (Viertel) Guanacaste hinzu, Mitte des 19. Jahrhunderts das Barrio La Leona am Hang des Picacho. Ende des 18. Jahrhunderts entstand das heutige Barrio Abajo (Unterstadt), um die damals erbaute Kirche Los Dolores herum. Das Viertel wurde von Mulatten und mestizischen Handwerkern bewohnt, der nicht-spanischen neuen Mittelschicht. Diese Menschen trugen viel zur Entwicklung bei, so daß Los Dolores in einer Rekordzeit erbaut wurde. Der Stil entsprach dem „letzten Schrei": In der sich hoch erstreckenden Fassade sind mit buntem Glas verschlossene Nischen eingelassen.

Tegucigalpa war seit Beginn des Unabhängigkeitskampfes das Zentrum der nationalen Bewegung des jungen Staates. Hier wirkten die großen Gründerväter *Francisco Morazán* und *José Cecilio del Valle*. Hierhin verlegte *Marco Aurelio Soto* 1880 die Hauptstadt – der Legende nach, weil seine aus Tegucigalpa stammende Ehefrau in der vorherigen Hauptstadt Comayagua gesellschaftlich nicht akzeptiert worden war. Fortan war Tegucigalpa die Tribüne der liberalen Reform, die dem Land eine bürgerlich geprägte Wirtschaftsverfassung gab. Die beiden heute dominierenden Parteien (liberal und national) gründeten sich beide um die Jahrhundertwende in Tegucigalpa. Doch die Parteien konnten selten wirklich die Geschicke des Landes bestimmen: Nach der Konjunktur der Edelmetalle kam die Konjunktur der Bananen-Enklaven im karibischen Norden. Während die Minen in der Nähe der Hauptstadt lagen, entzogen sich die nur in einer einwöchigen Reise zu erreichenden Bananenplantagen dem hauptstädtischen Blick. Die Regierung versuchte dennoch von Tegucigalpa aus, die wirtschaftliche Macht der meist ausländischen Investoren für die Entwicklung des Landes zu nutzen. Oft residierten in Tegucigalpa aber nur eigennützige und selbstherrliche Herrscher wie der Diktator *Tiburcio Carías*.

Tegucigalpa ist bis heute ein intellektuelles und politisches Zentrum mit Ecken und Kanten. Als beispielsweise im April 1988 der aus Olancho stammende Kokainbaron und Volkstribun *Ramón Matta* an die USA ausgeliefert wurde, kam es zu einer Demonstration von Gewerkschaften, Bauernverbänden und Studenten. Die Demonstranten bauten auf der Avenida de la Paz Barrikaden auf, warfen Autos um und setzten das US-Konsulat in Brand. Honduranische Polizisten schauten stundenlang untätig zu. Erst spät setzte sich die US-Regierung durch und ließ brutal zurückschlagen, mindestens zwei Demonstranten kamen dabei um. Tegucigalpa hatte einmal mehr bewiesen, daß es die Heimstätte derer ist, die die nationale Würde notfalls mit aller Entschlossenheit gegen äußere Einmischung verteidigen. Und sei es am Beispiel eines illustren Drogendealers.

Orientierung

Tegucigalpa verwirrt den Bewunderer. Allzu leicht ist es, sich völlig zu verlaufen und zu verirren, da die sonst übliche quadratische Stadtplanung der spanischen Kolonialherren hier an ihre Grenzen stieß. Kaum eine Straße geht wirklich geradeaus. Grob teilt sich die Hauptstadt in folgende fünf Zonen: die Altstadt im Norden, die Neustadt oder Zona Viva um den Blvd. Morazán im Osten, die gewerblich geprägte Zwillingsstadt Comayagüela im Südwesten, der grüne und pittoreske Park La Leona (die Löwin) mit Aussichtsplattform im Norden und der Gipfel des Berges El Picacho mit dem Park der Vereinten Nationen im Nordosten, ca. 7 km außerhalb.

Zum großstädtischen Flanieren gut geeignet ist die **Fußgängerzone** *Peatonal*, die am Zentralpark beginnt und von dort aus 400 m westlich bis zur Hauptpost *(Correo Central)* führt. Hier befinden sich unzählige fliegende Händler *(vendedores ambulantes)*, die kleine Spiele, Lederwaren, Modeschmuck, Regenschirme, Taschenmesser und vieles mehr anbieten. Verschiedenste Läden sprechen den Passanten mit großen, bunten Werbeschildern an.

Hinter der Hauptpost befindet sich zwei cuadras weiter westlich das Nationaltheater *(Teatro Nacional Manuel Bonilla)* an einem schönen, belebten Platz. Am Eingang des Theaters sind die zuverlässigsten Informationen über kulturelle Veranstaltungen in der Stadt angeschlagen.

Tegucigalpa

Vom Stadion nach Osten führt der **Blvd. Morazán,** an dessen beiden Seiten sich moderne Gastronomie und Dienstleistung (Banken, Versicherungen, Einkaufszentren) angesiedelt haben. An allen Abenden vergnügt sich am modernen Blvd. Morazán die konsumorientierte Jugend der Hauptstadt.

Ebenfalls vom Stadion ab, und zwar südöstlich, führt der **Blvd. Suyapa:** Zunächst etwa 1,5 km bis zur rechts vom Blvd. stehenden Universitätsklinik *(Hospital Escuela)* und dann weiter an der (3 km weiter links befindlichen) Universität *UNAH* vorbei bis zur großen (meist geschlossenen) Basilika Suyapa.

Außerhalb der engmaschigen Altstadt von Tegucigalpa dominieren als Hauptstraßen der Stadt die Boulevards: Im westlichen Comayagüela geht die in Nord-Süd-Richtung verlaufende Calle Real in den **Blvd. de la Comunidad Europea** über, der nach 4 km schließlich zum Flughafen Toncontín führt. In Comayagüela ist die Calle Real eine zwar lärmig-schmutzige Hauptverkehrsstraße, doch (von Nord nach Süd) entlang von Buchhandlungen, dem interamerikanischen Kulturzentrum *IHCI*, dem Park La Libertad mit der Hochschule der Künste bis zum Park El Obelisco mit dem Oberkommando der Streitkräfte lohnt ein Spaziergang.

Standbild des Franzisco Morazán

Sehenswertes

Rundgang

Ein Rundgang (ca. 3 Stunden lang) durch die Stadt könnte am **Reiterstandbild** des Befreiungshelden *Francisco Morazán* mitten im **Zentralpark** beginnen. Dann lohnt sich ein Blick in die **Kathedrale** mit Altar, Weihbecken und Kirchgarten. Danach geht es eine cuadra südlich zur **Plaza La Merced,** wo die gleichnamige **Kirche** (östlich des kleinen Platzes) und die frühere **Universität** (rechts neben La Merced) sowie das **Kongreßgebäude** (südlich der Plaza), die **Zentralbank** (westlich der Plaza) und das **Museum der Republik** (eine cuadra westlich) zu besichtigen sind. Unterhalb des Museums führt die **Brücke Mallol** über das breite

Becken des Flusses Choluteca zur Zwillingsstadt **Comayagüela** hinüber.

Dann geht es rechter Hand die 1a Calle entlang 4 cuadras geradeaus, bis rechter Hand ein **gewerblich genutztes Gebäude** (unter anderem Ersatzteilverkauf von Volkswagen) mit integriertem Gotteshaus (!) sichtbar wird. Vorn an der Ecke werden Einfachstmöbel aus Kiefernholz angeboten, ein Tisch kostet hier nur etwa umgerechnet 20 DM. Linker Hand (von Tegucigalpa abgewandt) liegt der große, überdachte **Mercado San Isidro,** der größte Markt des Landes. Nach einem ausführlichen Besuch dieses Eldorados geht es über eine **Brücke** (*Puente 12 de Julio*) wieder hinüber nach Tegucigalpa.

Nach 9 cuadras geradeaus Richtung Norden erreicht man das **Nationalmuseum Villa Roy** und das **Institut für Anthropologie und Geschichte** *(IHAH)*. Westlich davon befindet sich der **Park La Concordia** mit Mini-Repliken der großen Maya-Denkmäler Mittelamerikas. Zum Schluß des Rundgangs lohnt sich ein Aufstieg zum **Parque La Leona** (Löwenpark), der 3 cuadras östlich des Museums (5 cuadras östlich des Parks La Concordia) über steile Treppen zu erreichen ist. Inmitten von La Leona befindet sich ein Basketball-Feld.

Wichtige Sehenswürdigkeiten

Für lehrreiche und anregende Stadtexpeditionen ist Tegucigalpa ein reich gefüllter Tresor. Dem europäischen Reisenden, der geordnete Innenstädte mit bürgerlichem Publikum gewöhnt ist, schreit Tegucigalpa entgegen wie ein stinkendes Chaos. Wer dagegen die sehr kommerziellen, von Anonymität und Streß überschatteten Szenen anderer Dritte-Welt-Metropolen oder auch andere lateinamerikanische Zentren kennt, kann in Tegucigalpa eine andere Atmosphäre erspüren.

Nur schwer eröffnen sich dem überwältigten Neuling die Details. Tegucigalpa bietet Szenen, sei es für Maler, Musiker, Schwule oder fast jedwede andere Lebensweise, die in einem kleinen, traditionellen Land nur zarte Ausprägung entwickelt haben.

Die Brücken

Die Altstadt von Tegucigalpa wird mit dem Zentrum von Comayagüela durch vier massive Steinbrücken verbunden: Nördlich die Puente El Chile, die den Westen des Barrio Abajo mit den kahlen Hängen des Barrio El Chile in Comayagüela verbindet; weiter südlich die Puente 12 de Julio, die von Tegucigalpa aus schnurstracks ins tiefste Gewühl der Märkte führt; weiter südlich die Puente La Soberanía und schließlich noch ein Stück weiter südlich die Puente Mallol, die in die Calle Real übergeht.

Zentralpark

Im Zentralpark *(Parque Central)* spiegelt sich das ganze Leben der Honduraner. Hier gibt es bis zum frühen Abend die aktuelle Tageszeitung, hier werden Schuhe geputzt und illustre Personen aus Politik und Gesellschaft getroffen, hier begegnen sich Weltlichkeit und Geistlichkeit. Die Kathedrale begrenzt den Zentralpark nach Osten, die Hauptstraße Ave. Paz Barahona nach Norden (Verkehrsfluß nach Osten, Bus- und Colectivo-Halt) und die Ave. Cervantes nach Süden (Verkehrsfluß nach Westen).

Die Genossenschaft der **Schuhputzer** im Zentralpark bestimmt den Rhythmus pulsierenden Metropole: Jeder, der echte Schuhe trägt und etwas auf sich hält, setzt sich zwischen 8 und 12 Uhr vormittags in die Reihe unter dem Sonnendach an der Nordostseite des Zentralparks, ergreift eine dort ausliegende Tageszeitung und läßt seinen Schuhen (und damit sich selbst) den letzten, ultimativen Glanz verleihen. Ein Gespräch über eine jener ungebetenen Preiserhöhungen, Stromkrisen oder Korruptionsskandale ist oft unvermeidlich: Der Schuhputzer ist besser informiert als mancher Sonderausschuß des Kongresses.

Museum der Militärgeschichte und Museo del Hombre

Drei cuadras östlich auf der Ave. Miguel Paz Barahona befindet sich linker Hand die Kirche San Francisco, die schon 1592 von Franziskanern gegründet wurde. Angrenzend im gleichen Komplex ist das Militärische Geschichtsmuseum des Landes (Museo *Histórico Militar*), geöffnet von 8 bis 16 Uhr werktags, ein auch für Pazifisten verdauliches Thema, da militärische Stärke für Honduras schon vor der Staatsgründung durch *Francisco Morazán* mit vorbildlichen moralischen Zielen verbunden war.

Gegenüber, auf der anderen, südliche gelegenen Straßenseite befindet sich das beispielhaft restaurierte Gebäude, in dem früher das Höchste Gericht residierte. Heute ist es das *Museo del Hombre*, sozusagen das Museum der Museen. Es ist von der Südseite, d.h. von der Ave. Miguel de Cervantes her zu betreten und beherbergt aktuelle musische oder historisch relevante Ausstellungen.

Plaza La Merced

Nur eine cuadra südlich vom Zentralpark liegt die Plaza La Merced. Sie ist am Standbild des Staatsphilosophen *José Cecilio del Valle* zu erkennen. Hier befindet sich die kleine, wegen ihrer Gemälde kostbare **Kirche La Merced** (siehe dort). Neben ihr liegt das **Paráninfo Universitario** im Gebäude der alten Universität. Das Gebäude beherbergt seit Ende 1996 die **Nationalgalerie** *Galería Nacional de Arte*, mit Buchhandlung und Café. Hier können die besten Stücke klassischer und moderner honduranischer Malerei sowie Kunstfunde aus prähispanischer Zeit bestaunt werden (siehe unter Museen). Auf dem Platz vor dem Paráninfo Universitario steht ein **Denkmal** von *José Trinidad de Cabañas*. Der 1805 in Tegucigalpa geborene *Cabañas* war Mitstreiter des Reformers *Francisco Morazán*, Minister und Parlamentspräsident der Föderationsregierung in El Salvador und später Minister der honduranischen Zentralregierung. 1871 starb er in Comayagua, wo er auch begraben liegt.

Südlich der Plaza befindet sich das auf Stelzen stehende **Kongreßgebäude** und südöstlich das **Hochhaus der Zentralbank.** Sie beherbergt die Münzsammlung des Landes *(Museo Numismático)* und die Kunstsammlung *Pinacoteca Arturo H. Medrano.* Hinter diesem Gebäude befindet sich wiederum das **Museum der Geschichte der Republik** *(Museo Histórico de la República,* siehe unter Museen).

Modern und klassisch:
Zentralbank und Staatsmuseum

Mercado San Isidro

Auf der der Altstadt gegenüber befindlichen Seite des Flusses liegen die vier größten **Märkte** des Landes dicht beieinander. Zwischen der Puente 12 de Julio und der Puente La Soberanía liegen die Märkte *Las Americas* (im dreigeschossigen Gebäude), *Colón* und *San Isidro* (zusammenhängend, zwei cuadras vom Fluß entfernt) und *Alvarez.* In *Las Américas* reizen die üppigen Fruchtstände. Es gibt sogar ein Parkhaus, das von der dem Fluß entgegengesetzten Seite (Schild: *Parqueo*) zu befahren ist. Auf der 3. Ebene werden die Autos abgestellt, auf der 2. und 1. Ebene werden Frischprodukte angeboten. Ein Kaufhaus-Ensemble, das atmosphärisch weltweit seinesgleichen sucht.

Tegucigalpa

Parque La Concordia

An der 2a Calle, 9a Ave. im Bo. Abajo in Tegucigalpa liegt der „Park der Verliebten", der Parque La Concordia. Hier sind miniaturkleine Maya-Repliken der gesamten Maya-Welt aufgestellt. Kleine Brücken führen über Bäche und Tümpel. Auf unzähligen Bänken suchen Liebespaare Schutz vor der lärmigen Hauptstadt. Nur ein paar cuadras oberhalb (nordöstlich) vom Park befindet sich das Museum der Geschichte der Republik in der Villa Roy.

Parque La Leona

Nördlich über der Altstadt liegt die Siedlung La Leona. Sie ist nach einer Raubkatze benannt, die zu Gründerzeiten hier Angst und Schrecken verbreitete. Durch die Besiedlung der Hänge des Berges El Picacho ist jedoch der Wald verschwunden und heute erinnert nichts mehr an einen Lebensraum für wildlebende Tiere. La Leona erlaubt einen schönen Panoramablick über beide Städte und – bei klarem Wetter – entsprechende Fotos. Ich empfehle einen Spaziergang nach La Leona am frühen Morgen!

Kirchen

Kathedrale

Die zweitürmige Kathedrale, die sich auf der Ostseite des Zentralparks befindet, wurde von 1765 bis 1782 im spanisch-amerikanischen Barockstil errichtet. Sie ist ein Spiegel des Lebens der Stadt. Schon im Eingang kauern Bettler und fromme Pilger, im Inneren des Kirchenhauses finden sich allerlei Gedenktafeln und Blumen. Während die Symbole der ärmeren Frommen aus Plastik und Papier sind, häufig blaß oder staubig, finden sich auch Gaben begüterter oder berühmter Honduraner. Im Altar der Kathedrale ist das Zentrum und Tabernakel aus Silber gearbeitet, das aus den Minen um die Stadt herum gewonnen worden war. Die Altarverkleidung dagegen ist aus Blattgold, das nach Vorlagen und mit Goldlaminat der Werkstätten aus Antigua Guatemala aufgetragen wurde. Im Eingang rechts steht ein steinernes Weihbecken von 1646, das aus der ersten Pfarrkirche Tegucigalpas stammt.

Im Hof der Kathedrale befindet sich der älteste **Baum** der Hauptstadt, er stand schon vor Eintreffen der Spanier hier: Der *Escilinxochiltl* (sprich: Eskilinsutsche, lat. *Bourrieri huanita*) im eng gedrängten Kirchhof (nach innen gelegen, vom Weihraum aus zu sehen) ist ein Fruchtbarkeitssymbol der Ureinwohner. Auf Nahuatl bedeutet *Escilin* „Frau" und *Xochiltl* „Blume". Außer diesem Baum hat nur das steinerne Weihbecken die Brände vergangener Jahrhunderte überlebt.

La Merced

Wertvoll auch sind die Altäre und Bilder in der Kirche La Merced, die sich nur zwei cuadras südlich vom Zentralpark gleich neben der alten Universität befindet. Auf ihrem Vorplatz befindet sich das Paráninfo Universitario – siehe unter Museen, Nationalgalerie.

Virgen de los Dolores

Die Kirche der Virgen de los Dolores dagegen befindet sich drei cuadras westlich und drei cuadras nördlich vom Zentralpark. *Los Dolores*, wie die monumentale Kirche genannt wird, besticht durch ihren großzügigen Vorplatz, auf dem Losverkäufer ihre Ticketreihen ausbreiten. Wie vorn im geschichtlichen Abriß zu Tegucigalpa schon dargestellt, ist Los Dolores eine Errungenschaft der kreolischen und mulattischen Mittelschicht: Die monumentale Kirche wurde zeitgemäß mit kleinen Verliesen in der Vorderfront gebaut, in denen buntes Glas eingearbeitet ist – damals eine hochaktuelle Stilblüte.

Museen

Das *naturkundliche Museum* wurde inzwischen praktisch abgelöst durch die *Exposición de la Historia Natural de Honduras*, Blvd. Suyapa, Ed. de Sciencias Biológicas, Facultad de Biología. Dies ist das 1. Universitäts-Gebäude linker Hand, auf dem großen Boulevard Richtung Basilika Suyapa, ca. 3 km nach dem Gebäude von *Bancafé* links.

Nationalgalerie

Das *Paráninfo Universitario,* das Gebäude der ersten Universität der Stadt, liegt gleich rechts neben der Kirche La Merced, zwei cuadras südlich des Zentralplatzes. In diesem Gebäude befindet sich heute die Nationalgalerie mit einer hochwertigen Sammlung zeitgenössischer moderner und klassischer Malerei, kolonialer Kunst sowie einer Sammlung mit Kunsthandwerk einzelner Provinzen. In verschiedenen Sälen des aufwendig restaurierten kolonialen Gebäudes werden Kunst und Kultur des musischen Honduras gezeigt. Der Eintritt zur Galerie kostet 10 Lps.; geöffnet: Dienstag bis Samstag von 10 bis 17 Uhr, Sonntag bis 14 Uhr.

Museum der Republik

Zwei cuadras Richtung Westen ist im ehemaligen Präsidentenpalast das Museum der Republik *(Museo de la República de Honduras)* eingerichtet worden. Anhand von staatlichen Symbolen und Dokumenten, aber auch persönlichen Gegenständen honduranischer Würdenträger gibt es Einblick in die Geschichte der letzten Jahrhunderte. Ein geschmackvolles Arrangement sehr unterschiedlicher Objekte macht die Geschichte des Landes anschaulich.

Das Gebäude war bis 1992 noch der Präsidentenpalast. Es gibt einen lebendigen Einblick in das Ambiente der honduranischen Politik früher und heute. Das Präsidentenbüro sowie der berühmte blaue Saal des Staates sind die Attraktionen. Das Museum ist Montag bis Samstag von 8:30 bis 16:30 Uhr geöffnet. Ab Mitte 1998 entsteht im gleichen Gebäude voraussichtlich das neue ethnographische und anthropologische Museum.

Nationalmuseum

Das Nationalmuseum *(Villa Roy)* liegt in der 3a Calle, entre 9a y 10a Ave., eine cuadra östlich und zwei cuadras südlich vom Parque La Con-

cordia, im Bo. Abajo ganz oben auf dem Hügel. In der ehemaligen Präsidentenvilla *Villa Roy* gelegen, fungiert es seit 1997 als Museum der Republikanischen Geschichte *(Museo Histórico de la Republica en Villa Roy)*. Ein Land, das seine Souveränität bis heute erkämpfen muß, braucht nationale Symbole: In der wunderschönen Villa des Staatspräsidenten *Julio Lozano*, des Vorgängers von *Tiburcio Carías*, befinden sich sieben Räume, in denen die Geschichte des Landes zwischen 1821 und 1963 anhand von Utensilien, Karten, Dokumenten und Geschenken illustriert ist. Auf einem Parkplatz stehen die Staatskarossen aus sieben Jahrzehnten, zwischen Cadillac und S-Klasse ist alles dabei.

Das Museum ist von 9:00 bis 16:30 Uhr geöffnet und kostet 20 Lps. Eintritt.

Pinakothek und Münzsammlung

Im Gebäude der Zentralbank (vgl. Stadtrundgang) in der 12a Calle, entre 5a y 6a Ave., befindet sich die Pinakothek von *Arturo H. Medrano*, des früheren Zentralbankdirektors: 500 zeitgenössische Kunstwerke sind hier ansprechend zu einer Ausstellung geformt worden. Im gleichen Gebäude bietet die Nationale Münzsammlung einen Überblick über honduranische und ausländische Zahlungsmittel.

Beide Ausstellungen sind von 9 bis 12 und von 13 bis 16 Uhr kostenlos zu besuchen.

Wächter des Kulturerbes – das Instituto Hondureño de Antropología e Historia

Als 1952 das *Instituto Hondureño de Antropología e Historia IHAH* (Institut für Anthropologie und Geschichte) gegründet wurde, waren die heute bekannten Ausgrabungsstätten der prähispanischen Vorgeschichte schon entdeckt und der Forschung zugänglich gemacht worden. Die Regierung schuf so einen institutionellen Rahmen, damit Honduraner – und nicht nur wohlmeinende Ausländer – ihre bemerkenswerte Geschichte selbst erforschen würden.

Erst 1984 wurde gesetzlich festgelegt, daß vor allem das archäologische Erbe des Landes einen Forschungsauftrag für das *IHAH* darstellt. Die honduranischen Forscher des *IHAH*, die ihre akademische Fachausbildung in den USA, Großbritannien und Deutschland erhalten hatten, unterstützten ausländische Institute schon seit den sechziger Jahren bei den Ausgrabungen in Copán. In den siebziger Jahren trug die japanische Regierung im Rahmen ihres Entwicklungsbüros *Cooperación Téc-nica Japonesa* zur fachkundigen Freilegung einer größeren Siedlung in El Puente bei La Entrada (siehe dort) tatkräftig bei. Mitte der achtziger Jahre schließlich wurde – lange vor der Eröffnung der Ausgrabungsstätte selbst – das kleine Archäologische Museum in La Entrada eröffnet. Das archäologische Zentrum El Puente mit seinem sehr schönen Besucherzentrum wurde dann 1994 für die Öffentlichkeit freigegeben.

Zur Zeit bereitet das *IHAH* am Lago de Yojoa eine frühgeschichtliche Ausgrabung vor. Am Nordufer des Sees befindet sich ein Siedlungszentrum, das ca. 800 v. Chr. entstanden war. Dieses Ensemble mit dem Namen Los Naranjos wird bewußt als Teil des natur- und kulturgeschichtlichen Erbes des Yojoa-Sees behandelt. Archäologie und Geschichte werden als Chance und Herausforderung für die meist sehr arme Bevölkerung des Standortes betrachtet. Sie soll die geschichtlichen Reichtümer als Teil ihres Lebensraumes akzeptieren lernen und auf diese Weise selbst ein Interesse entwickeln, diese zu schützen und zu pflegen. Das geht aber nur, wenn die entsprechenden Stätten als Einkommensquelle

Kultur

Theater

Im Teatro Nacional Manuel Bonilla (2 cuadras westlich der Hauptpost) finden regelmäßig Theater- und Musikaufführungen statt. Hier musiziert auch das einzige **Sinfonieorchester** des Landes *(Orquestra Sinfónico Nacional)*. Das *Teatro* ist dem *Teatre de Atheneé de Paris* nachempfunden.

Deutsches Kulturzentrum

Einen allgemeinen Überblick über kulturelle Veranstaltungen bietet das „schwarze Brett" im **Centro Cultural Alemán** (Bo. La Fuente, 8a Ave., Tegu-cigalpa, nur 3 cuadras nördlich von der Fußgängerzone Peatonal, Tel. 237-1555, geöffnet meist erst ab 17 Uhr nachmittags). Hier finden Deutschkurse und gelegentlich Vorträge und Musikdarbietungen statt. Es können Kontakte zur sehr kleinen deutschen Kolonie in Tegucigalpa geknüpft werden.

Kunstgalerien

●**Galería und Café El Paradiso** ist eine zeitgenössische Kunstgalerie mit Café und brauchbarer Buchhandlung (Schwerpunkt Poesie und Politik). Hier finden wöchentlich Lesungen statt (am Infobrett im zweiten Raum links schauen oder einfach fragen). Das

konzipiert sind, und zwar als Teil einer für Besucher reizvollen Umgebung. Deshalb wird Los Naranjos integriert sein in die Siedlungsgeschichte und Natur des Lago de Yojoa, gleich in Nachbarschaft zu den Nationalparks Azul Meambar und Santa Bárbara sowie dem Wasserfall Pulhapanzak. Um dies zu erreichen, arbeitet das IHAH eng mit der Naturschutzorganisation *Eco-Lago* zusammen. *Eco-Lago* hat sich seit seiner Entstehung 1992 darum bemüht, die Campesinos am Lago de Yojoa in regelmäßigen Versammlungen für den Schutz des Sees zu gewinnen. Viele Anwohner des Sees sind in die vielfältigen Aktivitäten von *Eco-Lago* so eingebunden worden, daß sie dann auch einen spürbaren Vorteil erleben konnten.

Stets versuchte das IHAH auch, schlimmsten Raubbau am Kulturerbe zu verhüten: Als etwa Touristen große Mengen von kleinen, steinernen Schmuckgegenständen der Nahuatl aus dem Land schleppten, als einzigartige Kolonialville dem Ruin preisgegeben wurden, und auch, als wilde Taucher vor Utila nach spanischen Silberwracks des 17. Jahrhunderts suchten – immer artikulierten die Wissenschaftler des IHAH öffentlich ihre Proteste, wenn auch oft vergeblich.

Die Arbeit des IHAH wird durch ein Team von Anthropologen und Anthropologinnen geleistet. Einer von ihnen ist der US-Amerikaner *George Hasemann*. Er forscht seit Jahren über die intermediäre Zone, d.h. über das Siedlungsgebiet der Stämme, die im Einfluß der Maya gelebt haben, selbst aber keine Maya waren. Seine Arbeiten haben große Bedeutung für die zukünftigen Forschungen in der Moskitia. *George Hasemann* hat die Vermutung eines großen, vom Regenwald bedeckten Siedlungszentrums (die „Weiße Stadt", siehe Exkurs dazu) theoretisch untermauert.

Gloria Lara hingegen ist Honduranerin, sie hat in Hamburg Anthropologie studiert und promoviert. Frau *Lara* ist besonders hervorgetreten durch ihre engagierten Bemühungen, den historischen Stadtkern von Trujillo vor der rücksichtslosen Bau- und Abrißwut der lokalen Bevölkerung und so mancher öffentlichen Behörde zu schützen.

Die Büros des *IHAH* befinden sich unterhalb der *Villa Roy* bzw. des Museums der Republikanischen Geschichte im Barrio Abajo in Tegucigalpa.

Café liegt im Barrio La Plazuela, nur vier cuadras vom Zentralpark Richtung Osten, gleich an der Hinterseite vom Parkplatz des Hotels *La Ronda*.

● Die **Galería Trius** liegt in der *Casa Noble*, am Blvd. Juán Pablo Segundo, gegenüber dem neuen Außenministerium.

● Die **Galería Portales,** die auch Skulpturen zur Sammlung zählt, befindet sich zwischen dem Bo. Palmira und dem Bo. Guanacaste.

● Eine Ausstellung der Gebrauchskunst des 19. Jahrhundert, **La Victorina** genannt, befindet sich im Bo. San Rafael, und zwar von der Ave. República de Chilé, 2 cuadras arriba (Richtung Col.

Palmira) am Kunsthandwerks- und Souvenirladen *Candú* rechts, am Ende der Straße.

𝕻raktische 𝕴nformationen

Unterkünfte

Hotels in Tegucigalpa

● *Hotel Honduras Maya,* Col. Palmira, Ave. República de Chile (Tel. 232-3191, Fax 232-7629), modern, umfassend ausgestattet mit Pool, Restaurant, Cafetería, Bar, AC, internationales Publikum, Casino, schöner Blick, DZ 140 $.

Private Leguanzucht

Sehr nett von dem an der *UNAH* studierten Biologen *Olvin F. Andino* aufgebaut, von Oma und Sohn geführt und lehrreich über die Lebensweise und den Lebenszyklus des Leguans und des sog. *Garobo* ist das *Biosfera Ecocentro* in der Col. La Joya, an der Einfahrtsstraße zur gleichnamigen Siedlung (Col. La Joya, Calle Principal Nr. 2825, Apartado Postal 3129, Tel./Fax 230-6346). Die Führung beginnt mit einem englischsprachigen Video über den Leguan, begleitend exponiert sich „Francisco, der Leguan", das stadtweit bekannte Prachtexemplar, das liebevoll an der Leine geführt wird. Es gibt verschiedene Leguangehege zu sehen: Mal im Zuchtgehege, mal mit Kaninchen und mal mit Schildkröten. Immer redet der Junge wie ein Wasserfall, ein Kontrast zum ansonsten heißtrockenen Klima. Ein schönes Erlebnis zu einem fairen Preis (10 Lps.). Öffnungszeiten: 9 bis 16 Uhr.

● *Hotel Plaza San Martín,* Col. Palmira, 100 m östlich vom *Honduras Maya* (Tel. 232-8267, Fax 231-1366), 1992 eröffnet, gutes Restaurant, Bar, AC, Panoramablick von oberer Etage aus, bestes Preis-Leistungsverhältnis der Oberklasse in Tegucigalpa, DZ 110 $.

● *Hotel Excelsior,* Col. Palmira, am Ende der Ave. Cervantes, genau zwischen Zentrum und Hotel *Honduras Maya* (100 m westlich vor diesem) an belebter Straße (Tel. 237-2638), 1997 nach völliger Modernisierung in eleganter Form neu eröffnet, Restaurant, Bar, AC, DZ 87 $.

● *Hotel Prado,* Ave. Cervantes, gleich schräg hinter der Kathedrale (Tel. 237-0121, Fax 237-2221), modern, Café/Restaurant, Bar, Whirl-Pool, AC, DZ 72 $.

● *Hotel Plaza,* im Zentrum an der Fußgängerzone, gegenüber *Correo Nacional* (Tel. 237-2111, Fax 237-21119), mit Restaurant und Bar, AC, zentral, freundlich, DZ 66 $.

● *MacArthur,* Bo. Abajo, 8a Calle, entre 4a y 5a Ave. (Tel. 237-5609, Fax 238-0294), einfach, mit Frühstücksrestaurant, wahlweise mit oder ohne Klimatisierung, Parkgarage, korrekte Rezeption, Vorsicht: 10 % Aufschlag bei Kreditkartenzahlung, DZ 27 $.

● *Nuevo Hotel Boston,* nähe *Peatonal*, 2 cuadras westl. der Kirche Los Dolores, Ave. Jerez (Tel. 237-9411), kolonialer Stil, sicher, keine Zimmerbesuche erlaubt, DZ 12,50 $.

● *Hotel Maya Colonial,* Calle Pálace, Nr. 1225 (Tel. 237-2643), dunkle Zimmer, Innenhof für die Siesta, sehr zentral, DZ 11,20 $.

● *Hotel Iberia,* Peatonal Los Dolores, vor der gleichnamigen Kirche (Tel. 237-9267), laut, freundlich, sauber und einfach, DZ 10,80 $.

● *Hotel Granada II,* gegenüber den Kinos *Aries* und *Tauro*, Übergang von Ave. Jerez in Bo. Guanacaste, sauber (Chlor-Geruch), sicher, Garage, DZ 10 $.

Hotels in Comayagüela

● *Hotel Ismary,* 5a Calle, entre 4a y 5a Ave. (Tel. 238-1393), Ende 1994 eröffnet, private Dusche, DZ 10,50 $.

● *Hotel San Pedro,* 9a Calle, 6a Ave., mit oder ohne private Dusche (kein warmes Wasser!), Comedor, DZ 9$.

● *Hotel Colonial,* 6a Calle, entre 6a y 7a Ave., No. 617 (Tel. 237-5785), private Dusche mit Heißwasser, gepflegt, preiswert, DZ 5,40 $.

● *Hotel Pinares,* 17a Calle, 6a Ave. S.O., mit Ventilator und Privatdusche, DZ 5 $.

● *Hotel Latino,* 8a Calle, 6a Ave., Snacks, DZ 3,60 $.

● *Hotel Mariacruz,* 17a Calle, 6a Ave. S.O., mit Warmwasser, Comedor, DZ 3,20 $.

● *Hotel Lisboa,* 7a Calle, entre 4a y 5a Ave., dunkle, kleine Räume, preiswert, DZ 2,80 $.

Bed & Breakfast

Ohne Restaurant und Schnickschnack, aber sauber, sicher und privat stellt sich eine neue, US-orientierte Generation sog. B&B-Hotels dar; manche sind eher teurer als klassische Hotels:

● *Leslie's Place,* Palmira, Calzada San Martín, Casa Nr. 452, zwischen den Hotels *San Martín* und *Honduras Maya* (Tel. 239-0641, Fax 232-1687, e-mail: services@lesliep.com), 87 $.

● *Humuya Inn,* Col. Humuya, Casa Nr. 1150, nur 8 Minuten vom Flughafen Toncontín (Tel. 39-8962, Fax 239-2206, e-mail:

Tegucigalpa

humuyain@david.intertel.hn, web-side: www.hondurashotels.com/humuya), DZ 70 $.

●*Casa Montes,* links neben *Hotel Plaza San Martín* (Tel. 232-6830, Fax 239-0446), Preise wie *Leslie's.*

●*Café Allegro*, Ave. República de Chile, No. 360, Col. Palmira (Tel. 232-8122), saubere 4-Bett-Räume für 5 $ pro Person.

Essen

●*Alondra,* Col. Palmira, Ave. Republica de Chile, östlich/unterhalb des Hotels *Honduras Maya*, architektonisch und kulinarisch in spanischer Tradition, mit schönem Interieur und Patio, fein, teuer, aber lohnend, Komplettmenü mit Getränken pro Person ca. 12 $.

●*Café Allegro*, Ave. República de Chile, No. 360, Col. Palmira, bietet mittags bis abends leichte italienische und internationale Gerichte, allerdings zu unangemessen hohen Preisen.

●*La Cumbre,* km 7,5 auf der Carretera El Hatillo, feine, vielfältige Küche, montags geschl.,

Tel. 211-9000, 211-9001, Fax 211-9002, Komplettmenü pro Person ca. 10 $.

●Östlich hinter der Kathedrale liegt das *Al Natural.* In einem tropischen, kühlen Patio werden leichte, stets landestypische Speisen serviert. *Al Natural* ist 8-20 Uhr geöffnet. Die Preise sind fair, der Kaffee – häufig mit frischem Pfeffer oder Amaretto – ist die ideale Grundlage einer Tagebuch-Sitzung.

●*Terraza de Don Pepe:* Eine Herzkammer der Hauptstadt ist auch dieses volkstümliche Restaurant in der Ave. Cristobal Colón, nur zwei cuadras westlich vom Zentralpark. Im Restaurant in der 1. Etage spielt ein blinder Pianist, während in bunt gestalteten Nischen, häufig mit Blick auf die belebte Gasse, preis-

---

Als Unterkunft nicht erste Wahl:
Zentralgefängnis des Landes

werte asiatische und zentralamerikanische Fleisch-, Fisch- und Grillspeisen sowie Pasta und Suppen geboten werden. Bis in die Toilette hinein kleben Zeitungsausschnitte an den Wänden. Terraza de Don Pepe entfaltet seine Magie am Abend und ist ein echter Insider-Tip.

●**Restaurante Duncan Maya,** zwei cuadras von *Terraza de Don Pepe* weiter Richtung Osten, an der Ave. Cristóbal Colón, nur 60 m von der Kathedrale Richtung Nordwesten: bei jedem Bier auch kleine Häppchen *(boquitas)*, ergiebig, honduranischer Mittelschichtstreff, reell.

●**El Patio,** Blvd. Morazán, 50 m hinter dem Gebäude der *Seguro Interamericano* (auch *TACA* und *Credomatic*), hochwertiges Rindfleisch als Spieß, Steak etc., Tel. 232-9646.

●An der Straße Richtung Süden, der *Carretera del Sur* (vom Flughafen *Toncontín* weitere gut 10 km geradeaus) befinden sich die besten **Pupuserías** des Landes; kleine Restaurants, die mit Käse oder gegrillter Schweineschwarte gefüllte Tortillas servieren, eine Delikatesse salvadorianischen Ursprungs. Die würzigen Dinger liegen schwer im Magen, Bier oder Schnaps tun gut dazu. Beste *pupusería* ist **La Popular** (km 12,5).

Cafés

●**Repostería Francesa,** gegenüber der französischen Botschaft auf der 1a Ave. B (kleine, abknickende Verbindungsstraße zwischen Hotel *Honduras Maya* und dem Blvd. Morazán): Hier kann man im Garten sitzen und feine Torten, Baiser und Gebäck genießen.

●**Repostería Suiza,** Blvd. Morazán (westlich hinter der Kirche Guadalupe, am Anfang des Blvd. Morazán, gegenüber der Esso-Tankstelle), mit leckeren Teilchen zu günstigen Preisen, aber ohne Kaffee.

Unterhaltung

Casino

●**Casino Royale** im Hotel *Honduras Maya,* Col. Palmira, Ave. República de Chile.

Kino

●**Alpha** und **Omega,** Ave. Gutemberg, Ecke Ave. La Paz, Bo. Guanacaste, ca. 2 km vom Zentrum Tegucigalpas entfernt. Wegbeschreibung vom Zentrum aus: Calle Jerez geradeaus Richtung Osten, ca. 1 km lang durch das Bo. Guanacaste, dann über die gleichnamige Brücke, nach 500 m auf der rechten Seite.

●**Tauro** und **Aries**, schräg gegenüber vom Hotel *Granada*, Auffahrtsstraße nach El Picacho (Casamata/El Hatillo, 100 m nördlich vom Parque Finlay). Wegbeschreibung vom Zentrum aus: Calle Jerez geradeaus bis Parque Finlay, dann schräg links hoch am Hotel *Granada* vorbei, nach 50 m links liegen die Kinos.

●**Ave. Real, Regis, Opera** befinden sich im Centro Comercial Centroamérica am Blvd. Miraflores, ca. 4 km vom Zentrum Tegucigalpas entfernt.

●**Plaza 1** bis **4** befinden sich im Einkaufszentrum Plaza Miraflores, Blvd. Miraflores, ca. 5 km vom Zentrum von Tegucigalpa entfernt.

Tanzen und Trinken

●Ein ähnliches Programm wie im *Tropical Port*, aber gemischt mit englischsprachiger Musik, findet man im **Back Street:** mehrgeschossige offene Diskothek, Col. Tepeyac, Ave. de Uruguay, kostenloser Eintritt, ca. 2 cuadras entfernt von *Tropical Port*.

●**Cotton Club,** donnerstags bis sonntags bisher ganz ohne Touristen, km 13 Carretera del Sur (Richtung Süden am Flughafen Toncontín vorbei, nur mit Taxi).

●Exzellent, originell, eine Perle: **La Peña,** Blvd. Suyapa, gegenüber Universität *(frente de la UNAH)*, nur freitags ab 21 Uhr, mit Live-Gitarren-Musik aus dem Publikum, anbei Bar und moderne Disko, für lange Abende.

●Karibische und lateinamerikanische Musik im **Tropical Port** (Blvd. Juán Pablo II, nur mit Taxi), Eintritt 2 $.

●**Preiswertes Bier** ab 0,50 $ ist im **Bo. Abajo,** in der 3a und 4a Ave., zu bekommen.

●Eine Vielzahl von **Restaurants und Kneipen** befindet sich auf dem hinteren Teil des **Blvd. Morazán.**

Tegucigalpa

Wichtige Adressen

Apotheke

●**Farmacia Rosna** (sprechen englisch), eine cuadra nörd. vom Zentralpark, Tel. 337-0605. An Sonn- und Feiertagen steht an der Tür, welche andere Apotheke Dienst hat *(turno)*.

Banken

●Alle Banken der Stadt tauschen Bar-$ und – widerwillig – auch Reiseschecks.
●Bei **Credomatic** (Bvld. Morazán, Edificio Seguro Interamericano) wird auf Vorlage von *Visa-Card* und *MasterCard* eine **Barauszahlung** vorgenommen.
●Die westlich unterhalb des Hotels *Honduras Maya* befindliche Zweigstelle der **Banco Atlántida** hat werktags bis 19 Uhr geöffnet.

Behörden und Verbände

●**Nationalpark-Infos** gibt *Asociación Hondureña de Ecología* (siehe Schild *AHE*), 1/2 cua-

dra nördlich vom Parque Finlay (am Anfang der Ave. Jerez, 200 m vom Hotel La Ronda östlich) gegenüber vom *Hotel Granada*, Tel. 232-3862, 232-1800.
●Weitere **Nationalpark-Infos** bei der **Forstbehörde:** *AFE/COHDEFOR* befindet sich in Col. El Carrizal, 3 km südwestlich (bergauf) vom Zentrum Comayagüelas Richtung Santa Fé. Im *Departamento de Areas Protegidas* informieren Profis werktags zwischen 8:30 und 16 Uhr über die Naturschutzgebiete des Landes (Tel. 223-4346).
●**Außenministerium:** *Ministerio de Relaciones Exteriores,* Ed. Palacio Ministerios, Tegucigalpa, Tel. 231-4191.
●**Einreisebehörde:** *Dirección Nacional de Migración,* Calle Jerez, neben Hotel *La Ronda,* Tel. 222-6149, 222-7711.
●**Verband der Handelskammern:** *Federación de Cámaras de Comercio e Industrias de Hon-*

Nationaltheater Manuel Bonilla

duras, Blvd. Centroamérica, gegenüber von *Hondutel* im Bo. Miraflores, Tegucigalpa, Tel. 232-8210.

Diplomatische Vertretungen

● **Belize:** Ricardo Vinelli, Hotel Honduras Maya, Tel. 232-3191.
● **Costa Rica:** Res. El Triángulo, Tel. 32-1768.
● **Deutsche Botschaft** *(Embajada Alemana)*: Edificio Paysen, III. Stock, Blvd. Morazán, Colonia Palmira, Apdo. Postal 3145, Tel. 232-3161 oder -62 , Fax 232-9518.
● **El Salvador:** Col. San Carlos Nr. 205, Tel. 232-1344.
● **Guatemala:** Col. Lomas del Tepeyac, C. Arturo Lopez Rodezno 2421, Tel. 232-1580.
● **Kanada:** Blvd. Morazán, Ed. Los Castaños, 6. Stock, Tel. 31-4545.

● Konsularische Angelegenheiten der **Schweiz** erledigt die *Corporación Suiza para el Desarrollo (COSUDE)*, Apartado Postal 3202, Col. Alameda, 4a Ave., 7a Calle No. 1811; Tel. 232-6239, Fax 231-1242.
● **Mexiko:** Col. Palmira, 3a Ave., 2a Calle, Casa Nr. 1277, Tel. 232-6471.
● **Nicaragua:** Col. Lomas del Tepeyac (2 cuadras von der guatemaltekischen Botschaft), Tel. 232-9025.
● **Panamá:** Ed. Palmira, gegenüber Hotel *Honduras Maya*, Tel. 231-5441.
● **USA:** Ave. La Paz, vom Zentralpark ca. 3 km östlich, hinter den Kinos *Alpha & Omega* auf beiden Seiten der Straße, Tel. 232-3120.

Fluggesellschaften

● Siehe unter „Verkehrsverbindungen".

Hondutel

● 5a Calle, entre 4a y 5a Ave., Tegucigalpa, 24 Std. geöffnet, Fax-Service täglich 8-18 Uhr.

Blick vom Park La Leona auf Tegucigalpa

Information

●Das Zentralbüro des *Honduranischen Tourimus-Institutes* *IHT* befindet sich im Edificio Banco de Londres, Col. San Carlos, 3 cuadras del Edificio Interamericano del Blvd. Morazán, Tel. 238-3974 und -75. Infomaterial ist in Honduras spärlich. Trotzdem wird man sich bemühen, Ihnen in jeder Weise behilflich zu sein. Der Info-Bildschirm des *IHT* am Flughafen ist leider meistens außer Betrieb und sehr selektiv.

Notruf

●*Rotes Kreuz, Krankenwagen:* Tel. 237-8654.
●*Feuerwehr:* Tel. 232-5474, 237-4960, 237-4600, 246-4900.
●*Schutz- und Kriminalpolizei:* Tel. 222-7924, 222-8977, 237-0679, 238-1323, 238-1326, 238-1327, 238-6833.
●*Frauenpolizei:* Tel. 237-2184
●*Verkehrspolizei:* Tel. 222-1182.
●*Privatklinik Hospital Viera,* 5a Calle, 11a y 12a Ave. Tegucigalpa, Tel. 237-3156, 237-7136.
●*Privatklinik La Policlínica,* 3a Ave., 7a y 8a Calle, Comayagüela, Tel. 237-3503, 237-7619.

Post

●4a Ave., entre 3a y 4a Calle, Tegucigalpa, am Ende der Fußgängerzone Peatonal (4 cuadras westlich vom Parque Central), mit Lista de Correos (Postlagerung, bis zu 30 Tage). Sorgsam restauriertes koloniales Gebäude mit philatelistischer Abteilung, geöffnet von 8 bis 16 Uhr.

Einkaufen

Supermärkte

●*Mas por Menos,* Ave. La Paz, Bo. Palmira. Wegbeschreibung vom Zentrum aus: Calle Jerez geradeaus Richtung Osten, ca. 1 km lang durch das Bo. Guanacaste, dann über die gleichnamige Brücke, dann in der 2. cuadra links; La Colonia, Blvd. Suyapa, Col. Palmira, gleich neben dem großen Hospital Es-

cuela. Wegbeschreibung vom Stadion: Blvd. Suyapa östlich ca. 2 km geradeaus, dann hinter dem großen Krankenhauskomplex auf der rechten Seite.

Landkarten

●Karten für den Überblick oder über Zonen im ganzen Land in einer Auflösung 1:50.000 (interessant für Naturexploration und Trekking) veräußert das *Instituto Geográfico Nacional* im Gebäude des Verkehrsministeriums (Ed. Secopt, Bo. La Bolsa) in Comayagüela. Mit dem Paß kann man dort Gesamtkarten für 5 $ und Zonenkarten für 2 $ erstehen.

Souvenirs

●Diverse Souvenirläden befinden sich östlich der Kathedrale sowie um das Hotel *Honduras Maya* herum.

Buchläden

●*Shakespeare & Co. Books* auf der Ave. Gutemberg, ganz in der Nähe des Parkplatzes von Hotel *Ronda*, führt nationale und englischsprachige Literatur, auch gebraucht im Tausch. Die *Tobacco Road Tavern* ist ein beliebter Gringo-Treffpunkt, mit Infos und Tourangeboten.
●Bester nationaler Buchladen ist *Editorial Guaymuras* (kritischer honduranischer Verlag), Ave. Cervantes 1055. Wegbeschreibung: Auf Hauptstraße zwischen Zentralpark und Hotel *Prado* östlich, d.h. gegen die Fahrtrichtung 3 cuadras laufen, dann liegt der Laden rechts.
●Gut sortiert ist auch die *Galeria El Paradiso,* Barrio La Plazuela, 4 cuadras vom Zentralpark Richtung Osten, gleich an der Hinterseite vom Parkplatz des Hotels *La Ronda.*
●Internationale Bücher gibt es im *Keller des Hotels Honduras Maya.*
●Auch im *Book Village* im Centro Comercial Castaños, Blvd. Morazán, findet man internationale Bücher.

Verkehrsverbindungen in der Stadt

Innerhalb der Stadt Tegucigalpa gibt es drei Möglichkeiten, sich schneller als zu Fuß fortzubewegen: Linienbus (*bus*), Sammeltaxi (*colectivo*) oder Einzeltaxi (*taxi*).

Busse

Die vielen Busse der Hauptstadt fahren auf definierten Routen und halten an offiziellen Haltestellen, die durch die wartende Menschentraube und ein unscheinbares Schildchen als solche erkennbar sind. Nicht ausgeschildert ist jedoch, welcher Bus von der Haltestelle abfährt, welche Route er nimmt und wo er überall hält. Unterscheidbar sind die Stadtbusse an dem Namen des Zielortes (z.B. Reparto, Santa Fé, Lolo, Toncontín). Die Einzelfahrt kostet 0,10 $ und wird bei einem sehr mobilen meist minderjährigen Schaffner entrichtet, der dem Fahrer assistiert. Die Schaffner werben an den Haltestellen um weitere Fahrgäste, indem sie den Namen des Zielortes laut ausrufen.

Wichtige **Haltestellen:**
- Südöstlich des Zentralparks gleich an der Kathedrale und an der Ave. Máximo Jerez, eine cuadra vom Zentralpark, Ecke Lido/Palace-Kinos: Busse nach Comayagüela, La Granja, Toncontín, Flughafen und andere südliche und westliche Stadtteile. Busse nach Carrizal und Santa Fé fahren in den Westen Comayagüelas, wo *Hedman-Alas*- und *Saenz*-Busse nach San Pedro Sula abfahren. Busse nach Carrizal und Tiloarque fahren in den Süden Comayagüelas, wo die Terminals von *Mi Esperanza*, *La Aurora* sowie der Mercado Mamachepa (Busse nach El Amatillo) liegen.
- Gegenüber des Nationaltheaters am Parque Herrera: Kleinbusse nach El Hatillo und La Tigra.
- Nördlich des Zentralparks an der Ecke der Schuhputzer: Busse nach Reparto Arriba und Abajo.

Colectivos

- Die Sammeltaxis, am gelb unterlegten Schild auf den Vordertüren zu erkennen, fahren an definierten Haltestellen ab, sobald vier Passagiere eingestiegen sind, und halten ihre Route genau ein. Sie kosten 0,30 $.
- *Wichtige Haltestellen:* Nördlich des Zentralparks sowie hinter dem Ed. Midence Soto (1 cuadra südlich des Zentralparks, vor dem „Justizpalast").

Taxis

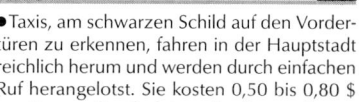

- Taxis, am schwarzen Schild auf den Vordertüren zu erkennen, fahren in der Hauptstadt reichlich herum und werden durch einfachen Ruf herangelotst. Sie kosten 0,50 bis 0,80 $ pro Person. Der Preis ist unbedingt vorher zu vereinbaren.

Verkehrsverbindungen

Straße

- Tegucigalpa liegt an der Nord-Süd-Hauptverkehrsstraße des Landes (Fernstraße CA5, die die im Süden (zwischen El Amatillo/El Salvador und El Espino/Nicaragua) verlaufende *Carretera Panamericana* (Fernstraße CA3) mit dem tropischen Norden (San Pedro Sula, von dort Fernstraße CA4 nach Nueva Ocotepeque und Fernstraße CA13 nach Trujillo) verbindet. Zur *Panamericana* sind es 93 km, nach San Pedro Sula 247 km. Die beiden Straßen sind in sehr gutem Zustand, jedoch kurvenreich.

Autovermietung

- *Toyota Rent-A-Car* (empfehlenswert), Col. Prado (contigo a Valentin Flores), Tel. 233-4004, Fax 233-5790.
- *Budget Rent-A-Car,* Flughafen *Toncontín,* Tel. 233-5170, Fax 233-5171, oder im Hotel *Honduras Maya.*
- *Hertz,* Centro Comercial Villa Real (gegenüber des Hotels *Honduras Maya*), Tel. 239-0772, Fax 232-0870, oder am Flughafen.
- *Maya Rent-A-Car* (aus guten Gründen preiswert), Col. Palmira, Ave. República de Chile, Nr. 202, contigo a gasolinera Esso Palmira, Tel. 231-4158, Fax 232-6133.

Busverbindungen innerhalb von Honduras

●*Von San Pedro Sula* mit den Unternehmen *Hedman Alas, Saenz* oder *El Rey* (letztes nicht empfehlenswert), jeweils fast stündlich. Jedes Stadttaxi kennt die Terminals: *Hedman Alas* (Tel. 553-1361, 3a Calle, entre 7a y 8a Avenida N.O., acht Abfahrten pro Tag ca. alle 90 Minuten, Fahrzeit knapp 4 Std., Fahrpreis 2,50 $, relativ sicher und zuverlässig); *Saenz Primera* (Tel. 553-4969, 8a Ave., 5a y 6a Calle S.O.); *El Rey* (Tel. 553-4264, 7a Ave, 5a y 6a Calle S.O.).

●*Von La Ceiba:* Mit *Viana Class de Oro* (Tel. 441-2330) um 6:45 und 14:30 Uhr, mit *Traliasa* (Tel. 441-0875), Abfahrt 6 und 9 Uhr, mit *Etrusca* um 3, 10 und 12 Uhr und mit *Cristina* (Tel. 441-2028) um 7:30, 9:30 und 12:30 Uhr von La Ceiba, Terminal de Buses.

●*Von Trujillo:* Mit *Cotraipbal* (vom Zentralpark aus) dreimal täglich (4, 6 und 10 Uhr, Dauer 8 Std., 4,80 $). Tel. von *Cotraipbal* 237-1666 in Tegucigalpa, 444-3822 in Tocoa, wo sich auch die Zentrale befindet.

●*Von Comayagua* aus mit *Transportes Catrachos* alle 2 Std., Fahrpreis 2 $, Fahrzeit 3 Std. oder an der Texaco-Tankstelle an der Hauptstraße, 1000 m von der Stadt westlich (Taxi 0,45 $): Dort hält jeder Expressbus, z.B. *Nortenos, El Rey* oder *Etul* (aus San Pedro Sula kommend), kostet 1 $ und fährt bis Tegucigalpa, Fahrzeit ca. 1,5 Std.

●*Von Siguatepeque* aus (Busabfahrtsplatz, erkenntlich an Basketball-Einrichtung) mit *Empresas Unidas* (Tel. 773-4129) oder *Maribel* (Tel. 773-0254) alle 3 Std, 2,50 $. Insgesamt 15 Busse fahren täglich von Siguatepeque nach Tegucigalpa ab, 2 ½ Std. Fahrzeit, 1 $. Ähnlich wie in Comayagua können hier einige Expressbusse an der Hauptstraße genommen werden, welche 2 km von der Stadt westlich liegt (Taxi 0,40 $).

●*Von Santa Rosa de Copán:* Täglich um 4 Uhr vom Park aus (Dauer 8 Std., 3,20 $), durch schöne Landschaft und Kolonialstädtchen.

●*Von Santa Bárbara:* Zweimal täglich (7 und 14 Uhr, samstags nur um 9 Uhr) mit *Transportes Junqueños* (Dauer 5 Std., 3,20 $).

●*Von Catacamas:* Alle 90 Min. mit *Transporte Aurora* (Tel. Comayagüela 237-3647, Juti-

calpa 885-2237, Catacamas 899-4393), Dauer: 4 Std., 2,40 $.

●*Von Juticalpa:* Alle 90 Min. mit *Transporte Aurora* (Tel. vgl. Catacamas), Dauer: 3 Std., 1,80 $.

●*Von Danlí:* Mit *Discua Litena* (Tel. dort 883-2217) oder *Dandy* (Tel. dort 883-2217) Abfahrt jeweils um 5:45, 7, 9, 12, 14:30 und 16:30 Uhr, Fahrzeit 3 Std., 1,30 $, Ankunft im Mercado Jacaleapa, Col. Miraflores.

●*Von El Paraiso:* Viermal täglich mit *Emtra Oriente* (Terminal Tegucigalpa: 6a Ave., entre 6a y 7a Calle), Dauer 2,5 Std., 1,65 $.

●*Von Choluteca:* Mit *Mi Esperanza* ab Terminal de buses de Choluteca (Tel. dort 882-2712), Abfahrt um 6, 10, 14 und 18 Uhr oder *Royeri*, 6, 7 und 13 Uhr (Tel. nur in Tegucigalpa, 225-1493) für 1,50 $ (Fahrdauer: 2,5 bis 3 Std.). Sonst auch *El Dandy* und *Bonanza* mit eigenen Abfahrtsstellen.

Busverbindungen aus dem Ausland

●*Von Nicaragua:* *Ticabus* von Managua aus (Terminal in Bo. M. Quezada, 2 cuadras arriba del Cine Dorado, Tel. 00505-2-22094) einmal täglich (6 Uhr) für 20 $.

●*Von El Salvador:* *Ticabus* von San Salvador aus (Hotel *San Carlos*, Calle Concepción 121, Tel. 00506-22-8975 oder Zentrale 22-4808) einmal täglich (5 Uhr) für 15 $.

●*Von Guatemala:* *Rutas Orientales* von Ciudad de Guatemala (Guatemala City) aus (19a Calle, 8-18, Zona 1, Tel. 53-6714) bis Esquipulas oder El Florido, dann hinter der Grenze weiter mit Regionalbussen.

Busverbindungen ins Ausland

●*Nach Nicaragua, Costa Rica, Panama, El Salvador, Guatemala:* *Ticabus* früh morgens (aktuelle Abfahrtszeit bitte erfragen unter Tel. 222-7572) ab Parque La Libertad (an der Calle Real im Zentrum von Comayagüela), Fahrpreis beträgt, einschl. einfacher Mahlzeiten, nach Managua 20 $, San José 36 $, Panamá 55 $, San Salvador 15 $ und Ciudad de Guatemala 24 $.

●*Nach El Salvador:* *King's Quality* mit Stewardeß, Erfrischung, Klima und Video fährt täglich um 7:15 Uhr vom Hotel *Alameda*, Blvd. Suyapa, Col. Alameda, Tegucigalpa (Tel.

Tegucigalpa

239-1185 bis 87) ab, der Fahrpreis beträgt 15 $. *Cruceros del Golfo* fährt am Blvd. Comunidad Económica Europea im Bo. Guacerique (Tel. 233-7415) in Comayagüela ab, Fahrpreis 13,80 $, Fahrzeit 6 Std.
●*Nach Guatemala und Mexico:* über San Salvador/El Salvador oder von San Pedro Sula aus.

Flüge

●Tegucigalpa wurde von *San Pedro Sula* aus früher durch die internationale honduranische Linie *SAHSA* angeflogen, die Anfang 1994 ihre Genehmigung verlor. Seitdem gibt es immer wieder Angebote von *Isleña Airlines* (Tel. 233-1130). Empfehlenswerter sind hier die Überlandbusse, der Zeitnachteil ist minimal.
●Von *La Ceiba* mit *Isleña* tägl. (außer So) um 8 und um 14 Uhr, Mo, Fr, Sa, So um 10 Uhr, zurück Mo-Sa 9 und 15 Uhr, Mo, Fr, Sa, So um 11 Uhr (35 Min., 24 $).
●Von *Roatán, Guanaja* und *Utila* sowie der Moskitia *(Puerto Lempira, Palacios)* mit *Isleña* oder *Sosa,* außerdem mit *Sosa* Mo und Fr ab *Ahuas* und *Brus Laguna.* Alle Flüge über La Ceiba, Abflugzeiten siehe dort. Die *Preise* (einfacher Flug) im einzelnen: Roatán (36 $), Guanaja (40 $), Utila (33 $), Puerto Lempira (57 $), Ahuas (55 $), Brus Laguna (52 $), Palacios (45 $).
●Für *Direktflüge in die Moskitia* kommen auch *Alas de Socorro* (einmal wöchentlich nach *Ahuas)* und *SETCO* (Di und Do. nach *Mocorón* und *Puerto Lempira,* 64 $) in Frage. Aktuelle Informationen über Tel. 233-7025 *(Alas de Socorro)* und 233-1711 oder -12 *(SETCO).*
●Für *Privatcharter* in ganz Honduras (Flugzeuge für 5, 9 oder 19 Passagiere) dient preiswert, sicher und reell *Aerolineas Sosa* (Tel. 443-1399, Fax 443-0384). Um den besten Preis zu bekommen, ist ein Kontakt (und die Buchung) über *Cambio C.A.* (Tel. 552-7274) sinnvoll.
●*International* ist Tegucigalpa mit New Orleans, Miami, Houston, Los Angeles in den USA verbunden, außerdem mit Ciudad de México, Ciudad de Guatemala, Belize City, San Salvador, Managua (Nicaragua), San José (Costa Rica) und Panamá. *Flüge und*

Flugzeiten: Siehe „Praktische Reisetips, Hin- und Rückreise".

Fluggesellschaften

●*Isleña:* Tel. 233-9813, kein Publikums-Büro.
●*Sosa:* Tel. 233-7351, kein Publikums-Büro.
●*TACA:* Tel. 233-9797, 234-1675, 233-4075, Ed. Seguro Interamericano, Blvd. Morazán.
●*LACSA:* Tel. 231-1525, 231-1660, Ed. Los Jarros, Blvd. Morazán.
●*Iberia:* Tel. 231-5253, Ed. Palmira (gegenüber Hotel *Honduras Maya*), Col. Palmira.
●*American :* Tel. 233-9680 (Flughafen), 232-1347, Ed. Palmira (gegenüber Hotel *Honduras Maya*), Col. Palmira.
●*Continental:* Tel. 233-7889, 233-7835, im Flughafen.
●*Lufthansa:* Tel. 233-5606, Ed. Laeiz, 1 km vor Erreichen des Flughafens rechts.
●*LTU:* Tel. 232-5010, Ed. Paysen (Parterre des Gebäudes der Deutschen Botschaft), Blvd. Morazán.

Einreise am Flughafen

●Der *Flughafen Toncontín* liegt etwa 7 km westlich des Zentrums auf dem Weg zur *Carretera del Sur,* der Hauptstraße in den Süden.
●Die *Landebahn* des Flughafens von Tegucigalpa ist weniger als 3000 m lang, hier lassen sich die Düsenflugzeuge schnell auf Landeposition fallen und bremsen rechtzeitig ab, um nicht – wie schon einmal geschehen – einen Bus zu streifen, der sich auf dem Weg zum Stadtteil El Pedregal befand. *American Airlines* und *TACA* verbinden Tegucigalpa täglich mit zentralamerikanischen Hauptstädten (San Salvador, Guatemala, Managua) und den USA.
●*Ankunft:* Das Flugzeug wird meist über eine Treppe verlassen. Das *Flughafengebäude* ist am für die Hauptstadt so charakteristischen roten Sandstein und der Aufschrift *Toncontin* zu erkennen. Im Gebäude wartet die *Einreisebehörde Migración,* die die Paßkontrolle vornimmt. Es geht dann weiter zur *Kofferannahme. Kofferträger* nehmen gern die Gepäckabschnitte *(colillas)* entgegen, fischen Koffer oder Rucksäcke vom Band und bringen sie wenige Meter weiter auf den Prüftisch des *Zolls (aduana).* Sie erwarten jedoch

für jedes große Gepäckstück eine Bezahlung. Ihr Dienst ist verzichtbar, denn die Ausgangstür zum Parkplatz (eine Empfangshalle existiert nicht) liegt nur wenige Meter hinter dem Gepäckband.

● **Kontrollen** sind hier Routine (kein Grund zur Beunruhigung), **Drogen** werden zielbewußt geortet, der Besitz drakonisch bestraft. Offensichtlich neue **Elektroartikel** mit einem Wert über 1000 $ müssen verzollt werden. Bei besonders zügiger Abfertigung erwarten die Beamten ein Trinkgeld; 0,50 bis 1 $ sind normal.

● Sollte das **Gepäck verloren sein,** z.B. in Miami geblieben, so kann das am Cargo-Management liegen: Häufig sind die Lastquoten der Jets ausgeschöpft. Zu viele honduranische Passagiere haben im Konsum-Paradies USA ihren Bedarf an Elektroartikeln gedeckt und transportieren diese nun zurück in die Heimat (besonders ausgeprägt bei *TACA*). Dann bleibt Gepäck in Miami stehen. Das sollte sofort beim Airline-Personal *(supervisor)* gemeldet werden. Adresse und Telefon werden dann notiert. Meist ist das Gepäck am nächsten oder übernächsten Tag da und wird auch nach Hause (ins Hotel) ausgeliefert.

● **Service:** Im Flughafen befindet sich eine **Bank,** die Bar-Dollars und Reiseschecks zum offiziellen Kurs tauscht (Öffnung: 9 bis 17 Uhr). Die **Fluggesellschaften** *Isleña, TACA, COPA, LACSA, Continental* und *American Airlines* betreiben Counter in der Abflughalle. Außerhalb des Gebäudes (nach Ausgang rechts in einer Nische in der Gebäudefront) hat die **Autovermietung** *Budget* ihr Reservierungshäuschen. Wer sicher sein will, sollte vorher per Fax seine Wünsche anmelden.

● Eine **Ankunftshalle** gibt es nicht. Nach dem Zoll führt eine große Tür gleich auf den **Parkplatz.** Gelbe, für Honduras ungewöhnlich **große Taxis** bieten ihre Dienste für eine Fahrt ins 7 km entfernte Zentrum an. Eine Fahrt kostet etwa 5 $ pro Person. Wer diese Summe sparen will, der kann ein paar Schritte (ca. 20 m vom Parkplatz geradeaus) gen Hauptstraße laufen. Dort fahren **normale** (kleine) **Taxis** für ca. 2 $ ins Zentrum.

Tour Operator

● **Mayan & Caribbean Travel,** Hotel *Honduras Maya,* Tel. 239-4054, Fax 239-4055.

● **Explore Honduras,** Blvd. Morazán, Ed. Medcast, No. 206, Tel. 231-1003, Fax 232-9800.

● **La Moskitia Ecoaventuras,** für zwei- bis dreiwöchige harte Moskitia-Expeditionen (Schwerpunkt Río Plátano), Tel. 237-9398.

● **Cambio C.A.,** für Natur- und Erlebnis-Expeditionen im ganzen Land, Adresse vgl. San Pedro Sula, Tel. 552-7274, Tel. 552-0496 und Fax 552-0523.

Umgebung von Tegucigalpa

Santa Lucía

Etwa 11 km östlich (2,3 km von der Abzweigung rechts ab) von Tegucigalpa befindet sich Santa Lucía. Das ehemalige Minenstädtchen, dessen Hochphase ins 16. bis 18. Jahrhundert fällt, zählt heute noch 4200 Einwohner. Santa Lucia liegt auf 1500 m Höhe und verfügt über ein mildes Klima wie Tegucigalpa, ist aber ganz frei von Abgasen. Santa Lucía bietet für manchen einen ersten Einblick in die koloniale Architektur und Atmosphäre, denn es ist das von der Hauptstadt am besten zu erreichende Minenstädtchen.

Die Ortschaft ist bekannt für ihre kostbaren Christus-Figuren. König *Felipe II.* schenkte der Stadt 1572 eine in Spanien gefertigte Figur, den Christus der Barmherzigkeit. Wie viele kostbare Malerei der frühen Phase, so ist auch sie in der Dorfkirche zu besichtigen. Die Kirche liegt etwa 150 m bergab hinter dem Bürgermeisteramt *(alcaldía).*

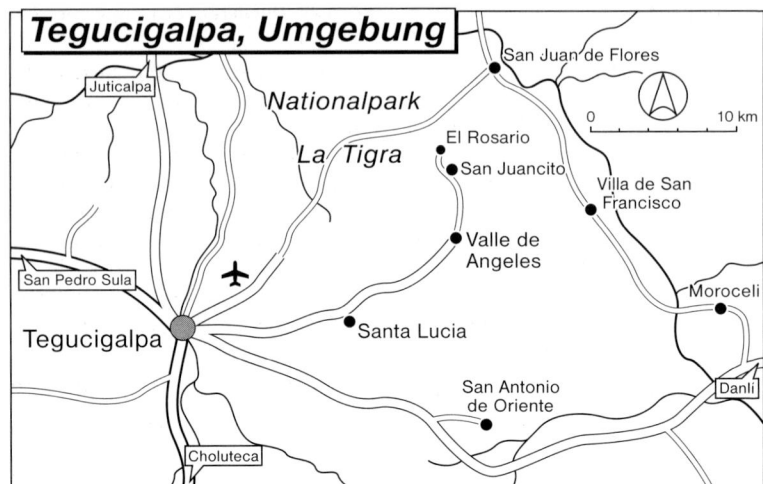

In Santa Lucía werden Keramiken, Holzschnitzereien und Lederhandwerksprodukte angeboten. *Cerámicas Uclés* (hinter der Lagune, nicht zu verfehlen) führt ein gutes Sortiment zu üblichen Preisen.

Santa Lucía ist umgeben vom subtropischen Mittelgebirge mit Nadelwald. Es ist daher der ideale Ort zum Spazierengehen oder auch Wandern. Wanderwege führen auf die Bergkuppe hinauf. Von hier ist die ganze Berglandschaft bis Tegucigalpa zu überblicken. Ein kleiner Maultierpfad führt auch hinunter bis nach Tegucigalpa (ca. 2 Std.).

Unterkunft

Über Hotels und Restaurants verfügt Santa Lucía kaum, doch am Wochenende beleben Feiern und ambulante Verkaufs-Stände die beschauliche Ortschaft.

Restaurants

Die einzigen formellen Restaurants werden von europäischen Aussteigern (und in Honduras gut etablierten Einsteigern) betrieben:
● *Restaurant Miluska* (Tel. 231-3905) bietet tschechische und deutsche Gerichte zwischen 10 und 20 Uhr (außer montags).
● *Restaurant Del Francés* (im Einfahrtsbereich) nach Santa Lucía bietet honduranische Küche mit europäischer Note; Achtung: täglich geöffnet.

Beide genannten Restaurants nehmen Preise auf honduranischem Landesniveau.

Feste

● Patronatsfest in der 2. und 3. Woche des Januars.

Anreise

● *Bus* ab *Tegucigalpa* oder *Valle de Angeles:* Avenida La Paz, hinter dem großen Bolívar-Standbild (neben Esso-Tankstelle, an der 7a Ave.), Abfahrt alle 30 Min.

Teguçigalpa

Valle de Angeles

13 km weiter geradeaus hinter der Abzweigung nach Santa Lucía (22 km von Tegucigalpa aus) liegt das mit 6700 Einwohnern größere Valle de Angeles auf 1300 m Höhe. Der historische Ort, an dem früher rege Minenwirtschaft betrieben wurde, ist im Stil der Gründerjahre des 19. Jahrhunderts rekonstruiert bzw. erhalten. Alle Häuser sind aus Ziegelsteinen oder Adobe-Lehmziegeln gebaut und mit Ziegeldächern abgedeckt. Für Valle de Angeles typisch ist die Bemalung der Ziegelfugen in weißer oder bunter Farbe.

Valle de Angeles ist das Zentrum des honduranischen **Kunsthandwerks**. Hier befinden sich zahlreiche kunstgewerbliche Läden. Am Ende der Einfahrtsstraße, schon außerhalb des historischen Ortes, liegt die **Kunstgewerbeanstalt** mit eigenen Lehrwerk-

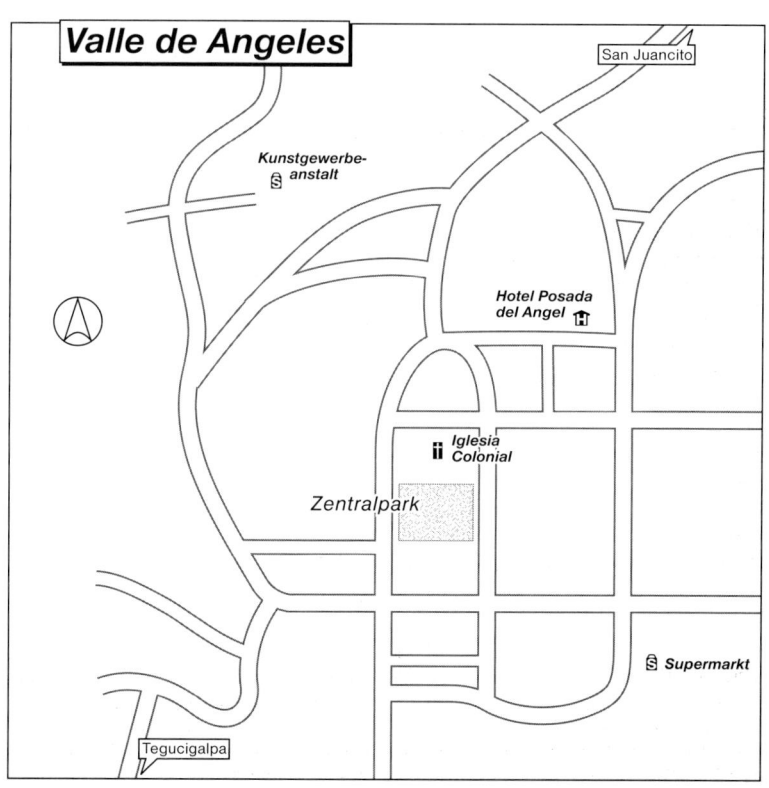

stätten. Qualität, Auswahl und Preis der vielfältigen Kunstgewerbeartikel des Landes sind hier besser und günstiger als irgendwo sonst in Honduras. Zu den angebotenen Produkten gehören Lederwaren (Gürtel, Taschen, rustikale Börsen), Holzschnitzereien (Edelholzreliefs, Schmuckkästchen, Kleinmöbel), Keramiken und Flechtware aus verschiedenen Naturfasern.

Unterkunft/Restaurants

● Das einzige formelle Hotel ist *Posada del Angel* (Tel. 774-2233), mit schönem Patio-Restaurant, dunkle, aber saubere Zimmer, warmes Wasser, Dusche/WC, DZ 10 $.
● *Comedores* und Restaurants sind zahlreich. Besonders gut: *Restaurante Turístico,* über dem Städtchen gelegen, und *Epocas,* ein Restaurant in einem Antiquitätengeschäft.

Bus

● Wie Santa Lucía, jedoch doppelt so weit.

Zum Nationalpark La Tigra

Anreise über San Juancito und El Rosario

Die Anreise zur Durchwanderung des Bergnebelwaldes im Nationalpark La Tigra, nur zwanzig Kilometer von Tegucigalpa entfernt, läßt sich gut mit öffentlichen Verkehrsmitteln unternehmen. Für die Anreise bietet sich die Strecke über Santa Lucía und Valle de Angeles nach Rosario an. Wer die Durchquerung des Nationalparks plant, sollte früh vor Sonnenaufgang zunächst den *Bus* nach *Valle de Angeles* nehmen (Fahrtzeiten siehe Santa Lucía, aber bis Valle de Angeles durchfahren) und dort einen kleinen Bus nach *San Juan de Flo-*

res oder *Cantarranas*. Dieser hält an der Abzweigung, die an einem links der Straße stehenden Wartehäuschen zu erkennen ist (von dort links ab nach San Juancito, das von der Hauptstraße aus schon zu erkennen ist, es fehlen von hier noch 1,5 km).

Das kleine Städtchen San Juancito hat ein Ambiente zwischen kolonialem Stil und den soliden Einrichtungen einer erst vor hundert Jahren aufgebauten Goldgräberstadt. Ein sauberer kleiner Gebirgsfluß teilt die kleine Stadt. Ein riesiger Ceiba-Baum am höhergelegenen Ende der Durchgangsstraße Richtung El Rosario schenkt entsprechend viel Schatten. Von San Juancito geht es noch 3,5 km auf einem steinigen, zu Fuß mit geeignetem Schuhwerk gut zu bewältigenden Weg steil bergauf bis zu dem in den 50er Jahren verlassenen Minenort *El Rosario,* in dem es ein Besucherzentrum gibt. Die heutige Geisterstadt war jahrzehntelang (neben El Mochito nördlich vom Lago de Yojoa) das Zentrum der honduranischen Gold- und Silberexporte. Hier wurden in 72 Jahren über 150 Mio. US-$ erwirtschaftet. Preis war die weitgehende Abholzung von La Tigra. Der Nationalpark hat sich also erst seit etwa 50 Jahren auf den ökologischen Stand von heute regenerieren können.

Übernachtung in San Juancito oder El Rosario

Wer in San Juancito oder El Rosario übernachten möchte (es ist preiswert und angenehm: *Hotelito San Juan,* mit gemeinsamem Bad und gutem, angeschlossenen comedor,

Tel. 774-2237) fährt um 15 Uhr vom Mercado San Pablo Richtung San Juan de Flores oder Catarranas bis zur Abzweigung durch (ohne Stopp in Valle de Angeles) und wandert 2 km hinein nach San Juancito. Alternativ steht in El Rosario das *Besucherzentrum* mit einfachen, soliden Betten für 5 $ pro Person (in 10 Räumen mit jeweils 6 Betten) zur Verfügung. Man kann auch eines der Minenhäuser im nur 20 Min. höher am Hang gelegenen Geisterstädtchen El Rosario (50 $ pro Holzhaus, Platz für ca. 6 Personen, die ihr eigenes Bettzeug/Schlafsack mitführen müssen) mieten. In El Rosario wird jedoch nur bis ca. 18 Uhr Essen angeboten.

Anreise über El Hatillo und Jutiapa

Wer über ein eigenes Fahrzeug verfügt, kann die Anreise über El Hatillo bis Jutiapa unternehmen. Nur einige km danach (fast 25 km von Tegucigalpa) beginnt der Nationalpark La Tigra mit einem neuen Besucherzentrum, das sowohl informativ als auch gut ausgestattet ist. Der Lehrpfad *Bosque Nebuloso* führt hinauf auf den Gipfel des Massivs. Verschiedene Baumarten, Aufsitzerpflanzen und Tiere werden hier auf Schildern erläutert. Der Lehrpfad ist in nur etwa 40 Min. vom Besucherzentrum Jutiapa aus zu bewältigen.

Rückreise

Die letzten Busse zurück nach Tegucigalpa fahren um 17 Uhr von *Jutiapa* aus ab.

Nationalpark La Tigra

Der 1980 gegründete Nationalpark, der Bergnebelwald La Tigra, ist 7500 ha groß. Der Gipfel liegt auf immerhin 2270 m Höhe. Nur 20 km von der Hauptstadt entfernt, findet man die Lebensräume von Quetzalen, Gürteltieren, Ameisenbären, Pumas, Ozelots, Pekaries und Opposums sowie einen eindrucksvollen Wasserfall. Die sechs Pfade durch den dichten, feuchten Wald sind gut ausgeschildert. Besucher sollten wasserdichte Kleidung (vor allem in der 2. Jahreshälfte), festes Wanderschuhwerk und eine eigene Wasserflasche mitbringen. Zur Durchquerung des Parks (in drei Stunden) empfehle ich den La Catarrata-Lehrpfad. Hier ist eine Rast auf halber Strecke am Wasserfall möglich.

La Tigra hat sich in den letzten 50 Jahren zu einem vollwertigen Bergnebelwald entwickelt, der an seine frühere Artenvielfalt anknüpft. In La Tigra kommen Vogelkundler auf ihre Kosten, die einen Quetzal oder kleine Papageien und Tukane beobachten wollen. Aber auch Säugetiere wie Raubkatzen und Gürteltiere haben hier wieder einen Lebensraum. Ich selbst habe 1988 das erste Gürteltier meines Lebens im Nationalpark La Tigra gesehen, und zwar auf dem Lehrpfad *Bosque Nebuloso*.

Selbst zu Tageszeiten wie mittags, an denen die Beobachtung wild lebender Tiere sehr schwierig ist, lohnt sich ein Besuch dieses Ökosystems. Der Bergnebelwald zeichnet sich durch seine Höhe, sein kühles Klima und seine geschlossene Walddecke sowie durch einen eigenen klimatischen Kreislauf aus. Das von ihm nachts „ausgeatmete" Wasser steht am Vormittag als eigene Wolkendecke über dem Wald. Durch die Blätter der Bäume und Sträucher wird diese Feuchtigkeit erneut „eingeatmet" oder tröpfelt mit dem nächsten Regen auf den Waldboden. Die besonderen klimatischen Verhältnisse führen zu regem Wachstum im niedrigen und mittleren Bereich des Waldes, Farne und Gräser können gut gedeihen. Dagegen bleiben Bäume eher mickrig. Dadurch unterscheiden sich die Größenverhältnisse des Bergnebelwaldes von denen des tropischen Regenwaldes oder uns bekannter kontinentaler Wälder.

Das **Besucherzentrum** *(Centro de Visitantes)* in *El Rosario* wird vom erfahrenen *Don Marin* geleitet. Achtung: Warme Kleidung und guten Schlafsack unbedingt mitführen. **Lebensmittel** gehören zum Trekking-Gepäck, auch wenn *Doña Amalia Elvir* (unterhalb des Besucherzentrums) je nach Laune – wie gesagt nur bis 18 Uhr – leichte **Mahlzeiten** anbietet.

Eine **Durchquerung des Nationalparks von Rosario nach Jutiapa** ist in 3 bis 5 Stunden auf dem La Catarrata-Pfad gut möglich. Die folgende Beschreibung wurde durch die inzwischen verbesserte Ausschilderung möglicherweise überflüssig: Die Wanderung sollte **früh beginnen**, da vom Besucherzentrum Jutiapa bis zur Haltestelle des Busses nach Tegucigalpa nochmals 2 Stunden eingeplant werden müssen. Wer um 15 Uhr das Besucherzentrum auf der anderen Seite erreicht, hat eine gute Chance, die letzte Verbindung um 17 Uhr noch wahrnehmen zu können.

Von Rosario aus muß man zunächst dem Weg oberhalb des Besucherzentrums bis zum Wassertank folgen, dann links abbiegen. Am Schild *sendero cascada* (Weg zum Wasserfall) biegt der Weg nach links ab. Die Abzweigung ist auch an dem rechts davon gelegenen Mineneingang zu erkennen. Die Hauptroute beginnt dann am Schild *sendero jutiapa*. Wer zum Wasserfall (Quellwasser läuft in einer schönen Lichtung den moosigen Felsen hinunter) möchte, muß für den Hin- und Rückweg zusätzlich noch einmal eine Stunde einplanen. Der *sendero jutiapa* führt über die Kuppe des Gebirges auf die andere Seite. Der Weg ist hier an der relativ breiten Schneise erkenntlich. 30 Min. vor Erreichen des Besucherzentrums auf der Seite von Jutiapa führt in einer Rechtskurve des breiten Weges der *sendero nebuloso* (Nebelpfad) links in den Wald hinein. Er dauert etwas länger als der Hauptweg, führt aber auch zum Besucherzentrum und ist ein schöner Abschluß.

Eintritt 130 Lps; **Übernachtung** am Park oder spezielle Infos können bei der beauftragten Naturschutzorganisation „Freunde von La Tigra" *(AMITIGRA)* nachgefragt werden in der Col. Palmira in Tegucigalpa, Ed. Italia, 4o piso, oficina Nr. 6 (Tel./Fax 235-8494).

Über Comayagua und La Paz in den Westen

Eine wunderbare, weil ursprüngliche und ganz untouristische Route führt über Comayagua und La Paz zu den Ortschaften Marcala, La Esperanza und Gracias Lempira. Sie ist im Kapitel „El Occidente" beschrieben.

El Paraíso bis Las Manos – Grenzland mit Nicaragua

Route und Überblick

Die gut ausgebaute Straße in die Provinz El Paraíso (CA6) ist die direkteste Straßenverbindung von Tegucigalpa nach Nicaragua. Wer früh aufbricht, wird noch bei Helligkeit die Hauptstadt des östlichen Nachbarstaates, Managua, erreichen können. Zugleich führt diese Route in eine Region, die durch versteckte Minenstädtchen und eine verhältnismäßig prosperierende Tabakindustrie gekennzeichnet ist. El Paraíso ist ein Juwel der besonderen Art.

Die Ausfahrtsstraße nach El Paraíso und Las Manos ist die Verlängerung der von Norden kommenden *Carretera del Norte*, die als Boulevard de las Fuerzas Armadas an Tegucigalpa vorbei und dann, nach der Unterführung im Stadtteil Miraflores, aus der Stadt herausführt (dies alles: CA6). Zunächst führt die Straße durch das Tal von Zamorano, dann passiert sie die Abzweigung nach Yuscarán, erreicht anschließend die größte Stadt von El Paraíso, Danli, um danach die Stadt El Paraíso und dann schließlich die Grenze mit Nicaragua in Las Manos zu erreichen.

Entfernungen von Tegucigalpa

● Zamorano	29 km
● Yuscarán-Abzweigung	48 km
● Yuscarán	65 km
● Danlí	90 km
● El Paraíso	110 km
● Las Manos (Grenze)	120 km

El Paraíso

Zamorano, Escuela Agrícola Panamericana (EAP)

Überblick

Das Tal von Zamorano ist eines der fruchtbarsten Täler des Landes. Nicht ganz zufällig befindet sich deshalb hier am Kilometer 29 die *Escuela Agrícola Panamericana* (*EAP*, Gesamtamerikanische Landwirtschaftsakademie), die auf dem ganzen Kontinent einen vorzüglichen Ruf als Kaderschmiede für Agraringenieure und -ökonomen genießt.

Vor mehr als 50 Jahren von der *United Fruit Company* gegründet, versuchte die *EAP* stets, ein Lehrinstitut für alle bäuerlichen Schichten zu sein.

Durch ein vernetztes System von Stipendien und Spenden internationaler Geber, darunter zuallererst des Deutschen Bundesministeriums für Wirschaftliche Zusammenarbeit, kann die *EAP* auch Nachwuchs aus finanziell schwachen Schichten ausbilden. Der landwirtschaftliche Lehrstoff ist nicht der einzige Inhalt der mehrjährigen Ausbildung. Ein dichter, präzise gesteuerter Tagesablauf zwischen Lehre, Forschung und Produktion macht aus den Studenten professionelle und universell kundige Landwirte. Die Pilotbetriebe der Käserei und Metzgerei bieten in ganz Honduras (und zwar meist in den Supermärkten) gute und preiswerte Waren unter dem Namen *Zamorano* an. Dadurch tragen sie mit immerhin 30 % zur Finanzierung der Akademie bei, die mit mehreren hun-

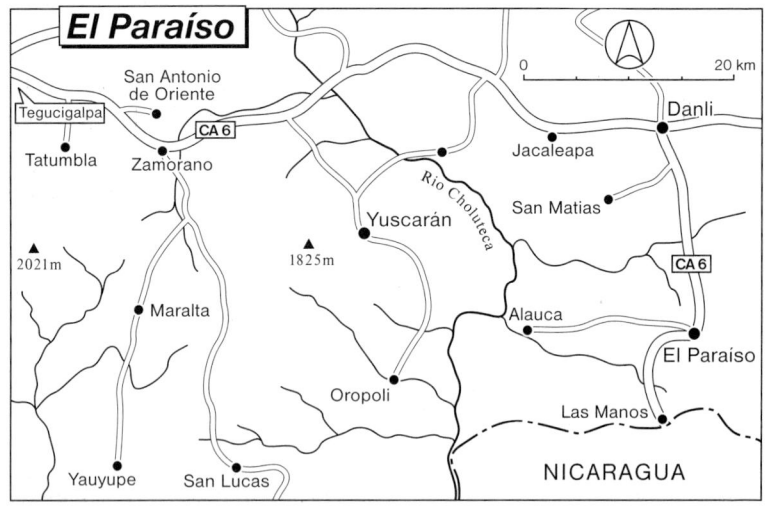

El Paraíso

San Antonio de Oriente

Tegucigalpa · CA 6

Tatumbla · Zamorano

▲ 2021m

· Maralta

Yauyupe · San Lucas

Oropoli

Río Choluteca

Yuscarán ·

▲ 1825m

Jacaleapa ·

San Matias ·

Alauca ·

0   20 km

Danli ·

CA 6

El Paraiso

Las Manos ·

NICARAGUA

El Paraíso

dert internationalen Fachkräften ein auf dem Kontinent unschätzbares Potential besitzt. **Besichtigung** der *EAP:* Anmeldung (auf englisch) über Tel. 776-6140 oder -50, fragen Sie nach *Richard Knab*, dem Assistenten des Direktors, Mo. bis Fr. von 7:30 bis 16:00 Uhr.

Unterkunft

● Im **Centro Kellog** werden Zimmer im rustikalen, sehr soliden und sauberen Stil der *EAP* für 40 $ Vollpension (Preis pro Person) vermietet. Von hier läßt sich nicht nur das vielseitig interessante Institut besichtigen, sondern auch gut wandern. **Reservierungen:** *Escuela Agrícola Panamericana*, Apartado Postal 93, Tegucigalpa, Tel. 232-2660, Fax 232-8543 (Tegucigalpa), Tel. 776-6140 oder -50 (Zamorano).

Essen und Trinken

● Frischer Käse, Wurst und Getränke werden im **Laden** der *EAP* verkauft.

Bank, Post, Telefon

● Die *EAP* ist mit allen wesentlichen Post-, Fernmelde- und Bankdiensten ausgestattet. Gästen sind diese zugänglich.

An der Ausfahrtstraße nach El Paraíso

Verkehrsverbindungen

Straße

● Von **Tegucigalpa** aus in Miraflores auf den Blvd. de las Fuerzas Armadas (Fahrtrichtung links, d.h. östlich) fahren, dann 29 km die Fernstraße CA6 entlang.

Bus

● Busse nach Zamorano (wo die *EAP* liegt) und Yuscarán fahren vom Mercado Jacaleapa in **Tegucigalpa** ab (Blvd. Miraflores, 1,5 km hinter dem Einkaufszentrum Plaza Miraflores links, 1 km vor der ersten Einfahrt zur Col. Kennedy).

Ausflüge in die Umgebung

Die Schule liegt auch inmitten von sternförmig verlaufenden Wanderwegen nach San Antonio del Oriente, Yuscarán und in den von der *EAP* verwalteten Bergnebelwald des Bioreservats Uyuca.

San Antonio

Von Zamorano aus können die malerischen Dörfer San Antonio del Oriente und (noch viel kleiner) San Antonio del Occidente erreicht werden. Die 5 km bis dorthin sind – wenn nicht gerade in der Mittagssonne – auch zu Fuß zu machen. San Antonio wurde während des Edelmetallbergbaus von spanischen Siedlern aufgebaut. Die schöne Kirche und die idyllische Szenerie um den Park lassen Erinnerungen an die längst vergessene Zeit aufkommen. Deshalb gehören Sie zu den Motiven der Malerei der Familie *Velásquez* (vgl. Kapitel Kunsthandwerk und Malerei). Achtung: In San Antonio del Oriente befindet sich nur eine einzige Pulpería.

● **An- und Weiterreise:** Zu Fuß von Zamorano aus, oder mit dem Bus ab Tegucigalpa (Mercado Jacaleapa, Bo. Miraflores), Abfahrt täglich um 6:30 Uhr, Rückfahrt von San Antonio aus um 16 Uhr, 1,5 Std., 1,80 $.

Güinope

Direkt von Tegucigalpa aus zu erreichen ist das kleine Dorf Güinope, das für seinen in Eichenfässern gereiften Orangenwein sowie die Orangenmarmelade berühmt ist. In den letzten Märztagen wird hier das Apfelsinen-Fest gefeiert. Der Ort reizt wegen seiner sauberen, provinziellen Einfachheit (vergleichbar mit Ojojona) und seiner 1820 erbauten Pfarrkirche.

● **Unterkunft:** Einzige Herberge ist **Merlin,** mit privatem Bad, bester Hygiene und freundlichen Besitzern, DZ 2,80 $.
● **An- und Weiterreise:** Bus ab Tegucigalpa (Mercado Jacaleapa, Bo. Miraflores), Abfahrt täglich ab 7:30 Uhr mehrmals, Rückfahrt von San Antonio aus um 17 Uhr, 1,5 Std., 1,60 $.

Yuscarán

Geschiche und Sehenswertes

Immerhin gut zwanzig Kilometer abseits (südlich) der Landstraße nach Danlí befindet sich die nur knapp zehntausend Einwohner zählende Provinzhauptstadt Yuscarán, die auch einst zu den kolonialen Zentren des Silberbergbaus gehörte. Das Klima ist im 1080 m hoch liegenden Yuscarán subtropisch, ja fast montan, nachts wird es frisch. Yuscatán heißt auf Nahuatl „Hügel der Blumen".

El Paraíso

Yuscarán wurde erst 1744 gegründet, nachdem dort erhebliche Silbervorkommen gefunden worden waren. 1769 erhielt es den spanischen Stadttitel. Zu diesem Anlaß trat in Yuscarán ein eigens aus Paris angereistes Orchester auf. Wegen seiner historischen Bedeutung ist Yuscarán auch heute noch Hauptstadt des *departamento* El Paraíso, obwohl seine Einwohnerzahl (9200) weit unter der der Städte Danlí (30.000) und El Paraíso (27.000) liegt.

Kostbar ist die **Kirche San José de Yuscarán,** deren Holz aus Spanien stammt und deren Heiligendarstellungen die melancholische Stimmung des Momentes einfangen. Links in der Kirche befindet sich das aus Zedernholz geschnitzte Kruzifix, gegenüber lebensgroß die Statue „Jesus auf dem Maultier". Beide stammen aus dem 18. Jahrhundert.

Die Stadt Yuscarán ist wegen ihrer steingepflasterten Gassen und ihres durchgehend alten Gebäudebestandes baulich und atmosphärisch besonders schön. Sie ist auch eine Fundgrube mit reicher Geschichte, in den vergilbten Originaldokumenten verborgen, welche *Oscar Lezama* und *Bella Carolina Flores* im *merendero* (an der der Kirche genau gegenüberliegenden Seite des Parks) aufbewahren. Die Ein-

Stilleben einer Provinzhauptstadt

wohner erzählen stolz, daß Yuscarán die erste honduranische Stadt war, die mit elektrischem Licht und Leitungswasser versorgt wurde. *José María Medina*, Bürger der Stadt, war 1870 Präsident des Landes.

Das **Museum** *(Museo y Casa Cultural)*, eine cuadra vom Zentralpark entfernt, ist eine Werkstatt der bürgerschaftlichen Initiative. Im ebenerdigen linken, meist geschlossenen Raum sind allerlei Gegenstände der Minen-

und Gewerbegeschichte des Ortes gesammelt. Den rechts danebenliegenden ersten Raum (hinter dem Eingang) durchschreitet der Besucher, um in den Hof zu gelangen. Von dort führen Treppen in die 2. Etage, wo Natur-Bilder an die Wände gemalt und geheftet worden sind. Eine kleine Ausstellung beschreibt Tier- und Pflanzenarten sowie Wanderrouten im Naturschutzgebiet des Nationalparks Monserrat. Geöffnet von 14 bis 18 Uhr.

Yuscarán ist nicht nur wegen seines pittoresken alten Gebäudebestandes einen Abstecher wert. Hier befinden sich zwei **Destillerien** des berühmten Schnapses *Yuscarán*, der aus Zuckerrohr gebrannt wird. Auch im tropischen Klima schmeckt dieser und ist

Kolonialer Charme

El Paraíso

recht bekömmlich, vor allem mit Pampelmuse und Eis. Neben *Flor de Caña,* einem ebenfalls akzeptablen Rum, ist *Yuscarán* der beste *aguardiente* (klarer Schnaps) des Landes.

Feste

●Das **Patronatsfest** von Johannes dem Täufer *(San Juán Bautista)* findet am 24. Juni statt, das der Jungfrau der Unbefleckten Empfängnis *(Virgen de Concepción)* ist am 8. Dezember.

Unterkünfte

●*Hotelito Del Holandés,* saubere private Zimmer in einer honduranisch-holländischen Familie, schöner Blick fast bis Tegucigalpa, DZ 8 bis 16 $.

●*Karol,* Bad/WC, Heißwasser, familiär, angenehm, DZ 7,50 $, 20 m vom Zentralpark stadtauswärts.

Essen

●*Cafetería Colonial,* gute landestypische Mahlzeiten, gleich im Zentralpark.

Information

●Im **Museo y Casa Cultural,** eine cuadra vom Zentralpark (geöffnet von 14 bis 18 Uhr); hilfsbereit und gut informiert über Geschichte und Geographie ist dort *José Antonio Mendoza*.

Kirche und Zentralpark

●Über das *Bioreservat Monserrat* informiert die Peace-Corps-Freiwillige *Rachel Bruhnke.* Sie ist über *José Mendoza* (vgl. Museum) zu kontaktieren.

Verkehrsverbindungen

Straße

●Von *Tegucigalpa* auf der CA6 nach *Zamorano,* dann weiter bis zur ausgeschilderten Abzweigung (km 48), dort rechts (bergauf). Nach 17 km endet die Straße in Yuscarán.

Bus

●Bus von *Tegucigalpa* aus: Stündlich vom Mercado Jacaleapa Richtung Danlí (vgl. Zamorano), nach 55 km an der Abzweigung aussteigen und dort um eine Mitfahrgelegenheit *(halón)* bitten. Selten gibt es vom Mercado Jacaleapa auch Direktbusse nach Yuscarán.

Ausflüge ab Yuscarán

Verlassene Mine

Wer die morbid-historische Atmosphäre einer verlassenen Mine sucht, findet etwa 4 km von Yuscarán Richtung Agua Fría die alte Guavias-Mine. Hier liegt außerdem noch allerlei Gerät herum.

Reserva Biológica de Montserrat

Einige Kilometer weiter auf der gleichen Straße findet sich, auf 1300 m Höhe, der Bergwald der *Reserva Biológica de Montserrat.* In Absprache mit dem Museum in Yuscarán können Pferde für einen drei- bis vierstündigen Ausritt in das *Bioreservat* gemietet werden. Im Reservat gibt es auch einen erfrischenden Wasserfall und einen kleinen See namens Laguna del Volcán.

Danlí

Überblick

Etwa hundert Kilometer von der Hauptstadt entfernt befindet sich Danlí, die mit rund 30.000 Einwohnern größte Stadt der Provinz El Paraíso. Danlí ist das Zentrum einer von Maisfeldern, Kaffeepflanzungen, Zuckerrohranbau und Tabakplantagen gekennzeichneten Region.

In der Stadt befinden sich vier *Tabakfabriken,* die für exquisite Qualität bekannt sind. Selbst in Deutschland kann man honduranische Zigarren finden, die nie billig sind. Rechts neben dem Kino *Aladino,* gleich im Zentrum, ist die Fabrik *Honduras-América S.A.* zu besichtigen. Im angeschlossenen Laden werden Qualitätszigarren preiswert angeboten.

Das *Museo de Cabildo* an der Stadthalle (am Zentralpark) zeigt eine Sammlung verschiedenster Funde aus drei Jahrhunderten (geöffnet zwischen 8 und 12 sowie 13:30 bis 16 Uhr). Der Verwalter hat ein profundes Wissen über die Geschichte von Danlí, spricht aber nur spanisch.

Feste

●Jedes Jahr während der dritten August-Woche findet das *Festival de Maíz* statt, ein kulinarischer Marathon auf der Grundlage vielfältiger Mais-Rezepte. Sogar Mais-Bier und schmackhaftes Mais-Gebäck *(rosquillas)* werden gereicht. Rodeo, Fußball und andere volkstümliche Sportarten runden das Programm ab. Am Samstag wird das Zentrum von Danlí in eine einzige Party verwandelt, Musik und Tanz nehmen kein Ende.

Unterkünfte

- **Gran Hotel Granada** (an der Hauptstr. am Ortseingang), Tel. 883-2499, Fax 883-2774, Pool, Restaurant, Bar, DZ 17,50 $.
- **Hotel La Esperanza** (gegenüber Esso-Tankstelle), Tel. 883-2106, Zimmer mit Dusche/WC, Ventilator, Restaurant, Parkplatz, DZ 8 $.
- **Hotel Apolo** (im Zentrum, Calle El Canal, gegenüber Shell-Tankstelle), Tel. 883-2177, Zimmer mit Dusche/WC, sauber, einfach, DZ 5,50 $.
- **Hotel Danlí** (im Zentrum, Calle El Canal, gegenüber Hotel *Apolo*), Tel. 883-2039, einfach, freundlich, DZ 4 $.

Essen und Trinken

- **Rancho Típico** (Nähe *Hotel Danlí*) für Volkstümliches und Grill-Spieße.
- **El Gaucho** (im Zentrum) für Steaks und internationale Küche.
- **Pizzería Piccolino,** 200 m südwestlich vom Zentralpark.
- **Rodeo,** Bedienung und Auswahl einfach stimmig.
- **Comedor Claudio,** einfache lokale Gerichte, eine cuadra vom Zentralpark.

Wichtige Adressen

Post, Hondutel

- Eine cuadra hinter der Kathedrale.

Verkehrsverbindungen

Straße

- Die Hauptstraße von **Tegucigalpa** über Zamorano (CA6) führt südlich dieser Stadt vorbei weiter nach **El Paraíso.**

Bus

- Täglich mit *Discua Litena*, Mercado Jacaleapa (Tel. 231-0470) oder *Dandy*, Bo. Villa Adela (Tel. 232-7939) Abfahrt jeweils um 5:45, 7, 9, 12, 14:30 und 16:30 Uhr, Fahrzeit 3 Std., 1,30 $, Ankunft im Mercado Jacaleapa, Col. Miraflores, **Tegucigalpa.**
- Von **El Paraíso** (Zentralpark) aus nach Danlí fahren etwa stündlich Kleinbusse (Fahrtdauer 30 Min., 0,45 $).

El Paraíso

An der Straße in Richtung der Grenze mit Nicaragua liegt der Ort mit 27.000 Einwohnern. Die Grenzregion nach Nicaragua ist durch Kaffee-, Reis- und Bananenkultur geprägt. Im Ort gibt es Hotels, einfache Comedores, Banken, Post und Telefonservice. El Paraíso ist – ganz im Gegensatz zum Namen – ein Ort, der kaum zum Verweilen einlädt.

Unterkünfte

- **5a Avenida** (5a Ave., 10a Calle), Tel. 893-4298, Dusche/WC, Restaurant, Parkplatz, DZ 6 $. Ein besseres Preis-Leistungs-Verhältnis der Hotels ist in Danlí zu finden.
- **Lendy's** (Nähe Busbahnhof, Tel. 893-4461), sauber und nett, DZ ab 5 $.

Verkehrsverbindungen

Straße

- Über Danlí, dann aber auf der Höhe von Danlí schräg rechts weiter die Hauptstraße (Fernstraße CA6), nach ca. 20 km kommt El Paraíso (und nach weiteren 10 km die Grenzstation Las Manos).

Bus

- Aus **Tegucigalpa** direkt von Comayagüela (*Emtra Oriente*, 6a Ave., 6a y 7a Calle) in 2,5 Std., oder von **Danlí** (Terminal de Buses) in 30 Min.
- Von **Danlí** (Busbahnhof) aus fahren etwa halbstündlich Kleinbusse zwischen 6:00 und 17:30 Uhr (Fahrtdauer 30 Min., 0,45 $).

Grenze zu Nicaragua in Las Manos

Las Manos ist die von Tegucigalpa aus nächste Grenzstation nach Nicaragua. Sie ist von 8 bis 17 Uhr geöffnet und sehr simpel ausgestattet, doch die Abfertigung läuft inzwischen zügig. Bis 1989 wurde hier ganz in der Nähe noch ein schmutziger Krieg geführt. Davon ist jetzt nur noch optisch etwas zu spüren. Die Länder sind inzwischen ebenso befriedet wie die Menschen es immer schon waren.

Ein- und Ausreisebestimmungen

● Las Manos ist nach meiner Erfahrung der schnellste Grenzübergang in Honduras. Siehe auch „Praktische Reisetips, Hin- und Rückreise".

Verkehrsverbindungen

Bus

● Von **Tegucigalpa** in stündlichem Abstand nach **Danlí**. Von Danlí aus mit regelmäßigem Bus nach **El Paraíso,** dann mit unregelmäßig fahrendem Kleinbus, Pick-Up oder per Mitfahrgelegenheit (*halón*) weitere gut 10 km (ca. 20 Min.) an die Grenze. Nach der Ausreise aus Honduras fährt ein Pick-Up oder Kleinbus ein paar Kilometer bis zur nicaraguanischen Grenzstation in **Ocotal.** Von dort fährt zweimal täglich ein Bus nach **Managua** ab (9 Uhr, 15:30 Uhr, 4 bis 5 Std., 3,50 $), aber es gibt auch eine Menge Bummelbusse Richtung **Estelí** und **Matagalpa.** Wer eine schlechte Verbindung hat, sollte die Zeit nutzen – der Norden Nicaraguas ist schön, selbst Abstecher in den fernen Dschungel (nordöstlich) können sich lohnen.

Die Pazifikküste am Golf von Fonseca

Route

Nur eine einzige, bis vor wenigen Jahren noch sehr schlecht asphaltierte *Gebirgsstraße* führt von Tegucigalpa über Sabanagrande und Pespire nach Jícaro Galán, dem Kreuzungspunkt mit der *Carretera Panamericana* (CA1), die von Vancouver nach Feuerland führt. Die von Tegucigalpa kommende Straße ist die Fernstraße CA5. Von Jícaro Galán geht es entweder nach El Amatillo (El Salvador), ca. 40 km entfernt, oder nach El Espino (Nicaragua), ca. 110 km entfernt.

Überblick

Die beiden Provinzen **Valle** und **Choluteca** bilden den Übergang zwischen dem Hochland um Tegucigalpa und dem pazifischen **Golf von Fonseca.** Wegen der geringen Nord-Süd-Entfernung stellt der Golf quasi ein Drei-Länder-Eck zwischen Nicaragua im Südosten, El Salvador im Nordwesten und Honduras in der Mitte dar. Rund 124 Kilometer lang und von Stränden aus feinem, vulkanischem Sand gesäumt ist die honduranische Pazifikküste, 30 kleine **Inseln** sind ihr vorgelagert. Das Gebiet wurde *1522* von *Andrés Niño* entdeckt und nach seinem Ziehvater, dem Bischof *Juan Rodriguez de Fonseca*, benannt. *1578* ließ sich der englische Freibeuter *Francis Drake* auf der Isla del Tigre, nahe Amapala, nieder und segelte von hier aus bis nach Peru und Baja California.

Pazifikküste

Der Süden des Landes ist noch heißer als der karibische Norden, doch die **Luftfeuchtigkeit** ist wesentlich geringer. Daher ist es nicht so schwül, die **Temperaturen** sind besser zu ertragen. Es fällt dennoch schwer, ohne guten Ventilator oder Klimaanlage einzuschlafen.

Die am Golf von Fonseca überall wuchernden **Mangroven** sind ein natürliches Landgewinnungssystem, Brutstätte von Hunderten verschiedener Vögel. Die Naturschutzorganisationen *CODEFAGOLF (Comité para la Defensa de la Flora y Fauna del Golfo de Fonse-* *ca)* und *ASCONA (Asociación Sureña de Conservación del Ambiente)* kümmern sich seit Jahren aktiv um dieses Ökosystem. Dazu legen sie sich mit einflußreichen Krabbenzuchtunternehmen an, die auch von Deutschen und US-Amerikanern geführt und betrieben werden.

Heute besteht der Süden von Honduras aus drei **Landschaftsformen,** die ringförmig von Norden nach Süden reichen. Die Kordilleren des zentralen **Hochlandes** gehen mit den Flüssen Choluteca, Texiguat und Goascorán in das pazifische Küstenland über. Die

nördlichen Grenzen der Bezirke Valle und Choluteca liegen noch auf ca. 800 m Höhe. Danach folgt allmählich das bis zu acht Monaten im Jahr ausgetrocknete **Tiefland,** das durch intensive Bewirtschaftung in der Vergangenheit und die darauf folgende Erosion und Trockenheit heute weitgehend brachliegt. In der Regenzeit bauen die kleinen Bauern Mais und Bohnen an. Moderne Exportbetriebe kultivieren erfolgreich Wasser- und Honigmelonen, die der Trockenheit standhalten. Aus einer alten Cashew-Plantage gewinnen Selbsthilfe-Genossenschaften Nüsse und Früchte, die zu Genußmitteln weiterverarbeitet werden. Die Trockensavanne zieht sich bis zur Küste und dient noch heute mehr als

10 % der honduranischen Bevölkerung als Lebensgrundlage. Dann folgen die **Mangrovenwälder** am Wasser, die immer mehr von Krabbenzuchtbecken verdrängt werden.

Von Tegucigalpa zur Panamericana

Die Fahrt von Tegucigalpa bis Jícaro Galán ist landschaftlich außerordentlich reizvoll, die Route gehört zu den schönsten des Landes: Die Südverbin-

Schöne Aussichten auf der Landstraße nach Süden

dungsstraße zur *Panamericana, Carretera del Sur* genannt, beginnt hinter dem Flughafen Toncontín und ist die Verlängerung des Boulevard de la Comunidad Económica Europea (geht aus der Calle Real in Comayagüela hervor). Auf den ersten 15 km finden sich zahlreiche *pupuserías* (siehe Tegucigalpa, Essen).

Ojojona

Bei km 25 geht rechts bergauf die Abzweigung (unbeschildert) nach **Santa Ana** (5 km) und nach **Ojojona** (8 km) mit immerhin 8000 Einwohnern, angesichts der dort herrschenden Ruhe, unglaublich viele Menschen. Hier befindet sich das **Museum** des Malers *Pablo Zelaya Sierra* (siehe unter Kunst), das jedoch nur mit einem Erlaubnisschein und Schlüssel des Anthropologie- und Geschichtsinstituts in Tegucigalpa (siehe dort unter „Museo Histórico de la República en Villa Roy") zu betreten ist. Doch Ojojona mit seiner **Casa Mayor** aus dem Jahre 1723 und seiner **Kirche** aus dem Jahre 1883, die beide auf dem weit ausladenden Dorfplatz stehen, ist auch so einen Abstecher wert.

Ojojona lohnt sich wegen der großräumigen, kolonialgeschichtlichen Bebauung um einen stets beschaulichen Kirch-, Schul- und Rathausplatz herum. Hier haben die Bewohner noch Zeit für einen nur wenig sprachkundigen Besucher. Verpflegung und eine Einführung in die reiche Geschichte des früheren Minenstädtchens werden privat arrangiert.

Unterkünfte

● Bisher gibt es keine Hotels und Pensionen, aber wenn das Auftreten gepflegt und freundlich ist, kann man auf eine private Unterkunft hoffen.

Essen

● *Doña Alicia* in der *Posada* links hinter dem Museum, in der Casa Mayor, bietet Mahlzeiten an.

Verkehrsverbindungen

● Direkte **Busse** fahren alle 30 Min. zwischen 6 und 18 Uhr ab 4a Calle, 6a Ave. in **Comayagüela;** Fahrzeit gut 1 Std., Ticket 0,35 $.

Sabanagrande

Wieder zurück auf der Hauptstraße gen Süden, schlängelt sich die Straße zunächst die Kordillere empor, um anschließend die Flußtäler des Río Choluteca zu passieren. In Sabanagrande (km 40) befindet sich die berühmte **Kirche Nuestra Señora del Rosario** (erbaut 1810), um die herum Anfang Februar das Patronatsfest *La Virgen de Candelaria* zelebriert wird, ein provinzielles El Dorado mit Rodeo, Tombola, Tanz und Musik. An der Landstraße werden *rosquillas* verkauft, ohne Zucker gebackene Maisringe.

Pespire

Zwischen Sabanagrande und Pespire geht der montane subtropische Wald langsam in tropischen Trockenwald über. Trockenpflanzen wie Agaven und Kakteen sind hier in ihrem Element. Eine beschauliche Pause ermög-

licht einen Besuch in Pespire, ein durchgehend kolonial anmutendes Städtchen, das um den Zentralpark herum eine Reihe von **Gebäuden** von 1887 aufweist, die sehr gut erhalten sind. Auch die **Kirche** mit drei großen Kuppeln, die von der Landstraße sichtbar sind, ist erwähnenswert. Der gegenüberliegende Park ist wegen seiner hochgewachsenen Bäume eine Oase inmitten trockener Hitze.

Jicaro Galán, El Triángulo (Carretera Panamericana)

Wenig später führt die Landstraße ins Tal, schnurgerade zum **Kreuzungspunkt** El Triángulo, unweit von **Jícaro Galán.** Hier findet man ein paar einfa-

che Hospedajes und ein touristisches Hotel, das *Oasis Colonial.* Am **Triángulo** trifft die Landstraße (CA5) auf die *Panamericana* (CA1), rechts geht es nach Nacaome und weiter nach El Amatillo (El Salvador), links über Choluteca und San Marcos de Colón nach El Espino, dem Grenzort mit Nicaragua.

Unterkünfte

●*Oasis Colonial* (Tel. 881-2220), Jícaro Galán: DZ 30 $, Pool, Restaurant, großzügig.

Busverbindung bis zur Panamericana

●Busse nach Nacaome und El Amatillo, der salvadorianischen Grenze, fahren häufiger als stündlich vom *Mercado Mamachepa* in **Comayagüela** ab (Orientierungspunkt ist das Kino *Centenario*, 6a Calle, entre 9 y 10 Calle), Fahrzeit 4 Std., Ticket 1,75 $.
●Busse *von Choluteca* fahren dort fast stündlich von 7 bis 16 Uhr von der Brücke vor der Stadt ab, Ticket 1 $.
●Jícaro Galán bzw. El Triángulo ist so wichtig, weil hier **internationale Buslinien** *(Kings, Ticabus* etc.) halten und Passagiere austauschen. So ist es z.B. Reisenden aus Tegucigalpa möglich, den Bus via San Salvador zu verlassen und den nach Managua, der gerade vorbeirauscht, schnell noch mitzunehmen. Oder ein Reisender aus Managua überlegt es sich anders und macht einen Abstecher nördlich ins reizvolle Honduras, statt sich gleich weiter Richtung San Salvador zu verflüchtigen.

Das Rathaus in Pespire

Pazifikküste

Souvenirs im Überfluß

Zur Grenze mit El Salvador

Auf der vierzig Kilometer langen Landstraße zwischen Triángulo (Jícaro Galán) und der Grenze nach El Salvador liegt die weniger bedeutende Provinzstadt **Nacaome** (5,5 km westlich von Jícaro Galán), die einzig durch eine schöne Kirche auffällt. Kurz vor der Grenze ist die große **Brücke von Goascarán** zu sehen, kurz danach folgt *El Amatillo*. Das Städtchen befindet sich auf beiden Seiten der Grenze. Die Grenzstation arbeitet von 8 bis 17 Uhr täglich.

Für knapp 2 $ bekommt man die Genehmigung zum Einkauf in El Salvador. Viele Honduraner nutzen die Gelegenheit und finden schon in El Amatillo gut sortierte Läden. Berühmt sind die bunten Handtücher, aber auch andere Textilien aus den moderneren salvadorianischen Fabriken sind bei mäßigen Preisen von guter Qualität. Gut 40 km entfernt liegt San Miguel, eine der größten Städte von El Salvador.

Unterkünfte

● Im **honduranischen Teil** El Amatillos gibt es zwei einfache *Hospedajes*, **Los Arcos** und **San Andrés**.

● Auf der **salvadorianischen Seite** findet man ebenfalls zwei einfache *Hospedajes*: **Dos Hermanos** und **Hotelito Anita.**

Ein- und Ausreise-bestimmungen

● Siehe „Praktische Reisetips, Hin- und Rückreise".

Verkehrsverbindungen

Busse nach El Amatillo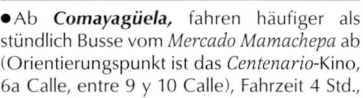

● Ab **Comayagüela,** fahren häufiger als stündlich Busse vom *Mercado Mamachepa* ab (Orientierungspunkt ist das *Centenario*-Kino, 6a Calle, entre 9 y 10 Calle), Fahrzeit 4 Std., Ticket 1,75 $.

Busse nach San Miguel und San Salvador

● Stündlich verkehren Busse nach San Miguel (2,5 Std., 1 $). Viermal täglich fahren Busse in die Hauptstadt San Salvador (4 Std.,1,75 $).

San Lorenzo und der Golf von Fonseca

Überblick

Vom Triángulo in Richtung Nicaragua liegt etwa 10 km entfernt die Stadt San Lorenzo (21.000 Einwohner), direkt am Golf von Fonseca. Entlang der *Interamericana* findet man Straßenstände mit großen, bunten Hähnen und Krügen aus Ton. Diese einfachen Keramikarbeiten mit schreiend bunter Bemalung, stammen aus kolonialer Vorzeit und sind heute auch noch in

Portugal und Südspanien zu finden. Vorsicht: Die zwar sehr dekorativen Gartenaccessoires zerbröseln leicht, ein Transport im Flugzeug ist deshalb problematisch. Das Stadtzentrum selbst liegt etwa 10 cuadras rechts der Landstraße.

San Lorenzo ist der Pazifikhafen von Honduras. Hier kommt vor allem Fracht aus Asien an. Da der Golf von Fonseca jedoch eines der spektakulärsten Mangroven-Biotope beheimatet, ist vom Stadtstrand aus nicht der pazifische Ozean zu sehen, sondern der grüne Mangrovenwald. Dennoch bilden der Zentralpark mit großen Echsen- und Krokodilmodellen, die Hafenzeile und die dahinterliegenden Mangrovenwälder ein Ambiente, das wohl keinem anderen „Welthafen" gleichkommt. Zur Erkundung der Mangroven können hier kleine *lanchas* (Motorboote) gemietet werden.

Unterkünfte

● **Miramar** (Plaza Marina am Wasser), Tel. 881-2138, Restaurant, auf Wunsch Klimaanlage, unsichere Gegend, DZ mit Klima 23,50 $. Am hauseigenen Strand kann man durchaus baden, auch wenn die ungefiltert eingeleiteten Hausabfälle und der bloße Anblick nicht dazu einladen.
● **Perla del Pacífico** (Zentrum), Tel. 881-2385, Ventilator, angenehm, DZ 6 $.

Essen

● **Miramar** (wie Hotel), schöne Aussicht, schmackhafte Krabben- und Seeschnecken-Gerichte, relativ teuer.

- **Henecán** (Nähe Parque Central), klimatisiert, nicht billig.
- **Torreros** (Nähe Parque Central), für Fleischgerichte empfehlenswert.
- Ansonsten findet man **Comedores** überall im Zentrum der kleinen Stadt.
- An der *Panamericana* befindet sich die **Disco Panamericano** mit integriertem Restaurant.

Verkehrsverbindungen

Straße

- Von Tegucigalpa über die *Carretera del Sur* bis Jícaro Galán, dann links auf die *Panamericana* bis zum Kilometer 102.

Bus

- **Minibusse** direkt nach San Lorenzo verkehren fast stündlich von **Tegucigalpa** aus (Abfahrt in Comayagüela, Mercado Belén, schmutzig und hektisch). Bequemer sind die normalen Buslinien via Choluteca, die aber direkt an der *Panamericana* halten: *Mi Esperanza*, *Bonanza* und *El Dandy* (Abfahrt stündlich ab 5:30 Uhr von *Mi-Esperanza*-Terminal aus, 6a Calle, 23 oder 26 Ave., Comayagüela). Die Kosten für das Busticket bis San Lorenzo betragen 1,60 $.

Amapala und die Isla del Tigre

Die Insel, auf der Amapala liegt, ist vulkanischen Ursprungs und erlaubt bei gutem Wetter den Blick bis nach Nicaragua und El Salvador. Der verschlafene Kurort Amapala ist der Hafen der Insel, auf der im 16. Jahrhundert der englische **Freibeuter** *Sir Francis Drake* seine Basis hatte. Heute ist die Gegend um Amapala herum das bevorzugte Rückzugsgebiet für illustre

Machtmenschen wie den Industriellen *Miguel Facussé*, vielleicht wichtigster und reichster Honduraner, und den Ex-Präsidenten *Rafael L. Callejas*, der nahe Coyolito seine Wochenend-Villa gebaut hat.

Der ehemalige Hafenarbeiter *Martín Hernandez*, Jahrgang 1935, erzählte mir viel über die Vergangenheit des alten **Hafens.** Das Städtchen war 1876 für ein paar Monate sogar Hauptstadt des Landes und bis zur Mitte dieses Jahrhunderts der wichtigste Hafen des damals noch völlig unbedeutenden Honduras. Immerhin mußten alle Handelsgüter bis zum Bau der *Panamericana* in den 40er Jahren des 20. Jahrhunderts mit Eselskarren bis nach Tegucigalpa gebracht werden.

Don Martín erzählt auch von den letzten Jahren des Hafenbetriebes, als er pro Tag einen Lempira verdiente und es in Amapala ein Kino und eine Rock-o-La-Musikbox gab. Alle waren damals stolz auf die *Comandancia*, die rechts hinter der Hafenmole steht und deren damaliger Glanz auch heute noch erahnt werden kann. Das Casino dagegen steht nicht mehr. Wunderschön ist das alte grüne Holzhaus an der Ecke des Marktes Richtung Hafen. Es wurde von Händlern im 19. Jahrhunderts im französichen Stil erbaut.

Als San Lorenzo 1954 Pazifikhafen wurde und Amapala in die Bedeutungslosigkeit versank, klagten *Martín Hernandez* und seine 350 Kollegen beim staatlichen *Servicio Portuario S.A.* auf 1600 Lps. (damals 800 $) Ab-

Pazifikküste

findung. Das Geld wurde den Gewerkschaftern erst 1993 gewährt, gerade noch 200 $ wert.

Amapala zählt heute etwa 8000 Einwohner, hauptsächlich Fischer und Bauern. Auf der Isla del Tigre befinden sich auch Stationen der **US-Streitkräfte** und der **US-Drogenbehörde** *DEA* – zur Kontrolle des Drogenverkehrs im Pazifik. Diese Stationen haben in den achtziger Jahren aber nicht vermocht nachzuweisen, daß die salvadorianische Guerilla *FMLN* von der sandinistischen Regierung in Nicaragua militärisch versorgt wurde, wie das seitens der USA immer wieder behauptet wurde, um die mißliebigen Sozialisten in Managua anzuschwärzen.

Feste

●Am 3. Mai feiert Amapala die **Feria de la Santa Cruz.**

Unterkünfte

●Einziges Hotel ist **Playa Negra** (Tel. 898-8534 in Amapala und Tel. 237-8822, Fax 238-2457 in Tegucigalpa, der Besitzer heißt *Alejandro Villela Suazo)*, Restaurant, Pool, Fitness, Ausflüge (Hochseefischen, Boot, Pferd oder Trekking), Zimmer mit Ventilator oder mit AC (unbedingt mit Klimaanlage wählen), DZ 50 $. Ein Ausflug mit dem Pferd kostet sagenhafte 40 $ (2 Std.), mit dem Charterboot 60 $ (ganzer Tag). Bei Vorab-Buchung holt das Hotel die Gäste in Coyolito ab. Sonst ist ein Expreßboot von Coyolito zu nehmen

Blick auf Amapala

oder nach Landung in Amapala ein Taxi bis zum Hotel (5 $).
- Einzige Alternative ist die **Pensión Internacional,** gleich am Hafen von Amapala, sehr einfach, gemeinsames Bad, ohne warmes Wasser, DZ 2,80 $.
- Mit Erlaubnis der Besitzer ist an den Stränden Playa Negra und Playa Blanca **Camping** möglich.

Essen und Trinken

- Am Hafen in Amapala gibt es im **Restaurant Miramar** gute Fischgerichte.
- In Amapala selbst finden sich außerdem sehr einfache, aber saubere **Comedores** im neuen *Mercado Municipal*.

Wichtige Adressen

- **Gemeindeverwaltung,** Tel. 898-8524.
- **Schutz- und Kriminalpolizei,** Tel. 898-8537.
- **Krankenhaus und Zahnklinik** mit *Dr. Gutierrez*, Tel. 898-8117.

Verkehrsverbindungen

Straße

- Zwei Kilometer vor San Lorenzo führt eine Stichstraße 32 km durch tief grünes Mangrovensumpfgebiet der Insel Zacate Grande bis nach **Coyolito.** Hier ist der Weg das Ziel, denn die Landschaft mit wenigen Häusern, aber unwillkürlich auftauchenden Hügeln und Inseln in einem sumpfigen Dschungel ist einmalig. In Coyolito, am Ende der Straße, sollte man auf Sicherheit beim **Parken** achten, z.B. in Absprache mit der rechts der Straße nahe des Stegs liegenden Polizeistation. Auf La Tigra selbst gibt es einige wenige Autos, die auch als **Taxis** dienen.

Boot

- Von **Coyolito** aus fahren fast stündlich Boote nach Amapala (Ticket 0,50 $, Fahrtdauer 25 Min., Expreßfahrt für 5 $).

- Alternativ führt eine halbtägige Bootsfahrt von **San Lorenzo** direkt nach Amapala.
- Per Boot kann man von Amapala bis zum **salvadorianischen** Ort **La Unión** übersetzen, sollte sich aber vorher bei der Einreisebehörde *Migración* einen Ausreise- und sofort bei Ankunft einen salvadorianischen Einreisestempel besorgen.

Ausflüge ab Amapala

Trekking

Die sehr schlechte **Straße um die Insel** herum, an der nette Menschen wohnen, eignet sich gut für eine halbtägige Wanderung. Alternativ führt eine **Straße auf den Gipfel** der Insel. Wer diesen erklimmen möchte, sollte zuvor jedoch die örtliche Polizei *(FUSEP)* im Zentrum von Amapala um eine Erlaubnis bitten.

Strände

Die besten Strände von Amapala sind **Playa Blanca** (40 Min. südlich von Amapala) und **Playa Negra** (45 Min. nördlich von Amapala), die jeweils zu Fuß zu erreichen sind. Mit Erlaubnis der dort ansässigen Besitzer ist auf jedem der beiden Strände **Camping** möglich.

Pazifikstrand in Cedeño und Punta Ratón

Cedeño

Einen einmaligen Blick auf die Vulkane beider Nachbarländer bietet der kleine, ansonsten wenig einladende Badeort Cedeño. 12 km vor Choluteca führt auf einer sichtbar großen Kreuzung, mitten in der Einöde, eine Straße Richtung Süden. Nach ca. 50 km endet sie am vulkanischen, für honduranische Verhältnisse relativ verschmutzten Strand von Cedeño, der von unzähligen Restaurants gesäumt ist. Alle paar Jahre werden die auf Stelzen stehenden Holzkonstruktionen vom Pazifik geholt. Wegen der Windverhältnisse ist hier das Windsurfen besonders gut möglich.

Unterkünfte

●In Cedeño gibt es nur das Hotel **Puesta del Sol** (am Strand, ca. 700 m nordwestlich vom Ortskern), DZ 33 $.; weitere Unterkünfte im Ortszentrum, sind laut und schmutzig, z.B. *Miramar*, *Cintia*, *Dunia*, zwischen 3 und 6 $ pro DZ.

Verkehrsverbindungen

●Ab **Choluteca** fährt stündlich ein **Bus** nach Cedeño (Fahrzeit 1 Std., Ticket 0,50 $).

Punta Ratón

Einen schöneren Strand mit weniger Bauten und Gewühl hat der Strandort Punta Ratón, zu dem eine Abzweigung rechts ca. 12 km vor Erreichen des Ortes Cedeño führt.

Verkehrsverbindungen

●Ab **Choluteca** fährt täglich einmal um 11:30 Uhr ein **Bus** nach Punta Ratón (Fahrzeit 1 Std., Ticket 0,50 $). **Rückfahrt** jedoch erst am nächsten Morgen!

Choluteca

Geschichte

Hauptstadt des heißen Südens ist diese fast 90.000 Einwohner zählende Stadt, die bereits 1535 gegründet wurde. Vor der ökologischen und wirtschaftlichen Marginalisierung des Südens galt Choluteca mit seiner Umgegend als besonders wohlhabend.

Schon seit Mitte des achtzehnten Jahrhunderts war die *Villa de Jerex de la Choluteca* das bedeutendste Zentrum des Südens, nachdem Franziskaner in Nacaome und Goascarán schon seit 1580 tätig gewesen waren.

Heute können die idyllische Altstadt und die mit einfachen, aber präsentablen Hotels ausgestattete Neustadt schwerlich über die **Verarmung** der ländlichen Bevölkerung in der Umgebung von Choluteca hinwegtäuschen. Noch vor achtzig Jahren waren große Teile des Südens von Honduras mit einem tropischen Trockenwald überzogen, der Klima, Landwirtschaft und die Versorgung mit Holz sicherte. Durch die extensive Baumwollwirtschaft und zugunsten immer umfangreicherer Rinderherden wurde das Grün weiträumig vernichtet – mit katastrophalen Folgen. Heute wächst auf den stets trockenen Böden fast nichts mehr. Eine 1989 veröffentlichte Erhebung des deutschen Ernährungssicherungsprogramms in Choluteca ergab: Ein honduranischer Kleinbauer aus einer der südlichen Provinzen Choluteca oder Valle erntet auf seinem durchschnittlich nicht einmal 1 ha großen Land gerade nur soviel Mais, um allenfalls seine eigenen Kinder satt zu bekommen, Geldeinkommen bleibt ihm nicht. In einer solchen Lage führt schon ein Besäufnis des Vaters oder der spontane Kauf eines Kleidungsstücks die Familie in eine Hungerkrise.

Orientierung

Die größte Stadt des honduranischen Südens erstreckt sich entlang zweier

Pazifikküste

Boulevards, die 5 cuadras voneinander entfernt verlaufen. Nördlich zieht sich der **Blvd. Choluteca** von Westen nach Osten, östlich, kurz vor Verlassen der Stadt, trifft er mit der *Carretera Panamericana* zusammen. Südlich erstreckt sich der **Blvd. Carranza** ebenfalls von Westen nach Osten.

Zwischen 2a und 4a Ave. liegen die wesentlichen **Busterminals** von *Mi Esperanza* (entre 1a y 2a Calle, entre 2a y 3a Ave.) und der allgemeine Bus-

bahnhof *Terminal de Buses* (Blvd. Carranza, entre 2a y 4a Ave.). Beide Boulevards werden von der **Avenida Valle** gekreuzt. An der Ave. Valle liegt genau zwischen den beiden Boulevards der alte **Markt** *(mercado viejo)*, an dem die meisten kleinen Hotels, *comedores* und Geschäfte zu finden sind.

Sehenswertes

Den Besucher der Stadt beeindruckt zunächst die große **Hängebrücke** aus Stahl, die 1937 über den zwar meist (in der Trockenzeit) kleinen, aber durch ein riesiges Bett fließenden Fluß Choluteca gezogen wurde.

Am Zentralpark befindet sich das **Geburtshaus von Cecilio del Valle,** einem der mutigen honduranischen Aristokraten und Patrioten, die mit *Fran-*

Einfahrt in die Stadt
über die große Brücke

AQUI NACIÓ EL SÁBIO
DON JOSE CECILIO DEL VALLE
EL 22 DE NOVIEMBRE DE 1777
MURIO EN GUATEMALA EL 2 DE MARZO DE 1834

LA GOBERNACION POLITICA Y LAS MUNICIPALIDADES DEL
DEPARTAMENTO, LE CONSAGRAN ESTE HOMENAJE EN EL PRIMER
CENTENARIO DEL CONGRESO DE PLENIPOTENCIARIOS HISPANO
AMERICANOS, REUNIDO EN PANAMA, COMO REALIZACION DE SU
SUEÑO DE SOLIDARIEDAD CONTINENTAL.
CHOLUTECA, JUNIO 22 DE 1926

Pazifikküste

cisco Morazán seit der 1821 erreichten Unabhängigkeit Zentralamerikas von Spanien Seite an Seite für die Integration eines republikanischen Zentralamerika kämpften. In dem Haus befindet sich ein Kommunikationszentrum für die Bürger der Stadt, das **Casa de la Cultura** (Kulturhaus) mit der städtischen Bibliothek. Hier werden Veranstaltungen angekündigt und wichtige Ereignisse gemeinsam gefeiert.

La Merced, die wunderschöne, schon 1643 erbaute Kirche, wird noch restauriert – für honduranische Verhältnisse aufwendig. Demnächst wird die Kirche neu geweiht.

Auf der 3a Calle S.O. befindet sich das **Kunsthandwerkszentrum von San José Obrero**. Hier sind die für den Süden des Landes typischen Schaukelstühle aus dem Holz des Guanacaste-

Baumes zu besichtigen. Zusammengelegt sind die Stühle kompakt und als praktisches Andenken für viele Jahre geeignet. Sie passen zu erdfarbenen oder ethnoartigen Einrichtungen im eigenen Heim.

Feste

●Am 8.12. feiert Choluteca eine ganze Woche lang das Patronatsfest der Jungfrau der unbefleckten Empfängnis (*Virgen de la Concepción*). Direkt anschließend findet die *FERISUR* statt, ein Volksfest mit gleichzeitiger Promotion der wichtigsten Produkte der Region.

Hier wurde am 22. November 1777 der Gelehrte und Staatsmann *José Cecilio del Valle* geboren.

Unterkünfte

- **Hacienda Gualiqueme Hotel y Club** (vor der Brücke links), Tel. 882-3129, 882-2750, Fax 882-3620, Sauna, Pool, Restaurant, Bar, Tennis, Rocket-Ball, Reitpferde, Stil einer traditionellen Farm, klimatisiert, geschmackvoll, DZ 70 $.
- **Hotel La Fuente** (Bo. Los Mangos, an der *Panamericana*), Tel. 882-0253, 882-0263, Fax 882-0273 klimatisiert, Pool, Restaurant, Souvenirs, DZ 27,50 $.
- **Hotel Camino Real** (Carretera Guasaule, 3 km von der *Panamericana*), Tel. 882-2860, klimatisiert, Pool, Rest., DZ 20 $.
- **Hotel Pierre** (Ave. Valle, Calle Williams), Tel. 882-0676, klimatisiert oder Ventilator, Restaurant, Eis-Café, Parkplatz, empfehlenswert, DZ 12 $.
- **Hotel Brazabola**, im Bo. Cabanas, Tel. 882-5535, mit AC und TV, DZ 10,80 $.
- **Hotel Pacífico** (Bo. La Esperanza), Tel. 882-3249, auf Wunsch klimatisiert, TV, Parkplatz, DZ ab 10 $, sehr empfehlenswert.
- Diverse preiswerte kleine Hotels am Zentralpark, z.B. **Bonsay** und **Central** (Tel. 882-0112).
- Weitere preiswerte kleine Hotels im etwas lärmigen Zentrum: z.B. **San Carlos, Santa Rosa** (3a Calle N.O., Tel. 882-0355) mit Reinigung oder **Hibueras**, Tel. 882-0512, DZ 5 $.

Essen und Trinken

- **Conquistador** (am Ende des Blvd. Chorotega, an der *Carretera Panamericana*), Grillrestaurant, auch im Freien.
- **Restaurante Pierre,** vgl. Hotel.
- **Rancho de José** (ca. 1 km vor dem Hotel Camino Real).
- Essen, Trinken und Musik gibt es im **Tropical Beer** (Carretera Guasaule, 3 km von der Panamericana, auf der linken Seite), Biergarten, preiswert.
- **Pupusería Caminos del Valle** (500 m verschoben gegenüber von *Tropical Beer*), mit *pupusas* und Getränken.
- **El Llano** (200 m von *Pupusería Caminos del Valle*), Pool, gute Auswahl.

Wichtige Adressen

Bank, Post, Hondutel

- Im Zentrum vorhanden.
- Samstags bis 11:30 Uhr ist die **Banco de Occidente** geöffnet.

Notfall

- **Rotes Kreuz, Krankenwagen,** Tel. 882-0232.
- **Feuerwehr,** Tel. 882-0503, Bo. La Guadalupe, Tel. 882-0504.
- **Schutz- und Kriminalpolizei,** Tel. 882-0951.
- **Verkehrspolizei,** Tel. 882-0100.
- **Staatliches Hospital Público,** Tel. 882-0231.

Verkehrsverbindungen

Straße

- Wie von Tegucigalpa nach **San Lorenzo,** aber dann 35 km weiter die Panamericana geradeaus bis zur großen Brücke von Choluteca, dahinter liegt gleich die Stadt. Zur Fahrt ins Zentrum nach der Brücke schräg rechts abbiegen! Zur Grenze nach Nicaragua bei **El Espino** sind es ca. 63 km.

Bus

- Von **Tegucigalpa** aus fahren *Mi Esperanza*, Bo. Villa Adela (Tel. 225-1502), Abfahrt um 6, 10, 14, 18 Uhr oder *Royeri*, Bo. Villa Adela (Tel. 225-1493), mehrmals täglich ab angeblich 2 Uhr im Morgengrauen. Fahrzeit 3 Std., 1,50 $. Dreimal täglich fahren die Busse – zumindest die von *Mi Esperanza* – bis **San Marcos de Colón** durch.
- **Abfahrtspunkt** der Busse in Choluteca ist die westliche Ecke des Mercado San Antonio.
- **Busse nach San Marcos und El Espino** (Grenze nach Nicaragua) fahren vom allgemeinen Busbahnhof (*Terminal de Buses*), Blvd. Carranza, entre 2a y 4a Ave.) ab (Fahrzeit 1 Std. bis zur Grenze, Ticket 1,10 $, Abfahrt zwischen 7 und 14 Uhr stündlich).

Pazifikküste

San Marcos de Colón

Nur 8 km vor der Grenze mit Nicaragua bei El Espino liegt das Städtchen San Marcos de Colón. Im Kontrast zur trockenen Hitze der südlichen *Departamentos* Choluteca und Valle ist das **Klima hier** im auf 950 m Höhe gelegenen San Marcos angenehm frisch.

1824 wurde die Ortschaft unter dem Namen *Mandaime* gegründet, 1836 erhielt sie den Titel einer Kreisstadt, 1927 wurde sie zur kreisfreien Stadt. Bis zur Regierung von *Marco Aurelio Soto*, dem liberalen Reformer, dominierte das Gehöft *Hacienda de Colón* die Geschicke des Ortes. Unter *Soto* sprach die Zentralregierung aber weite Teile des fruchtbaren Landes der Gemeinde zu.

Die fast 10.000 Einwohner widmen sich der **Rinderzucht** und dem Handwerk, das mit Rindern einhergeht: Molkerei, Gerberei, Lederwerkstätten. Die hochwertigen Produkte aus Handarbeit sind in den *talabaterrías* (Lederläden) des Ortes zu erstehen: Gürtel, Taschen, Koffer, Geldbörsen, Stiefel und (häufig geflochtene) Schuhe. Passionierte Reiter, Polospieler etc. können hier mit etwas Geschick exzellente Pferdesättel erstehen. Vorsicht: Fn

Tanzende Mädchen

gros sind diese bei Einfuhr in die EU jedoch nicht zollfrei.

Vom 22. bis 30. Juli findet jedes Jahr die **Feria de San Marcos de Colón** *(Ferisamc)* statt, bei der eine Woche lang Spiele, Theater, Rodeo, Musik und Tanz stattfinden. Am letzten Samstag bildet der *Gran Carnaval* den Höhepunkt, mit Live-Musik, Schönheitswettbewerb und stundenlangem Tanz. Auf einer großen Ausstellungsfläche zeigt der Bauernverband *AGASM* zugleich die schönsten Zuchtbullen, und veranstaltet einen Melker-Wettkampf, eine Pferde-Parade und einen Stierkampf.

Unterkünfte

●**Colonial,** nahe Zentralpark, sauber, DZ 9 $.
●**Hotelito Mi Esperanza,** (Tel. 888-3062, nahe des Bus-Terminals, 1 cuadra westlich der Banco Atlántida), sauber und freundlich, DZ 5 $.
●**Hospedaje Flores**, nahe Zentralpark, einfach und etwas dunkel, DZ 4,50 $.

Essen

●Nette Restaurants und Comedores, z.B. das **Pollos Bonanza,** liegen im Stadtkern.
●**Taquería Bonanza** ist preiswert und original mesoamerikanisch (Einfahrtsstraße).

Verkehrsverbindungen

Bus

●Von **Tegucigalpa** aus fahren *Mi Esperanza*, Bo. Villa Adela (Tel. 225-1502), Abfahrt um 6, 10, 14, 18 Uhr oder *Royeri*, Bo. Villa Adela (Tel. 225-1493), mehrmals täglich ab angeblich 2 Uhr im Morgengrauen. Fahrzeit 4 Std., 1,80 $.
●**Abfahrtspunkt** der Busse in San Marcos de Colón ist der Zentralpark.

Grenze nach Nicaragua: El Espino und Guasaule

El Espino

9 km hinter San Marcos de Colón liegt El Espino, der Grenzübergang nach Nicaragua. Die Grenze ist von 8 bis 16 Uhr **geöffnet,** aber die Nicas haben von 12 bis 13:30 Uhr Mittagspause. Entscheidend ist, vor 16 Uhr mit allen Formalitäten fertig zu sein. Danach fährt kein Bus mehr nach Somoto. Ich selbst habe einmal an der damals noch militärisch unsicheren Grenze auf dem Asphalt schlafen müssen.

Ein- und Ausreisebestimmungen

●Siehe „Praktische Reisetips, Hin- und Rückreise".

Busse

●Busse **von Choluteca** fahren zwischen 7 und 14 Uhr dort am Busbahnhof ab, 1 Std. Fahrt, Ticket 1,10 $.
●*Bonanza* und *Mi Esperanza* fahren **von Tegucigalpa** bis **San Marcos de Colón** (siehe dort). Dort überbrückt ein **Sammeltaxi** *(colectivo)* die Strecke bis El Espino.
●Umgekehrt fahren *La Bonanza* und *Mi Esperanza* mehrmals täglich von San Marcos **nach Tegucigalpa** (4 Std. Fahrzeit, 1,80 $).
●Zur Durchreise nach **El Salvador:** Zunächst bis Choluteca, dann weiter nach El Amatillo.

Busse von El Espino nach Somoto und Managua

●Nur 100 m von der honduranischen Grenzstelle befindet sich die Ruine der nicaraguanischen Grenzstation. Der Ort heißt La Playa, und hier wird tatsächlich auch abgefertigt. Von La Playa fahren Kleinbusse regelmäßig

Pazifikküste

nach **Somoto** (Fahrpreis 0,50 $ plus 0,50 $ für jeden Rucksack/Koffer). Von Somoto (5000 Einwohner) fahren zweimal täglich Busse nach **Estelí** und **Managua** (Fahrzeit 5,5 Std., Ticket 2,60 $, Abfahrt 6.00 und 14:15 Uhr).

Über El Triunfo nach Guasaule

1992 wurde nach Neubau einer Brücke die Grenze bei Guasaule wiedereröffnet, zu der eine kürzere Route von Choluteca über El Triunfo führt. Hier gelten gleiche **Öffnungszeiten** wie in El Espino, auf nicaraguanischer Seite führt die Straße – wenn die Brücken und Flüsse die Durchfahrt ermöglichen – direkt über Chinandega nach León.

Ein- und Ausreisebestimmungen

● Die Grenze bei Guasaule ist neu und übersichtlich. Doch auch hier beschleunigen die Dienste eines *tramitadores* den Prozeß. Gerade Autofahrer kommen so schneller durch. Achtung: Honduranische Grenzen machen um 16 Uhr Feierabend. Die nicaraguanischen Kollegen halten eine lange Mittagspause, aber sie arbeiten bis 16:30 Uhr.
● Siehe auch „Praktische Reisetips, Hin- und Rückreise".

Busse von Guasaule nach Chinandega und León

● Der nicaraguanische Grenzort **Somotillo** befindet sich 500 m vom honduranischen Grenzort Guasaule entfernt. Zwischen beiden gibt es keine Taxis oder Busse. Von Somotillo aber fahren halbstündig Busse nach **Chinandega,** von dort regelmäßig nach **León** und **Managua.**

Von Tegucigalpa zur Karibikküste

Route und Überblick

Die Verkehrsverbindung zwischen den beiden größten Städten von Honduras ist die wichtigste des Landes (Fernstraße CA5). Sie ist durch eine gut ausgebaute Gebirgsstraße geprägt, die schöne Einblicke in die montanen Wälder des Landes, die Städte des zentralen Hochlandes, vor allem Comayagua und Siguatepeque und auch das am Straßenrand aufgebaute Kunsthandwerk ermöglicht. Die 247 km lange Strecke erfordert im PKW etwa 3,5 Std. Fahrt, Busse und Flugzeuge verkehren regelmäßig zwischen Tegucigalpa und San Pedro Sula.

Noch im 19. Jahrhundert konnte die Strecke zwischen Tegucigalpa und San Pedro Sula nur mit Maultieren bewältigt werden, eine Reise dauerte eine ganze Woche. Bis in die 50er Jahre hinein war die Straße nicht asphaltiert. Der Lago de Yojoa mußte mit einer rustikalen Fähre überquert werden. Die Reise dauerte zu dieser Zeit noch zwei Tage. Tegucigalpa hatte damals erst 100.000 Einwohner, San Pedro Sula weniger als 40.000.

Zur Karibik

Comayagua

Überblick

Comayagua war zwischen 1547 und 1880 die Hauptstadt des Landes. Als Zentrum des gleichnamigen Departamentos hat Comayagua heute 60.000 Einwohner. Die Stadt liegt inmitten ei-

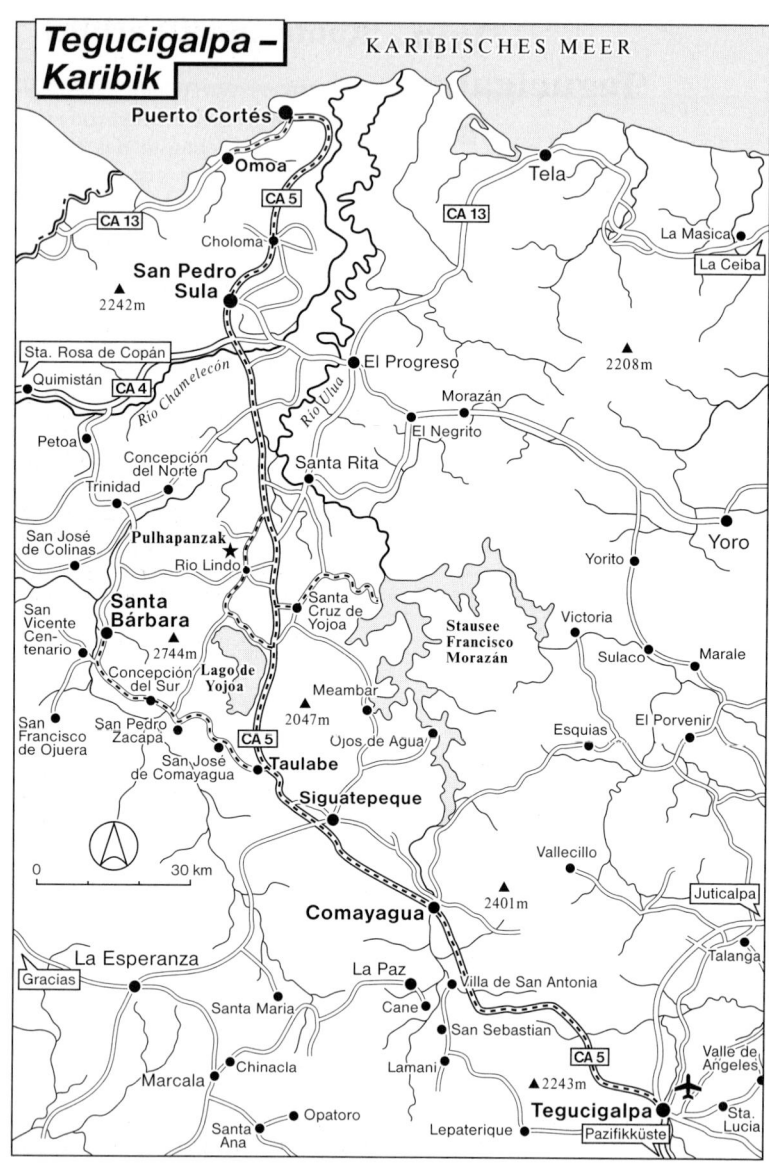

Tegucigalpa – Karibik

KARIBISCHES MEER

Puerto Cortés
Omoa
Tela
La Masica
La Ceiba
CA 13
CA 5
CA 13
Choloma
San Pedro Sula
▲ 2242m
Sta. Rosa de Copán
2208m ▲
El Progreso
Quimistán
CA 4
Río Chamelecón
Morazán
El Negrito
Río Ulúa
Petoa
Concepción del Norte
Santa Rita
Trinidad
San José de Colinas
Pulhapanzak
Yoro
Río Lindo
Yorito
Santa Cruz de Yojóa
San Vicente Centenario
Santa Bárbara
▲ 2744m
Stausee Francisco Morazán
Victoria
Concepción del Sur
Lago de Yojóa
Marale
Sulaco
San Francisco de Ojuera
San Pedro Zacapa
Meambar
▲ 2047m
Ojos de Agua
Esquias
El Porvenir
CA 5
San José de Comayagua
Taulabe
Siguatepeque
Vallecillo
La Esperanza
Gracias
Comayagua
▲ 2401m
Juticalpa
Talanga
La Paz
Villa de San Antonia
Santa Maria
Cane
San Sebastian
Valle de Ángeles
Marcala
Chinacla
Lamani
CA 5
Santa Ana
Opatoro
Lepaterique
Pazifikküste
Tegucigalpa
Sta. Lucia
▲ 2243m

0   30 km

nes zwar regenarmen, in der feuchten Jahreszeit aber außerordentlich fruchtbaren Tals. Genau zwischen Pazifik und Atlantik gelegen, ist Comayagua das eigentliche Zentrum von Honduras. Bis heute zeigen die Abbildungen auf Fassaden, Gemälden und Altären der Kirchen den Versuch, der Lebenswelt der Ureinwohner des Tals thematisch entgegenzukommen: Ananas-Früchte, Palmen und dunkelhäutige Charaktere prägen das Bild früher honduranischer Kunst in Comayagua.

Wie keine andere Stadt symbolisiert Comayagua Stolz und Elend von Honduras zugleich. Comayagua war seit der präklassischen Mayazeit das Zentrum des Zentrums: Es lag inmitten des Dreiecks zwischen dem fruchtbaren Tal von Sula, dem heutigen El Salvador und Nicaragua – dreier Regionen, die insgesamt wiederum die Mitte Mesoamerikas symbolisieren. Mesoamerika ist bekanntlich auch wiederum das Zentrum des Kontinents. Um Comayagua befinden sich sensationelle archäologische Fundorte wie Los Naranjos (Lago de Yojoa, dort wird 1999 ein archäologisches Zentrum eröffnet), Yarumela (nahe der Stadt) und Tenampua (Siguatepeque). In Comayagua war drei Jahrhunderte lang das politische, klerikale und künstlerische Herz der spanischen Kolonialverwaltung. Aber Comayagua wurde im Krieg der USA gegen die sich scheinbar ausbreitende lateinamerikanische Revolution geopfert. Hier wich die nachgiebige, offene honduranische Provinzialität einem Dunstkreis aus uninteressiertem Söldnertum, unbedachter Vergnügungssucht und politisch korruptem Antikommunismus. Die Folgen sind noch viele Jahrzehnte sichtbar – vor dem Hintergrund einer ansehnlichen historischen Landschaft.

Geschichte

Comayagua wurde *1537* von *Alonso de Cácerers* als *Villa Santa María de Comayagua* gegründet. Die Stadt mußte sofort gegen Angriffe der Indianer verteidigt werden. Schließlich kam es *1543* zur Neugründung und späteren Konsolidierung der Stadt. Hier in Comayagua wurde 1543 zum Schutz der einheimischen Bevölkerung vor überbordenden Gewalttaten der vagabundierenden *Conquistadores* (und vor allem ihrer Gehilfen) die *Audiencia de los Confines* gegründet, bevor sie später nach Gracias Lempira verlegt wurde. *1561* wurde die Erzdiözese von Trujillo nach Comayagua verlegt. Comayagua ist für Liebhaber kirchlicher Kunst einen Besuch seiner diversen Kirchen und Museen wert.

Seit den **sechziger Jahren** befindet sich ein Flug- und Artilleriestützpunkt der US-Army nur gut 10 km südlich von Comayagua, unweit der traditionell wichtigen honduranischen Luftwaffen-Basis der *Fuerza Aerea*. In den achtziger Jahren waren durchschnittlich 2000 bis 3000 US-Soldaten hier stationiert. Infolge uneinlösbarer Regeln soldatischer Disziplin und dem fahrlässigen Wunschdenken amerikanischer Planer, nahm die Prostitution aber ungewollt stark zu. Als gegen Ende der achtziger Jahre AIDS-Erkrankungen bei offenbar mißbrauchten Kindern auftraten, gipfelte die ohnehin brodelnde Anti-Gringo-Stimmung in Brandanschlägen und Mordversuchen. Seit 1988 besteht für die Soldaten daher Ausgangsverbot.

Sehenswertes

Comayagua ist ein kontrastreiches Städtchen: Architektur und Kunst-

Zur Karibik

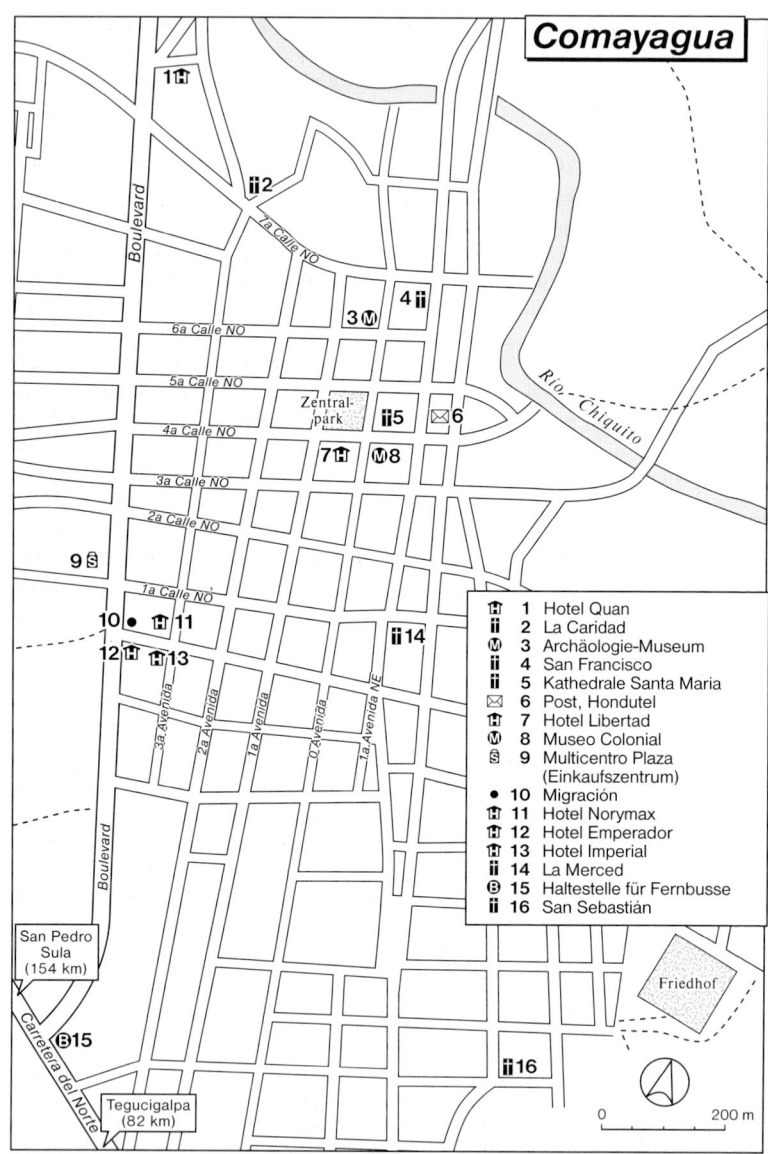

Comayagua

1 Hotel Quan
2 La Caridad
3 Archäologie-Museum
4 San Francisco
5 Kathedrale Santa Maria
6 Post, Hondutel
7 Hotel Libertad
8 Museo Colonial
9 Multicentro Plaza
(Einkaufszentrum)
10 Migración
11 Hotel Norymax
12 Hotel Emperador
13 Hotel Imperial
14 La Merced
15 Haltestelle für Fernbusse
16 San Sebastián

schätze sind ein unschätzbarer, von der Bevölkerung jedoch kaum beachteter Wert. Grelle Werbung, unwirtliche Hamburgerläden und häßliche *Ferreterías* (Eisenwarenläden) verhindern, daß die Atmosphäre eine wirklich historischen Stadt ihre Wirkung entfaltet.

Kirchen

Im Parque Central befindet sich die 1685 bis 1715 erbaute **Kathedrale,** deren Fassade mit der Darstellung der Apostel zwischen tropischen Gewächsen verziert ist. Die Uhr im Kirchturm ist mit 800 Jahren Alter die ehrwürdigste des Landes, wahrscheinlich sogar die älteste des gesamten Kontinents. Damals von den Mauren für Sevilla angefertigt, wurde sie Jahrhunderte später, im Jahre 1582, vom spanischen König *Felipe II.* der Provinz Honduras geschenkt. Dort wurde sie zunächst in der heutigen Kirche La Merced, die bis 1715 die Funktion der Kathedrale übernommen hatte, und dann in der heutigen Kathedrale installiert. Der Zugang zur Kathedrale ist ganztägig (außer von 13 bis 15 Uhr) möglich.

La Merced wurde schon 1550 bis 1558 errichtet. Das schräg gegenüber dem Marktplatz befindliche Gebäude ist die älteste erhaltene Kirche des Landes. Das Gebäude wurde 1774 nach einem Großbrand fast völlig zerstört und im Barockstil neu errichtet.

Weitere kostbare Kirchen sind **San Francisco** (1584), schräg gegenüber vom *Museo Colonial;* **San Sebastián** (1585), 750 m südöstlich von La Mer-

ced gelegen; und **La Caridad** (1730), 4a Ave., Ecke 7a Calle.

Museen

Fast alle wertvollen Gold-, Silber- und Edelsteinreliquien der fünf Kirchen befinden sich im 1962 gegründeten **Kolonial-Museum,** dem *Museo Colonial* oder *Museo Eclesiástico* (Kirchenmuseum), dem dienstältesten in Honduras. Es liegt nur ½ cuadra seitlich rechts von der Kathedrale entfernt. Spanischkundige sollten auf die profunden Kenntnisse und detaillierten Erklärungen des kirchlichen Museums-Mitarbeiters zurückgreifen. Im Gebäude des Kolonialmuseums wurde 1632 die erste Universität Zentralamerikas gegründet. Hier hatten seit Mitte des 16. Jahrhunderts bereits Geistliche gewohnt. Das Museum öffnet täglich von 9:30 bis 12 und von 14 bis 17 Uhr (außer Sonntag), der Eintritt beträgt ein paar Lempiras.

Ein **regionales Archäologiemuseum** befindet sich in der 6a Calle, 1a Ave., N.O., werktags von 8 bis 16 Uhr, am Wochenende von 9 bis 12 und 13 bis 16 Uhr geöffnet. Es zeigt Funde der hauptsächlich prähispanischen Ausgrabungsstätten des Bezirks Comayagua und der umliegenden Gebiete, vor allem aus den Flußtälern des heutigen Wasserkraftwerks El Cajón.

Unterkünfte

●**Hotel Norymax,** Calle Central und 3a Ave. N.O. (Tel. 772-1210), klimatisierte und nicht klimatisierte Zimmer mit Warmwasser, Restaurant, DZ ab 16 $.

Zur Karibik

●*Hotel América Inn,* 1a Calle, 2a Ave. N.O., Tel. 772-0360, Fax 772-0009, AC/ Vent., Privates Bad, Heißwasser, TV, DZ 12,50 $.

●*Hotel Emperador,* Calle Central y 4a Ave. S.O., Tel. 772-0332, Ausstattung wie *América Inn*, trotzdem nur DZ 10,80 $.

●*Hotel Imperial,* gegenüber *Norymax*, Ausstattung wie *Norymax*, TV, DZ ab 9 $.

●*Hotel Halston,* 3a Calle, entre 1a y 2a Ave. N.E., 2. Stock (Tel. 772-0557), Ventilator u. Privatdusche, nette Rezeption, DZ 8 $.

●*Hotel Libertad,* gleich am Parque Central (rechts der Kathedrale), sehr einfach, mit Innenhof und Hängematten, DZ 3,50 $.

●*Hotel Quan,* 2 cuadras vom Zentralpark nördlich, dann schräg links abbiegen und 4 cuadras geradeaus (Tel. 772-0070), große Auswahl von einfachen Räumen bis klimatisiert mit Warmwasser, DZ ab 4,80 $.

●Preiswerter sind *Hotelito Honduras,* 1a Calle, 2a Ave. N.O., sauber und gut geführt, sowie *Hotelito Luxemburgo,* 2a Calle, 4a Ave. N.O., beste Leistung für den schmalen Tarif: jeweils 4 $ pro DZ.

Essen

Essen in Comayagua ist erwartungsgemäß stark amerikanisiert, viele Läden sind laut und ungemütlich. Deshalb wird hier eher nur eine Auswahl typischer honduranischer Restaurants empfohlen:

●*Haneman's Bar und Grill* (im Einkaufszentrum Multicentro Plaza am Blvd.), solide Küche, besonders empfehlenswert; von US-Soldaten aus Palmerola frequentiert. Tip: *sopa de pollo*.

●*Hein Wong* am Parque Central (links der Kathedrale, neben *Alcaldía*) ist akzeptabel, chinesische und internationale Küche.

●Im *Pajaro Rojo* (4a Ave., 1a Calle, N.O.), am Wochenende mit angeschlossener Disko, werden schmackhafte Tellergerichte und Spieße *(pinchos)* serviert.

●*Restaurante La Fonda* (kurz hinter dem Zentralpark in der 4a Ave. N.O.), preiswerte mesoamerikanische Snacks.

●Gute und stimmungsvolle *Comedores* findet man in der Mitte des Hauptmarktes *(Mercado Municipal)*.

●*Fruty Tacos* (gleich südwestlich vom Zentralpark), bietet gute Milchmixgetränke und Fruchsäfte.

Feste und Feiertage

●In Comayagua werden das Fest der **Virgen de Lourdes** am 11.2. und das Fest der **Virgen de Guadalupe** am 3.12. jeweils als Patronatsfest mit Prozession und Volksfest gefeiert.

Wichtige Adressen

Post, Hondutel

●Eine cuadra hinter der Kathedrale.

Notfall

●*Rotes Kreuz,* Krankenwagen, Tel. 772-0290.

●*Feuerwehr:* Bo. Cabañas Tel. 772-0291, Bo. La Zarsita Tel. 772-0029.

●*Schutz- und Kriminalpolizei,* Tel. 772-0080.

●*Verkehrspolizei,* Tel. 772-0046.

●*Hospital Santa Teresa,* Tel. 772-0208.

●*Migración:* Hier relativ effizient und weltoffen ist die Einreisebehörde in der 6a Calle, 1a Ave. N.O.

Stadtverkehr

●Innerhalb Comayaguas braucht man praktisch keinen **Bus.** Die allermeisten Busse fahren vom *Mercado Municipal* aus in die Vororte (La Libertad, 2 Std. Fahrt, 0,70 $; Jamalteca, 1,5 Std. Fahrt, 0,45 $) ab. Bei ihrer Schleife durch die Stadt kann man sich von jedem Ort aus durch einfachen Zuruf mitnehmen lassen.

●*Taxis* (am schwarzen Schild an den Vordertüren zu erkennen) gibt es in Comayagua reichlich. Sie kosten 0,50 bis 0,80 $ pro Person.

Kathedrale von Comayagua

Zur Karibik

Verkehrsverbindungen

Straße

● Von *Tegucigalpa* aus auf dem Blvd. de las Fuerzas Armadas Richtung Norden, über das Tal von Zambrano auf der Fernstraße CA5 insgesamt 86 km bis Comayagua.

● Von *San Pedro Sula* aus 158 km über Pulhapanzak – Lago de Yojoa – Siguatepeque – Comayagua; guter Straßenbelag, aber kurvenreich, teilweise unvollständige Markierungen.

Autovermietung

● *Amigo Rent-A-Car* (an der Hauptstr., neben der Fabrik *Dimasa*), Tel. 772-0371.

Bus

● Die **Haltestelle** der Überlandbusse befindet sich an der Hauptstraße, von dort ist es ca. 1 km (kein Schatten) zum Ort. Für ein Taxi zahlt man 0,40 $.

● Von *Tegucigalpa* aus kann man alle Nordbusse in Richtung San Pedro Sula nehmen, die nicht nonstop *(servicio directo)* fahren: *Hedman Alas* (11a Ave., entre 13a y 14a Calle, Comayagüela, Tel. 237-7143), *Norteños* (12a Calle, entre 6a y 7a Ave., Comayagüela, Tel. 237-0706) und *Saenz* (12a Calle, 7a Ave., Comayagüela); **Direktverbindung** mit *Transportes Catrachos* (gegenüber von *Taller Universal*, Bo. Torocagua, Comayagüela), Abfahrt alle 45 Min., Fahrzeit ca. 2 Std, Fahrpreis 1 $.

● Von *San Pedro Sula* aus alle Südbusse (d.h. Busse nach Tegucigalpa), die nicht nonstop *(servicio directo)* fahren: *Hedman Alas* (Tel. 553-1361, 3a Calle, entre 7a y 8a Avenida N.O., acht Abfahrten pro Tag ca. alle 90 Minuten, Fahrzeit knapp 4 Std., Fahrpreis 2,50 $, relativ sicher und zuverlässig); *Saenz* (Tel. 553-1829, 9a Calle, 9a y 10a Ave. S.O.); *El Rey* (Tel. 553-4264, 7a Ave, 5a y 6a Calle S.O.).

● Direkt von/nach **Siguatepeque** kann man alle 45 Min. mit *Transpinares* fahren. Ticket 0,60 $.

Ausflug nach Yarumela

Zwei der größten Pyramiden des Comayagua-Tals, als sog. *Montículos* von ca. 20 m Höhe bis heute erhalten, sind mit eigenem PKW in nur 15 Min. von Comayagua aus zu erreichen. Alternativ per Bus Richtung La Paz oder per Taxi von der Stadt La Paz aus.

Siguatepeque

Überblick

Die Gebirgsstadt mit rund 39.000 Einwohnern liegt auf 1150 m Höhe und ist das Zentrum der honduranischen Forstwirtschaft. Die Stadt, etwa 2 km von der Hauptstraße entfernt, ist für den Durchreisenden leicht zu verpassen und daher am besten an der **Forstschule** *ESNACIFOR (Escuela Nacional de Ciencias Forestales)* zu erkennen. Diese liegt direkt an der Landstraße und ist an der Eukalyptus- und Kiefern-Plantage zu erkennen, die alle Forstzentren des Landes auszeichnet. Auf dem Rasen ist in großen aufgepflanzten Lettern *ESNACIFOR* zu lesen.

Siguatepeque verfügt über einen netten **Zentralpark,** der Schatten spendet und zum Verweilen einlädt. Die Stadt ist ein **Handelszentrum** für die westlichen Bezirke von Intibucá und Lempira sowie für das *departamento* Comayagua, zu dem Siguatepeque selbst auch gehört.

Sehenswert ist der **Mercado Municipal** (im Zentrum), auf dem sich meist sonntags indianische Händler aus dem Westen von Honduras einfinden, um ihre Waren anzubieten. Ansonsten ist Siguatepeque für viele eine unausweichliche Zwischenstation, die den Westen des Landes, d.h. die *departamentos* La Paz, Intibucá, Lempira und dann auch Copán und Ocotepeque, auf eigene Faust bereisen wollen, denn von Siguatepeque fahren viele Busse in den Westen ab.

Zwischen Comayagua und Siguatepeque

Unterkünfte

- **Hotel Panamericano,** neben der *Banco de Occidente* (Tel. 773-2202), klimatisiert, Heißwasser, TV, DZ 15 $.
- **Hotel Zari,** (Tel. 773-2015 oder 773-2198), neu, mit entsprechend hellen und freundlichen Räumen, Parkplatz, DZ 7,70 $.
- **Boarding House Central,** am Zentralpark (Tel. 773-2108), einfach, sauber, preiswert, DZ 7,50 $.
- **Hotel Gomez,** Calle 21 de Junio, modern, sehr einfach, Parkplatz, DZ 5,80 $.
- Billig aber sicher ist **Hospedaje Elena,** (Tel. 773-2210), 4 cuadras westlich des Zentralparks; Kaltwasser und gemeinsame Badbenutzung, aber auch nur 1,80 $ pro Gast.

Essen

- **Comedores** der Oberklasse und trotzdem preiswert befinden sich an der Hauptstraße: **Betania** (auf der Seite der Forstschule *ESNA-CIFOR*, aber 1 km weiter nördlich) und **Delia's** (auf der anderen Seite, noch einmal 1 km von Betania weiter nördlich): Hier wird exzellentes *plato típico* serviert, im *Delia's* gibt es zusätzlich einen appetitlichen Frischkostladen.
- **China Palace,** neben Hotel *Gomez,* im Zentrum von Siguatepeque, mit asiatischen und internationalen Gerichten, Mittelklasse.
- Einige durchschnittliche Comedores in und um den **Mercado** herum.

Feste und Feiertage

- In Siguatepeque begeht man das Fest des Heiligen Paul (San Pablo) am 25.1.

Wichtige Adressen

Naturschutzprojekt für den Nationalpark Azul Meambar

- **Proyecto Humuya** in Siguatepeque (hinter der Bethlehem-Kirche auf der Calle 21 de Agosto, Tel. 773-2426).

Post, Hondutel

- Am *Parque Central*, eine halbe cuadra vom *Boarding House Central*.

Notfall

- **Rotes Kreuz, Krankenwagen,** Tel. 190.
- **Feuerwehr,** Tel. 198.
- **Schutz- und Kriminalpolizei,** Tel. 773-2042, 773-2854.
- **Verkehrspolizei,** Tel. 773-2037.
- Privates **Krankenhaus Centro Médico Biológico,** Tel. 773-2353.
- Privates kirchliches **Krankenhaus Hospital Evangélico,** Tel. 773-2179.

Stadtverkehr

- Wegen der geringen Entfernungen benötigt man keinen **Bus,** alles Wichtige kann man gut **zu Fuß** erreichen. Außerdem gibt es günstige **Taxis.**

Verkehrsverbindungen

Straße

- Von **Tegucigalpa** aus über **Comayagua** 114 km; hinter Comayagua viele Serpentinen. Achtung: Viele Fahrer halten sich trotzdem nicht an das Überholverbot.
- Von **San Pedro Sula** aus 130 km über Pulhapanzak und Lago de Yojoa.

Bus

- Von der **Haltestelle der Überlandbusse** (Kreuzung) sind es noch 2 km zum Stadtzentrum (Taxi 0,40 $).
- Von **Tegucigalpa** aus kann man alle Nordbusse in Richtung San Pedro Sula nehmen, die nicht nonstop *(servicio directo)* fahren: *Hedman Alas* (11a Ave., entre 13a y 14a Calle, Comayagüela, Tel. 237-7143), *Norteños* (12a Calle, entre 6a y 7a Ave., Comayagüela, Tel. 237-0706) und *Saenz* (12a Calle, 7a Ave., Comayagüela).
- Von **San Pedro Sula** aus alle Südbusse (d.h. Busse nach Tegucigalpa), die nicht nonstop *(servicio directo)* fahren: *Hedman Alas* (Tel. 553-1361, 3a Calle, entre 7a y 8a Avenida

Zur Karibik

N.O., acht Abfahrten pro Tag ca. alle 90 Minuten, Fahrzeit knapp 4 Std., Fahrpreis 2,50 $, relativ sicher und zuverlässig); *Saenz* (Tel. 553-1829, 9a Calle, 9a y 10a Ave. S.O.); *El Rey* (Tel. 553-4264, 7a Ave, 5a y 6a Calle S.O.).

●Von der zweiten Plaza aus (erkenntlich an Basketball-Einrichtung) kann man mit *Empresas Unidas* oder *Maribel* alle 3 Std. **nach Tegucigalpa** und sechsmal wöchentlich **nach San Pedro Sula** fahren.

●Direkt von/nach **Comayagua** kann man alle 45 Min. mit *Transpinares* fahren.

Taulabé

23 km von Siguatepeque nördlich liegen gleich an der Hauptstraße (CA5) in Richtung San Pedro Sula die **Tropfsteinhöhlen** von Taulabé, die vom Landwirtschaftsministerium und einem kleinen Team vor Ort verwaltet werden, die Begleitung durch einen der mit Taschenlampen ausgerüsteten Führer ist empfehlenswert. Die ersten 450 m sind beleuchtet, danach ist Vorsicht geboten. Anwohner berichten von US-Spezialisten, die einmal 12 km weit eingedrungen seien, ohne ein Ende zu finden. Ebenso habe man in 3 km Tiefe ein altes, spanisches Messer gefunden, welches ein Parlamentsabgeordneter gekauft habe. Im Laufe der Jahrtausende haben die Stalagmiten und Stalaktiten interessante Formen angenommen.

Die Höhlen sind von 8 bis ca. 16 Uhr zugänglich, der **Eintritt** beträgt nur 0,50 $. Für ein kleines Handgeld (ab 1,20 $) begleiten die Mitarbeiter des Ministeriums den Gast auch ein paar Schritte in die Höhle hinein.

Feste und Feiertage

●Im Städtchen Taulabé feiert man das Patronatsfest des Heiligen Kaspar *(San Gaspar)* am 25. April eines jeden Jahres.

Verkehrsverbindungen

Anfahrt

●**Bus** von **Siguatepeque** (Zentrum) Richtung San Pedro Sula, aber darum bitten, bei den *Cuevas de Taulabé* zu halten. Alternativ fahren **Taxis** von Siguatepeque für ca. 4 $ bis Taulabé. Die Taxifahrer warten ohne Aufpreis bis zu 60 Min., da sie so die Leerfahrt sparen.

Weiterfahrt

●Den **Bus** kann man per Handzeichen an der **Hauptstraße** vor den Höhlen stoppen. 30 Min. **Fußweg** nördlich (bergab) liegt der Ort Taulabé. Dort fahren langsame, aber reguläre Busse in alle Richtungen.

Lago de Yojoa

70 km von San Pedro Sula und 174 km von Tegucigalpa entfernt, befindet sich westlich der Hauptstraße der **größte Binnensee des Landes.** Der Lago de Yojoa mit seinen über 90 qkm Fläche ist 17 km lang (Süd-Nord-Ausdehnung) und 10 km breit (West-Ost-Ausdehnung). Da seine Ufer zunehmend entwaldet werden und der See austrocknet, hat sich unter dem Wohlwollen der Callejas-Regierung die Stiftung *Eco-Lago* gegründet, die in Zusammenarbeit mit den Fischern und Bauern das Ökosystem retten will.

1992 führte die Reiseagentur *Cambio C.A. (Honduras Expeditions)* mit der Hilfe des deutschen Biologen *Andreas Müller* und des Chemischen Untersuchungsamts der Stadt Duisburg eine Analyse der Schwermetallbelastung durch. Verschiedentlich war in den vergangenen Jahrzehnten nachgewiesen worden, daß der von der kanadischen Firma *AMPAC* im nur 20 km vom See entfernten El Mochito betriebene Abbau von Edelmetallen (Gold, Silber, Zink) eine starke Belastung von Boden und Gewässern mit Blei und Cadmium verursacht hatte. Das Ergebnis der neuen Untersuchung aus Duisburg: Nur die langjährig aufgestauten Ablagerungen sind problematisch, das Wasser selbst ist weitgehend unbedenklich. Auch der im See seit den 50er Jahren gezüchtete Barsch *(Black Bass)* ist ohne Gesundheitsgefährdung genießbar.

Das Gebiet um den Lago de Yojoa herum gehört mit etwa 3200 mm Niederschlag pro Jahr bei 22 Grad Durchschnittstemperatur zu den feuchtesten Klimazonen des Landes. Deshalb wachsen hier Ananas und Kiefern, Kaffee und Limetten gleich nebeneinander.

Aktivitäten

Vogelbeobachtung

Der See ist ein beliebtes Brutgebiet für viele Vogelarten, bei Zählungen wurden 375 verschiedene Vogelarten unterschieden. Die Vögel lassen sich vom Ufer des Sees, aber auch vom Paddelboot aus oder vom Aussichtspunkt (dem Restaurant) des Motel *Agua Azul* aus beobachten.

Zur Karibik

Bootsfahrt

An den Stegen der Hotels können Paddel-, Motor- und im Motel *Agua Azul* sogar Tretboote ausgeliehen werden: Es können Ausflüge auf die von Dschungel bewachsene kleine Reh-Insel (Isla del Venado) und an die teilweise noch bewaldeten Ufer des Sees unternommen werden; Angeln und Baden ist dann vom Boot aus gut möglich.

Windsurfen

Sofern ein Surfbrett mitgebracht wird, ist der See bei starkem Wind (eher die Ausnahme) ein geeigneter Ort zum Windsurfen.

Los Naranjos

Nur etwa 35 km nördlich vom Kreuzungspunkt Las Guamas liegt der zweitwichtigste **archäologische Park** des Landes, Los Naranjos. Im östlichen Einwirkungsbereich der Mayas entstand hier eine mehrere tausend Menschen zählende Stadt. In Los Naranjos entwickelte sich seit 800 v. Chr. eine Zivilisation, die die bedeutendste ist zwischen dem nördlich gelegenen Maya- und dem südlich gelegenen andinen Einflußgebiet der Inkas. Zu dieser kaum erforschten, intermediären Kultur gehören die Ausgrabungsstätten von Yarumela (vgl. Siguatepeque) und Chalchuapa in El Salvador.

Neben dem archäologischen Mysterium interessiert hier auch die besondere botanische Artenvielfalt. Das honduranische Institut für Anthropologie und Geschichte stellt bis zum Jahr 2001 einen naturtouristischen Park her, der eine behutsame Würdigung des Ortes auch durch Laien (und Reisende!) erlaubt. Neben einem Forschungszentrum befinden sich auf dem Gelände mit Teak- und Akazienwäldern dann das archäologische Zentrum, einige Spazierwege mit Aussichtspunkten sowie reizvolle Details wie eine Hängebrücke. Die Brücke führt über den Canaveral-Kanal und verbindet den archäologischen Park mit dem Parkplatz und den angrenzenden Nutzwäldern.

Neu und schnell berühmt: Archäologischer Park Los Naranjos

Eigentlich schon seit Jahrzehnten bekannt, ist der archäologische und ökologische Park Los Naranjos erst demnächst, und zwar ab dem Jahr 2000, für das Publikum zugänglich. Er befindet sich nordwestlich vom Lago de Yojoa und liegt in einem 400 qkm großen Tal, welches geologisch auf verloschene Vulkane zurückgeht. Im Zentrum der Anlage befindet sich die Hauptgruppe prähispanischer Architektur, die inmitten einer sehr artenreichen Flora und Fauna gelegen ist. Im Gegensatz zu den Ruinen von Copán ist das ökologische Umfeld hier tropisch feucht, der extrem hohe jährliche Niederschlag von 4000 mm begünstigt Tier- und Pflanzengesellschaften, die an den schwer zugänglichen immergrünen Regenwald erinnern.

Hier hat vor etwa 2000 Jahren eine autochthone Zivilisation gelebt. Ihre Entwicklung begann 800 v.u.Z. Ihre Siedlungsperiode ist die – neben den Mayas von Copán – längste im prähispanischen Honduras. Zusammen mit den Bauwerken in Yarumela (Comayagua, Honduras) und Chalchuapa (El Salvador) befinden sich mit 20 m Höhe hier die höchsten Bauwerke der intermediären Zone, also zwischen den Maya im Norden und den Inkas im Süden.

Wie auf dem Plan zu sehen, werden im Park Los Naranjos ein attraktives Besucherzentrum mit Museum, Kunsthandwerksladen, Cafeteria sowie eine Reihe von Lehrpfaden (auf Stelzen oder ebenerdig) inmitten von Ausgrabungsstätten und Wald entstehen. Zuständig für die Planung, Koordination und den Betrieb des Parks ist das *Instituto Hondureno de Antropología e Historia*, dort Herr Dr. George Hassemann und Frau Carmen Julia Fajardo, Tel. 222-3470 oder 222-1468, Fax 222-2552, Apartado Postal 1518, Villa Roy, Bo. Buenos Aires, Tegucigalpa, Honduras C.A.

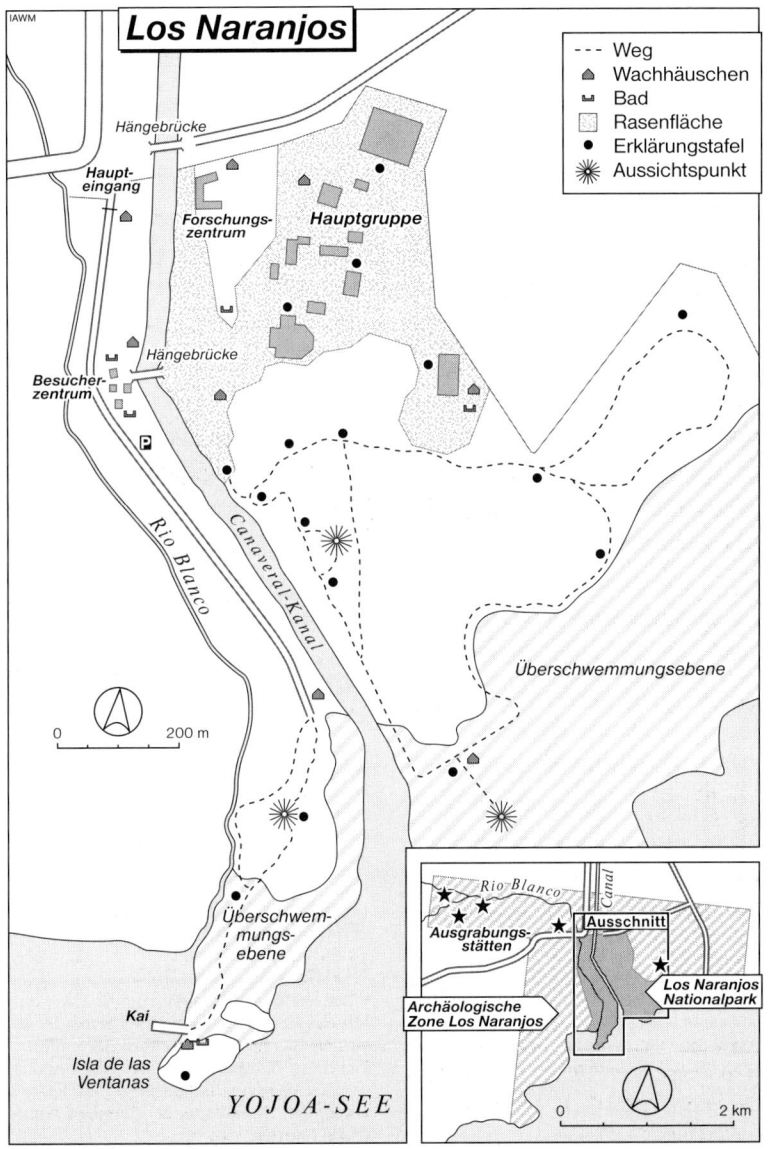

Los Naranjos

Legende:
- - - Weg
- Wachhäuschen
- Bad
- Rasenfläche
- Erklärungstafel
- Aussichtspunkt

Hängebrücke
Haupteingang
Forschungszentrum
Hauptgruppe
Hängebrücke
Besucherzentrum
Rio Blanco
Canaveral-Kanal
Überschwemmungsebene
Überschwemmungsebene
Kai
Isla de las Ventanas
YOJOA-SEE

Zur Karibik

0 200 m

IAWM

Rio Blanco
Canal
Ausschnitt
Ausgrabungsstätten
Los Naranjos Nationalpark
Archäologische Zone Los Naranjos

0 2 km

●*Anfahrt:* vom Kreuzungspunkt Las Guamas (ca. 35 km geradeaus bis zur Einfahrt nach Pena Blanca, dann links Richtung El Mochito). Am unteren südwestlichen Zipfel von Los Naranjos liegt schon im Yojoa-See die kleine sog. Insel der Fenster *(Isla de las Ventanas).* In der Hauptgruppe befinden sich die vier wichtigsten Monumente, die zugleich die wichtigsten Bauwerke des südlichen Zentralamerika sind. Der in der Karte eingezeichnete Weg führt durch den archäologischen Park, wie er frühestens Ende 1998 für den Besucher geöffnet werden soll.

Trekking

Für ausdauernde Wanderer ist der See der ideale Ort für Trekking-Touren in die Nationalparks *Azul Meambar* (östlich) und *Santa Bárbara* (nordwestlich). Das schwarze Brett, ein Freiwilliger vom *Peace Corps* oder der Geschäftsführer *Quique* (bürgerlich: *Enrique Campos;* alles im Motel *Agua Azul*) geben aktuelle Tips.

Ausführliche Routenbeschreibungen sind hier nicht möglich, da die beiden Naturschutzgebiete noch kein Nutzungskonzept haben. Deshalb ist eine Tour nur in enger Koordination mit den beauftragten Naturschützern und Wildhütern möglich. In den Nationalparks gibt es Ameisenbären, Tapire, Affen, Quetzale und Wildkatzen.

Unterkünfte

●*Gualiqueme Lodge* (Tel. 239-2584, Fax 239-2324) ist eine aus vier Bungalows bestehende, inzwischen touristisch genutzte Erholungseinrichtung für Manager der Goldmine von El Mochito, luxuriös, gepflegt und teuer; lohnend als Wochen- oder gar Monatsarrangement für Angler, Bootsbenutzung inklusive, DZ ab 60 $ pro Nacht, Rabatte für längere Aufenthalte.

●Als Herberge bietet sich insbesondere das einfache, mit schöner Aussicht und Pool versehene *Motel Agua Azul* an. Bevor die Fernstraße CA5 nordöstlich des Sees Richtung San Pedro Sula weitergeht, führt eine Abzweigung – der Kreuzungspunkt dort heißt Las Guamas – am Seeufer entlang. Nach 5 km erscheint links das Schild *Motel Agua Azul,* von dort sind es noch 300 m bis zur gepflegten Anlage im Kiefernwald mit Blick auf den See und die bewaldete kleine Insel *Isla del Venado.* Motel Agua Azul verfügt über 2 Restaurants (draußen und drinnen), Bar und Pool. Am Steg befindet sich ein *Bootsverleih,* auch *Angelausrüstung* ist verfügbar. Der freundliche Besitzer *Enrique (Quique)* ist sehr hilfsbereit. DZ ab 15 $. Reservierungen über Tel. 552-7125, Fax 557-2763 in San Pedro Sula.

●Ein paar km weiter an der Uferstr. entlang liegt auf der linken Seite ein seltsam aussehender Hotelkoloß, *Brisas del Lago* genannt (Tel. 552-7030, 552-7183, Fax 553-3341), mit Pool, Bar, Restaurant, Bootsverleih und Wasserski, DZ ab 36 $.

●Außerdem befindet sich am Südostufer des Sees an der Fernstraße CA5 das einfache Appartementhotel *Los Remos,* das auch über Restaurant, Pferde und Boote verfügt.

Essen

●Überall an der Hauptstraße befinden sich da, wo die Straße das Ufer des Sees berührt, *Fischrestaurants,* die frischen, in Palmfett gebratenen Barsch mit Plátano-Chips und Salat zubereiten.

●Auch das *Motel Agua Azul* verfügt über ein appetitliches Restaurant mit Seeblick.

Verkehrsverbindungen

Straße

●Der See liegt an der Fernstraße CA5, das Motel *Agua Azul* und das Hotel *Brisas del Lago* sind dagegen 5 km von dieser entfernt, Richtung Nordwesten. Die Abzweigung dorthin namens *Guama* liegt am letzten nördlichen Kontaktpunkt zwischen Fernstraße und See.

Bus

●Von *San Pedro Sula* mit Bussen Richtung Comayagua und Tegucigalpa, von *Tegucigalpa* aus mit Bussen Richtung Comayagua und San Pedro Sula (Ausstieg nach Absprache mit dem Fahrer, Busse siehe Tegucigalpa und San Pedro Sula).

Wasserkraftwerk El Cajón / Stausee Francisco Morazán

Mit vorheriger Erlaubnis der Stromgesellschaft *ENEE* in Tegucigalpa (Tel. 222-2177 oder persönliche Vorsprache bei *Empresa Nacional de Energía Electrica, Departamento de Relaciones Públicas*, 1a Ave., Ed. Valle-Aguiluz, Comayagüela; mindestens eine Woche vorher) ist eine Besichtigung des in Lateinamerika zweitgrößten Wasserkraftwerks *El Cajón* möglich. Die über 230 m hohe Staumauer hält das Wasser des über 90 qkm großen **Stausees Francisco Morazán** zurück. Die gewaltigen Turbinenwerke stehen in deutlichem Kontrast zu dem ansonsten technisch so schwach ausgerüsteten Land. El Cajón wurde 1985 mit finanzieller Unterstützung der deutschen *Kreditanstalt für Wiederaufbau* fertiggestellt. Leider fiel in den Jahren 1993 und 1994 so wenig Regen, daß die notwendige Stauhöhe nicht erreicht wurde. Nicht erst seit dieser Krise wird verzweifelt versucht, durch Wiederaufforstungsprogramme die Austrocknung des großen Gebietes zu verhindern.

Unterkunft

●Nur 21 km vom Staudamm entfernt liegt *Santa Cruz de Yojoa* mit einer kleinen Pension *(Hotelito Paraiso*, mit privatem Bad, freundlich und sauber), DZ nur 2,70 $.

Verkehrsverbindungen

●*Bus* von *Tegucigalpa* oder *Lago de Yojoa* (Abzweigung zum Hotel *Brisas del Lago* oder Motel *Agua Azul*) bis 10 km hinter dem See. Dann rechts ab mit dem Lokalbus Richtung Santa Cruz de Yojoa. 23 km nach der Kreuzung liegt die Einfahrt.

Pulhapanzak

18 km weiter nordwestlich vom Motel Agua Azul befindet sich der schönste **Wasserfall** des Landes (42 m Höhe), der unterhalb einer von den Maya (und Lenca) schon verehrten **Kultstätte** liegt. Die parkähnliche Anlage zeigt linker Hand zunächst eine Arena, an deren Seiten sich verschüttete vorzeitliche kultische Ballspielplätze befinden. Eine abgebrochene Stele und ein unförmiger Opferstein (Klopfen verhilft ihm zu seltsamen Tönen) markieren den Eingang. Geradeaus liegt eine bescheidene Cafetería, die am Wochenende und vor allem in der Osterwoche überfüllt ist. Rechts befinden sich zwei Alleen, die durch eine Art Hecke voneinander getrennt sind. Aufmerksam betrachtet, trägt die vordere die Reste einer alten Pflasterung, die offensichtlich von den Maya angelegt wurde.

Zur Karibik

Pulhapanzak bedeutet Fall *(pulh)* des weißen *(zak)* Flusses *(apan)*, auf spanisch heißt der zügig fließende, relativ saubere Fluß *Río Lindo*. Am Ende der Alleen führt eine kleine Treppe (Vorsicht, kann zu Ende der Regenzeit glitschig sein!) zum Fuß des Wasserfalls hinunter. Von dort läßt sich die tosende Flut bewundern oder gar ein Bad im rauschenden, kühlen Wildwasser nehmen (gut festhalten, sonst geht es mit der kräftigen Strömung hinab Richtung Karibik).

Ganz in der Nähe, nicht einmal 1 km entfernt, liegt der kleine Ort **Rio Lindo.** In dem kleinen, von Zuckerrohr-Landwirtschaft geprägten Städtchen gibt es ein paar *pulperías* und *comedores.*

● *Eintritt:* 0,60 $/Person. Ganztägig geöffnet. Ein Besuch lohnt sich besonders in der Trockenzeit, da der Wasserfall dann kaum weniger reißend, das Wasser aber klarer und – für den Besucher eindrucksvoll – erfrischender wirkt.

Verkehrsverbindungen

Straße

● Pulhapanzak ist mit dem PKW (am besten Allradfahrzeug) zu erreichen. Von **Süden** aus fährt man auf der Uferstraße des Lago Yoyoa vom Motel *Agua Azul* aus weiter nördlich und hinter El Jaral weiter Richtung Peñas Blancas. Nach den Rohrleitungen des Wasserkraftwerks, auf einer Kuppe inmitten einer grünen Landschaft mit Talblick in den Norden muß die Abzweigung nach links, d.h.

Wasserfall mit prähispanischem Hintergrund

westlich genommen werden, von dort ist es nicht mehr weit bis zum Ort Rio Lindo, dort wiederum links, dann nach 800 m rechts. Von **Norden** ist an einer Shell-Tankstelle (Abzweigung Caracol), nach einer langen Talfahrt gut 50 km von San Pedro Sula entfernt, die nicht asphaltierte Straße Richtung Rio Lindo-Pulhapanzak zu nehmen, von Rio Lindo aus ist der Weg ausgeschildert.

Bus

● Ab **San Pedro Sula** stündlich bis 15 Uhr mit der Aufschrift „El Mochito" mit *TIRLA*, 5a Calle S.E., entre 1a y 2a Ave. S.E. Der Bus hält oberhalb von dem Ort Rio Lindo, von dort sind es noch 10 Gehminuten zum Wasserfall. Der letzte Bus von Rio Lindo fährt um 17:30 Uhr.

Santa Bárbara

Überblick

Westlich des Lago de Yojoa führt die Straße durch eine hügelig grüne Land-

schaft in die Provinz Santa Bárbara. Dieser vergessene Bezirk wird seit dem 17. und 18. Jahrhundert von spanischen Einwanderern bewohnt, die augenscheinlich unter sich geblieben sind. Nirgendwo sonst in Honduras finden sich Menschen mit so heller Hautfarbe.

Die Stadt Santa Bárbara hat rund 23.000 Einwohner. Sie ist das Zentrum einer sehr armen Region, die sich mit der Herstellung von Pánama-Hüten aus der Faser der Junco-Palme beschäftigt. Auch Mezcal wird zu Hängematten und Teppichen sowie *tule* zu Petate-Matten verflochten. Petate-Matten waren schon bei den Mayas als Gebrauchsgegenstand bekannt, man findet sie auf den Tempeln und in den Kleidungsstrukturen der Stelen-Figuren. In den unzähligen kleinen Orten, die ihren kolonialen Charme voll erhalten haben, werkeln viele Genos-

Zur Karibik

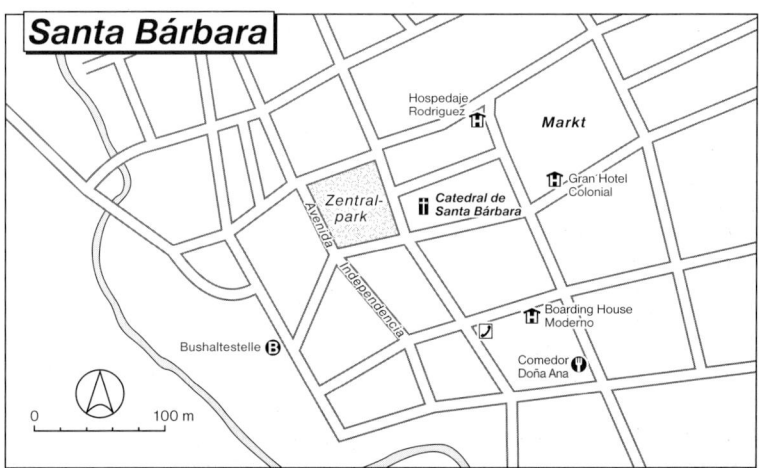

senschaften vor sich hin. An der Hauptstraße verkaufen sie ihre bunt gefärbten Körbe und Hüte.

In der Stadt Santa Bárbara befindet sich das fortschrittliche **Centro Cultural Hibueras.** Hier gibt es eine kleine Bibliothek, werden kulturelle Veranstaltungen organisiert, und man kann Informationen über die Provinz bekommen. Kontakt im *Boarding House Moderno.*

Zwar ist Santa Bárbara selbst verschlafen, bietet aber Ausflugsmöglichkeiten wie kaum eine andere Provinzstadt von Honduras.

Unterkünfte

● **Boarding House Moderno,** 2 cuadras vom Parque Central entfernt (Tel. 643-2203), einfach, sauber, etwas dunkel, DZ 16 $.
● **Gran Hotel Colonial,** 1 cuadra v. Zentralpark entfernt (Tel. 643-2665), sauber und freundlich, dunkel und ventiliert, DZ 10 $.
● Preiswertere **Hospedajes** befinden sich zwischen Zentralpark und Markt (1 cuadra nördlich der Ausfahrtstraße): *Rosilei* (gutes Preis-Leistungs-Verhältnis), *Rodriguez* und *Ruth* sind etwas dunkel, aber preiswert: DZ 4 bis 6 $.

Essen

● **Comedor Everest,** am Zentralpark, nette Bedienung und gute, typisch honduranische Kost.
● **Comedor Norma,** ebenfalls am Zentralpark, freundlich und einfach ...
● **Doña Ana** kocht und serviert reichliche und leckere Mahlzeiten in ihrem eignen Wohnzimmer. Der Platz ist nicht ausgeschildert; er befindet sich, wenn man aus dem *Boarding House* kommt, rechts um die Ecke (nochmal rechts).
● Mit Vorsicht zu genießen sind die Speisen im **Maxim,** ebenfalls im Zentrum gelegen, da

diese in der Vergangenheit gelegentlich nicht mehr ganz frisch waren.

Feste und Feiertage

● Die Patronatsfeste der Heiligen Barbara (*Santa Bárbara*, 4.12.) und der Jungfrau der Unbefleckten Empfängnis (*Virgen de Concepción*, 8.12.) werden alljährlich in Santa Bárbara mit einem Festival der Palmfasern begangen. Die Kirche wird entsprechend geschmückt und alle Gläubigen schmücken sich mit Kunsthandwerk aus der Faser der Junco-Palme.

Verkehrsverbindungen

Straße

● Von **Tegucigalpa** aus 190 km über Siguatepeque und Taulabé, dann aber kurz vor Erreichen des Sees Lago de Yojoa links ab (von der Fernstraße CA5 weg) nach Santa Bárbara.
● Von **San Pedro Sula,** d.h. von Norden aus, auf der Fernstraße CA4 Richtung La Entrada fahren. In Canoa (58 km von San Pedro Sula) biegt links die Straße in die Provinz Santa Bárbara ab, von dort sind es noch 53 km bis zur gleichnamigen Hauptstadt.

Bus

● Von **San Pedro Sula** nach Santa Bárbara fährt *Cotisba* (Tel. 552-8889), 4a Ave., entre 9a y 10a Calle S.O., Abfahrt stündlich, Fahrzeit 2 Std., Fahrpreis 1,20 $.

Ausflüge ab Santa Bárbara

Nationalpark Santa Bárbara

Zwischen Santa Bárbara und dem Lago de Yojoa liegt der Nationalpark Santa Bárbara mit der zweithöchsten Erhebung des Landes namens **Montana Santa Bárbara,** 2744 m über NN. Trekking-Touren, Erkundungsexpeditionen und Schutzprojekte für diesen immensen Bergnebelwald, in dem Quetzale und Wildkatzen noch frei leben, sind hier möglich und erwünscht. Der Park ist noch unerforscht.

●**Kontakt:** *Asociación Ecológica Corazón Verde*, Apartado Postal 28, Santa Bárbara, oder *COHDEFOR*, die honduranische Forstbehörde, im Ort.

Junco-Genossenschaften

In den Orten Arada und El Níspero (siehe Gracias Lempira), beide unweit von Santa Bárbara in südlicher Richtung, sowie in San Niclás werden aus den Fasern der Junco-Palme Hüte, Körbe, Siebe und Schmuck hergestellt. Begegnungen mit einer Junco-Genossenschaft werden von der Reiseagentur *Honduras Expeditions* angeboten (siehe San Pedro Sula).

Die Dörfer Gualala und Ilama

Südlich von Santa Bárbara liegen die kleinen Orte Gualala und Ilama, die beide für ihre Junco-Genossenschaften und die erhaltene koloniale Bausubstanz gerühmt werden: Hier ist die Zeit stehengeblieben, ein Besuch des Bürgermeisteramtes *(alcaldía)* oder der Post bzw. der Telefongesellschaft *(Correo y Hondutel)* erinnert an vergangene Jahrhunderte.

San José de Colinas

Nur 300 m weiter südlich von Ilama (hinter der Brücke) befindet sich linker Hand die Auffahrt nach San José de Colinas. Hoch in die Ortschaft führt eine etwa zweistündige Wanderung, aber die kleine Ortschaft lohnt für

Ausflüge in die Berge und zur *Laguna Colorada*. Eine preiswerte Pension nahe des Zentralparks (DZ 3 $) steht auch zur Verfügung.

San Pedro Sula

Überblick

Die mit 470.000 Einwohnern zweitgrößte honduranische Stadt ist das **Handels- und Verkehrszentrum**. Sie verbindet drei Haupt-Regionen: das zentrale Hochland um Tegucigalpa, den Westen mit den berühmten Maya-Ausgrabungen von Copán und den karibischen Norden. Von der Karibikküste ist San Pedro Sula nur 55 km (Puerto Cortés), 68 km (Omoa) bzw. 100 km (Tela) entfernt. Die Fernstraßen CA13 (Karibikküste, östlich), CA5 (von Tegucigalpa, südlich, bis Puerto Cortés, nördlich) und CA4 (bis Nueva Ocotepeque) laufen in San Pedro Sula zusammen. Der Flughafen *Ramón Villeda Morales* ist der größte internationale Flughafen des Landes, der – wie der moderne Hafen in Cortés – als der zukunftsträchtigste Zentralamerikas angesehen wird.

San Pedro Sulas **Klima** ist wegen seiner Höhe von nur 70 m heiß wie an der ganzen Atlantikküste, allerdings weht nur ein schwacher Wind. Alle mittleren bis gehobenen Büros, Restaurants und Hotels verfügen deshalb über *aire acondicionado* (Klimaanlagen), sogar manche preiswerten *colectivos* (Sammeltaxis) überraschen durch

Zur Karibik

1 Restaurant La Espuela, Disco Henry's
2 Pollos Popeye's
★ 3 Mercado Guamilito
4 Café del Campo
● 5 Forstbehörde COHDEFOR
Ⓑ 6 Busse Hedman-Alas
7 Vicente
★ 8 Toyota Rent-A-Car
★ 9 Centro Cultural Sampedrano
❶ 10 IHT (Touristen-Information)
Ⓜ 11 Museo de Antropología e Historia
🏨 12 Gran Hotel Sula
🏨 13 Hotel Bolivar
● 14 Bahnhof
● 15 Cambio C.A.
● 16 Migración
🏨 17 Hotel El Nilo
🏨 18 Hotel San Pedro
✈ 19 Flughafen
Ⓑ 20 Busse El Rey
Ⓑ 21 Busse Etumi
🏨 22 Hospedaje San Juán
☑ 23 Hondutel
Ⓑ 24 Busse Impala und Citul
Ⓑ 25 Busbahnhof (El Progreso, Tela, La Ceiba)
🏨 26 Brisas del Occidente
🏨 27 Hospedaje Siesta
★ 28 Barrio Medina
Ⓑ 29 Busse Saenz
Ⓑ 30 Busse Torito und Copanecos
☒ 31 Post
★ 32 Centro Cultural Infantil
● 33 Auffahrt zum Merendón
★ 34 Monumento de la Madre
🏨 35 Hotel Copantl
36 La Espuela
★ 37 Vergnügungsviertel
● 38 Deutsches Honorarkonsulat
● 39 Auffahrt zum Aussichtspunkt
40 Don Udo's Restaurant
● 41 Hauptkreuzung der Circunvalacíon
42 Café des Artes
43 Pat's Steak House
44 Restaurante Las Tejas
✚ 45 Clinica Bendaña
🏨 46 Hotel Copantl
● 47 Lufthansa

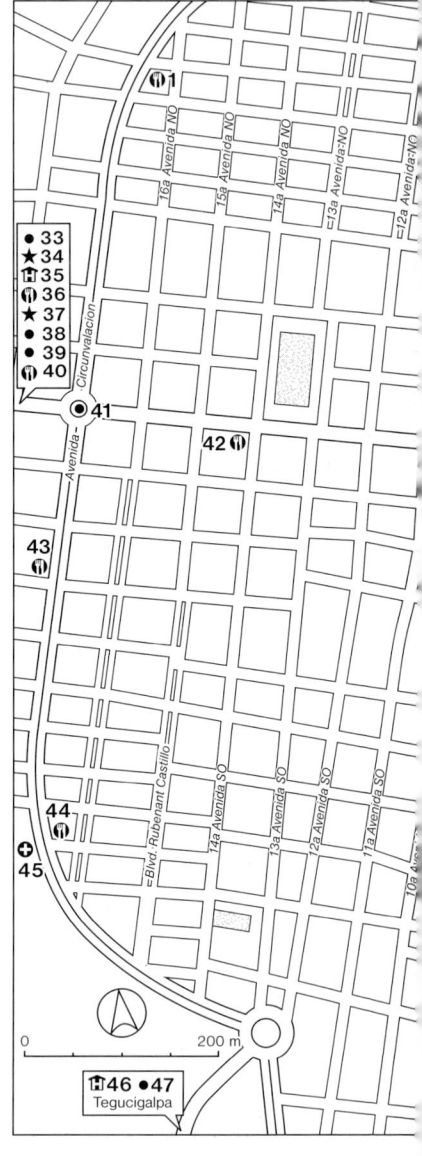

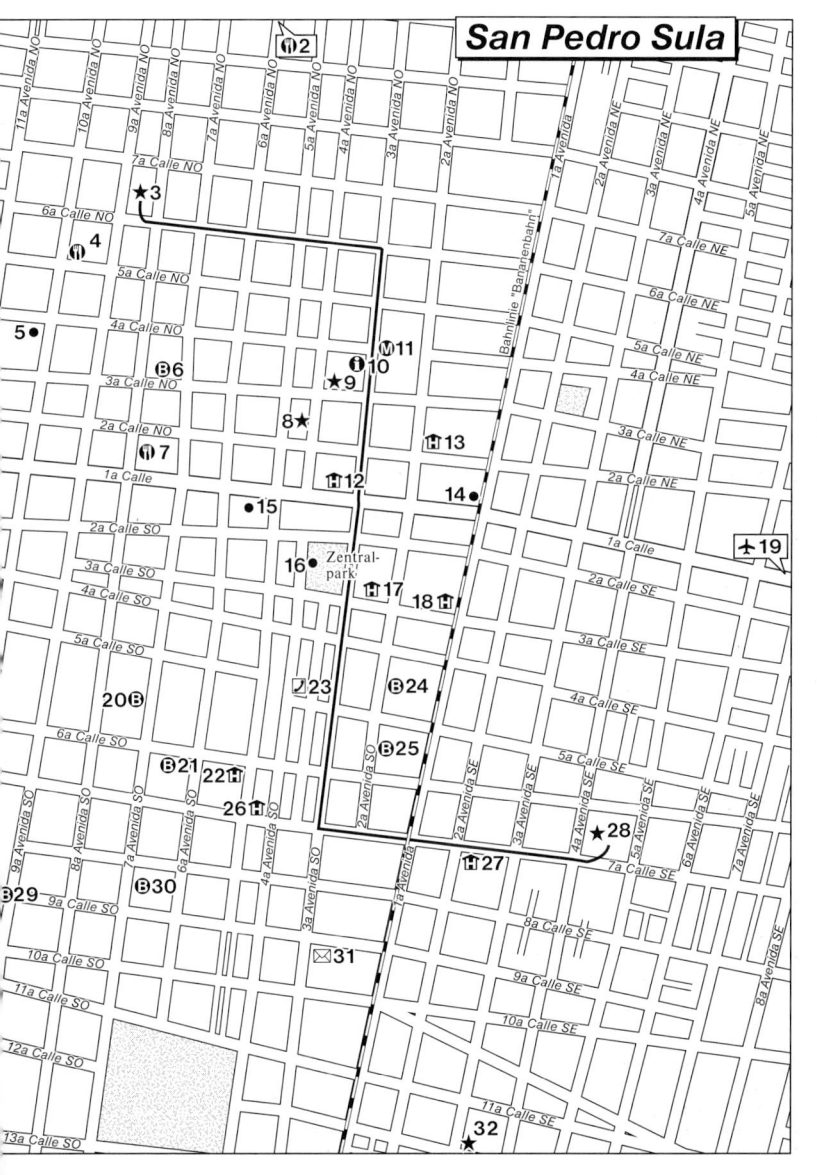

San Pedro Sula

Zur Karibik

erfrischende Kühle. Beste *Reisezeit* für San Pedro Sula ist die Jahreswende oder die Jahresmitte. Fast unerträglich heiß ist der April.

Geschichte

Die am *27.6.1536* von *Pedro de Alvarado* gegründete Stadt hieß zunächst *San Pedro de Puerto Caballos* und wurde ein paar Jahrzehnte später an der traditionellen Ansiedlung Azula am Río Piedras erneut aufgebaut, nachdem Eingeborene die koloniale Erst-Siedlung verwüstet hatten. Aus San Pedro und Azula wurde San Pedro Sula, ein Zungenbrecher für Spanier, die spätestens hinter das zweite Nomen ein „de" setzen würden (San Pedro de Sula, was aber falsch wäre). Eine andere Theorie interpretiert die Bezeichnung Sula als Synonym des Flußnamens Ulua. Der in der Regenzeit kräftig anschwellende Ulua hat ein breites Flußtal geschnitten, das aber nicht verhindern kann, daß die Wassermassen alle paar Jahre ganze Orte (wie z.B. Choloma, zwischen San Pedro Sula und Puerto Cortés) in eine Seenlandschaft verwandeln. Man spricht auch vom Sula-Tal.

Das neue, sehr gelungene Anthropologische Museum (siehe unten) zeigt die vielfältige *Siedlungsgeschichte* des Tals. Zur Zeit der Maya wurden in Sula schon Handelsgeschäfte betrieben zwischen Nahuatl von der Küste, die mit Muscheln und Fisch handelten, Lenca aus dem Süden und Westen, die (wie noch heute) mit Ton und Palm-Matten Geschäfte machten, und Maya aus den Gebieten Copans und des heutigen Guatemala, die Kakao und Schmuck verkauften.

Wegen Bränden und Hochwasserkatastrophen ist überhaupt nichts von der kolonialen Bausubstanz übriggeblieben. Das heutige Stadtbild ist geprägt durch die Reste des *Bananenbooms,* der zur Jahrhundertwende die Wirtschaft des kleinen Landes komplett umkrempelte. In den siebziger Jahren des neunzehnten Jahrhunderts, also dreißig Jahre vorher, war es der Goldrausch gewesen, der Honduras eine erste kleine Welle von wirtschaftlicher Aufmerksamkeit bescherte und

sogar zur Verlegung der Hauptstadt von Comayagua (über Amapala) nach Tegucigalpa beitrug. Dann erfaßte der Bananenboom die gesamte Nordküste des Landes. Kapitalkräftige US-Konzerne erhielten neben erheblichen Steuererleichterungen insgesamt etwa 10 % der landwirtschaftlich nutzbaren Fläche des Landes. In den *dreißiger Jahren* bauten sie eine Eisenbahnlinie, die nach frühen Plänen sogar ursprünglich bis Tegucigalpa gehen sollte, dann aber nur bis Villanueva, südlich von San Pedro Sula, geführt wurde. Bis in die *fünfziger Jahre* waren die Bananengesellschaften *Tela Railroad Co.* und *Standard Fruit de Honduras* ein Staat im Staate, der die Behandlung seiner schlecht bezahlten Arbeiter hausintern bestimmte. Mit einem großen, schließlich auf ganz Zentralamerika ausgeweiteten Streik emanzipierte sich 1954 die honduranische Arbeiterschaft. Der Grundstein der heute recht starken, in Zentralamerika hinsichtlich Organisationsgrad und Klassenbewußtsein führenden Gewerkschaftsbewegung wurde damals in San Pedro Sula und dem nahe gelegenen La Lima gelegt.

Wirtschaft

San Pedro Sula ist die Hauptstadt des Bezirkes Cortés. Nicht von ungefähr ist hier das Pro-Kopf-Einkommen fast doppelt so hoch wie im armen Valle (im Süden) oder fast dreimal so hoch wie das der Moskitia (im Nordosten): In San Pedro Sula befinden sich die großen *Industrieunternehmen* des Landes. Die Nahrungsmittelverarbeitung (Weizen-, Mais- und Reisschäl- und mühlenwerke), die Getränkeindustrie *(Coca Cola, Pepsi Cola, die Brauerei Cervecería Hondureña),* die Kaffeeverarbeitungsbetriebe, die exportorientierten Weltmarktfabriken für Lohnfertigung in der Bekleidungsindustrie in den Sonderwirtschaftszonen von Choloma und Villanueva oder

Zur Karibik

die metallverarbeitenden Schmieden und Werkstätten befinden sich alle in San Pedro Sula. Hier haben US-Amerikaner und Einwanderer aus Palästina und Europa seit Ende des 19. Jahrhunderts für einen regional beispiellosen Investitions-Boom gesorgt.

Orientierung

Die Orientierung in der weitläufigen Stadt ist leicht, wenn das System klar ist. Erstens: Von Nord nach Süd verlaufende Straßen heißen *Avenidas*, von West nach Ost verlaufende *Calles*. Der Verkehr auf den *Avenidas* hat immer Vorfahrt, auch auf der 1a und der 7a *Calle* sowie der Umgehungsring *Circunvalación*. Die meisten Strassen ver-

laufen als Einbahnstraßen. Zweitens: Das gesamte Straßennetz ist in vier Planquadrate unterteilt, deren Angabe bei Adressenangaben nicht fehlen darf: *noroeste* (N.O. = Nordwesten), *nordeste* (N.E. = Nordosten), *suroeste* (S.O. = Südwesten), *sureste* (S.E. = Südosten). Die Grenze zwchen den vier Quadraten verläuft im Stadtzentrum an der 1a Calle (auch Boulevard Morazán genannt, läuft vom Merendón-Gebirge Richtung Flughafen, am

Brücke am Chamelecón-Fluß

Zentralpark vorbei) und der 1a Avenida (parallel zu den *linea* genannten Eisenbahn-Schienen).

Achtung: Generell hat die Kriminalität in San Pedro Sula zugenommen, Reiseartikel wie auffällige Geldbörsen und Kameras sollten vermieden werden. Besonders südöstlich der Bahnlinie (3a Ave. S.E.) und im Bo. Medina ist es sogar zuweilen zu Messerstechereien gekommen. Besucher der Stadt sollten hier nur am Tage und mit großer Vorsicht hin!

Stadtrundgang

Die etwa zweistündige Wanderung beginnt am **Kunstgewerbemarkt Guamilito** (7a Calle, entre 8a y 9a Ave., N.O., etwa sechs cuadras vom Blvd. Morazán nach Norden), der auch sonntags öffnet (täglich bis 18 Uhr). Er befindet sich an der Südseite einer großen, überdachten Markthalle mit Obst, Gemüse, Heilkräutern, einfacher Gastronomie und allerlei Gebrauchsartikeln, sogar Kleinmöbeln. Im Kunstgewerbemarkt werden angeboten: Malerei, Keramik, Lederwaren, Holzschnitzereien und Flechtarbeiten. In der Nähe des *Mercado Guamilito* liegt das einzige wirkliche **Café** in San Pedro Sula. Laufen Sie zunächst zwei Calles zurück Richtung Süden (d.h. Zentrum) und zwei Avenidas Richtung Westen (d.h. Richtung Gebirge, vom Zentrum weg), dann finden Sie an der Kreuzung zwischen 10a Ave. und 5a Calle das *Café del Campo*, mit Kaffee, Tee, Gebäck und frischen Getränken. Von hier aus geht es, immer auf der 5a Calle in östlicher Richtung, bis zur 3a Avenida.

An dieser, ein kurzes Stück weiter in südlicher Richtung, befindet sich das **Museum für Archäologie und Geschichte** (3a Ave., entre 3a y 4a Calle, N.O., geöffnet täglich von 9 bis 16 Uhr), das neben archäologischen Funden auch die Geschichte der Stadt während der Kolonialzeit und vor allem im 20. Jahrhundert darstellt. Vom Museum geht es auf der 3a Ave. drei cuadras südlich zum **Zentralpark.** Für Durstige gibt es im Park preiswert *Coca-Cola* oder – im *Café Skandia* im *Gran Hotel Sula* – Milchshakes *(licuados)* oder Limonade. Bisweilen werden am nördlichen Rand des Parks auch lokale Erfrischungsgetränke der Marke *Copán* feilgeboten. Jetzt geht es ins Gewühl der *3a Avenida.* Östlich führt diese große Straße an Fachgeschäften für Textil-, Eisen- und Plastikwaren vorbei bis zur *7a Calle* – insgesamt sechs cuadras vom Zentralpark. Es lohnt sich, einmal in einen der Läden hineinzuschauen.

An der 7a Calle geht der Weg links (östlich) ab ins **Barrio Medina,** das Marktviertel der Stadt. Hier liegt gleich nach sechs cuadras rechts **Jugos Chalapa,** ein *Licuado*-Laden, der frisch gemixte Milchgetränke oder Säfte bereitet. Fragen Sie hier auch nach Kombinationen, die meisten stehen auf einem großen Schild auf der Wand. Noch eine cuadra weiter geradeaus beginnt der **Frucht- und Gemüsemarkt.** Um ihn zu besuchen, kann man sich hier links halten (zwischen 7a und 5a Calle). Hier fallen die

Zur Karibik

Holzkarren auf, die – von Körperkraft gestoßen – auf bloßen Kugellagern fahren.

Sehenswertes

Zentralpark

Der Zentralpark ist Sammelpunkt des Volkes, hier geben sich Lotterie-Verkäufer, Wanderprediger und ambulante Verkaufsstände mit Einfachst-Artikeln ein Stelldichein. Am nordöstlichen Rand des Parks befindet sich das Dach der Genossenschaft der Schuhputzer. Die eifrigen Genossen tragen T-Shirts der honduranischen Schuhcreme-Marke *KIWI*. Wie in allen städtischen Zentralparks des Landes kann man hier seine Lederschuhe komplett aufmöbeln lassen.

Aussichtspunkt Bella Vista

Die Verlängerung der 1a Calle Richtung Osten führt über den steinigen Flußlauf des passend benannten Río Piedras. Hinter der Brücke führt die zweite Straße links bergauf in die Kühle des Merendón-Gebirges. In der Nähe eines großen Reklameschildes für *Coca Cola* hat man die Stelle mit der besten Aussicht erreicht: Die verästelte Stadt zieht sich östlich bis zur Lagune Ticamaya, bei gutem Wetter sind dahinter kilometerweite Bananenfelder und der Flughafen zu sehen. Nach Bella Vista fahren keine Busse, aber Ta-

Blick von Nordosten auf den Zentralpark

xis sind ja bekanntlich nicht teuer in Honduras. Zu Fuß muß man für den Weg hinauf gut eine Stunde rechnen.

Museum für Anthropologie und Geschichte

Das *Museo de Antropología e Historia* (3a Ave., entre 3a y 4a Calle, N.O., geöffnet täglich von 8 bis 16 Uhr) gibt einen kompletten Überblick von der Prä-Maya-Besiedlung bis zur jüngeren Wirtschafts- und Sozialgeschichte der aufsteigenden Stadt. Auf alten Fotos wird anschaulich, daß die Handelsstadt noch vor fünfzig Jahren über keine einzige asphaltierte Straße verfügte. Im Museum finden sich rekonstruierte Bauernhäuser und Funde aus mehr als einem Jahrtausend.

Kunstgewerbemarkt Guamilito

Der Markt im Barrio Guamilito, genannt *Mercado Guamilito* (7a Calle, 8a y 9a Avenida N.O., also genau sieben cuadras vom Blvd. Morazán nach Norden) hat eine Abteilung für Kunsthandwerk, die bis in den späten Nachmittag geöffnet ist. Hier werden Lederwaren, handgearbeitete Tonwaren, Flechtarbeiten, Holzschmuck, Holzspielzeug, Malerei und vieles mehr angeboten. Der Preis darf heruntergehandelt werden (10 bis 60 %). Lassen Sie sich Zeit, dann läuft der Handel.

Frucht- und Gemüsemarkt

Ein Markt voller Farben, rund um das Thema Früchte und Gemüse, findet sich im Barrio Medina, östlich der *línea* (Bahnlinie), also ein paar cuadras unterhalb der 1a Avenida (S.E.), zwischen 5a und 7a Calle. Hier liegen Berge von Früchten auf der Straße herum, auf einfachen Ständen (aus Preßpappe und Holz) werden exotische Köstlichkeiten verkauft. Die ganze Palette tropischer Früchte der Saison liegt hier üppig herum, besonders aber Bananen verschiedener Genese und Reife. Zwischen den Warenhaufen fahren hölzerne Handkarren herum, mit denen für 30 Lempiras gewichtige Transporte getätigt werden.

Blick über den Pavillon
der Schuhputzer
auf die Kathedrale

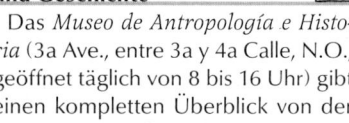

Vielfarbige Keramiken der Ureinwohner

Kultur

●Im Kontrast zum schnellen Punta- und Merengue-Tanz, die auf Tanzabenden und in volkstümlichen Konzerten zum Pflichtprogramm gehören, stehen die bürgerlichen Kulturangebote der Stadt. Für ruhige Abende bietet sich das *Centro Cultural Sampedrano* (3a Calle, entre 3a y 4a Avenida, N.O.) an.

●In den beiden Drei-Sterne-Hotels (*Gran Hotel Sula* am Zentralpark und Hotel *Copantl* am Boulevard del Sur) finden häufig **Gesellschaftsabende** statt, die in den beiden lokalen Tageszeitungen *(Tiempo, Prensa)* angekündigt werden.

●Im **Centro Cultural Infantil** (12a Calle, 3a Ave. S.O., Bo. Lempira) finden Kulturveranstaltungen für jung und alt statt.

●*Kunstausstellungen* werden ebenfalls periodisch in einem der beiden Kulturzentren gezeigt. Es lohnt sich, deshalb vor allem im *Centro Cultural Sampedrano* mal kurz reinzuschauen.

●Die besten **Buchhandlungen:** *Editorial Guaymuras* (7a Calle, 10a Ave. N.O.) bietet eigene ur-honduranischen Publikationen und weitere lateinamerikanische Literatur (Sachbuch und Belletristik). *La Casa del Libro* (1a Calle, 5a y 6a Ave. S.O.) hat mehrsprachige Publikationen (natürlich keine Deutschen).

●Ein **Theaterprojekt** mit kritisch-kreativem Anspruch befindet sich in der 4a Calle, entre 3a y 4a Ave., N.O., Ed. INMOSA, im 3. Stock (Tel. 552-3074).

●Was sonst noch kulturell in San Pedro Sula läuft weiß die **Alianza Francesa** (23a Ave., entre 3a y 4a Calle, S.O., Tel. 552-4359), freitags gibt es Sonderveranstaltungen.

Unterkünfte

●*Hotel Camino Real* (Carretera a Tegucigalpa, nur 100 m südlich vom Monumento de la Madre, circunvalación), Tel. 550-5555, mit Pool, Restaurant, Bar, Fitness, Sauna, klimatisiert und luxuriös, DZ 140 $.

●*Gran Hotel Sula* (Parque Central, unübersehbar), Tel. 552-9991 bis 99, Fax 557-7000, mit kleinem Pool, 24-Std.-Cafeteria, Restaurant, Bar, Fitnesscenter kostenlos (jedoch außerhalb des Hotels), klimatisiert, effizient, DZ 105 $.

●*Hotel Copantl* (Bo. Los Arcos, Shuttle vom Zentralpark aus), Tel. 553-0900, Fax 557-3890, mit großem Pool, Tennis, Restaurant, Cafetería, Bar, Casino, klimatisiert, Serviceschwächen, DZ 130 $.

●*Hotel San Anthony's* (3a Ave., entre 13 y 14 Calle S.O.), Tel. 558-0744, Fax 558-1019, mit

Zur Karibik

Pool, Restaurant, Bar usw., in ungünstiger Lage, aber gut geführt und effizient, DZ 105 $.

● *Hotel La Terraza* (6a Ave., entre 4a y 5a Calle), Tel. 553-3108, AC, Restaurant und Bar, sauber und einfach, DZ ab 12 $.

● *Hotel Bolivar* (2a Calle, 2a Ave. N.O.), Tel. 553-3224, Fax 553-4823, mit Pool, Restaurant, Bar, klimatisiert, DZ 32 $.

● *Hotel San Pedro* (3a Calle, 1a Ave. Sur, Bo. El Centro), Tel./Fax 553-2655, Cafeteria, klimatisiert, zentral, freundlich, DZ 16 $.

● *Hotel El Nilo* (3a Calle, entre 2a y 3a Ave. S.O.), Tel. 553-4689, kein Fax, Ventilator, sauber, sicher, zentral, DZ 11,40 $.

Günstige Hotels in zentraler Lage

● *Brisas del Occidente* (5a Ave., entre 6a y 7a Calle, S.O., Ed. Yuja, Casa No. 55), Tel. 552-2309, kein Fax, Ventilator, Gemeinschaftsdusche und -WC, freundlich, nach Zimmer mit Fenster fragen, DZ 6 $.

● *Hotel El Parador* (6a Calle, 2a Ave., S.E.), mit Ventilator, sehr sauber, mit Privatdusche für DZ 5 $.

● *San Juan* (6a Calle, 6a Ave. S.O.), laut, sauber, preiswert, DZ 5 $.

● *Hotel El Castillo* (8a Calle, 6a Ave. S.O.), mit Ventilator DZ ab 3,60, mit Privatdusche DZ ab 5,50 $.

● *Siesta* (2a Ave., 7a Calle S.E.), Tel. 552-2650, laut, sicher, mit oder ohne privater Dusche/WC, ab 2,80 $.

● Wenig empfehlenswert, weil weitgehend auf Stundenbasis belegt, aber teilweise unter 4 $ billig sind die **Hotels im Bo. Medina,** vom Busbahnhof östlich.

Essen

● *Don Udo's Restaurant* (Blvd. Los Próceres, westliche Verlängerung der 1a Calle) Tel. 553-3106, Restaurant und Bar, große Auswahl an frisch zubereiteten internationalen Gerichten, breites Angebot von Bieren und Weinen, Delikatessen-Shop, nicht überteuert.

● *Pat's Steak House* (5a Calle, 17a Ave. S.O., circunvalación), sehr gute Fleischgerichte zu sehr hohen Preisen.

● *Vicente* (7a Ave., entre 1a y 2a Calle N.O.), breites original italienisches Angebot zu fairen Tarifen, freundlich.

● *La Espuela* (circunvalación, entre 5a y 6a Ave., N.O.), typisch honduranisches *parilla*-Restaurant mit obligatorischen *anafres* (Bohnenpüree und Käse auf einem Tonstövchen) sowie *chismol* (Essig-Limetten-Gemüse nach Art der Maya), gepflegt, preiswert, mit Mariachi-Combo (sagen Sie einfach „no", wenn Sie für ein Lied nicht ab 1 $ zahlen wollen).

● *Pizzería Italia* (1a Calle, 7a ave. N.O.), gute Pizza und Pasta.

● *José's y Pepe's* (6a Calle, circunvalación), mesoamerikanische Küche mit gutem Service.

● *Restaurante Las Tejas* (9a Calle, entre 16a y 17a Ave., circunvalación).

● Sehr gute Brathähnchen gibt es bei *Pollos Popeyes Hondureño* (nicht verwechseln mit *Pollo Popeye Americano* am Blvd. del Norte!), und zwar 6a Ave. N.O., 3 cuadras antes de la circunvalación (liegt auf der *colectivo*-Route zur Colonia FESITRANH, Abfahrtspunkt 6a Ave., entre 2a y 3a Calle S.O.).

● Außerdem wimmelt es in der Stadt von *Burger King* (US-Einheitskost, sehr hygienisch), *Wendy's* (schmackhafte Luxus-Burger, mal eine Abwechslung zur ansonsten honduranischen Kost gefällig?), *Pizza Hut* (die unoriginellste Pizza der Welt) und *Dunkin Donuts* (probieren Sie die *relampagos* für nur 7 Lempiras, ein dick gefülltes Cremeteilchen).

Unterhaltung

Kneipen und Clubs

Verschiedene Kneipen und Clubs befinden sich in der *zona viva*, vom *Monumento de la Madre* den Stadtring *Circunvalación* entlang Richtung Norden (die ersten drei cuadras rechts).

● *Frog's Sports Bar,* Blvd. Los Próceres, Nähe Restaurant *Don Udo's,* mit verschiedenen Bars, Pool-Billard, Kicker, US-Sportsendungen auf großen Screens, eigener Strand-Volleyball-Court geschickt integriert, Tanz am Wochenende.

● Originell und manchmal virtuos ist die *Peña Boleros,* genau auf der anderen Seite der Circunvalación gegenüber der *zona viva*, eine cuadra nördlich von *Wendy's* (Fastfood), die nur Fr. und Sa. ab 22 Uhr öffnet.

Diskotheken

sind auf dem nördlichen Teil der *Circunvalación* (Eintritt von 30 bis 50 Lps.) zu finden, Taxifahrer wissen Bescheid.

Night Clubs der rauhen Art (aber nicht unbedingt gefährlich) befinden sich auf der 7a Calle, entre 14a y 15a Ave. S.O.

●**Henry's** (gleich gegenüber von *Restaurante La Espuela*, Circunvalación, entre 5a y 6a Ave., N.O.), eine gepflegte, leicht überklimatisierte Disko mit großer Tanzfläche, Profi-Anlage und vor allem Salsa, Merengue und Punta.

●**Confettis** (auch Circunvalación, aber weiter nördlich kurz vor Beginn des Blvd. del Norte), etwas lauter und billiger als *Henry's*.

●**Drive-In Gerencial** (Circunvalación del Este, gegenüber der Texaco-Tankstelle bei Verlassen des Innenstadtrings Richtung Flughafen), mit Live-Musik, tanzfreudigem Publikum und vor allem Stimmung (der Rest kann vor dem Hintergrund der Originalität geduldig ertragen werden).

Cafés und Treffpunkte

●**Café del Campo,** 10a Ave. und 5a Calle (mit einem Dutzend Kaffeesorten, Tee, Gebäck und frischen Getränken, aber auch Snacks und Cocktails), in perfekter Atmosphäre, freundlich und professionell.

●**Café des Artes,** 1a Calle, entre 14a y 15a Ave. S.O., sehr schön dekoriert, aber unpersönlicher Service, öffnet erst um 16 Uhr.

●**Café Skandia,** im *Gran Hotel Sula* hinten rechts, am Zentralpark. Ideal für Menschen, die am Puls der Stadt sein wollen: Hier treffen sich Arbeiter, Manager und Künstler gleichermaßen. Reichhaltige Auswahl perfekter Snacks auf kleinstem Raum.

●**Mr. Quick,** 2a Calle, entre 1a y 2a Ave. N.O., gegenüber Ed. Bolivar.

●**Cafetería Belén,** 6a Calle, entre 2a y 3a Ave. S.O., Bo. El Centro.

●Besonders empfehlenswert sind die appetitlichen **Frucht-Milchmixgetränke** *(licuados)* an der 2a Calle, entre 5a y 6a Ave. S.O. und an der 1a Calle, 5a Ave. N.O.

Casino

●Im *Hotel Copantl Sula,* Carretera a Tegucigalpa, nur am Wochenende geöffnet

Kino

●Alle Kinos sind klimatisiert und befinden sich dicht beieinander zwischen der 1a Calle (auch Blvd. Morazán genannt), dem Stadion und dem Mercado Guamilito.

●**Aquarius:** 10a Ave., 2a Calle N.O., Tel. 553-1188.

●**Geminis 1a y 2:** 12a Ave., 1a Calle N.O., Tel. 552-6060.

●**Multicines Plaza de Sula:** 10a Ave., 4a Calle N.O.

●In der Nähe des Zentralparks befindet sich das **Tropicana,** 7a Ave., 2a Calle S.O., Tel. 553-0391.

Wichtige Adressen

Post

●3a Ave., entre 8a y 9a Calle, S.O. mit philatelistischer Abteilung.

Hondutel

●4a Ave., entre 4a y 5a Calle S.O.

Bank

●Gegenüber vom Museum befindet sich eine Zweigstelle der **Banco de Comercio,** die werktags bis 18 Uhr geöffnet ist.

●Sicher, angenehm und reell (bei guter Verständigung mit der Chefin *Doña Dora Pineda* noch besser als schwarz) ist die Wechselstube **Multicambios** im Gebäude GMC, 5a Ave., entre 2a y 3a Calle N.O.

Notfall

●**Rotes Kreuz, Krankenwagen,** Tel. 557-6655, 553-1333.

●**Feuerwehr,** Tel. 553-3180, 553-1644, Col. Fesitranh, Tel. 57-6060, Col. Monte Fresco, Tel. 557-6161, Col. Prado Alto, Tel. 552-3180.

●**Schutz- und Kriminalpolizei,** 12a Calle, 9a Ave. N.O., Tel. 552-9238.

Zur Karibik

● **Verkehrspolizei,** Tel. 552-3114.
● **Staatliches Hospital C. Rivas,**
Tel. 557-2944, 557-2945.
● **Clínica Bedaña,** Circunvalación, zwischen Kaufhaus *Curacao* und *Monumento de la Madre,* gutes privates Krankenhaus mit teilweise englischsprachigem ärztlichem Personal.
● **Clínica Cemesa,** Carretera del Sur, südlich gegenüber *Comercial Laeiz* (Lufthansa-Vertretung), gutes privates Krankenhaus mit teilweise englischsprachigem ärztlichem Personal.

Diplomatische Vertretungen

● **Belize:** Blvd. Del Norte, km 5, Col. Los Castanos, Tel. 551-0707, Fax 551-1740.
● **Guatemala:** 8a Calle, entre 5a y 6a Ave., N.O., No. 38, Tel. 553-3560.
● **Nicaragua:** Barrio Los Andes, 6a Calle, No. 36, Tel. 552-9069, Fax 557-5793.
● **El Salvador:** Ed. Rivera y Cia, 5to piso, No. 218, Tel. 553-4600, Fax 552-8215.
● **Mexiko:** 2a Calle, 20a Ave. S.O., No. 201, Barrio Rio de Piedras, Tel. 553-2604.
● **Deutsches Honorarkonsulat** *(Consul Honorario de Alemania),* Konsulin *Ruth Berkling,* Ave. Circunvalación, 6a Calle N.O. Tel. 553-1244, im Notfall auch 553-3714, Fax 553-1868.
● **Österreichisches Generalkonsulat** *(Consulado General de Austria),* Apartado Postal 372, Tel. 559-0473, 559-0636, Fax 559-0473.
● Konsul. Angelegenheiten der **Schweiz:** Apartado Postal 192, Bo. Río Piedras, 7a Calle, entre 19a y 20a Ave., No. 152, Tel. 552-5495, Fax 553-1183.
● **Niederlande:** 15a Ave., entre 7a y 8a Calle N.E., Plaza Venecia, local No. 10, Tel. 557-1815, Fax 552-9724.

Wichtige Behörden

● **Nationalpark-Informationen** gibt es bei der *Administración Forestal del Estado* (*AFE;* früher *COHDEFOR),* 4a Calle, 10a Ave. N.O., Tel. 553-4959.
● **Einreisebehörde** *Dirección General de Migración,* gleich am Anfang der Fußgängerzone am Zentralpark, viertes Haus links (hinter *Pizzeria Romana),* Tel. 552-3076.

Information

● **Tourismus-Institut** im Ed. Inmosa, 2. Etage, 4a Calle, entre 3a y 4a Ave. N.O., No. 21, Bo. Guamilito, Tel. 552-3023, 552-3095; sowie am Flughafen.

Einkaufen

Supermärkte

● **El Popular,** 6a Ave., entre 2a y 3a Calle S.O.
● **Fransen Colonial,** Circunvalación, Ecke 1a Calle.
● **Comisariato Los Andes,** Circunvalación, Nähe Restaurant *La Espuela.*

Souvenirs

● **Scandú International,** (5a Ave., entre 1a y 2a Calle S.O.), Boutique honduranischer und anderer zentralamerikanischer Kunstgegenstände.
● **Einfache Souvenir-Läden** gibt es in der 4a Ave., entre 1a y 2a Calle N.O., d.h. direkt westlich neben dem *Gran Hotel Sula.*

Verkehrsverbindungen in der Stadt

Bus

● Wichtige **Bushaltestellen** befinden sich auf der 3a Ave. (Richtung Süden und Osten), auf der 7a Calle (Richtung Westen) und auf der Circunvalación (Richtung Norden und Süden).

Colectivos

● Eine wichtige **Haltestelle** befindet sich auf der 6a Ave., entre 3a y 4a Calle N.O. (Richtung Norden bis Col. Fesitranh).

Verkehrsverbindungen

Straße

● San Pedro Sula ist **Knotenpunkt aller Fernstraßen** außer der *Panamericana.*

Autovermietung

● **Toyota Rent-A-Car** (empfohlen!), 4a Ave., entre 2a y 3a Calle N.O., Bo. Guamilito, Tel. 557-2644, Fax 557-2666.

● **Budget Rent-A-Car,** Flughafen, Tel. 56-2467.

● **Avis Rent-A-Car,** Agencia Marinakys, 1a Calle, entre 8a y 9a Ave. N.O., Tel. 553-0955, Fax 557-8877.

● Sehr persönlich bedient **Marthelen,** 7a Calle, entre 3a y 4a Ave. N.O., Tel. 553-4672.

● Besonders preiswert ist **Maya Rent-A-Car,** 3a Ave., entre 7a y 8a Calle N.O., Tel. 552-2670, 552-2671, Fax 552-8890.

Busse in Honduras

● Von **Tegucigalpa** mit den Unternehmen Hedman Alas (11a Ave., entre 13a y 14a Calle, Comayagüela, Tel. 237-7143), Norteños (12a Calle, entre 6a y 7a Ave., Comayagüela, Tel. 237-0706), Saenz Primera (Centro Comercial Perisur, Tel. 233-4229) oder El Rey Express (Tel. 237-8584) fahren zusammen mehr als stündlich und einzeln jeweils alle 2 bis 3 Std. ab. Fahrzeit 3,5 bis 4 Std., Fahrpreis von 3 $ (Nortenos, El Rey) bis 9 $ (Saenz, mit Snack und Filmprogramm).

● Von **Puerto Cortés:** Die Unternehmen Impala (Tel. 555-3111), Expresos del Atlántico (Tel. 555-0466) und Citul (Tel. 555-0466) fahren alle 15-60 Minuten, Fahrdauer 1,5 Std.

● Von **La Lima** und **El Progreso:** Alle fünf bis zehn Minuten vom jeweiligen Zentralpark aus, Ankunft im Busterminal in der 2a Ave., entre 5a y 6a Calle, S.O. in San Pedro Sula (30 bzw. 60 Min. Fahrtdauer).

● Von **Tela:** Alle 30 Min. über El Progreso, dort umsteigen.

● Von **La Ceiba** fast stündlich mit den Unternehmen Catisa, City und Tupsa vom Busterminal aus (Mercado San José, Ave. 15 de Septiembre, Tel. 443-4091), Fahrzeit 3,5 Std., Fahrpreis 2 $.

● Von **Trujillo:** Um 4, 6 und 10 Uhr mit Cotraipbal (Tel. 444-3822), Abfahrt vom Zentralpark in Trujillo, Fahrzeit 5,5 Std.

● Von **Copán Ruinas:** Mit Casarola oder Gama (vor Hotel Patty) um 4, 5, 6, 7 oder 15 Uhr, Fahrzeit 3 Std., 5 $.

Fahrtdauer mit dem PKW von/nach San Pedro Sula:

● **Grenze zu Guatemala**		
Agua Caliente	6	Std.
El Florido	3,5	Std.
● **Westen**		
Copán Ruinas	3	Std.
La Entrada	1,5	Std.
Gracias Lempira	3,5	Std.
Santa Bárbara	2	Std.
● **Süden**		
Lago de Yojoa	1,5	Std.
Pulhapanzak	2	Std.
Tegucigalpa	3,5	Std.
Comayagua	2	Std.
● **Norden**		
Puerto Cortés	40	Min.
Omoa	1	Std.
● **Osten**		
Flughafen, La Lima	15	Min.
El Progreso	30	Min.
Tela	1,5	Std.
La Ceiba	3	Std.
Trujillo	5	Std.

● Von **Siguatepeque** (Abfahrtsort nahe Basketball-Platz) sechsmal wöchentlich direkt. Von der Hauptstraße fahren alle 30 Min. Überlandbusse.

● **Adventure Shuttle:** Entlang der **Nordküste,** zwischen Trujillo, La Ceiba, Tela und Copán und San Pedro Sula fährt im Zwei-Tages-Rhythmus der voll klimatisierte Kleinbus Adventure Shuttle. Reservierung in **Trujillo** (Tel. 434-4770), in **Tela** (Tel. 448-2416), in **La Ceiba** (443-2762), in **San Pedro Sula** (Tel. 557-2380) oder in **Copán** (kein Tel., Anmeldung bei der Reinigung Justo a Tiempo, 1/2 cuadra östlich vom Parque Central). Die Preise bis San Pedro Sula: Copán 18 $, La Ceiba 18 $, Tela 10 $, Trujillo 25 $.

Busse nach Guatemala

Für eine Reise von San Pedro Sula nach Guatemala kommen **zwei Routen** in Betracht: Die eine geht über La Entrada zu den Maya-Ruinen von Copán und von dort über den

Zur Karibik

Grenzübergang El Florido nach Guatemala. Die andere verläuft ebenfalls über La Entrada, dann aber über Santa Rosa de Copán in die Bergregion Ocotepeque.

●*Direkt nach Copán Ruinas* fährt *Etumi* (6a Calle, 6a Ave. S.O., 2,20 $, 6 Std., Abfahrt um 11 und 13 Uhr). **Mit Umsteigen:** Zunächst nach **La Entrada** fahren *Copanecos* oder *Torito* (6a Ave., entre 8a y 9a Calle, S.O., Tel. 554-1954, 553-4930; 1,20 $, 2 Std., Abfahrt 3:45 bis 17 Uhr, zwei Schnellbusse um 8:15 und 14 Uhr). In **La Entrada** fährt stündlich und öfter ein Kleinbus nach Copán Ruinas (1,10 $, 2 Std., Abfahrt 5 bis 16 Uhr). In **Copán Ruinas** fahren dauernd Pick-Ups und Kleinbusse zur 10 km entfernten Grenze von **El Florido**. An der guatemaltekischen Seite fahren häufig Busse in die Städte des Landes ab: Chiquimula, Jalapa, Ciudad de Guatemala.

●Über *Ocotepeque nach Guatemala:* Direkt nach Nueva Ocotepeque (der Hauptstadt des südwestlichsten, im Länderdreieck mit El Salvador und Guatemala gelegenen *departamentos*) und in einem Zug weiter zur guatemaltekischen **Grenze** von **Agua Caliente** fahren abwechselnd (jeweils jeden zweiten Tag) *Impala* oder *Congolón* (2a Ave., entre 4a y 5a Calle S.O., No. 23, Tel. 553-3111; 3,40 $, 7 Std., Abfahrt 3:30 bis 15 Uhr). Mit **Umsteigen:** Zunächst nach **Santa Rosá de Copán** fährt *Copanecos* oder *Torito* (6a Ave., entre 8a y 9a Calle, S.O., Tel. 554-1954, 553-4930; 1,80 $, 3 bis 4 Std., Abfahrt 3:45 bis 17 Uhr, zwei Schnellbusse um 8:15 und 14 Uhr). Von dort verkehren regelmäßig Busse nach **Nueva Ocotepeque** und **Agua Caliente.** Auf der guatemaltekischen Seite gibt es Busse nach Esquipulas.

Bahn

●Der **Bahnhof** befindet sich 3 cuadras östlich vom Parque Central bzw. *Gran Hotel Sula* (Tel. 553-2997, 553-1879 u. 553-4080).

●Von **Tela** aus täglich um 14 Uhr, Umsteigen in **Baracoa**, Ankunft um 18 Uhr in San Pedro Sula. Abfahrt **von San Pedro Sula** aus täglich um 7 Uhr Richtung Tela. Die Bahntour ist eine optimale Gelegenheit, umweltfreundlich mit Honduranern zusammen zu reisen, dabei in die *barrios* zu schauen und ein buntes Treiben zu erleben.

●*Nach Puerto Cortés* fährt täglich um 7 Uhr der Schienenbus, Umsteigen um 8:30 Uhr in **Baracoa** und Weiterfahrt nach Puerto Cortés, dort Ankunft ca. 9:20 Uhr.

●*Von Cortés* fährt täglich um 7:30 Uhr und um 15:30 Uhr der Schienenbus *(ferrobus)* **über Barracoa** nach San Pedro Sula, es hat aber auch häufige Ausfälle gegeben.

Einreise am Flughafen

●Inzwischen ist ein neues Flughafengebäude mit moderner Ausrüstung und lichter Architektur eröffnet worden. Der **Zoll** *(aduana)* ist freundlich, verlangt aber häufig die Öffnung des Gepäckstücks. Bei besonders zügiger Abfertigung verlangen die BeamtInnen auch schon einmal ein Trinkgeld *(propina)*. 0,50 bis 1 $ sind normal.

●Sollte das **Gepäck verloren sein,** z.B. in Miami geblieben, muß das sofort beim Airline-Personal *(supervisor)* gemeldet werden. Adresse und Telefon werden dann notiert. Meist ist das Gepäck am nächsten oder übernächsten Tag da und wird auch nach Hause (ins Hotel) ausgeliefert.

●*Service:* Im Flughafen befindet sich eine **Bank** *(Banco Atlántida),* die Bar-Dollars und Reiseschecks zum offiziellen Kurs tauscht (Öffnung: 9 bis 17 Uhr). Die **Fluggesellschaften** *Isleña, SOSA, TACA, COPA, LACSA, Iberia, Continental, American Airlines* sowie *Caribbean Air* und *Honduras Airways* betreiben Counter in der Abflughalle.

●Vor dem Flughafen warten die schwitzenden Menschentrauben am Rande des Parkplatzes. Gelbe, für Honduras ungewöhnlich **große Taxis** fahren für etwa 6 $ pro Person ins 10 km entfernte Zentrum. Wer diese Summe sparen will, muß 1km weit bis an die Hauptstraße durch die schattenlose Landschaft laufen. An der Hauptstraße (über 2 km vom Terminal entfernt, Blvd. El Progreso) fahren **normale** (kleine) **Taxis** für 2 bis 3 $ ins Zentrum.

Flüge

●Von **Tegucigalpa** aus gibt es immer wieder Angebote von *Isleña Airlines* (Tel. 233-1130). Empfehlenswerter sind die Buslinien, der Zeitnachteil ist minimal.

Zur Karibik

- Von **La Ceiba** mit *Isleña* um 7:30 und 14 Uhr (Dauer 20 Min., 19 $).
- Von **Roatán, Guanaja** und **Utila** sowie der Moskitia **(Puerto Lempira, Palacios)** mit *Isleña* oder *Sosa,* außerdem mit *Sosa* freitags nach **Ahuas,** sowie montags und freitags nach **Brus Laguna**. Alle Flüge über La Ceiba, Abflugzeiten siehe dort. Die Preise (einfach bis San Pedro Sula) im einzelnen: Roatán (33 $), Guanaja (36 $), Utila (30 $), Puerto Lempira (50 $), Ahuas (48 $), Brus Laguna (45 $), Palacios (39 $).
- Nach La Ceiba um 8:30 und 15 Uhr (Dauer 20 Min., 19 $).
- Für **Privatcharter** in ganz Honduras (Flugzeuge für 5, 9 oder 19 Passagiere) dient preiswert, sicher und reell *Aerolineas Sosa* (Tel. 443-1399, Fax 443-0384).
- **International** ist San Pedro Sula der wichtigste Flughafen des Landes. Hier besteht zweimal wöchentlich die einzige Direktverbindung nach Europa *(Iberia)*. Ansonsten ist San Pedro Sula mit New Orleans, Miami, Houston, Los Angeles, Ciudad de México, Ciudad de Guatemala, San Salvador, Belize, Managua, San José und Panamá verbunden.

Flüge und Flugzeiten: Siehe „Praktische Reisetips, Hin- und Rückreise" sowie die Liste der Billigflüge im Anhang.

Fluggesellschaften

- **Isleña:** Tel. 552-8322, nur Counter am Flughafen.
- **TACA:** Tel. 553-2640, 553-2626, 553-2646, 1a Calle, Centro Comercial Prisa, N.O.
- **LACSA:** Tel. 552-6888, 552-5893, 8a Ave., entre 1a y 2a Calle S.O., Ed. Romar.
- **COPA:** Tel. 552-0628, 10a Ave., entre 1a y 2a Calle, S.O.
- **Iberia:** Tel. 553-1530, 2a Calle, entre 1a y 2a Ave., S.O. Ed. Quiroz.

Ticamaya-Lagune unweit der Stadt

●*American:* Tel. 559-05-18 (bis -23), 16a Ave., entre 1a y 2a Calle, N.O., Ed. Firenze, Bo. Los Andes.

●*Continental:* Tel. 557-41-41 (-42, –43), 4a Ave., entre 1a y 2a Calle, N.O. im Gebäude des *Gran Hotel Sula.*

●*Lufthansa:* Tel. 557-8431, Ed. Laeisz auf der Carretera a Tegucigalpa, südlich vom *Hotel Copantl.*

Tour Operators

●Natur- und Kulturerlebnisreisen, mit deutschsprachigen Reiseführern: *Honduras Expeditions,* 1a Calle, entre 5a y 6a Ave. N.O., 1 cuadra westlich vom Parque Central (Tel./Fax 552-7274).

●Spezialisiert auf Copán: *Maya Tropic Tours* (in der Lobby des Gran Hotel Sula am Zentralpark, Tel. 557-8830 und 552-2405).

●Für konventionelle und relativ preiswerte Touren nach Omoa, an den Yojoa-See, zum Tauchen und nach Copán: *Explore Honduras* (Ed. Paseo del Sol, 1a Calle, zwei cuadras östlich vom Zentralpark, 552-6242, Fax 552-6093).

●Die *Agencia MATRA* ist für Vorbestellung und Preisanfrage zu Fahrten mit der *MS Painkira* entlang der Karibikküste in die Moskitia zuständig. 2a Calle N.E., salida vieja a La Lima, Tel. 557-1744, Fax 553-3730.

Ausflüge ab San Pedro Sula

San Pedro Sula ist ein guter Ausgangspunkt für *mehrtägige Reisen* in der Nordregion des Landes, so nach Copán (empfehlenswert: 3 Tage/2 Nächte), Lago de Yojoa/Pulhapanzak (3 Tage/2 Nächte) und zum NP Cusuco mit seinem Bergnebelwald (empfohlen: 2 Tage/1 Nacht).

Für eine *Halbtagestour* empfiehlt sich der Besuch einer *Bananenplantage* der *United Fruit Company* in der Finca La Omanita, Nähe der Stadt El Progreso. Es ist zuvor eine Erlaubnis des Zentralbüros von „Chiquita" in La Lima einzuholen. Die Tour ist nur mit einem Mietwagen möglich, 4 Std. sollten veranschlagt werden.

●Weitere, geführte Halbtagestouren: siehe Reiseveranstalter.

Nationalpark Cusuco

Der Bergnebelwald Cusuco kann nur mit einem zuvor besorgten Miet-Geländewagen oder (für Wandertüchtige) zu Fuß erreicht werden. Zuvor ist aber die schriftliche Erlaubnis der Naturschutzorganisation *Fundación Ecologista HRPF* (3a Ave., entre 9a y 10a Calle N.O.) oder der Forstbehörde *AFE* (10a Ave., 4a Calle, N.O., im Bo. Guamilito) zu besorgen. Einfacher und auch fachkundig mit *Honduras Expeditions* (täglich ab 2 Personen).

Puerto Cortés

Überblick

57 km nördlich von San Pedro Sula liegt die Hafenstadt Puerto Cortés. Sie ist, ebenso wie das *departamento,* nach dem Eroberer *Hernán Cortés* benannt. Mit etwa 63.000 Einwohnern ist Puerto Cortés die fünftgrößte Stadt des Landes. Der Hafen ist der modernste Zentralamerikas, gut die Hälfte des honduranischen Außenhandels wird über ihn abgewickelt.

Zur Karibik

Die Stadt befindet sich – ähnlich wie die vor Trujillo liegende Landzunge von Puerto Castilla – auf einer Halbinsel, die tief in die karibische See ragt. In dieser Perspektive links (südwestlich) liegen die Docks des großen Containerhafens, während sich rechts (nordöstlich) der Karibikstrand befindet, der vom Stadtzentrum unerwartet weit entfernt ist.

Cortés ist eine Stadt mit wenig Flair und schwacher Gastronomie. Der **Zentralpark** ist aber beeindruckend, wegen des großen indischen Baumes, dessen Krone dem ganzen Park Schatten gibt. Wer **Strände** sucht, der wird nur außerhalb der Stadt fündig. Graue, aber feinsandige Strände finden sich in Omoa und Cienaguita (westlich der Stadt, vgl. Bus) und in Travesía und Bajamar (östlich der Stadt, vgl. auch Bus), wo afrokaribische Garífunas ein fröhliches, bescheidenes Leben führen. Ein Ausflug nach Travesía lohnt sich auch wegen der dort zubereiteten Garífuna-Speisen.

Volksfest

● **Venezianische Nacht** am 3. Samstag im August.

Bergnebelwald weit oberhalb
von San Pedro Sula

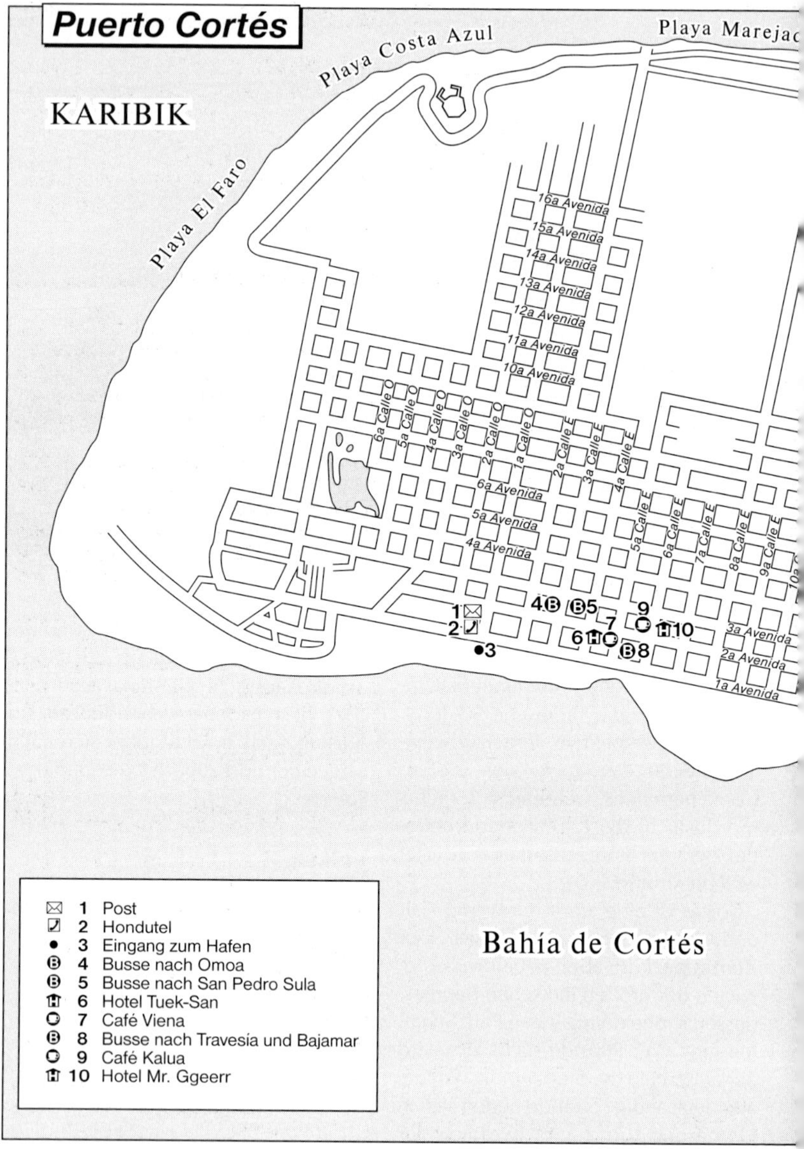

Puerto Cortés

Playa Costa Azul

Playa Marejac

KARIBIK

Playa El Faro

16a Avenida
15a Avenida
14a Avenida
13a Avenida
12a Avenida
11a Avenida
10a Avenida

6a Avenida
5a Avenida
4a Avenida

1 ⊠
2 ☐
●3
4 Ⓑ   Ⓑ5   7   9
6 Ⓗ Ⓞ   Ⓞ   Ⓗ10
Ⓑ8

3a Avenida
2a Avenida
1a Avenida

Bahía de Cortés

⊠   1   Post
☐   2   Hondutel
●   3   Eingang zum Hafen
Ⓑ   4   Busse nach Omoa
Ⓑ   5   Busse nach San Pedro Sula
Ⓗ   6   Hotel Tuek-San
Ⓞ   7   Café Viena
Ⓑ   8   Busse nach Travesia und Bajamar
Ⓞ   9   Café Kalua
Ⓗ 10   Hotel Mr. Ggeerr

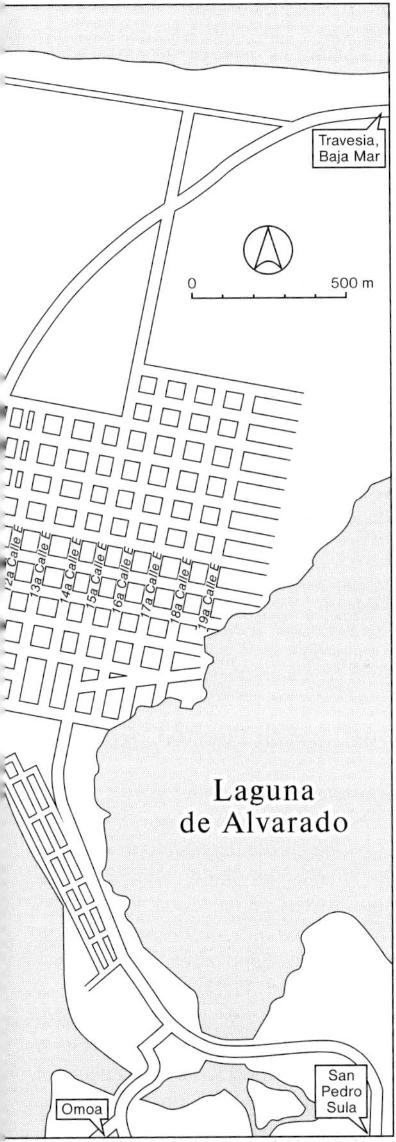

Travesia,
Baja Mar

0   500 m

7a Calle E
3a Calle E
14a Calle E
5a Calle E
6a Calle E
7a Calle E
8a Calle E
19a Calle E

Laguna
de Alvarado

Omoa

San
Pedro
Sula

Unterkünfte

In der Stadt

●*Hotel Mr. Ggeerr,* 2a Ave., entre 6a y 7a Calle Este, Barrio La Curva, vier cuadras vom Zentrum (Tel. 555-0444), klimatisiert, Restaurant, Video-Bar, DZ 36 $.

●*Hotel Tuek-San,* gegenüber Zentralpark (Tel. 555-1060), sauber, aber ziemlich runtergekommen, DZ 5 $.

Außerhalb der Stadt

●*Hotel Costa Mar,* Playas de la Coca Cola, ca. 2 km westlich der Stadt (Tel. 555-1367), neu, klimatisiert, Restaurant, Strandblick, DZ 33 $.

●*Hotel Playa,* Cieneguita, ca. 4 km westlich der Stadt, (Tel. 555-1105, Fax 555-2287), klimatisiert und holzvertäfelt, gutes Restaurant, auf dem Strand, DZ 32 $.

●*Hotel Costa Azul,* Barrio El Faro (Tel. 555-2260, Fax 555-2262), klimatisiert, Rest., Disco, Pferde, Tischtennis, DZ 35 $.

●*Hotel Frontera del Caribe,* auf der Straße nach Travesía, Playas de Camaguey (Tel. 555-1914), am Strand, einfach, freundlich und sauber, DZ 8 $.

●*Hotel Formosa,* 2a Calle, 3a Ave. Este, korrekt und mit Privatdusche, DZ 5,40 $.

●Preiswerte *hospedajes* im Hafenviertel machen die Begegnung mit Betrunkenen und Prostituierten unvermeidlich, besser **Hotelito Colón,** 2a Calle, 3a Ave. Oeste, einfach, sauber und relativ sicher, DZ 3 $.

Essen und Trinken

●*Café Viena* (am Zentralpark), leichte Speisen und guter Kaffee.

●*Restaurant Kasike's:* 4a Calle, 3a Ave., gute Auswahl und preiswert.

●*Café Kalua* (2a Ave., 6a Calle Este), internationale Gerichte zu fairen Preisen.

●*Pub El Centro* (2a Ave., 5a Calle Este, Nähe Parque Central).

●*Café Consulado,* 8a Calle, 2a Ave., AC, gute Fischspeisen.

●Gleich ein paar Häuser weiter: **Candiles,** 2a Ave., entre 7a y 8a Calle, Grill- und Fischmenü, preiswert.

Zur Karibik

●*Pastelería La Plata,* schräg gegenüber von Hotel *Formosa*, neben vielem Süßem auch ein günstiges Mittagsmenü.

Wichtige Adressen

Post, Hondutel

●1a Calle oeste, entre 1a y 2a Ave.

Einreisebehörde

●*Migración*, 5a Calle, 3a Ave. am Zentralpark, Tel. 555-0582. Wichtig für all diejenigen, die mit dem Schiff nach Belize oder per Trek nach Guatemala weiterreisen wollen. Hier ist ein Ausreisestempel fällig.

Verkehrsverbindungen

Mietwagen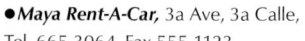

●*Maya Rent-A-Car,* 3a Ave, 3a Calle, Tel. 665-3064, Fax 555-1123.

Bus

●*Von San Pedro Sula* aus mit *Impala* (2a Ave., entre 4a y 5a Calle, S.O., Tel. 553-0070), *Expresos del Atlántico* (Bo. Lempira, 7a y 8a Calle, 6a Ave., S.O.) oder mit *Citul* (Bo. Lempira, 7a y 8a Calle, 6a Ave., S.O., Tel. 553-0070), Abfahrt alle 15 Min. bis stündlich, Fahrzeit 1,5 Std., Fahrpreis 1,20 $.
●*Nach Omoa* und *Cienaguita:* Von der Esso-Station im Zentrum fahren halbstündlich Kleinbusse *(microbus)* für 0,35 $ über Cienaguita nach Omoa (15 km).
●*Nach Travesía* und *Baja Mar:* Abfahrt mehrmals täglich vom Zentralpark aus (gegenüber Disco *Billy Vaughn*).

Bahn

●Täglich fährt die staatliche Ferrocarril Nacional vom Bahnhof aus südlich über Baracoa (dort Umsteigen nach Tela) bis San Pedro Sula. Abfahrt um 7:30 und 15:30 Uhr, wenn das Fahrzeug intakt ist. Der Bahnhof liegt ca. 3 km vom Zentrum Richtung San Pe-

dro Sula. Rückfahrt täglich um 7 Uhr vom Bahnhof in San Pedro Sula. Laut Berichten von Mitte 1997 fährt die Bahn nur freitags und sonntags um 7 Uhr, Rückfahrt von Tela um 13 Uhr.

Schiff

●Alle paar Tage fährt vom Hafen aus ein grober Kahn *(goleta)* für 50 $ nach Mango Creek, *Belice.* Fahrzeit 8 Std., Ausreisestempel nicht vergessen! Infos dazu gibt es bei der *Empresa Nacional Portuaria* gleich an der Hafeneinfahrt im Zentrum der Stadt.
●Ohne feste Abfahrtszeiten fahren große, teilweise offene Kanus von Puerto Cortés nach Puerto Barrios und Livingston in *Guatemala.* Am Eingang des Hafens (Pförtner) teilt das Personal der Hafengesellschaft aktuelle Gelegenheiten mit. Aber Geduld ist geboten. Häufig verzögert sich die vorgesehene Ankunft oder Abfahrt um viele Tage.
●Unregelmäßig verkehren Schiffe zu den *Islas de la Bahía,* Infos gibt es am Eingang zum Hafen.
●*Fährverbindung* mit der *MV Regal Voyager*, Agentur *Isabel Cortes Ferry Service*, Ltd. Port Isabel, Tx. 78578, Fax 001-210-943-2235. Das Schiff läuft jeden Mittwochnachmittag von Puerto Cortés aus, Preise ab 80 $ plus Tax in der 4-Bett-Kabine.

Ausflüge ab Puerto Cortés

Travesia und Bajamar

Östlich von Puerto Cortés liegen die Garífuna-Dörfer Travesía und Bajamar am Strand. Zum Baden eignen sich einige Stellen genau zwischen beiden Dörfern. Der Strand ist dort zwar recht schmal, der Sand aber fein, und die dort lebenden Garífunas sind freundlich, ausgeglichen und zugleich temperamentvoll. Die spanischsprachigen Afrokariben leisten überhaupt einen wichtigen Beitrag zur sprichwörtlichen honduranischen Gelassenheit.

● **Unterkünfte:** Vor Travesía befindet sich das einzige kleine **Hotel Frontera del Caribe**, einfach, freundlich u. sauber, vor allem direkt am Strand (Tel. 555-1914) DZ 8 $.

● **Essen: Kleine Restaurants** gibt es in beiden Ortschaften. Dort werden wechselnde Garífuna-Speisen angeboten. Stets gibt es in Kokosnußöl gebratenen frischen Fisch. Dazu mundet manchen ein fast eisgekühltes Bier der Marke *Nacional*.

● **Busse:** siehe unter Puerto Cortés.

Omoa

Regelmäßige Kleinbusse verbinden Puerto Cortés mit dem 15 km entfernten Omoa, einem ärmlichen, an einer schönen Bucht gelegenen Badeort mit vielen Strandrestaurants im leichten Bambusstil.

Zwischen Strand und Hauptstraße befindet sich die **Befestigungsanlage von San Fernando,** die – wie die in Trujillo befindliche von Santa Bárbara – im 18. Jahrhundert gegen brandschatzende britische Seeräuber errichtet wurde. Einen Besuch wert ist das schöne, übersichtliche **Museum der kolonialen Seegeschichte** (Öffnung von 8 bis 17 Uhr täglich, Eintritt für Fort und Museum kostet 1,50 $) gleich gegenüber dem Eingang zum Fort.

Etwa 1 h zu Fuß entfernt liegt der schöne **Wasserfall El Chorro;** nach der Kirche rechts bis zum Fluß, dann links am Fluß entlang.

● **Unterkunft:** Auf dem Weg nach Omoa befindet sich das Resort **Acantilados del Caribe** *(Caribbean Cliff Marine Club)*, mit Restaurant, Bar, Disco, Supermarkt und schöner Lage an Steilküste, Bucht und Strand, DZ im Bungalow 36 $. **Hotel Bahía de Omoa,** am Strand (Tel. 658-9076, Fax 658-9075), die freundlichen niederländischen Eigentümer kümmern sich selbst, mit AC und Privatdusche, Catamaran, Schnorchel- und Tauchaus-

Zur Karibik

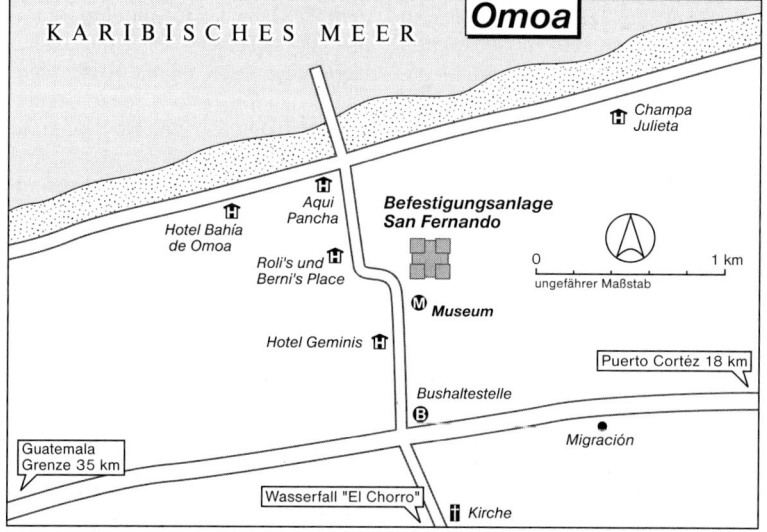

KARIBISCHES MEER — **Omoa**

Champa Julieta

Hotel Bahía de Omoa

Aqui Pancha

Befestigungsanlage San Fernando

Roli's und Berni's Place

Ⓜ **Museum**

0   1 km
ungefährer Maßstab

Hotel Geminis

Puerto Cortéz 18 km

Bushaltestelle
Ⓑ

Migración

Guatemala Grenze 35 km

Wasserfall "El Chorro"

Kirche

rüstung zur Ausleihe, DZ ab 35 $. *Hotel Geminis,* an der Straße zwischen Festung und Strand, mit Ventilator und Privatdusche, gutes Preis-Leistungs-Verhältnis, DZ 8 $. *Roli's und Berni's Place,* 200 m vom Strand (Tel. 555-1506), eine kleine *hospedaje* mit Campingmöglichkeit, geführt von zwei Schweizer Weltenbummlern. Ventilator und privates Bad mit Warmwasser und Moskitonetz, Vermietung von Fahrrädern und Sea-Kayaks. Lauschige Terrasse. DZ 6 $. Alternativ verfügt Omoa über ein paar sehr bescheidene *hospedajes: Champa Julieta* (am Strand), sehr einfach, DZ 4,50 $, Empfehlung: Fisch.

●*Essen: Comedores* und Restaurants gibt es reichlich am Strand, alle bieten Fisch- und Schalentier-Gerichte an, z.B.: *Champa Virginia,* ausgezeichneter Fisch zu günstigen Preisen, und etwas teurer *Aqui Pancha.*

●*Bus* von Puerto Cortés: Siehe dort. Achtung: Passagiere nach Omoa steigen auf der Hauptstraße vor Omoa aus und laufen auf der unasphaltierten Straße ca. 1,5 km zum Strand bzw. Zentrum.

Trek nach Guatemala

Westlich von Omoa nähert man sich allmählich der guatemaltekischen Grenze, vor der jedoch die Straße endet. Hinter *Corinto* folgt ein Wald- und Dickichtstreifen von ein paar Kilometern Breite. Auf guatemaltekischer Seite fehlt ebenfalls noch eine Straßenanbindung.

Für Wanderer mit Mut und Ausdauer ist der schwierige Grenzübergang nach Guatemala eine rechte Gelegenheit für ein echtes Abenteuer, das viele hundert Kilometer Umweg spart. Zunächst ist ein *Ausreisestempel* nötig, der auch im Büro der *Migración* am Zentralpark von Puerto Cortés erhältlich ist. Dann bietet sich ein Linien-Bus nach *Corinto,* nah der Grenze, an. Von dort sind es 2 km zu Fuß nach *El*

Cinchado am Río Motagua, der schon zu Guatemala gehört. Aber Vorsicht: Leicht verliert man den Weg, ein lokaler Helfer ist sinnvoll oder ein Kompaß. Nach Einreise in Guatemala steht eine Flußüberquerung (per Boot) an, um zunächst zur *Finca Chinoq* zu gelangen, von der eine alte Bananenbahn zum 15 km entfernten *Entre Ríos* fährt.

Gute Ausrüstung, einschließlich Schutz vor Mücken und Schlangen, sowie die Mitnahme von Wasser ist unerläßlich. Der ganze Trek dauert einen Tag, wenn er bei Sonnenaufgang begonnen wird.

Kürzere Alternative nach Guatemala

Zunächst ist wieder der Ausreisestempel der *Migración* in Omoa zu besorgen. Es geht per Bus ins westlich gelegene *Tegucigalpita,* dann mit dem Pick-Up nach *Cuyamelito* zur Kanuanlegestelle. Hier schließt sich eine halbtägige Dschungelfahrt mit dem Kanu nach *Rio Tinto* (Grenze Honduras – Guatemala) an. Nun heißt es Umsteigen in ein größeres Kanu, und über den Rio Montagua zur *Finca Inca.* Hier ist die Besichtigung einer Bananenplantage mit Verpackungszentrum möglich. Mit dem Bus geht es weiter nach *Entre Rios,* zum Büro der guatemaltekischen Einreisebehörde *Migración*, und weiter nach *Puerto Barrios.* Die Tour dauert ca. 5 bis 6 Stunden und kostet insgesamt ca. 15 $. Die ganze Strecke bis nach *Livingston* ist, wenn man früh morgens loskommt, an einem einzigen Tag möglich.

El Occidente: Von Copán bis Marcala

Überblick und Route

Die Reise in den Westen des Landes führt in das Gebiet der Maya und Lenca, die im subtropischen Hügelland zwischen Bergnebelwald und fruchtbaren Tälern seit zwei Jahrtausenden leben. Zum honduranischen Territorium gehört ein kleines, aber äußerst wichtiges Gebiet der Maya, jener geheimnisvollsten der prähispanischen Kulturen des amerikanischen Kontinents. Copán, im äußersten Westen von Honduras gelegen, war eine der größten Städte der Maya. Etwa die Hälfte aller Reisenden des Landes verpassen es nicht, das Tal von Copán im subtropischen Wald zu besuchen.

Am leichtesten ist der Weg nach Copán Ruinas von **San Pedro Sula** aus, dem wichtigsten internationalen Flughafen von Honduras. Die Route verläuft vom Zentrum San Pedro Sulas aus den Boulevard del Sur entlang **Richtung Süden** (wie nach Tegucigalpa, CA5), dann aber nach der Mautstelle *(peaje*, 2 Lps.) auf der CA-4 rechts zunächst am Río Chamelecón entlang durch das Tal von Naco.

Nach knapp 60 km geht in Canoa, an einer Texaco-Tankstelle, links eine Straße über eine Brücke des Flusses Chamelecón in Richtung Santa Bárbara, man fährt aber weiter geradeaus gen Copán durch das Tal von **Quimistán.** 108 km hinter San Pedro Sula kommt man durch **La Entrada.** Westlich, an der Texaco-Tankstelle schräg rechts ab, geht die Straße nach **Copán Ruinas** (weitere 65 km) und in Richtung **Guatemala.**

El Occidente

Der **Straßenzustand bis La Entrada** ist gut, die Trasse asphaltiert und relativ gerade. Die Fahrt im PKW oder Bus kann allenfalls durch Steinbruchverschmutzungen und –fahrzeuge (auf den ersten km nach der Abzweigung in Chamelecón) oder durch Brückenschäden und –arbeiten behindert werden. Die Straße führt durch kleine Ortschaften und ist auf der Strecke nach Copán kurvenreich. Vorsicht: Am Rande der Straße gibt es immer wieder Einbrüche im Asphalt. Langsam fahren, Dunkelheit meiden.

Fährt man in La Entrada geradeaus weiter, geht die Fahrt auf der Hauptstrecke noch 46 km bis zur Provinzhauptstadt **Santa Rosa de Copán** (bis hierher CA4). Wer möchte, kann von hier aus über **Nueva Ocotepeque** nach **Guatemala** oder **El Salvador** wei-

terreisen. Biegt man in Santa Rosa jedoch Richtung Südosten ab, kann man die pittoreske Kolonialstadt **Gracias** sowie die Orte **La Esperanza** und **Marcala** besuchen. Von La Esperanza aus gibt es wieder direkte Busverbindungen nach **Tegucigalpa** oder in das *departamento* Comayagua, meist nach **Siguatepeque.**

La Entrada

La Entrada verfügt zwar über ein **Maya-Museum** (an der Hauptstraße rechts neben der *Banco Atlántida*), das einen ersten historischen Überblick schafft und ein wenig Töpferwaren und Schmuck zeigt. Auch ist ein Spaziergang durch den unwirklich blau lackierten **Parque Central** ein Erlebnis besonderer Art (auf der Hauptstraße von Osten kommend nach der Bergkuppe links einbiegen und zwei cuadras hoch; Rückweg über die staubige Dorfstraße parallel zur Hauptstraße südlich). Doch ansonsten ist das kleine, moderne, boomende La Entrada eine der häßlichsten Ortschaften des Landes, wichtig hauptsächlich als Knotenpunkt zwischen Copán, Santa Rosa und San Pedro Sula.

Unterkünfte

●Mehrere einfache und **preiswerte Hotels** befinden sich gleich an der Hauptstraße.
●Das einzig geschmackvolle Hotel ist **San Carlos** (an der Hauptstraße, Besitzerin *Angela de Chinchilla*), Tel. 898-5228, klimatisiert, Warmwasser, Restaurant, Bar, DZ 9-18 $.

●*Hospedaje Alejandra* (an der Hauptstr.), Tel. 898-5075, Ventilator, DZ 2,20 $.

●*Hotel Gran Bazar* und *Hospedaje Copaneco* (1a Ave., Casa Nr. 228, Tel. 898-5181, gleich eingangs an der Hauptstraße), DZ zwischen 3,20 und 6 $.

Essen

●Empfehlenswert sind Speisen und Getränke der *Tankstellenbar* am Kreuzungspunkt.
●An der Hauptstraße befinden sich einige einfache *Comedores,* mit exzellentem Preis-Leistungs-Verhältnis.

Wichtige Adressen

●*Post, Hondutel* und *Banken* liegen ebenfalls an der Hauptstraße. *Banco Atlántida* tauscht auch $-Traveller Schecks.

Verkehrsverbindungen

Straße

●Von La Entrada aus führt die Hauptstraße leicht schräg links (fast geradeaus) weiter südlich zum 46 km weit entfernten *Santa Rosa de Copán* und durch malerische Gebirgslandschaft bis ins 141 km weit entfernte *Nueva Ocotepeque.* Von Nueva Ocotepeque ist es zu den beiden *Grenzübergängen El Poy* (El Salvador) und *Agua Caliente* (Guatemala) nicht weit.
●Von der Hauptkreuzung La Entradas aus rechts geht dann die Straße nach *Copán Ruinas.*

Bus

●Von *San Pedro Sula* aus jeden Tag, stündlich zwischen 3:45 und 17 Uhr mit *Copanecos*

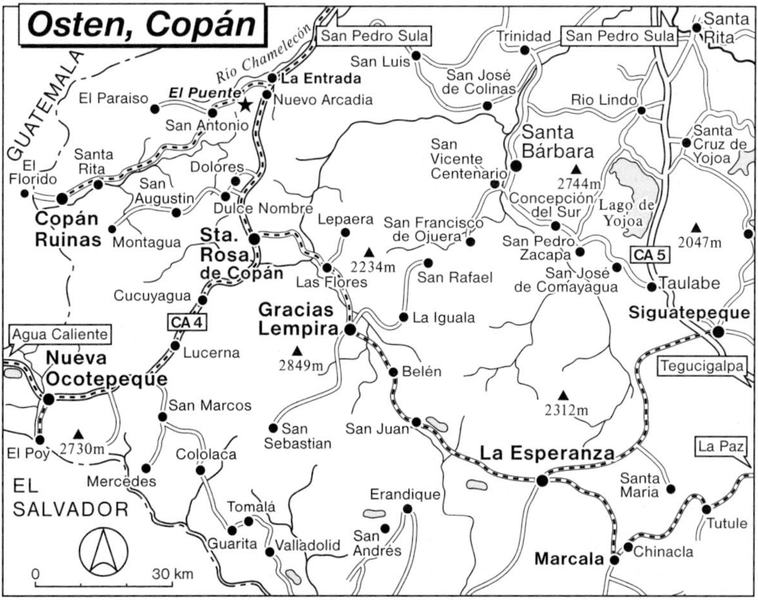

Osten, Copán

[Karte: Osten, Copán mit Orten wie San Pedro Sula, La Entrada, El Puente, El Paraíso, Copán Ruinas, Sta. Rosa de Copán, Gracias Lempira, Nueva Ocotepeque, La Esperanza, Marcala, Tegucigalpa u.a.]

und *Toritos* (6a Ave., entre 8a y 9a Calle, S.O.) Richtung Santa Rosa de Copán.

●Von **Santa Rosa de Copán** (Busbahnhof) fährt alle 30 Min. ein Bus nach La Entrada (Fahrzeit 1 Std., Ticket 0,50 $).

●Von und nach **Copán Ruinas** fährt stündlich zwischen 6 und 16 Uhr ein Lokalbus, ca. 2,5 Std. Fahrzeit (meist unbequeme Kleinbusse, Kleinwüchsige sind im Vorteil).

El Puente

Nur 1500 m westlich von La Entrada, an der Straße nach Copán Ruinas, führt eine Straße rechts ab Richtung La Laguna. 5,5 km entfernt liegt, etwas nördlich des Zusammenflusses von Chamelecón und Chinamito, das **archäologische Zentrum El Puente.** Das 1935 von *Jens Yde* entdeckte Maya-Zentrum umfaßt 210 Strukturen. Das von der japanischen Regierung geförderte **Besucherzentrum** ist mit Adobe-Steinen und Ziegeldach ausgestattet und daher angenehm kühl. Angeboten werden auch Snacks, Souvenirs und Videos über die Siedlungsstruktur der peripheren Maya-Ortschaften.

Im **Ausgrabungsgelände** sind einige bis zu 20 m hohe Pyramiden und Stelen freigelegt und rekonstruiert worden, die aus der klassischen Maya-Periode stammen (ab 250 n. Chr.). Sie verteilen sich auf fünf sehr eindrucksvolle Plätze. Hier befanden sich in klassischer Zeit über 200 Bauwerke, die von mehr als tausend Bewohnern betrieben wurden. Der Komplex hat eine West-Ost-Orientierung. Diese ist typisch für die astronomisch und geographisch bedeutsamen Stelen, die bis

weit in die Provinz hinein die kosmische Bedeutung der Stadt Copán markieren sollten. Immer wieder stößt der aufmerksame Beobachter auf dem weiteren Weg nach Copán Ruinas auf kleine, runde Hügel *(montículos)*, unter denen sich verschüttete Pyramiden befinden. Schon ein paar Kilometer vor Copán Ruinas sind dann auch unvermittelt in die Landschaft gestellte Stelen zu sehen.

El Puente ist täglich von 8 bis 16 Uhr für Besucher **geöffnet,** der **Eintritt** für Ausländer beträgt knapp 2 $.

Copán Ruinas

Nur ein kleiner Teil des Siedlungsgebiets der Maya, eines Volkes mit immer noch geheimnisvoller Kultur, befindet sich auf honduranischem Territorium. Um so größer ist die Bedeutung von Copán, das eine der wichtigsten Städte der Maya war und im äußersten Westen von Honduras gelegen ist. Auch heute strahlt Copán eine mystische Atmosphäre zeitloser Ruhe aus, obwohl der Ort als wichtigste Touristenattraktion des Landes häufig besucht wird.

Unweit der Ausgrabungsstätte findet man die heutige Ortschaft San José de Copán (oder modern: Copán Ruinas). Sie steht direkt auf den Ruinen des antiken Ortes. Stele 7 (im Stadtmuseum) befindet sich am Originalstandort! Im pittoresken, teilweise noch im Kolonialstil erhaltenen Städtchen von heute gibt es Hotels und Restaurants aller Kategorien. Obwohl hier dutzende von Besuchern täglich ankommen – teilweise in Bussen aus Guatemala und Mexiko –, hat San José de Copán seine ländliche Atmosphäre erhalten. Neben den Hotels im Ort gibt es inzwischen einige Optionen außerhalb: Lifestyle, Ruhe und erhabene Aussichten für einen echten Urlaub bietet das *Posada Real de Copán*, nur etwa 2,5 km östlich vom Ort über der Straße (siehe Beschilderung).

Die Ausgrabungen von Copán

In einem Brief des Spaniers *Diego García de Palacio* wurde die Maya-Stätte im März 1576 erstmals erwähnt. 1834 besuchte *Juan Galindos* den Ort. Seine Aufzeichnungen waren dem US-amerikanischen Rechtsanwalt *John L. Stephens* bekannt, der 1839 die Wälder von Copán bereiste, begleitet vom britischen Zeichner *Frederick Catherwood*. Die beiden konnten ebensowenig wie *García de Palacio* verstehen, wie *„die Wilden, die Amerika vor Columbus' Ankunft bewohnt hatten, zur Errichtung solch kunstvoller und monumentaler Bauwerke imstande waren."* Stephens kaufte das geheimnisvolle Wäldchen mitsamt aller Bauwerke kurzerhand für 50 Dollar. Heute ist Copán einer der spektakulärsten Zeitzeugen einer außereuropäischen Hochkultur.

Die **wissenschaftliche Erforschung** Copans begann um 1885 mit dem Briten *Alfred Maudslay*. Der fertigte rund fünf Tonnen Abdrücke der wichtigsten Monumente an und ließ sie und auch einige Originale auf Maultieren ab-

Ein in den Ruinen arbeitender Wachmann sagt über Copán:

„Das ist wichtig! Diese Leute haben etwas erreicht. In der Kunst haben sie etwas erreicht. Überall sieht man Kunst, aber nicht wie hier! Diese Hände, mit denen sie die Felsen bearbeitet haben. Wir heute haben zwar eigene Metallwerkzeuge, aber bringen wir solche Stelen zustande? Sie (die Stelen von Copán, d.V.) ringen einem richtig Zuneigung ab, und eine große Hochachtung vor einer solchen Errungenschaft, eine Erinnerung an jene Hände, die wir nie gesehen haben. Je länger ich hier arbeitete, desto mehr und mehr Zuneigung entstand. Diese Ruinen liebe ich wie mein eigenes kleines Häuschen."

transportieren. Heute befinden sich Originale und Kopien im britischen Museum in London. *Maudslay* folgten zunächst Wissenschaftler des *Peabody*-Museums (die 1891 bis 1895 Abdrücke der Hieroglyphentreppe anfertigten). Ihnen folgten einzelne Forscher wie *Herbert Spinden* (zu Beginn des 20. Jh.) und *Sylvanus Morley* (1910 bis 1919). Dann, in den 30er und 40er Jahren, führte für über ein Jahrzehnt die *Carnegie Institution* (unter *Gustav Strömsvik*) Regie.

1952 wurde das *Instituto Hondureño de Antropología e Historia* (Honduranisches Anthropologisches und Historisches Institut, kurz *IHAH*) gegründet, das die Arbeiten seitdem koordiniert. In einer **ersten Etappe** wurden die architektonischen, archäologischen und ökologischen Grundlagen der Maya von Copán erforscht. Neben Lücken bei der Deutung der Schrift und der Kunst in Stelen, Altären und Reliefs

El Occidente

blieb vor allem unklar, auf welcher gesellschaftlichen Schichtung die politische Macht aufbaute und wie es kam, daß Copán als staatliches Gefüge in den ersten beiden Jahrzehnten des 9. Jahrhunderts auf einmal an Bedeutung verlor und verlassen wurde.

Diesen Fragen widmete sich das honduranisch-nordamerikanische Forscherteam in der **zweiten Etappe** seit 1977, *dem Proyecto Arqueologico Copán* (PAC). Nach einer intensiven Grabungsperiode unter Leitung von *Claude Baudez* (1977 bis 1980: PAC I) begann man unter *William Sanders* (1980 bis 1985 PAC II), über die Ausgrabung des antiken Zentrums hinaus auch das Umland zu erkunden. Man setzte den Akzent auf die Wohnstätten, Gräber und Märkte, die heute in Las Sepulturas (700 m östlich des Haupteingangs von der Hauptstraße aus durch eigenen Eingang zugänglich) zu bestaunen sind. 1985 startete das *Copán Mosaic Project* unter der Leitung von *William Fash* (USA) und *Ricardo Agurcia Fasquelle* (Honduras).

Noch immer sind die Funde spektakulär, immer wieder werden Gräber, Altare, Stelen und Bauwerke freigelegt, die das Mysterium der Maya weiter erhellen, wichtig für ein ganzheitliches Verständnis Alt-Amerikas. Die intensive honduranisch-amerikanische Forschungskooperation der 80er Jahre fand 1993 ihren Höhepunkt. Mit 1,5 Mio. Lempiras Grundkapital und einer Aufstockung durch Mäzene und Staat baute eine private Initiative das eindrucksvolle und originelle größte, archäologische **Maya-Museum** der Welt

gleich westlich von den Ausgrabungen in den Park. Copán wird dadurch noch entscheidend aufgewertet und kann als Sehenswürdigkeit heute einen mindestens dreitägigen (zwei Nächte) Aufenthalt rechtfertigen.

Besucherzentrum

Nur 600 m östlich der Ortschaft (die sich mitten auf einem Teil der alten Stadt befindet) liegen die wichtigsten Ausgrabungsstätten des prähispanischen Copán. Der Weg dorthin führt über die Brücke am Ortseingang, dann auf die Hauptstraße, links (nördlich) der Straße entlang auf einem Fußweg an den Stelen 5 und 6 vorbei bis zum rechts der Straße gelegenen **Besucherzentrum.** Im Gebäude befindet sich eine Dokumentation der neuzeitlichen Entdeckung, außerdem ein Relief der gesamten Hauptgruppe und die obligatorische Eintrittskasse mit kleiner Verkaufsbibliothek. Der Eintritt kostet für Ausländer etwa 4 $. Die Eintrittskarte gilt für zwei Tage in Hauptgruppe, Stadt-Museum und Wohnstätten, so daß alle Einrichtungen in Ruhe erlebt werden können. Hetze wäre hier auch unangebracht.

Vor dem Besucherzentrum bieten spanisch- und englischsprachige **Führer** *(guías)* ihre Dienste ab 10 $ an; eine ganztägige Führung kostet bis zu 20 $. Leider sind die meisten von ihnen unqualifiziert und haben zwar eine ganze Menge interessanter Daten und Anekdoten zu erzählen, aber nicht unbedingt die sachlich richtigen. Es lohnt daher, sich schon vor einem

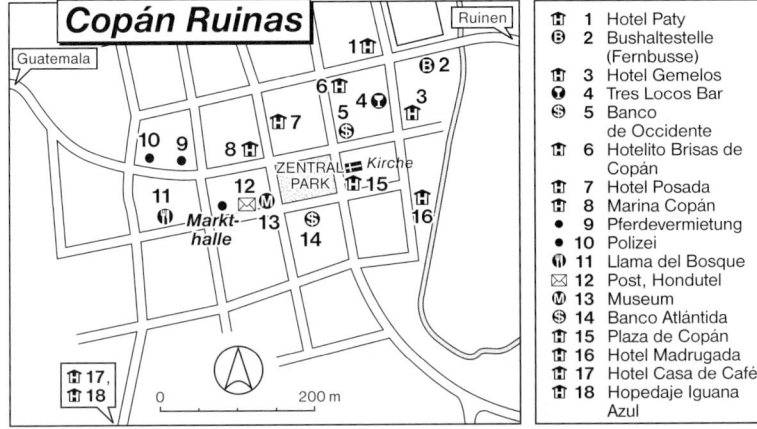

Copán Ruinas

🏠	1	Hotel Paty
🚌	2	Bushaltestelle (Fernbusse)
🏠	3	Hotel Gemelos
🍷	4	Tres Locos Bar
💲	5	Banco de Occidente
🏠	6	Hotelito Brisas de Copán
🏠	7	Hotel Posada
🏠	8	Marina Copán
•	9	Pferdevermietung
•	10	Polizei
🍴	11	Llama del Bosque
✉	12	Post, Hondutel
Ⓜ	13	Museum
💲	14	Banco Atlántida
🏠	15	Plaza de Copán
🏠	16	Hotel Madrugada
🏠	17	Hotel Casa de Café
🏠	18	Hopedaje Iguana Azul

Besuch von Copán über die Maya zu informieren (siehe Literaturliste im Anhang) und vor Ort einen Plan mit Erklärungen zu den einzelnen Monumenten zu kaufen. Wer eine deutschsprachige Führung sucht, kann eine Tour über eine Reiseagentur in San Pedro Sula buchen (siehe dort), ganz billig ist das aber nicht.

Gegenüber dem Besucherzentrum (auf der anderen Seite des Parkplatzes) befindet sich eine Cafeteria mit Snacks sowie ein Souvenirladen mit Bücher- und Infoangebot. Hinter diesem Empfangskomplex erhebt sich dreigeschossig das neue **Maya-Museum** mit Originalstelen und -grabfunden. Besonders interessant ist eine Kopie der Fassadendekoration, die 1992 von honduranischen Archäologen unter Tempel 16 gefunden wurde – ein „beerdigter" Tempel, der *Rosalila* genannt wird. Im Museum befinden sich lauter Originalstücke, unter anderem

der Altar Q; im Gelände stehen inzwischen die Repliken. Die Eintrittspreise betragen 10 $ für Ruinen und Sepulturas, 5 $ für das neue Museum und 2 $ für das alte Museum am Stadtpark. Für Honduraner sind die Preise ermäßigt, und dafür sollten Besucher Verständnis haben.

Die honduranische Architektin *Angela Stassano* hat das Eingangsportal nach einer mythologischen Schlangendarstellung geformt. Das von der privaten *Asociacion Copán* mit Spenden von honduranischen Unternehmen und Privatleuten errichtete Millionenprojekt wurde 1996 eröffnet. Neben Rosalila zeigt das Museum einige der schönsten Original-Stelen Copáns.

Das Museum ist vom Eingang bzw. Besucherzentrum aus südwärts, über eine Wiese herüber, durch einen dunkel vermauerten Rundeingang zu erreichen. Er führt zunächst in einen

Aufstieg und Fall der Maya von Copán

Copán wurde seit dem 4. Jahrhundert von verschiedenen Dynastien als städtisches Zentrum errichtet. Die Herrscherabfolge ist genau bekannt. Wohn-, Verwaltungs- und Ritualgebäude wurden in Schichten übereinandergebaut, Viele Strukturen, wie etwa Rosalila, wurden regelrecht begraben, dabei wurde peinlichst darauf geachtet, daß die alten Gebäude nicht zerstört wurden.

Die klassische Maya-Periode (von 250 bis 900) war die Zeit höchster sozialer Ausdifferenzierung. Die Oberschicht umfaßte Priester, Offiziere und Regierende. Darüber stand der Alleinherrscher, der in der Regel auch der höchste Priester war. Die Mittelschicht bestand aus Architekten, Handwerkern, Händlern und Künstlern.

Das einfache Volk befaßte sich mit dem Ackerbau, der Holzbeschaffung und einfachen Dienstleistungen wie dem Transport.

Während die Akropolis und die umliegenden Plätze für Zeremonien und politische zur Verfügung standen, befanden sich - in konzentrischer Abfolge davon entfernt - die Wohn- und Arbeitsstätten zunächst der Mittelschicht (im Tal) und des einfachen Volkes (auf den Hügeln, in anderen Tälern). So wird verständlich, warum sich die auf spanisch *montículos* genannten Hügel, die Reste von Besiedlungen sind, viele Kilometer bis in andere Landschaften hinein erstrecken. Um Copán herum befinden sich auf nur 24 Quadratkilometern 3450 *montículos*, von denen einige wenige im Bereich des Großen Platzes und der Akropolis heute restauriert und teilweise rekonstruktuiert wurden. Hinter jedem *montículo* befindet sich zumindest ein ehemaliges Wohnhaus der Maya – ein Hinweis darauf, daß schätzungsweise 15-20.000 Menschen im engeren Bereich von Copán gelebt haben. Auch die große Ansammlung von Tempeln, Stelen und Altären mit teilweise außergewöhnlich gut erhaltenen und plastischen Inschriften und Figuren weisen darauf hin, daß Copán eines der wichtigsten Zentren der Maya war.

Die Blütezeit von Copán nahm zu Beginn des 9. Jh. ein abruptes Ende. Der Bau von Häusern und die Skulptierung von Monumenten hörte plötzlich auf. Altar L, auf dem sich das Datum vom 10. Februar 822 findet, wurde nicht mehr vollendet. Auch die Besiedlung nahm immer mehr ab, bis die Stadt im 12. Jh. ganz verlassen war. Der **Zusammenbruch** dieser Hochkultur (denn ähnliches geschah im gesamten Bereich der Maya) ist immer noch rätselhaft. Überbevölkerung, ökologischer Zusammenbruch durch erschöpfte Böden, Klimakatastrophen oder politische Schwächen des möglicherweise dekadenten und wirtschaftlich nicht mehr mit Nachbarkulturen wettbewerbsfähigen Staates gelten als mögliche Ursachen. Diese Theorien haben sich um eine neue erweitert. Als Calakmul, die zweite große Macht neben Tikal, politisch bedeutungslos geworden war „balkanisierte" das Mayagebiet. Tikal alleine konnte das Territorium nicht mehr kontrollieren. Immer neue Stadtstaaten entstanden, die sich immer häufiger in Kriege verstrickten. Am Ende kämpfte jeder gegen jeden. Vom Norden drangen feindliche, evtl. waffentechnisch überlegene Völker ein und im Süden saßen die kriegerischen Lenca.

Kultur der Maya

Schrift

Die Schrift der Maya ist uns hauptsächlich in Stein gehauen, auf Keramik gemalt und in Holz geschnitzt erhalten geblieben. Von den vielen Maya-Handschriften auf Baumrindenbast oder Leder sind lediglich vier erhalten geblieben. Die meisten anderen wurden von den Spaniern als Teufelswerk verbrannt. Im Laufe der Jahrhunderte ging die Kenntnis der Maya-Schrift verloren.

Sie ist eine logosyllabische Schrift: eine Kombination aus insgesamt über 700 **Wortzeichen** (Logogramm) und **Silbenzeichen.** Ein Begriff kann alternativ durch ein Logogramm, durch eine Kombination von Silbenzeichen oder durch eine Kombination von beidem ausgedrückt werden. Häufig werden Logogramme durch rechteckige Kleinzeichen (phonetische Komplemente, Affixe) ergänzt. Zusätzlich verkompliziert wird die Schrift dadurch, daß einerseits gleichlautende Begriffe mit dem gleichen Wortzeichen geschrieben werden können (*kan* z.B. bedeutet Himmel, Schlange und 4), andererseits für die gleiche Silbe mehrere Zeichen existieren können (für den Vokal u gibt es neun verschiedene Zeichen). Viele Zusammenhänge werden in den Texten nur angedeutet, so daß ein Verständnis oft nur vor dem Hintergrund umfassender Vorkenntnisse möglich ist. Erst in neuerer Zeit ist es möglich geworden, größere Teile der geheimnisumwitterten Zeichen zu entziffern - ein wissenschaftliches Puzzle.

Die Hieroglyphentreppe von Copán, mit 2200 Zeichen das umfassendste in Stein gehauene Schriftstück der Welt der Maya, in dem 200 Jahre der Geschichte Copáns aufgezeichnet sind, beschreibt die Abfolge unterschiedlicher politischer Ereignisse im Leben der Stadt Copán, wie Thronbesteigungs- und Begräbnisfeiern sowie Todesdaten des 7. bis 15. Herrschers. Solche Chroniken stellen den größten Teil der erhalten gebliebenen Inschriften dar.

Kalender

Zu Höchstleistungen liefen die Maya in der Mathematik und Astronomie auf. Der Maya-Kalender bestand aus drei unterschiedlichen Systemen, die der Maya-Kultur wesentliche Orientierung gaben. Die astronomische Präzision der Maya war verblüffend.

Noch vor den Hindus und Arabern erfanden und verwendeten die Maya die Null als Zahl. Ihr Zählweise basiert auf dem Zwanziger-System (Vigesimal-System), wie sich auf vielen Stelen und Altären in den Ausgrabungsstätten nachvollziehen läßt. Größere Zahlen bilden die Maya mithilfe einer geschickten Positionierung ab.

Die verwendeten Kalendersysteme waren untrennbar verbunden mit den religiösen, sozialen und wirtschaftlichen Vorgängen im Leben der Maya. Der **Kalender des Sonnenjahres, haab** genannt, wurde in 18 *uinal* (Monate) mit je 20 *kin* (Tagen) aufgeteilt. Einen *uayeb* (Kurzmonat) von 5 Tagen wurde angehängt, um auf die notwendigen 365 Tage zu kommen. Der Kurzmonat galt als glückloses Intermezzo, das für Gebet und Trauer verwendet wurde. Interessanterweise wurden, obwohl den Maya die Dauer des Sonnenjahres bekannt war, keine Schaltjahre eingefügt, so daß sich im Laufe der Jahrhunderte der Jahresanfang immer mehr verschob. So etwas ähnliches wie Schalttage führten die Maya allerdings in den astronomischen Tabellen des Dresdner Codex ein.

Im praktischen Leben der Maya von gestern und heute bedeutsamer ist der **tzolkin,** der als Ritualkalender verwendet wird.

Er besteht aus 13 Tagesziffern und 20 Tageszeichen (Tagesgöttern), die miteinander kombiniert werden. Dabei wird fortlaufend durchgezählt. Erster Tag des *tzolkin* ist der *Eins imix*, zweiter Tag der *Zwei ik*, usw. Am vierzehnten Tag jedoch wird wieder mit eins zu zählen angefangen, am zwanzigsten Tag beginnt die Folge der Tageszeichen von vorn. Folglich ergibt sich ein Kalender mit 260 Tagen.

Als **Ritualkalender** ist jeder Tag des *tzolkin* einem Gott zugeordnet und hat dadurch bestimmte Eigenschaften. Seine immerkehrende Zyklik vergegenwärtigt dem einzelnen Maya seine Eingebundenheit in Entstehung und Vergänglichkeit als sich bedingende Prinzipien einer geschlossenen Ordnung. Der *tzolkin* wird heute noch verwendet.

Haab als Kalender des Sonnenjahres und *tzolkin* als Ritualkalender wurden von den Maya miteinander kombiniert. Ein bestimmter Tag wurde als Kombination aus *tzolkin*- und *haab*-Datum dargestellt. Das nennt man **Kalenderrunde**. Die beiden Kalendersysteme griffen dabei wie ein großes und ein kleines Zahnrad ineinander. Erst nach 18.980 Tagen, also 52 Umdrehungen des *haab* (52 Sonnenjahren) oder 73 Umdrehungen des *tzolkin*, findet sich wieder die gleiche Kombination. Das Ende dieses **Zyklus von 52 Jahren** markierte für die Maya (und andere mittelamerikanische Völker) das Ende einer Epoche und wurde stets als unheilvoll angesehen.

Um eine Chronologie erstellen zu können, ist ein Zyklus von nur 52 Jahren, nach dem sich ein Datum wiederholt, einfach zu kurz. Deshalb gab es noch ein drittes Kalendersystem, die sogenannte **Lange Zählung** (und daneben noch weitere, aber nicht so verbreitete Systeme). Sie zählt die Tage von einem festen Tag Null an, der von den Maya auf den 10. August 3114 v. Chr. gesetzt wurde, den Tag der letzten Schöpfung, der gleichzeitig der Beginn der neuen ist. Auch in diesem Kalender taucht (mit Ausnahme der *uinal*) die heilige Zahl Zwanzig auf: Der Monat hat zwanzig Tage, die Periode *katun* hat zwanzig Jahre etc. Die wichtigsten Einteilungen (es gibt noch viel größere Perioden, mit denen sich astronomische Rechnungen anstellen lassen):

kin (Tag)		=	1 Tag
uinal (Monat)	= 20 *kin*	=	20 Tage
tun (Jahr)	= 18 *uinal*	=	360 Tage
katun	= 20 *tun*	=	7.200 Tage
baktun	= 20 *katun*	=	144.000 Tage

Ein Maya-Datum kann dementsprechend exakt auf einen Tag unseres Kalenders umgerechnet werden. Das letzte Datum auf der Hieroglyphentreppe von Copán wird beispielsweise als 9.16.1.16.0 (Lange Zählung) 6 Ahau 13 Zec (Kalenderrunde) transkribiert. Das sind 9 *baktun*, 16 *katun*, 1 *tun* und 16 *uinal* und 0 *kin*, insgesamt 1.411.880 Tage seit Beginn der letzten Schöpfung im Jahre 3114 v. Chr. – nach unserem Kalender der 19. März 753.

Die „Lange Zählung" gleicht die beängstigende Vorstellung der Maya, daß alle 52 Jahre eine katastrophale Zäsur (in Form einer Naturkatastrophe) stattfände, wieder aus. Die Lange Zählung macht eine langfristige Entwicklung der Menschheit glaubhaft, in der Überleben und Entwicklung möglich erscheinen. Die Maya glaubten, das die Welt alle 13 Baktun (ca. 5.200 Jahre) komplett zerstört wird und am selben Tag neu entsteht. Diesem Glauben zufolge leben wir im 4. Weltzeitalter, das am 23. 12. 2012 endet.

So wurden nach Ablauf eines *katun* Stelen errichtet, auf denen herausragende Ereignisse markiert wurden. Üblich war es auch, alle 10 Jahre (zur Halbperiode, dem *lahuntun*) eine Stele zu errichten.

Landwirtschaft und Ökologie

In der Landwirtschaft arbeiteten die Maya mit einfachen Mitteln. Den Pflanzstab *xul* verwendeten sie zum Säen, das Steinbeil *baat* zum Pflügen und Jäten. Nur durch die extrem fruchtbaren Böden, hierarchische Organisation, extensive Bewirtschaftung und das Verständnis der ökologischen Zusammenhänge konnte Copán genug Nahrungsmittel zusammenbringen, um seine Bevölkerung zu ernähren. Kultiviert wurden Mais, Bohnen, Chili, Kürbis,

Die beiden Maya-Kalendersysteme Tzolkin und Haab
greifen wie Zahnräder ineinander

El Occidente

Baumwolle und Tabak. Als Baumfrüchte wurden Avocado, Papaya, Cashew und Tamarinde angebaut, außerdem Kakao, dessen Kerne auch als Währung benutzt wurden. Die Pflanzen, der Ackerbau und die Ernährung der Maya von Copán entsprachen zu über 80 % den Gewohnheiten der heutigen Honduraner.

Die Maya-Landwirtschaft funktionierte über viele Jahrhunderte gut. Kennzeichnend waren unterschiedliche Elemente. Grundlegend war zunächst die Technik der **Milpa:** Auf den in Flure unterteilten Anbauflächen wurde immer nur der 8. Teil zwei Maisernten, d.h. ein Kalenderjahr, lang bewirtschaftet. In dieser Zeit konnten sich 7/8 des Landes regenerieren. Später wurde diese Technik teilweise durch intensivere Landwirtschaftsmethoden abgelöst. Alle Familien hatten gleich neben ihrer Hütte einen **Kräuter- und Obstgarten**. Sträucher und Bäume wie Avocado, Papaya, Brotfruchtbaum oder Zapote spendeten Schatten und bereicherten die Ernährung um wichtige Vitamine und Mineralstoffe. Die westlich von Copán Ruinas lebenden Maya-Nachfahren des Stammes der Chortí verweisen stolz auf ihre blühenden Hausgärten.

Die Maya kannten außerdem **keine Viehwirtschaft**. Dadurch wurden wertvolle Nahrungsmittel und Anbauflächen nicht zur Produktion von Fleisch verschwendet, wie das heute der Fall ist.

Trotz dieser jahrhundertelang relativ stabilen Anpassung an die ökologischen Gegebenheiten kam es schließlich, so vermutet man heute, zur Öko-Katastrophe. Mit zunehmender Bevölkerung mußte die landwirtschaftliche Produktion intensiviert werden, Erschöpfung der Böden und Erosion waren die Folgen. Skelettfunde aus dem achten Jahrhundert dokumentieren die Zunahme von Mangelernährung, Krankheiten und frühem Tod und unterstützen diese These.

Tunnel unter das Museum, so wie auch die wichtigsten Funde in Tunneln des schichtweise erhaltenen Copán gefunden wurden. Nach einem kurzen Fußweg findet der Besucher sich in einem zweigeschossigen Loft wieder: Im Zentrum das Grabmassiv Rosalila, drumherum Stelen, Bildhauerarbeiten und Wandgemälde. Am Rand des Gebäudes auf einer Erhöhung befindet sich der Rundgang, der sechs Fassaden zeigt. Das ganze Museum ist sehr hell und mit umfangreichen, mehrsprachigen Informationstafeln ausgestattet. Trotz der modernen äußeren

Haut bringt das Museum die Schönheit und Mystik der Akropolis in verstärkter Weise zum Ausdruck.

Rundgang durch die Hauptgruppe

Etwa 400 m hinter dem großen Maya-Museum, zwischen Zedern und Kapokbäumen, liegt die eigentliche Hauptgruppe von Copán, die Akropolis. Auf fünf Hektar Fläche finden sich Plätze, Tempel (bis 38 m hoch), Treppen, Stelen und Altäre. Die bekanntesten Monumente sind die Hieroglyphentreppe (753 n. Chr.), der Tempel 11 und der Tempel 22 (746 n. Chr.). Bekannt ist Copán auch wegen der kunstvoll behauenen, äußerst gut er-

Stilisierte Affen an den Wänden der Akropolis

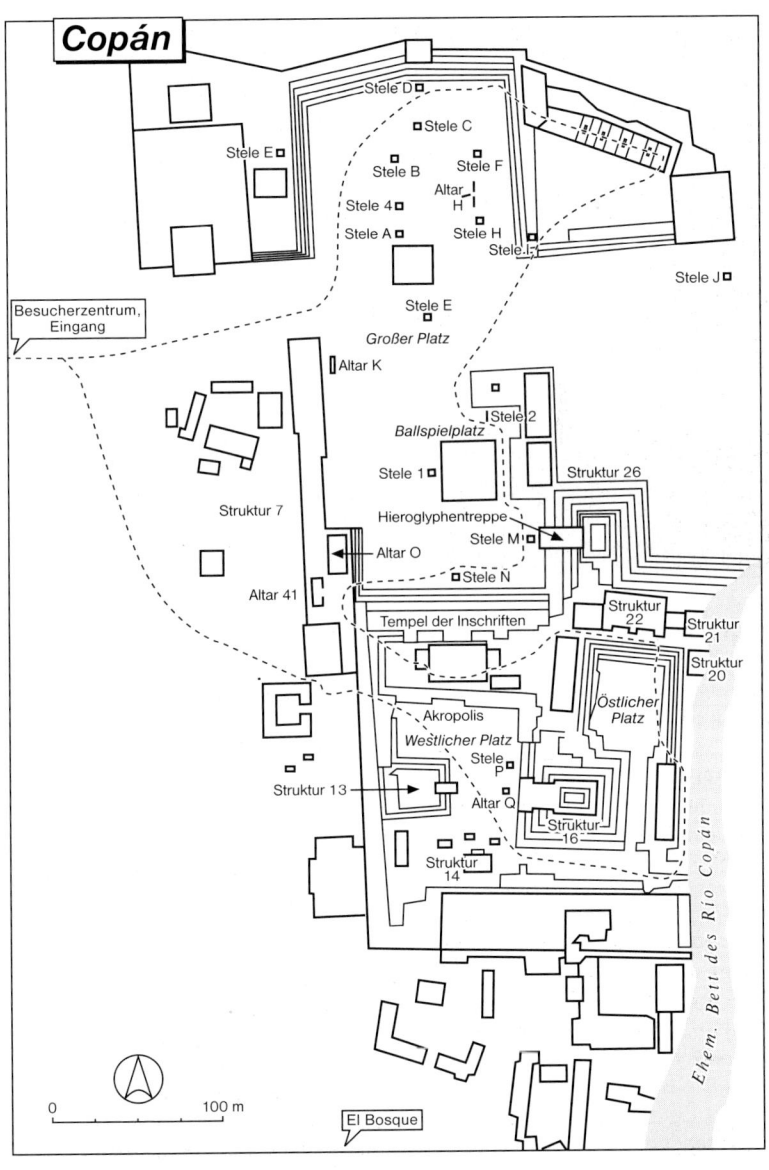

Copán

Stele D

Stele C

Stele E

Stele B

Stele F

Stele 4

Altar H

Stele A

Stele H

Stele I

Stele J

Besucherzentrum, Eingang

Stele E

Großer Platz

Altar K

Stele 2

Ballspielplatz

Stele 1

Struktur 26

Struktur 7

Hieroglyphentreppe

Stele M

Altar O

Stele N

Altar 41

Tempel der Inschriften

Struktur 22

Struktur 21

Struktur 20

Östlicher Platz

Akropolis

Westlicher Platz

Stele P

Struktur 13

Altar Q

Struktur 16

Struktur 14

Ehem. Bett des Rio Copán

El Occidente

0   100 m

El Bosque

sind die Emblemglyphen von Copan, Palenque, Tikal und Calakmul aufgelistet. Das ist sehr ungewöhnlich und hat eine ganze Lawine von Theorien ausgelöst.

Daneben befinden sich **Stele 4** und **Stele B** aus dem gleichen Jahr. Stele 4 weist vor allem auf die „Städtegründung" (159 n. Chr.) hin. Diese Städtegründung erfolgte knapp 300 Jahre vor Gründung des dynastischen Geschlechts, aus dem *18 Kaninchen* stammte.

Stele C, die gleich hinter dem schildkrötenförmigen Altar steht, trägt Reliefs auf beiden Seiten. Westlich des großen Platzes oben auf der Tribüne befindet sich die **Stele E** aus dem Jahr 614. **Stele D,** die am nördlichen Ende des Platzes zu finden ist, wurde ebenfalls von *18 Kaninchen* in Auftrag gegeben. Auf der Rückseite sind zwei Hieroglyphenreihen mit einem Kalenderdatum in einer ungewöhnlichen Form. Es wird nicht aus den einfachen Zahlzeichen, sondern aus Vollfiguren der korrespondierenden Götter zusammengesetzt, die einen Periodenzähler auf dem Rücken tragen.

haltenen Stelen, die aus grünem vulkanischem Gestein gemeißelt wurden. Neben der Hauptgruppe findet man im Tal 16 weitere Einzelgruppen.

Großer Platz

Auf dem Großen Platz befinden sich ausnahmslos von *18 Kaninchen (Waxaklahun Ubah)*, dem 13. Herrscher von Copán, zum Periodenende 9.15.0.0.0 (731) in Auftrag gegebene Stelen – *18 Kaninchen* kam 695 an die Macht und wurde 738 umgebracht. . Alle Stelen waren ursprünglich offenbar bemalt, wie sich auf Stele C noch anhand roter Farbe nachvollziehen läßt. Die bekannteste ist die **Stele A** (731 n. Chr.). Ihr Inschriftentext ist hervorragend erhalten. Auf einer Seite

An der Ostseite des Platzes befindet sich **Stele F** aus dem Jahr 731 mit verspielt wirkenden Glyphen. **Altar G** aus dem Jahr 800 gehört zu den jüngsten Darstellungen in Copán. **Stele H** aus dem Jahr 731 zeigt – so war zumindest eine Zeitlang die Hypothese – den Kopf einer Maya-Führerin!

An der Ecke der östlichen Tribüne unten steht **Stele I. Stele J** befindet sich rechts hinten neben der östlich des Platzes liegenden Struktur 3 und

El Occidente

stammt aus Quirigua, dem in Guatemala gelegenen nächsten Maya-Zentrum. Quirigua war damals noch von Copán abhängig. Am 3. Mai 738 jedoch nahm *Cauac Himmel*, Quiriguas Herrscher, *18 Kaninchen* gefangen und brachte ihn um. Stele J stammt aus dem Jahre 702, bezieht sich aber auch auf weiter zurückliegende Ereignisse.

Ballspielplatz

Nur etwa 120 m weiter südlich vom Hauptplatz, ein paar Schritte von der Hieroglyphentreppe entfernt, befindet sich der Ballspielplatz. Er ist der zweitgrößte im gesamten Mayareich und einer von mehreren Plätzen in Copán. Mit Sport im heutigen Sinne hatte das

kultische Ballspiel der Maya nichts zu tun. Es wurzelt aber tief in der Mythologie der Maya. Über den genauen Ablauf gibt es nur Vermutungen. Man nimmt an, daß der Ball nicht den Boden berühren durfte, und daß Treffer entweder auf speziellen Markiersteinen oder durch steinerne Ringe hindurch erzielt werden konnten. Der Ball bestand wahrscheinlich aus massivem Gummi, weshalb die Spieler mit

Bemalte Stele auf dem großen Platz

Sitzreihe am Ballspielplatz

Schutzkleidung ausgestattet waren. Auch über die Details der Verbindung von Spiel und Menschenopfern kann nur spekuliert werden.

Hieroglyphentreppe

Das größte in Stein gehauene Schriftwerk der Maya wurde im Jahr 753, in der Regierungszeit von *Rauch Muschel*, errichtet. Heute durch eine Schutzplane gegen Witterungseinflüsse geschützt, erzählen die 63 Stufen in über 2200 Zeichen die Geschichte vom 7. bis zum 15. Herrscher von Copán, eine Zeit von gut zweihundert Jahren (553-753). Viele der Zeichen

Hieroglyphentreppe

sind leider so erodiert, daß sie nicht mehr lesbar sind. Zudem ist die Treppe so eingefallen, das ganze Hieroglyphenblöcke verrutscht sind.

Am Fuß der Hieroglyphentreppe steht **Stele M.** Neben der Treppe ist der Eingang in einen **Grabschacht,** allem Anschein nach das Grab des zweiten oder (wahrscheinlicher) dritten Herrschers von Copán. Die Gruft wurde 1989 geöffnet, kunstvolle Keramiken und Jadebeigaben kamen zum Vorschein. Sie befinden sich heute in den Museen in Copán und Tegucigalpa.

Tempel der Inschriften

Auf dem Platz der Hieroglyphentreppe, vor Tempel 11 steht Stele N (ein

El Occidente

bildhauerisches Meisterwerk). Tempel 11 liegt zwischen dem Platz der Hieroglyphentreppe und dem Westplatz. Gelegentlich wird er auch Tempel der Inschriften genannt, zutreffend, denn hier sind acht Hieroglyphenpaneele aus der Zeit des 16. Herrschers zu sehen, einige davon sogar spiegelverkehrt geschrieben. Um zum Ostplatz zu gelangen, muß man die Struktur 23 überqueren (dort steht Altar Z) und dann über die Jaguartreppe absteigen. Man kann aber auch rechts an Tempel 16 vorbeigehen.

Westplatz

Der Westplatz umschließt das für mich schönste Kunstwerk, den **Altar Q**, spät im Jahr 776 im Auftrag von *Yax Pak* (nach neuerer Lesung *Yax Pas*) erbaut. Auf Altar Q wird, wie es sich im Moment darstellt, die zweite Herrscherdynastie Copáns dargestellt. 16 Herrscher sitzen jeweils auf ihrer Namenshieroglyphe. Im Text auf der Oberseite würdigt *Yax Pak* seinen Urahnen, den Gründer seines dynastischen Geschlechts *Yax Kuk Mo. Yax Pak* ist auf der Westseite des Altars, rechts neben dem Thronbesteigungsdatum (2.7. 763) gezeigt. Unter Altar Q wurde ein Verlies mit den Knochen von 15 geopferten Jaguaren und einigen Papageien gefunden.

Altar Q

Ostplatz

Unterhalb des Ostplatzes befindet sich die leider geplünderte **Struktur 18,** die das Grabmal einer bedeutenden Person beinhaltete. Wer dieser Herrscher war ist nicht ganz klar. Es kann *Yax Pak* gewesen sein; Inschriften auf der Struktur sind eindeutig ihm gewidmet.

Interessant ist auch das an der Nordseite vom Ostplatz liegende Haus **(Struktur 22).** An seiner Stirnseite ist die Flechtstruktur der *petates*, der auch heute noch üblichen Matten aus Palmfasern, zu sehen. Das Mattenmuster war das Symbol der Herrscher. Struktur 22a wird als *Popol Na*, das heißt **Matten- oder Rathaus,** aufgefaßt.

Neben Struktur 22, Tempel 18 und (der immer bedeutender werdenden)

Struktur 16 liegt auch die **Jaguartreppe,** auf der zwei markant stilisierte Exemplare dieser Tierart als Fresken zu sehen sind, am Osthof. Ursprünglich befanden sich auf den Fresken Obsidianplatten, die die dunklen Flecken im Fell des Tieres markierten.

Auch im Osten des Osthofes befanden sich Gebäude, die aber vom Copánfluß im Laufe der Jahrhunderte abgetragen worden sind. *Palacios* berichtete von einem Turm, dort wo heute nur noch die wenigen Überreste von Struktur 20 übriggeblieben sind.

Gräber zwischen Märkten

Rundgang durch die rekonstruierten Wohnstätten Las Sepulturas

Etwa 600 km östlich, d.h. weiter die Straße entlang Richtung La Entrada, und dann rechts durch eine Holzpforte, über einen kleinen Parkplatz (schräg links an dem Holzpavillon zu erkennen) geht es etwa 300 m südlich auf einem befestigten Weg bis in ein Arrangement von rekonstruierten Gebäuden, den sog. Las Sepulturas. Der Eintritt zu diesem archäologischen Park, der hautpsächlich während der zweiten Forschungsetappe (PAC II) seit 1980 ausgegraben wurde, ist im Gesamt-Eintrittspreis inbegriffen. Das Ticket wird meist – mangels Personal – nicht kontrolliert.

Hier befinden sich die rekonstruierten Häuser, Höfe, Gräber und Märkte der *Mittelschicht* von Copán. Langgezogen und mit einem Strohdach versehen findet man quer liegend ein Gebäude, in dem ein *Schreiber* des Herrschers *Yax Pak* lebte. Das weiß man, weil es in diesem Gebäude (9 N-82) eine hervorragend erhaltene und auf das Jahr 781 datierte Hieroglyphenbank gibt (das Original ist im Museum in Copán Ruinas, hier steht eine Kopie). In dem Hieroglyphentext wird *Yax Pak* erwähnt.

Unterhalb der Gebäude befinden sich jeweils kleine gepflasterte „Vorgärten", in denen rege Kommunikation herrschte und Handel betrieben wurde. In diesen „Vorgärten" wurden Artefakte und Haushaltsgegenstände ab der späten Präklassik gefunden.

Es gibt auch Vermutungen, daß einige der umliegenden Wohngebäude sogar von Nicht-Maya bewohnt waren, und zwar von Lenca. Diese belieferten Copán mit Keramik, Muscheln, Nadeln und Leder.

Unterkünfte

●*Hotel Marina Copán,* halbe cuadra nördlich der *alcaldía* (am Parque Central), Tel. 651-4070, Fax 651-4477, e-mail: hmarinac@ netsys.hn. Pool, Sauna, Rest., Bar, TV, kolonialer Stil, empfehlenswert, DZ 72 $.

●*Hotel Plaza Copán,* östlich am Zentralpark, rechts neben der Kirche (Tel. 651-4508), wurde erst 1997 eröffnet. Mit kleinem Pool, Restaurant, AC und Ventilator sowie günstiger Lage (nicht immer ganz still), schöner attraktiver Innenhof, DZ 52 $.

●*Hotel Acrópolis Maya,* eine cuadra nördlich vom Zentralpark (Tel. 651-4118), wurde 1998 eröffnet. Tiefgarage, AC, Ventilator, ohne Restaurant und Bar, DZ 40 $.

●*Madrugada,* eine cuadra östlich, dann eineinhalb cuadras südlich vom Parque Central, mit Blick auf Fluß und Tal von Copán, einfach und stilvoll, überteuert, DZ 38 $.

●*Casa de Café,* 5 cuadras westlich vom Parque Central (drei cuadras vom Comedor *Llama del Bosque*), Bo. Las Vegas, am Rand der Ortschaft (Reservierung über Tel./Fax 552-7274, kein Restaurant (Bed & Breakfast), Frühstücks-Café, Bibliothek, Videothek mit Info-Filmen über Zentralamerika, kolonialer Stil, traumhafte landschaftliche Lage, DZ 24 bis 40 $. E-mail: honexp@ mayanet.hn.

●*Hotelito Brisas de Copán,* 1 cuadra nordöstlich des Parque Central (Tel. 651-4118), private Dusche/WC, heißes Wasser, King-Size-Matratzen, auf Wunsch klimatisiert, DZ zwischen 7,50 und 22,50 $.

●*Hotel Paty,* 1 cuadra westlich der Brücke am Ortseingang, einfach, freundlich, mit und ohne Privat-Dusche, Parkplatz, DZ 5-10 $.

●*Hospedaje Iguana Azul,* neben *Casa de Café,* solide Betten in wunderschön dekorierten Gemeinschaftszimmern, im Mittelpunkt ein Lesezimmer und ein Infozentrum von

Honduras Expeditions, im Hintergrund ein Patio mit Naßzellen und Toiletten, 5 bis 9 $ pro Person, inclusive Frühstück.

● *Posada* (früheres *Marina Copán*), gegenüber Hotel *Marina Copán* (halbe cuadra nordwestlich des Parque Central), einfach, sauber und ruhig, DZ 4 $.

● *Gemelos* (Tel. 651-4077), eine cuadra östlich und eine halbe cuadra nördlich vom Parque Central, sehr einfache, saubere Zimmer mit Patio, Gemeinschaftsbad und -WC, DZ 4 $.

Außerhalb des Ortes

● *Posada Real de Copán* (Tel. 651-4480, Fax 651-4497), einige Minuten von Copán Ruinas Richtung La Entrada, auf der nördlichen Kordillere des Tals, luxuriös und ruhig. Hier verbinden sich Lifestyle und erhabene Aussicht nur 2,5 km vom Ort zu einem Erholungsgefühl, DZ ab 80 $.

● In Santa Rita, etwa 10 bis 15 Minuten von Copán Ruinas Richtung La Entrada, befindet sich die **Hacienda El Jaral** (Tel. 552-4457, Fax 552-4891), mit Pool, Garten, Kirche, im rustikalen, gepflegten Arrangement, oberhalb des Flusses Copán. Für die bescheidene Ausstattung etwas teuer, DZ 42 $.

Essen

● *Los Gauchos,* eineinhalb cuadras südlich vom Parque Central, Tel. 651-4014, klimatisiertes, urugayisches Grillrestaurant, kostspielig, geöffnet von 7 bis 22 Uhr.

● *Llama del Bosque,* zwei cuadras westlich vom Parque Central, gut besucht, volkstümlich, breites Angebot an landestypischen Speisen und Getränken.

● *Charro Catracho,* eineinhalb cuadras südlich vom Zentralpark, mit honduranischen und mesoamerikanischen Gerichten.

● *Carnitas Nia Lola,* 2 cuadras südlich vom Museum im Ort (Tel. 651-4403), mit Holzkohlengrill und Blick auf das Flußtal. Reelle typisch honduranische Speisen zu fairen Preisen, kaltes Bier, empfehlenswert.

● *Vamos a Ver,* künstlerisch angehauchte Cafetería im Garten, gut für frisches Brot nach niederländischer Art, Snacks oder Bücher/Videos. Vorzüglicher Kaffee.

● *Comedor Isabel* (neben *Llama del Bosque*), normales Angebot mit *pláto típico* und Suppen, preiswert.

● *El Sesteo* (1 cuadra westlich der Brücke am Ortseingang), einfaches Restaurant mit großem Eßsaal und breitem Angebot (Tellergerichte, Steaks, Hamburger).

Cafés und Bars

● *Reggae Roof,* entspannte Atmosphäre auf dem Dach eines Hotels, westlich des Ortes an der Brücke und Polizeistation: Hier hängen Rucksackreisende und Kultfiguren.

● Unschlagbar, da stilgerecht, mit Tabakraum und schönem Blick auf den Park (1. Etage), ist *Café Welchez,* am Zentralpark.

● *Tunkul Bar,* eine cuadra südlich vom Zentralpark, Tel. 651-4410, mit Live-Musik, rustikale Bar-Tische, internationales Publikum, *Happy Hour* von 18 bis 20 Uhr täglich.

● *Tres Locos,* von *Jerry* (US) und Ehefrau *Mimi* (HON) geführt, eine cuadra östlich und ½ cuadra nördl. vom Parque Central, gut für kaltes Bier und entspannte Copán-Besucher.

● Originell ist **Chuspi Pollo,** 5 cuadras vom Parque Central westlich (am Hotel *Marina Copán* Richtung Westen) gelegen, eine schmuddelige, optisch abstoßende Kneipe der Copán-Cowboys, aber authentisch. Wer den lokalen Hit *Viva Copán Ruinas* wünscht, hat schnell ein paar *copanecos* zu Freunden, ein Erlebnis.

Wichtige Adressen

Information

● Gegenüber vom *Museo Arqueológico* befindet sich eine Cafetería mit einem Souvenir-Laden. Dort unterhält das **Tourismus-Institut** einen Info-Tisch (Tel. 898-3048).

● Einen halben cuadra östlich des Parque Central befindet sich ein kleines **privates Info-Büro** (Zeichen „i"). Hier wurde bis Frühjahr 1995 das Info-Magazin *Copan Tips* erstellt. Reisende werden vom mexikanischen Besitzer *John Depuis* freundlich beraten.

Post, Hondutel

● Gleich neben dem Museum. *Hondutel* ist täglich von 8-21 Uhr geöffnet. Von 9 bis 16 Uhr können **Faxe** versendet werden. Für ankommende Fax-Nachrichten ist eine geringe Schutzgebühr zu zahlen (Fax-Nr. 898-0004).

Bank

● **Banco de Occidente, Banco Atlántida,** beide nahe des Zentralparks. *Banco de Occidente* tauscht Reiseschecks (Öffnungszeiten: werktags 8 bis 12 und 14 bis 16 Uhr, samstags 8 bis 11 Uhr).

Sprachkurse

● **Ixbalanque,** im Zentrum nahe des Parque Central, bietet Wochenkurse mit täglich vier Stunden Spanisch an, Kosten einschließlich Unterbringung in Familien 125 $/Woche, ohne Kost und Logis 85 $/Woche. Tel. San Pedro Sula 557-6215.

Reiseagenturen

● **XUKPI Tours,** an der Südseite des Parque

Central (oder nach *Jorge Barraza* fragen), Tel. 651-4435, abends 651-4503 (Mo bis Sa 8 bis 12 Uhr, 14 bis 17 Uhr).

● **Go Native,** in der *Tunkul-Bar* (Tel. 651-4432, e-mail: ixbalan@gbm.hn), veranstalten Strandwanderreisen an der Nordküste und zum Río Plátano, allerdings sehr auf Amerikaner eingestellt.

Verkehrsverbindungen

Straße

● Siehe „Von San Pedro Sula nach La Entrada" sowie „Grenze mit Guatemala".

Bus

● Von **San Pedro Sula** aus jeden Tag, stündlich zwischen 3:45 und 17 Uhr mit *Copanecos* und *Toritos* (6a Ave., entre 8a y 9a Calle, S.O.) Richtung Santa Rosa de Copán, in **La Entrada** umsteigen. Von La Entrada fährt stündlich zwischen 6 und 16 Uhr ein Lokalbus, ca. 2,5 Std. Fahrzeit (meist unbequeme Kleinbusse, Kleinwüchsige sind im Vorteil).

El Occidente

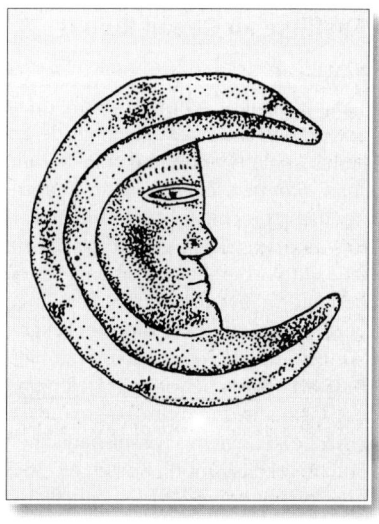

●Von **San Pedro Sula direkt** nach Copán Ruinas fährt das Unternehmen *Etumi* (Tel. 553-3674), 6a Calle, entre 6a y 7a Avenida S.O., nur 11 und 13 Uhr, Fahrzeit 5 Std., Fahrpreis 1,85 $.

●Klimatisiert ist der **Adventure Shuttle,** dreimal wöchentlich (Anfrage und Reservierung unter Tel. 557-2380 in San Pedro Sula oder in Copán Ruinas vor der Reinigung *Justo a Tiempo*, eine halbe cuadra östlich vom Parque Central).

●Von **Santa Rosa de Copán** mit *Etumi* um 11:30, 12:15 und 13:45 Uhr.

●Von **El Florido**, der **Grenze nach Guatemala,** mit regelmäßigen Pick Ups oder Taxis (ca. 30 Min., 2 $). Gelegentlich fahren Kleinbusse für 0,60 $.

Flug

●Von **Ciudad de Guatemala** nach Copán und zurück verkehrt die Linien- und Chartergesellschaft: *Jungle Flying*, Tel. 00502-2-314995, 27a Calle C, 15-55, Zona 13, Ciudad de Guatemala, oder in Copán Ruinas Tel. 898-3453, Kontakt im Hotel *Marina Copán* (Rezeption). Eine zweitägige Reise kostet ab 200 $.

Ausflüge ab Copán Ruinas

Ausritt

Das vielleicht schönste und Copán am deutlichsten kennzeichnende Erlebnis ist ein Ausritt um das Tal herum. *Jorge Barraza*, ein in Copán geborener mehrsprachiger Maya-Kenner, verfügt über rustikale, geduldige Pferde und gut vorbereitetes Personal für einen informativen Ausritt in die Hänge und Aussichtspunkte um die Ausgrabungsstätten herum. Die Tour zu Pferde führt zu den peripheren Stelen und der Gesteinsformation *Los Sapos* (die Frösche), einem prähispanischen Fruchtbarkeitssymbol. Kosten ca. 18 $ pro Person. *Xukpi-Tours* ist behilflich.

Heiße Quellen

An der alten Maya-Straße Richtung Quiriguá, die vom Parque Central in nördlicher Richtung *(a las fincas cafetaleras)* wegführt, befindet sich in etwa 23 km Entfernung eine heiße Quelle, der Ort heißt **Agua Caliente.** Dort kann man bei einer sehr armen Campesino-Familie *tortillas* kaufen und mitgebrachtes Fleisch oder Geflügel grillen lassen (oder selbst am Fluß grillen).

Unterhalb des *ranchito* befindet sich ein Bach mit einfließendem heißem Wasser, das sogar dampft. Hier wird das Baden zwischen heiß und kalt zum echten Vergnügen.

Touren nach Agua Caliente werden auch von *Go Native* angeboten.

Kaffee-Ernte

Auf der Strecke nach Agua Caliente (s.o.) findet zwischen November und Februar die Kaffee-Ernte statt, zu der Hunderte von Chortí aus Guatemala anreisen. Besonders freundlich sind Besitzer und Verwalter in der Finca *El Cisne*.

Wasserfälle

Auf dem Weg zur heißen Quelle (s.o.) befinden sich 20 km hinter Copán, nahe des Dorfes **El Macote,** zwei schwer erreichbare aber sehr schöne Wasserfälle im einzigen Bergnebelwald der Region in der Nähe von Copán Ruinas. Leichte Kletterund vor allem Wanderausrüstung ist erforderlich. Informieren kann man sich bei *Howard Rosenzweig* im *Casa de Café*.

Rafting

Ohne die Sicherheit eines eingespielten Rafting-Teams, aber mit viel Spaß und „Thrill" kann der Fluß Copán in der Regenzeit (Mai bis November) mit aufgeblasenen Autoreifen befahren werden. Mutige sollten sich aber unbedingt an kundige *copanecos* halten. Auch hier ist *Xukpi* eine gute Adresse, aber auch das Team von *Go Native* hat Erfahrung.

Expeditionen zum Nationalpark Cusuco und die Moskitia,

Im *Iguana Azul* oder Hotel *Casa de Café* informiert *Howard Rosenzweig* kompetent über Tourangebote zum Nationalpark Cusuco (Minimum 2 Tage) und in die honduranische Moskitia (Minimum 4 Tage). Der Nationalpark Cusuco liegt nur 70 km Luftlinie nordöstlich von Copán Ruinas (3 ½ Std. mit dem Geländewagen) im dichten Bergnebelwald. Eine Tour von Copán Ruinas ist für alle diejenigen quasi ein Muß, die gleich weiter nach Guatemala reisen. Die Tour kostet pro Person ca. 200 $, incl. Fahrzeug, Mahlzeiten, qualifiziertem Reiseleiter (auch deutschsprechend), ab Copán Ruinas, ab 2 Personen.

Eine Expedition in die Moskitia führt in jedem Fall zunächst nach La Ceiba, am nächsten Morgen nach Palacios oder Ahuas und dann weiter mit dem Boot nach Batiltuk/Las Marías oder Wampusirpi zu den *Miskitos* und evtl. später den *Sumu Tawahka*. Achtung: Auf eigene Faust ist dies unverantwortlich, hier leben wirklich zurückgezogene indigene Gemeinschaften. Eine Expedition mit professionellem Anspruch ab 2 Personen dorthin kostet ca. 450 $ pro Person, incl. Flug (teilweise Charter), Mahlzeiten, qualifiziertem plus ortskundigen Reiseleitern (einer auch deutschsprechend) etc.

Stranderlebnisreisen in der honduranischen Karibik.

Buchungen von kleinen Strandlodges in Tela, La Ceiba oder Trujillo nimmt *Howard Rosenzweig* über *Honduras Expeditions* vor, die ein Set familiärer Kleinhotels an der Küste anbieten: Alle in bevorzugter Lage, mit individuellem Service und orginellem Baustil. Eine Woche am Strand kostet pro Person etwa 400 $, incl. Transfer, Halbpension und natürlich der Unterbringung inmitten karibischer Idylle.

Touren ins Herz von Honduras Westen

Max Elvir von *Lenca Land Trails*, vgl. Hotel *Elvir* in Santa Rosa de Copán (Tel. 662-0805, Fax 662-0103), bietet individuelle Touren nach Santa Rosa de Copán (z.B. die Tabakmanufakturen), nach Gracias Lempira (z.B. Architektur, Kirchengeschichte und Thermalquellen) oder nach La Esperanza (z.B. indianische Kultur, Kunsthandwerk) an. Auch Trekking-, Landwirtschafts- und Reittouren sind in seinem Programm. Ein 3-Tages-Arrangement kostet pro Person etwa 170 $, ab 2 Personen.

El Occidente

Zur Grenze mit Guatemala (El Florido)

Verkehrsverbindungen

●*Nach El Florido,* an der Grenze nach Guatemala, fahren **ab Copán Ruinas** regelmäßig Pick-Ups oder Taxis (ca. 30 Min. Fahrzeit, 2 $) und weniger häufig (außer sonntags) Kleinbusse für 0,60 $, Fahrzeit ebenfalls 30 Min.
●Von El Florido weiter **nach Guatemala** fahren alle 30 bis 60 Min. (je nachdem, wann sie voll sind) Kleinbusse nach **Jocotán** (1 $). Weitere Busse (8:30, 9 und 14 Uhr) fahren von El Florido nach **Chiquimula.** Von und nach Chiquimula fahren *Transportes Rutas Orientales* halbstündlich nach/von **Ciudad de Guatemala** (3,5 Std. Fahrzeit, Ticket 2 $).

Ein- und Ausreisebestimmungen

●Siehe „Praktische Reisetips, Hin- und Rückreise".
●Die **Ausreisegebühr** beträgt 0,60 $.
●Ein guatemaltekisches **Konsulat** gibt es in San Pedro Sula.
●Die Grenze ist auf beiden Seiten von 8:30 bis 16 Uhr **geöffnet.**

Santa Rosá de Copán

Überblick

Das hübsche **Kolonialstädtchen** Santa Rosá de Copán liegt nur 160 km von San Pedro Sula entfernt. Mit steilen kopfsteingepflasterten Straßen und Gassen ist Santa Rosá die größte Stadt im Westen von Honduras. Als Hauptstadt des *departamentos* Copán hat Santa Rosá etwa 28.000 Einwohner. Die auf 1160 m Höhe liegende Ortschaft wurde bereits 1791 urkundlich erwähnt und avancierte 1812 zur Kreisstadt. Das Klima in Santa Rosá ist mild, nachts wird es kühl, die Temperaturen können bis auf 12 °C absinken.

Sehenswert ist neben dem kolonialen Baubestand in traditionell gepflasterten Straßen vor allem die **Tabakfabrik** *La Flor de Copán*, die Exportzigarren erster Qualität herstellt. Alle Zigarren von *La Flor de Copán* sind aus erstklassigen Blättern und mit der Hand hergestellt. Exportiert werden die begehrten Räucherstengel u.a. in die Schweiz, Niederlande, Japan, Deutschland und die USA. In Deutschland sind diese Zigarren in ausgesuchten Fachgeschäften zu erstehen.

Flor de Copán befindet sich gegenüber dem Hotel *Elvir*, (2 cuadras vom Zentralpark). Nach Voranmeldung kann Mo bis Sa die Herstellung von Zigarillos und Zigarren in Handarbeit besichtigt werden.

Volksfeste

●Vom 20. bis 31. August findet die **Feria Patronal Santa Rosa de Lima** statt. Tanz, Musik, Serenaden mit Marimba und Gitarre füllen tagelang Straßen und Plätze. Auch Pferderennen und die Krönung der Tabakkönigin gehören zum festiven Höhepunkt des Jahres.

Unterkünfte

●**Hotel Elvir,** auf der Calle Real Centenario (Tel. 662-0103), zentral gelegenes, gepfleg-

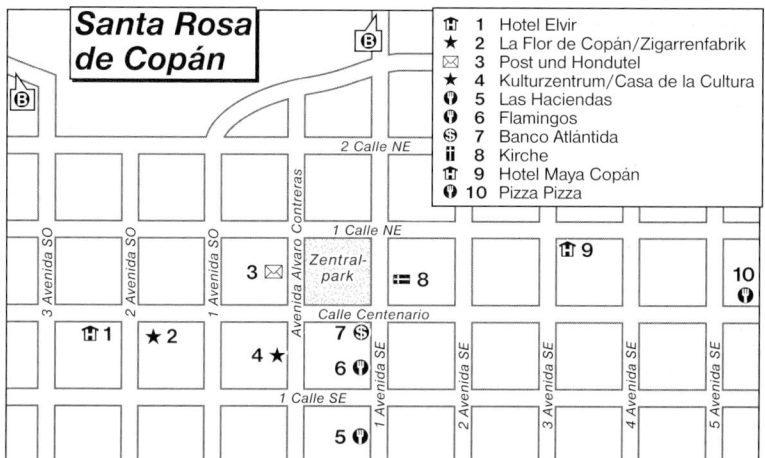

Santa Rosa de Copán

1 Hotel Elvir
2 La Flor de Copán/Zigarrenfabrik
3 Post und Hondutel
4 Kulturzentrum/Casa de la Cultura
5 Las Haciendas
6 Flamingos
7 Banco Atlántida
8 Kirche
9 Hotel Maya Copán
10 Pizza Pizza

El Occidente

tes und ruhiges Hotel. Zimmer modern und hell, Warmwasser, Telefon, DZ 20,60 $, der Besitzer organisiert auch Ausflüge in die Umgebung (Gracias Lempira, Copán Ruinas).

● **Hotel Continental,** 2a Calle, entre 2a y 3a Ave. N.O., eigene Dusche/WC, freundlich und sauber, DZ 8,40 $.

● **Hotel Maya Copán,** 1a Calle y 3a Ave. N.O. (Tel. 662-0265), Zimmer teilw. ohne eigenes Bad, DZ 6 $.

● **Santa Eduviges,** 1a Calle, 2a Ave. N.O., Bo. El Carmen, feste Betten in bescheidenen Zimmern, DZ 5,40 $.

● **Hospedaje Calle Real,** 5 cuadras östlich vom Parque Central, einfach, sauber und freundlich, DZ 4,50 $.

● **Hospedaje Maya,** 1a Calle, entre 3a y 4a Ave. N.E., ungepflegt, DZ 2,70 $.

Essen

● **Pizza Pizza,** 530a Calle Centenario, Tel. 662-1104, Fax 662-1105, 4,5 cuadras östlich vom Zentralpark, vorzüglich für Pizza aller Art, im Oktober 1994 eröffnet, mit dem netten Eigentümer *Warren Post,* weithin bekannt für seinen feinen Sarkasmus. Inzwischen gibt

es in Pizza Pizza sogar einzeln verpackte Qualitätszigarren und ein Info-Center für Traveller.

● **Flamingo,** am Zentralpark Nähe Gefängnis *(Penitenciaria Central),* Tel. 662-0654, honduranische Fleischgerichte und asiatische Nudelspeisen, geöffnet von 11:30 bis 22:00 Uhr (Dienstag Ruhetag).

● **El Rodeo,** auch Nähe Gefängnis, geöffnet 10:30 bis 23:00 Uhr (Sonntag Ruhetag), Fleisch-, Huhn- und Reisgerichte in gepflegter Atmosphäre.

● **Las Haciendas,** (Tel. 662-0317), geöffnet tägl. ab 10:00 Uhr, Ende offen, preiswerte Volksküche *(pláto típico* u.ä.).

● In Santa Rosa gibt es auch zahlreiche *Eisdielen* und *Cafeterien.*

Wichtige Adressen

Post, Hondutel

● In der Nähe des Zentralparks. Öffentlicher *Fax-Service* bei Hondutel unter Nr. 662-1005. Öffentlicher *Internet- und e-mail-Service* bei *Comsis,* 3 cuadras westlich vom Parque Central.

Ärztliche Versorgung

- Ärztliche Hilfe in englischer Sprache gewährt *Dr. Sohel Rajabian*, ½ *cuadra* nördlich vom Hotel *Elvir*.
- Zahnärztliche Hilfe in englischer Sprache: *Dr. Wilfredo Urquia*, 2 ½ cuadras westlich des Parque Central.

Bank

- *Banco del Occidente* (geöffnet von 8 bis 17 Uhr, Sa 8 bis 11:30 Uhr); ebenfalls *Banco Atlántida* (geöffnet von 9 bis 16 Uhr), beide Banken liegen am Parque Central.

Tour Operator

Max Elvir von *Lenca Land Trails* (vgl. Hotel *Elvir*, dort Tel. 662-0805, Fax 662-0103), bietet individuelle Touren nach Santa Rosa de Copán (z.B. die Tabakmanufakturen), nach Gracias Lempira (z.B. Architektur, Kirchengeschichte und Thermalquellen) oder nach La Esperanza (z.B. indianische Kultur, Kunsthandwerk) an. Auch Trekking-, Landwirtschafts- und Reittouren sind in seinem Programm. Ein 3-Tages-Arrangement kostet pro Person etwa 170 $, ab 2 Personen.

Verkehrsverbindungen

Straße

- Von **San Pedro Sula** aus über **La Entrada de Copán,** dann weiter die Landstraße geradeaus (nicht rechts nach Copán Ruinas). Nach 46 km trifft rechts der Straße der Blick auf das auf dem Hügel liegende Santa Rosá. Die Stadt liegt 154 km von San Pedro Sula entfernt.

Bus

- Alle Überlandbusse fahren vom **Busterminal,** ca. 2 km südlich vom Hotel *Mayaland*, an der Landstraße, ab. Von dort Transfer **zum Ortszentrum** mit dem Bus *El Urbano* oder dem Taxi (ca. 0,60 $).
- Anreise von **San Pedro Sula** alle 30 Min. ab 5 Uhr morgens, bis 17 Uhr nachmittags, Terminal *Toritos* oder *Copanecos* (6a y 7a Ave.,

8a y 9a Calle, Tel. 554-1954, 553-4930), Fahrzeit ca. 3 Std., 1,80 $.
- Anreise von **Tegucigalpa** um 3:45 Uhr morgens (Terminal *Sultana* in Comayagüela), 3,20 $.
- Anreise von **Copán Ruinas** mehrmals täglich, ca. 4 Std, Umsteigen in **La Entrada.** Direkt fahren *Torito* und *Copanecos* um 8:30 und um 14 Uhr ab (Halt in La Entrada).
- Von/nach **Gracias** stündlich ab 9 Uhr, ca. 1 Std. Fahrzeit, 0,50 $.
- Von/nach **Nueva Ocotepeque** mehrmals täglich, ca. 3 Std. Fahrzeit.
- Von **La Entrada** ab 6 Uhr morgens stündlich, eine gute Std. Fahrzeit, 0,50 $.

Aktivitäten und Ausflüge ab Santa Rosá

Casa de la Cultura

Eine halbe cuadra vom Parque Central befindet sich das **Kulturzentrum,** in dem häufig Theaterstücke, Musikveranstaltungen oder Lesungen stattfinden.

Osterprozessionen

Zwischen Gründonnerstag und Karsamstag finden alljährlich die sechs Osterprozessionen statt, in denen der Leidensweg Christi nachgespielt wird. Besonders charakteristisch ist das „Zertrampeln" der aus Blumen und Flechtwaren geflochtenen Teppiche. Um dieses Schauspiel zu erleben, sollte man am Karsamstag nicht nach 9 Uhr eintreffen.

Beneficio Maya

Eine Fabrik zur Herstellung hochwertigen, honduranischen Kaffees ist das Beneficio Maya, wo der Kaffee von der Lese bis zur Röstung verarbeitet

El Occidente

wird, eine Erlebnis, das z.B. im Kaffeeland Deutschland nicht erfahren werden kann (bei uns wird nur nachgemischt, geröstet und verpackt). Ein Taxi für 0,50 $ weist den schwer zu findenden Weg zum Beneficio.

La Montanita Park und Doricentro

Zehn Autominuten Richtung Gracias Lempira befindet sich der kleine Park La Montanita und gleich dahinter ein Schwimmbad mit Snackbar.

Wanderung von Dulce Nombre de Copán nach Santa Rita

Wer Copán Ruinas per mehrtägige Wanderung über die Berge erreichen möchte, kann mit dem Bus zum Dörfchen **Dulce Nombre de Copán** fahren.

Dort gibt es in der Nähe von *Hondutel* eine einfache Herberge. Gut 20 km zu Fuß geht es auf einer Sommerstraße weiter Richtung Westen nach **San Augustín.** Hier gibt es keine formellen Herbergen, mit freundlichem Fragen wird man aber sicherlich einen Unterschlupf finden, in dem man seinen Schlafsack ausbreiten kann. Am nächsten Tag führt ein Tagesmarsch über **Mirasol** oder **El Mirador** nach Santa Rita, das 8 km von **Copán Ruinas** an der Hauptstraße liegt.

Straßenflucht Richtung Osten

Von Belén Gualcho in den Nationalpark Celaque

Belén Gualcho ist ein guter Ausgangsort für Touren in den **Nationalpark Celaque** (siehe auch unter Gracias Lempira). Hier befinden sich das **Hotelito El Carmen,** sauber, preiswert, und die **Hospedaje René,** sehr einfach (generell Stromsperre ab ca. 22:00 Uhr). Von Belén Gualcho aus führen Halbtagswanderungen auf Eselspfaden nach **San Manuel de Coluete** und **San Sebastián Colosuca,** mitten im Gebirge auf ca. 1600 m Höhe gelegen. In beiden Dörfern, die auch von Gracias Lempira aus per Bus zu erreichen sind, gibt es ganz einfache Herbergen und Comedores.

●**Anreise:** Von Santa Rosá mit dem mehrmals täglich in Richtung Süden fahrenden Bus bis nach **Cucuyagua,** dann von **San Pedro de Copán** nach **Corquín,** wo auch Herbergen und Comedores zu finden sind. Von Corquín aus fährt zweimal täglich ein Bus nach Belén Gualcho.

Zur Grenze mit El Salvador und Guatemala

Nueva Ocotepeque

Die Weiterreise nach Agua Caliente, Guatemala (und weiter nach Esquipulas), oder El Poy, El Salvador, geht über Nueva Ocotepeque, das 95 km südlich von Santa Rosá de Copán liegt. Nueva Ocotepeque ist die – wie der Name schon sagt – neue Hauptstadt des Bezirks Ocotepeque, nachdem das schon 1540 gegründete Antigua Ocotepeque 1934 von den Schlammlawinen des Berges Cerro El Pital verschüttet worden war. Im naturkundlichen **Regionalmuseum** Museo Ocotepecano de Ciencias Naturales im Büro der Provinzregierung (Gobernación, am Zentralpark) kann man gratis eintreten und einen Überblick über die Entwicklung der Region gewinnen (Öffnung Mo bis Fr von 8 bis 16 Uhr).

Unterkünfte

●**Hotel Maya Chortí,** drei cuadras unterhalb der Busstation, östlich der Fernstraße (Tel. 653-3377), gute Ausstattung und Service zu günstigen Preisen, DZ ab 15 $, mit AC ab 22 $:
●**Hospedaje San Antonio,** ½ cuadra westlich der Fernstraße (Tel. 653-3072), einfach, sauber und preiswert, DZ ab 2,30, bei Privatdusche wesentlich teurer.
●Weitere billige hospedajes zwischen Busbahnhof und Zentralpark, DZ ab 2 $: **Congolón, El Viajero, San Juan** und **Turista.**

Essen

●**Restaurante Don Chepe** (täglich von 6:30 bis 22 Uhr) im Hotel Maya Chortí, typische und manche internationale Speise in gepflegter Atmosphäre.
●Billiger sind die Comedores **Ruth** und **Nora,** gleich am Parque Central.

Verkehrsverbindungen

●Bus **von San Pedro Sula** nach Nueva Ocotepeque: Neben den mehrmals täglich verkehrenden Bussen nach **Santa Rosa** gibt es eine **Direktverbindung** von San Pedro Sula aus: Impala und Congolón (2a Ave., 4a y 5a Calle S.O., Tel. 553-3111) fahren zwischen 3:30 und 15 Uhr sechsmal täglich (Fahrzeit 6 Std., Ticket 3,20 $).

Nationalpark Monte Cristo

Im Dreiländereck liegt der gemeinsam von Honduras, El Salvador und Guatemala verwaltete Nationalpark *Monte Cristo*, besser als Projekt *Trifinio* oder *La Fraternidad* bekannt. Am wenigsten mühsam ist der Zugang zum Aussichtspunkt von Metapán, El Salvador, aus. An guten Tagen sind fast ganz El Salvador und der Westen von Honduras zu sehen.

Grenze mit El Salvador (El Poy)

Verkehrsverbindungen

●*Von Nueva Ocotepeque* fahren *colectivos* (0,45 $) und Kleinbusse (0,20 $) zum salvadorianischen Grenzort El Poy.
●Busse von der Grenze **nach San Salvador:** Von El Poy fahren mindestens 5 Busse täglich über **La Palma,** das Kunsthandwerkszentrum El Salvadors, bis in die Hauptstadt **San Salvador** (Fahrzeit 4 Std., letzter Bus um ca. 16:30 Uhr, Ticket 1 $). Wegen der regen Guerilla-Tätigkeit in dieser Region werden auch heute noch Kontrollen in den Bussen durchgeführt.

Ein- und Ausreisebestimmungen

●Siehe „Praktische Reisetips, Hin- und Rückreise".
●Das nächste **salvadorianische Konsulat** befindet sich am Zentralpark von Nueva Ocotepeque.

Grenze mit Guatemala (Atulapa/Agua Caliente)

Verkehrsverbindungen

●Kleinbusse zu 0,25 $ fahren vom Zentrum **Nueva Ocotepeques** zum guatemaltekischen Grenzort Agua Caliente.

●Von Atulapa/Agua Caliente fahren alle 30 bis 60 Min. (je nachdem, wann sie voll sind) Kleinbusse nach **Esquipulas** (0,60 $). Ab ca. 8 Uhr morgens fahren von dort alle 30 Min. Busse der Linien *Rutas Orientales* und *Rutas Guatesqui* in die **Hauptstadt** Guatemalas (Fahrzeit 5 Std., Ticket 3,25 $).

Ein- und Ausreisebestimmungen

●Siehe „Praktische Reisetips, Hin- und Rückreise".
●**Konsulate** befinden sich in Tegucigalpa und in San Pedro Sula.

Gracias Lempira

Gracias Lempira ist schon 1536 gegründet worden. Von 1537 bis 1538 war es das Zentrum des letzten und größten indianischen Widerstandes gegen die spanischen Eroberer in Honduras.

Der *cacique* (traditionelle Führer) *Lempira* vereinte 1537 rund 30.000 indianische Kämpfer zur Verteidigung gegen die Spanier und war darin auch recht erfolgreich. Doch *Francisco de Montejo* und sein Leutnant *Alonzo de Cáceres* setzten alles daran, *Lempira* in seinem strategisch genial gelegenen Camp auf dem Hügel Cequín zu besiegen. Als ihnen das nicht gelang, lockten sie *Lempira* mit einem Verhandlungstrick aus Cequín weg und brachten ihn hinterrücks um. Daraufhin konnte sich der letzte indianische Widerstand gegen die spanischen Eroberer nicht mehr lange halten.

1544 wurde Gracias Sitz der *Audiencia de los Confines* (eine Art höchstes Gericht des Generalkapitanats von

El Occidente

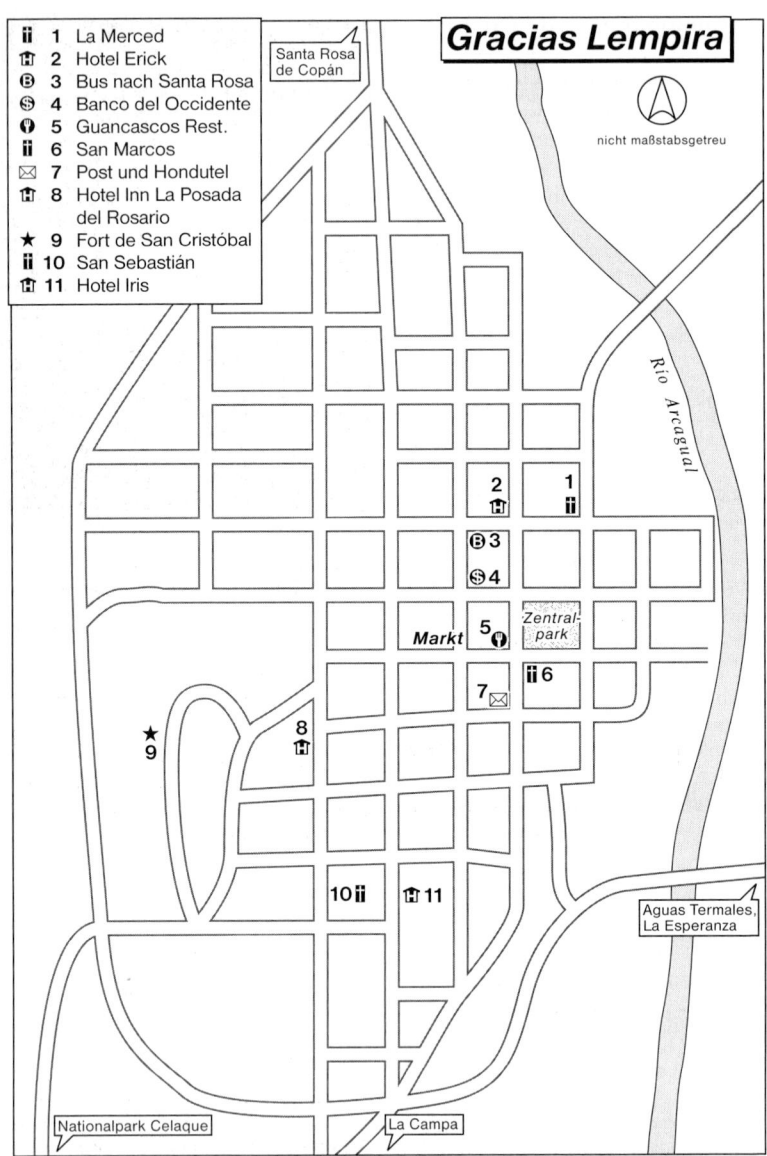

Gracias Lempira

nicht maßstabsgetreu

ii	1	La Merced
🏨	2	Hotel Erick
Ⓑ	3	Bus nach Santa Rosa
Ⓢ	4	Banco del Occidente
Ⓞ	5	Guancascos Rest.
ii	6	San Marcos
⊠	7	Post und Hondutel
🏨	8	Hotel Inn La Posada del Rosario
★	9	Fort de San Cristóbal
ii	10	San Sebastián
🏨	11	Hotel Iris

Santa Rosa de Copán

Rio Aracagual

Markt

Zentral-park

Nationalpark Celaque

La Campa

Aguas Termales, La Esperanza

Guatemala), wodurch es zeitweilig politisches Zentrum Zentralamerikas war. Das ist angesichts des verträumten Charakters des Kolonialstädtchens heute kaum mehr vorstellbar. Gracias gewinnt auch durch seine Lage inmitten einer wilden, gebirgigen Landschaft zwischen dem Nationalpark Celaque und dem Naturschutzgebiet Opalaca. Durch die gebirgige Lage ist das Klima mild, nachts wird es frisch (14 Grad).

Oberhalb des Ortes befindet sich das spanische **Fort San Cristóbal** auf einem Hügel, an dessen Hang sich das Grab des Präsidenten *Juán Lindo* befindet, der in Honduras Mitte des 19. Jahrhunderts das allgemeine Bildungswesen einführte.

In Gracias befinden sich drei **koloniale Kirchen.** Deren interessanteste ist **La Merced,** erbaut im 17. Jahrhundert. Die Fassade von La Merced wird durch Traubenfresken und Statuen lächelnder Heiliger geschmückt. Das heutige **Pfarrhaus** *(casa parroquial)* ist das ehemalige Gebäude der erwähnten *Audiencia de los Confines.* Im Garten des **Hauses der Familie Galeano** befindet sich der ehemalige botanische Garten, der inzwischen verwildert ist. Hier wohnt der junge Maler *Eduardo Galeano,* der in seinen phantastischen Bildern die Mythen der Lenca mit der Wirklichkeit des heutigen Honduras verknüpft (Auskunft bei *Guancascos).*

Die ehrwürdige Kathedrale

El Occidente

Volksfeste

●**20. Juli:** Tag des Lempira, größtes Fest des Jahres.
●**13. Dezember:** Fest der Schutzpatronin Santa Lucía. Zeremonie des **Guancasco,** eines prähispanischen Brauchs der Maya, der auch in anderen westhonduranischen Ortschaften anzutreffen ist: Zwei Nachbargemeinden bekräftigen, heute mit Unterstützung der Kirche, ihr Friedensbündnis. Schaulustige und Gläubige kommen in Scharen, lebhafter Handel rankt sich um die Zeremonie.

Unterkünfte

●**Hotel Posada Don Juán,** gegenüber der *Banco de Occidente* (Tel. 656-1020, Fax 656-1247), Warmwasser, Ventilator und Parkplatz, großzügig und neu, kein Restaurant, DZ für 9 $
●**Hotel Inn La Posada del Rosario,** drei cuadras vom Parque Central, Reservierung im Restaurant *Cuancascos* (dort auch Tel.),

Warmwasser, Ventilator, Garten und Parkplatz, nette niederländische Eigentümerin *(Frony)*, DZ ab 7,50 $.

● *Hotel Erick,* im Ortskern Nähe Busbahnhof (Tel. 656-1066), modern, einfach, kaltes Wasser, sauber, ein kleiner Gemischtwarenladen gehört dazu, die Besitzer sind zwischen 22 und 8 Uhr nur indirekt erreichbar, DZ ab 4,20 $.

● *Hotel Iris,* 3 cuadras südlich und 1 cuadra westlich des Zentralparks, DZ 6 $.

● *Corazón de Jesús,* am Marktgebäude, sauber, DZ 3 $.

● *La Fonda,* am Parque Central, geöffnet von 11 bis 22 Uhr, preiswert.

● Außerdem gibt es eine ganze Reihe günstiger *Comedores* und Imbißstände im **Zentralpark.**

● *Comedor* (namenlos), 10 m links neben der Busgesellschaft *Gracianos* Richtung Santa Rosa de Copán: Frühstück mit Grillfleisch, Rührei, weißem Käse, Bohnenpüree, Sahne, Café und Wasser sowie gute *tortillas* für 1 $. Ebenso Mittag- und Abendessen, dann aber noch mit Reis (Öffnungszeiten 6 bis 21 Uhr), absoluter Tip.

Essen

● *Guancascos,* am Parque Central (Tel. 656-1219), geöffnet zwischen 7 u. 20 Uhr, auch gutes vegetarisches Essen verfügbar. Beste Quelle für allerlei Infos über Gracias und Umgebung, sehr kinderfreundlich.

Wichtige Adressen

Information

● *Guancascos, Centro de Cultura Popular Los Lenca,* am Zentralpark. Angeschlossen ist ein Laden mit Kunsthandwerk der Region und ein Kulturzentrum. Die honduranischen

---

Die Verfluchung von Gracias

(von Veronika Schmidt)

Die alten Kolonialherren vertrieben sich die Zeit gerne mit *tabas,* einer Art Würfelspiel. Diesem Spiele widmeten sich an einem schönen Sommernachtmittag Frau Bürgermeister und ein Sakristan auf der Plaza. Hohe Summen waren im Einsatz. Die gerissene Bürgermeistersgattin spielte falsch und betrog den armen Sakristan um seine gesamten Ersparnisse. Als dieser begriff, daß er hereingelegt worden war, ohrfeigte er die Honoratiorin in aller Öffentlichkeit, und zwar so kraftvoll, daß sie ohnmächtig umfiel.

Kaum kam sie wieder zu sich, bat sie die Anwesenden um Beistand und Rache. Die erboste Menge verfolgte den Sakristan, der sich in die Kirche geflüchtet und bei der Statue der Jungfrau de Las Mercedes Schutz gesucht hatte. Es half ihm nichts, er starb unter einem Steinhagel. Ein Stein traf die unschuldige Jungfrau sogar an der Stirn und schlug ihr eine Wunde, die

später auch mehreren Restaurationsversuchen im Mutterland Spanien widerstand.

Die entsetzten Priester hielten tags darauf eine Messe ab und verfluchten diese und die kommenden fünf Generationen. Anschließend bestreuten sie die Straßen der Stadt mit Salz und verließen sie auf Nimmerwiedersehen. Ein Priester zog sich sogar die Sandalen aus und reinigte die Sohlen, um nicht ein Staubkorn des verfluchten Orts mit sich zu nehmen.

Es heißt, daß Gracias daraufhin ins Vergessen sank, viele Menschen mußten abwandern, um sich ein Auskommen zu suchen. Viele alte Leute hielten sogar das Erdbeben, das 1915 Teile der Stadt zerstörte, für eine Folge der Verwünschung. Erst Jahrhunderte nach dem unseligen Zwischenfall kam ein Missionar und hob den Fluch auf. Von da an, so sagt man, ging es wieder aufwärts.

und niederländischen Eigentümer haben hier ein sympathisches und interessantes Informationszentrum für Ausflüge in Gracias und Umgebung, Spanischkurse und Ausflüge in die Gegend zugleich bietet man an, Tel. 656-1150. In *Casa Museos* stehen einfache Übernachtungsmöglichkeiten zur Verfügung, Preis nach Vereinbarung.

Post, Hondutel

● 1 cuadra südlich vom Parque Central, geöffnet von 7 bis 21 Uhr.

Bank

● *Banco de Occidente*, am Parque Central, geöffnet von 8 bis 12 Uhr und 14 bis 16 Uhr.

Verkehrsverbindungen

Straße

● Kurz vor *Santa Rosá de Copán* links, auf asphaltierter Straße geht es 50 km weiter bis Gracias.

Bus

● Von *Santa Rosá de Copán* stündlich ab 7:30 Uhr (Dauer: 100 Min.)
● Von *La Esperanza:* Ein Postbus fährt dienstags, donnerstags und samstags (sonst nur Pick-Ups) morgens um 4:30 Uhr. Während der Regenzeit ist die Straße teilweise unpassierbar.
Alternativ auch um 11:30 bzw. 12:15 Uhr von La Esperanza aus nach San Juán, dort Ankunft um 14 Uhr, für 1,20 $; und weiter ab Ausfahrtsstraße links nach Gracias Lempira, wieder ca. 1,20 $, aber auf Ladefläche eines Pick-Up, Fahrzeit nur 90 min.

Ausflüge ab Gracias

Nationalpark Celaque

Im Nationalpark Celaque befindet sich der höchste Berg des Landes (2849 m). Das Gebiet wird von Berg-nebelwald bewachsen, in dem Riesenfarne, Jaguare, Tapire und Quetzale zu sehen sind.

Das ***Besucherzentrum*** liegt 9 km (etwa 2 Stunden wandern) von Gracias entfernt. Die ersten knapp 6 km bewältigt ein normaler PKW, danach ist ein geländegängiges Fahrzeug vonnöten. Das Zentrum verfügt über eine Kochgelegenheit und einen Schlafsaal mit siebzehn Betten, einigen Latrinen und einer Kaltwasserdusche. Essen gibt es vor Ort nicht immer zu kaufen, 1995 wurden jedoch eine Küche und ein Getränkedepot für Selbstversorger installiert. Die Übernachtung kostet knapp 1 $ pro Person. Schlafmatte und winterfester Schlafsack müssen mitgebracht werden. Hinter dem Zentrum befindet sich ein kristallklarer Gebirgsbach.

Vom Besucherzentrum aus beginnt der eigentliche Aufstieg in den Nebelwald. Mindestens sechs Std. sind es bis zum Gipfel. Die erste Etappe geht drei bis vier Std. bis zu einer Forsthütte auf 2050 m Höhe. Hier befindet sich das erste Bergcamp ***Don Tomás***. Es gibt eine kleine Schlafgelegenheit, Matte und Schlafsack müssen mitgebracht werden. In dieser Höhe beginnt der dichte Wald. Der Pfad ist an den mit dünnen Seilen umspannten Bäumen zu erkennen. Auf 2000 und 2500 m befinden sich jeweils Lichtungen, auf denen Camping möglich und auch erlaubt ist. Das nächste Bergcamp auf 2560 m heißt ***Naranjo***. Es befindet sich etwa 2 Std. zu Fuß von Don Tomás entfernt. Außer einer kleinen Hütte steht hier nur ein flacher Grund

El Occidente

zum Camping zur Verfügung. Hier wird es nachts bereits richtig kalt, ein Winterschlafsack gehört zur Pflichtausrüstung. Von Naranjo zum Gipfel sind es weitere 2 Stunden Wanderung. Unterwegs eröffnen sich eindrucksvolle Ausblicke auf die umliegenden Täler. Für mehrtägige Wanderungen gibt die freundliche Besatzung des Besucherzentrums wichtige Tips. Verschiedene Pfade führen ins Innere des großen Waldgebietes, sind aber ohne aktuelle Infos und eine gute Orientierungshilfe (Kompaß) nicht begehbar.

Thermalquellen

Vor einer Wanderung gen Gipfel Celaque sollte zunächst stets der aktuelle Rat der Forstbehörde *COHDEFOR* (am Zentralpark von Gracias) oder des netten Personals im Besucherzentrum eingeholt werden.

Thermalquellen

6,5 km von Gracias entfernt Richtung Süden, d.h. Richtung La Esperanza (bei Ausschilderung abbiegen), liegen die Thermalquellen *(aguas termales)*, zu Fuß in nur ca. 1 Std. zu erreichen. Die Hauptstraße Richtung La Esperanza 2,5 km geradeaus, dann rechts querfeldein – schwer zu finden, aber kleine Kinder sind immer hilfsbereit. In den Thermalquellen warten 4 Bassins mit warmem, schwefelhalti-

Die Töpferinnen von La Campa

La Campa, ein Lenca-Dörfchen an der Grenze zu Gracias/Lempira, ist in Honduras berühmt für seine traditionellen Töpferwaren. Produktionsmethoden, Formen und Motive haben die Jahrhunderte fast unverändert überdauert. Der Fortschritt hat um La Campa einen Bogen gemacht. Im Ort gibt es keinen Strom und keine Abwasserkanäle, die Kindersterblichkeit ist hoch, die Menschen sind unterernährt, an allem herrscht Mangel. Nur Ton gibt es reichlich. Aus einer Grube in der Umgebung schaffen Männer auf Lasttieren oder auf dem eigenen Rücken das Rohmaterial herbei. Verarbeitung und Gestaltung ist Sache der Frauen.

Im dämmrigen Lehmhaus oder im *patio*, einem Gärtchen, das sich inmitten fast eines jeden Hauses befindet, arbeitet jede Frau für sich. Zuerst muß der Ton ein paar Tage in der Sonne trocknen. Die spröde Masse wird dann auf einem Mahlstein *(mortero)* feingemahlen und anschließend eine Woche gewässert. *Morteros* benutzten schon die Maya zum Maismahlen und die Lenca zur damaligen Zeit genauso zur Herstellung von Ton. Nach der Wässerung ist das Material elastisch und haltbar. Die geschmeidige Masse wird auf einer Rindshaut ausgebreitet, mit Sand vermengt und mit den Füßen gestampft, bis sich die Materialien verbunden haben. Der Rohstoff ist fertig zur Bearbeitung.

Die Töpferinnen arbeiten, ohne Töpferscheibe, nach verschiedenen Methoden.

Auf einem Brett höhlen sie einen Klumpen Ton aus, oder sie formen „Würste", die sie aufeinanderschichten. Zum Glätten der Wände benutzen sie entkörnte Maiskolben oder *jícaras*, Schalen aus der Frucht des Baumkürbis. So entstehen Haushaltswaren wie Schalen, Kochtöpfe, Gefäße, die das Wasser durch Verdunstung kühl halten, Tiegel, Aschenbecher, Kerzenständer und hier und da auch ein Tierchen oder ein prächtiger Leuchter für die Kirche. Die fertigen Gebilde trocknen im Schatten. Anschließend werden sie mit weißer Farbe auf roter Grundierung mit zumeist traditionellen Motiven bemalt. Ist die Farbe getrocknet, werden die Gefäße auf einem Holzstoß im Freien gebrannt. Das Wetter *muß gut sein, der Himmel klar,* und vom Boden darf keine Feuchtigkeit aufsteigen. Für einen gemeinsamen Brennofen fehlt den Frauen das Geld.

Die Vermarktung übernehmen die Männer des Dorfes. Sie tragen das zerbrechliche Gut auf die Märkte der Umgebung. Auf der Straße von La Campa nach Gracias sieht man die Träger, die unter der Last der Krüge fast zusammenbrechen. Sie könnten Lieferwagen anmieten, doch das ist zu teuer, und für die zerbrechliche Ware auf der unasphaltierten Straße zu riskant. Ein Gebiet von ca. 400 qkm wird auf diese Weise von den Töpferinnen aus La Campa versorgt. Bevor die Spanier kamen, sagen die Frauen, sei das Verbreitungsgebiet sogar noch größer gewesen.

(von Veronika Schmidt)

El Occidente

gem Wasser. Der Eintritt kostet 1,50 $ für den ganzen Tag, ein Restaurant ist vorhanden.

Töpferdorf La Campa

Etwa 18 km südwestlich von Gracias liegt La Campa, einmal täglich fährt ein Bus (unregelmäßige Fahrzeiten). Bei Regen ist der Ort nur mit allradgetriebenen Fahrzeugen erreichbar. Es lohnt sich, den freundlichen Lenca-Frauen bei der Herstellung von einfachem Hausrat (Töpfe, Pfannen, Kerzenständer) zuzuschauen (siehe Exkurs vorige Seite).

●*Bus ab Gracias Lempira:* Eine cuadra nördlich des Zentralparks von Gracias befindet sich das Büro von *Cotral.* Ein Bus fährt täglich um 14 Uhr über La Campa nach San Manuel de Colohuete (auf 1500 m gelegen).

La Esperanza

Die Hauptstadt des Departementes Intibucá hat mehr als 30.000 Einwohner und liegt auf 1485 m Höhe. La Esperanza gilt als kühlste Stadt des Landes, nachts wird es bis 5 Grad kalt. La Esperanza gilt auch als sicherste Stadt von Honduras. Das liegt an der indianischen Bevölkerung vom Stamme der Lenca. Da der Ort das Handelszentrum im Siedlungsbereich der Lenca ist, findet täglich (vor allem sonntags) ein bunter Markt statt, auf dem hauptsächlich Kleidung und Lebensmittel angeboten werden, jedoch kaum Kunsthandwerk. Berühmt sind die Obstweine, z.B. aus Orangen.

La Esperanza ist eine **Zwillingsstadt.** Unter der spanischen Krone wurde die Siedlung in einen von Spaniern dominierten Teil, La Esperanza, und einen indigenen Teil, Intibucá, geteilt. Während sich La Esperanza der Töpferei widmete, war die Wirtschaft Intibucás auf die traditionelle Landwirtschaft reduziert. Die in La Esperanza lebenden Lenca der Irmanies konzentrieren sich heute auf Chorola und Le Paterique, die aus Intibucá vorwiegend auf Azacualpa.

Die historische Trennung zwischen mestizischen Einwohnern und rein indianischen wurde während der Unabhängigkeit stark relativiert. Schließlich war *Morazán* genauso wie *Lempira* ein Wegbereiter des unabhängigen nationalen Bewußtseins. Immerhin heißt das Departamento bis heute Intibucá. Daß in Tegucigalpa neben *Francisco Morazán* nicht auch *Lempira*, sondern dem Dominator *Christobál Colón* eine Statue gewidmet wurde, konnte nicht durchgehen. Seit 1996 nahmen die indianischen Bestrebungen nach kultureller und politischer Identität in Honduras so spürbar zu, daß diese Bewegung inzwischen die eigentliche Nachfolge der sozialreformerischen (50er Jahre) und revolutionären (70er Jahre) Kräfte angetreten hat.

Im Osten der Stadt befindet sich am Fuß des Cerro San Cristóbal eine **Grotte** *(gruta)*, mit in den Fels gehauenen Stufen und einer Statue der Jungfrau Maria. Vor der Grotte finden auch religiöse Feiern statt, der Ausblick ist schön.

Revolutionäres Familienidyll in Intibucá

Das Haus liegt im Barrio Cacil, etwa 6 Straßen vom Busbahnhof von La Esperanza am Rande der kleinen Stadt, es ist aus Beton und hat einen hübschen kleinen Innenhof. In der großen Küche sitzt ein kleines Mädchen und sortiert Bohnen, eine zeitraubende Arbeit, denn das begehrte Grundnahrungsmittel ist zum günstigen Preis nur ungereinigt zu haben. Die Mutter, Berta Isabel, 27 Jahre alt, steht am Lehmherd, drei weitere Kinder toben im Innenhof. Als Berta Isabel sich nach mir umdreht, treffen mich gütige Augen, die aus einem weichen, harmonischen, jungen Gesicht blicken.

Abends kommt Salvador, 33 Jahre, kläräugig und schlank, nach Hause. Das Tor krächzt, Schritte werden hörbar und alle Kinder stürmen laut jubelnd dem müden Reisenden entgegen. Salvador Zúniga ist der lang ersehnte Papa, der in letzter Zeit so häufig unterwegs ist. Er nimmt jedes Kind einzeln in den Arm, geht dann mit zweien auf dem Arm und zwei weiteren im Schlepptau zu seiner Ehefrau, die er kurz zärtlich begrüßt. Mit ruhiger Stimme meldet er sich gesund zurück und fragt nach Organisatorischem. Der erschöpfte Mann setzt sich an den großen, alten Tisch, und Berta Isabel serviert ein einfaches Mahl aus Reis und Bohnen. Die Familie ist sich einig, Ruhe waltet im jungen Haushalt.

Kaum hörbar gehen Mann und Frau die Ereignisse des Tages durch. Die beiden sind der Kern einer Massenbewegung. Salvador Zúniga ist Führer von COPIN (Consejo Cívico de Organizaciones Populares e Indígenas de Honduras, Bürgerrechtsrechtskomitee der Volks- und Indianergruppen), ein gefährlicher Mann für Regierung und Oligarchie. Obwohl Honduras seit nunmehr zwei Jahrzehnten eine stabile Demokratie hat, beherrscht eine kleine Mittel- und Oberschicht das gesellschaftliche Leben und die politischen Prozesse. Doch im Gegensatz zu den Ureinwohnern sind Gewerkschaften, Bauernorganisationen, Parteien und Verbände stets durch interne Machtkämpfe zerstritten. COPIN dagegen ist eine urdemokratische Gruppe, man behandelt sich respektvoll und eingehend, man ist gleichberechtigt.

Zwischendurch kommen fast lautlos einzelne Lencas in den Hof. Essen oder Kinderspiel wie selbstverständlich unterbrechend, klärt man die Erledigungen im gemeinsamen politischen Kampf. Da man an den Stand der Arbeit des gestrigen Tages oder der vorigen Woche nahtlos anknüpft, können die meisten Fragen in ein oder zwei Minuten geklärt werden.

COPIN hatte im Oktober 1997 zum dritten Mal einen indianischen Marsch auf Tegucigalpa organisiert. Damals kam Salvador Zúniga ins Gefängnis, blieb dort mehr als eine Woche, bis die Proteste tausender Brüder ihn befreiten.

Salvador und Berta sehen sich als Führer einer nationalen Bewegung, die das Erbe der revolutionären Linken antritt. Ihr Kampf ist aber unideologisch und fruchtet nur in kleinen Schritten. Präzises historisches Wissen und ein globales politisches Verständnis sprechen aus ihren bescheiden vorgetragenen Argumenten.

Doch Salvador, Berta und ihre vier Kinder sind gefährdet. Wenn sie dem Hinterhalt eines Großgrundbesitzers oder des Militärs zum Opfer fallen, so wie es vielen mutigen Armen in Lateinamerika widerfahren ist, verliert Honduras. Wer die Arbeit der Familie und von COPIN persönlich unterstützen will, ist im Büro in La Esperanza, Intibucá, im Barrio Lempira, Tel. 898-2400, willkommen.

El Occidente

Unweit der Stadt befindet sich am Cerro de las Crucitas ein **öffentliches Bad** *(baños públicos)*, getrennt für Männer und Frauen, mit Duschmöglichkeit unter einem dicken Wasserstrahl.

Feste

●**Festival de la Papa** (Kartoffelfest). Mit wechselndem Datum meist Ende Juni bis Anfang Juli. Wahl der Kartoffelkönigin, Umzug mit geschmückten Karossen, reichlich ortsübliche Tänze und Musik.

Unterkünfte

●**Hotel La Esperanza,** Bo. Amaní (Tel. 898-2068), hell, sauber, ruhig, freundlich, TV, DZ 10 $.
●**Solis,** Bo. El Centro (Tel. 898-2080), etwas unruhig wegen naher Disko, DZ 8 $.
●**Hotel San José,** 2 cuadras südlich des Parque, sehr einfach, DZ 5 $.
●Außerdem verschiedene preiswertere *Hospedajes:* **Hoteles Mina, San Antonio, San Cristóbal,** alle preiswert.

Essen

●**El Magus,** Centro Comercial (Tel. 992-2086), täglich von 8 bis 21:30 Uhr geöffnet, auch Cafetería-Betrieb mit einfachen Snacks.
●**Pollito Indio,** Bo. Plaza de Armas (Tel. 898-2093), täglich von 10:30 bis 21:30 geöffnet. Geflügel und Snacks.
●**Café El Ecológico,** an der Plaza de Armas, hausgemachter Kuchen, frische *licuados* (Milch- oder Saftshakes), sauber.
●Außerdem mehrere einfache **Comedores.**

Wichtige Adressen

Post, Hondutel
●Auf der Plaza de Armas.

Informationsstellen

●Das Büro der **Lenca-Organisation** COPIN *(Consejo Cívico de Organizaciones Populares e Indígenas)* befindet sich im Bo. Lempira, links hinter einem großen Fußballfeld, Tel. 898-2400.

Bank

●**Banco Atlántida, Banco de Occidente,** geöffnet täglich 8 bis 16:30 Uhr, Sa bis 11:30 Uhr.

Verkehrsverbindungen

Straße

●La Esperanza ist von **Gracias Lempira** aus (83 km) nur in der Trockenzeit auf der dann sicher befahrbaren, aber nicht asphaltierten Straße (Geländewagen empfehlenswert) erreichbar, viel Zeit (3 bis 4 Std.) ist dafür aufzubringen.
●Von **Tegucigalpa** aus führt die Hauptverkehrsstraße Richtung Norden (San Pedro Sula) zunächst nach **Siguatepeque** (117 km) und dann hinter Siguatepeque links (westlich) auf nichtasphaltierter Allwetter-straße durch eine malerische Nadelwald-Berglandschaft über Jesús de Otoro nach La Esperanza (Teilstück Siguatepeque – La Esperanza 66 km).
●Von **Marcala** aus ist La Esperanza auf einer guten, nichtasphaltierten Allwetterstraße (36 km) zu erreichen.

Bus

●Von **Gracias** täglich um 4:30 Uhr morgens per *Baronesa* (LKW mit Holzaufbau) oder mit dreimal wöchentlich verkehrendem Postbus (Fragen bei *Guancascos* lohnt sich).
●Von **Tegucigalpa** aus mit dem Bus in Comayaguela, auf der Tankstelle *Dippsa* San Isidro (4a Calle, Empresa Joelito), Abfahrt um 15 Uhr, Ankunft um 18:30 Uhr, 2,50 $.
●Von **San Pedro Sula** aus zunächst nach **Siguatepeque**, dann vom Abfahrtspunkt in Siguatepeque (etwa 2,5 km nördlich der Stadteinfahrt, an der Kreuzung der neuen Straße Richtung La Esperanza, erkennbar an einer

Texaco-Tankstelle) ab 5:30 Uhr morgens alle paar Stunden auf schöner Allwetterstraße.
●Von *Marcala* täglich um 7 Uhr, ca. 1 Std. (später am Tag ist das Fahren per Anhalter einfach, 0,80 $ sollte man dem Fahrer in jedem Fall anbieten), *nach Marcala* täglich um 11 Uhr.

Ausflüge

Exzellent ist die Gegend um La Esperanza zum Wandern geeignet, z.B. nach **Yaramanguila** oder in andere benachbarte Gemeinden. Sicht und Bodenverhältnisse im lichten Kiefernwald schaffen ideale Trekking-Bedingungen. Abwechslungsreich ist die Landschaft durch Lagunen, Flüsse und Wasserfälle, in denen man gut baden kann. Vorsicht zum Jahreswechsel: Es wird empfindlich kalt.

Marcala

Marcala liegt etwa 35 km südwestlich von La Esperanza auf 1300 m über NN. Es bietet sich auf dem Weg nach Tegucigalpa als Zwischenstation geradezu an. Marcala wurde schon 1635 gegründet und ist heute mit seinen 11.000 Einwohnern das gepflegte Zentrum des Kaffeeanbaus der Provinz La Paz. Die Stadt liegt szenisch sehr hübsch im Bergland und verfügt über eine recht traditionelle, koloniale Architektur. Zum Greifen nahe liegen einige Parks und Natur-Schwimmbäder.

Eine Spezialität in Marcala (aber gelegentlich auch sonstwo in Honduras zu finden) ist das **Atole:** Frische Maiskörner werden zerstampft und mit

Wasser vermischt. Die Masse steht dann 12 Stunden an einem warmen Ort, bis sie säuerlich wird. Dann durchseihen, mit Salz zum Kochen bringen. Dazu werden Maiskolben oder rote Bohnen mit Chili gereicht.

Volksfeste

●**Patronatsfest San Miguel Arcángel,** vom 20. bis 30. September, mit Gottesdiensten, Tänzen, Musik, Feuerwerk, Kartoffel-, Brombeer- und Orangenwein.

Unterkünfte

●**Hotel Medina,** Tel. 898-1866, an der Hauptstraße des Ortes, DZ 7,50 $.
●**Hospedaje Ideal,** Bo. San Miguel, sehr einfach, leicht schmuddelig, Gemeinschaftsbad, DZ 2,50 $.
●**Hospedaje Edgar,** an der Hauptstraße am Ortseingang, einfach, sauber, DZ 2,70 $.
●Weitere einfache **Hospedajes.**

Essen

●**Riviera Linda,** Bo. Concepción, geöffnet von 9 bis 23 Uhr, Angebot und Preis variieren stark, beispielsweise gibt es *pláto típico* für 2 $ und Filetsteak für 8 $, mit Keyboard-Musik.
●**El Mirador,** an der Hauptstraße, geöffnet von 8 bis 22 Uhr, preiswert.
●**Café Exprés,** an der Tankstelle, gute honduranische Küche preiswert.
●Außerdem gibt es mehrere **Comedores.**

Wichtige Adressen

Post, Hondutel

●Vorhanden, auch mit Fax-Betrieb.

Bank

●**Bancafé, Banco de Occidente** (geöffnet 8 bis 12 und 14 bis 16 Uhr).

El Occidente

Verkehrsverbindungen

Straße

● Von *La Esperanza* aus 36 km auf unasphaltierter Allwetterstraße, von *La Paz* aus auf guter Straße, aber 70 km weit.

Bus

● *Von Tegucigalpa* um 8 und 14 Uhr mit *Transportes Lila* (7a Calle, entre 4a y 5a Ave., Comayagüela, gegenüber *Cine Hispano*).
● Von *La Esperanza* per *Transportes Molina* um 8:30 Uhr oder per Anhalter.
● Nach *Tegucigalpa* täglich um 5 und um 10 Uhr über La Paz, nach *La Paz* im großen Bus um 8 Uhr, 2 Std., oder im Kleinbus mehrmals täglich.
● Von *La Paz* aus fahren Minibusse um 5:30, 6:30 und 8 Uhr vom Soldatendenkmal am Blvd. aus nach Marcala, Fahrzeit 1,5 Std., Ticket 1 $.
● Bus *nach El Salvador, San Miguel,* eine halbe cuadra südöstlich des mercado fährt zweimal täglich (frühmorgens und mittags) *Transportes Wendy Patricia*, Fahrzeit 7 Std.

Ausflüge ab Marcala

Kaffee-Kooperativen

Von November bis März findet die **Kaffee-Ernte** statt. Im Gespräch mit den *cafetaleros* oder den Erntearbeitern kann man um Erlaubnis bitten, einmal mit hinausfahren zu dürfen.

5 km von Marcala entfernt befindet sich eine kleine Kaffee-Kooperative, die vom Deutschen Entwicklungsdienst *(DED)* betreut wird. Die Genossenschaft empfängt gerne Besucher und zeigt diesen ihre arbeitsintensive Produktion. *Andrea Füterer,* eine freundliche Hessin, betreibt in Marcala ein modernes Beratungsbüro.

Nach möglichst ökologischen Gesichtspunkten und ohne kostentreibende Zwischenhändler vertreibt die Kooperative den Kaffee direkt an die europäischen Röstereien *(Trans-Fair)*.

Im Kontrast zur beschriebenen Gruppe arbeitet die Kooperative Comarca im wesentlichen vollautomatisch, sie hat entsprechend die fast fünfzigfache Kapazität. Während dort Ochsenkarren mit Holzrädern fahren, sind es hier Pick-Ups und LKWs.

Balneario El Manzanal

3 km vom Ortszentrum Richtung La Esperanza befindet sich die gepflegte Parkanlage *El Manzanal*, mit Mini-Zoo, Restaurant und zwei großen, lauwarmen Thermalschwimmbecken. Der Eintritt beträgt 0,70 $, nur am Wochenende geöffnet. Nur höfliches und eindringliches Bitten kann auch unter der Woche zur Erlaubnis verhelfen.

Chorra de la Estanzuela

4 km vom Ortszentrum Richtung La Esperanza befindet sich – hinter El Manzanal rechts ab – ein breites Wehr in grüner Umgebung. Zum Baden geeignet ist die Chorra aber nur von März bis November, da die Kaffee-Abfälle das Wasser sonst verunreinigt haben.

Wasserfall El Chiflador

El Chiflador ist ein über 60 m hoher Wasserfall, der jedoch ohne Führer schwer zu finden ist. Er befindet sich ca. 1,5 Std. von Marcala entfernt im Kiefernwald, hinter Kaffeepflanzungen. Wer das Schauspiel erleben mag, bittet eines der Kinder um Begleitung und gibt dafür anschließend ein Trinkgeld *(propina)*.

Durch den Westen

Über Comayagua und La Paz nach Marcala, La Esperanza und Gracias Lempira

Ziel ist der kaum bereiste, von Kiefernwäldern und Lenca-Indianern geprägte *Westen des Landes,* wo die Freundlichkeit noch völlig echt ist. Hier begegnet man noch keinen Touristen und ist nach etwa 5 Tagen in Gracias Lempira vielleicht froh, einmal Europäer zu treffen.

Zunächst mit jedem Nordbus, z.B. *Empresas Unidas* (7a Ave., ente 11a y 12a Calle, Comayaguela) *nach Comayagua;* 84 km, 1½ Std. Fahrzeit, 1,20 $ Fahrpreis.; Ausstieg an der Texaco-Tankstelle, von dort sind es 1 km zu Fuß oder für 1,20 $ mit dem Taxi ins Zentrum. Günstig ist die Abfahrt ab Comayaguela um 8 Uhr morgens, dann kommt man zur besten Zeit in Comayagua an und es ist nicht so heiß im unklimatisierten Bus. Der Genuß der harmonischen, bergigen Kiefernwälder ist unverfälscht.

●Besondere Empfehlung zur Übernachtung in Comayagua: *Hotel Halston* (Tel. 772-0557, 3a Calle, entre 1a y 2a Ave. N.E., 2. Stock), Ventilator und Privatdusche, nette Rezeption, DZ 8 $. (Vgl. auch Comayagua).

Die *Weiterreise* – am nächsten morgen – z.B. *nach La Paz,* die Hauptstadt der unscheinbaren, aber angenehmen gleichnamigen Provinz im Westen, funktioniert per Bus von der Kreuzung der *Iglesia La Merced* aus (mehrfach täglich, 1 Std. Fahrzeit, 1 $). La Paz liegt auf einem Hochplateau (700 m von NN) mit genau 20.000 Einwohnern. Die schöne Kathedrale und die in ihr und dem gegenüber befindlichen Gotteshaus stattfindenden Gottesdienste sind lebendig und für jeden offen.

●Besondere Empfehlung zur Übernachtung in La Paz: *Hotel Alis*, Patio mit Hängematten, Ventilator und Privatdusche, 7 $ pro DZ, ohne eigene Dusche 5 $. Zum Essen empfehlenswert sind *Rainbow*, für Hähnchen aller Art; und für den feineren Geschmack *Tequila* an der Hauptstraße: großes, landestypisches Restaurant mit Bewirtung drinnen und draußen.

Der Bus *nach Marcala* fährt vom Kriegsdenkmal am Rand der Stadt ab: um 5:30, 6:30, 8 Uhr und danach alle 2 Std., Fahrzeit 2 Std., Fahrpreis 1,20 $.

●Übernachtungsempfehlung in Marcala: *Hospedaje Edgar* (an der Hauptstraße Richtung La Esperanza, nahe der Kreuzung), einfache Zimmer mit Hofeingang, DZ mit privater Dusche 4 $, ohne 3 $.
●*Ausflüge in Marcala:* Kaffeekooperative Comarca, Balneario El Manzanal, Chorra de la Estanzuela, Wasserfall El Chiflador (vgl. Kap. Marcala, dort ausführlich).

Weiterreise von Marcala: Nach La Esperanza, 36 km, ca. 2½ Std. auf dem Pick-Up, also staubig; weiter *nach Gracias,* 80 km, direkt ca. 3 Std, über San Juan ca. 4 Std, insgesamt für ca. 2 $.

El Occidente

Die Karibikküste zwischen Tela und Trujillo

Überblick und Route

Die Nordküste von Honduras gehört zu den vielfältigsten und exotischsten Streifen Lateinamerikas. Hier treffen sich das zweitgrößte Korallenriff der Welt, die lebendige Kultur der Garífunas und Mestizen sowie Nationalparks und Landschaften, die dicht an die karibischen Hafenstädte Tela, La Ceiba und Trujillo heranragen.

Das Klima des Nordens ist durch eine fast ganzjährige Regenzeit (Mai bis Februar) mit kurzen Nachmittagsschauern und eine immerwährende schwüle, tropische Hitze gekennzeichnet. Hotels und Büros sind deshalb weitgehend klimatisiert. Ohne zumindest einen Ventilator tun Europäer in diesen Breiten nachts vor Schweiß kein Auge zu.

Im Folgenden werden (von Westen nach Osten) die Städte El Progreso, Tela, La Ceiba und Trujillo beschrieben. Alle liegen an der Fernstraße CA13, der asphaltierten Küstenstraße, die zwischen der Kordillere Nombre de Dios und dem Karibikstrand die Städte und Dörfer des Nordens verbindet. Das Meer ist von der Straße aus aber nicht zu sehen. Von La Ceiba und Trujillo aus sichtbar sind dagegen die Islas de la Bahía (Bay Islands), die karibischen Inseln vor Honduras. Diese Tauchparadiese werden im darauffolgenden Kapitel eigens behandelt.

Hier gibt es eisgekühlte Kokosnüsse

El Progreso

El Progreso ist das klassische Beispiel eines schnell wachsenden Zentrums der Agrarreform. 29 km von San Pedro Sula entfernt, liegt El Progreso am Río Ulua und inmitten der Plantagen der *Tela Railroad Company*. Seit Mitte der siebziger Jahre setzen große **Genossenschaften** in Guaymas, ca. 12 km nordöstlich Richtung Tela, auf die Gewinnung von Speisefett aus der Afrikanischen Ölpalme. Die nach jesuitischem Kodex arbeitenden Campesinos haben sich politisch und wirtschaftlich durchgesetzt. Diese und andere Projekte lassen El Progreso unentwegt wachsen, so daß die Stadt heute mit 110.000 Menschen schon mehr Einwohner als La Ceiba zählt.

In El Progreso ist erst 1992 eine schöne katholische **Kirche** errichtet worden. Sie befindet sich am Zentralpark. In einem der **Licuado-Läden** im Zentrum einen Milchshake zu probieren, ist ein Muß für jeden Besucher. El Progreso gibt für den Besucher wenig her. Wer über Nacht dennoch hängenbleibt, findet jedoch einige Hotels und Restaurants.

Feste und Feiertage

● Am 24. September wird das **Patronatsfest der Virgen de las Mercedes** groß und bunt gefeiert.

Karibikküste

Unterkünfte

● **Gran Hotel Las Vegas,** 11a Calle, 2a Ave. N. (Tel. 666-4667), klimatisiert, private Dusche/WC, freundlich, DZ 13,50 $.

● **Municipal,** 1a Ave., entre 7a y 8a Calle N. (Tel. 666-4061), vom Zentralpark gleich um die Ecke, klimatisiert, private Dusche/WC, freundlich und nett, DZ 13,50 $.

● **Plaza Victoria,** 2a Ave., entre 5a y 6a Calle S. (Tel. 666-2150), Schwimmbad, Ventilator, preiswerte 9,60 $ für das DZ.

● **Emperador,** 7 Blocks westlich vom Busbahnhof, 2a Ave., entre 4a y 5a Calle S., Ventilator, mit oder ohne private Dusche/ WC, DZ 4 bis 6,40 $.

● **Casa Blanca,** 4a Calle, 2a Ave. N., Ventilator, sehr einfach, aber mit Atmosphäre, freundlich und ruhig, 5,20 $.

Essen

● **Mr. Kike** (gesprochen wie geschrieben), in Parterre des Hotels *Municipal,* 1a Ave., entre 7a y 8a Calle N., vom Zentralpark gleich um die Ecke, breite Auswahl von typisch honduranischen Speisen mit Fleisch, Huhn, Fisch oder Krabben, klimatisiert.

● **La Parilla,** auf der Hauptstraße rechts neben der Texaco-Tankstelle: gute honduranische und internationale Fleischgerichte, klimatisiert.

● **Red Dragon Pub,** 4a Calle, entre 1a y 2a Avenida N., britisches Management, gute Steaks, abends Bar.

● In El Progreso gibt es außerdem eine Reihe guter *comedores.*

Verkehrsverbindungen

Straße

● El Progreso liegt an der Fernstraße CA13, die die Karibikküste zwischen Puerto Cortés, San Pedro Sula und Trujillo verbindet. Hier fahren auch die Fracht-LKWs, die Bananen von den Plantagen zu den Häfen der Karibikküste bringen. Vorsicht, sie fahren schnell,

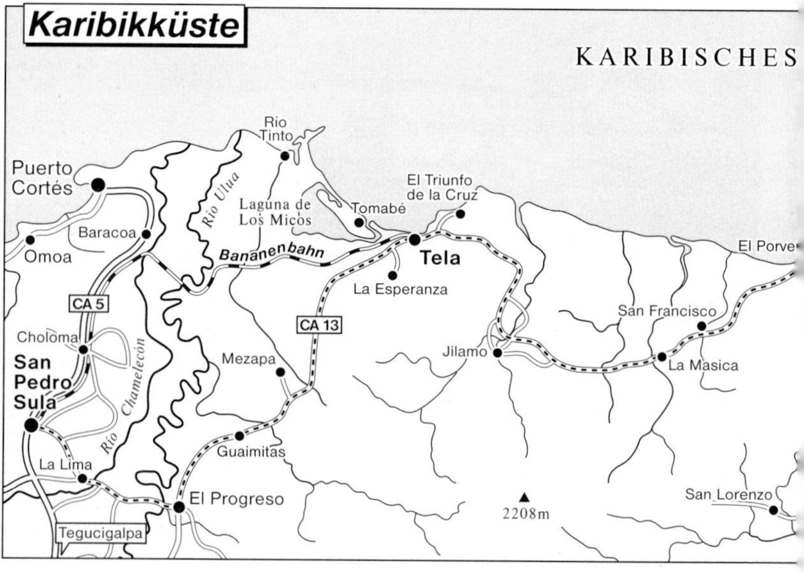

Karibikküste

KARIBISCHES

Rio Tinto

Puerto Cortés

Rio Ulua

Laguna de Los Micos

Tomabé

El Triunfo de la Cruz

Baracoa

Omoa

Bananenbahn

Tela

El Porve

La Esperanza

CA 5

San Francisco

Choloma

CA 13

Mezapa

Jilamo

La Masica

San Pedro Sula

Rio Chamelecon

La Lima

Guaimitas

▲ 2208m

San Lorenzo

El Progreso

Tegucigalpa

manchmal rücksichtslos und sind nachts schlecht beleuchtet. Östlich von El Progreso führt eine gut asphaltierte Straße südlich über Santa Rita (25 km) auf die Fernstraße CA5 Richtung Tegucigalpa.

Bus

● Ab **San Pedro Sula** (Busterminal in der 2a Ave., entre 5a y 6a Calle, S.O.) alle 5 bis 10 Min., Fahrzeit 60 Min., Ticket 0,50 $. Einen Block vom Zentralpark in El Progreso entfernt wartet der Anschlußbus (Fahrzeit 90 Min., Abfahrt alle 30 Min., Ticket 1 $). für die Weiterfahrt nach **Tela.**

Ausflüge ab El Progreso

Balneario El Chorro, Las Minas

Auf der Abkürzungsstraße von El Progreso Richtung Santa Rita, d.h. südwestlich Richtung Tegucigalpa, befindet sich 10 km hinter El Progreso das Dörfchen Las Minas. Von dort sind es nur 1000 m zum Balneario El Chorro, einem Naturschwimmbecken mit erfrischendem Wasserfall, eine Empfehlung für heiße Tage.

Yoro und Nationalpark Montana de Yoro

Vom Busbahnhof in El Progreso geht stündlich ein Bus nach Yoro, der Hauptstadt des gleichnamigen Departamentos. Nur 9 km vom im Tal gelegenen Städtchen befindet sich der Nationalpark Montana de Yoro, ein über 250 qkm großer Bergnebelwald. Um den Nebelwald herum leben die indigenen Gemeinschaften der Tolupan oder Xicaque (sprich: *Chikake*).

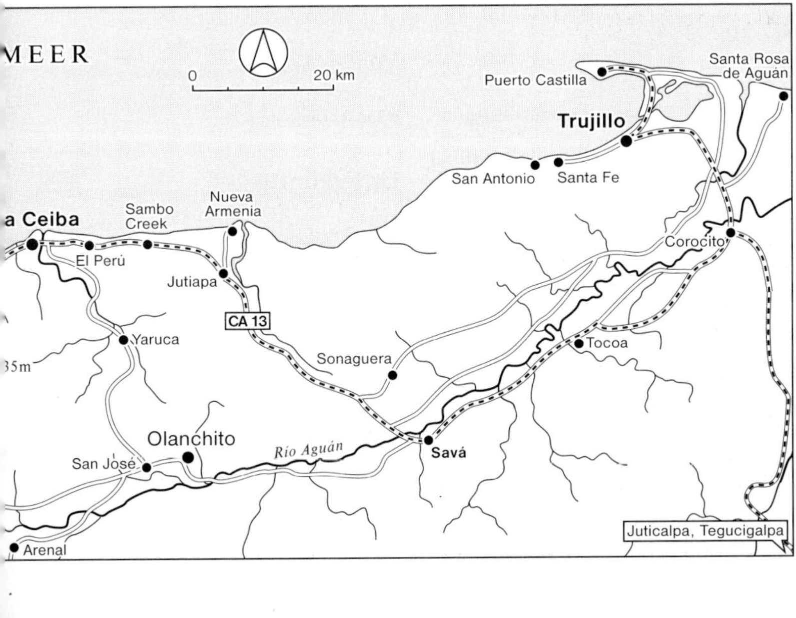

Karibikküste

MEER

0   20 km

Santa Rosa de Aguán

Puerto Castilla

Trujillo

San Antonio   Santa Fe

Corocito

a Ceiba

Sambo Creek

Nueva Armenia

El Perú

Jutiapa

CA 13

Yaruca

Sonaguera

Tocoa

35m

Olanchito   Rio Aguán

San José   **Savá**

Juticalpa, Tegucigalpa

Arenal

Morazán und Nationalpark Pico Pijol

Auf halber Strecke zwischen El Progreso und der Departaments-Hauptstadt Yoro liegt das Dörfchen Morazán. Von Morazán, Parque Central, fährt mehrmals täglich ein Bus nach La Nueva Esperanza. Von dort geht ein zweitägiger Marsch auf die Spitze (2280 m) des Nationalparks Pico Pijol. Nach einem Tag durch abgeholztes Farmland und noch einem durch dichten Wald (Kompaß und Machete sind Pflicht) liegt dort am Gipfel einsam ein Gästebuch. Variante: Von Morazán mit einem Kleinbus nach Los Murillos, dann zu Fuß nach Ocotillo und von dort zum schönen Wasserfall Las Piratas, der mitten im Nationalpark liegt.

Tela

Überblick

Die Wiege der Bananenwirtschaft ist zugleich ein *Badeort* für Honduraner. Die 70.000-Einwohnerstadt verlor ihre logistische Bedeutung, als die Holz-Mohle in den siebziger Jahren abbrannte. Seitdem hat die Stadt vorwiegend touristische Bedeutung, und die Chiquita-Banane der *Tela Railroad Company*, die 1989 noch die deutsche Wiedervereinigung prägte, wird von anderen Häfen aus nach Europa verschifft. Bemerkenswert ist der Bahnhof und die Tatsache, daß die einzige wirklich noch funktionierende Eisenbahnlinie von San Pedro Sula hier endet.

In der Osterwoche ist Tela voller Urlauber, deshalb gibt es auch so viele Hotels am Ort. Von allen Karibikstädten in Honduras verfügt Tela über den schönsten *Strand*. Von Palmen beschattet, ist sogar auf Höhe des Stadtzentrums Baden gut möglich und angenehm. In der rührigen, teils aus Holz, teils aus Stein gebauten karibischen Mittelstadt macht das neugierige Flanieren richtig Spaß. Auch in der Umgebung findet man lohnenswerte Ausflugsziele und weitere schöne Strände (siehe unten).

In den vergangenen Jahren gab es vereinzelte, vor allem nächtliche *Sicherheitsprobleme für Frauen.* Auch allein im Bikini am Strand zu liegen kann unangenehme Anmachen nach sich ziehen. Nachts sollte man dunkle Ecken meiden.

Volksfest

● *San Antonio* im Juni.

Unterkünfte

● *Villas Telamar* (1 km westlich vom Zentrum), Tel. 448-219-96, klimatisiert, Pool, Restaurant, Bar, Läden, Golf, Tennis, Holzhäuser à 30 bis 60 $.

● *The Last Resort* (in Tornabé, 4 km westlich vom Zentrum), Tel. 448-2206, Fax 448-2206 oder 448-2545, Holzhäuser gleich am Strand, Restaurant, eingebettet in Garífuna-Dorf, schöne Lage, DZ 50 $.

● *Hotel Sherwood* (am Hauptstrand, Nähe Parkplatz), Tel. 448-2416, klimatisiert, Restaurant, gleich am Strand, DZ 30 $.

● *Hotel & Restaurante Cesar Mariscos* (entre 3a y 4a Ave., Strandpromenade), klimatisiert, große Zimmer, DZ 27 $.

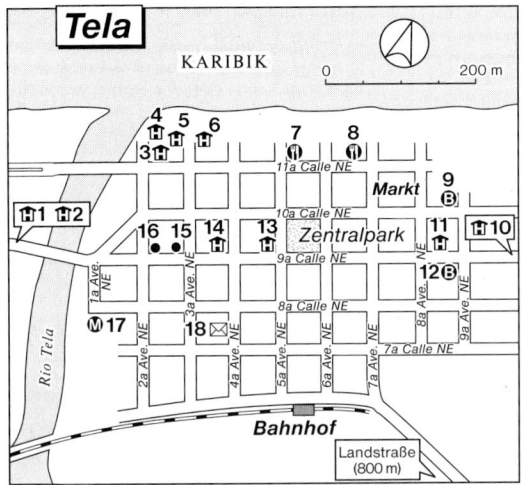

🏠	1	Villas Telamar
🏠	2	The Last Resort
🏠	3	Hotel Playa
🏠	4	Hotel Bahia Azul
🏠	5	Hotel Sherwood
🏠	6	Hotel u. Rest. Cesar Mariscos
🍴	7	Luces del Norte
🍴	8	Rest. Casa Azul
Ⓑ	9	Busbahnhof (aldeas)
🏠	10	Hotel u. Restaurant Maya Vista
🏠	11	Hotel Robert
Ⓑ	12	Allg. Busbahnhof
🏠	14	Hotel Ocean View
🏠	15	Hotel Tela
●	16	Prolansate
●	17	Kino
🍴	18	Garifuna-Museum
✉	19	Post, Hondutel

●**Hotel und Restaurant Maya Vista** (9a Calle N.E. Richtung Osten), Tel. 448-1497 Feine Pasta- und Fischspeisen, familiär und mit vorzüglichem Blick auf's Meer, DZ 250 Lps.

●**Hotel Bahía Azul** (11a Calle, 6a Ave., N.E.) Tel. 448-2381, klimatisiert, Privat-Dusche, neu und einfach, gleich am Strand, DZ 17 $.

●**Hotel Ocean View** (5a Ave., entre 9a y 10a Calle, N.E.), Tel. 448-2946, klimatisiert, DZ ab 8 $.

●**Hotel Tela** (9a Calle, entre 3a y 4a Ave. N.E.), Tel. 448-2150, Ventilator, sauber, klassisch und sympathisch, DZ 12,80 $.

●**Hotel Playa** (11a Calle, entre 3a y 4a Ave. N.E.), ruhig, sehr einfach, DZ 4,40 $.

●**Hotel Robert** (9a Calle, 6a Ave. N.E.), laut, mit oder ohne Bad/WC, DZ ab 2,80 $.

●**Hotel Marazul** (11a Calle, 4a Ave., N.E.), Tel. 448-2313, sauber und strandnah, mit Wasch- und Kochgelegenheit, DZ mit Privatdusche für 6,50 $.

●**Hotel Preluna** (9a Calle, Nähe Busbhf. *aldeas*), Tel. 448-2435, sehr einfach, DZ ab 2,50 $.

●**In Triunfo de la Cruz** (vgl. Ausflüge ab Tela), am wunderbaren Strand: **Caribbean Coral Inn** (Tel./Fax 440-0666 oder Fax 448-

2942), ein aus Adobe gebautes Lehmdorf in Miniformat, primitiv und zugleich luxuriös: einfachste, authentische Ausstattung. Lehmhäuser als Doppelzimmer mit Dusche und Ventilator; Buffet und Bar zur freien Bedienung, all inclusive. Pro Person 80 $ oder buchbar im Bausteinprogramm von *Honduras Expeditions*.

Essen und Trinken

●**Hotel Sherwood** und **Cesar's** am Hauptstrand bringen sehr guten Fisch und Meeresspeisen auf den Tisch.

●**La Casa Azul,** ital. Küche und internationales Ambiente, Treff für Reisende, 1a Ave.

●**Luces del Norte,** 1a Ave., 2a Calle N.E., gute Meeresküche (vor allem große Fisch- und Seeschneckensuppe: *Sopa Marinera* und *Sopa de Caracol*, eine honduranische Spezialität) und Landesküche, freundlich.

●Besonders zum Frühstück sind die gefüllten Teigtaschen *(baleadas)* bei **Tia Carmen** zu empfehlen, sie sind billig und lecker, 1 cuadra südöstlich des Zentralparks.

Karibikküste

● Unter den Bars sind das **Maribú,** in Tela Nueva (600 m westlich des Zentrums an der Hauptstraße), so wie viele andere Bars an dieser Straße zu empfehlen.
● Ein Eis im schönen Garten, mit schönem Blick in den *patio* (Innenhof) gibt es bei **Oso Polar,** Tiburón Playero, am Oststrand.

Wichtige Adressen

Einreisebehörde, Migración

● 8a Calle, 3a Ave.

Post, Hondutel

● 4a Ave. N.E., entre 7a y 8a Calle.

Notfall

● **Rotes Kreuz, Krankenwagen,** Tel. 448-2121.
● **Feuerwehr,** Tel. 448-2350.
● **Schutz- und Kriminalpolizei,** Tel. 448-2079.
● **Verkehrspolizei,** Tel. 48-2149.
● **Staatliches Hospital Tela Integrado,** Tel. 448-2051.

Information

● Im *Centro de Visitantes* der **Naturschutzorganisation Prolansate,** an der Calle de Comercio im Zentrum der Stadt (9a Calle, entre 2a y 3a Ave., NE, gleich im Zentrum von Tela, Tel. 448-2035), werden von motivierten Naturschützern und freiwilligen Helfern des *Peace Corps* gern Infos über Naturschutzprojekte und Ausflugsmöglichkeiten gegeben. *Prolansate* bietet sehr qualifizierte Touren an, allerdings teurer als *Garífuna Tours*, und ist für folgende Naturschutzgebiete zuständig: Nationalpark Punta Sal, Botanischer Garten Lancetilla, Wildreservat Texiguat und Wildreservat Punta Izopo. Unregelmäßige Öffnungszeiten.
● Die **Corporación Municipal**, gleich am Zentralpark, gibt im Auftrag des Tourismus-Instituts Auskunft über kulturelle Ereignisse, Tel. 448-2729.

Tour Operator

● **Garífuna Tours** (unter italienischer Leitung), 9a Calle am Zentralpark, organisieren Touren in die umliegenden Dörfer, in den Botanischen Garten Lancetilla und zum Nationalpark Punta Sal. Mit Mountainbike-Verleih.

Verkehrsverbindungen

Bus

● Von **San Pedro Sula** über **El Progreso.** Von dort alle 30 Min., Fahrzeit etwa 2 Std.
● Von **La Ceiba** ab dem Busbahnhof etwa stündlich.
● Von La Ceiba über Tela nach Tegucigalpa und umgekehrt mit Traliasa, nur einmal täglich, Abfahrt Hotel Los Arcos.
● **Adventure Shuttle:** Von Trujillo, La Ceiba, Copán und San Pedro Sula fährt im Zwei-Tages-Rhythmus der vollklimatisierte Kleinbus *Adventure Shuttle*. Reservierung in Tela unter Tel. 448-2416. Die Preise (jeweils bis Tela): Copán – 18 $, San Pedro Sula – 10 $, La Ceiba – 10 $, Trujillo – 22 $. Tel. 448-2416, Abfahrt vor dem Hotel Sherwood am Hauptstrand.
● Alle lokalen Busse zu den **Garífuna-Dörfern** fahren östlich des Marktes ab, mindestens stündlich.

Bahn

● Täglich um 6:45 Uhr Abfahrt von **San Pedro Sula,** Ankunft im Bahnhof von Tela genau mittags. Ticket 1,50 $.

Ausflüge in Tela und Umgebung

Garnífuna-Museum

Am Ende der 8. Straße (8a Calle) liegt das 1995 eröffnete Garífuna-Museum. Hier befindet sich eine Sammlung von Malerei lokaler Künstler, eine Zusammenstellung von Gebrauchsgegenständen der Fischerei und Landwirtschaft der afrokaribischen Garífuna sowie eine Dokumentation der berühmten Punta-Musik der Garífunas (geöffnet täglich von 9 bis 21 Uhr). Tragen Sie sich in das Besucherbuch ein.

Botanischer Garten Lancetilla

Der Botanische Garten Lancetilla, in letzter Zeit nach seinem Begründer auch *Wilson-Popenoe-Garten* genannt, wurde 1926 von der *Tela Railroad Company*, einer Tochtergesellschaft des Bananenmultis *United Fruit Company*, als Pflanzen-Experimentierstation angelegt. Über 1000 Pflanzenarten, darunter verschiedene Zitrusfrüchte, asiatische Obstbäume, afrikanische Ölpalmen und verschiedene Bambusgewächse wurden aus den tropischen Ländern der Welt importiert. 1976 gab die *United Fruit Company* das Gelände dem honduranischen Staat zurück; seit 1992 wird der Park von der in Siguatepeque ansässigen *ESNACIFOR* und der Forstbehörde *COHDEFOR* verwaltet.

Das Gelände liegt, vor karibischen Orkanen und Überschwemmungen geschützt, in einem kleinen Tal 5 km südlich der Hafenstadt Tela, umgeben von einer bis zu 600 m hohen, zum Teil noch mit Primärwald bewachsenen Hügelkette, die sich nach Norden zum Meer hin öffnet. Lancetilla ist der größte Botanische Garten in Zentralamerika. In einer unvergleichlichen Farben- und Formenpracht gedeihen unter freiem Himmel nicht nur Nutz- und Zierpflanzen der tropischen Breitengrade, man hat auch über dreihun-

dert Vogelarten im Park gezählt, darunter Papageien, Tukane, Kolibris und Eisvögel. Im Park findet man außerdem eine Orchideenzuchtstation (Blütezeit von April bis Juli) und ein Gewächshaus zu Studien- und Verkaufszwecken.

● Der ***Eintritt*** beträgt ca. 4 $, Führungen ab 4 Personen. Öffnungszeiten werktags von 7:30 bis 15:30 Uhr, am Wochenende bzw. feiertags von 8.30 bis 16:00 Uhr.
● Der ***Bus*** Richtung El Progreso fährt an der Einfahrt zum Botanischen Garten vorbei, die ca. 1 km nach *Petrotela* (große Treibstoffsilos) links zu sehen ist. Dort werden auch die Eintrittskarten verkauft. Wer die 2 km Entfer-

Bambuswald

Karibikküste

nung von der Einfahrt bis zum Garten vermeiden möchte, muß früh aufstehen: Ein Angestellten-Bus fährt täglich um 7 Uhr morgens vom Zentralpark aus los.

Triunfo de la Cruz

Östlich von Tela liegt in einer Traumbucht mit guten Bademöglichkeiten Triunfo de la Cruz, ein buntes, fröhliches und selbstbewußtes Garífuna-Städtchen. Vor fast 500 Jahren (genau: 1524) war Triunfo die **erste spanische Siedlung auf dem amerikanischen Festland.** Hier fand auch eine Schlacht zwischen *Cristóbal de Olid* und *Francisco de las Casas*, zweier Leutnants von *Kolumbus*, im Jahr der Gründung statt.

●**Unterkunft:** *Caribbean Coral Inn*, siehe Unterkünfte in Tela.

●**Essen:** Das Restaurant *Drive Inn Caracol* bietet beste Garífuna-Küche. Auch sonst findet man **Garífuna-Spezialitäten** wie *machuca* und *pan de coco*.

●**Anreise:** Der Besuch läßt sich auch gut mit einer **Strandwanderung** kombinieren: Hinfahrt ab Tela mit dem Bus, Rückfahrt am frühen Nachmittag bis La Ensenada, dann am Strand entlang bis Tela. Die Strecke zwischen Triunfo und La Ensenada ist nicht so gut zum Wandern geeignet, da teilweise felsig und wegen einer bei Ensenada mündenden Laguna kaum zu passieren. **Busse** ab Tela fahren vom Zentralpark aus ca. alle 90 Min. Achtung, der letzte Bus zurück fährt schon am frühen Nachmittag.

Tornabé

Punta Sal – karibische Naturstrandbuchten

Wildreservat Punta Izopo

Hinter Triunfo liegt das Kap von Izopo (Punta Izopo) mit der Mündung des Flusses Leán. Das Gebiet wurde 1992 zum Wildreservat erklärt. Nähere Infos gibt *Prolansate* (siehe oben), die für die Nationalparks um Tela zuständige Naturschutzorganisation. Es ist schwierig, sich im feuchten, von Tümpeln und Kanälen durchzogenen Wildreservat zu bewegen. Am sichersten ist eine Tour mit *Prolansate* oder *Garífuna Tours*.

San Juan, Tornabé, Miami

Wegen der großen, von Mangroven umwachsenen **Laguna de los Micos** ist die Küste westlich von Tela praktisch eine schmale Landzunge, deren heller Sandstrand und lockere Kokos-palmreihen zum Erholen einladen. Auf dem Stück bis zum spektakulären Nationalpark Punta Sal, der von Naturschützern und Siedlern hart umkämpft ist, wohnen Garífunas in kleinen Stranddörfern.

Nur 3,5 km von Tela sind **San Juán** sowie – hinter einer weiteren Sandbank – **Tornabé** zu finden. Die Sandbank ist zum Höhepunkt der Regenzeit für ein paar Wochen geöffnet und kann dann nur mit einem Boot überquert werden.

Wiederum 12 km weiter von Tela entfernt hinter einer Sandbank liegt **Miami.** Von hier paddeln Garífunas in seetüchtigen Kanus Richtung Westen, in den Nationalpark Punta Sal. Die Bootsfahrt ist nicht teuer, verhandelt werden kann aber nur auf spanisch.

Karibikküste

Hauptstrand im Zentrum

●*Unterkünfte und Essen:* In San Juán und Tornabé wird leckerer, in Kokosnußöl gebackener Fisch serviert. In Tornabé bietet ***The Last Resort*** acht einfache, am Strand gelegene Bungalows (siehe Unterkünfte in Tela). Im Rahmen eines von der *UNESCO* aufgebauten Projekts serviert das **Restaurant El Proyecto** gutes Essen und hält Duschen am Strand bereit.

●*Anreise:* An der Ostseite des Zentralparks von Tela fahren häufg ***Busse*** über San Juan und Tornabé bis Miami. Ein ***Taxi*** von Tela aus kostet ca. 4 $.

Nationalpark Punta Sal

Einer der beeindruckendsten Nationalparks des Landes befindet sich am Ende der Landzunge westlich von Tela: Punta Sal ist ein Ensemble von kleinen Naturstrandbuchten, einem Küstenregenwald, Mangrovenlagunen, den Ausläufern des Korallenriffs der Islas de la Bahía und einigen Klippen, die die karibische See brechen.

Zwischen den Garífunadörfern San Juan, Tornabé und Miami einerseits und dem Nationalpark Punta Sal soll demnächst die erste große **touristische Anlage** von Honduras entstehen. Mit Unterstützung der Vereinten Nationen und des Mexikanischen Tourismus-Instituts plant die honduranische Regierung hier seit über zwanzig Jahren eine moderne Strandanlage. Seit der *Callejas*-Regierung wird diese jedoch im Rahmen eines *turismo selectivo* definiert, eines kontrollierten Tourismus. Eine Zufahrtsstraße und die Stromversorgung sind nun fertig. In Kürze ist mit dem Beginn der Baumaßnahmen zu rechnen. Kritiker befürchten eine Vernichtung der ungezwungenen, häufig kollektiven Lebenskultur der zahlenmäßig unterlegenen Garífunas. Die Größe der geplanten Anlage mit 1500 vorgesehenen Betten ist für honduranische Verhältnisse ein dicker Brocken.

Das Schicksal des malerischen Punta-Sal-Nationalparks ist nicht nur wegen der geplanten Anlage fraglich. Landlose **Bauern** sind seit Beginn 1993 massenweise in die Feuchtsavanne am Westufer des Río Tinto geströmt und haben das am Strand liegende idyllische Garífuna-Dörfchen Río Tinto umzingelt. Das Land bildet praktisch die Westgrenze des Nationalparks, weshalb der Nationalpark nun auch erweitert werden soll. Doch die Naturschutzbewegung stößt in der großen Anzahl landloser und bettelarmer, aber gut organisierter Bauern auf Widerstand. Die engagierte Naturschützerin *Jeanette Kawas*, Gründerin und Kassiererin von *Prolansate*, wurde 1995 heimtückisch ermordet.

● *Anreise:* Zum Nationalpark reist man entweder in einer kombinierten Bus-LKW-Boots- und Trekking-Tour an zwei Tagen von Tela aus (das Direktboot nach Río Tinto geht um 10 bis 12 Uhr morgens von der *barra* aus, ein gechartertes ist recht kostspielig). Oder mit der Eisenbahn von San Pedro Sula über Baracoa nach Crique Martinez, wo allerdings ein Express-Boot Richtung Río Tinto vorab bestellt sein muß.

● Außerdem bietet **Honduras Expeditions** (Tel. 552-7274) Touren mit Bahn und Boot nach Rio Tinto und Punta Sal an.

La Ceiba

Überblick

La Ceiba ist mit 90.000 Einwohnern die größte Stadt des karibischen Honduras. Einstmals wegen ihres Hafens das Handels- und Verkehrszentrum des Nordens, versorgt La Ceiba heute außerdem die Islas de la Bahía und die weitläufige Moskitia.

La Ceiba ist auch die wohl karibischste Stadt des Landes. Erst 1877 gegründet, seit damals das Zentrum der honduranischen Karibik, ist La Ceiba durch den Zuzug von Garífunas, englischsprachigen Kariben, US-Amerikanern und Europäern zugleich der Treffpunkt vieler Kulturen.

Die Stadt liegt an einem schmalen Küstenstreifen zwischen karibischem Meer und der Kordillere Nombre de Dios, die den ganzen Norden des Landes prägt. Deshalb verfügt La Ceiba über die meisten attraktiven Ausflugsmöglickeiten aller honduranischen Städte, die zudem relativ nahe gelegen sind. Deshalb ist der Ort auch bei Wochenend-Urlaubern aus Honduras beliebt. Ein altes Vorurteil unter Honduranern besagt außerdem, daß Waren – und dabei vor allem Textilien – in La Ceiba billiger wären als irgendwo sonst. Nicht ganz zufällig finden sich zwischen den zwei Hauptstraßen der Stadt, der Avenida San Isidro und der Avenida 14 de Julio, eine Unmenge von Warenhäusern, Märkten und Fachgeschäften.

La Ceiba verfügt nicht gerade über die schönsten Strände. Attraktiver sind

Karibikküste

die Strände von El Perú, Corozal und Sambo Creek östlich der Stadt (Busse fahren regelmäßig vom Busbahnhof).

La Ceiba ist auch bekannt für seine Diskotheken. Empfehlenswert sind eigentlich alle Diskos auf der Barra (1a Calle), vom Kanal aus östlich. In La Ceiba kommt auf 5000 Einwohner eine Diskothek! Dabei sind die zusätzlichen Tanz-Salons in den einzelnen Stadtteilen noch nicht mitgezählt.

Geschichte

Entstehung und Wachstum der Stadt waren bis zur Mitte des 20. Jahrhunderts eng mit der *Vaccaro Bros. & Co.* verknüpft. 1860 wurden die ersten **Bananen** von Roatán aus nach New Orleans geschickt und trafen auf gute Nachfrage. An der Mündung des Río Cangrejal (wo heute der neue Hafen liegt) und im idyllischen Städtchen Balfate (östlich von Nueva Armenia, nahe der kleinen Stadt Jutiapa auf der Hauptstraße Richtung Trujillo) entstanden die ersten Bananenplantagen. Im statistischen Jahrbuch von 1889 heißt es: *„La Ceiba verfügt jetzt über breite und lange Straßen, solide Häuser, davon sogar 22 Stück mit zwei Geschossen. Viele Straßen sind erleuchtet und in Kürze wird es auch ein Trinkwasser-Netz geben. Öffentliche Gebäude sind das Bürgermeisteramt, die katholische Kirche, zwei weiterführende Schulen und ein Markt. Es ist heiß, aber gesundheitsschonend. Denn im Laufe der letzten Jahre wurden viele Tümpel (als Moskito-Brutstätten) aufgefüllt. Um La Ceiba herum sind 8000 manzanas (ca.*

6000 ha) *mit Bananen und anderen Früchten bepflanzt.“*

Die **Vaccaro-Brüder** und ihre Kousins, die **D'Antoni-Brüder,** investierten in den folgenden Jahrzehnten massiv in die Entwicklung der Stadt. Mit eigenen und öffentlichen Budgetmitteln bauten sie neben den extensiven Bananenplantagen der heutigen *Standard Fruit Co.* (Markenname: *Dole*) verschiedene andere Unternehmen auf: die Brauerei (Markenname: *Salva Vida*), die Seifen- und Fettfabrik (Markenname: *La Blanquita*), eine Spirituosen-Brennerei und eine Schuhfabrik namens *NACO*. Die *Vaccaro Bros. & Co* baute ein Eisenbahnnetz zwischen La Ceiba, Jutiapa und Olanchito. Die Firmengruppe wurde schließlich mehrfach von der Stadtverwaltung La Ceibas für öffentliche Bauprojekte unter Vertrag genommen: So baute die *Vaccaro* nach dem vernichtenden Brand von 1914 die katholische Kirche La Milagrosa (1915), das große Zollgebäude (1918) sowie das Gebäude der Stadtverwaltung (1930). Selbst das sehr moderne und leistungsfähige private Krankenhaus *D'Antoni* ist ein Unternehmen der heutigen *Standard Fruit Co.*

1905 hatte La Ceiba erst 3000 Einwohner, 1916 waren es schon 7000. Doch die Bedeutung der Stadt war damals wie heute in der **Verkehrsanbindung** zu Übersee zu suchen. Ganz im Gegensatz zur Verkehrsanbindung hinsichtlich des honduranischen Zentrallandes. Zu Beginn dieses Jahrhunderts dauerte eine Reise von der Hauptstadt Tegucigalpa in die Hafen-

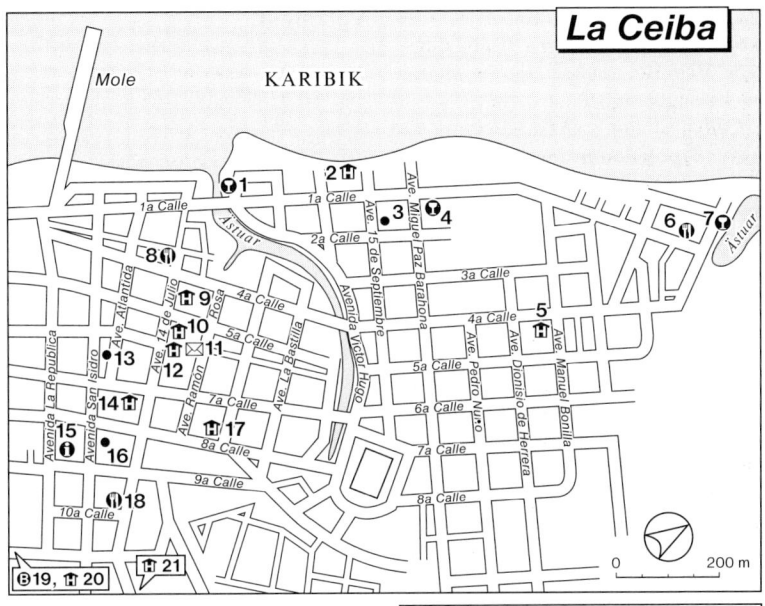

La Ceiba

KARIBIK

Mole

1a Calle

Astuar

2a Calle

Ave. Miguel Paz Barahona

Avenida Victor Hugo

Ave. 15 de Septiembre

3a Calle

4a Calle

Ave. Pedro Nufio

Ave. Manuel Bonilla

Dionisio de Herrera

5a Calle

6a Calle

7a Calle

8a Calle

Astuar

Ave. Atlantida

4a Calle

Ave. 14 de Julio

Rosa

5a Calle

Ave. La República

Ave. San Isidro

Ave. Ramón

6a Calle

Ave. La Bastilla

7a Calle

8a Calle

9a Calle

10a Calle

Avenida San Isidro

0   200 m

Ⓑ19, 🏨20   🏨21

stadt La Ceiba eine ganze Woche. Ein Zeitzeuge berichtet: „Im Jahr 1913 wollte eine Gruppe honduranischer Studenten in die USA reisen, um dort an der Universität zu studieren. Dazu wollten sie ein US-amerikanisches Schiff nehmen, das von La Ceiba auslief. Dorthin gelangten sie auf dem Rücken von Maultieren, in einer einwöchigen Reise, die folgender Route folgte: Tegucigalpa – El Picacho – Ocotes Caidos – La Libertad (Comayagua) – Potrerillos – San Pedro Sula – Puerto Cortés. Von Puerto Cortés aus lief das honduranische Dampfschiff namens *Barahona* nach La Ceiba aus. Bevor sie in La Ceiba ankamen, verbrachten sie auf der *Baraho-*

♥	1	D'Lido
🏨	2	Hotel Rotterdam
●	3	Tropical Jungle
♥	4	Golding Rock
🏨	5	Hotel Paraiso
🍴	6	La Chabelita
♥	7	El Piloto
🍴	8	Cric-Cric-Burger
🏨	9	Hotel Royal
🏨	10	Hotel Italia
✉	11	Post, Hondutel
🏨	12	Hotel Colonial
●	13	FUCSA
🏨	14	Hotel Príncipe
ℹ	15	Info-Kiosk IHT (Touristen-Information)
●	16	Aerolineas Sosa, Isleña
🏨	17	Hotel Las 5 Rosas
🍴	18	Ricardo's
Ⓑ	19	Busbahnhof
🏨	20	Hotel Siesta VIP
🏨	21	Hotel La Quinta

Karibikküste

na Momente der Angst." Die Reise von La Ceiba bis New Orleans dagegen dauerte auch zu jenen Zeiten nicht länger als 3 Tage.

Ceiba ist der spanische Name für den **Kapok-Baum** *(Ceiba pentrada, Bombax ceiba)*, der als Baum des Himmels schon von den Mayas verehrt wurde, da seine Äste im rechten Winkel zum Stamm stehen, also dem Horizont entsprechen. Als die Stadt gegründet wurde, befand sich ein prachtvolles Exemplar dort, wo heute das Zollgebäude steht. Der mächtige Baum wurde *el árbol de los araganes* (Baum der Trägen) genannt, weil die (noch) beschäftigungslosen Hafenarbeiter unter ihm ruhten, während sie der ankommenden und Arbeit bringenden Seeschiffe harrten. Als der Baum in einer lauen Nacht des Jahres 1917 gefällt wurde, sprach die Stadt von der *noche triste*, der traurigen Nacht. Doch noch heute befinden sich in La Ceiba besonders eindrucksvolle Exemplare dieser Art. Achten Sie mal darauf und schreiben Sie mir, welche „*Ceibones*" Sie am tollsten finden.

Orientierung

La Ceiba besteht aus dem Zentrum, das reißbrettartig in Calles und Avenidas unterteilt ist, sowie der Barra (1a Calle), die von Westen nach Osten eine cuadra hinter dem Strand entlang verläuft. Auf der Barra befinden sich Bars und Restaurants mit Nachtleben. Die Fernstraße CA13 verläuft etwa 1,5 km südlich des Zentrums.

Volksfest

●**San Isidro,** am 15. Mai. Das Patronatsfest, auch **Carnaval de La Ceiba** genannt, läuft 2 Wochen lang, jeweils werktags in Form eines Umzuges, mit bunt geschmückten Festwagen, die durch die einzelnen Stadtteile rollen. Der Höhepunkt findet am letzten Samstag im Zentrum der Stadt statt. Tausende von Menschen tanzen in den Straßen zu Live-Musik, die von honduranischen Gruppen auf mehreren Bühnen gespielt wird.

Unterkünfte

●**Belmar Beach Resort,** in Boca Vieja, 10 km östlich von La Ceiba (Landstraße nach Trujillo, nach 5 km links abbiegen und weitere 5 km Richtung Strand, Tel. 440-0666, 236-7560 oder 233-5980, Fax 235-7580). In drei großen Holzhäusern, die auf dem großartigen Strand auf Stelzen stehen, befinden sich wohnliche Doppelzimmer. DZ ab 50 $, auch buchbar im Bausteinprogramm von *Honduras Expeditions.*

●**Villas del Mar** (1a Calle, westlich des Zentrums, nach Überschreiten der Bahnlinie in der vierten cuadra links), Tel. 442-0083, luxuriöse große Zimmer, klimatisiert, mit warmem und kaltem Wasser, teilweise mit Blick auf's Meer, in ruhiger Lage, aber nicht ganz zentral, DZ 48 $.

●**Tesla's Guest House** (Calle Montecristo Nr. 212, Col. El Naranjal), Tel. 443-3893, wunderschöne Privatzimmer, Garten und kleiner Pool, persönlicher Service durch die deutschstämmige Familie *Seibt*, DZ 45 $.

●**Hotel Siesta VIP** (zu Beginn der Ave. 15 de Septiembre, führt vom Zentrum zum Busbahnhof), Tel. 443-0968, geschmackvoll, ruhig, zentral, DZ 32 $.

●**Hotel La Quinta** (Stadtausfahrt, gegenüber vom Golf-Club), Tel. 443-0223, Fax 443-0226, klimatisiert, Restaurant, Bar am Pool, gutes Preis-Leistungs-Verhältnis, professionell, DZ 30 $.

●**Hotel Colonial** (Avenida 14 de Julio, vier Blocks vom Strand), Tel. 443-1953, Fax 443-1955, klimatisiert, Restaurant, Dach-Bar, Whirl-Pool, enge Zimmer, in denen die Fenster wegen der Klimaanlage nicht geöffnet werden können; freundlich, DZ 22 $.

● *Hotel Paradiso* (4a Calle Este, Bo. La Isla, östlich des Zentrums, nur 3 cuadras vom Strand, zwischen Ave. Manuel Bonilla und Ave. Dionisio de Herrera), Tel. 443-3535, Fax 443-3536, ruhig, sauber und klimatisiert, Warmwasser u. Klimaanlage, DZ 17 $.

● *Hotel Italia* (3 Häuser vom *Hotel Colonial* Richtung Strand), Tel. 443-0150, DZ 14 $.

● *Hotel Príncipe* (7a Calle, zwischen Ave. San Isidro und Ave. 14 de Julio), zentral gelegen, wahlweise klimatisiert, mit oder ohne Ventilator, DZ mit Ventilator 8,50 $.

● *Hotel Rotterdam* (Ave. 15 de Septiembre, Bo. La Isla, am Strand), Tel. 443-2859, nett, sauber, freundlich und preiswert, ab 6,80 $

● Besonders sympathisch: *Las 5 Rosas* (8a Calle, 4 Blocks vom Zentralpark östlich), DZ 4 $.

● *Hotel Royal* (6a Calle, zw. Ave. San Isidro und Ave. 14 de Julio), einfach, zentral, DZ 5 $.

● Verschiedene weitere preiswertere, saubere Hotels befinden sich in der Ave. Atlántida, z.B. *Ligero's* mit DZ zu 8 $.

Essen

● *Ricardo's* (Ave. 14 de Julio, drei Blocks vom *Hotel Colonial* Richtung Süden), gute Fischgerichte und Pasta, nicht billig.

● *La Chabelita* (1a Calle immer geradeaus ostwärts, 50 m vor Ende links, Zona Viva), original ceibanische Küche, vor allem in Kokosnußöl gebratener frischer Fisch.

● *Restaurante La Casa* (9a Calle, entre Ave. San Isidro y Ave. 14 de Julio), Tel. 443-0816, typische Speisen in netter Atmosphäre.

● *Restaurante Palace* (8a Calle, Ave. San Isidro), Tel. 443-0685, eine Institution in La Ceiba, chinesische Küche, klimatisiert.

● *Panadería Mazapán* (1 cuadra vom Zentralpark nördlich, in der gleichen cuadra des *Hotel Paris*, auf der anderen Seite, gegenüber Eisenbahn-Park der *Standard Fruit Company)*, mit gutem Frühstücksbuffet.

● *Comedor Mi Delicia* (Ave. San Isidro, 2 Blocks südlich vom Zentralpark), solide honduranische Volksküche.

● *Cobel* (7a Calle, auf der Ave. San Isidro 2 cuadras vom Zentralpark Richtung Strand,

dann rechts abbiegen, hier unscheinbar in der 2. cuadra auf der linken Seite), Tel. 442-2192, breites Angebot von schmackhaften Tagesmenüs zu niedrigen Preisen.

Ansonsten:

● La Ceiba verfügt über eine breite Palette von Fast-Food-Läden, vor allem **Cric Cric** (ingesamt vier in der ganzen Stadt, einer an einem schönen Park, vgl. Stadtkarte) oder **Queens-Burger** auf der 1a Calle, kurz vor dem Kanal.

Trinken und Tanzen

● In jeder der Bars und Diskotheken an der Barra im *Vergnügungsviertel (Zona Viva)*, d.h. an der 1a Calle, die am Strand entlang führt, werden Drinks angeboten. Bei ausgelassener Stimmung kann den Tanzenden, den Schönen oder – wegen der Bauweise nach innen – dem Meer zugeschaut werden.

● *Buhos Disco* (1a Calle, Zona Viva), Tel. 442-0933, klimatisierte Video-Bar und Tanzschuppen auf 2. Etagen, aufgeräumt, phosphoriszierend, niveauvoll.

● In *Golding Rock* (1a Calle, Zona Viva, von *Queensburger* ca. 150 m ostwärts) wird fast täglich Punta-Musik live gespielt

● *Sea View* (sehr ruhig) oder *El Piloto* (typisch honduranisch) am Ende der Barra, ca. 1 km vom Zentrum, sind wegen ihrer Nähe zum Wasser besonders empfehlenswert.

● *D'Lido,* auf der Barra (1a Calle) gleich hinter der Brücke über den Kanal links, geöffnet von 19 bis 3 Uhr, Eintritt nur am Wochenende (1 $), ist eine große Diskothek mit Profi-Sound, gemischt karibisch-honduranische Merengue- und Calypso-Musik sowie Rock und Disco; preiswerte Getränke.

Wichtige Adressen

Post, Hondutel

● 2a Ave. (Ramón Rosa), entre 5a y 6a Calle.

Notfall

● *Rotes Kreuz, Krankenwagen,* Tel. 443-0707.

Karibikküste

●*Feuerwehr,* Tel. 442-2695.

●*Schutz- und Kriminalpolizei,* Tel. 199.

●*Verkehrspolizei,* Tel. 443-0995.

●*Staatliches Hospital Atlántida Integrado,* Tel. 442-2195.

●*Privates Hospital Vicente D'Antoni,* Blvd. Morazán (auch Calle D'Antoni genannt), Tel. 443-2264, 443-0029, 443-2234, Notaufnahme Tel. 443-0593, Fax 443-2214.

●*Centro Médico,* mit dem deutschsprachigen, sehr hilfsbereiten Gynäkologen *Siegfried Seibt,* Tel. 443-0244.

Information

●Das **Tourismusinstitut** betreibt einen Infokiosk im Zentralpark (häufig geschlossen) und am Flughafen Golosón (letzterer Tel. 442-0929).

Einkaufen

●Kunst und Kunsthandwerk mit Niveau bietet die Galerie **Deco Arte** in der 10a Calle, entre Ave. San Isidro und Ave. 14 de Julio (geöffnet 9 bis 12 und 14 bis 16 Uhr).

Kino

●8a Calle, Ave. 14 de Julio.

Stadtverkehr

●In La Ceiba ist das **Taxifahren** besonders günstig. Eine Fahrt **in der Stadt** kostet nur 0,40 $, eine Fahrt zum **Busbahnhof** 0,60 $, eine Fahrt zum **Flughafen** nur 3 $.

Tour Operator

●*Honduras Expeditions* bzw. *Cambio C.A.* (1a Calle, ed. Club de Leones, gegenüber Hotel *Flamingo,* Tel./Fax 440-0666, e-mail honexp@mayanet.hn), seit 1989 Pionier in natur- und sozialverträglichen Ausflügen, Erlebnisreisen und Expeditionen, gut für alle Einblicke in Natur und Kultur der Nordküste, relativ kostengünstig, auch günstige Tauchangebote für die Inseln.

●*Rios Honduras* (über *Caribbean Travel Agency,* Ave. San Isidro, Ed. Hermanos Kawas, Tel./Fax 443-0780 oder 443-1360) bietet Rafting-Touren auf dem wunderschönen Cangrejal-Fluß, immer professionell und naturschutzbewußt; auch fünftägige Rafting-Expeditionen zum Rio Sico für allerdings 675 $. Das Schwesterunternehmen *Sea Blades* bietet Sea Cayaking in Roatan an (von West End bis Dixon's Cove), 2 Tage ab 125 $ pro Person (Minimum 2 Personen).

●*Eurohonduras Tours* (im Hotel *Italia*), bietet Touren zu allen Nationalparks in der Umgegend, Spezialität: Französischsprachige Reiseleitung, Tel. 443-0933.

●*Tropical Jungle* (Ave. 15 de Septiembre, 2 cuadras vom Strand, Tel. 443-2055), bietet preiswerte Touren im Umfeld von La Ceiba, Rafting besser mit *Rios Honduras;* Tropical Jungle ist auch eine Agentur von *Honduras Expeditions.*

●*Omega Tours* (in den Bergen über dem Cangrejal-Fluß, Tel. 441-0384-Ton-14; Fax 443-0700 z. Hd. Udo Wittemann), betreibt eine sehr rustikale Berglodge mit Familienanschluß und täglichen Aktivitäten – auch zu Pferd – rund um den Cangrejal-Fluß.

●*Caminos* (Col. La Ponce, Tel./Fax 441-1874), vermieten Motorräder und führen selbst Bike-Safaris durch.

Verkehrsverbindungen

Straße

●La Ceiba ist von San Pedro Sula (198 km) über El Progreso (170 km) und Tela (103 km) auf einer gut asphaltierten Straße zu erreichen, von Trujillo (171 km) über Savá (rechts ab, da sonst bis Olanchito). Von Tegucigalpa (444 km)führt der kürzeste Weg zunächst Richtung San Pedro Sula, dann aber in La Flecha (auf halbem Weg zwischen Lago de Yojoa und San Pedro Sula) rechts ab nach El Progreso, und von dort weiter über Tela nach La Ceiba.

Autovermietung

●*Molinari Rent-A-Car,* Hotel *Paris,* Tel 443-0055.

●*Maya Rent-A-Car,* Hotel *La Quinta,* Tel. 443-0224.

Direktbusse nach La Ceiba

- **Tegucigalpa:** Mit *Viana Class de Oro*, Col. Prado, neben Toyota (Tel. 225-4235), täglich um 6:45 und 14:30 Uhr; mit *Traliasa*, 8a Calle, entre 6a y 7a Ave. (Tel. 237-3647), täglich um 6 und 9 Uhr; mit *Etrusca*, Bo. Concepción, 12a Calle, Comayaguela, täglich um 8, 10 und 16 Uhr oder mit *Cristina*, Bo. Concepción, 8a Ave., entre 12a y 13a Calle, Comayaguela.
- **San Pedro Sula:** mit *Catisa*, *Tupsa* und *City* vom Busbahnhof aus (2a Ave., entre 5a y 6a Calle, S.O.), stündlich von 5:30 bis 19:30 Uhr, 3 Std., 2 $.
- **Tela:** vom Terminal (östlich Nähe Zentralpark) aus alle halbe Stunde, 2 Std., 0,80 $.
- **Trujillo:** vom Zentralpark aus um 2, 4, 6, 10 und 14 Uhr, 3 Std., 2,20 $.

Bus von La Ceiba aus

- Alle Busse fahren vom **Busbahnhof** *(Terminal de Buses)* im Mercado San José ab, an der Ave. 15 de Septiembre, 2 km westlich vom Zentrum:
- Etwa stündlich fahren die Busse nach **Corozal** (10 km östlich), **Sambo Creek** (15 km östlich) und **Nueva Armenia** (40 km östlich, Ausgangspunkt für Bootsüberfahrten zu den Tauch-Eilanden Cayos Cochinos oder Hog Islands).
- Ebenfalls etwa stündlich fahren Busse über **El Porvenir** nach **La Unión** (20 km westlich), dem Ausgangspunkt für Touren nach Cuero y Salado.

Bahn

- **Banana Life Tours** (Tel. 443-3525) bietet ab 10 Teilnehmern eine klimatisierte Ausflugsbahn an, die zum Naturschutzgebiet Cuero y Salado und an die Strände von El Perú fährt.

Karibikküste

Hacienda in El Porvenir

Flug

● Am **internationalen Flughafen Golosón,** ca. 10 km westlich von La Ceiba, starten und landen zwar selten Direktflüge aus dem Ausland. Der Flughafen verbindet Honduras jedoch mit den Karibikinseln und der Moskitia.

● Nähere Auskünfte erteilen in der Stadt **Isleña Airlines** (am Parque Central, Tel. 443-0179, Fax 443-2326) und **Aerolineas Sosa** (am Parque Central, Tel. 443-1399, Fax 433-0384). Aerolineas Sosa ist besonders empfehlenswert für Privatcharter.

● Nach **Tegucigalpa:** mit Isleña tägl. (außer So) um 8 und um 14 Uhr, Mo, Fr, Sa, So um 10 Uhr, zurück Mo-Sa 9 und 15 Uhr, Mo, Fr, Sa, So um 11 Uhr (35 Min., 24 $).

● Nach **San Pedro Sula:** mit Sosa täglich um 11:30 Uhr, zurück 14:30 Uhr.

● **Nach Roatán:** mit Isleña tgl. um 6, 7:30, 9, 10, 11, 12:30, 14, 15 und 16 Uhr (15 $). Mit Sosa Mo-Sa um 6, 8, 9:30, 12:30 und 15:30 Uhr; Preis 15 $. **Von Roatán:** mit Isleña tgl. um 7, 8, 10, 10:30, 12, 13, 15, 16 und 17 Uhr. Sosa fliegt Mo-Sa um 8:30, 10:30, 14:30, 16 und 17:15 Uhr.

● **Nach Guanaja:** mit Isleña Mo-Sa 12:30 und 16 Uhr, Mo auch 6 Uhr; mit Sosa Mo-Sa um 6 Uhr über Roatán, um 16 Uhr direkt; Preis 20 $. **Von Guanaja:** mit Isleña Mo-Sa 6:45, 13:15, Sa 16 Uhr, mit Sosa, Mo-Sa 7:15 und 16:45 Uhr (über Roatán).

● **Nach Utila:** mit Sosa Mo-Sa um 6, 10 und 15 Uhr, mit Isleña Mo-Sa 6 und 16 Uhr; Preis 12 $. **Von Utila:** mit Sosa Mo-Sa 6:30, 10:30 und 15:45 Uhr, mit Isleña Mo-Sa 6:30 und 16:30 Uhr.

● Nach **Puerto Lempira:** Mo, Mi, Do und Sa mit Isleña um 7, Rückflug um 8:15 Uhr, Di, Do und Sa auch mit Sosa um 7, Rückflug 8:30 Uhr, 36 $.

● Nach **Palacios:** mit Isleña tgl. (außer So) um 10 Uhr, Rückflug 11 Uhr; 24 $.

● Nach **Brus Laguna** (28 $) und **Ahuas** (33 $): nur Mo, Fr um 7 Uhr mit Sosa, zurück um 8:30 Uhr.

Schiff

● Alle paar Tage fahren Schiffe Richtung Karibikinseln und Moskitia (nach Barra Patuca mit der La Marguerita), an der Mole fragen.

● Die MV Tropical verkehrt täglich von **Roatán** (Abfahrt Di-Sa 7 Uhr, So 15:30, Mo 7:30 Uhr) und von **Utila** (Abfahrt täglich, außer am Wochenende, 11:30 Uhr) aus. Die Fahrkarte kostet 8 $ (Roatán) und 6,30 $ (Utila) für die einfache Fahrt, Kinder von 7 bis 12 Jahren zahlen die Hälfte, darunter ist es gratis.

● Die MV Starfish fährt ab dem neuen Hafen (außerhalb, Taxi nehmen) Dienstag gegen Mittag nach **Utila,** dort startet sie jeweils montags um 4 Uhr morgens (5 $ pro Fahrt).

● Die MS Painkira (Agencia MATRA, 2a Calle N.E., salida vieja a La Lima, San Pedro Sula, Tel. 557-1744, Fax 553-3730) läuft jeweils dienstags von La Ceiba **Richtung Moskitia** aus, nach **Puerto Lempira** (Donnerstag), **Kaukira** (Freitag), **Barra Patuca** (Samstag) und **Puerto Cortés** (Sonntag). Am Montag verläßt das Schiff Puerto Cortés. Die Hinfahrt in die Moskitia ist stürmisch, nur für seefeste Passagiere geeignet. Die Rückfahrt dagegen ist – wegen des günstigeren Windes – ruhig. Vorbestellung und Preis-Anfrage telefonisch oder per Fax.

Ausflüge ab La Ceiba

Nationalpark Pico Bonito

Mit 2433 m Höhe und 670 qkm Größe ist der Nationalpark Pico Bonito der größte der insgesamt elf erst 1987 deklarierten Nationalparks des Landes. Pico Bonito heißt „schöner Gipfel". Der Schöne ist aber schwer zu erreichen: Gelegentliche, von der Nord-Abteilung der Honduranischen Universität (CURLA) durchgeführte Expeditionen dauerten nicht kürzer als eine ganze Woche. Der Nationalpark umfaßt ebenerdig tropischen Regenwald, am Hang weitgehend unzerstörten subtropischen Wald und in Lagen über 1000 m Bergnebelwald. Hier leben Tapire, Jaguare und Ameisenbären. Einen Ausflug in den Wald soll-

Karibikküste

te man im *CURLA* selbst beginnen (auf dem Weg zum Flughafen nach der Molkerei *Leyde* bei großem Hinweisschild links abbiegen, dann noch 1,5 km Zufahrt zu den Universitätsgebäuden). Dort stehen Mitglieder des Fachbereichs Forstingenieurwesen *(Facultad de Ingeniería Forestal)* mit Rat und Tat zur Seite, *guardabosques* (Waldhüter) begleiten Besucher gern zum Camp der Uni, das etwa 5 km entfernt liegt. Jenseits des Camps liegt der Fluß Río Bonito. Schwimmen im glasklaren Wasser zwischen hellgrauen Findlingen macht hier richtig Spaß.

Blick Richtung Pico Bonito

Río Cangrejal und Wildwasserfahrten

Der östlich vom NP Pico Bonito entstehende Wildwasser-Fluß führt die meiste Zeit des Jahres nur wenig, aber recht sauberes Wasser. Sein Tal ist landschaftlich hinreißend, wegen der steil emporgehenden Dschungelhänge auf der Seite des Nationalparks. Am Wochenende ist eine **Raftingtour** ein toller Spaß. In der Regenzeit (November bis Februar) bietet *Rios Honduras* (siehe unter La Ceiba) professionell gemachte Rafting-Touren.

Doch auch für **Nicht-Rafter** lohnt sich eine Tour den Cangrejal hinauf. Die Straße parallel zum Cangrejal-Fluß geht hinter der großen Cangrejal-Brücke (auf der Fernstraße nach Trujil-

lo) gleich rechts ab. Nach etwa 10 km zeigt ein Schild *Balneario* auf eine Flußbiegung, die wegen ihrer großzügigen Becken zum Schwimmen und Planschen einlädt. Für gute Wanderer oder gar Kletterer reizt auf der Flußseite des Pico Bonito ein großer Wasserfall zum Aufstieg. Vorsicht: Die Hänge sind sehr glitschig, ohne Profi-Ausrüstung ist ein Aufstieg hier kaum möglich. Wer motorisiert ist, sollte die gleiche Flußstraße entlang noch weiter hochfahren, Richtung Yaruca, bis eine alte Eisenbrücke den Weg über den Cangrejal weist. Hier sind bunt bemalte Lehmhäuser (Adobe) zu bewundern und eindrucksvolle Flußbecken tief unterhalb der Straße.

Strände

Die besten Badestrände von La Ceiba befinden sich außerhalb der Stadt, und zwar östlich, Richtung Trujillo. Sie sind mit den Bussen nach Sambo Creek, Corozal, Jutiapa, Trujillo oder Puerto Castilla zu erreichen, die allesamt etwa im Stunden-Rhythmus vom Busbahnhof abfahren. In *Corozal, Sambo Creek* oder *Playas del Perú* aussteigen und in Fahrtrichtung

Häuser der Fischer und Kokosnußbarone

links zum Strand laufen: Wenn man von der Stadt aus am Strand entlanglaufen mag, gelangt man westlich zu den schmuddeligen Stränden von Miramar oder östlich zu den Stränden von La Barra, dem Vergnügungsviertel, und jenseits der Mündung des Río Cangrejal nach etwa 5 km Strandwanderung zu El Perú. Der breite Strand liegt gleich vor einem Palmenwald, in dem ein Grillplatz ohne weitere Infrastruktur liegt. Sehr viel lokaler Tourismus am Wochenende und in der Osterwoche.

Balnearios

Das Talent der Honduraner, aus einem simplen Bachlauf ein Naturereignis mit Freizeitwert zu machen, ist entlang der Landstraße von La Ceiba nach Trujillo am besten zu beobachten: Nur 5 km von der Brücke über den Río Cangrejal entfernt weist ein Schild *Eco-Zona Río María* auf ein schönes kleines **Flußbett,** das zum Schwimmen und Faulenzen einlädt. Etwas weiter befinden sich die **Kaskaden** von **Los Chorros,** wo man Rafting auf Reifen betreiben oder schwimmen kann. Es werden auch Getränke gereicht. Am Schwimmbad **Agua Azul,** noch ein Stück weiter die Landstraße entlang Richtung Trujillo, ist ein weiteres Schwimmbad mit Restaurant.

Cuero y Salado

Der 130 qkm große **Mangroven- und Küstenregenwald** zwischen den Fi-

Manatí – die Seekuh

An der Nordküste von Honduras befinden sich zahlreiche Ästuare, die Mündungen von sauberen Flüssen, die aus dem Regenwald kommen und in die Karibik drängen. Sie stauen an der Küste zu großen Lagunen. Eine *barra* (Strandzunge) trennt sie vom Atlantischen Ozean. Nur für ein paar Wochen im Jahr, wenn die Regenzeit das Wasser der Lagune zum Überlaufen bringt, öffnet sich die *barra.* Durch die Lücke fließt nicht nur Süßwasser aus, sondern auch Salzwasser ein, Ästuare bestehen somit aus Brackwasser.

Die im Brackwasser gedeihenden Wasserlilien, weit auswachsende, großblättrige Pflanzen, stellen das Lieblingsessen des honduranischen „Seeungeheuers" dar. Das Ungetüm wird 2,50 m lang, 300 kg schwer und frißt im erwachsenen Zustand 100 kg Wasserlilien pro Tag! Die Rede ist vom Manatí, der **Karibischen Rundschwanzseekuh.** In Honduras lebt sie in der Nähe von La Ceiba und in der Mos-

kitia. Die Seekuh ernährt sich ausschließlich von Pflanzen und trägt ihre Jungen zwei Jahre lang aus. In den achtziger Jahren war das honduranische Manatí dem Aussterben nahe, bis die Stiftung von Cuero y Salado (*Fundación Cuero y Salado, FUCSA*) ein Wildreservat in der Nähe von La Ceiba durchsetzte, das den Lebensraum des „Ungeheuers" schützt.

Der 130 qkm große Mangroven- und Küstenregenwald, von Kanälen und Flüssen durchzogen, wurde durch Viehzüchter, die das Gebiet rücksichtslos abholzten und -brannten, stark gefährdet. Auch als die Regierung das Reservat bereits gesetzlich ausgewiesen hatte, wurde noch kräftig weitergefällt. Der Kampf um das Reservat war eine der großen Pionierleistungen der honduranischen Naturschutzbewegung. Mit vereinten Kräften von Stiftung, Kommunalpolitikern La Ceibas, Polizei und Militär wurden die Züchter schließlich gestoppt – zum Wohle des Manatí, dessen Population sich seitdem fast verdoppeln konnte.

Karibikküste

scherdörfern Salado (östlich) und Cuero (westlich) wurde seit 1987 von der Naturschutzorganisation *FUCSA* dem Zugriff der Viehzüchter schrittweise entrissen. In dem von überwucherten Kanälen und Flüssen durchzogenen Gebiet trifft man auf Brüllaffen und manchen seltenen Wasservogel. Nicht selten tauchen weiße Kapuzineraffen auf, Eisvögel, Tukane und Reiher. Das Wildreservat Cuero y Salado dient jedoch vor allem dem Manatí, der Karibischen Rundschwanzseekuh (siehe Exkurs).

●Anreise: Nach **La Unión,** dem Ausgangspunkt eines *Ausflugs* nach Cuero y Salado gelangt man per Mietwagen oder Bus. Von La Unión aus fährt die *burra,* ein einfaches eisernes Schienenwägelchen, das mit Holzstangen gestakt wird. Die *burra* als Transportmittel entspricht der Beschaulichkeit der Viehweiden, Kokosnußplantagen und des tropischen Waldes auf beiden Seiten der etwa einstündigen Fahrtstrecke. Jeder Burra-Lenker nimmt etwa 5 $. Zielpunkt der Fahrt ist das Dorf **Salado,** dessen Bewohner vom Fischfang und dem Schälen reifer Kokosnüsse leben, die von der *Standard Fruit Company* hier angebaut werden. In Salado befindet sich das **Besucherzentrum** *(Centro de Visitantes)* von *FUCSA.* Anhand von Fotos, Karten, Knochen und einer Menge Erfahrungswissen informieren Biologen und Waldhüter über Geschichte und Entwicklung des Gebiets. Eine **Bootsfahrt,** die einschließlich der fachgerechten Erklärung etwa 20 $ kostet, führt durch die überwucherten Flüsse und Kanäle und ermöglicht die nahe Begegnung mit Flora und Fauna.
●Ein Ausflug sollte in La Ceiba bei **FUCSA** (Ave. San Isidro, Ed. Reyes, hinter Warenhaus *Carrion* sofort rechts, 2. Stock, Nr. 5, Tel. und Fax 443-0329) angemeldet oder mit **Honduras Expeditions** (Tel. 552-7274) durchgeführt werden. In beiden Fällen sind etwa 10 $ zugunsten des Naturschutzes zu entrichten.

Trujillo

Überblick

Etwa 170 Straßenkilometer östlich von La Ceiba liegt die **erste Hauptstadt** von Honduras, das 1502 entdeckte und 1525 gegründete Trujillo. Wegen ihres günstigen **Seehafens** mußte sich die Stadt über viele Jahrhunderte gegen brandschatzende britische Eroberer und Piraten verteidigen.

Das noch vor wenigen Jahren bewundernswerte, kolonial geprägte Zentrum der nur 8000 Einwohner zählenden Hauptstadt der Provinz Colón ist in einem sehr schlechten Zustand. Die drei reichsten Familien der Stadt lassen das Kulturerbe nach und nach verfallen. Das Institut für Anthropologie und Geschichte in Teguci-

♥	1	Los Menudos (Punta-Band)
♥	2	Diskothek Coco Pando
★	3	Alte Mole
★	4	Fort Santa Bárbara
★	5	Alcaldia
✪	6	Krankenhaus
🏠	7	Hotel Villa Brinkley
⊖	8	Bushaltestelle
★	9	Melhado-Haus
★	10	Markt
★	11	Glynn-Haus
☑	12	Hondutel
✉	13	Post
★	14	Don Rufino
🏠	15	Hotel Trujillo
★	16	Cemeterio Antiguo (Alter Friedhof)
🏠	17	Hotel Villa Brinkley (ca.1 km)

galpa sieht mit Grausen zu, wie die nach Trujillo fließenden Dollars amerikanischer Investoren in alles mögliche investiert werden, nur nicht in die Erhaltung des architektonischen Erbes.

Trujillo liegt in einer großen Bucht, die die schmalen, aber feinsandigen Strände innerhalb und außerhalb der Stadt schützen. Das Barrio El Centro, wie die Innenstadt genannt wird, ist von Mestizen bewohnt. Die Stadtteile Río Negro (östlich) und Cristales (westlich) aber werden von Garífunas bewohnt, die die Hälfte der Bevölkerung dieser Stadt stellen.

Sehenswertes

Ein Rundgang durch die Stadt (1 Std. bis *alcaldía*, 3 Std. insg.) könnte an der **alten Mole** (am Ende der Straße, die Río Negro und das Zentrum trennt, am alten Hafen) beginnen. Von hier aus kann man einen Blick auf die Bucht werfen und am Strand, Richtung Osten schauend, die Reste der alten Eisenbahn der *Trujillo Railroad Company* sehen. In den ersten Jahrzehnten des Jahrhunderts betrieb diese frühe Gründung der heutigen *United Brands* hier an der Hafenstraße von Trujillo einen regen Exporthandel. Man erkennt auch die Ruinen der ehemaligen Lager- und Verwaltungsgebäude in der Hafenstraße, die zur alten Mole führt.

Dann geht es über die Hafenstraße zur **Hauptstraße,** danach rechts hoch Richtung Zentrum. Nachdem die Straße eine kleine Linkskurve nimmt, sieht man rechts den Pavillon des öffentlichen **Krankenhauses.** Im Hof befindet sich der Ort, an dem *William*

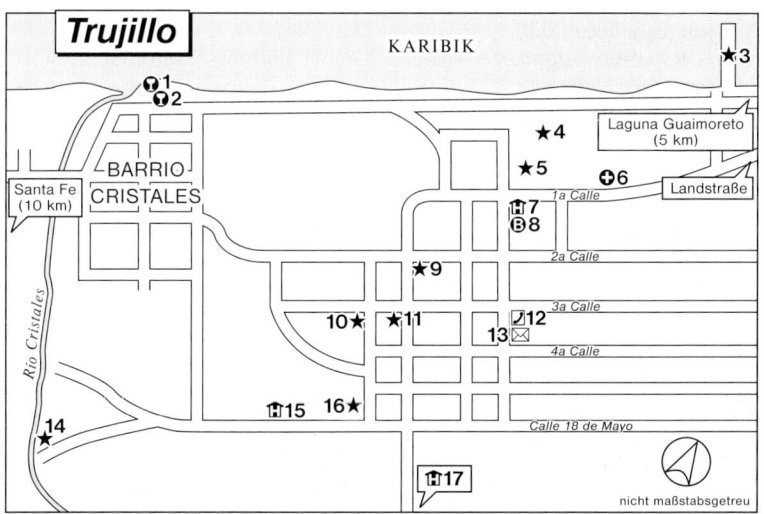

Walker 1860 hingerichtet wurde (siehe Geschichte). In diesem Krankenhaus versucht man, trotz finanziell schlechter Lage den vielen Armen und Unterernährten gerecht zu werden. Außerdem grassieren in der Gegend von Trujillo Dengue-Fieber und Malaria.

Der Weg führt weiter Richtung Zentralpark vorbei an der Feuerwache. Hinter dem **Gefängnis,** einem verwitterten grünen Gebäude, vor dem ein alter Magirus-Deutz-Feuerwehrwagen rostet, biegt man rechts ein und passiert die **Zollverwaltung.** Geradeaus stößt man auf das **Fort Santa Bárbara**. Mit dieser großen, gegen brandschatzende Piraten gerichteten Wehranlage erreichten die Spanier erst Ende des 18. Jahrhunderts die Verteidigungsfähigkeit der Provinz Honduras. Trujillo war davor bereits zweimal völlig zerstört worden. Der Eintritt ins Fort Santa Bárbara kostet 0,10 $, geöffnet ist die teilweise restaurierte Anlage werktags von 8 bis 16 Uhr.

Aus dem Fort herausgetreten, geht es rechts weiter zum **Zentralpark** mit der **Kathedrale** (links), ein erst Ende des 19. Jahrhunderts neu errichtetes Gebäude. Auf der anderen Seite des Zentralparks befindet sich das **Bürgermeisteramt** *(alcaldía)*, in dem alte Bilder Trujillos zu sehen sind. Dahinter ermöglicht ein Aussichtspunkt einen schönen Blick auf den **Hauptstrand** mit der Freßmeile der Fischrestaurants.

Wer jetzt noch mehr von der kolonialen Architektur Trujillos sehen möchte, wendet sich wieder der Stadt zu und läuft geradeaus ins **Stadtzentrum,** vorbei am Restaurant *Granada* (beste trujillanische Küche zu fairen Preisen). Gegenüber vom Restaurant befindet sich das **Wohnhaus der Familie Melhado,** die im 19. Jahrhundert aus Portugal kam und hektarweise den Regenwald zwischen Tocoa und Trujillo abholzte. Das Haus ist ein Beispiel gepflegter Architektur der zweiten Gründungszeit (19. Jahrhundert). Eine cuadra weiter Richtung Berg (südlich) befindet sich auf der Ecke rechts das **Wohnhaus der Familie Glynn**, britischen Einwanderern des vergangenen Jahrhunderts. Geht man aber eine cuadra nach rechts (westlich), liegt auf der gegenüberliegenden Seite der **Mercado Municipal** (Markthalle). Daran vorbei geht man Richtung Berg (südlich) und findet nach 80 m rechts den **alten Friedhof** *(Cementerio Antiguo)*, wo die „historischen Namen" Trujillos zu finden sind: *Dole, Melhado, Crespo, Glynn etc.* Die Gräber sind teilweise offen, zerstört, aber die Atmosphäre ist einzigartig. Hier findet sich auch das Grab von *William Walker.*

Nach dem Friedhof rechts herum und dann 300 m immer geradeaus (nach dem neuen Friedhof leicht schräg links halten) Richtung Westen kommt man zur letzten Station des Rundgangs, dem **Privatmuseum von Don Rufino,** einem kauzigen Sammler, der historische Utensilien (Schreib-, Näh- und sonstige Maschinen) und archäologische Funde (Maismörser, Figuren, Keramik) angehäuft hat. Vor dem Museum ist ein 1985 verunglücktes Militärflugzeug aufgebaut. *Don Rufino* ist ein Fan der US-Armee, die in Trujillo in jenen Jahren ein Anti-Guerilla-Trainingslager unterhielt. Zum Museum gehört auch ein **Schwimmbad,** beides zusammen kostet 0,50 $ Eintritt und ist ganztags geöffnet. Falls einmal geschlossen ist, weckt ein freundlicher Ruf *„Don Rufino"* den Sammler.

Feste

●**San Juan Bautista** (Ende Juni).
●Durch den Einfluß der tanz- und musikfreudigen Garífunas geraten auch normale Feiertage zu fröhlichen Festen.

Unterkünfte

●**Hotel Villa Brinkley** (Barrio Buenos Aires, ca. 800 m vom Zentralpark immer bergauf), Tel. 434-4444, wunderschöner Baustil, Blick über Altstadt und Bucht, Restaurant und Bar, trüber Pool, DZ 40 $.
●**Christopher Columbus** (am Strand von Silín, an der Flugpiste), Tel. 434-4395, Fax 44-4971, klimatisiert, Restaurant und Bar, TV, Läden und Wassersport, optisch katastrophal, DZ 54 $.
●**Campamento Hotel & Restaurant** (4 km auf dem Weg nach Santa Fé), Tel./Fax 434-4200, Naturbungalows gleich am Strand, gutes Restaurant und gute Bar, DZ 30 $, sehr empfehlenswert.
●**Hotel Colonial** (Zentralpark), Tel. 434-4610, klimatisiert, Restaurant, morgens wegen Busabfahrten laut, DZ 16 $.
●**Hotel Trujillo** (Calle 18 de Mayo, halbe cuadra westlich vom alten Friedhof, der wiederum oberhalb des Marktes liegt), Tel. 434-4202, *comedor,* kaltes Trinkwasser, bescheiden und freundlich, sauber, DZ 9 $.
●**Hotel Plata del Mar** (2a Calle westlich, am Ende links), einfache Zimmer mit Bad 6 $, ohne Bad 5 $ pro DZ.

Essen

●Besonders zu empfehlen ist das **Granada** (2a Calle, halbe cuadra vom Zentralpark) mit vielfältiger Karte: Fischsuppe, Langusten, Fisch, Seeschnecken, Calamaris, gute Pommes Frites.
●**Truxillo Paradise** (2a Calle, anderthalb Blocks vom Restaurant Granada westlich), mit angenehmem Ambiente im Bambusstil.
●Wegen Garífuna-Management und -Speisekarte interessant ist **Arca de Alianza** (2a Calle westwärts bis zur altspanischen Pflasterstraße, die – Vorsicht! – steil bergab führt, dann ca. 150 m auf der linken Seite, schon im Barrio Cristales).

Karibikküste

Hotel Villa Brinkley

Trinken und Tanzen

- Cocktails im Hotel **Villa Brinkley** oder in der **Bahía Bar** (US-Eigentümer), östlich vom Hotel *Christopher Columbus*.
- Typische **Garífuna-Kneipen** sind am Strand zu finden, im Barrio Cristales. Das kleine Lehmhaus am Ende der Stichstraße links bietet *Yuscarán* oder *Extra Seco* mit Toronja (Pampelmuse) oder Limette. Wahlweise auch Tequila oder ganz kalte Biere.
- Freitags bis sonntags tanzen die **Los Menudos**, eine Punta-Band, in ihrer Hütte in Cristales, am Strand.
- Nahe der *Los Menudos* befindet sich die Diskothek **Black & White** bzw. **Coco Pando**. Fast täglich geöffnet, am Wochenende heiß und anregend: gemischte Musik zwischen Reggae und Punta, Eintritt am Wochenende 1 $.

Wichtige Adressen

Post, Hondutel

- Entre 3a y 4a Calle, zweieinhalb Blocks oberhalb des *Hotel Colonial*. Manchmal sind die Briefmarken vergriffen.

Bank

- Die **Banco Atlántida,** am Zentralpark, nimmt Reiseschecks (zeitaufwendig, da vorher die Unterschrift des Filialleiters benötigt wird) oder tauscht bare US-$.

Sprachschulen

- Das beschauliche Trujillo eignet sich gut für Sprachaufenthalte: **Ixbalanque,** Tel. 434-4461, Fax 651-4432, verbunden mit der gleichnamigen Schule in Copán; oder **Centro Internacional de Idiomas,** Calle 18 de Mayo, Tel. 434-4777.

Tour Operator

- Seit Anfang 1996 bieten **Garífunas** unter Tel. 434-4044 eigene Touren an.
- **Turtle Tours** (Info-Tisch im Hotel *Christopher Columbus*) und **Trujillo Rent A Bike**

(Büro im *comedor* am Zentralpark, geöffnet 8 bis 11 und 17 bis 18 Uhr täglich) bieten Motorradtouren an (beide Unternehmen erreichbar über das Hotel *Villa Brinkley*, Tel. 434-4431).

Verkehrsverbindungen

Straße

- Von **La Ceiba** aus auf der Fernstraße CA13 171 km, östlich über **Savá,** dort an der Texaco-Tankstelle links nach Trujillo. Die Straße ist gut asphaltiert, aber nachts gefährden schlecht beleuchtete Sattelschlepper (mit Bananen-Containern) den Verkehr.
- Von **Tegucigalpa** aus über **Olancho** nur knapp 400 km (gegenüber 565 km über La Ceiba), und zwar zunächst nach Juticalpa (166 km), der Hauptstadt Olanchos und weiter geradeaus bis zur (unscheinbaren) Kreuzung (weitere 11 km), die an der rechts der Straße befindlichen LKW-Waage erkenntlich ist. Von dort geht die unasphaltierte Fernstraße durch die tiefste Provinz des Landes, sozusagen den wilden Westen von Honduras: San Francisco de la Paz (20 km), Gualaco (28 km), San Esteban (42 km), Bonito Oriental (68 km), Corocito als Kreuzungspunkt mit der Fernstraße CA13 aus La Ceiba (8 km). Von hier geht es rechts herum nach Trujillo (32 km).

Bus nach Trujillo

- **La Ceiba:** vom dortigen Busterminal aus alle 2 bis 3 Std. (Dauer 2,5 bis 4 Std., 2,20 $).
- **San Pedro Sula:** mit *Cotraipbal* (1a Ave., entre 7a y 8a Calle, S.E., Bo. Medina), Fahrzeit 5,5 Std., Abfahrten um 9, 12 und 15 Uhr.
- **Tegucigalpa:** mit *Cotraipbal* (7a Ave. Comayagüela, frente del Hotel Estancia, 1/2 cuadra del cine Lux, Tel. 237-1666) um 5, 9 und 12 Uhr (Dauer 8 Std., 4,50 $).
- **Adventure Shuttle:** Von La Ceiba, Tela, Copán und San Pedro Sula fährt alle zwei Tage der vollklimatisierte Kleinbus *Adventure Shuttle*. Reservierung in Tela (Tel. 448-2416), in La Ceiba (443-2762), in San Pedro Sula (Tel. 557-2380) oder in Copán (kein Tel., Anmeldung bei der Reinigung Justo a Tiempo,

1/2 cuadra östlich vom Parque Central). Die Preise sind (jeweils bis Trujillo) Copán – 32 $, San Pedro Sula – 25 $, Tela – 22 $, La Ceiba – 18 $.

Busse ab Trujillo

● *La Ceiba:* vom Zentralpark aus um 2, 4, 6, 10 und 14 Uhr, 2,20 $.

● *Juticalpa* (von dort weiter nach Tegucigalpa): vom Zentralpark aus um 4 Uhr, 8 Std., 4 $, mit *Cotraipbal.*

● *Tegucigalpa:* vom Zentralpark aus um 4 und 9 Uhr, 9 Std., 6,30 $, über unasphaltierte Routen Olanchos und teilweise Yoros.

● Nach *Bonito Oriental, Corocito, Tocoa* und *Savá:* ca. jede halbe Std. vom Zentralpark aus, mit *Cotraipbal.*

● *Santa Fé, San Antonio* und *Guadalupe:* vom Zentrum aus, den Hauptstrand entlang (keine festen Abfahrtszeitem und -orte).

● Richtung *Moskitia:* nach Santa Rosa del Aguán und Puerto Castilla vom Zentrum aus, kein fester Abfahrtsort, keine festen Zeiten. Ab Santa Rosa gibt es Busse oder Pickups nach Limón, evt. sogar nach Iriona. Von da geht es nur zu Fuß weiter (siehe Moskitia).

Schiff

● Von der Mole in Trujillo aus und von Puerto Castilla (auf der anderen Seite der Bucht) fahren etwa einmal wöchentlich Schiffe zu den *Inseln* oder sogar (selten) in die *Moskitia.*

Ausflüge ab Trujillo

Capiro y Calentura

Hinter dem Hotel *Villa Brinkley* geht eine Straße weiter südlich bergauf und führt nach nur 200 m in den Nationalpark Capiro y Calentura, einen nur knapp 1100 m hohen Bergwald, der eindrucksvoll alle klimatischen und vegetativen Zonen vom tropischen (heiß, viele Palmen) über den subtropischen (gemäßigt warm, hauptsächlich Laubbäume, viele Cecropien

als Sekundärwuchs) bis zum montanen Wald (nachtkalt, hauptsächlich Eichen und Kiefern im Zwergwuchs sowie Farne) zeigt. Der gesamte ursprüngliche Wald fiel dem spanischen Schiffs- und Hausbau zum Opfer, so daß wir einen sekundären Wald bewundern können. Auf den ersten paar hundert Metern gehen kleine Trampelpfade rechts zum Bach (Río Cristales) hinunter. Diese Pfade führen in den Wald, in dem auch Brüllaffen und viele Vogelarten heimisch sind.

Santa Fé, San Antonio, Guadalupe, Betulia

Westlich von Trujillo liegen die ältesten Garífuna-Siedlungen des Landes am Strand. In *Santa Fé* (10 km von Trujillo) gibt es im Restaurant *El Caballero* leckere, aber nicht ganz billige Speisen. Auf einer Strandwanderung oder per Bus sind später *San Antonio, Guadalupe* und (nur zu Fuß auf einer teilweise erhaltenen altspanischen Pflasterstraße, ca 1,5 Std.) *Betulia* zu erreichen, eine alte Farm, die am schönen Fluß liegt. Überquert man dessen *barra* mit dem Boot, erreicht man eine von hohen Kokosnußpalmen bewachsene *Halbinsel,* auf der arme Mestizenfamilien leben. Auf der anderen Seite der Halbinsel ist ein sauberer, malerischer Kiesstrand. Von Betulia aus kann man in einer sehr anstrengenden Tageswanderung (schmaler, rutschiger Pfad, teilweise über den Küstenfelsen) bis *Río Esteban* oder *Balfate* kommen. Dort gibt es einfache Unterbringungen und Transport nach Jutiapa oder La Ceiba.

Wasserfall

Hinter dem Stadion, ca. 2 km außerhalb der Stadt (Richtung La Ceiba), geht an einem großen Llama-del-Bosque-Baum ein kleiner Trampelpfad zunächst über eine hügelige Weide und dann – an einer Wasserleitung entlang – immer weiter südlich in den Wald. Nach etwa 20 Min. Fußweg hört man schräg rechts des Weges das Plätschern eines Wasserfalls. Das Wasser in Trinkwasserqualität fällt in ein Naturschwimmbecken.

Lagune Guaimoreto

Wer morgens früh aus dem Bett kommt, kann sich in Jericó, außerhalb der Stadt (vom Stadion aus östlich), den Fischern anschließen, um die Mangroven der Lagune Guaimoreto kennenzulernen. Der Weg: Hinter dem Stadion weiter die Hauptstraße Richtung La Ceiba laufen. Nach ca. 2 km wird eine zugewucherte Straße gerade noch sichtbar, die schräg links abbiegt und nach 400 m auf eine alte Holzbrücke führt. Hier legen zum Sonnenaufgang einige Fischer ab, unter ihnen viele Kinder.

Islas de la Bahía: Die Karibikinseln Roatán, Guanaja und Utila

Überblick

Die Islas de la Bahía bestehen aus den drei Hauptinseln Utila, Roatán und Guanaja, den kleinen Cayos Cochinos und etwa fünfzig weiteren winzigen Inseln, den *cays* oder *keys* (beides in Honduras wie das englische *keys* gesprochen). Die drei Hauptinseln (von West nach Ost: Utila – Roatán – Guanaja) liegen in einem nach unten offenen Bogen, dessen linker Zipfel gut 30 km nördlich von La Ceiba beginnt.

Geologisch sind die Islas de la Bahía eine Fortsetzung der Sierra de Omoa. Der Kontinentalsockel erstreckt sich sichelförmig von West nach Ost. Während die westliche und kleinste Insel Utila ganz flach ist, streckt sich Michael's Rock Peak auf Guanaja immerhin 412 m hoch.

Honduras ist eine Verzahnung von Lateinamerika und Karibik. Wenn die Hauptstadt Tegucigalpa mit den umliegenden, altspanisch geprägten Minenstädtchen das Sinnbild Lateinamerikas ist, dann sind die Islas de la Bahía (geläufiger ist der englische Name Bay Islands) das Sinnbild des **karibischen Einflusses.** Hier wird englisch gesprochen, die aufgeschlossene und zugleich inselhaft provinzielle Bevölkerung lebt von Langusten-Tauchen und Tourismus. Häufig scheint es, als sei der relative Wohlstand der *Isleños* nur mit den Resten von piratischen Reichtümern zu erklären. Die gutbürgerliche weiße Bevölkerung von Utila z. B., die dort etwa die Hälfte der Familien stellt, ist britischer Abstammung und kam zu Beginn des 19. Jahrhun-

Karibikinseln

derts als bescheidene Siedler von den Cayman-Inseln herüber.

Auf den Inseln ist das **Klima** tropisch. Die Regenzeit ist wie im Nordosten des Festlandes auf die Phase Mai bis Februar verschoben, es regnet praktisch das ganze Jahr über regelmäßig in kurzen Schauern. Das tropisch-heiße Klima wird aber erträglich durch die frische Brise der karibischen See. Tagsüber ist es im Durchschnitt 27 C° heiß, nachts etwa 21 C°. Die Wassertemperatur liegt zwischen 25 und 30 C°. Die jährliche Niederschlagsmenge liegt bei 215 mm, davon regnet fast die Hälfte am Jahresende nieder.

Geschichte

Als **Kolumbus** auf seiner vierten und letzten Reise am **30. Juli 1502** auf Guanaja, der östlichen der drei Inseln, landete, fand er **Ureinwohner** vor, die den Pesch, Nahuatl oder Maya zuzuordnen sind. Alle drei Theorien sind durch archäologische Funde auf den Inseln gestützt, die Forschung hat noch einiges zu klären. Wissenschaftler sind sich aber inzwischen fast einig, daß die Urbevölkerung der *Islas* den Pesch entspricht, die vor Ankunft der spanischen Eroberer die Gegend um das heutige Trujillo bewohnten. Pesch sind heute in Silin (südlich von Trujillo), El Carbón (Straße von Bonito Oriental, Colon, nach Catacamas, Olancho), Culmí und recht vereinzelt am Río Plátano anzutreffen.

Im 16. und 17. Jahrhundert fungierten die Inseln als Lager der **Piraten** und Freibeuter, die es auf die wertvollen Edelmetalle vom honduranischen Festland abgesehen hatten. Noch bevor diese von den spanischen Unterdrückern per Schiff auf den alten Kontinent gebracht werden konnten, wurden ganze Schiffe von den Piratenteams gekapert. Legendäre Freibeuter wie *Morgan*, *Coxen* und *Morris* gaben sich in Roatán, der größten der *Islas*, ein Stelldichein. In jenen Jahren benutzten sie vor allem das nur zur See offene Port Royal, im Osten der Insel, als Camp und Rückzugshafen. Da Spanien jegliche Unterstützung für die Eindringlinge abschneiden wollte, wurde die gesamte Urbevölkerung der Inseln bis 1650 westlich ans Festland gebracht.

Die Insel war entvölkert, bis 1742 im Zuge des britisch-spanischen Krieges Roatán auch offiziell von England besetzt wurde. Als Spanien erst 1782 wiederum Port Royal überfiel und nach zwei Tagen zerstört hatte, wurde Roatán als unbewohnte Insel hinterlassen. Erst am 12. April *1797* sorgten knapp 4000 afrokaribische *Garífunas*, die von Gran Cayman nach Roatán kamen und Punta Gorda im Norden gründeten, für den Beginn des modernen Roatán. Die Gründung von Punta Gorda wurde zweihundert Jahre später in Anwesenheit hoher honduranischer Regierungsvertreter und einer von *Honduras Expeditions* geförderten deutschen Journalistengruppe würdig gefeiert.

Zusammen mit der Moskitia gehörten die Inseln bis zur Unabhängigkeit des Landes zur britischen Kolonie in Zentralamerika, die von Kingston aus

verwaltet wurde. Erst im 19. Jahrhundert zogen sich die Briten nach Belize zurück.

Die Zentralregierung in Tegucigalpa begann erst zu Beginn des 20. Jahrhunderts, die Inseln allmählich administrativ und kulturell an das Mutterland anzubinden. Viele Inselbewohner dachten zu jener Zeit, sie seien Teil des britischen *Commonwealth*.

Trotz der kulturellen und wirtschaftlichen Kluft zwischen Festland und Inseln sind die *Islas*, wie sie kurz genannt werden, ganz und gar honduranisch. Kein gebildeter *Isleño*, der nicht auch perfekt spanisch sprechen könnte. Kein erfolgreiches Unternehmen auf den Inseln, das nicht auch in der Hauptstadt Tegucigalpa politisch und imagemäßig gut dastehen möchte. Seit *1859,* als die Islas und die Moskitia im Tausch gegen Belize von den Briten an Honduras übergingen, sind sie niemals als honduranisches Hoheitsgebiet in Frage gestellt worden. Daher ist es eher dem Marketing geschuldet, wenn Tauchferien in den USA als Ferien auf den Bay Islands angeboten werden, ohne Honduras auch nur zu erwähnen.

Karibikinseln

Unterwasserwelt von Utila

Tauchen

Entlang der Islas de la Bahía verläuft ein Teil des – nach dem australischen Great Barrier Reef – *zweitgrößten Korallenriffs der Welt.* Beim Schnorcheln und Flaschentauchen können Dutzende bunter Korallen- und Fischarten sowie Meeresschildkröten beobachtet werden. Der Reichtum des Riffs, das teilweise sogar zu Fuß erreichbar ist, muß aber auch **geschützt** werden.

BICA *(Bay Islands Conservation Association)* hat sich den Schutz des Riffs auf die Fahnen geschrieben. Mit Unterstützung der Vereinten Nationen erforscht *BICA* die Ursachen des besorgniserregenden Korallensterbens. Ursachen können das Tauchen selbst, ungeklärte Haus- und Hotelabfälle oder die Emissionen der Schiffahrt sein. Tun Sie alles, um die teilweise jahrhundertealten Korallen nicht zu berühren, aber auch nicht durch wilde Flossenbewegungen indirekt zu bewegen. Weitere *Informationen* bei *BICA*, Coxen Hole/ Roatán, Calle Principal, Edificio Cooper, Tel. 445-1424 oder im Büro in Utila (an der Dorfstr., gegenüber *Mermaid's Restaurant,* Tel. 445-3260).

Die Inseln sind ein Eldorado für *Flaschentaucher.* Sie zählen zu den preiswertesten Tauchregionen der Welt. In nur zwei bis vier Tagen kann man in vielen Tauchschulen *(Dive-Shops)* einen PADI-Schein *(open water)* erwerben und zahlt oft nicht mehr als 120 bis 150 $. Die Auswahl ist groß, und vor allem Utila glänzt durch geschütz-te Tauchgründe und professionelle Tauchanbieter. Der Service sollte aber gründlich geprüft werden. Allzu flexible und spontane Tauchlehrer erweisen Anfängern einen gefährlichen Bärendienst: Techniken zur Dekompression beim Auftauchen, zur Vermeidung von Alkohol und Überforderung sowie zur allmählichen Einführung in immer tiefere Ebenen des Riffs erfordern Zeit. Personal des Tauchzentrums *„Utila Watersports"* fiel einmal dadurch auf, einer asthmageplagten Deutschen einen Schnellkurs zu verkaufen – wider besseres Wissen.

Presse- und Infostelle

● *Coconut-Telegraph,* Bay Islands English Magazine, 6 Ausgaben pro Jahr für 25 $, Cooper Building Suite 301, Coxen Hole, Roatán, Honduras C.A., Tel. 00504-445-1660 und Fax -445-1659; das Jahresabo von 6 Ausgaben für Europa kostet 35 US-$. Der Coconut-Telegraph greift zeitgeschichtliche, kulturelle und vor allem touristische Ereignisse auf.
● Das *honduranische Tourismusinstitut* betreibt einen Infostand am Flughafen von Roatán: Tel. 445-1559 (Öffnungszeiten in der Regel 8 bis 16 Uhr).

Notfall

● *Feuerwehr,* Tel. 445-1198.
● *Schutz- und Kriminalpolizei,* Tel. 445-1138.
● *Krankenhaus* mit *Überdruckkammer: Cornerstone Mission Clinic, Anthony's Key Resort,* Sandy Bay, Roatan, Tel. 445-1515, VHF-Kanal 26. Viele seriöse Hotels und Tauchschulen berechnen automatisch oder auf Wunsch eine Gebühr für die Dienste von *Cornerstone Mission* zur Versorgung verunglückter Taucher.

Gefahren beim Baden, Schnorcheln und Tauchen

Die Gefahren beim Baden, Schnorcheln und Tauchen sollten nicht unterschätzt werden. Eine Gefahr geht von den **Korallen** aus, die in manchen Buchten schon in geringer Tiefe wachsen. Beim Baden oder Schnorcheln kann man sich, wenn man sie einfach nur berührt, empfindlich verletzen, denn sie haben sehr scharfe Kanten. Manche Korallen können auch stark nesseln und zu schmerzhaften und unter Wasser somit sehr gefährlichen Verletzungen führen. Auch den Korallen selbst schadet eine Berührung, die sensiblen Organismen sterben dann ab. Nicht berühren!

Auch die Nesselkapseln mancher **Quallen** können die Haut des Menschen wirkungsvoll durchdringen und zu äußerst schmerzhaften Verletzungen oder zum Tode führen. Abreibung mit Alkohol, 10 % Formalin, Salmiakgeist oder Natriumbikarbonat können die noch auf der Haut befindlichen Nesselkapseln inaktivieren. Steht das nicht zur Verfügung, helfen Salz, Zucker, Olivenöl oder trockener (!) Sand; so kann der giftige Schleim mit einem Messer oder Holzstück abgeschabt werden. Wasser oder feuchter Sand dürfen nicht benutzt werden! Es ist ein Arzt aufzusuchen!

Eine weitere Gefahrenquelle ist die tropische **Sonne,** die vielfach unterschätzt wird. Schon bei einer Sonneneinstrahlung von mehr als 10 Minuten werden die meisten Menschen ohne Sonnenschutz mit üblem Sonnenbrand bestraft. Auch sonnengewöhnte und robuste Haut widersteht der intensiven tropischen Sonne auf Dauer nicht. Deshalb empfiehlt es sich, beim Schnorcheln und Baden ein T-Shirt zu tragen. Ansonsten sind Sonnenschutzmittel mit hohem Lichtschutzfaktor unverzichtbar.

Auch die Risiken beim **Tauchen** werden gern unterschätzt. Tauchkurse werden von routinierten Lehrern auch in den seriösen Tauchschulen häufig als Kurzprogramme angeboten. Wer danach anfängt, die von Kindheit an tauchbegeisterten *Isleños* nachzuahmen, überschätzt sich leicht selbst. In größere Tiefen, Höhlen oder Wracks zu tauchen, ist nichts für Anfänger und Ortsunkundige.

Nicht gefährlich, aber nervtötend können die **Sandfliegen** *(sand flies)* sein, besonders in windstillen Buchten. Zwar verursachen sie kaum Schmerzen, angesichts ihrer Häufung aber führen sie zu einer unangenehmen Hautreizung. Beste Vorbeugung ist das Auftragen einer dicken Fettschicht aus Sonnenöl oder - noch besser - einfachem, mildem Babyöl, das lange haften bleibt.

Tauchboot in Guanaja

Karibikinseln

Roatán

Überblick

Roatán ist mit 128 qkm und etwa 15.000 Einwohnern die größte der drei Islas und liegt zwischen Utila (westlich) und Guanaja (östlich). Die langgestreckte Insel ist etwa 42 km lang und nur 3 bis 4 km breit.

Für Liebhaber eines behutsamen, ressourcenschonenden Tourismus ist Roatán eher ein trauriges Kapitel. Anders als in Utila hat die arme Bevölkerung kaum Vorteile vom Boom der Tauch-Resorts gehabt, viele Planungen haben die Mangroven beschädigt, für *Fantasy Island* etwa ist eine Halbinsel eigens angeschüttet worden.

Die **Ortsbeschreibungen** sind in Sandy Bay, West End und Coxen Hole und der Osten von Roatan unterteilt: In den westlich gelegenen Ortschaften Sandy Bay und West End befinden sich die schönsten Strände und manches preiswerte Traumresort. In Coxen Hole und östlich davon in French Harbour, Oak Ridge, Brick Bay, Punta Gorda und Paya Bay dagegen dominieren schicke Resorts für komplette Taucharrangements, die auch mit einem der von uns empfohlenen Reiseveranstalter gebucht werden können.

Verkehrsverbindungen auf der Insel

Eine einzige asphaltierte **Straße** führt vom westlichsten Punkt West End über Sandy Bay, die Hauptstadt Coxen Hole nach French Harbour, von dort als unbefestige Straße über Oak Ridge weiter nach Punta Gorda.

Östlich dieser Straßenverbindung schließen sich die Buchten von Port Royal und die Naturschutzgebiete von

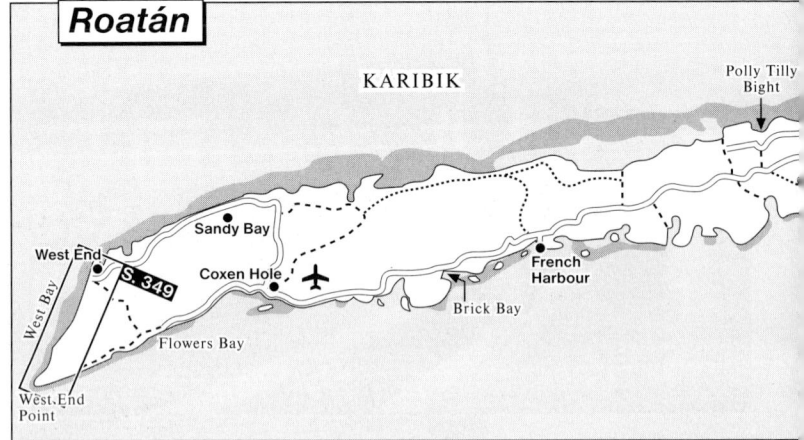

Roatán

KARIBIK

Polly Tilly
Bight

West End

West Bay

S. 349

Sandy Bay

Coxen Hole

French
Harbour

Brick Bay

Flowers Bay

West End
Point

Santa Elena, Morat und Barbareta an. Wer all diese kennenlernen möchte, der chartert sich ein **Segelschiff,** zum Beispiel in der *Fruit Harbour Pension* auf Guanaja, und fährt ein paar Tage von Bucht zu Bucht oder eines der überall zu findenden **Wasser-Taxis,** die pro Stunde mit etwa 20 $ bezahlt werden.

Auf der Insel gibt es **Kleinbusse,** die regelmäßig, aber nicht häufig verkehren. Der Preis liegt bei 1 bis 2 $ pro Einzelfahrt. Wer keine längeren Wartezeiten an der meist schattenlosen Landstraße verbringen will, ist auf **Taxis** angewiesen.

Der **Flughafen** von Roatán liegt 15 Gehminuten von Coxen Hole entfernt (Richtung Westen). Coxen Hole oder Roatán City ist die **Hauptstadt** der drei Inseln, hier befinden sich die Bezirksregierung, das Bürgermeisteramt *(alcaldía),* Postamt, *Hondutel,* die Ein-reisebehörde, Geschäfte, Fotoläden und Reisebüros dicht beieinander.

Westlich von Coxen Hole windet sich die Straße über einige Hügel, bis sie bei Sandy Bay und schließlich West End die Nordküste von Roatán berührt. Bis hier sollte die Taxifahrt ab Coxen Hole nicht mehr als 3 $ kosten, der öffentliche Kleinbus, der ca. jede halbe Stunde vorbeifährt, nimmt ungefähr 1 $.

Sandy Bay

Sandy Bay hat einen schönen, wenn auch an vielen Stellen sumpfigen und ungepflegten Strand. Die Küste ist noch kaum durch große Hotels geprägt, neben vielen privaten Häusern und kleinen Pensionen ohne Werbung ist das altehrwürdige *Anthony's Key Resort (AKR)* das einzige international bekannte Tauchresort. Hier ist das Riff

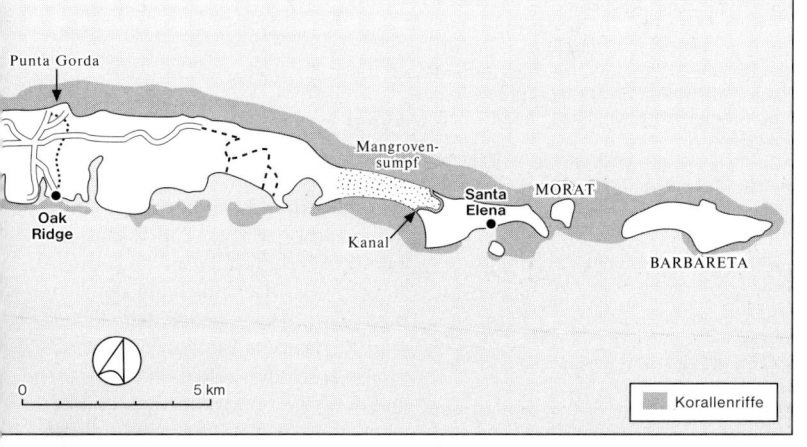

Punta Gorda

Oak Ridge

Mangroven-sumpf

Santa Elena

MORAT

Kanal

BARBARETA

0   5 km

Korallenriffe

seit 1989 im Rahmen des inzwischen großen **Roatán Marine Reserve** unter Naturschutz gestellt worden. Und hier befindet sich das im *Anthony's Key Resort* gelegene **Meeresmuseum** *Institute for Marine Sciences* (täglich von 8:30 bis 18 Uhr geöffnet, Eintritt 2 bis 4 $, Weg und Eintritt lohnen sich) sowie der **Botanische Garten Carambola,** der erst 1985 angelegt wurde. Familie *Brady* (Tel. 445-1117) bietet halbstündige Rundgänge durch den Lebensraum von Leguanen und Papageien an.

Unterkünfte

- **Anthony's Key Resort,** Tel. 445-1003, 445-1327, Fax 445-1329, wunderschöne Cays und Bucht mit Holz-Lodges, eigenem Zoo, Delphin-Becken, Museum, Tauchstation, Tauch-Krankenhaus, Vollpension einschließlich Tauchen zwischen 700 und 1200 $ pro Woche. Preise je nach Lage (cay teurer als Festland, Hochsaison teurer als Nebensaison).
- **Inn of the Last Resort,** Tel. 445-1838, Fax 445-1848, ist das optimale Refugium für Streßgeplagte mit Anspruch: Das Hotel liegt auf einer Halbinsel unter schattenspendenden Baumkronen. Die Räume sind mit AC und Ventilator ausgestattet, Tauch- und Hochseefischen ist hier bestens organisiert. Preis für den Tauchaufenthalt im DZ 700 $ pro Person.
- Für Taucher, die auch Strand wollen, ist **Sunrise Roatán Resort** geeignet (kurz vor *Anthony's Key Resort* rechts), Tel. 445-1265, klimatisiert, Restaurant, Tauchschule, nicht sehr professionell, DZ mit VP 78 $.
- **Oceanside Inn,** Tel. 445-1552, Fax 445-1532, ohne Strand, aber mit Tauch- und Schnorchelservice sowie sehr schöner Sonnenterrasse, gepflegte Zimmer mit Dusche und Ventilator sowie vorzüglichem Restaurant, DZ ab 44 $.
- **Caribbean Seashore** (600 m westlich von *AKR*), Tel. 445-1123, kleiner Strand und gute Bademöglichkeit, Zimmer mit Dusche u. Ventilator, Kochgelegenheit, EZ/DZ 35 $.
- **Beth's Hostel** (auf dem Hügel), Tel.445-1266, ausgestattet mit Herd und Ventilator. *Beth* hat eine umfassende englischsprachige Bibliothek. Freundl. u. preiswert, DZ ab 20 $.

Essen und Trinken

- **Oceanside Inn** bietet Fisch- und Krabbenmenüs, gepflegt und freundlich, nicht zu teuer, vgl. Unterkünfte.
- **Rick's American Café** (am Hügel über der Straße), mit schönem Meerblick, gut für Steaks und Hamburger, aber nicht billig.
- **Ceiba Tree Restaurant** (gegenüber *Sunrise Resort)*, mit einfacher honduranischer Küche, auch Snacks, zu günstigen Preisen.

Tauchservice

AKR, Inn of the Last Resort, Oceanside Inn und *Sunrise Resort* haben eigene Tauchstationen. Einziger freier Tauchanbieter ist **Tino Monterroso,** Tel. 445-1920. Hier kostet ein Tauchgang 30 $, ein PADI-Kurs 260 $. *Tino* hat umfassende Taucherfahrung und ist ein guter Partner auf dem Weg zu Unterwassererkundungen.

Südlich von West End befindet sich der **Traumstrand von West Bay,** mit einigen wenigen Hotels und Restaurants.

West End

Hinter Sandy Bay führt die Straße weiter in das **Strandparadies von Roatan,** West End oder West End Village genannt. Hier ist die touristische Entwicklung zwar wirtschaftlich am deutlichsten erfolgt, kleine und mittlere Hotels und Restaurants säumen die Strandstraße zu beiden Seiten, doch die unbeirrt ruhige und weltvergessene Lebensart der nur 400 Bewohner dieses kurzen Küstenstreifens scheint unverändert. West End ist ein Strand- und Tauchbadeort für Individualreisende mit kleinem und mittlerem Budget.

West End ist der vielleicht beliebteste Ort auf Roatan, denn es gibt kleine Hotels, relativ gute Restaurants, preiswerte Tauchschulen und einen 200 m langen Sandstrand. Wegen dieser Qualitäten ist hier fast das gesamte kulinarische Angebot aufgelistet. Ein Bier kostet 1 $, ein Fischgericht ca. 5 $. Wer auch das noch sparen will, sollte sich andere Destinationen aussuchen.

Unterkünfte

●*Hotel Lost Paradise Cabins* (südlich gleich links an der Straße), Tel. 445-1306, Fax 445-1388, ohne Tauchbasis, mit Zimmern im Hauptgebäude und als Bungalows, mit Dusche, AC und Ventilator, sehr gepflegt und etabliert, Restaurant, Bar, DZ ab 60 $.

●*Half Moon Bay Cabins* (nördlich der Half Moon Bay), Tel. 445-1015, Fax 445-1075, ohne Tauchbasis, mit Holzbungalows, Dusche, AC und Ventilator sowie kleinen Nischen im Felsenstrand; Anlegestelle eines Glasbodenboots *(Underwater Paradise)* und einer Tauchsonde für zwei Personen (Tauchen ohne Schein); wunderschöner Blick auf die Bucht; DZ ab 49 $ mit Ventilator, ab 70 $ mit AC.

●*Seagrape Plantation* (nordöstlich von Half Moon Bay zum offenen Meer hin), Tel. 445-1428, Fax 445-1717, mit Tauchbasis und schönen Zimmern mit Dusche und Ventilator, Taucharrangements mit Vollpension und drei Tauchgängen täglich schon ab 600 $ pro Teilnehmer und Woche.

●*Rudy's* (beim gleichnamigen Restaurant), mit Dachterrasse, große Zimmer mit Küche, Ventilator, Badewanne, Terrasse und Hängematte, sehr schön, DZ 35 bis 45 $.

●*Keifito's Plantation* (12 min. südlich außerhalb der Ortschaft Richtung West Bay), kein Tel., Fax 445-1648, gepflegte Zimmer mit Ventilator und Dusche auf dem schattigen

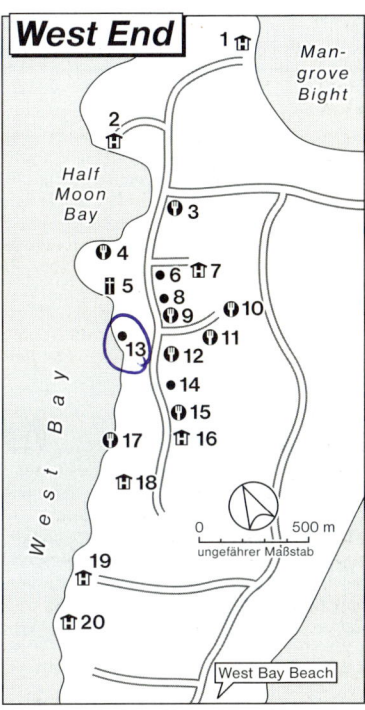

🏠	1	Seagrape Plantation
🏠	2	Half Moon Bay Cabins
⊕	3	Salt & Pepper Restaurant
⊕	4	Belvedere Restaurant
⚥	5	Kirche
●	6	Till's Dive
🏠	7	Valerie's Hotel
●	8	West End Divers
⊕	9	Pura Vida Restaurant
⊕	10	Stanley's Restaurant
⊕	11	Pinocchio Restaurant
⊕	12	Cindy's Restaurant
●	13	Sueño del Mar
●	14	Ocean Divers
⊕	15	Bamboo Hut
🏠	16	Rudy's Hotel und Restaurant
⊕	17	Foster's Restaurant
🏠	18	Lost Paradise Cabins
🏠	19	Keifito's Plantation
🏠	20	Jimmy Miller's

Hügel, Sonnenterrasse mit Schwimmsteg über dem felsigen Strand, gutes Restaurant, sehr freundlich und empfehlenswert, ab 24 $ pro DZ.

● *Valerie's* (hinter *Tyll's Dive Shop* im Zentrum), bietet individuelle sleep-in-Betten mit kollektivem Bad (5 $ pro Person) oder private Zimmer mit Dusche und Ventilator, DZ ab 10 $. Der Patio ist ein sozialer Treffpunkt für Reisende aus Honduras und Übersee.

● Viele Familien in West End bieten eigene *Fremdenzimmer* für kleines Geld, ab ca. 7,50 $ pro DZ.

● Schlafen für ganz kleines Geld auf Schlafmatten, auf dem Boden oder auf der Terrasse, mit kollektiven Sanitärräumen, bietet *Jimmy Miller,* EZ ab 3 $.

Essen und Trinken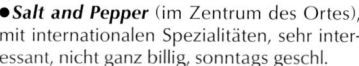

● *Salt and Pepper* (im Zentrum des Ortes), mit internationalen Spezialitäten, sehr interessant, nicht ganz billig, sonntags geschl.

● *Foster's Restaurant* (südlich in West End), aus Holz über dem Wasser in wunderschöner Lage errichtet, bietet das große Restaurant Meeresfrüchte, Fleisch, Geflügel und kleine Salate an; Hängematten und ein Wassertaxi nach West Bay sind verfügbar.

● *Belvedere's* (gleich gegenüber von *Tyll's Dive Shop),* Eigentümer Denis (US) mit italienischer Abend-Küche (Hummer, Krabben, Fisch, Pasta) zu mittleren Preisen, schöner Blick, freitags und samstags geschlossen.

● *Light House* (hinter der Kirche gleich am Wasser), Hinterhof-Ambiente, gutes Frühstück und Essen zu fairen Preisen.

● *Pura Vida,* stilvoll dekoriert, aber steril.

● *Coral Reef,* nettes kleines Restaurant, reichhaltiges Frühstück (bestens: *huevos rancheros, enchiladas),* freundlich und preiswert.

● *Pinocchio* (200 m vom Strand am Hang), raffinierte Küche, z.B. Haifisch in Kokosnußhülle.

● *Stanley's Restaurant* (gleich hinter *Cindy's),* ist auf kleine Speisen spezialisiert, *tacos* und *enchiladas* sind hier preiswert.

● *Bamboo Hut,* gute, reichliche italienische Gerichte, Fisch jedoch einfallslos.

● *Papagayo,* unter deutscher Leitung, in netter Innenhoflage gleich hinter *Twisted Tucan*

wird gutes Frühstück, kleine Speisen und Kaffee gratis geboten.

● *Rudy* (gegenüber von *Foster's* im Zentrum), serviert Bananenkuchen und Omelettes. Atmosphäre und Laune vom Besten, hier lebt die Insel, wie sie ist.

● *Cindy's* (im Zentrum des Ortes an der Straße), offeriert solide honduranische Küche zu fairen Preisen (eine Ausnahme), es gibt aber kein Bier.

● *Cool Lizard* (am Strand), gutes Essen bei 60er und 70er Jahre Musik, etwas hippiemäßig.

● *Punta del Oeste* (von Norden kommend, hinter Restaurant *Pura Vida* links landeinwärts ca. 400 m), Pizza aus dem Steinofen, der Besuch lohnt sich.

Bars und Nachtleben

Nachts ist nicht viel los in West End. Wer dennoch nicht müde ist, suche hier:

● *Ice-Breaker,* nette Bar direkt am Wasser, von drei Kanadiern betrieben, jeden Freitag Disko.

● *Twisted Tucan,* ultimative Bar für den Abend. Ab 16 Uhr (happy hour) versammelt sich die auswärtige Tauchgemeinde um das Bier- und Cocktailcenter.

Tauchservice

Zur Vermeidung eines ruinösen Wettbewerbs hat die Inselregierung Mindestpreise festgesetzt, die von allen Dive-Shops eingehalten werden: 200 $ für einen Tauchkurs mit Zertifikat für Anfänger, 160 $ für Fortgeschrittenen, 30 $ pro Tauchgang. Diverse Tauchstationen in West End bieten mehrsprachige Kurse und moderne Ausrüstung: *Ocean Divers, Tyll's Dive, Sueno del Mar, West End Divers* u.a. Für deutschsprachige Anfänger *Tyll's Dive* oder *Ocean-Divers,* mit deutschem oder deutsch sprechendem Personal sowie Literatur *(Ocean-Divers).*

Anreise von Coxen
Hole aus (Flughafen)

Taxis fahren vom Flughafen aus für 6 $, Taxis außerhalb des Flughafens für 4 $ nach West End Village.

Coxen Hole und
der Osten von Roatán

Östlich von Coxen Hole führt die Straße durch trostloses Weideland nach **French Harbour.** Hier befinden sich am Rande eines armseligen Dorfes die Verpackungsanlagen für Fisch und Langusten. Weiter östlich trennen sich die Wege.

Oak Ridge (Bus von Coxen Hole: 1,60 $) liegt auf Stelzen im Meer, die Überfahrt besorgt ein Kahn (0,40 $ pro Passagier). Hier ist Atmosphäre (hölzerne Häuser, bunte Boote), akzeptable kleine Restaurants und ein Laden fehlen nicht. Empfehlenswert für das schmale Budget: **Hotelito San José**, mit oder ohne private Dusche/WC (DZ 7 bis 12 $).

Auf der anderen Seite der Insel liegt **Punta Gorda,** der Landungspunkt der von San Vincente 1795 vertriebenen **Garífunas,** sicher die letzte verbliebene Inselsiedlung der Garífunas. Alle anderen Nachkommen der ca. 3000 damaligen Neuankömmlinge wohnen an den Stränden zwischen Belize und der Moskitia. In Punta Gorda jedenfalls leben Philosophie, Musik und Glauben der Garífunas fort, was sich jeweils trefflich während der **karibischen Woche** vom 8. bis 12. April erleben läßt.

Per Boot von Oak Ridge aus können die **Buchten von Old Port Royal** besucht werden (zu Fuß anstrengende ca. 3 Std.).

Auf der Insel **Fort Cay,** ca. 1 km von der Küste entfernt, finden sich britische Kanonen aus dem 18. Jahrhundert.

Oberhalb von Port Royal liegt das **Port Royal Park and Wildlife Refuge,** mehr schlecht als recht beschildert, doch wichtig zur Erhaltung endemischer Spezies. Nähere Infos bei der Naturschutzorganisation *BICA.*

Spektakuläre Funde dort heimischer Pflanzengattungen ermöglichen auch die drei Naturschutzgebiete, die dann folgen: **Santa Elena, Morat** und **Barbareta.** Eine Erkundung ist nur per Charter-Boot möglich (in Oak-Ridge fragen) und sollte mit größter Rücksicht auf Flora und Fauna unternommen werden (nähere Infos bei *BICA*).

Unterkünfte

Unter unzähligen Hotels und Resorts aller Preisklassen sind viele im vorhinein ausgebucht, vor allem die einschlägigen Resorts wie *Anthony's Key, Coco View* oder *Fantasy Island.* Ein Tauchurlaub erfordert eine **frühe Buchung:** mit einem deutschen Veranstalter, dem Büro von Cambio C.A. oder direkt mit dem Resort, aber möglichst ein halbes Jahr im voraus. Bei Direktbuchung wird es nicht billiger.

● **Coco View Resort,** in French Harbour (Tel. 445-1011, Buchungen per Fax über USA: 001-904-588-4158), Holz-Lodges wie *Anthony's Key Resort* (West End), aber familiärer, eigener Strand und Tauchstation, Vollpension einschließlich Tauchen zwischen 600 und 800 $ pro Woche.

● **Casa Romeo's,** im Zentrum von French Harbour (Tel. 455-5518, Fax 455-5645), mit AC und Ventilator sowie dem besten Restaurant auf der Insel. Am Steg liegt der *Bay Islands Aggressor,* eine professionelle Tauchyacht mit Wochenarrangements: Kreuzfahrt und Tauchsportreise zugleich.

● **Fantasy Island Beach Resort,** French Harbour (Tel. 445-1128, Fax 445-1268), große Luxusanlage auf traumhafter, aber künstlich angeschütteter Halbinsel. Alle Wassersportarten, Vollpension einschließlich Tauchen zwischen 900 und 1180 $ pro Woche.

Karibikinseln

●**Buccaneer Hotel,** in French Harbour (Tel. 445-1032, Fax 445-1289), mehr Hotel als Resort, gutes Restaurant, 3-Tage/2-Nächte-Arrangements für 195 $.

●**Hotel Cay View** (Tel. 455-1222), mit AC, Ventilator, Dusche und schönem Blick auf Osgood Cay, DZ ab 28 $

●**Hotel Mom** (Tel. 455-1139), erst kürzlich eröffnet, Ventilator und kollektive Duschen, DZ ab 8 $.

●**Hotelito San José,** in Oak Ridge, sauber, einfach und freundlich, mit oder ohne private Dusche/WC (DZ 7 bis 12 $).

●**Hotelito Coral,** Coxen Hole, Tel. 445-1080, sauber, gemeinsame Dusche/WC, angenehm ausgestattet, DZ 10,50 $.

●**Hotelito El Paso,** Coxen Hole, neben dem *Coral,* (Tel. 445-1367), Ventilator und gemeinsame Dusche/WC, DZ 8 $.

Essen

●**Casa Romeo's,** in French Harbour (vgl. Unterkünfte): bestes Restaurant der Insel, mit Fisch-, Krabben-, Hummer- und Pastaspezialitäten sowie frischen Säften und Cocktails, mit Blick auf's Wasser.

●**Paya Bay Resort,** östlich von Punta Gorda (Tel. 435-2139), idyllisches kleines Tauchhotel am Strand, mit Ventilator, Dusche, Restaurant und Bar, DZ ab 90 $, aber besser als Komplettarrangement über *Honduras Expeditions* (Tel. 552-7274, Fax 550-3026).

●In allen **Resorts,** vor allem in French Harbour *(Bucaneer Inn)* wird gute Meeresküche geboten.

●Preiswerter sind die **Burger-Läden** in Coxen Hole und French Harbour.

●Auch **Comedores** sind in den Ortschaften zu finden, selten aber hygienisch einwandfrei.

●Preiswert und gut ist **Rolando's,** im Zentrum von Coxen Hole, mit typischer honduranischer Kost zu fairen Preisen.

Trinken

●An den Bars der **Resorts** oder – wenig gemütlich – in einer der **Diskotheken** in Coxen Hole und French Harbour.

Tauchen

●In allen genannten **Resorts** werden professionelle Tauchschulen betrieben, die zertifizierten Tauchern Tauchgänge auf Tagesbasis anbieten (meist 2 gefüllte Flaschen und 1 bis 2 Ausfahrten pro Tag, auf Wunsch zusätzlich Verleih sämtlicher Ausrüstung). Alle diejenigen, die die mit 80 bis 100 $ quotierten Pauschalangebote zu teuer finden, suchen sich am besten eine Tauchbasis aus und in der Nähe ein preiswertes kleines Hotel. Dadurch wird der Gesamtpreis reduziert, denn ein Tag Tauchen kostet ab 30 $.

Tauch-Service

●**Off the Wall Divers,** French Harbour, Tel. 445-1478, SSi Open-Water-Kurse ab 200 $, Tagesbasis 40 $.

●**Ben's Dive Resort,** in Punta Gorda, am östlichen Ende der Inselstraße (Tel. 435-1916), im historischen Garífuna-Kern der Insel, mit schönen Zimmern, guter Tauchbasis und exzellenten Speisen. Taucharrangement mit Vollpension und drei Tauchgängen pro Tag ab 500 $ pro Person und Woche!

Wichtige Adressen

Post, Hondutel

●In Coxen Hole.

Bank

●In **Coxen Hole** und **French Harbour** gibt es jeweils verschiedene Banken, in **Oak Ridge** existiert nur eine Filiale von *Bancahsa,* wo auf Eurocard bar ausgezahlt wird. Keine Banken gibt es in **West End.**

Autovermietung

●**Toyota Rent-A-Car,** Flughafen, Tel. 445-1488

●**Amigo Rent-A-Car,** Flughafen, Tel. 445-1488.

Notfall

●Siehe beim Überblick aller Inseln.

Verkehrsverbindungen mit dem Festland

Flug

● Von *La Ceiba* mit *Isleña* täglich zwischen 6 und 16 Uhr neun Flüge (ca. 25 Min. Flugdauer, 15 $). Mit *Sosa* Mo-Sa um 6, 8, 9:30, 12:30 und 15:30 Uhr (ca. 25 Min. Flugdauer, 15 $).
● Von *Guanaja* Mo-Sa um 16:45 Uhr mit *Sosa*.
● Nähere *Auskünfte* in *La Ceiba,* siehe dort.

Schiff (French Harbour)

● Mehrmals wöchentlich verbinden Kutter *French Harbour* mit *Puerto Cortés* (ab 5 $) oder *La Ceiba* (10 $).
● Die *MV Tropical* läuft täglich (Di bis Fr) um 15:30 Uhr in *La Ceiba* aus, Sa um 11 Uhr, So um 7 Uhr und Mo um 5 Uhr (Ticket 8 $, Kinder von 7 bis 12 Jahren zahlen die Hälfte, darunter ist es umsonst.

Guanaja

Überblick

Guanaja wird von den *Isleños* Bonacca genannt, scherzhaft auch – da viele Häuser auf Stelzen ins Wasser gebaut sind – das Venedig von Honduras. Guanaja ist der erste Ort des heutigen Honduras, der von den Spaniern betreten wurde. Kolumbus nannte Guanaja „Insel der Kiefern". Tatsächlich befindet sich auch heute noch auf der 56 qkm großen Insel ein schütterer *Kiefernwald,* der an den wenigen

Karibikinseln

Kiefernwald und Sandstrand an der Nordküste von Guanaja

Bachläufen in einen subtropischen Wald übergeht. Trotz geringer Regenfälle hat sich auf diese Weise ein Ökosystem gehalten, das zu mehrstündigen kleinen Trekking-Touren einlädt. Das Personal des *Bayman Bay Club* und des *Nautilus Resort* kann den ein oder anderen Tip geben.

Wegen der Moskitos und Sandfliegen scheinen sich die meisten der 4200 Einwohner auf das vor Guanaja liegende Inselchen **Bonacca** zurückgezogen zu haben. Dicht gedrängt stehen hier, teilweise auf Stelzen ins Wasser gebaut, Häuser und Läden. Auf dem auch Guanaja Town genannten Cay werden gar Wassergrundstücke zu Preisen von Landgrundstücken verkauft. **Transport** ist auf Guanaja nur mit Wassertaxis möglich, da Straßen und Autos nicht existieren.

Guanaja verfügt auf seiner Nordseite über die schönsten Naturstrandbuchten der Inseln. Hier kommen auch die Nicht-Taucher auf ihre Kosten.

Unterkünfte

Wie auf Roatán sind die einschlägigen Resorts wie *Bayman Bay Club* und *Posada del Sol* möglichst im voraus zu buchen. Vor Ort kann man es trotzdem versuchen.

●**Posada del Sol** (ein paar km östlich von Bonacca, d.h. Guanaja Town), Tel. 453-4311, Fax 453-4186, klimatisiert, Restaurant, Bar, Pool, Privatstrand, Dive-Shop, Tennis, Marina, Kolibris, edles Ambiente, Taucharrangement pro Person im DZ kostet ab 750 $ pro Woche, für Einzelbucher ab 920 $, darin sind Vollpension und drei Tauchgänge pro Tag, ein Nachttauchgang pro Woche und unbegrenzte Hausrifftauchgänge enthalten.

●**Bayman Bay Club** (am Nordstrand von Guanaja), Tel. 453-4179, Fax und Buchung in USA 001-370-2276, Holz-Lodges am bewaldeten Hang, schöner Privatstrand, kleine Trekking-Ausflüge möglich, das Wochenarrangement mit Tauchen in eigener Tauchstation kostet zwischen 700 und 970 $ im DZ.

●**Casa sobre el Mar** (südwestlich von Bonacca auf einer Felseninsel erbaut), Tel. 453-4269, ist ein gemütliches, buntes und quicklebendiges kleines Hotel mit erstklassigem Tauchen gleich drumherum, pro Person im DZ mit Vollpension ab 60 $, mit Tauchservice ab 80 $.

●**Bo Bush's Island House** (an der Nordküste der Insel), Tel. 453-4146 (Nachricht auf englisch hinterlassen), ist eines der preiswertesten Resorts der Inseln, in sehr schöner Strandlage. Hier sind auch Inselausflüge kompetent betreut durch *Bo*, dem Eigentümer. Pro Person im DZ ab 40 $, mit Tauchservice 80 $, oder 600 pro Woche.

●**Caribbean Houseboat** und **Fruit Harbour Pension** (in Savannah Bight), Tel. 453-4368. Der kreative und zuverlässige Schwabe *Hans Weller* vermietet Segelyacht (Above und Below) und Hausboot, Preise auf Anfrage.

●Preiswerte Hotels gibt es auf Bonacca (Guanaja Town), etwa **Hotel Miller,** Tel. 453-4327, Ventilator (auf Wunsch klimatisiert und mit privater Dusche/WC), Restaurant, Ausflüge nach South West Cay, DZ 15 $ oder **Hotel Rosario,** Tel./Fax 453-4240, saubere, kleine Räume mit Dusche und Kabelfernsehen, DZ ab 20 $.

●**Hotel Alexander** (Bonacca Zentrum), Tel. 453-4326, Fax 453-4369, komfortabel mit AC u. großzügiger Ausstattung, DZ ab 32 $.

Essen

●Mehrere einfache Comedores und Restaurants sind auf Bonacca zu finden, darunter **The Nest** (Tel. 453-4290, Nähe *Banco Atlántida*) in netter, offener Atmosphäre.

Trinken

●Originell ist eine **namenlose Bar** auf dem offenen Wasser, zwischen Dumbar Rock und Südküste gelegen.

Guanaja

KARIBIK

Man of War Bight

East Cliff

North East Bight

Black Rock

Black Rock Point

Black Point

Helle's Hill

Spanish Point

Athens Hill ▲

Tacho Hill ▲

East End

Mangrove Bight

Marble Hill ▲

El Soldado

Savannah Bight

Sandy Rock Hill ▲

Bullet Tree

La Ensenada

Brick Point

Watering Place

Michael Rock Beach

Bo Bush's Island House 🏠

Posada del Sol 🏠

Bearing Grand

Michael's Rock ◁

Michael's Rock Peak 412 m ▲

The Nautilus Resort 🏠

John Borden Beach

Peak Rock

Half Moon Cay

🏠 Bayman Bay Club

Dumbar Rock ●

Klatron's Cay

Kolumbus-Denkmal ★

Guanaja (Bonacca) ●

Good Winter

Pond Cay

Kanal ✈

Grant's Peak ▲

Blue Rock

Blue Rock Point

South West Cay

Red Cliff

West End

West Peak 94 m ▲

Ochre Rock

Ochre Bluff

0   2 km

Korallenriffe

Karibikinseln

Wichtige Adressen

Post, Hondutel

●Auf Bonacca.

Bank

●**Banco Atlántida,** Tel. 453-4262 und **Bancahsa,** Tel. 453-4178, beide auf Bonacca.

Notfall

●**Polizei,** Tel. 453-4310.

Wassertaxis

●Als Wassertaxis dienen ungekennzeichnete, private Motorboote. Fast jeder Führer eines an einem Steg liegenden Bootes kann (in englischer Sprache) um einen Transport gebeten werden; wenn er nicht selbst zur Verfügung steht, so wird er hilfsbereite Hinweise geben. Über See-Funk (VHF-Festkanal) können Bootsführer verständigt werden. Wer von einem Hotel, Resort, Restaurant oder einer Tauchschule abgeholt werden will, bittet dort im Bedarfsfall um die Verständigung eines Wasser-Taxis per Funk. Eine Kurzstrecke (z.B. Flughafen bis Bonacca oder Bonacca bis Guanaja-Südküste) kostet ca. 7 $ pro Person, eine Mittelstrecke (Bonacca bis Bayman Bay Club oder Bonacca bis Savannah Bight) ca. 12 $ und eine Inselumrundung ca. 25 $.

Verkehrsverbindungen

Fluglinien

●**Aerolineas Sosa,** Büro in Bonacca (Tel. 453-4359)
●**Islena Airlines,** Büro in Bonacca (Tel. 453-4208)

Flug

●Der kleine **Flughafen** befindet sich etwa 15 Min. von Guanaja Town entfernt, Transport mit dem Wasser-Taxi. 7 $.
●**Flugscheine** können in einem kleinen Reisebüro auf Bonacca erworben oder rückbestätigt werden.

●**Von La Ceiba** aus wird Guanaja mit *Isleña* Mo-Sa um 12:30 und 16 Uhr, Mo auch um 6 Uhr angeflogen; mit *Aerolineas Sosa* um 6 Uhr über **Roatán** (dort ab 6:45 Uhr). Der einfache Flug kostet 20 $ und dauert ca. 35 Min.
●Zurück **nach La Ceiba** mit *Isleña* Mo-Sa 6:45, 13:15 Uhr, Sa 16 Uhr, mit *Sosa* Mo-Sa 7:15 und 16:45 Uhr (über **Roatán**).

Schiff

●Gelegentlich fahren Fischkutter und Transportschiffe nach **Roatán,** nach **La Ceiba,** nach **Puerto Castilla** und selten zur **Moskitia.** Warten lohnt sich, erfordert aber meist viele Tage Geduld.

Exkursionen

●*Hans Weller,* ein pragmatischer und zuverlässiger Schwabe auf Guanaja (Tel. 453-4368, VHF-Kanal 70), führt auf seiner 12,50 m langen **Segelyacht** ein- und mehrtägige Insel-Exkursionen durch.

Utila

Überblick

Mit 41 qkm Fläche und 1500 Einwohnern ist Utila die kleinste der drei Inseln. Utila ist zugleich auch die von La Ceiba aus nächste Insel (ca. 15 Min. Flug) und die am wenigsten durch große, teure Resorts geprägte Karibikinsel des Landes. Deshalb sind in Utila bislang keine so auffälligen Entwicklungswidersprüche eingetreten: Arm und reich, modern und traditionell können hier kaum unterschieden werden. **East Harbour** (bzw. Utila Town), der kleine Hauptort der Insel, besteht aus hellen Häusern und Villen im Gründerstil, meist aus Holz. Um die Häuser

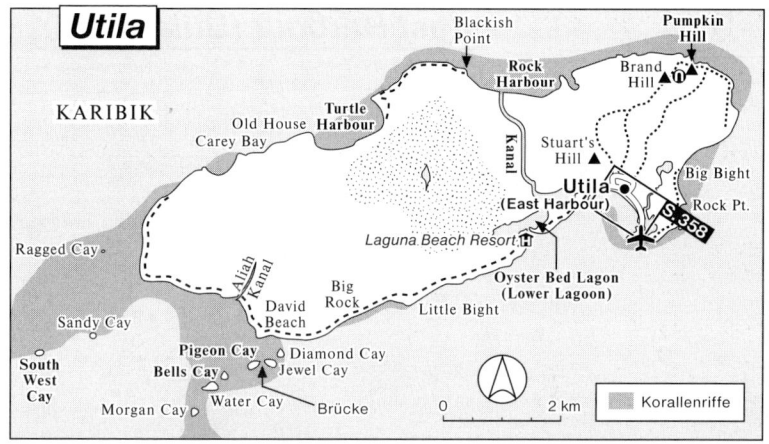

Utila

KARIBIK

Blackish Point

Pumpkin Hill

Rock Harbour

Brand Hill

Turtle Harbour

Old House

Carey Bay

Kanal

Stuart's Hill ▲

Big Bight

Utila (East Harbour)

Rock Pt.

Laguna Beach Resort

S 358

Ragged Cay

Aliah Kanal

David Beach

Big Rock

Little Bight

Oyster Bed Lagon (Lower Lagoon)

Sandy Cay

South West Cay

Pigeon Cay

Bells Cay

Diamond Cay

Jewel Cay

Morgan Cay

Water Cay

Brücke

0   2 km

Korallenriffe

herum befinden sich Gärten (und Gerümpel), die Utileños sitzen auf ihren Terrassen oder gehen ganz ohne Eile ihren Erledigungen nach. Auf Utila gibt es nur einige wenige rostige Autos, die auf die Fußgänger, Radfahrer und Tri-Bike-Fahrer Rücksicht nehmen.

Utila ist flach, es gibt nur zwei Hügel in der Nähe von East Harbour. Zu diesen und weiteren **Ausflugszielen** auf der Insel informiert man sich am besten in der *Bucket of Blood Bar* oder *Selly's Restaurant* (vom Hauptweg im Zentrum an der *Bancahsa* rechts ab, dann immer geradeaus). **Pumpkin Hill** liegt etwa 50 Min. zu Fuß hinter *Selly's Restaurant.* Dort befinden sich Höhlen, es gibt frisches Quellwasser und – je nach Saison – eine kleine Erfrischungsbar. Am nahen Strand ist gutes Baden möglich, aber bei mangelnder Vorsicht kann man sich leicht am Strandriff verletzen. Es ist auch möglich, zu Fuß die **Nordseite** der In-

sel zu erreichen, wo ein heller Kiesstrand liegt. Der Weg (40 Min.) verläuft durch einen kleinen Tropenwald, der auch Schatten spendet. Vorsicht vor Mücken und – am Strand – Sandfliegen.

Eines der spannendsten Themen auf Utila ist das deutsche Projekt zum Schutz des **Schwarzleguans.** So verbinden sich sinnvolle Beiträge für das Weltnaturerbe mit der unbeschwerten Leichtigkeit eines echten Tropenparadieses (vgl. Exkurs: Inselnaturschutz).

An Utilas Südwestseite gibt es ein paar kleine Inseln, von denen nur **Pigeon Cay** wirklich besiedelt ist. Die Leute auf Pigeon Cay sind ausgesprochen freundlich. Es gibt leider keine Zeltplätze oder Gastronomie. Die Privatinseln **Morgan Cay, Sandy Cay** oder **Diamond Cay** (letztere mit festem Haus) können bei *George Jackson* (Pigeon Cay, Tel. 425-3161) angemietet werden. Auf Pigeon Cay werden am

Karibikinseln

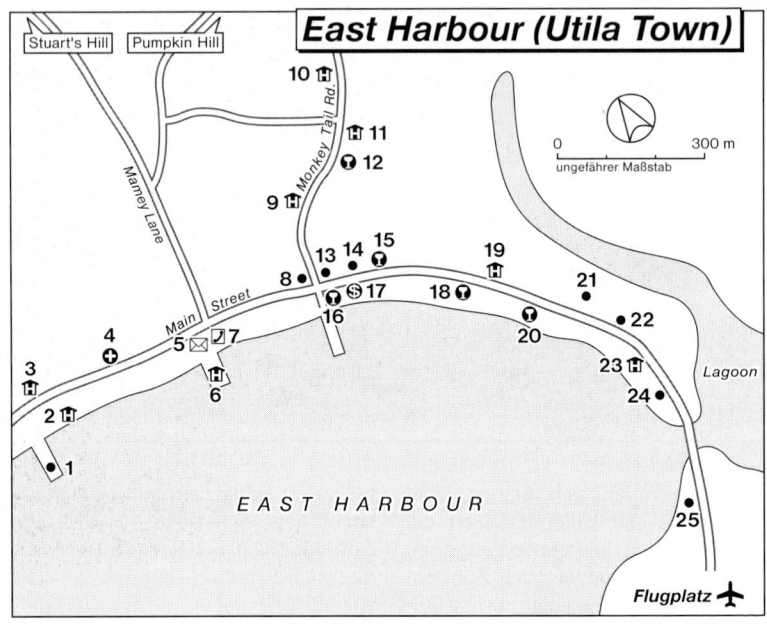

East Harbour (Utila Town)

0 — 300 m
ungefährer Maßstab

Lagoon

EAST HARBOUR

Flugplatz ✈

•	**1** Gunter's	🏠 **9** Blueberry Hill	💲 **17** Banco Atlántida
🏠	**2** Bay View Hotel	🏠 **10** Loma Vista	⊙ **18** Reef House Bar
🏠	**3** Seaside Inn	🏠 **11** Monkey Tail Inn	🏠 **19** Laguna del Mar
⊕	**4** Community Medical Center	⊙ **12** Bucket of Blood Bar	⊙ **20** Seabreaker Bar
✉	**5** Post	• **13** Bancahsa	• **21** Cross Creek
	6 Utila Lodge	• **14** Utila Tour Travel Center	• **22** Utila Water Sports
▨	**7** Hondutel	⊙ **15** 07 Disco	🏠 **23** Trudy's Hotel
•	**8** Capitain Morgan's	⊙ **16** Casino Disco	• **24** Utila Dive Center
			• **25** Captain Roy's Casino

Fischmarkt auch Leckerbissen für den eigenen Insel-Grill verkauft, täglich fangfrisch. Zum Besuch besser geeignet sind **Bells Cay,** das über *Utila Water Sports* gebucht werden kann (Minimum 6 Personen, ideal ist es für 8 bis 10; pro Person ca. 70 $ ohne und 100 $ mit Tauchen, Vollpension im DZ) oder – für das schmalere Budget – **Water Cay.** Die etwa 20 Minuten dau-

ernde Überfahrt kostet 30 $ (max. 10 Personen, fast jedes Boot fungiert als Taxi), die Abholung kann am späten Nachmittag verabredet werden. Auf Water Cay werden gelegentlich kleine, preiswerte Snacks angeboten, ansonsten gibt es keine Infrastruktur, nur Sand, Palmen und ein nach Süden gelegenes Riff, das seinesgleichen sucht. Auch hier besteht Verletzungsgefahr!

Es empfiehlt sich, Sonnenschutzmittel, Öl gegen Sandfliegen, literweise Trinkwasser, Verpflegung und eine Schnorchelausrüstung mitzunehmen.

Wegen der starken Preiskonkurrenz zwischen den zahlreichen Tauchstationen ist Utila inzwischen ein Zentrum für preisbewußte europäische (und weniger amerikanische) Rucksackreisende geworden. Der kleine Boom hat Ladinos vom Festland angelockt, so daß nicht mehr alle *Isleños* begeistert sind.

Jüngst hat die *Bay Islands Conservation Association (BICA)*, Tel. 425-3260), deren Büro sich neben der *Reef House Bar* im Zentrum befindet, eine **Naturschutzsteuer** von 5 $ erfunden. Sie sollte gezahlt sein und belegt werden können, wenn das Boots- oder Flugticket zurück ins harte Leben wieder ansteht.

Tauchen

● Alle Dive-Shops von Utila bieten moderne Ausrüstung und Sicherheit, und das zu konkurrenzlos niedrigen **Preisen.** Schnorchelausrüstung ist ab 2,50 $ zu mieten, ein Tauchtag kostet um die 30 $ (zwei Tauchgänge), ein Anfängerkurs (open water, 4 Tage) ab 145 $, ein Fortgeschrittenen-Kurs (2 Tage) ab 155 $, ein Meisterkurs (3 Wochen) ab 700 $.

● Professionell: **Utila Water Sports** *(Troy Bodden)*, gleich 3 Min. von der Landepiste Richtung East Harbour auf der rechten Seite (Tel. 425-3239, Fax 425-3106).

● **Utila Dive Center** (östlich des Ortes links, gleich bei der Ankunft vom Flugplatz her

Karibikinseln

Bells Cay vor Utila

Tauchgründe vor Utila

●*Laguna Beach:* Liegt gleich am Laguna Beach Resort. Sandschluchten fallen allmählich bis 27 m ab. Vielfalt an weichen Korallen und Schwämmen.

●*Silver Garden:* Zwei große Sandfelder liegen in 6 m Tiefe, umrandet von einer scharfen Kante, die auf 24 m abfällt. Säulenkorallen und schwarze Korallen an der Wand.

●*Pretty Bush:* Hier gibt es Sandschluchten und schmale Einbuchtungen mit Muränen und Baby-Haien. Vielfalt an harten Korallen, Tiefe zwischen 6 und 27 m.

●*Jack Neal:* Die Tauchgründe beginnen hier schon am Strand. Den Sandfeldern folgend, erscheint auf 18 m Tiefe eine Felsnase. Sandfelder werden von Bandkorallen, Geweihkorallen und Tintenfisch-Schwärmen umringt.

●*Big Rock:* Eine Felsnase gibt es hier gleich an der Kante. Flache Schrägen bis 24 m Tiefe, viele rote und schwarze Korallen, Adlerrochen an und im tiefen Blau.

●*Raggedy Key:* Dies ist der erste der berühmten nördlichen Tauchgründe von Utila. Die Plattform auf 9 m fällt in einer gemäßigten Schräge bis auf 40 m ab. Große Grouper, Muränen und Fischschwärme.

●*Stingray Point:* Nahester Tauchgrund von den Keys aus (die westlich von Utila liegen). Hier beeindruckt die Vielfalt an hochliegenden Korallen, die die Oberfläche erreichen. Zungen- und Rillenkorallen, Stachel- und Adlerrochen.

●*Don Quickset:* Schluchten westlich und östlich der Muringsboje (Anlegeboje), Vielfalt weicher Korallen. Barracudas, Grouper und Familien geflecketer Trommelkorallen.

●*Turtle Harbour:* Utilas erster Meerespark erlaubt spektakuläres Wandtauchen: Schildkröten, Stachelrochen, große Grouper und zahlreiche Fischschwärme im flachen Wasser. Turtle Harbour ist vor allem für erfahrene Taucher geeignet.

●*Blackish Point:* Einige Höhlen in 20 m Tiefe. Vorsicht: Stachelrochen im Sand. Große Pfeifen- und Seilschwämme.

●*Rock Harbour:* 40 m von der Muringsboje entfernt ist das blaue Loch mit Glanzfegern. Die Höhle ist 7,50 m tief. Viele große Dogsnapper.

●*Jake's Bight:* Sehr geeignet für Strömungs-Tauchen, denn die Wand ist 1 km lang. Baby-Haie, Schildkröten und mitternachtsblaue Papageienfische.

●*Black Hills:* See-Sockel 2 km von der Insel entfernt. Der Gipfel ist 10 m tief und geht in einer gemäßigten Schräge auf 42 m hinunter. Hier ist das beste Fisch-Tauch-Revier in Utila, unter anderem gibt es atlantische Schwertfische. Gute Gelegenheit für UW-Fotos und Video.

●*Airport Caves:* Einige Unterwasser-Höhlen in nur 6 m Tiefe. Gute Fotogelegenheit.

Karettschildkröte

sichtbar) Tel. 425-3326, Fax 425-3327, etabliertester Laden seit 1991, routiniert und groß, mit Ruheraum.

● **Captain Morgan's** (an der Dorfkreuzung gegenüber der Bank), Tel. 425-3161, freundlicher Service, gute Laune.

● **Cross Creek,** (neben *Utila Water Sports*), Tel. 425-3134, Fax 425-3234, e-mail: scooper@hondutel.hn, webside: http://www.ccreek.com, lehrt in kleinen Gruppen, auf Wunsch einfache Betten für 2 $.

● **Gunter's** (und unweit: *Sea Side Inn*), westlich des Ortes am Ende der Straße über das Wasser gebaut, Tel. 425-3113, Fax 425-3106.

● Der Maler und Philosoph **Günter Kordovsky** (Nähe *Selly's Restaurant*) verfügt über 27 Jahre Tauchpraxis in Utila.

Unterkünfte

● **Laguna Beach Resort** (am Büro von *Utila Water Sports* fragen), unter Leitung von *Troy*

Bodden, wurde im September 1995 eröffnet, DZ mit Vollpension und Tauchen ab 150 $.

● **Utila Lodge** (am Ende von East Harbour, links, Tel. 425-3143, Buchung auch über Fax 001-904-588-4158), klimatisierte holzgetäfelte Zimmer mit Hafenblick, Restauration nur bei guter Belegung, Profi-Ausrüstung zum Angeln und Hochseefischen, DZ ab 70 $.

● **Hotel Utila** (westlich im Ort), Tel. 425-3340, sicher und sauber, neu, AC, Ventilator und Dusche, schöner Blick, DZ ab 40 $.

● **Sharkey's Reef Cabins,** (gleich östlich am Eingang des Ortes rechts) Tel./Fax 425-3212, AC, Ventilator, Dusche und Terrasse über dem Wasser, klein aber fein, DZ ab 27 $.

● **Laguna del Mar** (nahe *Trudy's*), Tel. 425-3103, sehr schöne und saubere Zimmer, Terrasse, angeschlossen: Tauchstation *Underwater*, DZ ab 10 $.

● **Margarite Ville** (am Ende des Dorfes, d.h. westlich): Große, schöne Zimmer mit zwei

Karibikinseln

Unterwasserwelt vor Utila

Doppelbetten, Dusche und Ventilator, wunderbarem Blick, DZ ab 10 $.

●*Trudy's Hotel* (in East Harbour links, nur 5 Min. von der Landepiste), Tel. 425-3195, mit und ohne Bad/WC, mit Comedor, sauber und angenehm, DZ 10 $, bietet auch Tauchkurse.

●*Bay View* (hinter *Utila Lodge* links, Gruppenbuchung mit Tauchen über *Honduras Expeditions*), mit Bad/WC und sehr schönem Blick auf Hafen und Bucht, DZ 11 $.

●*Sea Side Inn*, Tel. 425-3150, einfache Räume mit Seeblick, Dusche, DZ ab 6 $.

●Diverse kleine und preiswerte *Hospedajes* liegen an der Monkey Tail Road, die von der Dorfkreuzung (vgl. Bank *Bancahsa)* rechts den Hügel hoch führt:

●*Blueberry Hill,* einfache Holzhütten mit Dusche und Kocher, originell, DZ 4 $.

●*Monkey Tail Inn*, Tel. 425-3155, einfache Zimmer in einem Holzhause, gemeinsame Dusche, DZ 4 $, EZ 2,50 $.

●*Loma Vista,* Tel. 425-3243, einfach, hell und sauber, DZ 5 $. Anruf vorher lohnt sich wegen Überfüllung.

●Es gibt *weitere Hotels* dieser Preislage, die häufig bei Ankunft schon ausgebucht sind. Die meisten akzeptieren aber vorab nur Reservierungen ganzer Gruppen.

Essen

●In East Harbour gibt es viele kleine Restaurants und Bars. Die Preise liegen 20 bis 50 % über Festland-Niveau. Statt Mais-Tortilla gibt es Weißbrot, Pommes Frites und Banana-Chips (auf dem Festland: *Tajaditas de Plátano* genannt), dazu natürlich Fisch, Fisch und nochmals Fisch. Wer Fisch, Krabben, Langusten, Seeschnecken oder Calamaris gebraten, gedünstet oder in der Suppe nicht mag, muß sich mit Hamburgern zufriedengeben.

●Einige Comedores und Restaurants sind auf der Karte eingetragen.

Trinken

●Das pralle Leben ruft samstags ab 21 Uhr in den **Diskotheken 07** (Techno, Rock, Rap)

und **Casino** (Rap, Punta, Computo). Zwischen beiden Diskos steht man auf der Straße im Dorfzentrum und läßt sich kühle Getränke schmecken: Kein Eintrittsgeld.

●*Tropical Sunset* Cafeteria und Bar, *Bahía del Mar* mit Schwimmgelegenheit. Am Wochenende lebendig: *Captain Roy's, Casino.*

●*Reef House Bar* (150 m von Dorf-Kreuzung östlich) und **The Bucket of Blood Bar** (Monkey Tail Road 100 m von der Dorf-Kreuzung nördlich), für Nichttänzer, Bier hier preiswert und kalt.

●*Seabreaker* (200 m westlich), über dem Wasser, ist ruhiger, größere Getränkeauswahl, eine Inselkneipe zum Reden und Rumhängen.

Wichtige Adressen

Bank

●*Bancahsa* an der zentralen Kreuzung in East Harbour und *Banco Atlántida*, 40 m westlich. Öffnungszeiten: 8 bis 11:30 Uhr Mo. bis Sa., 13:30 bis 16 Uhr nur werktags.

●Überall werden Bardollars akzeptiert, und *Cross Creek Divers* gibt auf Eurocard gar Bargeld.

Post, Hondutel

●Nähe *Utila Lodge* (nach *Bancahsa* geradeaus), auch samstagmorgens geöffnet.

Notfall

●*Community Medical Center,* geöffnet von 8 bis 18 Uhr, 5 $ pro Beratungsgespräch.

●*Polizei,* Tel. 425-3145.

Verkehrsverbindungen

Flug

●Der *Flugplatz* von Utila liegt ganz im Südosten der Insel am Ende der Dorfstraße.

●Ab *La Ceiba* mit *Sosa* Mo-Sa um 6, 10 und 15 Uhr, mit *Isleña* Mo-Sa 6 und 16 Uhr; Preis 12 $. *Zurück* mit *Sosa* Mo-Sa 6:30, 10:30 und 15:45 Uhr, mit *Isleña* Mo-Sa 6:30 und 16:30 Uhr.

Inselnaturschutz:
Deutsche Hilfe für den
Utila-Schwarzleguan

Unter Leitung von Dr. Gunther Köhler führt die Zoologische Gesellschaft Frankfurt seit 1995 auf Utila, der westlichsten der honduranischen Islas de la Bahía, ein Projekt zum Schutz des Utila-Schwarzleguans durch. Ein Großleguan, der nur auf dieser kleinen Karibikinsel vorkommt und durch übermäßige Jagd vom Aussterben bedroht ist. Ziel des Projektes ist den dauerhaften Fortbestand des Utila-Schwarzleguans *(Ctenosaura bakeri)* in seinem natürlichen Lebensraum auf Utila sicherzustellen. Im Vordergrund stehen Aufklärungsarbeit, Durchsetzung des Jagdverbotes, Erforschung der Biologie, Erfassung der Flora und Fauna im Umfeld sowie die Vermehrung des Schwarzleguans in Zuchtprogrammen.

Seit April 1997 wohnt die deutsche Naturschützerin Elke Blinn auf Utila und kümmert sich hauptamtlich um den Schutz des Leguans. Im Vordergrund ihrer Arbeit steht die Umwelterziehung. Zum Beispiel malen die Kinder der Insel einen nur in Umrissen auf einem großen Poster skizzierten Leguan farbig aus.

Anschließend signieren sie das bunte Poster und suchen einen Platz auf der Insel, wo viele Menschen darauf aufmerksam werden.

Bei der ersten Nachzucht des Schwarzleguans wurden aus einem Gelege mit elf Eiern im Mai 1997 (nach einer Inkubationszeit von 89 bis 92 Tagen) acht Jungtiere gewonnen. Gleichzeitig mit den Untersuchungen zum Wachstum freilebender Leguane werden die nachgezogenen Tiere alle zwei Monate gemessen und gewogen. Das Projekt wird unterstützt von:

- Deutsche Gesellschaft für Herpetologie und Terrarienkunde (DGHT), Rheinbach
- Arbeitsgemeinschaft für Leguane in der DGHT, Offenbach
- Bundesverband für fachgerechten Natur- und Artenschutz (BNA), Hambrücken
- Stadtgruppe Frankfurt der DGHT
- International Iguana Society, Big Pine Key, Florida, USA
- Forschungsinstitut und Naturmuseum Senckenberg, Frankfurt am Main
- Zoologische Gesellschaft für Populations- und Artenschutz, München
- Zoologischer Garten Halle

Ansprechpartner ist das Forschungsinstitut und Naturmuseum Senckenberg, Senckenberganlage 25, D-60325 Frankfurt am Main, Tel. 069-7542-232, Fax 746238 oder e-mail.

Karibikinseln

- *Sosa*-Agent auf Utila: Tel. 425-3368. Hier muß am Vorabend des Fluges **rückbestätigt** werden. Für den Fall der Ausbuchung ist es sogar vorteilhaft, das Rückflugticket (Utila – La Ceiba) auf der Insel zu kaufen.

Schiff

- **MV Starfish** fährt montags um 5:30 Uhr zum neuen Hafen von *La Ceiba* (Ankunft dort um 8:30 Uhr). Rückfahrt von da ab Dienstagmittag (5 $ pro Fahrt).
- Weniger regelmäßig gibt es Boote nach **Roatán** und **Puerto Cortés.**
- Mo bis Fr kommt um 10 Uhr (Abfahrt La Ceiba) die **MV Tropical** aus *La Ceiba*, sie fährt um 11:30 Uhr wieder zurück (Ticket 6,30 $).

Tour Operator

- **Utila Tour Travel Center,** Tel. 425-3368, Fax 425-3386, Agent beider nationaler Airlines *(Isleña, Sosa)* verkauft und bestätigt alles und bietet auch Touren auf dem Festland.

Cayos Cochinos

Überblick

Nur 18 km nordöstlich von La Ceiba liegen die Cayos Cochinos (wörtlich:

Schweineinseln) oder Hog Islands, zwei kleine Inseln und 15 winzige Eilande, die von der Natur verwöhnt wurden. Wie die großen Inseln mit einem wunderbaren Korallenriff und hellen, sauberen Stränden ausgestattet, verfügen die Cayos Cochinos zusätzlich über einen intakten tropischen Wald. Der paradiesische Ort befindet sich in Privatbesitz und wird von der **Smithsonian Society** *(Smithsonian Tropical Research Insitute)*, einer in Washington D.C. ansässigen Naturschutzorganisation, verwaltet, welche auf dem Cayo Pequeno ein kleines Büro unterhält.

Da sogar die zwei Hauptinseln (Cayo Grande und Cayo Pequeno) noch von urwüchsigem Regenwald bedeckt sind, wurde mit der *Reserva Marina de Cayos Cochinos* die Inselwelt nebst des sie umgebenden Korallenriffs unter strengen Schutz gestellt. Die seit zweihundert Jahren auf dem südlich gelegenen Lower Monitor Cay lebenden Garifunas sind davon wenig begeistert, da sie ausschließlich vom Fischfang leben. In ihrem Dorf namens Chachauate findet der respektvolle und zurückhaltend Reisende eine heile Welt.

Tauchen

In einem genau 8 km Radius um die Inseln befindlichen Ring verläuft das **Korallenriff,** welches bestes Tauchen und Schnorcheln ermöglicht.

Das einzige offizielle Resort *(Banana Plantation)* hat eine Tauchstation mit Ausrüstung und Booten. Wer unab-

hängig davon das Riff bewundern will, sollte eine eigene Schnorchelausrüstung mitbringen.

Unterkünfte

● **Banana Plantation,** Cochino Grande, Tel. und Fax 442-0974, VHF-Kanal 12. Einfache Holzhäuser, Restaurant, Bar, private Dusche/WC mit Heißwasser, Tauchstation. Das große Tauchboot von Banana Plantation fährt samstags nach La Ceiba, ein Charter des Bootes kostet ansonsten 75 $. Ende Juli findet unter Koordination von Banana Plantation ein Musik- und Tanzfestival mit Garífuna-Bands statt.

● **Cayo Timón,** ein eigenes kleines Eiland, wird von der Familie *Henrik* und *Susan Jensen* aus Utila (Tel. 425-3112) bewirtschaftet, Übernachtung ab 6 Personen zu je 8 $.

● **Garífuna-Familien** in Chachauate auf dem Eiland Lower Monitor Cay bieten, nach vorheriger Absprache, gelegentlich Unterkunft und Verpflegung an.

Verkehrsverbindungen

Flug

● **Privatcharter** mit *Aerolineas Sosa* (Tel. 443-1399) von La Ceiba aus in dreisitzigen Cessnas (kurze Landepiste auf den Cayos), mindestens einen Tag im voraus reservieren, ca. 90 $.

Schiff und Boot

● Von **Utila** nach **Nuevo Armenia** (Fahrzeit 75 Min.; alle 60 Min. fährt ein Bus vom Busbahnhof in La Ceiba über Jutiapa nach Nuevo Armenia) oder von **Sambo Creek** (ebenfalls häufig abfahrende Busse vom Busbahnhof in La Ceiba). In Nuevo Armenia und Sambo Creek fahren früh am Morgen um 6 Uhr reguläre Einbaum-Kanus hinüber (pro Person ca. 8 $ – oder das Doppelte für's ganze Boot), später muß eines gemietet werden.

Die Moskitia: Von Palacios bis Puerto Lempira

Überblick

Naturräumliche Gliederung

Die Moskitia ist das größte zusammenhängende Regenwaldgebiet Zentralamerikas und lädt zu entsprechenden naturkundlichen Expeditionen ein. Sie umfaßt geographisch die **östliche Karibikküste** des Landes. Im Hinterland schließt sich die durch Überschwemmungen geprägte **Feuchtsavanne** an. Die Feuchtsavanne wird von der Tique-Palme und der Tieflandkiefer *(lat. Pino caribea)* bestimmt. Danach kommt der **Regenwald.** Er beeindruckt durch hunderte verschiedener Harthölzer, Bromelien, Farne und wilde Tiere wie den großen Ameisenbären, Puma, Tapir etc. Die weiträumige Landschaft wird durch wenige Gebirge unterbrochen, die meist massiv aus dem Tiefland hochragen.

Große **Flüsse** haben die Landschaft der Moskitia geprägt. Der Río Coco oder Río Segovia bildet die Grenze zwischen Honduras und Nicaragua und mündet am Cabo de Gracias a Dios in die karibische See. Der Río Patuca entspringt aus den Flüssen Guayape und Guayambre, fließt durch das große Regenwaldgebiet der vier Nationalparks Bosavos, Río Patuca, Sumu Tawahka und Río Plátano und mündet bei Barra Patuca ebenfalls in die karibische See.

Der Río Plátano entspringt im gleichnamigen Gebirge in der Moskitia und fließt bei Barra del Plátano auch in die karibische See. Aus diesen und anderen, kleinen Flüssen gespeist, haben

Moskitia

sich an der Moskitia-Küste *Ästuare* und *Lagunen* gebildet, deren Wasser sich staut und zeitweise über geöffnete Sandbänke *(barras)* ins Meer fließt. Der dort meist zum Höhepunkt der Regenzeit entstehende Austausch von Salz- und Süßwasser führt zur Entstehung jenes Brackwassers, das den idealen Lebensraum für Mangroven darstellt. Die Lagunen von Ibans, Brus und Caratasca sind daher von *Mangrovenwäldern* umringt, in denen natürlich viele Vogelarten ihre idealen Nistplätze finden.

Besiedlung

Moskitia wird der Osten der Provinz Olancho und die gesamte Provinz Gracias a Dios genannt. Das Gebiet umfaßt fast ein Viertel des Territoriums von Honduras, ist aber nur äußerst dünn besiedelt. Den größten Bevölkerungsanteil stellen rund 30.000 *Miskito,* die hier – im Gegensatz zum vom Contra-Krieg zerriebenen Nicaragua – noch weitgehend ihre eigene Kultur beibehalten haben. Sie sprechen nur gebrochen Spanisch. Das Miskito ist eine eigene Sprache, die viele Wörter aus dem Englischen entlehnt hat (*bibi* = Säugling, *tinki* = danke). Neben den Miskito leben hier noch wenige, vom kulturellen Aussterben bedrohte Sumu Tawahka, einige tausend Pesch und selbstverständlich Mestizen, die zumeist als Siedler oder Lehrer in der Moskitia leben.

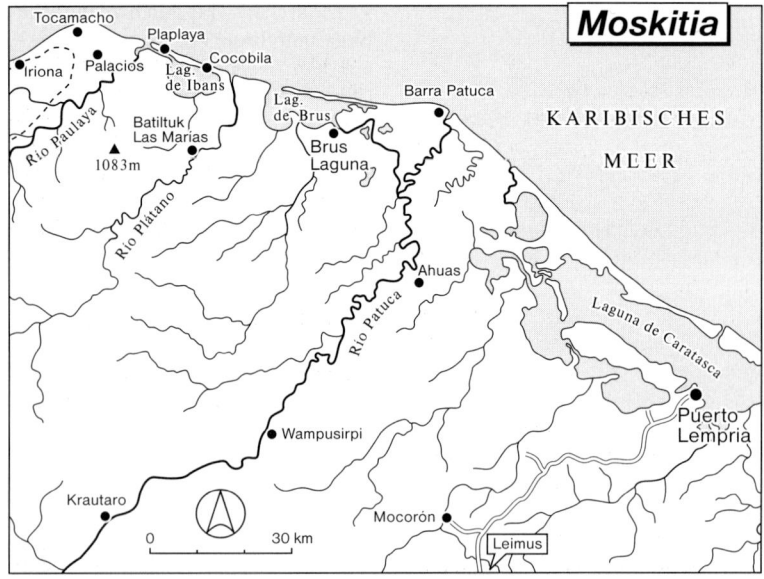

Die Moskitia verfügt praktisch über **keinerlei Infrastruktur.** Keine Straße oder Eisenbahn verbindet die Departamentos El Paraiso, Olancho und Colón mit Gracias a Dios. Nur innerhalb der Moskitia gibt es eine Allwetterstraße zwischen Puerto Lempira, der Hauptstadt von Gracias a Dios, und Mocorón bzw. Leimus an der Grenze zu Nicaragua. Doch diese Straße wird nur von zwei bis drei LKWs benutzt, die nicht aus der Moskitia hinausgelangen.

In Honduras herrscht wegen der ungleichen Verteilung von Kapital und Boden das Gefühl, daß es zu wenig landwirtschaftlichen Boden für die Versorgung der Bevölkerung gibt. Deshalb grassiert seit Jahrzehnten die

Vorstellung, daß eine Kolonisierung der Moskitia Abhilfe schafft. Da das Gebiet aber unerschlossen ist, trauen sich nur Abenteurer und Degradierte in diese Wildnis. Um so zerstörerischer ist die Wirkung auf das Naturparadies durch Neusiedler, große Viehzüchter oder Wilderer.

Geschichte

Vor mindestens eintausend Jahren waren verschiedene ethnische Gruppen

Moskitia

Blick auf die Küste

Kleine Sprachhilfe für Aufenthalte in der Moskitia

Augen	*nakra*
Brief	*waujtaya*
Essen	*plun*
Fluß	*li*
Frau	*mairin*
Frucht	*dusma*
Fuß	*mina*
viel, genug	*ailal*
Haare	*tawa*
Hand	*mijta*
Haus	*utla*
Kanu	*duri*
Kind	*tukta*
Kopf	*lal*
laufen, gehen	*wapaya*
rennen	*plapaya*
Mann	*waikna*
Messer	*kisuru*
Mond	*kati*
Mund	*bila*
Regen	*liajwaya*
schlecht	*saura*
schön	*pain*
schreiben	*ulbaya*
sitzen	*iwaya*
Sonne	*lapta*
Teller	*plit*
trinken	*diyaya*
1	*kum*
2	*wal*
3	*yujmpa*
4	*waljwal*
5	*matchip*
10	*dusa kum*
20	*dusa wal*
Wie gehts?	*najki sma*
Gut, danke!	*pain tinki*
Vielen Dank!	*tinki pali*
bitte	*pliskam*
danke	*tinki*
Auf Wiedersehen	*aisabe*
Bis dann!	*yu wala kliwal praubia*

aus der Chibcha-Sprachgruppe Südamerikas bis nach Zentralamerikas vorgedrungen. Die heutigen Sumus – und unter ihnen die Tawahka – differenzierten sich in verschiedenen Untergruppen und siedelten allmählich auch im heutigen Honduras, und zwar in der Moskitia. Erst als englische und holländische Piraten und Kolonialisten an der Küste der Moskitia Fuß faßten und Verbündete suchten, bildete sich eine Gruppe heraus, die alle restlichen Völker schnell dominierte. Es waren die **Miskito,** die die Ausrüstung, die Außenkontakte und die christliche Lehre der Europäer einerseits und die Einflüsse afrikanischer Garífunas andererseits zu nutzen wußten. Sie wuchsen – obwohl doch aus deren Schoße stammend – über die Sumus hinaus und unterdrückten diese bis hin zur offenen Versklavung.

Die Miskito und Sumu Tawahka leisteten den spanischen Eroberern Widerstand. Die indianischen Gruppen aus der Moskitia wurden daher bis heute von den Spaniern und deren Nachfolgern wenig berührt. In den ersten 150 Jahren der Conquista schreckten die unwegsamen Sümpfe und undurchdringlichen Wälder ab, diverse spanische Expeditionen jener Zeit schlugen fehl. Seit Mitte des 17. Jahrhunderts geriet das Gebiet unter den Einfluß der Briten, die den Miskito Gewehre lieferten und den lokalen Mosko-König auf Reisen nach Jamaika feierlich anerkannten. Von Palacios aus, dem damaligen Black River, kontrollierten die Briten den Osten Honduras' und den Westen Nicaraguas.

Doch ohne die Miskito und Sumu Tawahka, die bis heute wenig für die Spanier und deren Nachfolger übrig haben, hätten die Briten keine Chance gehabt. Denn nur durch die Ureinwohner des Gebietes wurde der Widerstand gegen Spanien möglich, damals wurden Tausende von gut ausgerüsteten Spaniern im Laufe der Jahre gnadenlos aufgerieben.

In der Moskitia unterwegs

Als Naturreisender sollte man sich auf eine sorgfältige Anrede der Bevölkerung und ein Zeit- und Geldbudget einstellen, welches diesem weitläufigen, geheimnisvollen Gebiet auch entspricht. Eine Bootsfahrt nach Las Marias kostet eben 100 $, und die Bevölkerung hat immer weniger Verständnis

für low-budget-Begegnungen. Ein Abstecher in die Moskitia sollte mindestens eine Woche dauern und nicht unter 200 $ kosten. Sinnvoll ist der Zusammenschluß zur Gruppe. Man kann sich in San Pedro Sula oder La Ceiba bereits als Gruppe konstituieren oder bei einer der professionellen bzw. naturverträglichen Reiseagenturen (*Honduras Expeditions*, Tel. 552-7274, Fax 550-3026 in San Pedro Sula; Tel. 440-0666 in La Ceiba) nach Expeditionsterminen fragen.

Palacios

Palacios befindet sich am westlichen Rand einer Küstenregion, in der hinter dem karibischen Badestrand gleich mangrovenumwaldete Lagunen und

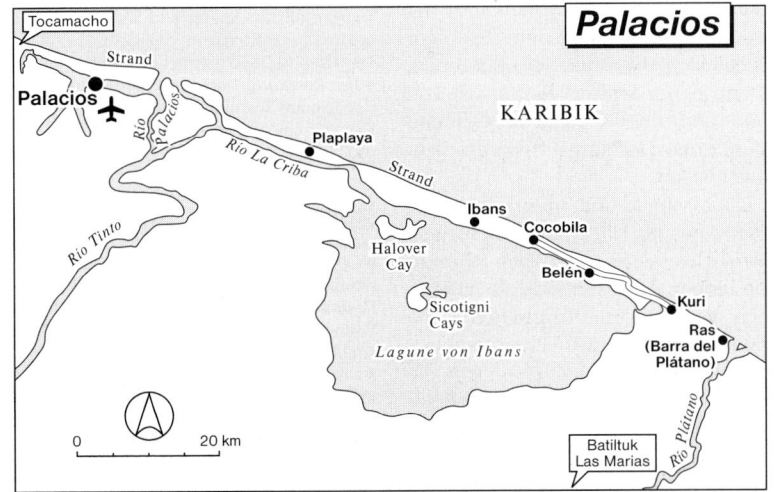

Moskitia

weite Flußmündungen liegen, hinter denen der Regenwald beginnt. Palacios selbst ist ein von Miskito und Mestizen bewohntes Städtchen am Ufer der Lagune von Bacalar. Es besteht aus zwei Teilen: An der Landepiste heißt es Buena Vista; zwischen Buena Vista und dem Meer heißt es Batalla. Beide Ortsteile zusammen bilden Palacios.

Geschichte

Hier in Palacios befand sich am Rande eines Miskitodorfes seit 1630 eine kleine englische Siedlung, die von *William Pitt*, einem Holzunternehmer, 1699 als **Black River** gegründet wurde. Während des englisch-spanischen Krieges, der auch den harten Disput um den Osten von Honduras einschloß, verlieh die englische Krone Black River die Souveränität. 1787 mußte Pitts Sohn den Spaniern schließlich die Schlüssel übergeben: Denn deren kraftvolle Attacken von See und über Land (via Olancho durch den Dschungel!!) waren nicht aufzuhalten.

Doch Miskito und Briten hatten sich mit Kanus ins Hinterland geschlagen. Versuche der Spanier Black River zu besiedeln, erwiesen sich als untauglich. Vom feuchten tropischen Klima und den vielen unwirtlichen Insektenplagen gepeinigt, zogen sich die Neuankömmlinge schnell wieder zurück nach Westen. Miskito zogen dann ab 1800 wieder nach Black River, im Volksmund La Criva genannt.

Herumliegende englische Kanonen zeugen noch von jener Zeit, als Black River den Sitz der britischen Kolonialverwaltung darstellte. Von den prachtvollen englischen Verwaltungsgebäuden ist – Holz ist vergänglich – nichts mehr zu sehen. Die Einwohner von Palacios sprechen Spanisch, Miskito, Garífuna und – wenige – Englisch.

Unterkunft

● **La Mosquitia Ecolodge** (30 m westlich vom *Isleña* Büro, buchbar über Tel. 440-0076, Fax 440-0077, e-mail: invefran@tropicohn.com), Dusche und Ventilator: Mit viel zu lauten und schnellen Booten werden hier Angeltouren unternommen.

● **Hospedaje Felix Marmol** (gleich am Ende der Landebahn), Agentur von *Isleña Airlines:* Für 2 $ werden einfache (geteilte Dusche) und für 12 $ komfortable (Dusche, Ventilator) Räume vermietet. Ebenfalls zu *Don Felix's* Service gehört ein exzellenter Comedor mit *platos típicos* ab 1 $.

● Zur **Lagune von Ibans** können vorzügliche Touren, mit Inselcamp und Dschungeltrek, bei *Honduras Expeditions* (La Ceiba, 1a Calle, Tel./Fax 440-0666) gebucht werden.

● **The Restaurant on the Point** (gegenüber der Lagune Richtung Meer; Überfahrt per Kanu für ca. 2 $), hat einfache Räume ab 3 $ pro DZ.

Essen

● Gegenüber der Lagune, auf der Landzunge am Strand, kochen die Eigentümer von **The Restaurant on the Point** sehr schmackhafte Fisch-, Krabben- und Steakgerichte ab 2 $. Ein Pfad führt zum Strand.

● Der Agent von *Isleña Airlines (Felix Marmol,* Büro gleich am Bootssteg) betreibt nur etwa 50 Meter östlich seines Büros einen **Comedor** mit vorzüglichem Frühstück: Bohnenpüree, *tortillas* (die letzten Richtung Moskitia), Sahne und gebratene Kochbananen.

Ciudad Blanca – Weiße Stadt inmitten des Dschungels

Ein Sinnbild des geheimnisvollen Honduras ist die Weiße Stadt, von der es immer wieder Gerüchte und Legenden gibt. Die Weiße Stadt symbolisiert Mythos, Dschungel, Exotik und Tradition zugleich. Sehr vieles spricht für ihre tatsächliche Existenz (ich selber glaube auch daran), sie ist sogar auf hochoffiziellen Honduras-Karten eingezeichnet – Beweise in Form von Fotos oder archäologischen Funden fehlen aber bisher. Bislang ist noch jede Expedition zur *Ciudad Blanca* gescheitert.

Im Jahr 1554 schrieb der Bischof von Honduras, *Cristóbal Pedraza*, einen Bericht an den spanischen König. Östlich von Trujillo befinde sich hinter den Bergen ein großes Dschungelgebiet, das er jüngst gesehen habe. Es habe drei Tage gedauert, bis er die Kordillere hinaufgestiegen sei. Dann aber habe er den Ausblick auf ein riesiges Tal gehabt, und zwar auf das Tal der Flüsse Sico und Paulaya (zwischen Trujillo und Río Plátano). Dort habe er riesige Ortschaften gesehen. Seine Helfer (indianische Arbeiter aus Trujillo, die dem Stamm der Pesch angehörten) hätten sich bestens mit den Bewohnern der immensen Täler verständigen können.

In den Expeditionen der spanischen Eroberer und Missionare ging es jahrzehntelang um die Entdeckung und Eroberung von Taguzgalpa. *Taguzgalpa* bedeutet „Felsen aus Gold". Die Legende zu jener Zeit besagte, die Bewohner von Taguzgalpa äßen von Goldtellern und seien vorzügliche Goldschmiede.

Seitdem in den zwanziger Jahren dieses Jahrhunderts regelmäßig Flugzeuge den Dschungel überqueren, hat es immer wieder Piloten gegeben, die aufgeregt von einer großen, weiß schimmernden Siedlung im Dschungel berichten. Der Ort soll irgendwo östlich der Sierra de Agalta und des Ortes Dulce Nombre de Culmí, im südlichen Teil des Biosphärenreservats des Río Plátano liegen. Dort sieht übrigens die deutsche Entwicklungsbank *Kreditanstalt für Wiederaufbau* ein archäologisches Reservat vor.

Auf den honduranischen Karten ist die Weiße Stadt dort sogar eingezeichnet, selbst in den relativ detaillierten, offiziellen Militärkarten des Nationalen Geographischen Instituts *IGN (Instituto Geográfico Nacional)*.

Auf meinen Reisen in die Moskitia habe ich viele Indios getroffen, die von der Suche nach der Weißen Stadt abraten, jedoch selbst davon überzeugt sind, daß sie existiert oder jemand kennen, der dort war. Einmal habe ich sogar selbst jemanden getroffen, der steif und fest behauptete, dort gewesen zu sein, und verschiedene bearbeitete Steine konkret beschrieb. Dabei bedauerte er, keinen der schweren Steine auf den langen Rückweg mitgenommen zu haben.

Es gibt aber auch wissenschaftliche Anhaltspunkte, die für die Existenz der Weißen Stadt sprechen. Östlich der Mayastadt Copán und nordwestlich der Inka-Länder befindet sich die intermediäre Zone, die größtenteils noch unerforscht ist. Hier gab es Völkerwanderungen und Kommunikation zwischen beiden Kulturkreisen. Vor allem in Honduras deuten verschiedene Funde auf eine Zivilisation hin, die den Maya bekannt und ihnen kulturell verwandt, in ihrer Organisation und Religion aber verschieden war. Sie mag der heutigen Pesch- oder Tawahka-Zivilisation ähnlich gewesen sein, war aber ungleich größer und entwickelter, als diese Gemeinschaften es heute sind. Forscher des Honduranischen Instituts für Anthropologie und Geschichte – allen voran *George Hasemann* – weisen darauf hin, daß alle Nicht-Maya-Funde, die in Honduras gemacht worden sind, auf die Existenz einer großen Metropole deuten.

Verkehrsverbindungen

Flug

● Täglich außer Sonntag ab 10 Uhr fliegt *Isleña* von **La Ceiba** nach Palacios (Rückflug ab 11 Uhr, Dauer 30 Min., Ticket 24 $), in der Saison ist eine Reservierung empfehlenswert.

Schiff und Boot

● Von **La Ceiba** und **Trujillo** fahren unregelmäßig (im Durchschnitt alle 1 bis 2 Wochen) kleine Frachtschiffe und Fischerboote (letztere nur von Trujillo) nach Palacios, die Fahrt kostet pro Person 10 bis 30 $ und beinhaltet die Mahlzeiten. Vorsicht: Die See ist rauh, die Schiffe alt und rostig.

● Ebenfalls unregelmäßige Stops in Palacios machen die aus **La Ceiba** kommenden Schiffe *Margarita* und *Sheena Dee* (in La Ceiba an der alten Mole, am Ende der Bahnschienen).

Trekking von Limón nach Palacios

● Für abenteuerlich veranlagte, ausdauernde Wanderer gibt es einen Fußweg entlang der Küste in die Moskitia. Trinkwasser, Lebensmittel und Sonnenschutz müssen in ausreichender Menge mitgeführt werden. Aktuelle klimatische, geographische und Sicherheitslage sind vor Fortsetzung der Wanderung in der jeweiligen Station gründlich abzufragen.

Von Trujillo, Tocoa und La Ceiba verkehren jeweils zweimal täglich Busse nach **Limón** (*Hospedaje Martinez*, DZ 2,80 $, zwei kleine Comedores). Limón hat einen weißen, feinsandigen Strand. In der Trockenzeit fahren die von Westen kommenden Fahrzeuge bis nach **Punto de Piedras** (einfache Pension vorhanden) oder sogar **Iriona** durch. Das sind dann schon drei Viertel der Strecke von Trujillo nach Palacios. Normalerweise helfen spätestens von **Cusuma** aus nur noch die eigenen Füße weiter, es sind dann noch 18 km bis **Tocamacho** zu laufen. Kurz vor Tocamacho liegt **Sangrelaya**. Die Mündung des Río Tocamacho kann dort gegen geringe Gebühr per Kanu überwunden werden. Danach sind es einige Stunden Strandwanderung bis **Palacios**, zeitweise geöffnete Sandbänke können mit örtlichen Kanus überwunden werden.

Ausflüge ab Palacios

Laguna de Ibans

Eine Bootsstunde östlich von Palacios liegt, gleich hinter Cocobila und Belén, die Laguna de Ibans (Ebenholz-Lagune). Die leicht salzige Lagune ist fischreich. Die Bewohner der Landzunge zwischen Palacios und Barro del Plátano ernähren sich von der Krabbenfischerei im offenen Meer und dem Süßwasserangeln in der Lagune. Landwirtschaft wird an den Hängen des Gebirges von Baltimore (südlich der Lagune, Richtung des berühmten Pico Damas) und auf dem Halover Cay betrieben. Auf dieser Landzunge leben drei Völker friedlich gemeinsam. Hier eine Gebietszuordnung von West nach Ost: Plaplaya – Garífuna, Ibans – Mestizen, Cocobila – Miskito, Belén – Miskito, Kuri – Garífuna und Miskito, Ras – Miskito (anderer Name für Ras: Barra del Plátano).

Von der internationalen Unterstützung für das Biosphärenreservat Río Plátano und die zunehmende Anzahl von abenteuerlustigen Reisenden überrascht, haben sich die freundlichen Bewohner des paradiesischen Streifens inzwischen zu Selbsthilfeorganisationen formiert. Besucherbücher werden geführt, Eintrittsgelder erhoben. In Cocobila fungiert ein *Comité de Vigilancia de Tierras*, um die Landrechte der Miskito und Garífunas gegenüber neuen (Naturschützern) und alten (Siedlern) Eindringlingen zu artikulieren.

Lederschildkröten in Plaplaya

In Plaplaya, dem ersten Ort von Palacios Richtung Río Plátano, befindet sich das Büro des lokalen Projekts zum Schutz der Lederschildkröte *Dermochelys coriacea*. Das Tier erreicht die Größe eines Mini-Autos *(Ford Ka*, z.B.) und bringt dann bis zu 700 kg auf die Waage. Auf spanisch *baula* genannt, ist sie inzwischen rar geworden. Die extensive Krabbenfangwirtschaft mit ihren Netzen hat ihr sehr zugesetzt. Im nur von Garífunas bewohnten Ort Plaplaya freuen sich die Projektmitarbeiter über freiwillige Helfer. Unterkunft und Verpflegung sind dann nicht schwer zu organisieren.

Mitte des Jahres kommen die *baulas* an den Strand und vergraben ihre Eier. Das Schauspiel kann beobachten, wer – am besten als Gruppe – nächtelang laut- und erschütterungslos den Strand absucht und sich, wenn die großen Weibchen nahen, schnell versteckt. Auf keinen Fall sollten die Tiere gestört werden!

Moskitia

Mestizenhütte

Finca Mariposa (Schmetterlingsfarm) in Raistá

In Raistá, einem winzigen Ort eingeklemmt zwischen Cocobila und Belén, unterhält *Eddie Boddens* eine Schmetterlingsfarm. Für 2,50 $ führt er den neugierigen Besucher gern durch die Sammlung hunderter heimischer Schmetterlinge und anderer Insekten. Sein Bruder *Sergio* ist Experte auf dem Fußtrail hinauf in das Gebirge von Baltimore, am Südende der Lagune. Der Landweg hoch nach Las Marias dauert zwei bis drei anstrengende Stunden, spart aber die kostspielige Bootsfahrt. Expeditionskleidung, Wasser und Verpflegung sind hier überlebenswichtig.

Flüge nach Brus Laguna, Ahuas, ...

Mit der kleinen *Servicio Aereo Misquito (SAMI)* gehen täglich um 7:30 Uhr Flüge von Belén, einem kleinen Ort zwischen Cocobila und Kuri, in die anderen Orte der Mosquitia: Brus Laguna (12 $), Ahuas (15 $) und Puerto Lempira (27$). Nach Wampusirpi, Leimus (Mocorón) oder an das Kap von Gracias a Dios fliegt *SAMI* zu einem durchaus fairen Chartertarif.

Biosphärenreservat Río Plátano

Von Cocobila nach Batiltuk/Las Marias

Individuell oder als organisierte Gruppe kann man das **Biosphärenreservat Río Plátano** bereisen. Das international bekannteste Naturschutzgebiet des Landes wurde von den Vereinten Nationen zur in Zentralamerika ersten *World Heritage Site und Biosphere Reserve* (Naturerbe der Menschheit) erklärt. Neben einer unvergleichlichen Flora und Fauna im tropischen Regenwald finden sich hier Petroglyphen der Ureinwohner.

Schön ist vor allem der **Weg** hinein **in das Gebiet.** Von **Palacios** geht es, 45 Min. im Außenborder, bis zu 90 Min. im Innenborder (*tuk-tuk*), durch die Wasserlandschaft bis Cocobila oder Belén. Neuerdings kann man per Kanu sogar bis Kuri durchfahren, verpaßt dann aber die schöne Wanderung durch die Dünenlandschaft zwischen **Cocobila** und Kuri. Der Landstreifen zwischen diesen beiden Ortschaften (zu Fuß 60 min.) trennt genau den Atlantischen Ozean (links, nordöstlich) und die Lagune (rechts, südlich). In **Kuri** lädt *Don Sixto* zur Übernachtung ein (Preis ca. 5 $ pro Person). Eine andere Anreisemöglichkeit ist per privat gechartertem Flug ab La Ceiba.

Die eigentliche Expedition beginnt am nächsten Morgen. Mit einem in Kuri oder Ras (ein paar Kilometer östlich von Kuri) gecharterten Motorboot geht es einen ganzen Tag den Río Plátano aufwärts nach **Las Marías** bzw. **Batiltuk,** wo einige Miskito-Familien einfache Herbergen betreiben (DZ 2 bis 4 $). Über den Übernachtungspreis hinaus erwarten die Herbergseltern, daß der Reisende hier die Hauptmahlzeit einnimmt, obwohl diese mit 1,50 $ reichlich bezahlt ist: Sie besteht aus Reis und Bohnen, bescheiden im Vergleich zu den Comedores in La Ceiba und Palacios.

Das ***Biosphärenreservat Río Plátano,*** in dessen Zentrum Batiltuk (Las Marías) liegt, ist von Süden her von Siedlern schon stark geschädigt worden. Mit Hilfe der deutschen Kreditanstalt für Wiederaufbau soll es bis zur Jahrtausendwende gelingen, die Kontrolle über den Regenwald wiederherzustellen. Dazu sind Ausbildungs- und Trainingsmaßnahmen mit den Bewohnern, Organisationsberatung für die indigenen Gemeinschaften und einkommenschaffende Maßnahmen zur Verhinderung weiteren Raubbaus geplant. Auch die Pesch und Miskito in Las Marías und Batiltuk sind keine ökologischen Musterknaben. Zwar leben sie seit Jahrhunderten größtenteils im Einklang mit dem Wald, doch der Einzug moderner Handfeuerwaffen hat ihnen die Krokodilsjagd gebracht.

Ausflüge von Las Marías in den Regenwald

Las Marías erlaubt mehrstündige Wanderungen in den Wald, Ganztagestouren zu Fuß oder Boot und Mehrtagesexpeditionen. Jede solcher Touren wird von der örtlichen Bevölkerung betreut, denn alleine im Wald ist es für den Gast weder erkenntnisreich, noch sicher, noch besonders förderlich für den örtlichen Naturschutz.

Damit alle Bewohner des Ortes zu ihrem Recht kommen, routiert die Reiseleiterverantwortung zwischen den 80 Familien, Qualität der Logistik und Kompetenz des Reiseleiters sind entsprechend unterschiedlich. Ein Reiseleiter bekommt pro Tag 6 $. Die Einbaumkanus, die mit Pfählen gestoßen werden und zwei Gästen Platz bieten, werden darüber hinaus von 2 Bootsleuten gelenkt, die das gleiche Honorar erwarten. Das Boot selbst kostet noch einmal ein paar $ je nach Spritbedarf.

Walp Ulban Sirpi und Walb Ulban Tara

Die Inschriften auf den im Fluß befindlichen Felsen stammen aus der Siedlungszeit der Pesch oder Nahuatl, lange bevor die Sumus aus Südamerika oder gar die Spanier aus Europa diese Gegend unsicher machten. Eine Reise dorthin dauert sinnvollerweise zwei Tage, mit einer Nacht im eventuellen Camp (Holzpfosten, Plastikplane, mitgebrachte Schlafsäcke und Matten).

Río Cuyamel, Cerro El Mirador und Río Plátano

Eine Dreitages-Bootstour flußaufwärts führt zum Río Cuyamel, einem wunderschönen Flüßchen im Inneren des Waldes. Von hier geht eine zweitägige Wanderung zum Aussichtspunkt Cerro El Mirador, wo das eigentliche Zentrum des unberührten Primärregenwaldes beginnt. Hier liegt die Quelle des Río Plátano, und damit das Herz des zentralamerikanischen Biogürtels: Einen schöneren Wald findet man auf diesem Subkontinent nicht. Wer die 10-Tages-Tour (hin und zurück) mit lokalen Führern nicht aufnehmen will, findet in *Jorge Salavery*, einem Halb-Miskito, einen professionellen, aber gelegentlich auch rauhbeinigen Expeditionsführer *(La Mosquitia Ecoaventuras,* vgl. Tegucigalpa).

Moskitia

Brus Laguna

Die Kreisstadt mit 1500 Einwohnern liegt an der Lagune von Brus (eigentlich: Brewer's Lagoon) und riecht wegen des vielen stehenden Wassers meist faulig. In Brus Laguna schwirren noch mehr Stechmücken umher als in Puerto Lempira. Ausreichende Malaria-Prophylaxe ist deshalb notwendig.

Brus Laguna ist ein günstiger Ausgangspunkt für Exkursionen ins Innere der Moskitia, da hier Kanus und kleine Flugzeuge verkehren. Als Ort für einen längeren Aufenthalt eignet sich Brus Laguna selbst dagegen weniger.

Informationen über den Ort und die besten Ausflüge geben die Mitarbeiter von *MOPAWI*, einer kirchlichen Naturschutzorganisation, die in der Moskitia arbeitet.

Unterkunft

●*Don Joaquín* (*en el anden*, d.h. am Steg), sehr einfach, EZ 2 $.

Essen

●*Restaurant* unterhalb des *hotelito* von *Don Joaquín*, dort gibt es geräuchertes Kotelett, Hähnchen, oft Krabben und Steaks zu günstigen Preisen.
●*Doña Norma* und *Doña Aurora* bieten auf Vorbestellung auch warme Küche (preiswert).

Wichtige Adressen

Post

●Vorhanden, aber nicht empfehlenswert, wegen einwöchiger Verzögerung im Vergleich mit La Ceiba.

Hondutel

●Täglich geöffnet von 8 bis 11:30 Uhr und von 14 bis 16 Uhr, nur Telegramme und Funkverkehr.

Bank

●Nicht vorhanden, Geldtausch im Notfall privat.

Verkehrsverbindungen

Boot

●Zur östlich gelegenen eigentlichen **Mündung des Río Patuca** (Barra Patuca) einmal täglich für ca. 5 $ (express gechartert kostet das Boot 60 $).
●*MV Captain Rinel* fährt die Lagune von Brus einmal pro Woche an, die Fahrt nach **La Ceiba** dauert 2 Tage.
●Von Barra Patuca aus verbindet die *MS Painkira* der Firma *MATRA* (2a Calle N.E., salida vieja a La Lima, San Pedro Sula, Tel. 557-1744, Fax 553-3730) Brus Laguna mit **Puerto Lempira, La Ceiba** und **Puerto Cortés.**
●Zum südlich am Patuca gelegenen **Ahuas** (Krankenhaus und Infrastruktur, aber wegen der Mission sehr amerikanisiert) kostet das Express-Boot ca. 60 $.
●Zum gut eine Tagesreise entfernten **Wampusirpi** (siehe unten) kostet das Boot ca. 110 $.

Flug

●Der **Flughafen** befindet sich ca. 4 km vom Ort entfernt, der Transport dorthin kostet etwa 1 $.
●Reguläre Flüge nach **Puerto Lempira** und **La Ceiba** gibt es montags und freitags mit *Sosa*, Abflug um 8:30 Uhr morgens (Dauer 50 Min., Ticket 28 $).
●*Rollins Air* von und nach **La Ceiba** mittwochs und samstags am frühen Morgen, Hinflug für 40 $.
●Expressflüge mit *SAMI (Servicio Aereo Misquito)* nach **Ahuas** kosten etwa 50 $, nach **Wampusirpi** 90 $, Kontakt über jede Funkstation.

Ausflüge

Cecilio Colindres, der seit zwanzig Jahren Touren am Sigre und am Patuca macht, hat ein lokales Touristikkomitee gegründet *(COVITUDENA)*. Die *pulpería* am Landesteg von Brus Laguna weist den Weg. *CONVIDUDENA* führt Expeditionsreisen den Sigre flußaufwärts durch, Tagespreis zwischen 40 und 100 $ je nach Gruppenstärke, einschließlich Ausrüstung und Vollverpflegung.

Tuhsi-Cocal

Zum Karibik-Strand von Tuhsi-Cocal (wild und schön) kostet das reguläre Boot 3 $, das gecharterte 16 $.

Wampusirpi

Überblick

Für eine eingehende Beschäftigung mit der Lebensart und Kultur der Miskito ist eine Reise entlang des Río Patuca zu empfehlen. Am Mittleren Patuca ist die Landschaft vielfältig. Nördlichster Ort des Gebietes ist Wampusirpi, von Brus Laguna zwei bis drei und von Ahuas ein bis zwei Tage mit dem Boot entfernt. Der Name des

Moskitia

Idyll im Dschungel

Dorfes kommt aus dem Miskito: kleiner *(sirpi)* Fluß *(wampu)*.

Die Ortschaft, die heute etwa 800 Einwohner zählt, liegt tatsächlich an einem kleinen, dunkel-morastigen Fluß, der kaum Strömung hat und ein Altarm des großen Patuca ist. Die Ortschaft ist weder an Straßen, noch an Elektrizität noch an eine Wasserleitung angeschlossen. Nähert man sich Wampusirpi von Süden, aus dem riesigen Waldgebiet des Mittleren Patuca kommend, so wähnt man die gut sichtbare Ortschaft aus Pfahlbauten weit weg vom Ufer. Das Boot ist schon vorbeigezogen, wenn der kleine Fluß sichtbar wird, der Wampusirpi mit dem Patuca verbindet.

Der **Ort** hat eine angenehme, parkartige Atmosphäre. Die auf Pfählen gebauten Holz- und Bambushäuser stehen auf kurzem Savannengras, das immer frisch geschnitten und gepflegt aussieht – es wächst aber nicht höher. Die meisten Bewohner sitzen auf den Eingangstreppen ihrer Häuser oder im Gras zwischen den tragenden Pfählen, um Reis zu schälen oder *Tunus* herzustellen.

Aus dem **Tunu-Baum** geschälte Rinde wird im Flußwasser 30 min. aufgeweicht und anschließend breit auseinandergeschlagen. Wenn eine zwar grobporige, aber geschmeidige Matte entstanden ist, wird diese behutsam getrocknet. Der helle Stoff wird mit einer Borde versehen und als Hintergrund einer bunten, collagenartigen Naturlandschaft verwendet, die von den Dorfbewohnern auf mechanischen Nähmaschinen mühevoll zusammengefügt wird. Nach dem Besuch europäischer Designer werden nun auch kleine Tukane und Papageien angeboten, die aus bunten Tunu-Stoffen per Hand angefertigt wurden.

Wampusirpi war in den achtziger Jahren Büro des UN-Flüchtlingshochkommissariates sowie des Roten Kreuzes für das Grenzland mit Nicaragua. Ein großes Lager nahm die Hilfslieferungen der Vereinten Nationen für die vielen **Flüchtlingsfamilien** der Miskito auf. Zu dieser Zeit lebten in Wampusirpi bis zu 1500 Stammesbrüder aus Nicaragua. In traditionellen Holzhäusern zwischen Ortschaft und Feuchtsavanne hatten die Menschen vorübergehend eine Bleibe gefunden, bis sie 1990 unter Beobachtung des UN-Flüchtlingshochkommissariates zurücksiedelten.

Wampusirpi wird nahezu ausschließlich von Miskito bewohnt, die sich seit der britischen Einflußnahme und dem Königreich des Mosko nur auf informelle – quasi anarchische – Weise organisiert haben. Um so wichtiger sind die moravische und die katholische **Kirche.** Während der *reverendo* der moravischen Kirche streng über die Sitten wacht, treibt der junge katholische *Pater José* die Modernisierung per Konsumgenossenschaft, Solaranlage und PC voran.

Autorität des Ortes ist das *patronato*, in dem kirchliche Aktivisten und Lehrer den Ton angeben. Den honduranischen **Soldaten,** die zu fünft die polizeiliche Ordnung aufrechterhalten sollen, ist das Dorf – wie viele andere – ein Graus. Noch im Dezember 1993

Der Kisitara – Miskito-Legende aus dem Regenwald

Es war einmal ein Mann - der *Kisitara* - und eine Frau, die lebten zusammen. Sie hatten einen Papagei. Der Mann saß immer untätig herum und ließ seine Frau für sich schuften. Schwer arbeitete sie im Haushalt und vor dem Hause. Sie trug alle Last. Jedesmal, da sie das Haus verließ, spuckte der Mann auf den Boden und sprach drohend: *„Komm Du ja nach Haus zurück, eh' diese Spucke getrocknet ist!"* So mühselig war das tägliche Leben für die Frau, und alles machte sie in großer Eile.

Eines Tages entschloß sich die Frau zur Flucht. Zuvor jedoch brachte sie dem Papagei alles bei, was notwendig war, um dem Mann während ihrer Abwesenheit Rede und Antwort zu stehen. Bevor die Frau floh, setzte sie den Papagei auf einen sehr hohen Ast gleich über dem Fluß.

Als der Mann bemerkte, daß die Frau nicht wie gewohnt heimkam, rief er schließlich nach ihr. Und stets antwortete der Papagei, so daß der Mann sich von der Stimme täuschen ließ und einstweilen beruhigt war. Aber nach einer Weile wurde er ungeduldig. Er erhob sich und fing an, seine Frau am Fluß zu suchen. Erneut rief er nach ihr, doch mußte er plötzlich erkennen, wer da wirklich antwortete. Als er den plappernden Papagei erblickte, wurde er so zornig, daß er den sprechenden Vogel am liebsten umgebracht hätte. Aber der Papagei machte nur noch mehr Späße über den vereinsamten Tyrannen und flatterte vergnügt umher.

Während dieser ganzen Zeit lief die Frau, so rasch sie nur konnte, und erhoffte sich schließlich ein Versteck in einem großen alten Mahagonibaum. Sie bat diesen, seine Tore zu öffnen, denn sie sei in einer großen Not. Aber der Baum lehnte dieses Ansinnen ab. Nein, er wolle ja schon, aber sein Bauch sei bereits voll von Menschen in Not. Daraufhin lief sie zum nächsten Baum, einem Ceiba, der leider auch schon mit notleidenden Menschen besetzt war. Danach traf sie auf eine Kiefer, mit der ihr das gleiche widerfuhr, und dann einen Lorbeerbaum, der auch keinen Platz mehr bot. Doch nach vielem Suchen fand sie zuletzt einen Baum, der Platz genug hatte, sie aufzunehmen.

Schon kurz darauf tauchte auch der Ehemann auf und bat ebenfalls um Einlaß in einen der Bäume, da er ohne seine Frau große Not leide. Ein Baum billigte das Anliegen, nannte aber zur Bedingung, der Mann müsse auf einem Ast emporklettern. Er tat, wie ihm geheißen, doch der Ast knickte unter dem Mann zusammen, der somit in die Tiefe stürzte und sich das Genick brach. Auf diese Weise starb der Kisitara, und sein Leichnam blieb liegen, ohne daß sich jemand um ihn kümmerte. Als viele Wochen später einige Tiere in seinen verblichenen Überresten stöberten, sprangen etliche Kröten daraus hervor. Das war der Moment, als die Kröte zum ersten Mal den Erdboden betrat.

wurden ein Soldat getötet, ein Oberst des Heeres aus Mocorón schließlich samt Hubschrauber schlicht zur Flucht gezwungen. Anlaß war ein Diebstahl durch einen jungen Miskito gewesen, der vor den fahndenden Polizisten versteckt gehalten wurde. In der Auseinandersetzung um seine Herausgabe

waren Schüsse gefallen. Daraufhin formierte sich ad hoc eine Demonstration gegen die „Mestizen-Besatzung" durch die honduranischen Sicherheitskräfte. Mit den Miskito ist eben seit jeher nicht zu spaßen.

Eine Reise nach Wampusirpi ist eine Herausforderung an die Behutsamkeit

Moskitia

des Reisenden. Man sollte sich klarmachen, daß die Menschen, die hier leben, keine exotischen Fotoobjekte sind, daß Güter und Dienstleistungen im angemessenen, ortsüblichen Rahmen entgolten werden sollten.

Unterkunft

● Gästehaus der **Familie Rivas,** sehr sauber, DZ 3,5 $.

Essen

● Im Ort befinden sich zwei kleine *Comedores.* Gleich **hinter dem Krankenhaus** kann man preiswert in einem engen, dunklen Raum einfach speisen (z.B. Reis mit *plátano* und Fleischbeilage). Im großen Haus der **Familie Rivas** ist das Essen reichhaltiger, die Atmosphäre familiärer und gepflegt (Porzellangeschirr!).

● *Getränke* sind im abgelegenen Wampusirpi knapp. Früchte der Saison werden in den Familien teilweise zu leckeren Getränken verarbeitet. *Guanábana* (Honigapfel), *Limón* (Limette) und *Granadilla* (Granatapfel) ergeben schmackhafte Erfrischungen. Softdrinks oder Bier erhält man in einer der drei *Pulperías* sowie den *Comedores.*

Wichtige Adressen

Information

● Auskünfte erteilen *Roque Ferrera,* der Leiter der Grundschule, oder *Padre José Aguilar,* der katholische Geistliche, ein faszinierender Macher in indianischer Selbstorganisation.

Post, Hondutel

● Eine **Poststelle** befindet sich im einzigen *Comedor* gleich hinter dem Krankenhaus, ist aber wegen der langen Postlaufzeit (selten weniger als 14 Tage allein bis La Ceiba) nicht empfeh-

lenswert. Keine Päckchen oder Wertsachen von Wampusirpi aus wegschicken.
- *Hondutel* ist nicht vertreten. Muß im Notfall ein Flugzeug oder Hubschrauber angefordert werden, helfen der Pfarrer der moravischen Kirche oder der katholische Padre *José*, die beide über Funkgeräte verfügen.

Bank

- Die nächste Bank gibt es in Puerto Lempira.

Notfall

- Bei kleineren Gesundheitsproblemen bietet sich das örtliche **Krankenhaus** an, das jedoch nur im Routinefall hilfreich sein kann. Besseren Rat geben *Doña Amanda Maybeth* oder die uralte Frau im Hause *Rivas* (siehe Unterkünfte). Beide wissen etwa zweihundert Heilpflanzen zu unterscheiden.
- Einzige Lösung **bei akuten Krankheiten** und Krisen: *SAMI (Servicio Aereo Misquito)* in Puerto Lempira und *Sosa* in La Ceiba schicken eine Cessna vorbei, die über Funk angefordert wird. Für nicht krankenversicherte wäre *Alas de Socorro* günstiger. Der Flugdienst des Krankenhauses der Moravischen Kirche in Ahuas ist preiswerter, fliegt aber nur dorthin.

Verkehrsverbindungen

Wampusirpi befindet sich sehr weit im unerschlossenen Zentrum der Moskitia. Als nördlichster Ort am Mittleren Patuca ist es immerhin noch ein (Außenborder) bis zwei (Innenborder, *tuk-tuk*) Bootstage von Brus Laguna, der karibischen Kreisstadt im Norden, entfernt. Von Süden sind es glatte 5 Tage per Expedition von Olancho aus. Gute Ausrüstung

und Absprachen mit der Bevölkerung sind unverzichtbar, weshalb diese wunderschöne Route nur organisiert bereist werden kann.
- **Regulären Bootsverkehr** gibt es nicht. Zweimal pro Monat fahren Boote der Genossenschaft von Wampusirpi *(cayuco de la cooperativa)* nach **Barra Patuca** und zurück.
- Einzige Alternative ist es, von **Brus Laguna** aus ein **Express-Boot** oder **Express-Flugzeug** der *SAMI* zu chartern (siehe dort).
- Für den **Rückweg** kann ein Transport der Genossenschaft oder ein Krankentransport durch *Alas de Socorro* abgewartet werden.

Ausflüge

Wer die Umgebung erkunden will, braucht Kondition und sollte sich vorher eingehend bei *Roque Ferrera* oder *Padre José* erkundigen.

Bodega und Wawina

Zu Fuß kann man südlich (Bodega) oder nördlich (Wawina) andere Miskito-Orte besuchen. Der oft schlammige Trampelpfad durch die Feuchtsavanne wird von Regenwald-Spots unterbrochen. Am Weg können vielmals Tukane, Ara-Papageien und Geier beobachtet werden. Neben dem stets unersetzlichen Mückenschütz ist eine Kopfbedeckung wegen der mittags sengenden Hitze unverzichtbar.

Kürzere Ausflüge

Wer nur ein paar Stunden baden will, kann sich von den Einwohnern Wampusirpis einen der criques zeigen lassen. Inmitten des Dschungels kann man dort im kristallklaren Quellwasser planschen. Eine andere Möglichkeit ist es, einen der Bauern oder Fischer bei seiner Arbeit zu begleiten.

Haus der Familie Rivas

Moskitia

Nationalpark Patuca, Tawahka-Reservat

Der 2200 qkm große Nationalpark Patuca ist auf eigene Faust leider nicht zu bereisen. Wegen der Konflikte zwischen Siedlern und ursprünglicher Bevölkerung und des fragilen ethnischen Gefüges ist von individuellen Vorstößen unbedingt abzuraten. Eine von *Honduras Expeditions* bzw. *Cambio C.A.* (siehe Exkurs) in San Pedro Sula angebotene 10tägige Expedition führt

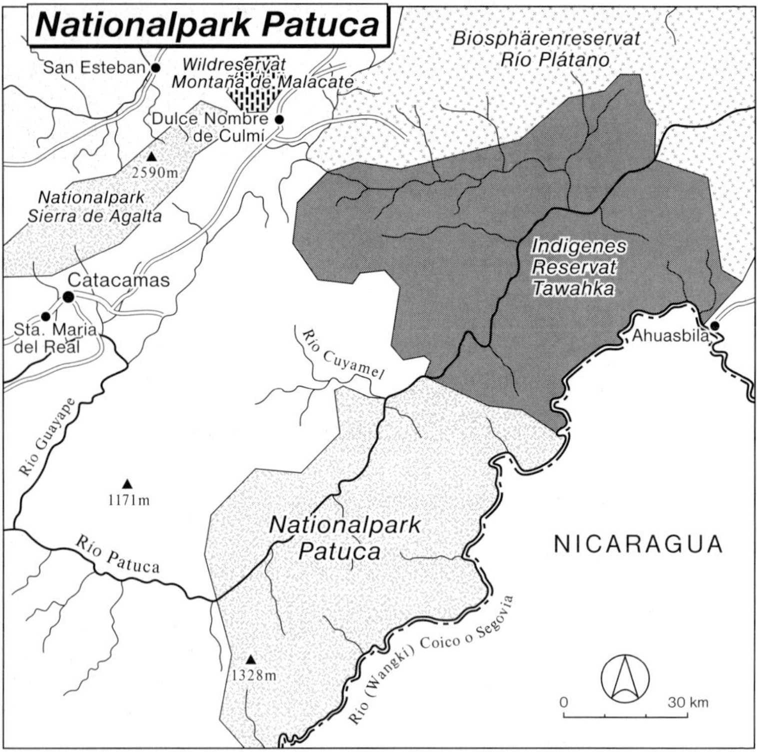

Nationalpark Patuca

San Esteban
Wildreservat
Montaña de Malacate
Biosphärenreservat
Río Plátano

Dulce Nombre
de Culmi

▲ 2590m

Nationalpark
Sierra de Agalta

Catacamas

Indigenes
Reservat
Tawahka

Sta. Maria
del Real

Río Cuyamel

Ahuasbila

Río Guayape

▲ 1171m

Río Patuca

Nationalpark
Patuca

NICARAGUA

▲ 1328m

Río (Wangki) Coico o Segovia

0   30 km

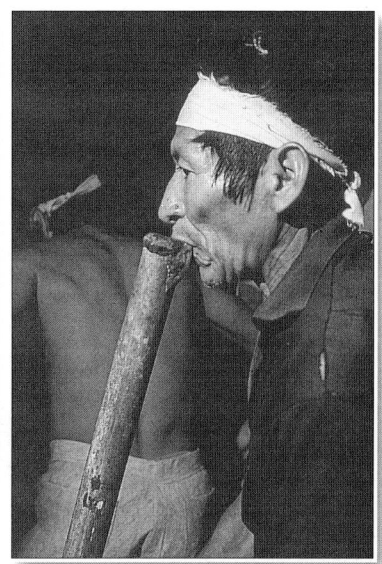

mit Geländewagen, Maultieren, Einbaum und Privatflieger von Olancho aus durch die verschiedenen Landschaften der Zentral-Moskitia. Die Expedition ist zwar nicht ganz billig, bietet aber ein Höchstmaß an authentischen Regenwalderlebnissen. Vor allem aber kann der Reisende sicher sein, daß er nicht zur Zerstörung des Lebensraums der Ureinwohner und des Regenwaldes beiträgt.

Sumu Tawahka mit Bogen

Sumu Tahwahka schnitzen ein Einbaum-Kanu

Sumu Tawahka mit Naturflöte

Puerto Lempira

Puerto Lempira ist die Hauptstadt der Provinz Gracias a Dios. Die 3500 Einwohner widmen sich dem Tauchen nach Hummern, der Fischerei und der Holzwirtschaft. Puerto Lempira eignet sich als Ausgangsbasis für eine zwar weniger abenteuerliche, dafür aber kalkulierbare mehrtägige Reise in die Moskitia. In Puerto Lempira ist auch gerade derjenige gut aufgehoben, der das exotische Gebiet bereisen will, ohne jedoch auf die Segnungen der Zivilisation, wie z.B. kühles Bier, Nachrichten und Tageszeitungen, gänzlich zu verzichten.

Moskitia

Unterkünfte

- **Gran Hotel Flores** (an der Lagune), Ventilator, Dusche/WC, einfach und sauber, DZ 24 $.
- **Villas Caratasca** (an der Lagune), einzelne Holzhäuser, Ventilator, Dusche/WC, Restaurant, DZ 18 $.
- **Pensión Moderno**, Ventilator, freundlich, DZ 5,60 $.
- **Hospedaje Modelo** (von *Gran Hotel Flores* Richtung Flugplatz), sauber und nett, Ventilator, DZ 4 $.
- **Hotelito Central** (an der Hauptkreuzung im Zentrum), sauber, mit Ventilator, DZ für 4,50 $.

Essen

- **Restaurante Caratasca** (gleich an der Lagune), bietet Fisch- und Fleischgerichte an. Das in Puerto Lempira beste Restaurant ist mit 4 $ pro Menü aber auch vergleichsweise teuer.
- **Yampus** (an der Landebrücke zur Lagune), solide und preiswert.
- **Delmy** (3 Blocks nördlich der Calle Central), einfach und preiswert.
- **Comedor Típico** (neben *Gran Hotel Flores*), mit einfacher landestypischer Küche und preiswertem kalten Bier.

Wichtige Adressen

Post

- Wegen der langen Laufzeiten nicht empfehlenswert.

Bank

- **Banadesa** kauft bare US-$ zu ungünstigem Kurs.

Information

- **Mopawi-Büro:** MOPAWI ist eine eigens für und in der Moskitia arbeitende Selbsthilfeorganisation, die kulturelle, soziale und ökologische Themen aufgreift. Nicht frei von religiösen Einflüssen der dominierenden mährischen (morawischen) Kirche, führt *MOPAWI* Projekte in fast allen großen Orten der Moskitia durch (Tel. 898-7460, 237-7210, Fax 237-2864). Das Büro in Puerto Lempira informiert interessierte Freiwillige gern über die Möglichkeiten für ein Praktikum oder ein Freiwilliges Jahr. Adresse: Drei cuadras südlich vom Hauptsteg an der Lagune.

Verkehrsverbindungen

Straße

- Jeden Morgen fährt mindestens ein Pick-Up nach **Mocorón,** einem Militärdorf an der **Grenze zu Nicaragua.** Jedes Fahrzeug nimmt Anhalter mit. Der Weg führt durch die Feuchtsavanne. Dies ist die einzige Straße in der Moskitia.

  Wer von Mocorón weiter nach Nicaragua reisen möchte, sollte seinen Ausreisestempel bereits im Büro der Einreisebehörde *Migración* im Zentrum Puerto Lempiras eingeholt haben. In diesem Fall gibt es fast täglich ein Fahrzeug von Mocorón nach Leimus am Río Coco. Der Weg dorthin dauert gut 3 Std. und kostet ca. 3 $.

Boot

- Reguläre Boote kreuzen die Lagune von Caratasca nach **Kaukira** und **Yagurabila.** Am Nachmittag kann die Lagune wegen des Wellengangs nicht mehr überquert werden.

Flugzeug

- Der **Flugplatz** von Puerto Lempira befindet sich nur 10 Gehminuten von der Stadt entfernt.
- Mo, Mi, Do und Sa ist Puerto Lempira durch *Isleña* mit **La Ceiba** verbunden (Abflug La Ceiba um 7, Rückflug um 8:15 Uhr), Di, Do und Sa auch durch *Sosa* (Abflug La Ceiba um 7, Rückflug 8.30 Uhr), Dauer ca. 70 Min., 36 $).
- Darüber hinaus gibt es Expreßflüge mit *SAMI* an alle Orte der **Moskitia.**

Olancho: Der wilde Osten

Überblick

Die Provinz Olancho mit der Hauptstadt Juticalpa, erstreckt sich östlich der Provinz Francisco Morazán bis an die Moskitia. Mit 23.900 qkm ist Olancho das mit Abstand größte *departamento* von Honduras, welches über 20 % der Fläche des Landes ausmacht. Olancho ist die große Entdeckung der *conquistadores*, ein mit fruchtbaren Böden, Flußgold und üppigen Wäldern gesegnetes Land. Von den umkämpften, rohstoffarmen Küstenorten kamen mutige, anpakkende Siedler der spanischen Krone, viele aus Spaniens Süden stammend, über unwegsame Pfade des *camino real* in das vom Wald eingeschlossene, riesengroße Olancho. Wegen der Entfernung nicht nur vom Mutterland, sondern auch von den Verwaltungszentren Trujillo, Comayagua und Ciudad de Guatemala und der erheblichen Mühen der Pionierarbeit entwickelte sich hier ein besonderes Selbstverständnis – beinahe ein Nationalbewußtsein. Da es große Bergnebelwälder sein eigen nennt, wie die heute geschützten **Nationalparks** La Muralla, Agalta und Patuca, ist Olancho auch für den Naturreisenden eine besondere Herausforderung.

Der Osten von Olancho grenzt an Nicaragua, und das vom **Dschungel überzogene „Drei-Länder-Eck"** zwischen Olancho, Gracias a Dios (dem *departamento* der Moskitia) und dem Nachbarstaat Nicaragua ist das ganze zwanzigste Jahrhundert über, wenngleich mitten im Wald gelegen, ein

Olancho

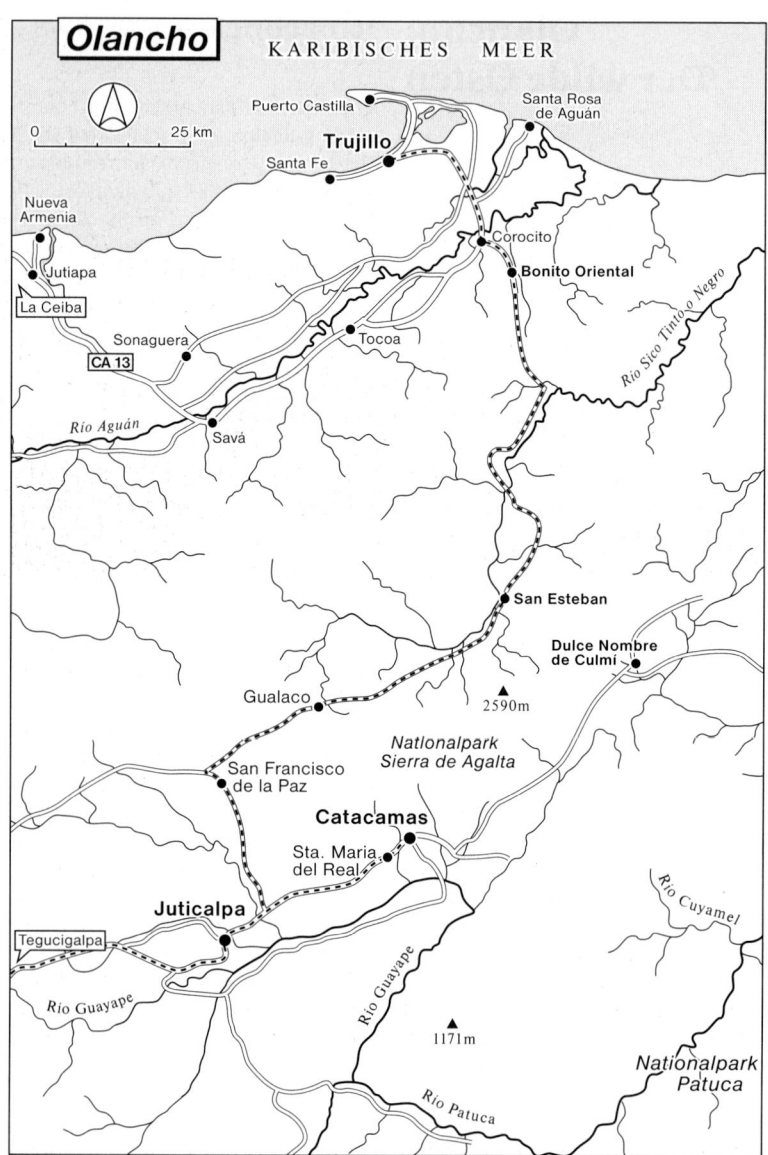

brodelnder Konfliktherd gewesen. Hier bündeln sich ethnische, kulturelle, soziale, politische und gar weltpolitische Gegensätze. Die Sumu Tawahka, das wohl bedrohteste zentralamerikanische Volk, wurde seit den vierziger Jahren dieses Jahrhunderts allmählich vom Río Cuyamel an den mittleren Río Patuca (nördlich von Wampú) verdrängt. Kulturell ist Olancho die Heimat der ewiggestrigen, traditionellen Cowboys: Macho durch und durch, wissen die männlichen Olanchanos, wie man aus Regenwald Ackerland macht, Rinder züchtet und Frauen den Willen diktiert. Sozial ist Olancho vom Konflikt der Großgrundbesitzer *(terrateniente)* mit den landlosen Kleinbauern *(campesino)* geprägt.

Olancho ist auch die Provinz, in der der **Raubbau am tropischen Regenwald** am spürbarsten ist, aber auch – auf der anderen Seite – mehr und mehr Initiativen für eine kluge und verantwortungsbewußte Nutzung des Waldes entstehen. Die Forstverwaltung *COHDEFOR*, die in allen Ortschaften, die in diesem Kapitel beschrieben werden, Büros unterhält, war beispielsweise bis in die achtziger Jahre hinein an „informellen" Einschlagslizenzen und Korruption beteiligt. Heute jedoch, nach der Reorganisation und Gründung zur *Administra-*

Olancho

Sommerstraße im Osten von Catacamas

ción Forestal del Estado (AFE) und mit massiver Beratung durch die deutsche *GTZ*, wurden konsequent alle Lizenzen gesperrt und den frechsten Holzunternehmern der Kampf angesagt.

Olanchos **Landschaften** gehören zu den schönsten des Landes. Täler und tiefe, gebirgige Wälder wechseln. Dies ist besonders auf der Strecke zwischen Juticalpa und Bonito Oriental (unweit von Trujillo) zu beobachten. Die Bevölkerung von Olancho ist zugleich der – außer den Indianern – traditionellste Menschenschlag. Hier gilt das Wort noch etwas, die Leute sind zupackender als in den Städten. Verwaltung und Polizei sind jedoch immer weit weg.

Geschichte

Ursprünglich ausschließlich von Pesch, Sumu Tawahka, Jicaque und Nahuatl sowie jüngst entdeckter früherer Zivilisationen besiedelt, wurde das wilde Land im 16. Jahrhundert von spanischen **Kolonisatoren** heimgesucht. Hier trafen 1524 die widerstreitenden *Gil Gonzalez Dávila* und *Hernando de Soto* aufeinander und rieben durch diesen „Zweikampf" die selbstbewußten indianischen Stämme auf. In der majestätisch und unzerstörbar sich darbietenden Gebirgskette Sierra de Agalt wurde 1526 die erste spanische Ortschaft Jerez de la Frontera gegründet, gefolgt von La Hermosa in der Nähe der heutigen olanchanischen Hauptstadt Juticalpa. 1530 folgte San Jorge de Olancho und 1532 Catacamas und Juticalpa. Von den frühen Ortschaften wurden mit Hilfe indianischer und afrikanischer Sklaven die Goldvorkommen der Flüsse ausgebeutet, denn schnelleres Geld ließ sich damals nicht verdienen. Die Landwirtschaft

Olanchos entwickelte sich zu großen *haciendas*, die die **Selbstversorgung** vorantrieben. Die Marktplätze, auf denen zugekauft oder die Ernte feilgeboten hätte werden können, waren von Olancho aus nur in wochenlangen Expeditionen zu erreichen. Noch in der ersten Hälfte des 20. Jahrhunderts war Olancho vor allem mit dem Flugzeug zu erreichen. Die heute regional führende *TACA (Transporte Aereo Centro Americano)* wurde in Honduras gegründet und flog in den 20er Jahren vor allem Olancho an.

Die **Mentalität der Olanchanos** ist durch die Isolation und die Eigenständigkeit geprägt. Das Vorurteil, die zur Selbstjustiz neigenden Menschen seien gefährlich, führt in die Irre. Wer die Menschen respektiert, trifft in Olancho bescheidene, gastfreundliche, zuverlässige Menschen. Hier baut man auf traditionelle Werte und löst seine Probleme selbst.

Im 19. Jahrhundert mußte *Francisco Morazán*, damals schon Präsident der Zentralamerikanischen Föderation, Olancho mit viel Mut und Überzeugungskraft in den jungen honduranischen Staat integrieren. Die zur Autonomie neigenden Provinzler hatten seit Ende 1828 in Gualaco, dem heutigen Ausgangsort für Expeditionen in die Sierra de Agalta, eine **Rebellion** gegen den liberalen, scheinbar unchristlichen Neustaat angezettelt. Juticalpa hielt zu *Morazán*, aber ganz Olancho stand bewaffnet gegen seine Garde. Als der charismatische General aber in La Vuelta seine Waffen niederlegte und sich schutzlos in den Kreis der dort versammelten Aufständischen

Expeditionsroute in die Moskitia

Expedition von Olancho in die Moskitia

Olancho

begab und fragte, weshalb sie denn nicht zum Staat dazugehören wollten, war das Eis schnell gebrochen. La Vuelta ist übrigens nur ein paar Kilometer von der Kreuzung der Hauptstraße Richtung Francisco de la Paz gelegen und durch ein deutlich sichtbares Denkmal bis heute leicht zu erkennen.

Heute ist Olancho das Herz von Honduras und trotz des bisweilen rauhen Windes hat die Kultur des spanischstämmigen, nicht indianischen Honduras nirgends so viel Profil wie hier.

Weltpolitisch wurde Olancho wichtig, weil es zunächst das Rückzugsgebiet der linksrevolutionären nicaraguanischen **Sandinisten** war, die sich in Olancho sammelten, bewaffneten und berieten, um 1979 schließlich erfolgreich den Diktator *Somoza* aus dem Amt zu treiben. In Olancho sammelten sich drei Jahre später aber auch die von den USA gesponserten und aus der Luft versorgten **Contras,** die bei Aguacate, nur ca. 15 km östlich von Catacamas, acht Jahre lang ein Camp unterhielten, von dem aus sie die überwiegend unbeteiligte Grenzbevölkerung des jungen, sandinistischen Nicaragua terrorisierten. 1989 wurden die Contras aufgelöst, heute ist der Osten Olanchos völlig ruhig.

Von Trujillo über Gualaco nach Tegucigalpa (Ostroute)

Auf der Suche nach Rundreiserouten ist Olancho das entscheidende Kettenglied. Ob man mit dem Auto von Trujillo nach Tegucigalpa reist, was hier beschrieben werden soll, oder von Tegucigalpa nach Trujillo: Olancho ist eine Reise wert, und wer das echte Landleben liebt, sollte in Gualaco oder San Esteban eine Nacht verbringen.

Von Trujillo nach San Esteban

Die Strecke geht zum Kreuzungspunkt **Corocito** (32 km), dann links Richtung Süden, ins Landesinnere. 40 km hinter Trujillo erreicht man **Bonito Oriental**, ein weitläufiges Dorf, das aus einem Pioniercamp hervorgegangen ist. Es wird in *Paul Theroux'* Roman „Moskitoküste" erwähnt. Doch im Gegensatz zum Roman ist das Städtchen schon lange nicht mehr vom Tropenwald umringt.

Als nächste Stadt folgt **San Esteban** (76 km von Corocito). Hier befindet sich das nette, preiswerte **Hotel San Esteban** (kein Telefon, DZ 2,40 $)), das von einigen *comedores* umringt ist. Beste, handgemachte *tortillas* mit schmackhaftem, öltriefendem Bohnenpüree sind nirgendwo leckerer als hier.

Nach Gualaco

Die Straße nach Gualaco führt durch die höchsten Erhebungen der **Agalta-Berge.** Östlich der erst 1989 geöffneten Straße kann man die **Wasserfälle** des Babilonia-Bachs in der Sierra de Agalta sehen, Tukane am Rande der Straße sind nicht selten.

Nächste Station ist **Gualaco** (118 km von Corocito), ein verträumter Ort. Es gibt keinen Strom, wohl aber ein Kino, eine Kirche, diverse Kommunalbehörden und eine Gemeindehalle um den großen Zentralpark herum. In Gualaco sind wenige einfache **Hotels** und **Comedores** zu finden.

Auch dieser Ort ist für einen Aufenthalt empfehlenswert, zumal hier ein guter Ausgangspunkt für eine etwa fünftägige Trekkingtour durch den Nationalpark Sierra de Agalta (siehe dort) ist.

Weiter nach Tegucigalpa

Nach Gualaco folgt die Stadt **San Francisco de la Paz** (146 km von Corocito), westlich der Durchgangsstraße, mit *comedores* und wenigen einfachen *hospedajes*. Nicht mehr weit ist nun der Kreuzungspunkt zur Hauptstraße nahe Juticalpa. Bevor dieser erreicht wird, erinnert ein kleines Denkmal rechts der Straße an die Einigung zwischen dem im 18. Jahrhundert berüchtigten Revolverhelden *Chinchonero* und dem honduranischen Nationalhelden *Francisco Morazán*.

An der Kreuzung geht es links nach **Catacamas** (und weiter östlich und nördlich Richtung Moskitia) und rechts über **Juticalpa** (177 km von Corocito) und **Campamento** (243 km von Corocito) bis nach **Tegucigalpa.**

Rundreise mit dem Bus

Von Tegucigalpa nach Trujillo: Täglich um 5 und 12 Uhr mit *COTRAIPBAL* (Terminal 7a Ave., entre 11a y 12a Calle, Comayagüela, 6 $, 9 Std. Fahrt, Tel.

Olancho

Die Bäche werden breiter

237-1666). Oder zuerst nach Juticalpa, dort Zwischenübernachtung und um 3 oder 5 Uhr morgens mit *COT-RAIPBAL* (Busterminal) nach Trujillo (Ankunft dort um 12 bzw. 14 Uhr). Die Route kann sich aber zugunsten von *La Unión* ändern, aktuelle Erkundigungen schaffen hier Klarheit.

Flußdurchquerung auf der alten Landstraße südlich von Gualaco

Von Trujillo, Tocoa oder La Ceiba nach Tegucigalpa (Westroute)

Auf einer weniger spektakulären, für Selbstfahrer aber bequemeren Westroute liegt der schöne, oft unterschätzte Nationalpark La Muralla.

Von der Küste nach La Unión

Der Weg führt von La Ceiba, Trujillo oder Tocoa zunächst nach Sabá und von dort nach Olanchito. Vor erreichen der kleinen Stadt El Mamé links Richtung La Unión/Tegucigalpa abbiegen. Auf halber Strecke zwischen der Küste und Tegucigalpa (200 km von Tegucigalpa oder La Ceiba, gleichermaßen) liegt der Ort La Unión auf 820 m Höhe. Hier bietet das **Restaurant** *El Ranchito* passables Essen, gute Tour-Tips gibt Herr *Argueta* in der *La Maralla Cafetería*.

●*Hotels:* Karol, Muralla, jeweils DZ 2,70 $.

Nationalpark La Muralla

Nur 14 km entfernt befindet sich der Eingang zum Nationalpark La Muralla. Morgens fahren Geländewagen der Forstbehörde zum Park. Der Fußweg dauert ca. drei Stunden und führt über das Dorf El Díctamo. Hier befindet sich ein schönes, kleines **Besucherzentrum** mit drei Betten, Reservierungen nimmt das *COHDEFOR/AFE*-Büro unter Tel. 222-1027 in Tegucigalpa entgegen.

Im Nationalpark befinden sich die ***Gipfel*** Las Parras (2065 m), Los Higuerales (1985 m) und La Muralla (1980 m). Zur Wanderung auf jeden dieser Gipfel sollte ein Zeitbudget von zwei bis drei Tagen reichen. Gute Ausrüstung und ein Waldführer von *COHDEFOR*, der die Routen gut kennt und ca. 5 $ pro Tag nach Hause bringen möchte, wird geboten.

Von Tegucigalpa nach La Unión (oder umgekehrt)

Von Tegucigalpa führt die Straße zunächst über Talanga nach El Campamento. Kurz danach geht es an der Kreuzung links nach La Unión (Richtung Yoro).

Mit dem Bus:

Täglich verkehren Busse mit *COTRAIPBAL* (Terminal 7a Ave., entre 11a y 12a Calle, Comayaguela, Tel. 237-1666) über La Unión nach La Ceiba oder Trujillo sowie vom Busbahnhof in La Ceiba oder Zentralpark in Trujillo nach Tegucigalpa. Die Route kann sich aber zugunsten Gualaco und San Esteban (Osten) ändern, aktuelle Erkundigungen schaffen da Sicherheit.

Juticalpa

Die Hauptstadt von Orlancho, 166 km von Tegucigalpa entfernt, war bis in die siebziger Jahre hinein nur mit dem Flugzeug zu erreichen. Die Stadt mit ihren 89.000 Einwohnern hat gute einfache und mittlere Hotels zu bieten. Als Eingangstor in die Provinz Olancho, auch zur kulturellen Gewöhnung an ein Völkchen von eigenwilligen Cowboys und Revolverhelden, wie sie nur im tiefsten Mexiko noch zu finden sind, ist Juticalpa einen Besuchstag wert.

🏨	1	Hotel Antuñez
🍴	2	Dino's Pizzeria
☎	3	Hondutel
✉	4	Post
⛪	5	Kathedrale
🍴	6	El Rancho
🏨	7	Hotel El Paso
Ⓑ	8	Bushaltestelle nach Trujillo und Tegucigalpa

Unterkünfte

- **Aparthotel La Muralla** (2 cuadras westlich vom Zentralpark), Tel. 885-1270, Dusche, Ventilator, Telefon und Fernsehen, DZ 10 $; mit AC 12,50 $.
- **Hotel Antúñez** (eine cuadra vom Zentralpark), Tel. 885-2250, Zimmer klimatisiert oder mit Ventilator, mit eigenem oder Gemeinschaftsbad, DZ ab 4 $.
- Empfehlenswert ist **Hotel El Paso** (genau zwischen Zentralpark und Ortsausgang/Busbahnhof), Tel. 885-2311, Ventilator, sauber, Parkplatz und Innenhof, DZ 8 $.
- **Hotelito Familiar** (1a Calle N.O., zwischen *Hotel Antunez* und Zentralpark), Dusche und Ventilator, DZ 5,50.
- **Hotelito Regis** (1a Calle N.O.), Dusche, Ventilator, einige Zimmer mit Balkon, DZ 4,50 $.
- **Hotelito Granada** (500 m vom Busbahnhof nördlich Richtung Stadtkern links), Ventilator, sauber und geräumig, DZ 4,50 $.
- **Hospedaje America** (eine *cuadra* vom Zentralpark), wirklich einfach und billig, DZ 2,50 $.

Essen

- **Restaurante La Fonda** (an der Hauptstr. Richtung Tegucigalpa gleich hinter der Tankstelle rechts), typisches *Parilla*-Restaurant mit Fleischspießen und – gratis – Bohnenfondue im Stövchen.
- **Casa Blanca** (1a Calle S.E.), preiswertes Buffet „típico" von morgens früh bis 20 Uhr, preiswert und appetitlich.
- **Comedores** gibt es reichlich, auch gleich neben dem Hotel *El Paso*.
- Am Zentralpark findet man **Dino's Pizzeria,** mit Gerichten aller Art, nicht nur Pizza.
- **El Rancho** (2a Ave. N.E.) serviert Fleischgerichte in einem halbgeschlossenen Holzlokal.

Wichtige Adressen

Post
- Am Zentralpark.

Hondutel
- Eine cuadra nördlich (Richtung Gebirge) vom Zentralpark aus, dann rechter Hand.

Notfall
- **Polizei,** Tel. 885-2028
- **Feuerwehr,** Tel. 885-2910
- **Rotes Kreuz,** Tel. 885-2221

Bank
- Nur **Bancahsa** tauscht Reiseschecks, und das nur auf eindringliches Bitten.

Verkehrsverbindungen

Straße
- Von **Tegucigalpa** über Comayagüela, dann oben in **Santa Fé** (am Fuße von Bo. Alemania) rechts Richtung Olancho, oder direkt vom Hotel *Mac Arthur* (Bo. Abajo) aus hinunter, dann immer geradeaus, bis am Gipfel des Berges (nach ca. 2 km) ein Schotterweg schräg links die Verbindung zur **Carretera Olancho** herstellt. Von dort geht es immer geradeaus nach Juticalpa und Catacamas.

Bus
- Der **Busbahnhof** von Juticalpa befindet sich an der Ausfahrtsstraße kurz vor der Landstraße, rechts, ca. 1,5 km vom Zentralpark. Dort fährt jedes Taxi für 0,70 $ hin.
- Von **Tegucigalpa** aus mit *Lineas Terrestres Aurora*, (8a Calle, entre 7a y 8a Ave., Comayagüela, Tel. 237-3647), fahren täglich zwischen 4 und 17 Uhr stündlich Busse nach Juticalpa und Catacamas ab (3 Std., 1,80 $).
- Von **Trujillo** aus fährt *COTRAIPBAL* täglich frühmorgens und mittags (9 Std. Fahrt, 5 $).

Catacamas

55 km östlich von Juticalpa liegt die Cowboy-City Catacamas. Wegen der eingeschossigen Bauweise mutet die

Das harte Siedlerleben

Stadt wie ein zu breit geratenes Dorf an. Viele Straßen sind nicht asphaltiert, die peripheren Stadtteile erinnern an Slums. Aber Vorsicht: Schubladen passen weder auf Olancho noch auf Catacamas, das mit gut 50.000 Einwohnern eine in Honduras bedeutende Stadt ist.

Catacamas ist die Ausgangsbasis für **Siedler und Goldwäscher,** die am Río Plátano und Río Patuca durch harte Arbeit im Wald ihr Glück suchen. Tatkraft und Pioniergeist ermöglichen ihnen häufig, schnelles Geld zu verdienen, sei es mit Edelholz, Gold, Reis oder Viehzucht.

Unterkünfte

●**Hotel La Colina** (½ *cuadra* südlich vom Zentralpark), Tel. 899-4488, Dusche, Ventilator und Fernsehen, DZ 6 $.
●**Hotel Oriental** (gleich neben *La Colina*), Dusche und Ventilator, DZ 5 $.
●**Hotel Catacamas,** (Blvd. Las Américas), Tel. 899-4082, Dusche und Ventilator, DZ 4,80 $.
●**Central** (gleich im Zentrum), einfach und reell, DZ 6 $.
●**Juan Carlos** (Barrio José T. Cabañas), einfach, mit Comedor, DZ 7,50 $.
●**Hospedaje El Hogar** (eine *cuadra* nordöstlich vom Park), Ventilator, DZ 2 $.

Olancho

Essen

- ●*Ace de Oro* (50 m von der Hauptstr. Richtung Osten), erstklassiges Essen zu stolzen Preisen, auch vegetarisch.
- ●*Restaurante Pollo Rico* (eine *cuadra* nordöstlich vom Park, breite Auswahl (nicht nur Hähnchen, wie der Name irreführend sagt) zu fairen Preisen.
- ●*Rinconcito Típico* (eine *cuadra* nordöstlich vom Park), alles von Steak bis Hamburger, auch mit Sonderwünschen.
- ●*El Rodeo* serviert gute Fleischspeisen oder *plato típico* (preiswert).
- ●*La Cascada,* typische honduranische Küche, zuverlässig.

Trinken

- ●Nach Stil der Cowboys in *cantinas* (Kneipen), die Bierflaschen werden auf dem Tisch gesammelt, bis der Aschenbecher keinen Platz mehr hat.
- ●In und außerhalb der Stadt wird *vino de coyol* (ab Februar) serviert, ein Palmwein.
- ●Die *chicha* wird aus Mais oder Zuckerrohr angesetzt, immer nach der Anzahl der Gärungstage fragen (Vorsicht bei mehr als zweien!).

Wichtige Adressen

Post, Hondutel

- ●Bo. El Centro, 1 cuadra vom Zentralpark.

Bank

- ●Im Zentrum.

Verkehrsverbindungen

Straße

- ●Catacamas liegt 33 km östlich von Juticalpa am Ende der asphaltierten Fernstraße Carretera de Olancho.

Bus

- ●Fast stündliche Verbindungen nach *Juticalpa* und *Tegucigalpa.*
- ●Vom *mercado municipal* fahren auch Busse und *baronesas* um 6 und 12 Uhr täglich nach *Culmí* (Richtung Río Platano, Rückfahrt von dort ab 13 Uhr, Fahrpreis jeweils 0,85 $) und nach *Nueva Palestina* ab (Entstehungslauf des Río Patuca, südlich, halber Weg Richtung El Paraiso).

Ausflüge ab Catacamas

Richtung Río Plátano

Von Catacamas verkehrt mehrmals täglich ein Bus nach *Dulce Nombre de Culmí* (3 Std., 1,40 $, an der Esso-Tankstelle/Hauptstr. fragen). Im kurz Culmí genannten Ort gibt es nur zwei kleine Hotels (*Hospedaje Tania*, sehr einfach, DZ 2,50 $ oder *Hospedaje Kevin*, DZ 3,50 $) und ein paar *comedores.*

Von Culmí gehen nördliche Routen zum Fluß *Paulaya* (mehrtägiges Trekking), nordöstliche zum *Reservat des Río Plátano* und östliche in die Siedlungsfront am *Río Lagarto* (ca. eine Woche Trekking bis zum Río Patuca). Alle Routen erfordern gute Ausrüstung, Erfahrung und Ausdauer.

Von Culmí nördlich 6 km geradeaus gabelt sich die Straße, links geht es über Las Marias zu den *Quellen* des Río Plátano oder des Río Paulaya. Da hier leider tausende von landsuchenden Bauern bereits durchmarschiert sind, ist für gut gewappnete eine – wenn auch mehrtägige – Expedition durchaus machbar. Die rechte Weggabelung führt zur Quelle des Río Wampú. Wer die anstrengende Expe-

Die Höhle der leuchtenden Schädel

Im April 1994 stießen *Greg Cabe* und *Tim Berg*, zwei Mitglieder des US-amerikanischen *Peace Corps*, zusammen mit *Jorge Yanez* und *Desiderio Reyes*, zwei honduranischen Kollegen, bei einer Höhlenwanderung auf eine bis dahin unbekannte Kultur. Die jungen Leute waren in der zwar schon bekannten, aber bis dahin wenig erforschten Talgua-Höhle in der Nähe von Catacamas, in Olancho, auf Erkundung, als sie 600 m tief im Inneren, in einem kathedralengroßen Raum mit einem 9 m über ihnen liegenden Eingang, Reste eines Dutzend keramischer Gefäße sowie die leuchtenden Knochen von etwa zweihundert Personen fanden.

Daraufhin führte im September 1994 *James E. Brady* von der *George Washington University* in Zusammenarbeit mit *George Hasemann*, dem Leiter der archäologischen Abteilung des *IHAH* (Honduranisches Institut für Anthropologie und Geschichte), die erste systematische Expedition dorthin durch – und datierte die leuchtenden sterblichen Überreste auf 1000 v. Chr. Das entspricht in etwa der Zeit, in der auch die mit den Maya verwandten Bewohner von Los Naranjos am Lago de Yojoa gelebt haben. Er fand auch heraus, daß die Menschen in Olancho die Gebeine ihrer Verstorbenen zuerst zerlegt, dann mit einem phosphoreszierenden Kalk eingerieben und zum Schluß Knochen für Knochen präzise auf dem Boden angeordnet hatten. Klar ist laut *Brady* auch, daß die Menschen dieser Gruppe keine Maya waren, denn Eiweißanalysen der Knochen ergaben, daß sie sich nicht von Mais ernährt hatten. Wahrscheinlich hingegen ist, daß sie Maniok zu essen pflegten. Mit diesem Fund ist die bisher größte Vor-Maya-Zivilisation in Honduras entdeckt und zum ersten Mal konkret eine Siedlung der sonst fast unerforschten sogenannten intermediären Zone aufgespürt worden. Das Geheimnis der unerforschten Wälder zwischen Westhonduras (dem Südausläufer der Mayakultur) und Kolumbien (dem Nordausläufer der Inkakultur) wird durch die leuchtenden Schädel kulturhistorisch noch spannender: Hatten die Stämme der intermediären Zone Einfluß auf die Maya – oder war es vielleicht umgekehrt? Denkbar ist auch, daß die Höhle Teil der Frühgeschichte der Pesch ist.

Schon in vergangenen Jahrhunderten war verschiedentlich die Rede von Höhlenfunden und deren z.T. religiöse Bedeutung für die Ureinwohner. So berichtete z.B. im Jahre 1600 der spanische Missionsarzt *Alonso Criado de Castilla*, daß man Häuser mit Kellerverliesen gefunden hätte, in denen die sterblichen Reste der Verwandten aufbewahrt würden. Auch heute leben viele Dorfgemeinschaften der Maya-Nachkommen in der Nähe von Höhlen, die für sie Kraftquellen der Naturgottheiten des Regens und der Fruchtbarkeit sind. Wie in diesen Fällen so wird auch für Talgua vermutet, daß dies eine Familien- oder Sippenhöhle gewesen ist. Noch aus dem Anfang unseres Jahrhunderts sind Bestattungen wichtiger ländlicher Personen in solchen Höhlen bekannt.

●*Anreise:* Von Catacamas kostet ein Taxi ca. 4 $ bis zu den Höhlen *(Cuevas de Talgua)*, von dort sind es noch einmal 30 Min. zu Fuß. Doch bevor das *IHAH* das Besucherzentrum nicht eröffnet hat, ist der Zugang wahrscheinlich vorläufig weiter untersagt.

Olancho

dition mit sachkundiger Begleitung machen möchte, wende sich an die für Honduras maßgeblichen Naturreiseunternehmen *Honduras Expeditions*, deutschsprachig (Tel. 552-7274, Fax 550-3036) oder *La Mosquitia Ecoaventuras* (Tel./Fax 237-9398).

Der *camino real*, viele Jahrhunderte benutzt und in Landkarten verzeich-

Mestizenkind bei der Kaffeelese

net, führt weiter westlich über Portillo de Will nach **Sico,** ein völlig vergessenes Städtchen im allerdings ackerbaulich zerstörten Dschungel flußaufwärts von Palacios (vgl. Moskitia) gelegen. Hier vermietet *Carlos Mejía* für nur 3 $ nette Zimmer, seine Frau kocht dazu.

Höhlen von Talgua

Nur 5 km von Catacamas entfernt liegt die Höhle von Talgua, eine archäologische Sensation (siehe Exkurs). Sie wird zur Zeit intensiv erforscht und archäologisch ausgewertet. Deshalb ist sie für den Publikumsverkehr geschlossen. Im Bürgermeisteramt (*alcaldía*, am Zentralpark) von Catacamas oder besser im Honduranischen Institut für Anthropologie und Geschichte (*IHAH*, siehe Tegucigalpa) können aktuelle Informationen über den Gang der Forschungsarbeiten und die etwaige Wiedereröffnung der Höhle eingeholt werden.

El Boquerón

Zwischen zwei riesigen Felsen ergießt sich beschaulich ein kleiner Fluß, der den Namen Olancho trägt, Naturschwimmbecken bildet, eigene Höhlen gräbt und Anlaß zu manch schönem Ausflug in die Gegend bietet. Hier lag jenes mysteriöse San Jorge de Olancho, daß 1611 angeblich durch einen Fluch über die gotteslästernde Bevölkerung von einem Steinregen verschüttet wurde und – das ist erwiesen – als Klein-Olancho über 100 km nördlich wieder aufgebaut wurde, das heutige Olanchito in Atlántida.

Links, d.h. nördlich der Straße von Juticalpa nach Catacamas ab Richtung Gebirge, entlang dem Río Olancho, erreicht man nach fünf km das **Dörfchen La Avispa.** Von dort ist der Weg interessant gen Cerro (1280 m) und hintenherum zurück nach El Tepescuintle. Gute Wanderer machen das in einem Tag, ruhiger und sicherer ist es in zwei Tagen zu schaffen.

Nationalpark Sierra de Agalta

Zwischen den Hauptstraßen Trujillo - Juticalpa (westlich, Ortschaften wie Gualaco und San Esteban), Juticalpa - Catacamas (südlich) und Catacamas - Dulce Nombre de Culmí (östlich) befindet sich der große Nationalpark Sierra de Agalta, 60.000 ha groß und Heimat endemischer Arten. Hier haben honduranische Biologen neue Insekten- und sogar Baumarten entdeckt. Im Zentrum des Bergnebelwaldes in der Nähe des Berges La Picucha (2354 m hoch) befinden sich Zwergkiefern, die ungewöhnlich breit, aber nur wenige Meter hoch wachsen. Sie sollen an keinem anderen Ort der Welt vorkommen.

Von allen Seiten ist der **Zugang** in den Nationalpark nicht leicht, denn es gibt nur schmale, glitschige Trampelpfade ohne Markierung. Am besten ist die Zusammenarbeit mit den hilfsbereiten Wildhütern und Förstern. Gegen ein bescheidenes Honorar und Verpflegung begleiten sie Reisende gern auf ein- bis dreitägigen Trekking-Touren in das Innere des Nationalparks (Büros von COHDEFOR/AFE gibt es in allen oben genannten Ortschaf-

ten, sie sind an der Holzbauweise, dem charakteristischen grün-gelben Anstrich und ihrer Lage an der Hauptkreuzung vor der Stadt zu erkennen).

Eine besondere Herausforderung ist ein 30 km langer Pfad zwischen San Esteban und Dulce Nombre de Culmí. Man braucht dafür einen einheimischen erfahrenen und motivierten Führer, ein Zelt mit Verpflegung sowie mindestens zwei Tage Zeit.

Olancho

Kinder beim Spiel

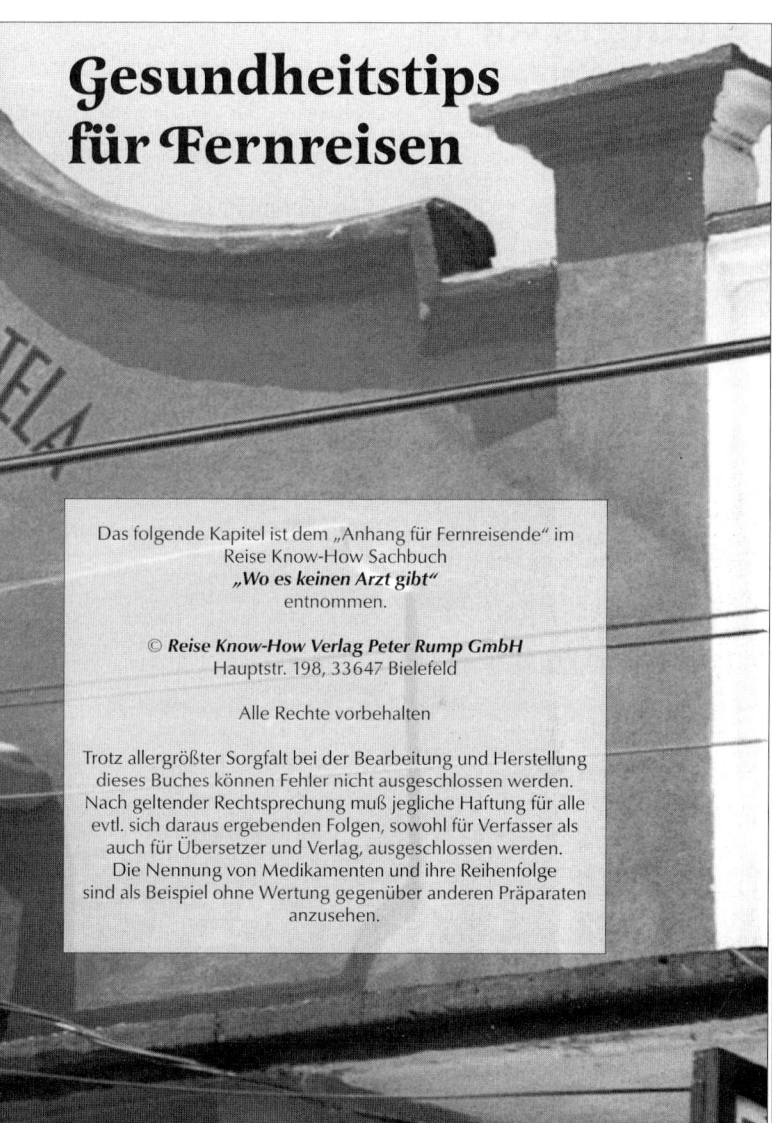

Gesundheitstips für Fernreisen

Das folgende Kapitel ist dem „Anhang für Fernreisende" im
Reise Know-How Sachbuch
„Wo es keinen Arzt gibt"
entnommen.

© *Reise Know-How Verlag Peter Rump GmbH*
Hauptstr. 198, 33647 Bielefeld

Trotz allergrößter Sorgfalt bei der Bearbeitung und Herstellung
dieses Buches können Fehler nicht ausgeschlossen werden.
Nach geltender Rechtsprechung muß jegliche Haftung für alle
evtl. sich daraus ergebenden Folgen, sowohl für Verfasser als
auch für Übersetzer und Verlag, ausgeschlossen werden.
Die Nennung von Medikamenten und ihre Reihenfolge
sind als Beispiel ohne Wertung gegenüber anderen Präparaten
anzusehen.

Wichtiges vor Reiseantritt

Vor jeder Reise sollten Sie sich über einige medizinische Dinge Gedanken machen. So sollten Sie klären, wie Ihr **Versicherungsschutz** im Ausland aussieht und, wenn nötig, eine **Zusatzversicherung** abschließen. Ausserdem ist ein Gang zum **Zahnarzt** empfehlenswert, damit beginnende Schäden entdeckt und behoben werden können; eine zahnärztliche Behandlung in den Tropen ist meist beschwerlicher.

Auch wenn Sie „rundum gesund" sind, sollten Sie mit Ihrem **Hausarzt** über Ihr Reisevorhaben sprechen, bei Impfungen und Zusammenstellung der Reiseapotheke kann er Sie beraten.

Unerläßlich ist ein Arztbesuch, falls Sie ungeklärte Befindlichkeitsstörungen oder Krankheitssymptome aufweisen. Insbesondere Personen mit **chronischen Krankheiten** (z.B. Asthma, Diabetes, Bluthochdruck) müssen entsprechende Vorsichtsmaßnahmen kennen, um sich nicht unnötig zu gefährden.

Impfungen und Prophylaxe

Eine sinnvolle **Impfplanung** ist ein wichtiger Bestandteil der Reisevorbereitungen. Unser Körper kann auf verschiedene Art vor (manchen) Krankheiten geschützt werden:

Aktive Impfung

Hier werden dem Körper lebendige oder abgetötete Krankheitserreger oder von den Erregern gebildete Giftstoffe (Toxoide) zugeführt. Sie sind nicht vermehrungsfähig und lösen keine Erkrankung aus. Diese Form der Impfung ermöglicht es dem Immunsystem, innerhalb einiger Tage oder Wochen Abwehrstoffe und ein **langanhaltendes „Abwehrgedächtnis"** gegen die Krankheit zu bilden.

Passive Impfung

Hier werden dem Körper Abwehrstoffe in Form einer Injektion zugeführt; bei Aufnahme über den Mund würden die Eiweißmoleküle einfach verdaut und damit unwirksam. Das körpereigene Immunsystem wird durch die Impfung nicht beeinflußt; zur Krankheitsbekämpfung stehen nur die gespritzten Immunglobuline zur Verfügung, diese werden innerhalb der nächsten Wochen abgebaut, Impfschutz besteht **kaum länger als 3 Monate.**

Chemoprophylaxe

Dies ist keine Impfung, sondern eine Behandlung mit einem **Antibiotikum in niedriger Dosis,** solange man sich in Infektionsgebieten befindet und eine Zeit als Schutzfrist darüber hinaus. Kommt nur bei Malaria in Frage.

Schwangerschaft und Impfungen

Wie bei jedem Medikament sollte in der Schwangerschaft besonders zurückhaltend vorgegangen werden, und Impfungen sollten möglichst in die Zeit davor oder danach verschoben werden.

Folgende Impfungen können als **unbedenklich** gelten: Hepatitis B, Polio, Tetanus. **Nicht zu empfehlen** sind Diphtherie, FSME, Hepatitis A, Japanische Encephalitis, Meningokokken-Meningitis, Tollwut (außer bei Kontakt mit tollwütigem / tollwutverdächtigem Tier) und Typhus Impfungen. **Nicht geimpft werden** darf eine Schwangere gegen Masern, Röteln und TB.

Impfungen für Kinder

Bei Kindern sollte auf den altersgemäßen Impfschutz für die im folgenden empfohlenen Impfungen geachtet werden. Besonders wichtig: Tetanus, Diphtherie, Polio (jeweils ab dem 3. Lebensmonat) und Masern (normalerweise ab dem 15. Lebensmonat, vor Reisen ab 7. Lebensmonat möglich).

Zusätzliche Impfungen für Kinder sind Tuberkulose (kann schon in der ersten Lebenswoche geimpft werden und empfiehlt sich bei Langzeitaufenthalten von Kindern in tropischen Ländern); Keuchhusten = Pertussis (zusammen mit Tetanus/Diphtherie); HIB = *Hämophilus Influenzae B* (dies ist ein bakterieller Erreger, der mit Kehlkopfentzündungen und Pseudokruppanfällen bei Kleinkindern in Verbindung gebracht wird, die Impfung erfolgt gleichzeitig mit Tetanus/Diphtherie) sowie Mumps und Röteln (üblich in Kombination mit der Masernimpfung).

Bei entsprechender Risikosituation gelten folgende Impfungen für Kinder als unbedenklich: FSME (nicht unter 1 Jahr), Hepatitis B, Japanische Encephalitis (ab 4. Lebensmonat), Meningokokken-Meningitis, Tollwut und Typhus (ab 4. Lebensmonat). Cholera und Gelbfieber dürfen ab dem 7. Lebensmonat geimpft werden.

Reiseunabhängige Impfungen

Nicht nur für Traveller, sondern für jeden, der verantwortungsbewußt mit sich umgeht, sind einige Impfungen unerläßlich.

Vor einer reisebezogenen Impfplanung sollte deshalb dieser *„Basisimpfschutz"* überprüft und erforderlichenfalls ergänzt werden. Alle folgenden Impfungen sind zur Krankheitsvorbeugung im Inland vom Bundesgesundheitsamt empfohlen, die Impfkosten werden von den Krankenkassen gezahlt.

● *Tetanus (Wundstarrkrampf):* Dies ist eine aktive Impfung (Toxoid); ausreichender Impfschutz besteht nach der zweiten von drei Spritzen, die innerhalb eines Jahres als Grundimmunisierung verabreicht werden. Danach muß nur noch **alle 10 Jahre** mit einer Dosis **aufgefrischt** werden, im Verletzungsfalle frischt man sicherheitshalber bereits nach 5 Jahren auf. Die Grundimmunisierung wird meist bei Kleinkindern durchgeführt, oftmals wird es jedoch versäumt, den Schutz aufzufrischen.

Die Impfung ist sehr gut verträglich, ein Zeitabstand zu anderen Impfungen ist nicht erforderlich. Eine einmalige Auffrischung genügt auch dann, wenn die letzte Impfung länger als 10 Jahre zurückliegt.

● *Polio (Poliomyelitis, Kinderlähmung):* Ebenfalls eine aktive Impfung, eine der wenigen, die geschluckt werden können („Schluckimpfung ist süß – Kinderlähmung ist grausam!"). Der Impfstoff besteht aus einer Lösung mit inaktivierten Viren. Der zeitliche Ablauf des Impfschemas ist derselbe wie bei der Tetanusimpfung, auch hier genügen

alle 10 Jahre Auffrischungen. Wegen des irreführenden Begriffes Kinderlähmung werden die Auffrischungen im Erwachsenenalter meist versäumt, es handelt sich jedoch um *keine Kinderkrankheit!* Auch in Deutschland erkranken jedes Jahr einige Dutzend Menschen an Polio, in südlichen Ländern ist das Risiko wesentlich höher, weltweit gibt es jedes Jahr etwa 300.000 Neuerkrankungen.

Eine kausale (die Ursachen beseitigende) Behandlung für die bereits ausgebrochene Polio gibt es nicht, es bleiben meist Schäden an Muskulatur und Nervensystem zurück. Der Impfstoff ist gut verträglich, er kann mit vielen anderen Impfungen gleichzeitig verabreicht werden. Nicht gleichzeitig mit der Typhus-Schluckimpfung durchführen! Die Einzelheiten sollte der Arzt kennen. Bei Durchfallerkrankungen ist die Impfung sinnlos.

● *Diphtherie:* Eine fast vergessene Krankheit, die durch konsequente Impfung in den 50er Jahren schon fast ausgerottet schien, inzwischen jedoch wegen zunehmender Impfmüdigkeit *wieder auf dem Vormarsch* ist. In den Ländern der ehemaligen Sowjetunion erkranken jährlich Zehntausende. Aufgrund der geöffneten Grenzen könnte eine Epidemie auch auf Deutschland übergreifen.

Die Erkrankung wird durch Ausscheidungsprodukte (Toxine) des Erregers *Corynebacterium diphtheriae* hervorgerufen, sie beginnt mit einer Entzündung im Rachen und kann deshalb anfangs für eine Mandelentzündung gehalten werden. Im Verlauf kann eine Schädigung von Herz und Nervensystem auftreten, dann ist die Behandlung schwierig. Der Impfstoff ist ein Toxoid und schützt nicht vor dem Erreger, sondern nur vor dessen Toxin.

Kinder werden meist kombiniert gegen Tetanus und Diphtherie geimpft, auch für Erwachsene gibt es einen Kombinationsimpfstoff für diese beiden Krankheiten, in diesem ist eine geringere Menge Diphtherietoxoid als im Kinderimpfstoff. Am besten sollte man die Tetanusauffrischung alle 10 Jahre mit dem **Kombinationsimpfstoff Tetanus/Diphtherie** durchführen. Auch wenn seit der letzten Diphtherieimpfung mehr als 10 Jahre vergangen sind, genügt eine Auffrischung.

●**Röteln:** Jede Frau im gebärfähigen Alter sollte über einen Schutz vor Röteln verfügen, dieser kann aus der durchgemachten Erkrankung oder von einer Impfung stammen. **Röteln in der Schwangerschaft** können zu schweren Mißbildungen des Embryos führen. Im Zweifelsfall kann durch eine Blutentnahme geprüft werden, ob eine Frau über ausreichend Antikörper verfügt und gegebenenfalls nachgeimpft werden muß.

Es handelt sich um einen Lebendimpfstoff aus abgeschwächten Rötelnviren, zu einigen anderen Impfungen muß ein Zeitabstand eingehalten werden. Eine Schwangerschaft soll 2 Monate vor bis 3 Monate nach der Impfung sicher verhütet werden. Um die Krankheit insgesamt einzudämmen, wird die Impfung auch für Jungen empfohlen.

Impfungen für Fernreisende

Für den Fernreisenden kommen eine Reihe weiterer Impfungen in Betracht, dies sind zum einen Pflichtimpfungen, die von den Einreisebehörden bestimmter Länder gefordert werden, zum anderen Schutzimpfungen, deren Durchführung ins eigene Ermessen gestellt ist. Zur Zeit werden die Kosten für reisebedingte Impfungen nicht von der gesetzlichen Krankenversicherung übernommen, d.h. der Impfstoff und evtl. die Arztkosten für die Durchführung der Injektion müssen aus eigener Tasche bezahlt werden.

Pflichtimpfungen im Reiseverkehr gab es früher für Pocken, Cholera und Gelbfieber. Die WHO hat die **Pocken** für ausgerottet erklärt, in der Folge haben immer mehr Staaten die Impfpflicht dagegen abgeschafft, so daß derzeit nirgendwo eine Pockenimpfung verlangt wird.

> *Es gibt Impfungen gegen eine Reihe weiterer Infektionskrankheiten. Hierzu muß jeder sein individuelles Risiko selbst abschätzen.*

●**Cholera** ist eine Darminfektion, die zu starken Durchfällen führt und sich in den letzten Jahren wieder stärker ausbreitet, insbesondere bei schlechten hygienischen Bedingungen (Flüchtlingslager, Naturkatastrophen). Sie kommt nun gehäuft in Südamerika vor, das früher als frei von Cholera galt. Die Hauptverbreitungsbebiete liegen in Südamerika, Afrika, und Asien. Von den europäischen Ländern melden nur Moldawien, Rumänien, Rußland und die Ukraine autochtone (nicht importierte) Krankheitsfälle.

Der **Impfstoff** enthält inaktivierte Erreger der Bakterienart Vibrio cholerae, ein Zeitabstand zu anderen Impfungen ist nicht erforderlich. Keine Impfung während der Schwangerschaft! Normalerweise werden zwei Injektionen im Abstand von 2 Wochen geimpft. Der Impfschutz soll 6 Monate anhalten. Leider hat sich gezeigt, daß die Impfung weder zuverlässig vor Ansteckung schützt, noch die Weitergabe der Erreger eindämmt. Daher hat die WHO den nationalen Gesundheitsbehörden empfohlen, auf eine Impfpflicht für Cholera zu verzichten. Derzeit gibt es in keinem Staat eine offizielle Choleraimpfpflicht. In der Praxis sieht es jedoch anders aus: einige afrikanische Staaten (z.B. Nigeria, Sudan) fordern die Impfung entgegen den offiziellen Bestimmungen von jedem Einreisenden, andere Länder (z.B. Kuweit) nur von Reisenden, die aus einem Infektionsgebiet kommen, in Indien wird gelegentlich auch von Inlandreisenden mit Aufenthalt in einem lokalen Epidemiegebiet eine Impfung verlangt.

Zur Eindämmung von Choleraepidemien wären allerdings hygienische Maßnahmen, insbesondere Trinkwasserhygiene, von größerem Nutzen. Wer Länder bereisen will, die möglicherweise die Impfung verlangen, sollte sich bereits hier impfen lassen. Zur Impfbescheinigung genügt eine Injektion, die vollständige Impfung besteht aus 2 Injektionen im Abstand von 1-4 Wochen; Kosten ca. 20 DM pro Ampulle (siehe auch weiter unten, Kapitel Durchfall).

Inzwischen existiert außerdem ein neuartiger oraler Impfstoff, der in der Schweiz unter dem Namen *Orochol*® zugelassen ist und über internationale Apotheken eingeführt werden kann. Es handelt sich um eine Schluckimpfung in Einmalgabe, die 6 Monate lang Choleraschutz verspricht. Die Kosten liegen bei 32 DM. Langzeiterfahrungen liegen noch nicht vor.

● **Gelbfieber:** Verbreitungsgebiete sind Äquatorialafrika sowie Mittel- und Südamerika. Die Übertragung des Virus geschieht durch Stechmücken, Gefährdung besteht insbesondere in Wald- und Buschgebieten (Mückenschutz beachten!), keine Ansteckung von Mensch zu Mensch. Die Krankheit beginnt mit hohem Fieber und Allgemeinsymptomen. Nach einer Woche kann eine dramatische Verschlechterung mit Gelbsucht und Blutungen auftreten. Es gibt keine kausale Behandlung. Etwa 4-10 % der Erkrankungen verlaufen tödlich.

Die Impfung mit dem abgeschwächten Lebendvirus darf nur von speziell ermächtigten Stellen und Ärzten durchgeführt werden und muß in den gelben internationalen Impfpaß eingetragen werden. Der Impfschutz beginnt 10 Tage nach der Impfung und hält 10 Jahre.

Ein gültiges **Impfzeugnis** wird von einigen afrikanischen und lateinamerikanischen Staaten generell bei der Einreise gefordert, von anderen nur, wenn vorher ein Infektionsgebiet besucht wurde. Auch Staaten, die weitab von den Gelbfieberzonen liegen, verlangen die Impfung, wenn vorher ein Infektionsgebiet besucht wurde. Als Einreise aus einem Infektionsgebiet wird vielfach bereits die Zwischenlandung in einem solchen Staat gewertet. Falls dann keine Impfbescheinigung vorgelegt werden kann, droht Quarantäne! Andererseits fordern manche Staaten, die selbst in Gelbfieberzonen liegen, wie z.B. Brasilien und Kenia, die Impfung auch nur von Einreisenden, die aus einem anderen Staat kommen, der ebenfalls als Infektionsgebiet gilt.

Unabhängig von den Vorschriften, die sich ohnehin in diesen Ländern rasch ändern können, ist deshalb für jede Reise nach Zentralafrika oder Lateinamerika diese Impfung zum eigenen Schutz vor Erkrankung dringend zu empfehlen. Die Impfung kostet ca. 60 DM.

● **Tollwut (Rabies):** Für diese Viruserkrankung, die durch infizierte, also erkrankte Tiere übertragen wird, gibt es keine kausale Behandlung. Beim Betroffenen kommt es zu verschiedenen Lähmungserscheinungen, wobei Schluckstörungen und die Lähmung der Atemmuskulatur normalerweise tödlich verlaufen. Die Krankheit kommt nahezu weltweit vor, prinzipiell können alle Säugetierarten befallen werden, meist geschieht die Übertragung durch Biß- oder Kratzwunden von Hunden, Katzen oder Wildtieren (z.B. Füchsen, Mardern, Fledermäusen).

Die WHO empfiehlt die Tollwut-Impfung, bestehend aus drei Injektionen, vor Fernreisen, die in besonders tollwutgefährdete Gebiete führen, insbesondere wenn keine Gesundheitsstation in der Nähe ist. Allerdings sollte dabei bedacht werden, wie unwahrscheinlich Bisse durch infizierte Überträgertiere sind, wenn man sich entsprechend umsichtig verhält.

● **Hepatitis A:** Die sogenannte **infektiöse Gelbsucht.** Gegen diese Virusinfektion gab es lange nur die passive Impfung mit Immunglobulinen. Inzwischen sind gute Erfahrungen mit der aktiven Totimpfung (Handelsname: Havrix®) gemacht worden. Es wird 3 mal geimpft, Abstand zwischen 1. und 2. Impfung 2-4 Wochen, dann nach 6-12 Monaten. Ab der 2. Impfung besteht Schutz für 1 Jahr, nach der 3. für ca. 10 Jahre. Ein Zeitabstand zu anderen Impfungen ist nicht erforderlich. Bei dem neuen Präparat Havrix® 1440 besteht schon kurz nach der ersten Injektion Impfschutz; die Auffrischung soll nach 6-12 Monaten erfolgen, dann alle 10 Jahre. Preis: etwa DM 120 pro Spritze.

● **Hepatitis B:** Die sogenannte **Serum- oder Transfusionshepatitis.** Mehrere Totimpfstoffpräparate sind seit Jahren im Einsatz und gut verträglich. Die Grundimmunisierung besteht (je nach verwendetem Präparat) aus drei bis vier Impfungen innerhalb eines Jahres, Auffrischungen alle 5 Jahre oder nach Blutkontrolle. Es ist kein Zeitabstand zu anderen Impfungen notwendig. Eine Impfdosis kostet um 140 DM.

● **Typhus:** Für diese bakterielle Darminfektion, die durch eine Salmonellenart hervorgerufen wird, steht eine Schluckimpfung mit nicht krankmachenden lebenden Bakterien zur Verfügung. Bei Reisen in Länder mit niedrigem Hygienestandard sollte man besser diese Impfung erwägen.

Es müssen je eine Kapsel unzerkaut an den Tagen 1, 3 und 5 eingenommen werden. Zur Polio-Schluckimpfung ist ein Abstand von 2 Wochen nötig. Die Impfung sollte mindestens 1 Woche vor Reiseantritt abgeschlossen sein und schützt etwa 1 Jahr; drei Kapseln vom Präparat *Typhoral L®* kosten ca. 35 DM. Während der Impfung dürfen keine Antibiotika oder Malariamittel genommen werden, d.h. die Typhusimpfung muß vor Beginn der Malariaprophylaxe abgeschlossen sein. Mit der Malariaprophylaxe kann 3 Tage nach Einnahme der letzten Kapsel begonnen werden.

Weitere Impfungen

Weitere Impfungen gibt es gegen **Masern** (wichtig für Kleinkinder), **Tuberkulose** (BCG-Impfstoff; daran erkranken Fernreisende nur selten, obwohl die Krankheit in vielen Ländern weit verbreitet ist).

Die bisher oft empfohlene passive **Immunisierung mit Gammaglobulinen** (z.B. *Beriglobin® S*), die insbesondere zum Schutz vor einer Hepatitis A durchgeführt wurde, dürfte an Bedeutung verlieren, nachdem jetzt eine aktive Impfung gegen diese Lebererkrankung möglich ist (s. oben). Natürlich enthalten die Gammaglobulin-Präparate noch eine Reihe anderer Antikörper gegen verschiedene weitere Infektionskrankheiten, so daß man in der Abwehr mancher Infekte besser gerüstet ist. Jedoch ist nur ein kurzandauernder Effekt für etwa 3 Monate zu erwarten, und die unkritische Anwendung dieser Medikamente kann auch Gefahren mit sich bringen: Eine allergische Reaktion auf das menschliche Eiweiß ist möglich, die Wahrscheinlichkeit dazu steigt mit jeder Auffrischungsimpfung.

Wer sich trotzdem dazu entschließt, muß mit Kosten um 50 DM rechnen. Die Injektion sollte man erst 2 Wochen nach Abschluß aller anderen Impfungen kurz vor Reiseantritt durchführen lassen.

Zeitplan für Impfungen

Alle Impfungen sollte man im internationalen gelben Impfausweis dokumentieren lassen! Er ist erhältlich über den Hausarzt oder bei Reisebüros. Zuerst überlegen, welche Impfungen man durchführen will, je nach Reiseland oder -kontinent kann die Entscheidung unterschiedlich ausfallen. Ein Zeitplan für Erwachsene könnte so aussehen:

- **2 Monate vor Reiseantritt:**
Auffrischimpfungen für Tetanus/Diphtherie und Polio, falls erforderlich.
- **6 Wochen vor Reiseantritt:**
Hepatitis A, aktiv.
- **1 Monat vor Reiseantritt:**
Gelbfieber, falls erforderlich oder bei geplantem Aufenthalt in Endemiegebieten Afrikas oder Südamerikas.
- **3 Wochen vorher:**
Typhusschluckimpfung, falls gewünscht, drei Kapseln.
- **1 Woche vor Reiseantritt:**
Malariaprophylaxe beginnen.

Wer **zusätzlichen Schutz** gegen Hepatitis B wünscht, sollte diese Impfung vor dem obigen Programm durchführen lassen. Falls eine orale Choleraimpfung gewünscht wird, sollte diese 1 Woche nach der Typhusimpfung und 1 Woche vor Beginn der Malariaprophylaxe erfolgen.

Impfvorschriften

Domin. Republik/Haiti	M
restl. Karibik	G
Costa Rica	G*, M
Panama	G*, M
restl. Mittelamerika	G*, M
trop. Südamerika	G!, M
(bei Reisen durch mehrere Länder)	
Venezuela/Kolumbien	G*, M
Franz. Guayana	G!, M
Ecuador/Peru	G*, M
Brasilien/Bolivien	G*, M
Paraguay	G*, M
Argentinien/Uruguay	M

G: Gelbfieberimpfung nicht notwendig, aber vorgeschrieben bei Einreise aus einem Gelbfieberendemiegebiet
G*: Gelbfieberimpfung empfohlen, und vorgeschrieben bei Einreise aus einem Gelbfieberendemiegebiet
G!: Gelbfieberimpfung vorgeschrieben
M: Malariaimpfung nicht vorgeschrieben, vor der Abreise ist jedoch die individuelle Beratung durch einen Arzt erforderlich

Malaria und ihre Verhütung

Die Beschäftigung mit dieser Krankheit sollte bereits im Stadium der Reisevorbereitung erfolgen, da je nach Reiseziel verschiedene Prophylaxemaßnahmen sinnvoll sind. Heute erscheint uns die Malaria als die **Tropenkrankheit schlechthin**, sie hatte jedoch früher ein wesentlich größeres Verbreitungsgebiet, das um 1500 noch Deutschland und England einschloß. Mit der Erschließung der Landschaft und dem Trockenlegen von Sümpfen hat die geographische Ausbreitung abgenommen, so daß sich ihr Vorkommen heute weitgehend auf die tropischen Regionen beschränkt. Dennoch hat die Krankheit nichts an Gefährlichkeit eingebüßt, derzeit leben rund 2 Milliarden Menschen in ihrem Expositionsbereich, und bisher bewährte Malariamittel verlieren als Vorbeugung und Behandlung an Wirksamkeit. Jedes Jahr treten mehrere hundert Millionen Neuerkrankungen auf, von denen etwa 1 % tödlich verläuft.

Erreger der Krankheit sind Protozoen, einzellige tierische Kleinlebewesen der Gattung Plasmodium; für den Menschen sind vier Arten von Bedeutung: *Plasmodium vivax, Pl. ovale, Pl. malariae und Pl. falciparum.*

Die 5-8 mm großen Weibchen der Fiebermücke (engl. mosquito) Anopheles übertragen beim Stich die Plasmodien und bringen sie in den menschlichen Körper, wo sie sich

Gesundheitstips

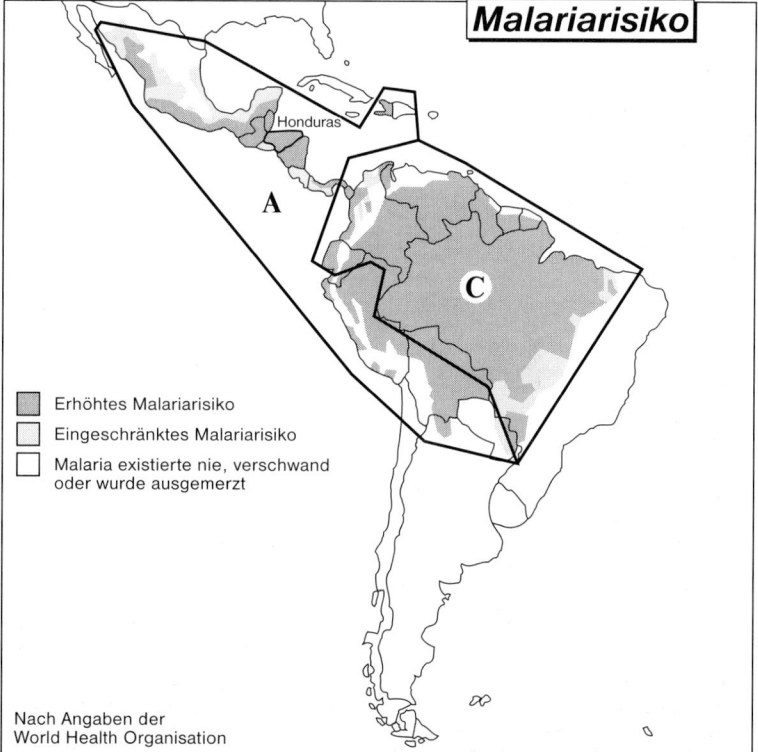

Malariarisiko

Honduras

A

C

■ Erhöhtes Malariarisiko

□ Eingeschränktes Malariarisiko

□ Malaria existierte nie, verschwand oder wurde ausgemerzt

Nach Angaben der
World Health Organisation

in einem komplizierten Zyklus in Blut und Leber vermehren und dann, nach einer Inkubationszeit von meist 10 bis 35 Tagen die ersten Krankheitszeichen hervorrufen. Anfangs sind das **vieldeutige Symptome,** meist Schüttelfrost, unregelmäßiges Fieber, Kopf- und Gliederschmerzen; gerade in diesem Anfangsstadium ist es wichtig, eine Malariaerkrankung in Betracht zu ziehen, um die richtige Behandlung zu beginnen. Im weiteren Verlauf kommt es dann zu den für die jeweilige Art typischen **Fieberschüben.**

● *Plasmodium vivax* kommt weltweit vor und ruft die **Malaria tertiana** („Dreitagesfieber") hervor, die Bezeichnung ist mißverständlich gewählt: erster Tag Fieber, zweiter Tag fieberfrei, dritter Tag erneuter Fieberschub.

● *Plasmodium ovale* ist in tropischen Gebieten Afrikas und Asiens heimisch und ebenfalls ein Erreger der **Malaria tertiana**. Die beiden Tertianaformen verlaufen nicht lebensbedrohlich, es kann jedoch zu späteren Rückfällen, auch noch nach Jahren, kommen. Behandelt wird mit *Chloroquin.*

● *Plasmodium malariae* ist weltweit in dauerwarmen Gebieten vertreten und verursacht die **Malaria quartana** (ein Tag Fieber, zwei Tage fieberfrei, am vierten Tag wieder Fieberanstieg). Dieser Erkrankungstyp ist selten, sein Verlauf ebenfalls nicht lebensbedrohend.

● Am gefährlichsten ist *Plasmodium falciparum*, der Erreger der **Malaria tropica**, der weltweit in tropischen und subtropischen Gegenden vorkommt. Dies ist ein deutscher Ausdruck, im Ausland wird man besser verstanden, wenn man von *Falciparum-Malaria* spricht. Bei dieser Form kann es auch zu Dauerfieber oder schnellem körperlichem Verfall ohne Fieber (durch Zerfall der lebenswichtigen roten Blutkörperchen) kommen. Bei Gehirnbeteiligung kommen Schock und Koma dazu. Gerade bei dieser Malariaform, die unbehandelt bei jedem Fünften zum Tode führt, trat in den letzten Jahren eine **bedrohliche Resistenzentwicklung** ein, d.h., daß die Erreger auf bisher wirksame Medikamente nicht mehr ansprechen und neuere Präparate oder Kombinationen mehrerer Mittel eingenommen werden müssen.

Die **Fieberkurven** verlaufen nicht immer so streng nach Zeitplan, wie es die Theorie beschreibt, durch Abwehrvorgänge können die Erreger aus ihrem Zeittakt gebracht werden, bei zeitversetzter Mehrfachinfektion treten überlagerte Fieberrhythmen auf. Wegen des langen Vorstadiums (Inkubationszeit) kann die Malaria auch noch **Wochen nach der Heimkehr** ausbrechen. Daher müssen die Prophylaxemittel bis 4 Wochen nach Verlassen des Malariagebietes eingenommen werden. Eine Malaria tropica ist danach nicht mehr zu erwarten; die anderen, nicht so bedrohlichen Formen, können in der Leber „überwintern" und auf ihre Chance warten, bei einer Schwäche des Abwehrsystems noch nach Jahren eine Malaria zu verursachen.

Im Erkrankungsfall ist eine sichere Klassifizierung des vorliegenden Erregertyps nur durch die mikroskopische Untersuchung eines Blutausstriches möglich. Die Ärzte in Malariagebieten kennen aber meist „ihre" Plasmodien. Im Zweifelsfall muß immer so behandelt werden, als sei es Tropica.

Daten zur Resistenzsituation werden von der Weltgesundheitsorganisation WHO ständig gesammelt, und aufgrund der neuesten Erkenntnisse jährlich überarbeitete Empfehlungen zur Malariaprophylaxe herausgegeben. Die Malariagebiete werden dabei in 3 Zonen eingeteilt (siehe Karte):

● **Zone A:** mit geringem Malariarisiko, *Pl. falciparum* tritt nicht auf oder spricht auf *Chloroquin* an.

● **Zone B:** mit geringem Malariarisiko, teilweise Chloroquinresistenzen.

● **Zone C:** mit hohem Malariarisiko und verbreiteten Resistenzen gegen *Chloroquin*, oft auch gegen *Fansidar®*.

Auch eine den Empfehlungen entsprechende gewissenhaft durchgeführte Prophylaxe kann den Ausbruch der Krankheit nicht hundertprozentig verhindern – der Grund kann darin liegen, daß bei einer massiven Infektion die niedrigdosierte Prophylaxe in ihrer Wirkung nicht ausreicht, oder auch in der Ausbildung einer neuen Resistenz – aber zumindest wird die Schwere des Verlaufs abgemildert. Nötig ist dann die Behandlung mit einem anderen Medikament in entsprechend höherer Dosierung.

Malaria-Medikamente

● **Chinin** (engl. *Quinine*): Das älteste Malariamittel. Für die Prophylaxe nicht geeignet, wird aber wieder zunehmend **zur Therapie** eingesetzt. Darf auch in der Schwangerschaft zur Behandlung eingenommen werden und ist in dieser Situation für den Fötus weniger riskant als *Mefloquin* oder *Halofantrin*. Als häufige Nebenwirkungen sind Magen-Darm-Störungen wie Übelkeit, Erbrechen und Durchfall zu nennen.

● **Chloroquin** (z.B. *Resochin®*): Zur Prophylaxe und Therapie in **Zone-A-Gebieten**. Auch während der Schwangerschaft und Stillzeit anwendbar. Vorsicht bei Schuppenflechte, Nieren- und Lebererkrankungen. Häufige Nebenwirkungen sind Appetitlosigkeit, Magenschmerzen, Übelkeit, Erbrechen, Durchfall, gelegentlich kommen Schlafstörungen, Schwindel, Kopfschmerzen und Sehstörungen vor. Chloroquin-Einnahme nicht auf nüchternen Magen, darf aber zum Essen genommen werden.

● **Proguanil** (*Paludrine®*): Zur Prophylaxe nur in Kombination mit *Chloroquin* in **Zone B, evtl. Zone C**. Anwendung in der Schwangerschaft und Stillzeit möglich. Nicht zur Therapie geeignet. Selten treten Verdauungsstörungen, Juckreiz und Hautausschläge auf. *Proguanil*-Einnahme nicht auf nüchternen Magen.

● **Sulfadoxin+Pyrimethamin** (*Fansidar®*): Wegen möglicher schwerer Nebenwirkungen nicht mehr zur Prophylaxe zugelassen. Kann zur Behandlung noch eingesetzt werden, jedoch wegen häufiger Resistenzen **nur in Afrika** empfehlenswert. Für Schwangere, Stillende und Kinder unter einem Jahr kommt es Übelkeit, Erbrechen, Kopfschmerzen und Hauterscheinungen kommen.

● **Sulfalen+Pyrimethamin** (*Metakelfin®*): Nicht zur Prophylaxe, zur Behandlung **nur in Afrika** empfehlenswert. Die möglichen Nebenwirkungen entsprechen denen von *Sul-*

fadoxin+Pyrimethamin. Das Mittel ist nicht für Schwangere, Stillende und Säuglinge geeignet.

● **Mefloquin** (z.B. *Lariam®)*: Derzeit das Standardprophylaxemittel in **Zone-C-Gebieten,** kann auch zur Therapie eingesetzt werden. Zur Prophylaxe in der Schwangerschaft und Stillzeit nicht geeignet, da Schädigung des Fötus/Kindes nicht auszuschließen ist. Die Behandlung einer nachgewiesenen Malaria tropica ist auch während der Schwangerschaft und Stillzeit in Abwägung des Risikos erlaubt. Nicht für Kleinkinder unter 15 kg. Vorsicht bei Herz-, Nieren- und Lebererkrankungen. Als häufige Nebenwirkungen gelten: Schwindel und Konzentrationsschwäche, hin und wieder kommen Kopf- und Gliederschmerzen, Herzklopfen, Übelkeit und Erbrechen vor. Selten kommt es zu Sehstörungen, Durchfall, Hautausschlägen.

● **Halofantrin** (*Halfan®)*: Ein hochwirksames neues Mittel, das nur zur Therapie in **Hochresistenzgebieten** verwendet werden sollte, um die Resistenzsituation nicht weiter zu verschlimmern. Nicht in Schwangerschaft und Stillzeit nehmen. Gelegentliche Nebenwirkungen sind Übelkeit, Leibschmerzen, Durchfall, Schwindel und Kopfschmerzen, selten sind Hauterscheinungen. Da bei der Anwendung Herzrhythmusstörungen auftreten können, sollte das Präparat, außer im Notfall, nur unter ärztlicher Aufsicht und Kontrolle eingenommen werden. Die Einnahme soll nicht in zeitlicher Nähe zum Essen stehen: 1 Std. vor bis 3 Std. nach Medikation nicht essen.

● **Doxycyclin** (z.B. *Vibramycin®)*: Ein Antibiotikum, das bisher vielfach bei Atemwegsinfekten verwendet wurde, hat sich auch als geeignet für die Malariaprohylaxe in **Zone-C-Gebieten** erwiesen. In der Schwangerschaft, Stillzeit und für Kinder unter 8 Jahren ist es jedoch nicht erlaubt. Mögliche Nebenwirkungen sind Hautreaktionen und zunehmende Lichtempfindlichkeit der Haut, die mit Rötung, Schwellung und Blasenbildung einhergeht. Daher auf verstärkten (Sonnen-) Lichtschutz achten. Am Morgen mit viel Flüssigkeit einnehmen.

● Neue Präparate auf **Artemisinin**-Basis werden derzeit in den Resistenzgebieten in Südostasien erprobt. Sie eignen sich nicht zur Prophylaxe und können zur Selbstbehandlung z. Z. nicht empfohlen werden.

Für alle Prophylaxen gilt: Eine Woche vor Abreise (bzw. vor Erreichen des Malariagebietes) mit der ersten Dosis beginnen, fortführen bis 4 Wochen nach Verlassen des Malariagebietes.

Die im folgenden angegebenen Behandlungs- und Dosisrichtlinien gelten für eine eigenverantwortliche **Notfallselbstbehandlung,** wenn ärztliche Hilfe nicht zur Verfügung steht. Es ist dringend anzuraten, danach einen Arzt aufzusuchen, auch wenn durch die Behandlung eine Besserung eintrat.

Prophylaxe und Selbstbehandlung in Zone A

Für die Prophylaxe in Zone-A-Gebieten sollte **ausschließlich Chloroquin** verwendet werden. Dosierung 2 Tbl. (bei Körpergewicht über 75kg 3 Tbl.) à 150 mg Base. Vorsicht: Im Beipackzettel ist meist zusätzlich eine höhere Zahl, 250 mg *Chloroquinphosphat* oder *Chloroquin-bis (dihydrogenphosphat)* genannt, der wirksame Anteil ist jedoch nur 150 mg Base (Gefahr der Unterdosierung!); unzerkaut nach dem Essen, einmal wöchentlich, immer am gleichen Wochentag.

Dieses Mittel ist während Schwangerschaft, Stillzeit und für Kinder unbedenklich. Zur altersabhängigen Dosierung bei Kindern gibt es Saft. Bei Aufenthalt lediglich in Städten oder großen Höhen kann auf Prophylaxe verzichtet werden. Bei verdächtigen Symptomen Sofortbehandlung mit Chloroquin: 600 mg Base sofort, nach 6 Stunden 300 mg, am 2. und 3. Tag je 300 mg.

Prophylaxe und Selbstbehandlung in Zone B

In Zone-B-Gebieten wird **zusätzlich zu Chloroquin** (Dosierung wie oben) **Proguanil** zur Prophylaxe eingenommen. Dosierung 1 x tgl. 2 Tbl. à 100 mg oder 2 x tgl. 1 Tbl. jeweils nach dem Essen. Auch für Schwangere, Stillende und Kinder geeignet. Sofortbehandlung, falls trotzdem Malariaverdacht besteht: Mefloquin (4 Tbl. á 250 mg initial, nach 6-8 h

weitere 2 Tbl.) oder *Halofantrin* (2 Tbl. à 250 mg sofort, sowie je 2 Tbl. nach 6 und 12 Std.). Geeignet wären auch *Chinin* (besonders für Schwangere, Dosierung siehe unten), *Sulfadoxin+Pyrimethamin* oder *Sulfalene+Pyrimetamin* (diese beiden in Afrika).

Prophylaxe und Selbstbehandlung in Zone C

Bei **Kurzzeitaufenthalten** (bis 3 Monate) in Zone-C-Gebieten wird **Mefloquin** zur Prophylaxe empfohlen. Studien zur Langzeitprophylaxe mit *Mefloquin* zeigen bisher gute Verträglichkeit und ausgezeichnete Wirksamkeit des Präparates, prinzipiell ist jedoch zu befürchten, daß bei flächendeckender Langzeitprophylaxe in diesen Hochrisikogebieten bald Resistenzen entstehen. Die Dosierung ist 1 Tbl. à 250 mg einmal pro Woche. Dieses Medikament ist während Schwangerschaft und Stillzeit sowie für Kinder unter 15 kg nicht zugelassen. Schwangere, Stillende und Kinder sollten die unter Zone B genannten Medikamente einnehmen. Wer Mefloquin nicht verträgt, kann ebenfalls auf die Zone-B-Präparate ausweichen, in Süd-Ost-Asiens Zone C ist diese Kombination jedoch wirkungslos.

Für **Langzeitaufenthalte** kommt außerdem als **Alternative Doxycyclin,** tgl. 1 Kps. à 100 mg, in Betracht, nicht jedoch während Schwangerschaft und Stillzeit, nicht für Kinder unter 8 Jahren. Eine trotzdem auftretende Malaria sollte mit *Halofantrin* behandelt werden (Dosis s.o.). Ausweichmöglichkeit ist **Chinin,** 3 x tgl. 500 mg für 7 Tage

In den Gebieten mit Mefloquin-Resistenz wird zur Prophylaxe *Doxycyclin* empfohlen. Zur Stand-by-Therapie kommt vor allem *Halofantrin* in Frage.

Der beste Malariaschutz ist, wenn die Mücke nicht sticht

Ein sinnvoller Malariaschutz beginnt bereits mit der gezielten Vermeidung von Mückenstichen. Die Anophelesmücken sind nachtaktive Tiere, daher gelten die Schutzmaßnahmen besonders zwischen Abend- und Morgendämmerung:

- Möglichst in mückengeschützten Räumen aufhalten.
- Langärmelige Kleidung, lange Hosen.
- Meiden dunkler Kleidung, diese zieht Stechmücken an.
- Eventuelles Auftragen von Repellents (insektenabwehrende Mittel) auf unbedeckte Hautstellen, geeignet sind *N,N-Diethyl-m-toluamid (DEET)*, Handelsname *Autan®*, und *Dimethylphthalat*, Handelsname *Garantol®*, im Ausland unter den chemischen Bezeichnungen erhältlich. Wirkdauer um 2 Stunden.
- Im Handel sind auch mit *DEET* imprägnierte Baumwollarmbänder, als Arm- und Knöchelband zu tragen, Preis um 30 DM, verschreibungspflichtig.
- Schlafen nur in mückenfreien Räumen. Engmaschige Gitter oder Vorhänge an Türen und Fenster, diese auf Löcher und undichte Stellen untersuchen. Ansonsten Türen und Fenster geschlossen halten. Vor dem Schlafen den Raum auf Mücken untersuchen – z.B. Fliegenklatsche verwenden.
- Unter Moskitonetz schlafen, falls der Schlafraum nicht mückenfrei zu bekommen ist.
- Insektizide sind in verschiedener Form im Handel wie Sprays, Elektroverdampfer, Räucherspiralen (mosquito-coils) und Lösungen zum Imprägnieren von Kleidung und Moskitonetz. Sie sollten nur eingesetzt werden, wenn mit den anderen Methoden keine ausreichende Wirkung erzielt wird, da die gesundheitliche Unbedenklichkeit dieser Substanzen nicht erwiesen ist.

Ausrüstung und Reiseapotheke

Denken Sie bei Reisen in heiße Länder an eine schattenspendende Kopfbedeckung, und bevorzugen Sie auch bei intensiver Sonneneinstrahlung langärmlige Kleidung aus Baumwolle oder Leinen. Jeder Sonnenbrand schädigt die Haut und macht anfälliger für die verschiedenen Hautkrebsformen. Sonnenschutzmittel mit hohem Lichtschutzfaktor wählen.

Feste Schuhe schützen vor allerlei Kleintieren am Boden wie etwa Sandflöhen. Leichte schnürbare Stoffturnschuhe bewähren sich beim Schwimmen in unbekannten Gewässern. Ein Moskitonetz kann manchen lausigen Schlafplatz in eine stechmückenfreie Insel verwandeln. Überlegen Sie, ob Sie einen Wasserfilter oder Tabletten zur Wasserdesinfektion mitnehmen wollen.

Eine Reiseapotheke muß selbstverständlich alle Medikamente enthalten, die ohnehin regelmäßig eingenommen werden müssen. Je nach Reiseziel und -dauer sowie verfügbarem Gepäckumfang und -gewicht muß dann eine **Notfallapotheke** zusammengestellt werden, die bei kleineren Beschwerden oder Verletzungen eine **überbrückende Behandlung** ermöglicht. Die nachfolgenden Angaben sind Vorschläge für verschiedene Situationen und beziehen sich auf eine Reisedauer von 3 Monaten pro Person, für kürzere Reisen wird man jedoch nicht viel weniger einpacken können, da oft gerade zu Beginn einer Reise vielerlei Beschwerden auftreten. Die genannten Präparate sind Beispiele, meist sind mehrere ähnliche Mittel auf dem Markt, zum Teil mit erheblichen Preisunterschieden. **In Deutschland rezeptpflichtige Medikamente tragen einen *Stern.** Die Mitnahme von Einmalspritzen und Kanülen ist an sich empfehlenswert, kann aber bei Grenzkontrollen dazu führen, daß man als Drogenkonsument verdächtigt wird.

Minimalausrüstung

Für Rucksackreisende, die um jedes Gramm feilschen müssen:

Malaria: je nach bereistem Gebiet, s.o.
Mückenschutz: z.B. *Autan®*
Schmerz/Fieber: *Aspirin®* oder ähnl. (z.B. *Godamed®*) 20 Tbl., *Paracetamol* (z.B. *Ben-U-Ron®*) 20 Tbl.
Durchfall: **Loperamid* (z.B. *Imodium®*) 20 Tbl., *Perenterol®* 20 Kps.
Übelkeit, Erbrechen: **Metoclopramid* (z.B. *MCP®*) Tropfen 30 ml oder 20 Tbl.
Allergie, Juckreiz: *Dimetinden* (z.B. *Fenistil®*) 20 Tbl.
Antibiotika: **Doxycyclin* (z.B. *Vibramycin®*) 8 Tbl., **Cotrimoxazol* (z.B. *Cotrim® forte*) 20 Tbl., **Penicillin* (z.B. *Isocillin®*) 1,2 Mega, 20 Tbl.
Wundsalbe: *Bepanthen®* Salbe 50 g
antibiotische Salbe: **Fucidine®* 10 g

Stiche, Juckreiz: *Fenistil®* oder *Soventol®* Gel 50 g
Augentropfen: *Berberil®* 10 ml
Desinfektionsmittel: **Mercuchrom®* Lösung 15 ml oder *Betaisodona®* Lösung 30 ml
Sonstiges: je 3 Mullbinden 6 und 8 cm, Heftpflaster 1 Rolle, Wundpflaster, 2 elastische Binden 8 cm, 5 Einmalspritzen 5 ml (steril), 5 Einmalkanülen Nr. 2 (steril) Alkoholtupfer, steril verpackt, Sicherheitsnadeln, Pinzette, möglichst steril verpackt Fieberthermometer

Ergänzung zur Minimalausrüstung

Wer etwas mehr Sicherheit haben möchte und das zusätzliche Gewicht nicht scheut, z.B. Autofahrer.
Grippe/Erkältung: *Tempil® N* oder *Ilvico® N*, 20 Tbl.
Hustenlöser: *Ambroxol* (z.B. *Mucosolvan®)* 20 Tbl.
Hustenblocker: **Codipront®* 10 Kps.
Kreislaufschwäche: **Effortil® plus* Lösung 25 ml
Kreuz- und Gelenkschmerzen: **Diclofenac* 50 mg (z.B. *Voltaren®)* 20 Drag.
Verstauchung, Prellung: **Dolobene®* Gel 50 g
Koliken, Bauchkrämpfe: *Buscopan® plus* 20 Tbl.
Reisekrankheit: *Rodavan®* 20 Tbl.
Sodbrennen: *Gelusil-Lac®* 20 Tbl.
Verstopfung: *Laxoberal®* Tropfen 15 ml
Amöbeninfektion: **Metronidazol* (z.B. *Clont®)* 20 Tbl.
Zugsalbe: *Ichtholan® 20 %* Salbe 30 g
Hautpilz: *Clotrimazol* Creme 20 g (z.B. *Canestien®)*
Cortisonsalbe: **Ultralan®* Salbe 15 g
Desinfektionsmittel: *Rivanol®* 0,1 g Tbl. (20 Tbl.)
Abschwellende Nasentropfen: z.B. *Nasivin®* Spray oder Tropfen 10 ml
Sonstiges: Schere, möglichst steril verpackt, Klammerpflaster, 2 Paar Gummihandschuhe, evtl. steril

Weitere Ergänzung

Wer im Reisegepäck noch Platz hat:
Herpes, Fieberbläschen: **Zovirax®* Creme 2 g oder *Lomaherpan®* Creme 5 g

Ohrentropfen: *Otalgan®* Tropfen 6 g
Dehydrationstrunk bei Durchfall: *Elotrans®* für Erwachsene, *Oralpädon®* für Kinder
Sonstiges: Verbandfolie (*Metalline®*), Alu-Wärmefolie, Sprayverband (z.B. *Nobecutan®*), Provisorische Zahnfüllung, (z.B. *Dental-Notfall-Set*)

Tips für Unterwegs

Reisekrankheit

Rhythmische, schlingernde oder ruckartige Bewegungen können durch **Reizung des Gleichgewichtsorganes** Schwindel, Übelkeit und Erbrechen auslösen. Dafür anfällige Personen sollten sich im Flugzeug einen Platz zwischen den Tragflächen und im Reisebus einen der vorderen Sitze aussuchen. Auf dem Schiff gelten Plätze in der Mitte und auf den oberen Decks als günstig. Alkohol und fettes, üppiges Essen sollten vermieden werden, kleinere Knabbereien oder Mahlzeiten zwischendurch können jedoch Linderung bringen. Das langsame Kauen eines Apfels oder einer Ingwerwurzel können ebenfalls empfohlen werden. Oft hilft frische Luft und das Betrachten eines ruhenden Punktes in der Ferne oder am Horizont.

Die angebotenen Medikamente können unangenehme Nebenwirkungen verursachen und verfehlen dabei oft noch den erwünschten Effekt. Das „Reisepflaster" *Scopoderm® TTS* (hinter das Ohr zu kleben) kommt für Schwangere, Stillende und Kinder nicht in Frage, es kann z.B. Herzrasen auslösen. Es ist wie *Meclozin* und *Cinnarizin* verschreibungspflichtig. Als unbedenklich können nun die homöopathischen Mittel *Cocculus D12* (stündlich 1 Tbl. oder 5 Tropfen, soll auch bei Zeitverschiebung, dem **Jet Lag,** helfen) und *Vertigoheel®* gelten.

Gesundheitstips

Sonne und Wärme

Auch hierzulande wird die Sonneneinstrahlung wegen Klimaverschiebung und Ozonloch immer stärker, so daß Sonnenschutzmaßnahmen auch zu Hause befolgt werden sollten. Die Wirkung tropischer Sonne, deren Strahlen eher senkrecht einfallen und damit von der Atmosphäre weniger gefiltert werden, ist jedoch noch weitaus intensiver.

Der **Sonnenbrand** ist eine Form der Verbrennung, oberflächliche Hautschichten werden dabei gereizt oder zerstört. Je nach Hauttypus ist man dafür mehr oder weniger anfällig. Sonnenbrände lassen die Haut vorzeitig altern und welken, und mit jedem durchgemachten Sonnenbrand erhöht sich das Hautkrebs-Risiko.

Daher gilt: **Vorbeugen** und vermeiden! Am besten im Schatten aufhalten, Kopfbedeckung mit Krempe tragen. Langsam an die Sonne gewöhnen, anfangs nur wenige Minuten, täglich etwas steigern. Notorischen Sonnenanbetern sei Schutzcreme mit hohem Lichtschutzfaktor empfohlen. **Besondere Vorsicht** ist am Wasser geboten, da hier stärkere Strahlung durch Reflektion herrscht, bei Wind, hier wird die Verbrennung wegen der Abkühlung nicht bemerkt, und im Gebirge, wo eine stärkere Strahlung auftritt, da hier die dünnere Atmosphäre weniger stark filtert.

Wichtigste Maßnahme zur **Behandlung** ist der Schutz vor weiterer Sonneneinstrahlung. Im leichten Stadium mit Rötung und Brennen der Haut kann *Dexpanthenol-Salbe* dünn aufgetragen werden. Blasenbildung zeigt ein schwereres Stadium an, kühlende Umschläge mit feuchten Kompressen bringen Linderung, zusätzlich kann eine cortisonhaltige Salbe verwendet werden. Wenn Fieber und Schüttelfrost hinzukommen, ist Bettruhe in einem kühlen, schattigen Raum anzuraten und auf ausreichende Flüssigkeitszufuhr zu achten. Blasen nicht aufstechen, da sich die Wunden infizieren können.

Unter **Sonnenallergie** versteht man das Auftreten von juckenden Bläschen an Hautstellen, die der Sonne ausgesetzt waren, oft schon nach wenigen Minuten. Sie tritt meist auf, wenn noch keine Gewöhnung an kräftige Sonneneinstrahlung stattgefunden hat, also in der ersten Frühlingssonne oder bei Aufenthalt in Gegenden mit hoher Strahlungsintensität. Sonnenschutz ist zur Vorbeugung sinnvoll, Calciumtabletten und eine Antihistaminsalbe können die allergische Reaktion abmildern. Am nächsten Tag sollte man die Haut kurz der Sonne aussetzen und die Zeit täglich langsam steigern.

Der **Sonnenstich** entsteht durch direkte Einstrahlung auf den unbedeckten Kopf. Er äußert sich wie der **Hitzschlag.** Darunter versteht man eine Überwärmung des gesamten Organismus mit Fieber, Kopfschmerz, Übelkeit und Erbrechen, trockene Haut, kein Schweiß. Im Extremfall kann es zu Benommenheit und Bewußtlosigkeit kommen, dann sollte ärztliche Hilfe gesucht werden, denn es besteht Lebensgefahr! Wichtig ist die Lagerung an einem schattigen Ort, Anbieten von kühlen (nicht jedoch eiskalten) Getränken (natürlich nicht, wenn bereits Bewußtlosigkeit eingetreten ist), Kühlung durch feuchtkalte Umschläge.

Schweißfrieseln und **Hitzepocken** entstehen auf anfälliger Haut, an Stellen, die durch enganliegende Kleidung am Atmen gehindert werden. Hier kann dünne, lockere Baumwollkleidung und Talcum-Puder Linderung bringen.

Beim Aufenthalt in warmen Gegenden entsteht ein erhöhter **Verlust an Flüssigkeit,** der durch Trinken ausgeglichen werden muß. Je nach Temperatur können dabei Mengen bis zu 10 Litern erforderlich werden; wer es nicht auf mindestens drei Blasenentleerungen pro Tag mit hellgelbem Urin bringt, hat zu wenig getrunken. An Salz und Gewürzen sollte man nicht sparen, um die beim Schwitzen verlorenen Mineralstoffe zu ersetzen.

Höhenkrankheit

Bei Bergtouren muß der **abnehmende Luftdruck** bedacht werden, da mit diesem auch das Sauerstoffangebot sinkt. Näherungsweise verringert sich der Luftdruck pro 1000 Höhenmeter um 10 %. Gedankenlosigkeit und Selbstüberschätzung können hierbei große Gefahren heraufbeschwören, auch körperliche Fitness und Klettererfahrung schützen nicht vor der Höhenkrankheit. Daher sollte man sich langsam an die atmosphärischen Verhältnisse gewöhnen: Für den Aufstieg von Meereshöhe auf 2500 m zwei Tage einplanen, danach für je 500 m Höhenunterschied einen Tag, Höhen von 5000 m sollte der Untrainierte nicht überschreiten.

Zeichen der Höhenkrankheit können bereits ab 2000 m auftreten, ab 3000 m sind sie häufig: Kopfschmerz, Müdigkeit, Übelkeit, Atemnot, Schlafstörung, schneller Pulsschlag. Diese Warnzeichen können fälschlich auf Anstrengung beim Aufstieg zurückgeführt und deshalb nicht beachtet werden. Dann droht eine schwere Lungenstörung, die mit Husten und Atemnot bis zum Ersticken führen kann, sowie eine Hirnschwellung, die sich anfangs durch Bewegungsstörungen (z.B. unsicheres Gangbild) und Verwirrtheit äußert und bis zur Bewußtlosigkeit führt.

Vorbeugende Maßnahmen

- Behutsame Anpassung an die Höhe: keine Gewalttouren. Ausreichender Schlaf, Ruhephasen einlegen.
- Schlafplatz 200 bis 500 m unterhalb der größten erreichten Höhe wählen.
- Ausgleich des Flüssigkeitsverlustes (hervorgerufen durch trockene Luft und vermehrte Abatmung): ausreichend trinken, pro 1000 m Höhe 1,5 Liter zusätzliche Trinkmenge.
- Alkohol unbedingt meiden.
- Häufige, kleine Mahlzeiten aus leicht verwertbaren Kohlehydraten wie Obst, Marmelade, Haferflocken.
- Vor der Einnahme von Medikamenten, die der Vorbeugung dienen sollen, muß hier gewarnt werden, da sie die Anfangssymptome verdecken und damit zu weiterem Anstieg mit größeren Risiken verleiten.

Behandlung

- Bei den ersten Anzeichen: ausruhen, evtl. hinlegen, zusätzlich trinken, leichtes Schmerzmittel (z.B. *Aspirin®*).
- Wenn nach einer Stunde keine Besserung eintritt, ist der Abstieg – oder besser Abtransport – um einige hundert Meter erforderlich.

Reise- und Tropenkrankheiten

Bei mehr als der Hälfte aller Tropenreisenden treten gesundheitliche Störungen auf, dabei handelt es sich jedoch meist um harmlose Anpassungs- und Infektionskrankheiten.

Dengue-Fieber

Diese Erkrankung (engl. *Dengue, Breakbone Fever* oder *Dandy Fever)* wird oft mit Malaria verwechselt. Sie wird durch ein Virus hervorgerufen, das durch Mücken verbreitet wird. In den letzten Jahren ist sie in vielen Ländern häufiger aufgetreten. Sie tritt oft in Epedemien auf, d. h. viele Personen erkranken gleichzeitig, meist in den Regenperioden. Eine Person kann mehrmals an Dengue erkranken, solche Wiederholungskrankheiten verlaufen meist schwerer.

Signale

- Plötzliches hohes Fieber mit Frösteln oder Schüttelfrost.
- Starke Glieder- und Kopfschmerzen, wunder Hals.
- Die Person fühlt sich schwerkrank, schwach und elend.
- Nach 3 bis 4 Tagen kurzzeitige Besserung für einige Stunden bis 2 Tage. Dann erneuter Temperaturanstieg, meist begleitet von einem Hautausschlag, der an Händen und Füßen beginnt.
- Der Ausschlag breitet sich über Arme, Beine und den Körper aus, das Gesicht bleibt in der Regel verschont.

Vorbeugung

Zur Vorbeugung müssen Stechmücken bekämpft und Maßnahmen gegen Stiche durchgeführt werden.

Behandlung

Es gibt keine heilende Medikamente, meist wird die Krankheit aber innerhalb weniger Tage überwunden.

Durchfall- erkrankungen

Durchfall oder „Diarrhoe" ist die weitaus **häufigste Gesundheitsstörung auf Reisen**, mindestens jeder dritte Auslandsreisende leidet zumindest kurzzeitig daran. Die Ursachen sind vielfältig, allein eine Klimaumstellung kann Durchfall auslösen; in manchen Gegenden (Nordafrika, Asien) wirken mit Ricin „gestoppte" Rotweine wie Abführmittel; in heißen Gegenden muß öfter mit verdorbenen Lebensmitteln gerechnet werden.

Eine Darminfektion nimmt mit der Nahrung ihren Anfang; mit jeder Mahlzeit werden eine Vielzahl von Keimen aufgenommen, die teils durch die Magensäure abgetötet werden, teils sich im Verdauungstrakt ansiedeln. Von verschiedenen Bakterienarten, hauptsächlich aus der Gruppe *Escherichia coli* leben normalerweise Milliarden in unserem Darm. Auf diese Bakterien der gewohnten Umgebung hat sich unser Körper eingestellt, es findet ein „friedliches Zusammenleben" statt. Die Colibakterien in anderen Ländern unterscheiden sich aber leicht von unseren. Auf diese „fremden" Bakterien und Keime des Urlaubslandes reagiert unser Darm dann empfindlich, obwohl sie bei der einheimischen Bevölkerung keinerlei Beschwerden hervorrufen. Meist ist die Sache nach vier bis fünf Tagen ausgestanden, es genügt, auf ausreichende Flüssigkeits- und Mineralstoffzufuhr zu achten.

Gelegentlich rufen aber auch solche banalen Keime hartnäckige Durchfallerkrankungen hervor, die eine medikamentöse Behandlung erforderlich machen, oder es sind Krankheitserreger wie Salmonellen oder Amöben im Spiel. Die gefürchteten Krankheiten Cholera, Typhus und Ruhr sind selten.

Vorbeugung

Trinkwasser

Größte Sorgfalt muß auf das Trinkwasser verwendet werden. Empfehlenswerte Methoden der Trinkwasserdesinfektion sind:

●*Abkochen:* Mindestens fünf Minuten sprudelnd kochen lassen ist ein ziemlich sicheres Verfahren, um auch stark verschmutztes Wasser gesundheitlich unbedenklich zu machen (auch wenn trübes Wasser trüb bleibt).

●*Filtern:* Keramikfilter (z.B. *Katadyn*) halten in einem engen Porensystem Bakterien und Schwebstoffe zurück, es entsteht keimfreies und klares Wasser. Im Handel sind Aufgußfilter und Handpumpensysteme in verschiedenen Größen. Die Filterkerze muß regelmäßig gereinigt werden.

●*Chemische Entkeimung:* Nicht so sicher wie die beiden anderen Methoden, aber gerade für den Rucksackreisenden oft die einzig praktikable Lösung. In Frage kommen Chlortabletten (z.B. *Chlorina®*), die dem Wasser einen ausgeprägten Chlorgeschmack verleihen oder Silbersalze (z.B. *Micropur®*). Mit den Silbersalzpräparaten läßt sich nur klares Wasser entkeimen, da Schwebeteilchen die Ionen binden und die Keimabtötung verhindern. Beide Verfahren sind wirkungsvoll gegen Bakterien, jedoch werden Zysten (widerstandsfähige Dauerformen von Amöben und Lamblien) nicht angegriffen.

Getränke

Unbedenklich sind in der Regel die Getränke internationaler Limonadenhersteller, aber nicht mit Eiswürfeln servieren lassen! Bei der Kaffee- und Teezubereitung kocht das Wasser nicht ausreichend lang, um Keimfreiheit zu bewirken, immerhin wird aber eine gewisse Keimverminderung erreicht.

> *Alle Getränke (und Eiswürfel) sind nur so sicher, wie das zu ihrer Zubereitung verwendete Wasser.*

Der Alkoholgehalt von Cocktails o.ä. hat keine desinfizierende Wirkung. Zum Zähneputzen nur Trinkwasser verwenden.

Lebensmittel

Auch bei der Auswahl des **Essens** sollte man Umsicht walten lassen. Rohe oder halbrohe Fleisch- und Fischgerichte sind besonders gefährlich, da sich Eiweißzersetzung und Keimwachstum in der Wärme schneller vollziehen, außerdem können diese Lebensmittel noch eine Reihe wirklich gefährlicher Parasiten wie Fischbandwurm oder Leberegel enthalten. Rohes Gemüse (Salat) ist oft mit Fäkalien gedüngt und sollte daher ebenfalls gemieden werden.

Tiefgefrorenes bietet keine Garantie auf Keimfreiheit, Eisspeisen, Milch, eier- oder mayonnaisehaltige Lebensmittel stellen gute Bakteriennährböden dar. Ebenfalls bedenklich sind vorgekochte Gerichte, wie sie z.B. an Straßenständen angeboten werden. Am sichersten sind gerade zubereitete, gut gekochte Speisen und schälbares Obst. Soweit Obst und Gemüse nicht gekocht oder geschält werden können, empfiehlt sich zumindest das kurze Einlegen in kochendes Wasser und anschließendes Abspülen mit sauberem Wasser. Tomaten lassen sich nach dieser Maßnahme außerdem leicht schälen.

Konservendosen vor und beim Öffnen genau überprüfen: Aufgetriebene Deckel oder Zischen beim Öffnen weisen auf gasbildende Bakterien hin, die eine gefährliche Nervenkrankheit, den Botulismus, verursachen können. Konserven mit eingedelltem Deckel sind unbrauchbar, weil die innere Schutzschicht zwischen Blech und Doseninhalt beschädigt ist.

In der Praxis ist es nicht immer möglich, alle Sicherheitsmaßnahmen einzuhalten. Nicht jeder Geldbeutel erlaubt eine Mahlzeit in einem besseren Lokal, wer den Kontakt mit Einheimischen sucht, wird ihn eher dort finden, wo es nach unseren Maßstäben nicht so hygienisch zugeht. Gerade bei Einladungen müssen aus Taktgefühl Kompromisse geschlossen werden. Halten Sie die Augen offen und nehmen Sie von bedenklichen Speisen und Getränken nur kleine Mengen zu sich. Bei längeren Tropenaufenthalten gewöhnt sich der Körper an die dort vorkommenden Umgebungskeime und gewinnt an Widerstandskraft. Dies sollte jedoch nicht dazu verleiten, alle Vorsichtsmaßnahmen zu ignorieren, da sich das Risiko, eine ernsthafte Infektion (z.B. Amöben oder Typhus) zu erwerben, nicht verringert.

Selbsthilfe

Wenn trotz aller Vorsicht Durchfall auftritt:
- Zunächst muß der erhöhte Flüssigkeits- und Mineralverlust ausgeglichen werden, hier helfen Rehydrationsgetränke (siehe „Reiseapotheke"). Zur Geschmacksverbesserung kann Fruchtsaft beigemischt werden.
- Nahrungspause. Für mindestens 6 Stunden nichts essen. Danach, wenn möglich, Getreideschleimsuppe, Zwieback o.ä.
- Bei gleichzeitigem Erbrechen und/oder fieberhaftem Verlauf kann es sich auch um die Erstsymptome einer Malaria handeln. (Prophylaxe konsequent durchgeführt? Resistenzgebiet?)
- Ohne schädliche Nebenwirkungen kann eine Therapie mit *Perenterol®* begonnen werden, diese medizinische Hefe hilft, wieder eine normale Darmflora aufzubauen. Kohlekompretten sind meist nicht so wirkungsvoll.
- Durchfall mit Blutbeimengung weist auf eine Infektion mit Geschwüren im Dickdarm hin: Ruhr, ausgelöst durch Shigellen oder Amöben. Arzt aufsuchen.
- Falls nach 3 Tagen keine Besserung eintritt und/oder noch Fieber besteht, ist ebenfalls ärztlicher Rat einzuholen – eine banale Reisediarrhoe sollte sich schon gebessert haben. Wenn dann kein Arzt aufgesucht werden kann, empfiehlt sich antibiotische Behandlung für 3 Tage mit *Cotrimoxazol* (z.B. *Bactrim forte®* 2 x 1 Tbl.).
- *Loperamid*, ein Medikament, das die Darmbewegung hemmt (böse Zungen sagen „lähmt"), sollte nur schweren Verläufen vorbehalten bleiben, da es zwar den Durchfall bremst, dadurch aber die den Durchfall verursachenden Krankheitserreger oder Giftstoffe schlechter ausgeschieden werden.

Erreger, die hartnäckige Durchfälle verursachen

Salmonellen

Eine Bakteriengruppe, die Durchfallerkrankungen verschiedener Schweregrade, z.T. begleitet von Erbrechen und Fieber, bewirkt. Die Diagnose läßt sich nur über eine

Stuhluntersuchung sichern. Die leichteren Formen sind mit den o.g. Maßnahmen zu behandeln, schwere Fälle erfordern eine antibiotische Behandlung unter ärztlicher Kontrolle (z.B. 4 x 1 g *Ampicillin*) je nach Verlauf für 1 bis 2 Wochen.

Typhus

Auch Typhus (engl. typhoid fever) wird von Salmonellen (der Art *Salmonella typhi*) verursacht. Die Inkubationszeit (Zeitraum von der Ansteckung bis zum Auftreten von Krankheitszeichen) ist mit 8-14 Tagen relativ lang. Hier stehen anfangs hohes Fieber, Kopf- und Gelenkschmerzen und ein Hautausschlag im Vordergrund, der Durchfall kann mit Verstopfung abwechseln. Bei Typhusverdacht sollte man sich in ärztliche Hände begeben, da Komplikationen wie Gallenblasenentzündung oder Darmperforation (Durchbruch) möglich sind. In Ländern der 3. Welt wird oft mit *Chloramphenicol* (3 x 1 g für 14 Tage) behandelt, wegen gefährlicher Nebenwirkungen und hoher Resistenzrate ist jedoch *Amoxicillin* (3 x 2 g) oder *Ceftriaxon* (2 x 1 g, nur als iv. Spritze verfügbar) vorzuziehen.

Bakterielle Ruhr

Bei dieser Ruhr (engl. Bacillary dysentery), hervorgerufen durch Shigellen, steht ebenfalls die Übertragung durch mit Fäkalien verunreinigtes Wasser und Nahrungsmittel im Vordergrund. Nach 1 bis 4 Tagen plötzliches Auftreten von hohem Fieber, Bauchschmerzen, Erbrechen und Durchfall, oft mit Blutbeimengung. Die Behandlung besteht aus *Cotrimoxazol* über 5 Tage.

Amöben

Auch Amöben können eine Form der Ruhr (Amöbenruhr, engl. Amebic dysentery) auslösen. Diese Einzeller (Protozoen der Art *Entamoeba histolytica)* sind weltweit verbreitet, jedoch besonders in tropischen und subtropischen Regionen. Auch sie gelangen mit verunreinigtem Wasser oder Nahrungsmitteln in den Darm, wo sie nicht unbedingt Beschwerden hervorrufen müssen; in diesem Fall besteht eine asymptomatischer Infekt. In manchen tropischen Gegenden sind 30 % der Bevölkerung Amöbenträger.

Die milde Form eines symptomatischen Infektes besteht in Leibschmerzen, Blähungen, Übelkeit und Durchfall und ist damit im Erscheinungsbild nicht von einfachen Durchfallerkrankungen zu unterscheiden, Klärung kann hier nur eine Stuhluntersuchung bringen. Aus unbekannten Gründen, möglicherweise wenn der Darm durch andere Infektionen oder Reize bereits vorgeschädigt ist, dringen die Erreger in die Darmwand ein und verursachen Entzündungserscheinungen und Geschwüre. Diese Variante nennt man invasive Verlaufsform. Dann kommt es zu den charakteristischen Symptomen mit halbflüssigem oder flüssigem Stuhlgang, der mit Schleim und Blut durchsetzt ist; beschwerdefreie Phasen zwischendurch sind möglich.

Eine schwerwiegende Komplikation ist der **Leberabszeß:** Amöben sind über den Blutweg in die Leber gelangt und verursachen dort Gewebszerstörung und Eiterbildung. Solche Abszeßhöhlen können bis zu 10 cm groß werden. Dieser Vorgang ist von Fieber und starken Schmerzen im rechten Oberbauch, die bis in die Schulter ausstrahlen können, begleitet.

Auch asymptomatische, von Beschwerden freie Amöbenträger scheiden die Protozoen (in einer widerstandsfähigen abgekapselten Form, den Zysten) aus und tragen deshalb zur Weiterverbreitung bei. Bei Abwehrschwäche, z.B. ausgelöst durch eine andere Erkrankung, kann sich aus einem asymptomatischen Infekt ein symptomatischer entwickeln. Daher sollte bei Amöbennachweis im Stuhl grundsätzlich behandelt werden.

Ein gesunder Ausscheider von Zysten kann sich überlegen, ob er die Behandlung zurückstellt, bis er wieder daheim ist, ein besonders geeignetes Mittel für diesen Fall ist *Paromomycin* (z.B. 3 x 2 *Humatin*® Kps. für 7 Tage). Dieses Medikament wirkt aber nur im Darm und wird vom Körper nicht aufgenommen. Es kann auch bei der milden Verlaufsform eingesetzt werden, jedoch ist hier wie bei der invasiven und der Abszeßform *Metronidazol* (3 x 750-800 mg für 10 Tage) vorzuziehen; da dieses Mittel über die Blutbahn aufgenommen wird, kann es auch auf Erreger in Schleimhaut und Leber wirken. Auf andere Medikamente darf nur nach eingehender Untersuchung ausgewichen werden, da sie z.T. erhebliche Nebenwirkungen haben oder nicht für alle Krankheitsvarianten geeignet sind.

Lamblien

Lamblien (*Giardia lamblia*) sind wie Amöben weitverbreitete einzellige Darmparasiten, deren Träger nicht unbedingt Beschwerden verspüren. Auch der Ansteckungsweg ist der gleiche. Falls Symptome auftreten, sind dies meist Blähungen, Übelkeit, Bauchkrämpfe und Durchfall. Die Diagnose läßt sich über eine Stuhluntersuchung stellen. Eine Behandlung ist nur bei Krankheitszeichen erforderlich und besteht aus *Metronidazol* (3 x 250 mg für 5 Tage) oder *Quinacrin* (3 x 100 mg für 5 Tage).

Würmer

Eine Reihe von Wurmarten wie Spulwürmer, Madenwürmer (Oxyuren), Peitschenwürmer, Trichinen und Bandwürmer werden ebenfalls über die Nahrung aufgenommen, Hakenwürmer leben im Boden, ihre Larven dringen über Verletzungen oder nackte Füße in den Körper ein.

Die Diagnose läßt sich über den Nachweis von Würmern oder deren Eier im Stuhl stellen, die Behandlung richtet sich nach der Art: *Mebendazol* für Spul-, Haken-, Peitschen- und Madenwürmer, *Tiabendazol* gegen Trichinen, *Praziquantel* oder *Niclosamid* gegen Bandwürmer. Einige Würmer können gefährliche Komplikationen auslösen, darum sollte man sich unbedingt ärztlich untersuchen lassen. Nach der Behandlung ist eine erneute Stuhluntersuchung sinnvoll, um festzustellen, ob Würmer überlebt haben.

Verschiedene Formen der Hepatitis

Unter dem Begriff der Hepatitis sind verschiedene durch Viren bedingte Leberentzündungen zusammengefaßt, deren Krankheitsverläufe ähnlich sind und die in der Regel mit einer Gelbsucht einhergehen. Bisher konnten **6 verschiedene Erreger** nachgewiesen werden, weitere werden vermutet.

Hepatitis A

Die Hepatitis A, früher auch infektiöse oder **epidemische Gelbsucht** genannt, wird hauptsächlich über Lebensmittel übertragen, die mit Fäkalien in Berührung kamen, etwa durch Düngung oder durch Abwassereinleitung in Flüsse, aus denen Trinkwasser gewonnen wird. Als häufigste Infektionsquelle gelten Austern, Muscheln und rohe Salate. In Shanghai trat 1988 eine Epidemie auf, bei der binnen kurzem 300.000 Personen nach Verzehr ungenügend gekochter Flußkrebse erkrankten. Die Viren waren auf dem Abwasserweg in den Fluß gelangt. Möglich ist auch die Übertragung durch andere Körpersekrete und Blut, diese spielt aber eine untergeordnete Rolle.

Die Erkrankung beginnt rund 4 Wochen nach der Ansteckung mit uncharakteristischen Zeichen wie Übelkeit, Erbrechen, Fieber, Appetitverlust, Mattigkeit und Gelenkschmerzen; nach einer weiteren Woche kann die Gelbsucht (Gelbfärbung der Bindehaut am Auge und der Haut) hinzukommen, dabei wird der Urin dunkel und der Stuhlgang hell, gelblich bis weiß. Innerhalb von zwei bis vier weiteren Wochen klingt die Erkrankung ab. Das ganze Krankheitsgeschehen kann auch mild und abgeschwächt verlaufen, so daß sich die Diagnose manchmal nur im Nachhinein über eine Blutuntersuchung stellen läßt, vereinzelt gibt es aber auch Fälle, die zum Tode führen.

Wer diese Leberentzündung durchgemacht hat, erwirbt eine wahrscheinlich lebenslange Immunität. Chronische Verläufe mit dauerhafter Leberschädigung kommen nicht vor. Eine spezifische Behandlung gibt es nicht, um so wichtiger ist daher die Vermeidung. Bereits 2 Wochen vor dem Auftreten von Krankheitszeichen scheidet der Infizierte mit Stuhl und Speichel die Erreger aus und kann damit weitere Personen anstecken. Auf Hygieneregeln, Trinkwasserqualität und Zubereitung von Speisen ist deshalb zu achten (s. auch Kapitel Durchfall). Vor längeren oder häufigen Tropenaufenthalten ist die aktive Impfung gegen Hepatitis A zu empfehlen (s.o.). Zuvor sollte man jedoch einen Test auf Hepatitis-A-Antikörper im örtlichen Hygieneinstitut machen lassen (ca. 30 DM). Gegebenenfalls erspart man sich so die teure Impfung.

Hepatitis B

Die Hepatitis B wurde früher auch **Serum- oder Transfusionshepatitis** genannt, da sie sich überwiegend durch Bluttransfusionen und infiziertes Spritzenmaterial überträgt. Der Ansteckungsweg über Stuhlgang, Sperma und Speichel ist aber ebenfalls möglich. Besondere Gefährdung, eine B-Hepatitis zu erwerben, besteht deshalb für Drogenabhängige und Personen, die mit infizierten Spritzen oder Instrumenten (Impfungen, Akupunkturnadeln, Tätowieren, Ohrlochstechen) behandelt wurden, außerdem ist die sexuelle Übertragung häufig, insbesondere im Bereich der Prostitution.

Diese Form hat eine längere Inkubationszeit (2 bis 6 Monate), die Symptome sind ähnlich wie bei der Hepatitis A, der Verlauf aber meist schwerer und langwieriger, bis zu einem halben Jahr. Nach Abklingen der akuten Krankheit ist man entweder geheilt und immun, in 10% der Fälle geht die Entzündung jedoch in ein chronisches Stadium über, das mit schweren Störungen der Leberfunktion einhergeht, manchmal entwickelt sich nach Jahren sogar ein Leberkrebs. Auch für die Hepatitis B gibt es keine wirksame Behandlung, es gilt, die Ansteckung unter Beachtung des Übertragungsweges zu vermeiden. Für gefährdete Personen kommt die aktive Impfung mit Hepatitis-B-Impfstoff in Frage.

Weitere Hepatitisformen

Die folgenden Hepatitisformen werden manchmal auch **Non-A/Non-B-Hepatitis** genannt, weil sie nicht von den am längsten bekannten Typen A und B verursacht werden.

● Dabei ist die **Hepatitis C** eine Variante, die in Übertragungsweg und Verlauf der B-Form ähnelt, Übergang in eine chronische Form ist häufig, es steht aber kein Impfstoff zur Verfügung, so daß nur die Vermeidung der Ansteckung angestrebt werden kann.

● Die **Hepatitis D** befällt nur Personen, die den Hepatitis-B-Virus (bei akuter Erkrankung oder in chronischer Verlaufsform) im Körper haben, dann entsteht ein dramatisches, nicht selten tödliches Krankheitsbild, das meist nicht ausheilt, sondern in ein chronisches Stadium mit dauerhafter Leberschädigung übergeht. Impfschutz gegen Hepatitis B bedeutet auch Schutz vor der Hepatitis-D-Infektion.

● Die **Hepatitis E** wird wie die Hepatitis A hauptsächlich durch Nahrungsmittel übertragen, sie ähnelt ihr auch im Verlauf und darin, daß sie nach der akuten Phase ausheilt. Sie kommt vor allem in Afrika, Asien und Zentralamerika vor. Ein Impfstoff ist noch nicht entwickelt worden.

● Bei der **Hepatitis G** ist bisher nur der Übertragungsweg mittels Blutkontakt nachgewiesen. Erkenntnisse über den langfristigen Verlauf und mögliche Spätfolgen liegen noch nicht vor.

Behandlung von Hepatitis

Für keine dieser Viruserkrankungen gibt es eine kausale medikamentöse Behandlung. Folgende Allgemeinmaßnahmen sind hilfreich: Ruhe, viel Liegen, bis die Gelbsucht abgeklungen ist. Keinesfalls Alkohol trinken, mindestens bis 6 Monate nach Abklingen der Krankheitszeichen. Vitaminreiche Kost ist sinnvoll, jedoch vermehrt auf Hygiene der Nahrungsmittel achten. Medikamente nur wenn unbedingt nötig und kurzfristig einnehmen, da diese die erkrankte Leber zusätzlich belasten, in Frage kommen Fiebermittel (*ASS* oder *Paracetamol*) oder Mittel gegen Erbrechen (*Metoclopramid*). Nach der Heimkehr sollte man den Arzt aufsuchen, damit durch eine Blutuntersuchung festgestellt werden kann, welche Hepatitisform vorgelegen hat und ob ein Anhaltspunkt für einen chronischen Verlauf besteht.

Bilharziose

Unter *Bilharziose* oder **Schistosomiasis** versteht man chronische Infektionskrankheiten durch den Befall mit Eingeweideparasiten der Gattung Schistosoma oder Pärchenegel. Diese Wurmart ist in Afrika und Nahost *(Schistosoma haematobium)*, Afrika, Südamerika und Karibik *(Sch. mansoni)* sowie Asien *(Sch. japonicum)* verbreitet.

Der **Entwicklungszyklus** dieser drei Arten ist gleich: In Wasserschnecken reifen die Eier, die geschlüpften Larven (Zerkarien) dringen beim Baden durch die Haut ein und wandeln sich im menschlichen Körper zum erwachsenen Wurm. In Stuhl und Urin werden wieder Eier ausgeschieden, der Kreis schließt sich, wenn die Ausscheidungen in ein Gewässer gelangen und von Wasserschnecken aufgenommen werden. Aufgrund fehlender Hygienemaßnahmen ist in manchen Gegenden die Hälfte der Bevölkerung von diesen Parasiten befallen, weltweit schätzt man ca. 300 Millionen Erkrankte!

Wenn die Larven die Haut durchbohren, kann das mit Juckreiz und Rötung einhergehen, die ersten Krankheitszeichen treten frühestens einen Monat später auf, können aber auch Jahre auf sich warten lassen. Durch Darmbefall *(Sch. mansoni* und *japonicum)* kommt es zu blutigem Stuhlgang und Durchfall, bei weiterem Fortschreiten können sich die Würmer in der Leber und anderen Organen ausbreiten. *Sch. haematobium* bevorzugt Blase und Harntrakt, so daß Zeichen einer Blasenentzündung und blutiger Urin auffallen. Langfristig kommt es bei allen Formen zu Blutarmut.

Eine direkte Übertragung von Mensch zu Mensch ist nicht möglich. Um sich vor einer Infektion zu schützen, sollte man Baden in stehenden oder langsam fließenden Gewässern der Verbreitungsgebiete unterlassen. Auch klares Wasser kann die Larven enthalten; die Übertragungsquelle mit den larven-

ausscheidenden Schnecken kann in einem Bach etliche Kilometer entfernt liegen. Bereits kurzer Kontakt mit dem Wasser (Waschen, Trinken) kann genügen. Besonders gefährlich ist das Waten in Reisfeldern. Für die Schwere der Erkrankung ist die Anzahl der eingedrungenen Zerkarien ausschlaggebend.

Behandlung von Bilharziose

Das beste Medikament gegen Bilharziose ist *Praziquantel*, das in hoher Dosierung genommen werden muß. Der Behandlung sollte jedoch eine Untersuchung z.B. mittels Bluttest oder Nachweis der Wurmeier vorausgehen. Bei konsequenter Behandlung – und diese ist für Reisende einfacher durchführbar, als für die einheimische Bevölkerung, die den Erregern ständig ausgesetzt ist – kann die Erkrankung geheilt werden. Nach 3 und 6 Monaten ist dann noch eine erneute Untersuchung auf Wurmeier notwendig.

Filariose

Verschiedene Stechmückenarten sind die Überträger der **Fadenwürmer** oder **Filarien**, die in den subtropischen und tropischen Regionen Afrikas, Asiens sowie Mittel- und Südamerikas vorkommen. Die Parasiten siedeln sich im Bindegewebe und Lymphsystem an, wo es meist erst im Verlauf von Monaten zu Schwellung und Entzündungszeichen kommt. Die Schwere der Erscheinungen hängt von der Anzahl der eingedrungenen Filarien und der Zahl der Wiederholungsinfektionen ab.

Die Durchseuchung der Bevölkerung in den Endemiegebieten ist hoch, und im chronischen Stadium bestehen kaum Heilungschancen. Für Kurzzeitreisende ist die Gefahr einer chronischen Erkrankung gering, im akuten Stadium treten Fieber, Gliederschmerzen und Schwellung der Lymphknoten auf, die Lymphgefäße treten als rote Stränge hervor. In der chronischen Phase kommt es zu monströsen Schwellungen der Gliedmaßen, die wegen der Ähnlichkeit mit Elefantenbeinen auch **Elephantiasis** genannt wird. Die medikamentöse Behandlung bedarf ärztlicher Aufsicht.

Gift~ und Stacheltiere

Bei sämtlichen Verletzungen ist der **Tetanus-impfschutz** unbedingt erforderlich.

Schlangen

Schlangenbisse sind erfreulicherweise seltene Ereignisse, auch Giftschlangen greifen meist nur als Abwehrreaktion an. Das Tragen von festem Schuhwerk, auch als Schutz gegen Blutegel, Insekten und Skorpione ist grundsätzlich zu empfehlen. Schuhe und Kleidung müssen vor dem Anziehen überprüft und ausgeschüttelt werden, da Schlangen und Skorpione gerne in ihnen übernachten. Gegen viele Schlangengifte gibt es ein Antiserum, im Notfall steht es aber nicht unbedingt zur Verfügung, da diese Substanzen recht teuer sind und gekühlt aufbewahrt werden müssen. Um das richtige Serum auswählen zu können, ist eine genaue Beschreibung der Schlange sehr hilfreich. Für den absoluten Notfall sollte man in Gefährdungsgebieten immer eine leicht unterzubringende Rasierklinge bei sich haben.

Hilfe im Notfall

● Das Körperteil mit der Bißstelle soll möglichst überhaupt nicht mehr bewegt werden, bei Biß am Bein keinesfalls mehr laufen.
● Falls innerhalb einer halben Stunde ein gut ausgerüstetes Krankenhaus erreicht werden kann, sollte das verletzte Körperteil in Tieflage ruhiggestellt und warmgehalten werden, anschließend rascher Transport.
● In allen anderen Fällen muß vor Ort eine Notbehandlung beginnen: innerhalb der ersten 5 Minuten je einen geraden Schnitt durch jede Bißwunde (z.B. mit einer Rasierklinge), 1 cm lang und 5 mm tief, die Wunden ausbluten lassen; besser wäre das Absaugen mit einem speziellen Absauggerät „Extraktor", das einer Spritze ähnelt und für rund 40 DM erworben werden kann. Keinesfalls sollte mit dem Mund abgesaugt werden.

● Körperteil 15 cm **oberhalb** der Bißstelle abbinden (mit Gürtel, Binde oder Damenstrumpf, keinesfalls Schnur, Draht o.ä. verwenden), um den Rückstrom vergifteten Blutes zu verhindern. Es muß jedoch noch Blut hineinfließen können, daher Puls am Handgelenk oder Fußrücken tasten und Binde ggf. lockern.
● Der Gebissene soll viel trinken, jedoch keinen Alkohol.
● Als Schmerzmittel ist *Paracetamol* erlaubt.
● Die früher empfohlene Kühlung oder Eisbehandlung hat sich als ungünstig erwiesen und sollte nicht mehr durchgeführt werden!
● Jeder von einer Schlange Gebissene gehört so schnell wie möglich in ein Krankenhaus!

Skorpione

Skorpione kommen in allen subtropischen und tropischen Gegenden und im Mittelmeerraum vor. Sie sind nachtaktive Tiere, die sich tagsüber zwischen Steinen, Blättern oder im Sand aufhalten. Die meisten Arten verursachen ungefährliche Stiche, die ähnliche Beschwerden wie Bienen- oder Wespenstiche hervorrufen, bei den giftigeren Arten kommt es zu starkem Schmerz, Taubheit des betreffenden Körperteils, in seltenen Fällen kommen Muskelkrämpfe, Atembeschwerden und Herzrasen hinzu.

Die Unterscheidung hinsichtlich der Gefährlichkeit ist für einen Laien nicht möglich, so daß nach jedem Stich Vorsicht geboten ist. Besonders gefährlich können Skorpionstiche für Kinder unter 5 Jahren sein. Für manche giftige Arten existiert ein Antiserum (Gegengift). Die Stiche mancher Skorpionarten können noch nach Monaten Gefühlsstörungen hervorrufen.

Behandlung von Skorpionstichen

● Ruhigstellen des gebissenen Körperteils.
● Einstichstelle kühlen, evtl. mit Eis.
● Antihistamintabletten (z.B. 3 Tbl. *Tavegil®*) und evtl. Schmerzmittel geben.
● In ärztliche Behandlung begeben, dabei möglichst Beschreibung des Skorpions hinsichtlich Größe und Farbe.

Spinnen

Fast alle Spinnenarten sind giftig, jedoch besitzen die meisten zu kurze oder weiche Beißwerkzeuge, um menschliche Haut zu durchdringen. Gefährlich können besonders **Vogelspinnen-, Bananenspinnen-, Tarantel-** und **Schwarze-Witwen-Arten** werden. Für die Behandlung gelten dieselben Regeln wie beim Skorpionstich; auch wenn ein tödlicher Ausgang selten ist, sollte möglichst ein Krankenhaus aufgesucht werden. Für die hochgiftigen Spinnenarten gibt es Antiseren, die Verfügbarkeit im Bedarfsfall hängt jedoch von der medizinischen Infrastruktur ab.

Seeigel

In allen Meeren heimisch sind Seeigel, deren Bekanntschaft man bereits in Strandnähe machen kann. Ihre mit Widerhaken bewehrten Stacheln dringen tief in die Haut ein, sind schwierig herauszuziehen und brechen leicht ab. Trotzdem sollte man versuchen, sie unverzüglich zu entfernen, da die Wunden dazu neigen, sich zu entzünden. Oberflächliche Stacheln lassen sich mit Essig auflösen, da sie aus Kalk bestehen: Wunde mehrfach mit Essig benetzen oder eine essiggetränkte Kompresse auflegen. Eine andere Methode, Stacheln zu entfernen, ist das Aufkleben und vorsichtige Wiederabziehen von Pflaster. Einen gewissen Schutz bieten beim Strandlaufen, Baden oder Schnorcheln Badesandalen.

Nesseltiere

Bei Kontakt mit Nesseltieren, besonders Quallen, können Tentakeln und Nesselschleim an der Haut haften bleiben. Sie sollten abgewischt werden, dabei Handschuh, Lappen o.ä. verwenden. Dann Essig- oder Alkoholauflagen, besonders wirkungsvoll soll der Saft der Papaya sein. Abspülen mit Wasser verstärkt die Schmerzen! Großflächiges Aufbringen einer Antihistaminsalbe und Antihistamintabletten lindern Schmerz und können Blasen- und Quaddelbildung eindämmen.

Giftfische

Verletzungen durch Giftfische werden meist durch Stechrochen und Petermännchen verursacht, da beide Arten auch in Strandnähe leben. Die Tiere können tiefe Wunden hinterlassen, in denen Stachelscheiden verbleiben. Vorbeugende Maßnahmen sind das Tragen von Badeschuhen und ein schlurfender Gang, der die Fische aufscheucht und weniger Gefahr birgt, auf einen zu treten.

Behandlung bei Stichen durch Giftfische

- Desinfektionsmittel anwenden.
- Stachelreste entfernen, evtl. muß die Wunde ausgeschnitten werden.
- Fischgifte werden durch Hitze inaktiviert, deshalb heißes Wasser bis zur Erträglichkeitsgrenze in die Wunde geben, trocken-heiße Kompressen auflegen oder mit brennender Zigarette so nahe wie möglich herangehen.
- Gegen den Schmerz können Lokalanästhetika verwendet werden.
- Je nach Gift kann Schockbekämpfung erforderlich werden.
- Wegen der Infektionsneigung muß ein Anibiotikum gegeben werden.

Sexuell Übertragbares

Unter **Geschlechtskrankheiten** versteht man eine Reihe von Erkrankungen, die überwiegend oder ausschließlich durch sexuelle Kontakte übertragen werden. Dazu gehören:
- die „klassischen" Geschlechtskrankheiten Syphilis, Gonorrhoe und weicher Schanker,
- die Viruserkrankungen Genital-Herpes und Feigwarzen,
- Pilz- (Candida-), Chlamydien-, Trichomonaden- und unspezifische Infektionen der Geschlechtsorgane,
- AIDS.

Eine Reihe weiterer Infektionen wie **Hepatitis, Amöben** oder **Giardia** werden gelegentlich bei Sexualkontakten erworben. Weltweit treten jährlich 250 Mio. Neuerkrankungen dieser Art auf, und zu der Verbreitung leisten Touristen einen wesentlichen Beitrag. Auf das unbekümmerte Verhalten mancher Männer ist es auch zurückzuführen, daß Syphilis- und Gonorrhoe-Erreger resistent (widerstandsfähig) gegen die bisherigen Medikamente geworden sind, so daß z.T. erheblich höhere Dosen oder andere Mittel erforderlich sind. Bei richtiger Behandlung können diese Krankheiten aber weiterhin geheilt werden.

Die Zahl der weltweit mit **AIDS** Infizierten wird auf 23 Millionen geschätzt. Für den Reisenden sind insbesondere folgende Übertragungswege von Bedeutung:

- Sexueller Kontakt (homo- oder heterosexuell; anal, vaginal oder oral) mit einer HIV-infizierten Person.
- Benutzen von Gegenständen, die die Haut verletzen oder durchdringen, z.B. Spritzen, Akupunkturnadeln, Ohrloch-Stecher, wenn diese nicht sterilisiert wurden.
- Bluttransfusionen und Medikamente, die aus Blut gewonnen werden.

Die zuverlässigste Maßnahme, um die Infektion mit dem AIDS-Virus (wie jeder anderen sexuell übertragbaren Krankheit) zu verhindern, ist das Meiden sexueller Kontakte mit unbekannten Partnern. Auch völlig gesund wirkende Personen können infiziert sein und das Virus weitergeben. Als zweitbeste Methode ist die Benutzung von Kondomen einzustufen.

Tropeninstitute in Deutschland

- **Berlin:** Landesinstitut für Tropenmedizin, 10179 Berlin-Mitte, Engeldamm 62, Tel. 030/27460, Fax 030/2746736
- **Bonn:** Institut für medizinische Parasitologie der Universität, 53127 Bonn, Sigmund-Freud-Str. 25, Tel. 0228/287 5672, Fax 0228/287 4330
- **Dresden:** Städtisches Klinikum Dresden-Friedrichstadt, Referenzzentrum für Reisemedizin 01067 Dresden, Schäferstr. 49-51 Tel. 0351/4963172 oder 4963092
- **Hamburg:** Bernhard-Nocht-Institut, 20359 Hamburg 36, Bernhard-Nocht-Str. 74; Tel. 040/311820, Fax 040/ 31182400 (bei schriftlichen Anfragen einen frankierten Rückumschlag beilegen, Reiseziele und als Betreff „Reiseprophylaxe" angeben)
- **Heidelberg:** Inst. für Tropenhygiene am Ostasieninstitut der Uni, 69120 Heidelberg, Im Neuenheimer Feld 324, Tel. 06221/562905 oder 562999, Fax 06221/565948

- **Koblenz:** Zentrales Institut des Sanitätsdienstes der Bundeswehr, Ernst-Rodenwald-Institut für Wehrmedizin und Hygiene, 56068 Koblenz, Viktoriastr. 11-13, Tel. 0261/3070
- **München:** Institut für Infektions- und Tropenmedizin der Universität und Landesimpfanstalt, 80802 München, Leopoldstr. 5, Tel. 089/333322 (AB) Impfauskünfte (durchgehend), für Afrika: Tel. 336744, für Asien: Tel. 336755, für Mittel- und Südamerika: Tel. 333369 „Impfsprechstunde" (persönliche Impfberatung und Impfungen), Leopoldstr. 5/Ecke Georgenstr., Mo.-Fr. 11-12 Uhr, Mi, Do 16.30-18 Uhr
- **Tübingen:** Institut für Tropenmedizin, 72074 Tübingen, Wilhelmstr. 27, Tel. 07071/292365, Fax 07071/296021
- **Würzburg:** Missionsärztliche Klinik, Tropenmedizinische Abt. 97074 Würzburg, Salvatorstr. 7 Tel. 0931/7910, autom. Telefonansage 0931/7912825

Medizinische Behandlung in einem Drittweltland erfolgt oft nicht unter den von uns gewohnten hygienischen Bedingungen. Durch unsaubere Instrumente kann daher bei Arzt oder Zahnarzt das HIV-Virus übertragen werden. Für unvermeidliche Behandlungen und Notfälle gilt:

●Spritzen und Kanülen, die in einer Einmalverpackung aufbewahrt wurden, sind sicher. Am besten hat man selbst welche im Reisegepäck. (Ist eine Spritzenbehandlung auch unbedingt notwendig? Viele Medikamente sind in Tablettenform genauso wirksam. Impfungen zu Hause durchführen lassen!)

●Glas- oder Metallinstrumente müssen vor Gebrauch sterilisiert worden sein.

●Wenn man nicht sicher sein kann, ob die Instrumente steril sind, sollte man sich wenigstens vom Vorhandensein eines Sterilisationsgerätes überzeugen. (Steht es verstaubt in der Ecke oder zeigt es Gebrauchsspuren?)

●Blutübertragungen und Behandlungen mit Medikamenten, die aus Blut hergestellt werden, nur bei Lebensgefahr zustimmen.

●Besondere Vorsicht bei Tätowierungen, Akupunktur, Ohrlochstechen.

Wieder daheim

Nach der Rückkehr können sich *Akklimatisationsprobleme* ergeben, die sich in 1 bis 2 Wochen wieder verlieren. Gut beraten ist derjenige, der noch einige freie Tage zur Verfügung hat. Auch die Gewöhnung an die heimische Küche sollte allmählich erfolgen, da tierisches Fett und Eiweiß die Verdauungsorgane vor schwere Aufgaben stellen.

Zu bedenken ist ferner, daß die *Malariaprophylaxe* für 4 Wochen fortgeführt werden muß; dies wird als lästige Pflicht häufig übersehen und damit ein Ausbruch des Tropenfiebers riskiert.

Nach einem kurzen Tropenaufenthalt, der ohne gesundheitliche Probleme oder mit nur leichten Beschwerden (z.B. kurzzeitigem Durchfall) verlief, ist eine ärztliche Untersuchung nicht unbedingt notwendig. Sie ist jedoch anzuraten nach einer längeren Reise, da manche Erkrankungen erst nach einiger Zeit in Erscheinung treten.

Beim Auftreten von folgenden Anzeichen – egal ob während oder nach der Reise – ist unbedingt ein Arzt aufzusuchen und darüber zu informieren, welche Gebiet bereist wurden:

●*Fieberschübe.* Auch 6 Wochen nach Verlassen eines Malariagebietes besteht noch die Möglichkeit einer *Malaria tropica*, andere Malariaformen können noch nach Jahren ausbrechen. Eine Reihe weiterer Tropenkrankheiten kann mit Fieber einhergehen.

●*Durchfall oder Blutbeimengungen* im Stuhl oder Urin. Untersuchung auf Ruhr, Typhus, Darmparasiten (z.B. Amöben), Bilharziose.

●*Gelbsucht.* Über eine Blutuntersuchung lassen sich Typ und Aktivität klären.

●*Ausschlag oder Geschwüre* an Haut oder Genitalien. Hier kommen verschiedene Parasiten und Geschlechtskrankheiten in Betracht.

●Jegliche *unklaren Beschwerden.*

In der Medikamentenliste auf der folgenden Seite werden zur Anwendung jeweils die Wirkstoffe (Freinamen) der Medikamente genannt, da diese in verschiedenen Ländern unter verschiedenen Markennamen (Handelsnamen) angeboten werden. Die Liste ist nach Wirkstoffen sortiert, dazu werden Handelsnamen des deutschsprachigen Raumes angegeben. Die Aufzählung der Handelsnamen kann nur beispielhaft sein, da für die meisten Substanzen eine Vielzahl von Arzneimitteln auf dem Markt sind.

Medikamentenliste (Erläuterung s. Vorseite, unten)

Freiname	Handelsname (Beispiel)
Ambroxol (INN) (Schleimlöser)	MUCOSOLVAN® (A,CH,D)
Amoxicillin (INN) (Antibiotikum)	CLAMOXYL® (A,CH,D)
Ampicillin (INN) (Antibiotikum)	AMBLOSIN® (A,D), BINOTAL® (A,D), AMFIPHEN® (CH)
Benzylbenzoat (gegen Krätze)	ANTISCABIOSUM® (D)
Cephtriaxon (INN) (Antibiotikum)	ROCEPHIN® (A,CH,D)
Chinin (Malariamittel)	CHININUM SULFURIKUM®
Chloramphenicol (INN) (Antibiotikum)	PARAXIN® (A,D), LEUKOMYCIN® AMPHEMYCIN® (CH)
Chloroquin (INN) (Malariamittel)	RESOCHIN® (D,CH), ARTHROCHIN® (A)
Cinnarizin (INN) (gegen Schwindel)	STUTGERON® (A,CH,D)
Clotrimazol (INN) (Antimykotikum)	CANESTEN® (A,CH,D)
Cotrimoxazol (=Trimethoprim+Sulfamethoxazol)	BACTRIM® (A,CH,D), EUSAPRIM®
Dexpanthenol (INN) (Vitamin d. B-Gruppe, zur Wundbehandlung)	BEPANTHEN® (A,CH,D), PANTHENOL ®
Diclofenac (INN) (Rheuma-, Schmerzmittel)	VOLTAREN® (A,CH,D)
Dimetinden (INN) (Antihistaminikum)	FENISTIL® (A,CH,D)
Doxycyclin (INN) (Antibiotikum)	VIBRAMYCIN® (A,CH,D), VIBRAVENÖS® (A,CH,D)
Erythromycin (INN) (Antibiotikum)	ERYTHROCIN® (A,CH,D), ERYCINUM® (A,D), MYAMBUTOL® (A,CH,D)
Etofenamat (INN) (Rheuma-, Schmerzmittel)	RHEUMON GEL®
Halofantrin (INN) (Malariamittel)	HALFAN® (A,CH,D)
Lindan (INN) (Insektizid)	JACUTIN®
Loperamid (INN) (gegen Durchfall)	IMODIUM® (D,CH)
Mebendazol (INN) (Wurmmittel)	VERMOX® (CH,D), PANTELMIN® (A)
Meclozin (INN) (Reisekrankheit, Erbrechen)	BONAMINE®
Mefloquin (INN) (Malariamittel)	LARIAM® (A,CH,D)
Metoclopramid (INN) (gegen Erbrechen)	PASPERTIN® (A,D), PRIMPERAN®, MCP®
Metronidazol (INN) (Antibiotikum)	CLONT® (CH,D), FLAGYL® (CH,D), TRICHEX® (A)
Niclosamid (INN) (Wurmmittel)	YOMESAN® (A,CH,D)
Paracetamol (INN) (Fieber-, Schmerzmittel)	BEN-U-RON® (D), TYLENOL® (A), ACETALGIN® (CH)
Paromomycin (INN) (Antibiotikum)	HUMATIN®
Praziquantel (INN) (Wurmmittel)	BILTRICIDE®, CESOL®
Proguanil (INN) (Malariamittel)	PALUDRINE® (A,CH,D)
Tetracyclin (INN) (Antibiotikum)	HOSTACYCLIN® (A,D,CH)
Tiabendazol (INN) (Wurmmittel)	MINZOLUM® (D), MINTEZOL® (CH)

(INN) = Freiname ist international anerkannt, (A)= Handelsname in Österreich, (CH)= Handelsname in der Schweiz, (D) = Handelsname in Deutschland.

Anhang

‛Literaturhinweise

Allgemeines

●*Andino, R.; Lawrence, E.; Driessler, W.: **Garnison Honduras – ein bitterarmes Land im Griff des Pentagon,** Wuppertal 1987. Kritische, faktenreiche Darstellung der CIA-Interventionen in Honduras und Nicaragua während der frühen 80er Jahre.

●*Ardon Mejia, M. (Hg.): **Agricultura Prehispánica y Colonial,** Tegucigalpa 1993. Kulturpflanzen und ihr Anbau im prähispanischen und kolonialen Mittelamerika.

●*Becerra, L.: **Evolución Histórica de Honduras,** Tegucigalpa, 6. Aufl. 1989. Honduranisches Standardwerk zur Geschichte des Landes.

●*Colindres Ortega, R.* (Hg.): **Honduras – Su Gente, Sus Símbolos, Su Historia, Su Paisaje,** Tegucigalpa 1993. Honduranische Datensammlung zur Staatsbürgerkunde.

●*Floyd, T.S.: **La Mosquitia – un Conflicto entre Imperios,** Honduras 1990. Spannende Beschreibung des kolonialen Konfliktes zwischen britischer und spanischer Krone im Dschungel der Moskitia.

●*Gonzalez C., F.* (Hg.): **Páginas de Oriente,** Tegucigalpa 1992. Anekdoten zur Geschichte und Lebenskultur des Südostens (El Paraìso).

●*Gonzalez, R.: **Guía por los Caminos de Honduras, Nr. 5,** Tegucigalpa o.J. Kurzbeschreibungen und Geschichten honduranischer Orte.

●*Incer, J.: **Los Indios Miskitos y Sumus,** Managua, o.J. Detaillierte anthropologische Darstellung der Sumu und Miskito.

●*Instituto Hondureño de Turismo* (Hg.): **Listado General de las Ferias, Festivales y otras Celebraciones Populares de Honduras,** Tegucigalpa o.J. Liste aller Feste und Feiern in Honduras.

●*Las Casas: **Bericht von der Verwüstung der Westindischen Länder,** Hrsg. von *Hans Magnus Enzensberger,* Frankfurt a.M. 1981. Der berühmte historische Bericht des Dominikanermönches und Verteidigers der Indianer beschreibt die Greueltaten der Spanier bei der Eroberung der "Neuen Welt".

●*Pastor Fasquelle, R.: **Biografía de San Pedro Sula 1536 a 1954,** San Pedro Sula 1990. Gesamte Geschichte San Pedro Sulas mit teilweise erschlagender Datenfreudigkeit.

●*Rivas, R. D.: **Pueblos Indígenas y Garífuna de Honduras – una Caracterización,** Tegucigalpa 1993. Lesenswerte Beschreibung der Geschichte und Lebenskultur der indianischen Gruppen und Garífuna.

●*Salinas, I.M.: **Arquitectura de los Grupos Etnicos de Honduras,** Tegucigalpa 1991. Bilderreiche Darstellung der Baustile der honduranischen Indianer-Gruppen.

●*Sarmiento, José A.: **Historia de Olancho,** Tegucigalpa 1990. Ausführliche Darstellung der Geschichte und der Eigenheiten der Provinz Olancho.

●*Schmidt, V.: **Spanisch für Honduras – Wort für Wort,** Kauderwelsch Band 111, Bielefeld 1996. Speziell für den praktischen Gebrauch auf Reisen zugeschnittener Sprechführer des in Honduras gebräuchlichen Spanisch.

Anhang

● *Theroux, Paul:* **The Mosquito Coast,** London 1981, dt. Ausgabe: **Moskito-Küste,** Düsseldorf 1983 (vergriffen). Tragikkomischer Roman über das Scheitern eines Auswanderers in den Tiefen der Mosikitia, wurde mit *Harrison Ford* in der Hauptrolle sehenswert verfilmt.

● *U.C.C.I.* (Hg.): **Guía de Tegucigalpa,** Madrid 1992. Bester Städteführer über Tegucigalpa, guter Überblick, wenig Fakten.

● *Yankelevich, P.:* **Honduras – una Breve Historia,** México 1988. Objektive Darstellung der honduranischen Geschichte, Gesellschaft, Wirtschaft und Politik.

● *Yuscaran, G.:* **Conociendo a la Gente Garífuna,** Tegucigalpa, 2. Aufl. 1992. Nahaufnahme von Geschichte und Kultur der Garífuna.

Maya

● *Coe, Michael:* **Die Entzifferung der Mayaschrift,** 1995.

● *div. Autoren:* **Geo Special: Die Welt der Maya,** Hamburg 1993. Reportagen zu den Maya gestern und heute.

● *Eggebrecht, Eva und Arne; Grube, Nikolai* (Hrsg.): **Die Welt der Maya,** Mainz 1992. Sehr empfehlenswerter Katalog zur Hildesheimer Maya-Ausstellung 1992 mit reichen Hintergrund-Informationen.

● *Riese, Berthold:* **Die Maya – Geschichte, Kultur, Religion,** München 1995.

● *Scheele, L.* und *Freidel, D.:* **Die unbekannte Welt der Maya,** München 1991. Die wohl beste derzeit auf Deutsch erhältliche Einführung in Geschichte und Kultur der Maya, mit sehr guten Artikel über Copán.

● *Stephens, John Lloyd:* **Die Entdeckung der alten Mayastätten,** Ein Urwald gibt sein Geheimnis preis. Stuttgart 1993. Die Wiederentdeckung der Mayastätten, Bericht aus dem 19. Jh.

Natur und Ökologie

● *Bärtels, Andreas:* **Farbatlas Tropenpflanzen,** Stuttgart 1990. Gutes Standardwerk tropischer Zier- und Nutzpflanzen mit Farbfotos auf jeder Seite.

● *Collins, Mark (Hrsg.):* **Die letzten Regenwälder,** Gütersloh 1990. Einführung in die komlexen Zusammenhänge des tropischen Regenwaldes und seine Bedrohung. Zahlreiche Fotos und Karten.

● *Grandjot, Werner:* **Reiseführer durch das Pflanzenreich der Tropen,** Köln. Allgemeine Einführung in die Botanik der Tropen mit zahlreichen Fotos und Zeichnungen.

● **Pflanzenführer Tropisches Lateinamerika,** Pforzheim 1993. Zahlreiche Pflanzenbeschreibungen, empfehlenswert, aber etwas teuer.

● *Tuck, Gerhard* und *Heinzel, Hermann:* **Die Meeresvögel der Welt,** Hamburg, Berlin 1990. Taschenbuch mit Illustrationen und Karten der Brutgebiete von Meeresvögeln

● *von der Ohe, S.:* **Wenn Weltbanker Wälder in Wert setzen,** in: *Kahl, M. Et Al.* (Hg.): *Seeing the People behind the Trees,* aus der Reihe *ASA-Studien.* Saarbrücken 1995. Beitrag zu den Zwängen des Regenwaldschutzes in Honduras.

Glossar

aeropuerto	Flughafen
AFE	Forstbehörde, früher *COHDEFOR*
agencia de Viajes	Reisebüro
albergue	Herberge, Lodge
alojamiento	einfache Privatunterkunft
alquilar	vermieten
artesanía	Kunsthandwerk
Ästuar	Mündungstrichter eines flusses
avenida	Straße von Ost nach West
bahía	Bucht
balneario	Freibadeanstalt
baño compartido	Gemeinschaftsbad
baño pivado	Bad (zum Zimmer gehörig)
baronesa	Pick-up, der zum Personentransport dient
barra	Sandbank
barrio	Stadtviertel
boca	Flußmündung
bomberos	Feuerwehr
cafetal	Kaffeeplantage
calle	Straße von Nord nach Süd
carnicería	Metzgerei
carretera	Landstraße
Carretera Interamericana	auch *Panamericana*, "Traumstraße" von Alaska bis Feuerland
casa	Haus
casa de cambio	Wechselstube
cerro (Co.)	Berg, Berggipfel
chortí	Indianischer Volksstamm in Honduras und Guatemala
cine	Kino
ciudad (Cd.)	Stadt
COHDEFOR	Forstbehörde jetzt auch *AFE*
colectivo	Sammeltaxi
colonia	Siedlung
comedor	einfaches Restaurant, Garküche
cordillera	Bergkette
correos	Postamt
Cruz Roja	rotes Kreuz
cuadra	Häuserblock zwischen zwei Straßen, auch Entfernungsangabe (ca. 100 m)
departamento	Departament, Bezirk
desayuno	Frühstück
edificio	großes Gebäude, Hochhaus
endemisch	Vorkommen einer Tier- oder Pflanzenart nur in einem kleinen, bestimmten Gebiet

Epiphyten	Aufsitzerpflanzen, die vom Standort der Wirtspflanze profitieren, ohne von dieser Nährstoffe zu beziehen
esquina	Ecke
farmacia	Apotheke
finca	Bauernhof, kleineres Landgut
garífuna	Afrokariben
gasolina	Benzin
hacienda (Hda.)	größeres Landgut, Farm
halón	Trinkgeld
HONDUTEL	Honduranische Telefongesellschaft
hospedaje	einfache Privatunterkunft
hostal	Herberge
iglesia	Kirche
IHAH	Honduranisches Institut für Anthropologie und Geschichte
IHT	Staatliches Tourismus-Institut
indígenas	Ureinwohner, Indios
isla	Insel
laguna	See
lavandería	Wäscherei
Lempira	Honduranische Währung
librería	Buchhandlung
llanura	Ebene, Flachland
marisquería	Fischrestaurant
mercado	Markt
Mestizen	Mischlinge aus Weißen und Indios
mirador	Aussichtspunkt
miskito	Indianischer Stamm in der Mosikita
NGO	*Non Government Organisation* (Nicht-Regierungsorganisation)
panadería	Bäckerei
parada	Haltestelle
parque central	Zentralpark
parque nacional	Nationalpark
pastelería	Konditorei
paya, pesch	Indianischer Stamm in der Moskitia
playa	Strand
plaza	Platz
pollo	Hähnchen
Primärwald	natürlich gewachsener "Urwald"
puerto (Pto.)	Hafen
puesto de salud	Krankenstation
punta (Pta.)	Landzunge
quebrada (Queb.)	Bach
refresco	Erfrischungsgetränk
refugio	Schutzhütte, Schutzgebiet
refugion nacional de vida/fauna Silvestre	Nationales Naturschutzgebiet/Wildtierreservat

reserva biológica	Biologisches Reservat
residencia	gehobene Siedlung
río	Fluß
Saumriff	Korallenriff, nur durch schmalen Wasserstreifen vom Land getrennt
Sekundärwald	nach Rodung nachgewachsener, nicht forstwirtschaftlich genutzter Wald
semana santa	Karwoche (Ostern)
sendero	Pfad, Wanderweg
servicio	Service, aber auch Toilette
servicio directo	Nonstop-Busverbindung
sumu tawakha	Indianischer Stamm in der Moskitia
teléfono publico	Öffentliches Telefon
terminal	Busbahnhof
urbanisación (Urb.)	städtische Wohnsiedlung
valle	Tal

Kleine Sprachhilfe

Aussprache

ie, eu, ei	die einzelnen Selbstlaute jew. nacheinander sprechen
b, v	Laut zwischen deutschem "b" und "w"
c	vor *e* und *i* wie "ß" in "Mu**ß**"; sonst wie "k"
cc	wie "kß"
ch	wie "tsch" in "Ma**tsch**"
g	vor *e, i* wie "ch" in "Ba**ch**"; sonst wie deutsches "g"
gue, gui	wie "ge" bzw. "gi"
güe, güi	wie "gue" bzw. "gui"
gua	wie "gua"
h	wird nicht gesprochen
j	wie "ch" in "Ba**ch**"
ll	wie "j" in "**J**unge"
ñ	wie "nj" in "A**nj**a"
qu	wie "k" (nie "kw"!), das *u* ist "stumm"
r	Zungenspitzen-r mit einmaligem "Schlag", nur am Wortanfang gerollt
rr	*rr* wird stark "gerollt"
s	wie "ß" wie in "Mu**ß**"
x	normalerweise "kß"; in vielen geogr. Namen indianischer Herkunft mal wie "ß", "sch" oder wie rauhes "ch" in "Ba**ch**"
y	vor Selbstlauten wie "j" in "**J**unge"; alleinstehend oder am Wortende wie "i"
z	wie "ß" in "Mu**ß**"

Betonung

Wörter, die auf einem Selbstlaut, auf *-n* oder *-s* enden, werden auf der vorletzten Silbe betont, alle anderen auf der letzten Silbe. Ausnahmen werden durch einen Akzent auf der zu betonenden Silbe angezeigt (*á, é, í, ó, ú*).

Spanisches Alphabet

Zum Buchstabieren spricht man die einzelnen Buchstaben wie folgt aus:

A, a	aa
B, b	be larga
C, c	ße
D, d	de
E, e	ee
F, f	äffe
G, g	che (rauhes "ch")
H, h	atsche
I, i	ii
J, j	chota (rauhes "ch")
K, k	ka
L, l	älle
LL, ll	älje
M, m	ämme
N, n	änne
Ñ, ñ	änje
O, o	oo
P, p	pe
Q, q	ku
R, r	ärre
S, s	ässe
T, t	te
U, u	uu
V, v	be corta
W, w	doble be
X, x	eckiß
Y, y	i-gri-ega
Z, z	ßeta

Anhang

Zahlen

0	*cero*	16	*dieciséis*	60	*sesenta*
1	*uno/un/una*	17	*diecisiete*	70	*setenta*
2	*dos*	18	*dieciocho*	80	*ochenta*
3	*tres*	19	*diecinueve*	90	*noventa*
4	*cuatro*	20	*veinte*	100	*cien(to)*
5	*cinco*	21	*veintiuno/-un/-*	200	*doscientos/-as*
6	*seis*		*una*	300	*trescientos/-as*
7	*siete*	22	*veintidós*	400	*cuatrocientos*
8	*ocho*	23	*veintitrés* usw.	500	*quinientos*
9	*nueve*	30	*treinta*	600	*seiscientos*
10	*diez*	31	*treinta y uno/...*	700	*setecientos*
11	*once*	32	*treinta y dos*	800	*ochocientos*
12	*doce*	33	*treinta y tres*	900	*novecientos*
13	*trece*	40	*cuarenta*	1000	*mil*
14	*catorce*	41	*cuarenta y*	2000	*dos mil*
15	*quince*	50	*cincuenta*		

Die wichtigsten Fragen

¿Tiene usted ...?	Haben Sie ...?
¿Hay ...?	Gibt es ...?
Estoy buscando...	Ich suche ...
Necesito ...	Ich brauche ...
Quiero ... / Quisiera ...	Ich will / möchte ...
Por favor, déme ...	Geben Sie mir bitte ...
¿Dónde se puede comprar ...?	Wo kann man ... kaufen?
¿Cuánto cuesta ...?	Wieviel kostet ...?
¿Cuánto cuesta el viaje a ...?	Wieviel kostet die Fahrt nach ...?
¿Cuánto cuesta esto?	Wieviel kostet das da?
¿Qué es esto?	Was ist das?
¿Dónde está ...?	Wo ist / befindet sich ...?
Quiero ir a ...	Ich möchte nach ... fahren.
Perdone, ¿para ir a ...?	Wie komme ich nach ...?
¿Es esto el tren para ...?	Ist das der Zug nach ...?
¿A qué hora sale el autobús para ...?	Wann fährt der Bus nach ... ab?
Por favor, lléveme a ...	Bringen Sie mich bitte zu/nach ...

Anhang

Die wichtigsten Floskeln und Redewendungen

sí / no	ja / nein
por favor	bitte (um etw. bitten)
¡(Muchas) gracias!	(Vielen) Dank!
¡De nada!	Keine Ursache!
¡Buenos días!	Guten Tag! (vormittags)
¡Buenas tardes!	Guten Tag! (nachmittags)
¡Buenas noches!	Guten Abend!
¡Bienvenida!	Herzlich willkommen! (zur Frau)
¡Bienvenido!	Herzlich willkommen! (zum Mann)
¿Cómo estás / está Usted?	Wie geht es dir/Ihnen?
¿Qué tal?	Wie geht's?
(Muy) bien. / Mal.	(Sehr) gut. / Schlecht.
Adiós.	Auf Wiedersehen!
¡Hola! / ¡Chau!	Hallo! / Tschüß!
¡Hasta luego / ahora!	Bis dann / gleich!
¡Muy bien!	In Ordnung!
No sé.	Ich weiß nicht.
¡Buen provecho!	Guten Appetit!
¡Salud!	Zum Wohl! Prost!
¡La cuenta, por favor!	Die Rechnung, bitte!
¡Perdón!	Entschuldigung!
¡Lo siento mucho!	Es tut mir sehr leid!
Está bien.	Schon gut!
¡Con permiso!	Gestatten Sie!
¡Por favor, ayúdeme!	Helfen Sie mir bitte!

Die wichtigsten Fragewörter

¿dónde?	wo?
¿de dónde?	woher?
¿adónde?	wohin?
¿por qué?	warum?
¿cómo?	wie?
¿cuál?	welcher?
¿quién?	wer?
¿cuánto?	wieviel?
¿(desde) cuándo?	(seit) wann?
¿qué?	was?

Die wichtigsten Richtungsangaben

a la izquierda	(nach) links
a la derecha	(nach) rechts
derecho, recto	geradeaus
acá, aquí	hier
por acá	hierher
allá, allí	dort
por allá	dorthin
enfrente	gegenüber
delante de	vor
al lado de	neben
detrás de	hinter
en dirección	in Richtung
atrás	zurück
cerca, cercana	nah
lejos	weit
semáforo	Ampel
esquina	Ecke
cuadra	Häuserblock
en el centro	im Zentrum
cruce(ro) (m)	Kreuzung
fuera de la	außerhalb
ciudad	der Stadt

Die wichtigsten Zeitangaben

ayer	gestern
hoy	heute
mañana	morgen
pasado mañana	übermorgen
por la mañana	morgens
al mediodía	mittags
por la tarde	nachmittags
por la noche	abends
por la noche	nachts
diariamente	täglich
(más) tarde	spät(er)
(más) temprano	früh(er)
pronto	bald
luego, entonces	dann
en seguida	sofort
ahora	jetzt
después	nachher
antes	vorher
siempre	immer
nunca	nie

Nichts verstanden?

Sólo hablo un poquito español.	Ich spreche nicht gut Spanisch.
¿Puede repetirlo, por favor?	Können Sie das wiederholen?
No entiendo.	Ich verstehe nicht.
¿Hay alguién quién hable inglés?	Spricht hier jemand Englisch?
¿Cómo se llama esto en español?	Wie heißt das auf spanisch?
¿Qué significa "..."?	Was bedeutet "..."?
... en alemán/inglés/francés	... auf deutsch/englisch/französisch
¿Cómo? / ¿Mande? (umgangsspr.)	Wie bitte?
Por favor, ¿podría hablar más despacio?	Könnten Sie bitte etwas langsamer sprechen?
¿Puede apuntármelo, por favor?	Können Sie mir das bitte aufschreiben?

Billigflüge nach Honduras

Die nebenstehende Liste bietet eine Übersicht aller wichtigen *Billigflüge nach Tegucigalpa, Honduras.* Die Daten wurden uns freundlicherweise von der Firma *Travel Overland* in München zur Verfügung gestellt. Natürlich ohne Gewähr, Stand Frühjahr 1998.

Bei Nachfragen an *Travel Overland:*
Barerstr. 73, 80799 München,
Tel.: 089/272760
Fax: 089/3073039
Internet: *http://www.travel-overland.de*

Links zu weiteren Anbietern auf den Service-Seiten von Reise Know-How unter:
http://www.reise-know-how.de

Es bedeuten:
● *Abflugorte:* Aus Platzgründen haben wir für die unterschiedlichen Flughäfen Nummern angegeben:
(1) Frankfurt, (2) München, (3) Berlin, (4) Hamburg, (5) Düsseldorf, (6) Stuttgart, (7) Nürnberg, (8) Leipzig, (9) Dresden.

● *Stopover,* an denen man evt. gegen Zuschlag die Reise unterbrechen kann, werden extra angegeben.
● *Gültigkeit:* Wird in Tagen angegeben. Wenn "von/bis" aufgeführt ist, nennt die erste Zahl die Mindest-Aufenthaltsdauer.
● *Preis:* Angegeben ist immer der niedrigste und höchste Hin- und Rückflugpreis (in DM) der billigsten Klasse für die angegebene Gültigkeitsdauer, inclusive der Zuschläge für das *Rail & Fly-Ticket.* Die Preise sind saisonbedingt.
● Die regulären Flugpreise in der *Business Class* betragen 6880 DM, in der *First Class* zahlt man 10.872 DM. Diese Preise sind bei allen Gesellschaften gleich, sofern sie eine solche Klasse anbieten.
● *Kinder:* Kinder bis zu zwei Jahren haben keinen Anspruch auf einen Sitzplatz; für sie braucht aber auch nur der angegebene DM-Preis bezahlt werden, bzw. das, was nach Abzug der angegebenen Prozentzahl übrigbleibt. Kinder über zwei bis zwölf Jahre haben Anspruch auf einen Sitzplatz und erhalten ebenfalls Ermäßigung. Bei Jugend- und Studententarifen gibt es keine Kinderermäßigung.
● *Flugstunden:* Angegeben ist zuerst die Flugzeit, dann die gesamte Reisezeit incl. Stops. Bei einigen Fluglinien sind Übernachtungen (ÜN) notwendig.
● *Flugtage:* Hier ist die Anzahl von Flügen pro Woche angegeben.

Anhang

Fluglinie (Land)	Abflugorte, Stopover	Gültigkeit (Tage)	Preise (von - bis)	Kinder (-2 / - 12)	Flug- stunden	Flug- tage
American Airlines (USA)	1, Chicago, Dallas	7-180	1667-1779	-90%/-33%	15 / 33	tgl.
		7-90	2117-2564	-90%/-50%		
Continental Airlines (USA)	1,5 3-4,6-9, alle: New York, Houston	7-180	1750-1850	-90%/-33%	15 / 42 ÜN Houston	tgl.

HILFE!

Dieses Reisehandbuch ist gespickt mit unzähligen Adressen, Preisen, Tips und Infos. Nur vor Ort kann überprüft werden, was noch stimmt, was sich verändert hat, ob Preise gestiegen oder gefallen sind, ob ein Hotel, ein Restaurant immer noch empfehlenswert ist oder nicht mehr, ob ein Ziel noch oder jetzt erreichbar ist, ob es eine lohnende Alternative gibt usw.

Unsere Autoren sind zwar stetig unterwegs und versuchen, alle zwei Jahre eine komplette Aktualisierung zu erstellen, aber auf die Mithilfe von Reisenden können sie nicht verzichten.

Darum: Schreiben Sie uns, was sich geändert hat, was besser sein könnte, was gestrichen bzw. ergänzt werden soll. Nur so bleibt dieses Buch immer aktuell und zuverlässig. Gut verwertbare Informationen belohnt der Verlag mit einem Sprechführer Ihrer Wahl aus der über 100 Bände umfassenden Reihe „Kauderwelsch" (siehe unten). Wenn sich die Infos direkt auf das Buch beziehen, würde die Seitenangabe uns die Arbeit sehr erleichtern.

Bitte schreiben Sie an:

REISE KNOW-HOW Verlag Peter Rump GmbH, Hauptstr. 198, D-33647 Bielefeld, oder per e-mail an: reise-know-how@t-online.de

Danke!

Kauderwelsch-Sprechführer –
sprechen und verstehen rund um den Globus

Afrikaans ● Ägyptisch-Arabisch ● Albanisch ● Allemand ● American Slang ●Amharisch
Aussie-Slang ● Bairisch ● Bengali ● Brasilianisch ● British Slang ● Bulgarisch
Burmesisch ● Canadian Slang ● Chinesisch (Mandarin) ● Dänisch ● Duits ● Englisch
Esperanto ● Estnisch ● Finnisch ● Franko-Kanadisch ● Französisch
Französisch Slang ● Französisch für Afrika ● Galicisch ● Georgisch ● German
Griechisch ● Guarani ● Hausa ● Hebräisch ● Hieroglyphisch ● Hindi ● Hocharabisch
Indonesisch ● Irisch-Gälisch ● Isländisch ● Italienisch ● Italienisch für Opernfans
Italo-Slang ● Japanisch ● Jemenitisch-Arabisch ● Jiddisch ● Kantonesisch
Kasachisch ● Katalanisch ● Khmer ● Kisuaheli ● Kiwi-Slang ● Kölsch ● Koreanisch
Kroatisch ● Kurdisch ● Laotisch ● Lettisch ● Lëtzebuergesch ● Lingala ● Litauisch
Madagassisch ● Malaiisch ● Maltesisch ● Mandinka ● Marokkanisch-Arabisch
Mongolisch ● More American Slang ● Nepali ● Niederländisch ● Norwegisch
Palästinensisch/Syrisch-Arabisch ● Paschto ● Patois ● Persisch (Farsi)
Pidgin-English ● Polnisch ● Portugiesisch ● Quechua ● Rumänisch ● Russisch
Sächsisch ● Schwedisch ● Schwiizertüütsch ● Scots ● Serbisch ● Sizilianisch
Slowakisch ● Slowenisch ● Spanisch ● Spanisch Slang ● Spanisch für Lateinamerika
Spanisch für Argentinien ● Spanisch für Chile ● Spanisch für Costa Rica
Spanisch für Cuba ● Spanisch für Ecuador ● Spanisch für Guatemala
Spanisch für Honduras ● Spanisch für Mexiko ● Spanisch für Nicaragua
Spanisch für Panama ● Spanisch für Venezuela ● Sudanesisch-Arabisch ● Tagalog
Tamil ● Thai ● Tibetisch ● Tschechisch ● Tunesisch-Arabisch ● Türkisch
Ukrainisch ● Ungarisch ● Vietnamesisch ● Wienerisch ● Wolof

Anhang

REISE KNOW-HOW

REISE KNOW-HOW Bücher werden von Autoren geschrieben, die Freude am Reisen haben und viel persönliche Erfahrung einbringen. Sie helfen dem Leser, die eigene Reise bewußt zu gestalten und zu genießen. Wichtig ist uns, daß der Inhalt nicht nur im reisepraktischen Teil „Hand und Fuß" hat, sondern daß er in angemessener Weise auf Land und Leute eingeht. Die Reihe REISE KNOW-HOW soll dazu beitragen, Menschen anderer Kulturkreise näherzukommen, ihre Eigenarten und ihre Probleme besser zu verstehen. Wir achten darauf, daß jeder einzelne Band gemeinsam gesetzten Qualitätsmerkmalen entspricht. Um in einer Welt rascher Veränderungen laufend aktualisieren zu können, drucken wir bewußt kleine Auflagen.

SACHBÜCHER:
Die Sachbücher vermitteln KNOW-HOW rund ums Reisen: Wie bereite ich eine Motorrad- oder Fahrradtour vor? Welche goldenen Regeln helfen mir, unterwegs gesund zu bleiben? Wie komme ich zu besseren Reisefotos? Wie sollte eine Sahara-Tour vorbereitet werden? In der Sachbuchreihe von REISE KNOW-HOW geben erfahrene Vielreiser Antworten auf diese Fragen und helfen mit praktischen, auch für Laien verständlichen Anleitungen bei der Reiseplanung.

Welt

Abent. Weltumradlung (RAD & BIKE)
DM 28,80   ISBN 3-929920-19-0
Äqua-Tour (RAD & BIKE)
DM 28,80   ISBN 3-929920-12-3
Auto(fern)reisen
DM 34,80   ISBN 3-921497-17-5
CD-Rom Reise-Infos Internet
DM 19,80   ISBN 3-89416-658-4
Fahrrad-Weltführer
DM 44,80   ISBN 3-9800975-8-7
Motorradreisen
DM 36,80   ISBN 389662-020-7
Outdoor-Praxis
DM 32,80   ISBN 3-89416-629-0
Um-Welt-Reise (REISE STORY)
DM 22,80   ISBN 3-9800975-4-4
Die Welt im Sucher
DM 24,80   ISBN 3-9800975-2-8
Wo es keinen Arzt gibt
DM 26,80   ISBN 3-89416-035-7

Europa

Amsterdam
DM 26,80   ISBN 3-89416-231-7
Bretagne
DM 39,80   ISBN 3-89416-175-2
Budapest
DM 26,80   ISBN 3-89416-212-0
Bulgarien
DM 39,80   ISBN 3-89416-220-1
Costa Brava
DM 24,80   ISBN 3-89416-646-0
Dänemarks Nordseeküste
DM 24,80   ISBN 3-89416-634-7

RAD & BIKE:
REISE KNOW-HOW RAD & BIKE sind Radführer von lohnenswerten Reiseländern bzw. Radreise-Stories von außergewöhnlichen Radtouren durch außereuropäische Länder und Kontinente. Die Autoren sind entweder bekannte Biketouren-Profis oder „Newcomer", die mit ihrem Bike in kaum bekannte Länder und Regionen vorstießen. Wer immer eine Fern-Biketour plant – oder nur davon träumt – kommt an unseren RAD & BIKE-Bänden nicht vorbei!

Europa

England, der Süden
DM 36,80   ISBN 3-89416-224-4
Europa Bike-Buch (RAD & BIKE)
DM 44,80   ISBN 3-89662-300-1
Großbritannien
DM 39,80   ISBN 3-89416-617-7
Hollands Nordseeinseln
DM 24,80   ISBN 3-89416-619-3
Irland-Handbuch
DM 39,80   ISBN 3-89416-636-3
Island
DM 44,80   ISBN 3-89662-035-5
Kärnten
DM 29,80   ISBN 3-89622-105-x
Litauen & Königsberg
DM 29,80   ISBN 3-89416-169-8
London
DM 26,80   ISBN 3-89416-199-x
Madrid
DM 26,80   ISBN 3-89416-201-5
Mallorca
DM 36,80   ISBN 3-89662-156-4
Mallorca für Eltern und Kinder
DM 24,80   ISBN 3-89662-158-0
Mallorca, Wandern auf
DM 29,80   ISBN 3-89662-162-9
Oxford
DM 26,80   ISBN 3-89416-211-2
Paris
DM 26,80   ISBN 3-89416-200-7
Polen: Ostseeküste/Masuren
DM 29,80   ISBN 3-89416-613-4
Prag
DM 26,80   ISBN 3-89416-204-x
Provence
DM 39,80   ISBN 3-89416-609-6
Pyrenäen
DM 39,80   ISBN 3-89416-610-x
Rom
DM 26,80   ISBN 3-89416-203-1
Schottland-Handbuch
DM 39,80   ISBN 3-89416-621-5
Sizilien
DM 39,80   ISBN 3-89416-627-4
Skandinavien – der Norden
DM 36,80   ISBN 3-89416-191-4
Tschechien
DM 36,80   ISBN 3-89416-600-2
Warschau/Krakau
DM 26,80   ISBN 3-89416-209-0
Wien
DM 26,80   ISBN 3-89416-213-9
Berlin mit Potsdam
DM 26,80   ISBN 3-89416-226-0

Deutschland

Borkum
DM 19,80   ISBN 3-89416-632-0
Harz/Ost
DM 19,80   ISBN 3-89416-228-7
Harz/West
DM 19,80   ISBN 3-89416-227-9
Mecklenburg/Vorpommern Binnenland
DM 19,80   ISBN 3-89416-615-0
München
DM 24,80   ISBN 3-89416-208-2
Norderney
DM 19,80   ISBN 3-89416-652-5
Nordfriesische Inseln
DM 19,80   ISBN 3-89416-601-0
Nordseeinseln
DM 29,80   ISBN 3-89416-197-3
Nordseeküste Niedersachsens
DM 24,80   ISBN 3-89416-603-7
Ostdeutschland individuell
DM 36,80   ISBN 3-89622-480-6
Ostfriesische Inseln
DM 19,80   ISBN 3-89416-602-9
Ostharz mit Kyffhäuser
DM 19,80   ISBN 3-89416-228-7
Ostseeküste/Mecklenburg-Vorpom.
DM 19,80   ISBN 3-89416-184-1
Ostseeküste Schleswig-Holstein
DM 24,80   ISBN 3-89416-631-2
Rügen, Hiddensee
DM 19,80   ISBN 3-89416-654-1
Sächsische Schweiz
DM 19,80   ISBN 3-89416-630-4
Schwarzwald
DM 24,80   ISBN 3-89416-611-8
Schwarzwald/Nord
DM 19,80   ISBN 3-89416-649-5
Schwarzwald/Süd
DM 19,80   ISBN 3-89416-650-9
Thüringer Wald
DM 19,80   ISBN 3-89416651-7
Wasserwandern Mecklenburg/Brandenburg
DM 24,80   ISBN 3-89416-221-x

Edition RKH

Geschichten aus dem anderen Mallorca
DM 29,80   ISBN 3-89662-161-0
Mallorquinische Reise
DM 29,80   ISBN 3-89662-153-x
Yanomami- Massaker
DM 36,00   ISBN 3-89416-624-x

P R O G R A M M

REISE STORY:
Reise-Erlebnisse für nachdenkliche Genießer bringen die Berichte der REISE KNOW-HOW REISE STORY. Sensibel und spannend führen sie durch die fremden Kulturbereiche und bieten zugleich Sachinformationen. Sie sind eine Hilfe bei der Reiseplanung und ein Lesevergnügen zugleich.

ÜBERSICHT

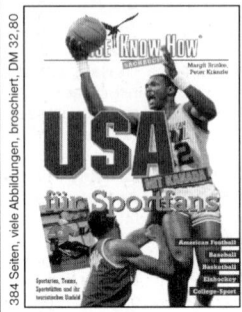

Pflanzennamen

Spanisch, Deutsch, wissenschaftl. Name

aceituno, Olivenbaum, *Simarouba glauca*

aguacatillo, Wilder Avocado, *Nectandra sanguinea*

alcornoque, Mora oleifera

almendro, Indischer Mandelbaum, *Terminalia catappa*

amarillón, Terminalia amazonia

arbol de flor blanca, Pagodenbaum/Frangipani, *Plumeria rubra*

arbol vaco, Milchbaum/Kuhbaum, *Brosimum utile*

ardillo, Pithecellobium arboreum

azahar de monte, Balsamfeige/Klusie, *Clusia odorata*

balsa, Balsabaum, *Ochroma lagopus*

botarrama, Vochysia ferruginea

burío blanco, Heliocarpus appendiculatus

cacao, Kakaobaum, *Theobroma cacao*

candelillo, Magnolienbaum, *Magnolia poasana*

canilla de mula, Licania arborea

cantarillo, Conostegia oerstediana

canuela batamba, Swallecochloa ubtessellata

caoba, Mahagoni-Baum, *Swietenia macrophylla*

caobilla, Guarea rhopalacarpa

capulín blanco, Trema micrantha

carao, Goldregenbaum, *Cassia grandis*

cativo, Prioria copaifera

cedro amargo, Bitterzeder, *Cedrela mexicana*

cedro dulce, Süßzeder, *Cedrela tonduzii*

cedro macho, Andiroba (Crabbaum), *Carapa guianensis*

cedro maría, Gummiapfel (Kalabaum), *Calophyllum brasiliense*

ceiba, Kapokbaum, *Ceiba pentandra*

cenízaro, Regenbaum, Genisarobaum, *Pithecellobium saman*

cerillo, Schweinsgummibaum, *Symphonia globulifera*

choreja, Wasserhyazinthe, *Eichhornia crassipes*

chumico de palo, Curatella americana

ciprés blanco, Weiße Zypresse, *Podocarpus oleifolius*

ciprés lorito, Steineibe, *Podocarpus montanus*

cipresillo, Eskallonie, *Escallonia poasana*

cocotero, Kokospalme, *Cocos nucifera*

copey, Balsamfeige/Klusie, *Clusia major*

corteza amarillo, Goldbaum, *Tababuia ochracea*

crespón, Urera caracasana

cristobál, Trebol, *Platymiscium pinnatum*

cuajada, Mönchspfeffer, *Vitex cooperí*
espavel, Kaschubaum, *Anacardium excelsum*
fruta de pan, Brotfruchtbaum, *Artocarpus altilis*
fruta dorada, *Virola sebifera*
gavilán, *Pentaclethra macroloba*
gomero, Gummibaum, *Ficus elastica*
guabo, Regenbaum, *Pithecellobium macradenium*
guácimo, *Guazuma tomentosa*
guácimo colorado, Lühea, *Luehea seemannii*
guapinol, *Hymenaea courbaril*
guarumo, Cecropie, *Cecropia obtusifolia*
guava maría, Inga, *Inga montaniana*
guayabillo, Eugenie (Kirschmyrte), *Eugenia cartagensis*
guayabo de monte, Bergguavebaum, *Psidium guajava*
guayacán real, Guajakbaum, *Guaiacum sanctum*
güísero, Guavenbaum, *Psidium guineense*
helecho lengua, Zungenfarn, *Elaphoglossum lingua*
higuerón, Würgfeige, *Ficus sp.*
higuerón de corona, Feigenart, *Ficus ovalis*
hule, Kautschukbaum, *Hevea brasilensis*
indio desnudo, Weißgummibaum, *Bursera simaruba*
ira (rosa), Wilder Avocado, *Nectandra sanquinea*
jaul, Erle, *Alnus acuminata*
javillo negro, Sandbüchsenbaum, *Hura crepitans*
jícaro, Kalebassenbaum, *Crescentia alata*
jícaro danto, Permentiera valerji
jobo, Gelbe Balsampflaume, *Spondias mombin*
laurel, Brustbeerbaum, *Cordia alliodora*
lechozo, Milchbaum/Kuhbaum, *Brosimum utile*
lengua de vaca, Miconia sp
lirio de agua, Wasserhyazinthe, *Eichhornia crassipes*
lmadroño, Calycophyllum candidissimun
magnolia, Magnolienbaum, *Magnolia poasana*
mangle botoncillo, Knopfmangrove, *Conoparpus erectus*
mangle colorado/rojo, Rote Mangrove,
    Rhizophora mangle
mangle mariquita, Weiße Mangrove,
    Laguncularia racemosa
mangle piñuela, Mangrovenart, *Pelliciera rhizophorae*
mangle salado, Schwarze Mangrove,
    Avicennia germinans
mango, Mangobaum, *Mangifera indica*
mano de tigre, Fensterblatt, *Monstera deliciosa*
manzanillo, Manzanillobaum, *Hippomanea mancinella*
maría, Gummiapfel (Kalababaum),
    Calophyllum brasiliense
mata gente, Oreopanax xalapensis
matapalo, Würgfeige, *Ficus sp.*
mora, Brotnußbaum, *Brosimum alicastrum*
nance, Byrsonima crassifolia
nazareno, Peltogyne purpurea
níspero, Breiapfelbaum, *Manilkara zapota*
paira, Melanthera nivea
palma yolillo, Bastpalme, *Raphia taedigera*
palmera chonta, Schwarze Palme,
    Astrocaryum standleyanum
palmera viscoyol, Viscoyol-Palme, *Bactris minor*

palo verde, Parkinsonie, *Parkinsonia aculeata*
papaturro, Meertraube/Seetraube, *Coccoloba uvifera*
papayillo, Didymopanax pittieri
pasto jaragua, Jaragua-Gras, *Hyparrhenia rufa*
peine de mico, Tibourbou (Affenkamm), *Apeiba tiburbu*
pilón, Hieronyma alchornoides
pino, Kiefer, *Pinus oocarpa, Pinus pseudostrobus,*
    Pinus caribea, Pinus maximinoii, Pinus patula,
    Pinus harwegii
plomo, Tachigalia versicolor
pochote, Pochote-Baum, *Bombacopsis quinatum*
poró, Korallenbaum, *Erythrina abyssinica*
poroporo, Schneckensame, *Cochlospermum vitifolium*
quira, Caryodaphnopsis burgeri
quizarrá, Phoebe valeriana
roble de sabana, Savanneneiche, *Tabebuia rosea*
roble encino, Steineiche, *Quercus oleoides*
ron-ron, Sternenbaum, *Astronium graveolens*
sangregao, Flügelfruchtbaum, *Pterocarpus officinalis*
sombrilla de pobre, Gunnera, *Gunnera insignis*
soncoya, Flaschenbaum, *Annona purpurea*
súrtuba, Erdpalme, *Geonoma binervia*
tamarindo, Tamarinde, *Tamarindus indica*
teka, Teakholzbaum, *Tectona grandis*
tempisque, Mastichodendron capiri
tirrá, Mexikanische Ulme, *Ulmus mexicana*
yos, Sapium oligoneurum
zapote, Breiapfelbaum, *Manilkara zapota*

Deutsch, spanisch

Affenkamm, *peine de mico*
Andiroba, *cedro macho*
Balsabaum, *balsa*
Balsamfeige, *azahar de monte, copey*
Bastpalme, *palma yolillo*
Bergguavebaum, *guayabo de monte*
Bitterzeder, *cedro amargo*
Breiapfelbaum, *níspero, zapote*
Brotfruchtbaum, *fruta de pan*
Brotnußbaum, *mora*
Brustbeerbaum, *laurel*
Cecropie, *guarumo*
Crabbaum, *cedro macho*
Erdpalme, *súrtuba*
Erle, *jaul*
Eskallonie, *cipresillo*
Eugenie, *guayabillo*
Feigenbaum, *higuerón colorado*
Fensterblatt, *mano de tigre*
Flaschenbaum, *soncoya*
Flügelfruchtbaum, *sangregao*
Frangipani, *arbol de flor blanca*
Gelbe Balsampflaume, *jobo*
Goldbaum, *corteza amarillo*
Goldregenbaum, *carao*
Guajakbaum, *guayacán real*
Guavenbaum, *güísero*

Gummiapfel, *cedro maría*
Gummibaum, *gomero*
Gunnera, *sombrilla de pobre*
Indischer Mandelbaum, *almendro*
Inga, *guava maría*
Jaragua-Gras, *pasto jaragua*
Kakaobaum, *cacao*
Kalababaum, *cedro maría*
Kalebassenbaum, *jícaro*
Kapokbaum, *ceiba*
Kaschubaum, *espavel*
Kautschukbaum, *hule*
Kiefer, *pino*
Kirschmyrte, *guayabillo*
Knopfmangrove, *mangle botoncillo*
Kokospalme, *cocotero*
Korallenbaum, *poró*
Kuhbaum, *arbol vaco, lechozo*
Lühea, *guácimo colorado*
Magnolienbaum, *candelillo, magnolia*
Magnolienbaum, *magnolia*
Mahagoni-Baum, *caoba*
Mangobaum, *mango*
Manzanillobaum, *manzanillo*
Meertraube, *papaturro*
Mexikanische Ulme, *tirrá*
Milchbaum, *arbol vaco, lechozo*
Mönchspfeffer, *cuajada*
Olivenbaum, *aceituno*
Pagodenbaum, *arbol de flor blanca*
Parkinsonie, *palo verde*
Regenbaum, *guabo*
Rosenholz, *cocobolo*
Rote Mangrove, *mangle colorado, mangle rojo*
Sandbüchsenbaum, *javillo negro*
Savanneneiche, *roble de sabana*
Schwarze Mangrove, *mangle salado*
Schwarze Palme, *palmera chonta*
Schweinsgummibaum, *cerillo*
Steineibe, *ciprés lorito*
Steineiche, *roble encino*
Sternenbaum, *ron-ron*
Süßzeder, *cedro dulce*
Tamarinde, *tamarindo*
Teakholzbaum, *teka*
Trebol, *cristobál*
Viscoyol-Palme, *palmera viscoyol*
Wasserhyazinthe, *choreja, lirio de agua*
Weiße Mangrove, *mangle mariquita*
Weiße Zypresse, *ciprés blanco*
Weißgummibaum, *indio desnudo*
Wilder Avocado, *aguacatillo, ira (rosa)*
Würgfeige, *higuerón, matapalo*
Zungenfarn, *helecho lengua*

Tiernamen

Säugetiere

Spanisch, Deutsch, wissenschaftl. Name

ardilla, Zwerghörnchen, *Microscirus alfiri*
ardilla roja, Rotes Eichhörnchen, *Sciurus granatensis*
armadillo, Gürteltier, *Dasypus novemcintus*
ballena jorobada, Buckelwal, *Megaptera novaeangliae*
breñero, Wieselkatze, *Felis yagouaroundi*
cabro de monte, Roter Spießhirsch, *Mazama americana*
cacomistle, Katzenfrett, *Bassariscus sumichrasti*
cariblanco, Weißbartpekari, *Tayassu pecari*
caucel, Ozelotkatze, *Felis tigrina*
chiza, Grauhörnchen, *Sciurini sp.*
colmenero, Ameisenbär, *Tamandua mexicana*
comadreja, Langschwanz-Wiesel, *Mustela frenata*
conejo de monte, Waldkaninchen, *Silvilagus brasiliensis*
coyote, Kojote, *Canis latrans*
cusuco, Gürteltier, *Dasypus novemcintus*
danta, Tapir, *Tapirus bairdii*
delfin común, Delphin, *Delphinus delphis*
delfin de nariz de botella, Großer Tümmler, *Tursiops truncatus*
guatusa, Aguti, *Dasyprocta puntacta*
manatí, Seekuh, *Trichechus manatus*
manigordo, Ozelot, *Felius pardalis*
mapache, mapachín, Waschbär, *Procyon lotor*
margay, Baumozelot, *Leopardus wiedii*
martilla, Wickelbär, *Potos flavus*
mono carablanca, Kapuzineraffe, *Cebus capucinus*
mono colorado, Klammeraffe, *Ateles geoffroyi*
mono congo, Mantelbrüllaffe, *Alouatta palliata*
mono tití, Totenkopfäffchen, *Saimiri oerstedii*
murciélago pescador, Hasenmaul-Fledermaus, *Noctilio leporinus*
nutria, Fischotter, *Lutra longicaudus*
olingo, Makibär, *Bassaricyon gabbii*
oso caballo, Großer Ameisenbär, *Myrmecophaga tridactyla*
oso hormiguero, Ameisenbär, *Tamandua mexicana*
perezoso de dos dedos, Zweizehen-Faultier, *Choloepus hoffmanni*
perezoso de tres dedos, Dreifingerfaultier, *Bradypus variegatus*
pizote, Nasenbär, *Nasua narica*
puercoespín, Baumstachler, *Coendou mexicanus*
puma, Puma/Berglöwe, *Felis concolor*
rata algodonera, Baumwollratte, *Sigmodon hispidus*
ratón semiespinoso, Stacheltaschenmaus, *Liomys salvini*
saíno, Halsbandpekari, *Tayassu tajacu*
serafín de platanar, Zwergameisenbär, *Cyclopes didactylus*
tepezcuinte, Paka, *Agouti paca*
tigre, Jaguar, *Panthera onca*

Anhang

tigrillo, Tigerkatze, *Felis tigrina*
tolomuco, Tayra, *Eira barbara*
venado, Weißwedelhirsch, *Odocoileus virginianus*
zorra gris, Graufuchs, *Urocyon cinereoargenteus*
zorro de balsa, Wollbeutelratte, *Caluromys derbianus*
zorro hediondo, Stinktier, *Conepatus semistriatus*
zorro pelón, Opossum, *Didelphis marsupialis*

Deutsch, spanisch

Aguti, *guatusa*
Ameisenbär, *colmenero, oso hormiguero*
Baumozelot, *margay*
Baumstachler, *puercoespín*
Baumwollratte, *rata algodonera*
Buckelwal, *ballena jorobada*
Delphin, *delfín común*
Dreifingerfaultier, *perezoso de tres dedos*
Fischotter, *nutria*
Graufuchs, *zorra gris*
Grauhörnchen, *chiza*
Großer Ameisenbär, *oso caballo*
Großer Tümmler, *delfín de nariz de botella*
Gürteltier, *cusuco, armadillo*
Halsbandpekari, *saíno*
Jaguar, *tigre*
Kapuzineraffe, *mono carablanca*
Katzenfrett, *cacomistle*
Klammeraffe, *mono colorado*
Kojote, *coyote*
Langschwanz-Wiesel, *comadreja*
Makibär, *olingo*
Mantelbrüllaffe, *mono congo*
Nasenbär, *pizote*
Opossum, *zorro pelón*
Ozelot, *manigordo*
Ozelotkatze, *caucel*
Paka, *tepezcuinte*
Puma, *puma*
Roter Spießhirsch, *cabro de monte*
Rotes Eichhörnchen, *ardilla roja*
Seekuh, *manatí*
Stacheltaschenmaus, *ratón semiespinoso*
Stinktier, *zorro hediondo*
Tapir, *danta*
Tayra, *tolomuco*
Tigerkatze, *tigrillo*
Totenkopfäffchen, *mono tití*
Waldkaninchen, *conejo de monte*
Waschbär, *mapache, mapachín*
Weißbartpekari, *cariblanco*
Weißwedelhirsch, *venado*
Wickelbär, *martilla*
Wieselkatze, *breñero*
Wollbeutelratte, *zorro de balsa*
Zweizehen-Faultier, *perezoso de dos dedos*
Zwergameisenbär, *serafín de platanar*
Zwerghörnchen, *ardilla*

Vögel

Spanisch, Deutsch, wissenschaftl. Name

águila arpia, Harpyie, Haubenadler, *Harpia harpyia*
águila blanco y negro, Schwarzweiß-Haubenadler,
 Spizastur melanoleucus
águila crestado, Würgadler, *Morphnus guianensis*
águila pescador, Fischadler, *Pandion haliaetus*
bobo chizo, Cayennekuckuck, *Piaya cayana*
búho de anteojos, Brillenkauz, *Pulsatrix perspicillata*
capulinero colilargo, Langschwanzseidenschnäpper,
 Ptilogonys candatus
carancho, cargahuesos, Karakara, *Polyborus plancus*
carpintero cando, Rotschopfspecht, *Phloeoceastes spec.*
carpintero careto, Eichelspecht, *Melanerpes formicivorus*
carpintero lineado, Streifenkehl-Helmspecht,
 Dryocopus lineatus
chachalaca, Braunflügelguan, *Ortalis vetula*
chocuaco, Kahnschnabel, *Cochlearius cochlearius*
clarinero nicaraguense, Nicaragua-Bootsschwanz,
 Quiscalus nicaraguensis
codorníz, Baumwachtel, *Colinus leucopogon*
codorníz corcovado, Zahnhuhn,
 Odontophorus gujanensis
colibrí colidorado, Goldschwanzsaphir, *Hylocharis eliciae*
colibri pechiazul, Blaubrustamazilie, *Amazilla amabilis*
cormorán neotropical, Biguascharbe,
 Phalacrocorax olivaceus
escarchero, Rußdrossel, *Turdus nigrescens*
espátula rosada, Rosa Löffler, *Ajaia ajaja*
galán sin ventura, Jabiru, *Jabiru mycteria*
gallina de agua, Zwergsultanshühnchen,
 Porphyrula martinica
gallina de monte, Weißkehlwachtel,
 Odontophorus leucolaemus
gallito de agua, Gelbstirnjassana, *Jacana spinosa*
garceta tricolor, Dreifarbenreiher, *Hydranassa tricolor*
garcilla bueyera, Kuhreiher, *Bubulcus ibis*
garcilla verde, Grünreiher, *Butorides virescens*
garza nocturna, Cayenne-Nachtreiher,
 Nyctanassa violacea
garza real, Silberreiher, *Casmerodius albus*
garza rosada, Rosa Löffler, *Ajaia ajaja*
garzón, Amerika-Nimmersatt, *Mycteria americana*
garzón azul, Graureiher, *Ardea herodias*
gavilán blanco, Weißbussard, *Leucopternis albicollis*
gavilán cabecigris, Cayenne-Milan,
 Leptodon cayanensis
gavilán cangrejero, Krabbenbussard, *Buteogallus an-
thracinus*
gavilán pescador, Schwarzhalsbussard,
 Busarellus nigricollis
gaviota reidora, Aztekenmöve, *Larus atricilla*
golondrina de mar, Königseeschwalbe,
 Thalasseus maximus
golondrina de ribereña, Uferschwalbe, *Riparia riparia*
guaco, Lachhabicht, *Herpetotheres cachinnans*
halcón peregrino, Wanderfalke, *Falco peregrinus*

jilguero, Schwarzgesichtsclarino, *Myadestes melanops*
lapa roja, Hellroter Ara, *Ara macao*
lapa verde, Grüner Ara, *Ara ambigua*
lechuza ratonera, Schleiereule, *Tyto alba*
lora frenitblanca, Weißstirnamazone, *Amazona albifrons*
loro cabeciazul, Schwarzohrpapagei, *Pionus menstruus*
loro frentirojo, Rotstirnamazone, *Amazona autumnalis*
martín peña, verdirrojizo, Salomonreiher,
   Tigrisoma fasciatum
martín pescador, Grünbrauner Eisvogel, *Chloroceryle*
martín pescador verde, Grüner Eisvogel,
   Choloroceryle americana
martinete coroninegro, Nachtreiher,
   Nycticorax nycticorax
momoto cejiceleste, Türkisbrauensäkeracke,
   Eumomota superciliosa
oropéndola de montezuma, Montezuma-Stirnvogel,
   Psarocolius montezuma
ostrero americano, Austernfischer, *Haematopus palliatus*
pájaro campana, calandria, Hämmerling,
   Procnias tricarunculata
pájaro sombrilla, Schirmvogel, *Cephalopterus ornatus*
paloma morada, Schuppenbrusttaube, *Columba speciosa*
pato aguja, Schlangenhalsvogel, *Anhinga anhinga*
pava granadera, Rotbauch-Schakuhuhn,
   Penelope purpurascens
pavón grande, Tuberkelhokko (Baumhuhn), *Crax rubra*
pecho amarillo, Gelbbauch-Höhlentyrann,
   Myiodynastes luteientris
pelícano pardo, Brauner Pelikan, *Pelecanus occidentalis*
perico frentianaranjada, Elfenbeinsittich,
   Aratinga canicularis
piche, Pfeifgans, *Dendrocygna autumnalis*
piquero moreno, Brauntölpel, *Sula leucogaster*
quetzal, Quetzal, *Pharomachrus molinno*
reinita garganta de fuego, Spitzschnabel-Waldsänger,
   Vemivora gutturalis
zopilote rey, Königsgeier, *Sarcoramphus papa*
saltarín colilargo, Langschwanzpipra,
   Chiroxiphia linearis
saltarín toledo, Langschwanzpipra, *Chiroxiphia linearis*
sargento, Scharlachbürzeltangare, *Pipra mentalis*
sotorrey matraquero, Rotnackenzaunkönig,
   Campylorhyuchus rufinucha
tangara escarlata, Scharlachtangare, *Piranga olivacea*
tijereta de mar, Prachtfregattvogel, *Fregata magnificens*
tinamú grande, Großtao (Steißhuhn), *Tinamus major*
tortolita azulada, Schmucktäubchen, *Claravis pretiosa*
trepador rojizo, Kappenbaumsteiger,
   Dendrocincla homochroa
trogón coliplomizo, Massena-Trogon, *Trogon massena*
trogón collarejo, Halsbandtrogon, *Trogon collaris*
trogón violaceo, Veilchentrogon, *Trogon violaceus*
tucán de swainson, Braunrückentukan,
   Ramphastos swainsonii
tucán pico iris, Regenbogentukan,
   Ramphastos sulfuratus

tucancillo, Laucharassari, *Aulacorhynchus prasinus*
tucancillo collarejo, Halsbandarassari,
   Pteroglossus torquatus
urraca copetona, Elsterhäher, *Calocitta formosa*
viuda azul, Blaugrau-Tangare, *Thraupis episcopus*
viuda roja, Kupferschwanztrogon, *Trogon elegans*
yiguirro, Schlichtdrossel, *Turdus plebejus*
zambullidor piquipinto, Bindentaucher,
   Podilymbus podiceps
zapoyol, Keilschwanzsittich, *Aratinga canicularis*
zopilote cabecirrojo, Truthahngeier, *Cathartes aura*
zopilote negro, Rabengeier, *Coragys atratus*

Deutsch, Spanisch

Amerika-Nimmersatt, *garzón*
Austernfischer, *ostrero americano*
Baumwachtel, *codorníz*
Biguascharbe, *cormorán neotropical*
Bindentaucher, *zambullidor piquipinto*
Blaubrustamazilie, *colibri pechiazul*
Blaugrau-Tangare, *viuda azul*
Brauner Pelikan, *pelícano pardo*
Braunflügelguan, *chachalaca*
Braunrückentukan, *tucán de swainson*
Brauntölpel, *piquero moreno*
Brillenkauz, *búho de anteojos*
Cayenne-Milan, *gavilán cabecigris*
Cayenne-Nachtreiher, *garza nocturna*
Cayennekuckuck, *bobo chizo*
Dreifarbenreiher, *garceta tricolor*
Eichelspecht, *carpintero careto*
Elfenbeinsittich, *perico frentianaranjada*
Elsterhäher, *urraca copetona*
Fischadler, *águila pescador*
Gelbbauch-Höhlentyrann, *pecho amarillo*
Gelbstirnjassana, *gallito de agua*
Goldschwanzsaphir, *colibrí colidorado*
Graureiher, *garzón azul*
Großtao, *tinamú grande*
Grünbrauner Eisvogel, *martín pescador*
Grüner Ara, *lapa verde*
Grüner Eisvogel, *martín pescador verde*
Grünreiher, *garcilla verde*
Halsbandarassari, *tucancillo collarejo*
Halsbandtrogon, *trogón collarejo*
Hämmerling, *pájaro campana*, *calandria*
Harpyie, Haubenadler, *águila arpia*
Hellroter Ara, *lapa roja*
Jabiru, *galán sin ventura*
Kahnschnabel, *chocuaco*
Kappenbaumsteiger, *trepador rojizo*
Karakara, *carancho*, *cargahuesos*
Keilschwanzsittich, *zapoyol*
Königseeschwalbe, *golondrina de mar*
Königsgeier, *zopilote rey*
Krabbenbussard, *gavilán cangrejero*
Kuhreiher, *garcilla bueyera*

Kupferschwanztrogon, *viuda roja*
Lachhabicht, *guaco*
Langschwanzpipra, *saltarín colilargo, saltarín toledo*
Langschwanzseidenschnäpper, *capulinero colilargo*
Laucharassari, *tucancillo*
Massena-Trogon, *trogón coliplomizo*
Montezuma-Stirnvogel, *oropéndola de montezuma*
Nachtreiher, *martinete coroninegro*
Nicaragua-Bootsschwanz, *clarinero nicaraguense*
Pfeifgans, *piche*
Prachtfregattvogel, *tijereta de mar*
Quetzal, *quetzal*
Rabengeier, *zopilote negro*
Regenbogentukan, *tucán pico iris*
Rosa Löffler, *espátula rosada, garza rosada*
Rotbauch-Schakuhuhn, *pava granadera*
Rotnackenzaunkönig, *sotorrey matraquero*
Rotschopfspecht, *carpintero cando*
Rotstirnamazone, *loro frentirojo*
Rußdrossel, *escarchero*
Salomonreiher, *martín peña, verdirrojizo*
Scharlachbürzeltangare, *sargento*
Scharlachtangare, *tangara escarlata*
Schirmvogel, *pájaro sombrilla*
Schlangenhalsvogel, *pato aguja*
Schleiereule, *lechuza ratonera*
Schlichtdrossel, *yiguirro*
Schmucktäubchen, *tortolita azulada*
Schuppenbrusttaube, *paloma morada*
Schwarzgesichtsclarino, *jilguero*
Schwarzhalsbussard, *gavilán pescador*
Schwarzohrpapagei, *loro cabeciazul*
Schwarzweiß-Haubenadler, *águila blanco y negro*
Silberreiher, *garza real*
Spitzschnabel-Waldsänger, *reinita garganta de fuego*
Streifenkehl-Helmspecht, *carpintero lineado*
Truthahngeier, *zopilote cabecirrojo*
Tuberkelhokko, *pavón grande*
Türkisbrauensäkeracke, *momoto cejiceleste*
Uferschwalbe, *golondrina de ribereña*
Veilchentrogon, *trogón violaceo*
Wanderfalke, *halcón peregrino*
Weißbussard, *gavilán blanco*
Weißkehlwachtel, *gallina de monte*
Weißstirnamazone, *lora frenitblanca*
Würgadler, *águila crestado*
Zahnhuhn, *codorníz corcovado*
Zwergsultanshühnchen, *gallina de agua*

Reptilien und Amphibien

Spanisch, Deutsch, wissenschaftl. Name

boa, Abgottschlange (Boa), *Boa constrictor*
caimán, Krokodilkaiman, *Caiman crocodilus*
cascabel, Klapperschlange, *Crotalus durissus*
cherepo, Helmbasilisk, *Basiliscus basiliscus*
cocodrilo, Spitzkrokodil, *Crocodylus acutus*
corál, Korallenotter, *Micrurus spec.*
garrobo, Schwarzleguan, *Ctenosaura similis*
iguana verde, Grüner Leguan, *Iguana iguana*
rana ternero, Ochsenfrosch, *Leptodactylus pentadactylus*
rana transparente, Glasfrosch, *Centrolenella valerioi*
rana venenosa, Giftlaubfrosch, *Prynohyas venulosa*
rana venenosa, Pfeilgiftfrosch, *Dendrobates pumilio*
salamandra, Tropensalamander, *Oedipina sp.*
sapo marino, Aga-Kröte, *Bufo marinus*
terciopelo, Lanzenotter, *Bothrops asper/atrox*
tortuga baula, Lederschildkröte, *Dermochelys coriacea*
tortuga carey, Karettschildkröte, *Eretmochelys imbricata*
tortuga jicotea negra, Unechte Karettschildkröte, *Caretta caretta*
tortuga lora, Bastardschildkröte, *Lepidochelys olivacea*
tortuga verde, Suppenschildkröte, *Chelonia mydas agassizi*

Deutsch, Spanisch

Abgottschlange, *boa*
Aga-Kröte, *sapo marino*
Bastardschildkröte, *tortuga lora*
Boa, *boa*
Giftlaubfrosch, *rana venenosa*
Glasfrosch, *rana transparente*
Grüner Leguan, *iguana verde*
Helmbasilisk, *cherepo*
Karettschildkröte, *tortuga carey*
Klapperschlange, *cascabel*
Korallenotter, *corál*
Krokodilkaiman, *caimán*
Lanzenotter, *terciopelo*
Lederschildkröte, *tortuga baula*
Ochsenfrosch, *rana ternero*
Pfeilgiftfrosch, *rana venenosa*
Schwarzleguan, *garrobo*
Spitzkrokodil, *cocodrilo*
Suppenschildkröte, *tortuga verde*
Tropensalamander, *salamandra*
Unechte Karettschildkröte, *tortuga jicotea negra*

Register

Anhang

Der Autor

Hans-Gerd Spelleken hat Volkswirt-schaft studiert und beschäftigt sich seit 1984 mit Zentralamerika. Er kam über Nicaragua nach Honduras, wo er von 1988 bis 1993 lebte und mit Schwer-punkt in den Bereichen Wirtschaftsför-derung und Naturschutz arbeitete. Er hat zwei in Honduras geborene Kin-der und lebt seit Mitte 1998 in La Ceiba, Honduras.

Kartenverzeichnis

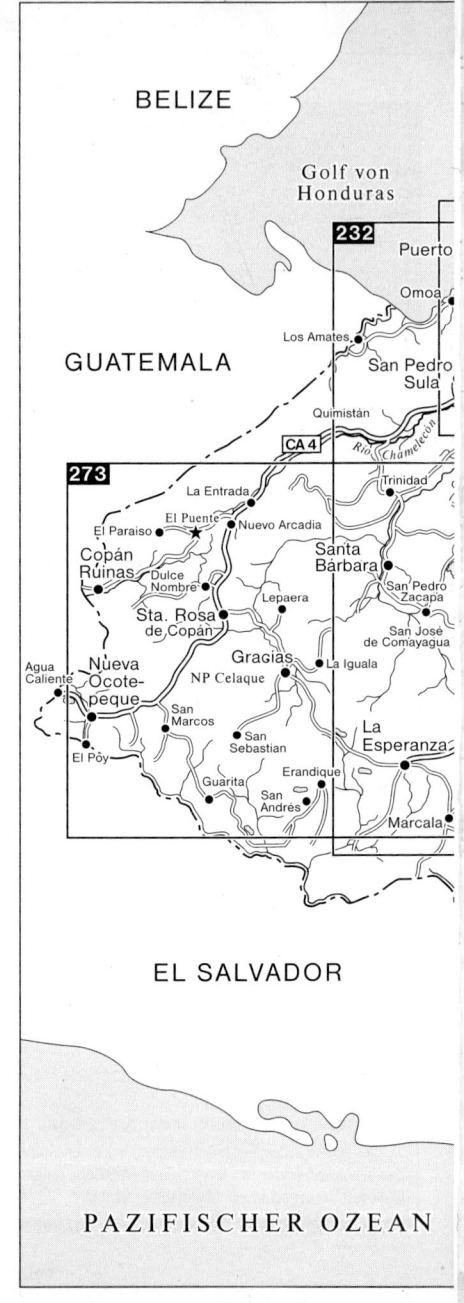